2009年　本书作者、四川大学历史文化学院考古系林向教授的近影，摄于成都清江花园寓所。

2009年春　在四川成都与清华大学李学勤先生（中）、中国社会科学院考古研究所施劲松先生（左）合影。

1995年　应台湾中央研究院历史语言研究所前所长管东贵先生之邀前往台北南港访问该所，特拜会前辈石璋如老先生，并向他介绍三星堆遗址的发现与研究。

1994年　参加香港中文大学“南中国及邻近地区古文化研究国际会议”，向会议主席前辈饶宗颐老先生介绍参会论文《中国牙璋研究》和巴蜀文化研究的新进展。

1979年　参加在陕西西安召开的“中国考古学会成立大会”，会议期间随前辈容庚老先生（左六）、于省吾老先生（左四）、苏秉琦老先生（右三）、王振铎老先生（右一）前往参观汉武库发掘工地。

1994年　在香港南丫岛遗址与中国社会科学院考古研究所张长寿先生（左一）、台北故宫博物院邓淑苹女士（右二）、浙江省文物考古研究所牟永抗先生（右一）和中山大学商志䜩先生合影。

1988年　参加在陕西西安召开的“陕西省考古研究所、半坡博物馆成立卅周年学术讨论会”，与石兴邦先生合影于法门寺博物馆。

1995年　在上海体育学院参加体育考古博士生毕业论文答辩会，与中国社会科学院考古研究所安志敏先生（一排左二）、成都体育学院周西宽先生（一排右一）合影。

1988年　在陕西铜川窑址工地，与北京大学宿白先生（中）、陕西省考古研究所禚振西女士（右二）、杜葆仁先生（左一）合影。

1987年　参加在河南安阳召开的“中国殷商文化国际讨论会”，在殷墟遗址上与香港中文大学杨建芳先生（中）、中国社会科学院历史研究所杨升南先生（左二）、四川省考古研究院陈显丹先生（左一）、陈德安先生（右一）合影。

2009年　在四川什邡考古发掘工地上，与北京大学考古文博学院严文明先生（中）、中国社会科学院考古研究所王仁湘先生（左）合影。

2009年　在四川什邡桂元桥遗址考古发掘工地上，听取工地领队四川省文物考古研究院雷雨（中间右蹲）介绍烧土层堆积现象。其中有北京大学考古文博学院严文明先生（左前躬身立）、赵辉先生（雷雨侧）、四川省文物考古研究院高大伦先生（赵辉后）、赵殿增先生（严文明后）、陈显丹先生（右一）、周科华研先生（左一）等诸位学者。

2009年　在“5·12”汶川大地震北川县城地震遗址上，与中国社会科学院考古研究所刘庆柱先生（左二）、四川大学马继贤先生（右一）、成都文物考古研究所王毅先生（左一）合影。

2001年　在成都金沙遗址发掘工地上，与成都文物研究所江章华先生（左）、张擎先生（右）现场讨论发现的商周墓葬。

2009年　在三星堆博物馆召开的“三星堆遗址发现八十周年纪念会”上，与参加1986年度三星堆遗址考古发掘的部分考古队员合影：有四川大学霍巍先生（右四）、白彬先生（右一）、李永宪先生（左四）、四川省文物考古研究院赵殿增先生（右三）、陈显丹先生（右五）、陈德安先生（左三）、杨晓邬先生（左二）、成都金沙遗址博物馆朱章义先生（左一）、广汉市文管所敖天照先生（右二）等。

2008年冬　参加三星堆博物馆“5·12”地震灾后的青铜器鉴定工作，与四川大学马继贤先生（左一）、四川省文物局赵川荣先生（左三）、四川省文物考古研究院李昭和先生（左四）等，在三星堆博物馆库房查看标本，共同研讨。

1958年 “四川省长江三峡水库文物调查队全体合影”，成员中有四川省博物馆杨有润先生（左五）、陆德良先生（三排左四）、四川大学历史系张勋燎先生（二排左二）和四川大学历史系55级本科生，作者也在其中（三排左五）；以及四川省、重庆市有关县区的文物工作人员。

1975年 “金沙江攀枝花西昌段安宁河流域联合考古调查队”队员合影。四川大学考古专业73级实习队全体同学与有关合作单位人员。其中有四川大学考古系考古发掘实习队领队林向（一排左六）、童恩正先生（四排右三）、宋治民先生（一排左二）、四川省文管会赵殿增先生（一排左四）、西昌地区博物馆黄承宗先生（一排左三）、西昌市文管所张正宁先生（一排右四）等。

1973年　应瑞士伯尔尼大学邦迪教授（Prof.Bandi）之邀，访问伯尔尼历史博物馆。

2008年　赴泰国考察素可泰、大城等世界文化遗产，摄于泰国大城遗址。

1985年　在四川攀枝花召开“中国石棺葬学术讨论会”，会议期间组织学者参观考察云南永仁维的石棺葬墓地，有河北省文物研究所郑绍宗先生（右一）、甘肃省文物考古研究所张学正先生（右二）。

2006年　在重庆酉阳清源遗址四川大学考古发掘实习工地上，为四川大学考古04级考古发掘实习队讲授《巴蜀文化的新探索》后，在发掘现场与师生合影。插队旗的最高处中间：四川大学考古系张勋燎先生（右）与宋治民先生（左）。

2000年　应邀赴美国哈佛大学人类学系演讲：《仪式、城市与青铜文明——中国四川考古新发现》，摄于哈佛大学Memorial Hall的讲台上。

2007年　与家人搭乘美国“Majesty of Seas”号游轮赴加勒比海岛国巴哈马游览，摄于其首都拿骚港码头游轮前。有夫人汤载振女士（左二）和儿子林山博士（左一）、孙子林海Hal. Lin（中）和孙女林珑Amy. Lin（右二）。

成都文物考古研究所
四川省文物考古研究院
四川大学历史文化学院
赞助出版

童心求真集

——林向考古文物选集

林　向　著

科 学 出 版 社

北　京

内 容 简 介

本书选辑了林向先生从事考古文物工作50年来的学术论著42篇，分为田野考古报告、考古文物论丛、巴蜀文化研究、地震考古探索、师友人物随笔五部分。分别论述了四川盆地及周边地区从大溪文化、宝墩文化、三星堆文化、十二桥文化到巴蜀文化的新发现；着重探讨了长江上游的古代文明中心的来龙去脉；巴蜀文化区内树、龙、鸟、虎、羊崇拜的文化内涵；西南地区富有特色的葬俗：石棺葬、大石墓、船棺葬和崖葬的历史信息；对地震考古的探索性研究；从侧面记述了西南考古界的重要学术人物：徐中舒、冯汉骥、邓少琴、童恩正等。

本书可供考古学、历史学、民族学、地震学等学科研究者及高等院校相关专业师生阅读、参考。

图书在版编目(CIP)数据

童心求真集：林向考古文物选集／林向著. —北京：科学出版社，2010. 5

ISBN 978-7-03-027394-9

Ⅰ. ①童… Ⅱ. ①林 … Ⅲ. ①文物－考古－中国－文集
Ⅳ. K870. 4-53

中国版本图书馆 CIP 数据核字（2010）第 078814 号

责任编辑：王光明／责任校对：钟 洋
责任印制：赵德静／封面设计：张 放
书名题签：何 崝 封底治印：魏学峰

科学出版社 出版
北京东黄城根北街16号
邮政编码：100717
http://www.sciencep.com

中国科学院印刷厂 印刷

科学出版社发行 各地新华书店经销

*

2010年5月第 一 版 开本：787×1092 1/16
2010年5月第一次印刷 印张：28 3/4 插页：7
印数：1—1 500 字数：637 000

定价：168.00 元

（如有印装质量问题，我社负责调换）

Pursuing Truth with an Innocent Heart

Selections of Writings on Archaeology and Cultural Relics by Lin Xiang

Abstract

This book contains 42 papers written by Professor Lin Xiang in his fifty years studies on archaeology and cultural relics. The book is divided into 5 sections, including archaeological field work reports, archaeological and relics studies, researches on the Ba and Shu Cultures, discoveries of earthquake archaeology, and other topics about his professional life. In these papers, Prof. Lin focuses on the Sichuan Basin and the surrounding area, covering topics from the Daxi Culture, Baodun Culture, Sanxingdui Culture, Shi'erqiao Culture, to the Ba and Shu Cultures. The book emphasizes on the following aspects: the origin and development of the center of ancient civilization on the Upper Yangtze River; the cultural connotations of tree-worship, dragon-worship, bird-worship, tiger-worship, and sheep-worship in the region of the Ba and Shu Cultures; the funeral customs in southwest China; historical information about stone coffin tomb, huge stone tomb, boat coffin tomb and cliff burial; investigations on earthquake archaeology, as well as sketches of important academics in southwest China.

Published by Science Press
16 Donghuangchenggen North Street
Beijing 100717, China

Printed in Beijing

ISBN 978-7-03-027394-9 (Beijing)

作 者 简 介

林向　1932 年 9 月生于上海。1959 年四川大学历史学本科毕业，1962 年四川大学考古学研究生毕业。1965～1991 年任四川大学历史系考古教研室主任，1991 年起任四川大学巴蜀文化研究中心主任，直至 1996 年离休。考古学教授，从事中国考古学的教学工作和巴蜀考古及考古学应用研究。讲授过中国夏商周考古学、西南考古学、考古学概论、田野考古等课程。参加或主持过的主要田野考古工作有：长江三峡库区调查、四川历史地震调查、金沙江安宁河流域调查与发掘、川东及川南崖葬调查与发掘、广汉三星堆遗址发掘、西昌东坪遗址发掘等。曾出版《四川名塔》、《巴蜀文化新探》、《巴蜀考古论集》等著作，刊出论文百余篇。曾获四川省重大科技成果奖、四川省社会科学成果二等奖、四川省科技成果三等奖。曾应邀赴瑞士伯尔尼国立博物馆、美国哈佛大学人类学系、台湾中央研究院历史语言研究所、台湾故宫博物院、香港中文大学等处作学术演讲。

自题书名述怀并序

林　向

光阴如箭，人生几何，无非一箭之地。回首来路：由投笔从戎到“投戎从笔”，由读书到教书，直到离而不休；从田野到室内，上穷碧落下黄泉，笔耕何曾休。虽无厚积，但求薄发，汇集成册，敝帚岂敢自珍，以文会友，以冀切磋而已。蒙诸学友抬爱，张罗付梓，题名感怀，以示毋忘云耳。

年将八十犹童心，
上天入地为求真。
清江车水深居绕，
收拾敝帚岂自珍。

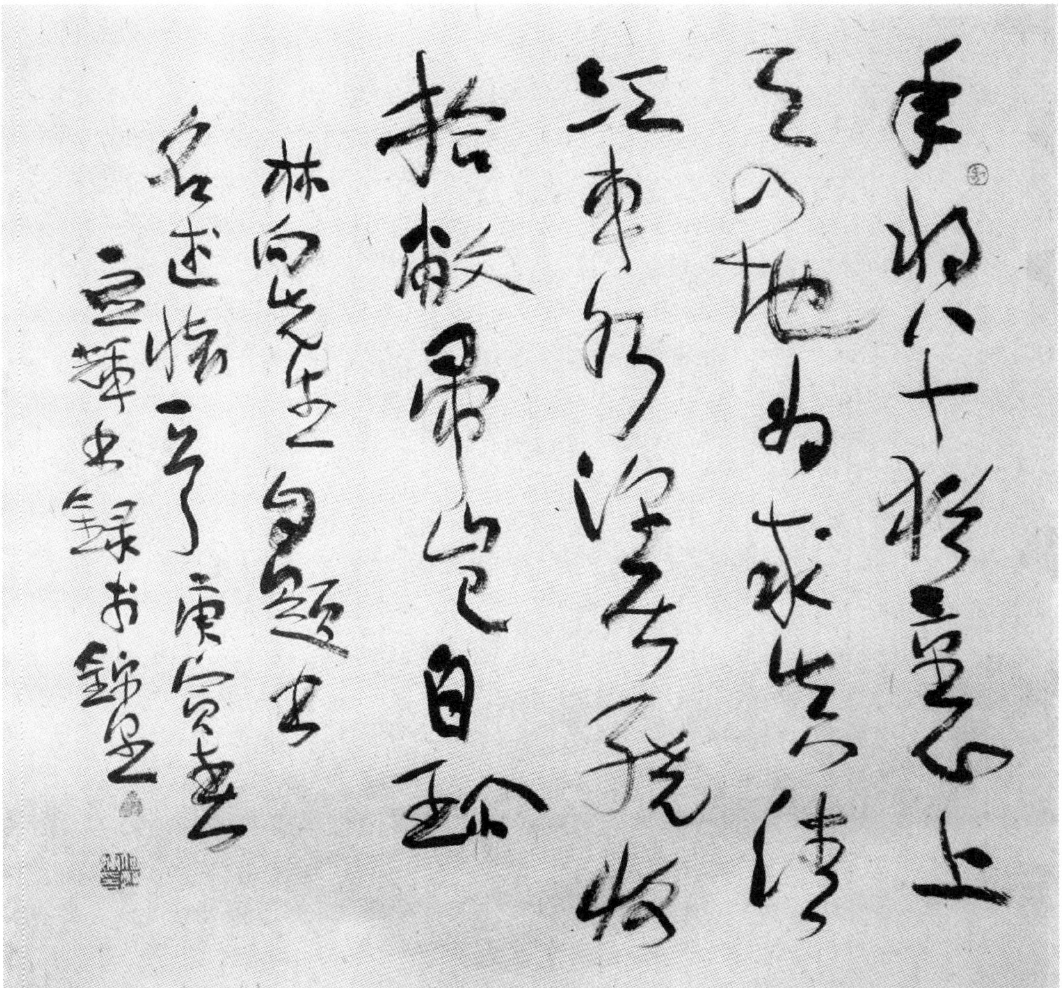

全国书法家协会副主席、四川省书法家协会主席、

四川省诗书画院副院长何应辉法书

创新与求真

——《童心求真集》序

四川大学林向先生的学术文集《童心求真集》就要出版了，这当然是历史、考古学界以及关注四川历史文化的人们都极为欢迎的。林先生是我多年老友，蒙他不弃，在论文集付排同时，即将底稿悉数复印寄示。这些广受称道的文章，大部分我以往曾经读过，但结集在一起再次通读，对林先生丰富多彩的学术成就便有更多更深的认识。这是该书读者都能直接体会的，用不着我在这里多说。我想谈的，只是几点粗略感想，希望对大家多少有些帮助。

请让我从林向先生本书的标题说起。据我所知，他原来只想直截了当地题作《林向考古文物选集》的，临到付印时才换为《童心求真集》。得到这个信息，我不禁暗暗喝彩，因为“童心求真”这四个字，用在林向先生身上确是再恰当没有了。长期以来，我对他处世治学的印象，正适合以这四个字来形容。

提到“童心”，使我联想起明代李贽《焚书》中的名文《童心说》。李卓吾痛斥世俗的虚伪，云：“盖其人既假，则无所不假矣。由是而以假言与假人言，则假人喜；以假事与假人道，则假人喜；以假文与假人谈，则假人喜。”要反对假人、假言、假事、假文，必须以率真处世，这应该有合于林先生命题的主旨。

“求真”对于治学而言，可以说就是科学精神。要知道任何科学的建树，无不出于“求真”两字，一部科学史早已证明了这一点。考古文物的研究也是科学，没有“求真”的愿心和毅力，不能打破成见，作出创新。林先生本书近五十篇论著显示给我们的他的前进道路，不就是这样的么？

林向先生半个世纪以来全力投入巴蜀历史文化的探索研究，做出令人瞩目的成就，是非常不容易的。很多人还会记得，在林先生开始他的学术生涯的时候，学术界一种传统成见还没有完全消除，即以为巴蜀古属蛮荒，与中原文明隔绝，没有上古文化可考。扬雄《蜀王本纪》、常璩《华阳国志》之类文献，仅系神话杜撰，全无意义。这种观点当然会阻碍巴蜀文化的探究，甚至在重要遗存发现之后，还不敢确认其时代的古远和性质的重要。巴蜀历史文化研究的蹊径，是古史学界、考古学界许多位学者，以现代“五丁”的气魄开辟出来的。以我个人有机会觌面请教的为例，如徐中舒、蒙文通、冯汉骥、郑德坤以及沈仲常、王家祐、于豪亮、童恩正、李绍明等先生，他们形成了巴蜀古史文化研究的学脉，林向先生也正于其间做出了突出的贡献。

以上提到的各位学者，多数属于川大或与川大相关，林向先生在本书的“后记”里，也特别言及川大史学，所说四个特点，在林先生著作中兼而有之。川大的历史学科久负盛名，其间如古代史、考古学、古文字学等方面均不愧为西南重镇。2006 年印行的《川大史学》丛书有署名历史文化学院的序，其中讲：“在徐中舒的一手培养下，古文字学和先秦史在川大生根结果，获得了举世公认的学术地位。在考古学方面，田野调查之风兴起。上世纪三四十年代，在冯汉骥的提议和领导下，川大史学系先后主持或参与了四川文物调查、三星堆、汶川石棺墓和前蜀王建墓的发掘等多项工作。在注重实地调查风气的影响下，一批新的学术领域如人类学、民族学也日益受到重视……在此前蜀地学者乡邦文献研究的基础上，巴蜀史研究迅速完成了向现代史学的转化，明确的区域研究意识成为川大史学的一大特色。”读了这段话，我们对林向先生的学术取向和统绪，便容易了解了。他在这部《童心求真集》中，已经充分体现出对所师承学者的传继和发展。

近若干年，我一直在呼吁加强 20 世纪学术史的研究，并且很高兴地看到不少同道也有类似的主张。应该说，相对于其他学科来说，考古学史的工作恐怕要算是特别薄弱的，这对学科今后的进步相当不利。张光直先生为陈星灿先生的《中国史前考古学史研究（1895～1949）》撰序，曾说：“要彻底了解今天的中国考古学，不能不知道中国昨天的考古”。我非常赞同这句话，而且想补充说：要真正做好明天的中国考古，也有必要知道中国昨天的考古。为了开展考古学史的研究，先应多做回忆录、口述史与年谱、目录、论文集、著作集等工作，如林向先生本书中关于徐中舒、冯汉骥、邓少琴、童恩正等先生的回忆纪念文字，都是很宝贵的，如果有人撰写巴蜀考古（以及古史）的专题研究史，这些都是宝贵的依据。当然这样一本巴蜀考古史，一定不会少了林向先生的事迹。

人们常说，具有“童心”的人是不老的。林向先生虽已离休，然而他的学术研究仍正以更大的深度与广度进行。我们期待，不久之后即将有《童心求真集》的续篇问世。

李学勤

2010 年 2 月 11 日于北京清华园

多维视野中的巴蜀考古

——写给《童心求真集》的话

一

巴蜀地区的考古可追溯到20世纪前期。1914年，华西协合大学成立了中国大学中最早的古物博物馆（今四川大学博物馆之前身）。1929年（一说为1931年）在四川广汉月亮湾出土了一批玉石器，华西大学博物馆葛维汉、林名均即组织了月亮湾的发掘，这是三星堆遗址发掘与研究的开端。华西大学博物馆同时还对邛窑、琉璃厂窑、江口崖墓进行考古发掘，并开展民族调查。三四十年代，在冯汉骥先生领导下，四川大学史学系在巴蜀地区做了许多开创性工作，先后进行了汶川石棺葬和前蜀王建墓发掘、四川文物调查、川西大石遗迹调查、岷江上游民族调查等。40年代，中央研究院等学术机构南迁宜宾李庄，一些考古工作也得以在四川地区开展，如以中央研究院历史语言研究所、国立中央博物院和中国营造学社联合组成的“川康古迹考察团”，于1941年考察、发掘了四川彭山崖墓，于1942年发掘了附近的牧马山汉墓群。而缘于成都白马寺出土的一批具有地方特色的青铜器，学术界于40年代提出了“巴蜀文化”的概念。

50年代至80年代中期，巴蜀地区有许多重要的考古发现，除三星堆遗址外，数其重要者有新繁水观音遗址、彭县竹瓦街窖藏铜器、涪陵小田溪战国墓、巴县冬笋坝和昭化宝轮院的船棺葬、成都羊子山土台遗址和172号墓、成都百花潭10号墓、新都战国墓、岷江上游的石棺墓、西昌地区的大石墓等。80年代中期后，以成都平原史前城址群、三星堆遗址器物坑、十二桥遗址、金沙遗址、成都商业街船棺葬等为代表的重大考古发现，引发了学术界对巴蜀考古的更大关注。

今天我们都认为巴蜀考古是中国考古学的一部分，巴蜀地区的古代文明最终汇聚成为中华古代文明。除此共识外，我认为还可以从另外的角度来看待巴蜀考古的价值与意义。

如果将巴蜀考古与中原考古相对比，我们不难看出，一个遗址或一个区域的考古材料是否存在某种能与我们现有知识体系有效连接的“背景”——即文字和文字书写的文献，这将会使考古发现的结果有所不同。由中央研究院历史语言研究所最早在中原发掘的安阳殷墟即是一个有“背景”的遗址。殷墟出土了甲骨文，它记载有殷商王朝的世系和重大事件，形成了中原以文字记录历史的传统。具有文献“背景”的中原地区的考古材料显然具有某种优势，在此“背景”之下，考古学家可以有计划地进行学术目的明确的主动发掘，并对考古材料形成更为清晰的认识。1928年的殷墟发掘被视为中国考古学的开端，此后还进行了 14 次发掘；而后世史书中记载的商代历史被甲骨文所证实，这又鼓舞人们开始对夏文化进行探索。这些考古活动和考古发现，使安阳和中原从一开始就成为中国考古工作的重心。

而在巴蜀地区，包括最早发掘的三星堆遗址在内的大批考古材料并无文字。记述巴蜀历史的当地文献如《山海经》中的部分作品，直到东周时才出现，其他如《华阳国志》、《蜀王本纪》等则晚至汉代及以后。后世的传说并不构成解释巴蜀地区早期考古材料的直接“背景”。由于缺乏文献“背景”，巴蜀地区许多重要的考古发现往往需要依靠更多的线索甚至偶然的契机，对材料的认识也更依赖于各种假说和理论模式。巴蜀考古受到的关注当然也远不比中原，虽然三四十年代即有国家级研究机构和高等院校在此从事考古活动，1949 年后又有诸多令人震惊的考古发现，但在很多中国考古学的重要论著中，巴蜀考古仍只是作为周边或边远地区的考古发现来介绍。

但是，缺乏“背景”的考古发现恰好有其重要价值和意义。如果说安阳殷墟一类的考古发现是在“文献”“背景”的引导下，通过揭示超出“文献”之外的人类过去生活的“图景”来“增补”着我们对历史的认识的话，那么，如同三星堆遗址这样没有“背景”的考古发现就是在“创造”一段“历史”，一段由“实物”“构建—书写”而成的“历史”。

巴蜀地区相对于“中原”被视为“周边”地区，巴蜀考古因而也属于“周边考古”。“中原”与“周边”的划分，缘于传统的历史观，而后者的形成在根本上仍缘于文字的产生。中原自出现文字后便进入了“历史”时期，而同一时期的巴蜀还处于“史前”或“原始”阶段。“历史”时期的中原有着记史的传统，这不仅为后人研读中原地区的历史提供了以文字形式留存下来的“背景”和参照系，而且它提供的是一幅围绕着王朝政权这一“中心点”而展开的历史画卷。只有从中原王朝的视角出发，才会产生“中原”和“周边”这样的政治地理概念，两者的划分也成了业已掌握文字和书写奥秘的“中原”地区对那些尚无文字的其他地区的一种优势和权力。但是，如果历史不仅仅是“文字”书写的“历史”，“实物”本身也在“构建—书写”着“历史”，那么，“中原”地区的那种优势和权力正随着考古发现而逐渐被动摇和“解构”。“中原”和“周边”这些称谓所蕴含的政治文化含义应该被剔除，“中原”及其之外的地区，包括巴蜀，都应作为不同的地理“区域”而共存。曾经在这些“区域”内产生、存在过的文明则共同塑造了历史悠久的中华文明。

巴蜀地区的考古发现具有上述重要性，但如何利用这些缺乏文献“背景”的考古材料“构建—书写”“历史”，如何以科学的方法揭示巴蜀地区的古文明并使之成为中华文明的一部分，这本身又是需要探索的。对“构建”历史途径的探索，进一步从方法论上赋予了巴蜀考古更为深刻的意义。

古代的巴蜀地区是一个封闭的地理单元，文化发展相对独立，出土的考古材料自然更显独特。诸如三星堆和金沙遗址的很多发现不仅没有文献“背景”，甚至缺乏可供比较的其他考古材料。要理解这些超出我们现有知识体系的考古发现，就需要多维的视野和多元的理论。巴蜀地区地理环境复杂多样，向北、向东、向南有通道可与其他文化相交往，古代民族沿通道迁徙并到巴蜀地区定居，这也使得各民族于各时期留下的遗存异常丰富、文化面貌更加复杂。直至今天，四川地区依然生活着很多保留了自身文化传统的少数民族。因此，巴蜀地区的考古研究，更需要民族学、人类学、地理学等多学科的参与。

从20世纪三四十年代开始，已有学者尝试用不同的方法研究巴蜀地区的历史与文化，如以图腾说解释巴和蜀的族名，从古籍记载探讨巴、蜀的立国时代、疆域、经济和文化模式等（参见林向：《巴蜀文化的发现与研究》，《巴蜀历史·民族·考古·文化》，巴蜀书社，1991年）。但将巴蜀地区的考古材料与文献材料、人类学材料、民族学材料等相结合进行研究，则始于四川大学历史系徐中舒、冯汉骥、蒙文通、缪钺等老一辈学术大师。他们积极倡导多学科结合的考古研究，并在诸多研究领域内取得了重要成就。他们奠定了用现代科学方法研究巴蜀古史的基础，开创了考古学、历史学、民族学、人类学等多学科结合的学术传统。这一学术传统，体现了考古学研究的多元化。

二

林向先生1955年进入四川大学历史系，在由徐中舒、冯汉骥等先生开创的学术传统中，开始了田野考古、研究和教学的生涯。

田野考古是考古学的基础，这是冯汉骥先生所强调的，林向先生将此作为座右铭（见该文集之《林向田野考古三十年》）。1958年，林向先生开始从事田野工作，从此踏遍了巴山蜀水。林先生历年的考古调查和发掘，主要集中在峡江地区、成都平原、岷江上游、金沙江与安宁河流域。这正是探索巴蜀地区古代文化的四个关键区域：成都平原是巴蜀古代文化或说区域文明的中心；岷江上游、峡江地区、金沙江与安宁河流域都是沟通成都平原与外界的文化传播和民族迁徙的通道，其中，前两者对探索蜀文化和巴文化的来源至关重要，后者因联系着我国云南地区甚至东南亚而被称为“南方丝绸之路”。

出于不同的学术目的，林向先生曾在不同时期多次前往上述四个地区开展田野工作。

最早前往的是峡江地区。50年代林向先生参与长江三峡水库文物调查，发现了著名的巫山大溪遗址以及大昌双堰塘遗址。通过对大溪遗址资料的整理和研究，林向先生最早提出了“大溪文化”的命名。80年代林先生调查了三峡地区和川南的崖葬，就该区域的崖葬得出了完整、系统的认识。

在岷江上游，林先生于60年代调查和发掘石棺葬，并试掘了汶川姜维城新石器时代遗址。1980年，他又到汶川进行民族考古调查，采集了姜维城出土的史前遗物，以及羌族的口头传说。这些调查地点，后来都有很多重要的发现。

在成都平原，林先生60年代参与的调查发现了一些古城址，其中如郫县古城和温江鱼凫城，在1995年后经发掘并被确认为新石器时代末期宝墩文化的城址，揭示出了史前时期成都平原的文化面貌。林先生60年代又调查了成都平原的窑址群和古墓葬，80年代考察了彭山汉代崖墓、邛崃邛窑窑址群、蒲江碑刻与石刻造像等。1986年林先生带领四川大学考古专业学生对三星堆遗址进行的发掘，是该遗址历次发掘中规模较大的一次。发掘获得了从史前至秦汉的连续的地层堆积，为研究三星堆遗址及早期蜀文化提供了分期标尺。

在金沙江和安宁河流域，林先生70年代调查史前及汉代遗址，发现了大石构筑的墓葬并提出了“大石墓”的命名。此外，林先生在西昌以及成都和甘孜等地开展地震考古调查，在地震考古这一新领域中取得了重要成果。值得提及的是安宁河流域的西昌东坪汉代冶铸遗址。1988年，林向先生带领四川大学历史系86级考古专业的学生发掘东坪遗址，我便是其中的一员。当时的发掘点很分散，我们初次参加发掘，主要是在各自的探方中学习发掘技能并清理遗迹现象。秋天的安宁河河谷，大有一派“天苍苍，野茫茫”的景象，天真烂漫的我们从严肃、紧张的校园一下子来到这样一个环境中，那种激动和兴奋难免分散了我们的注意力。这些都使我们难以了解遗址的全貌和发掘的意义。直到1994年，我从《文物》上读到了林向先生整理、撰写的东坪遗址发掘简报，这才真正意识到当年发掘的重要性。东坪遗址属于汉代郡国的铸钱工场，遗址中出土的建筑、墓葬和各类遗物都具汉文化风格而有别于安宁河流域的土著文化。这表明东坪遗址是内地移民留下的，他们带来了不同于当地的冶铸技术和生活方式。即使在20多年后的今天，东坪遗址这样的考古材料对于我们研究汉文化和冶铸技术在西南地区的传播以及汉王朝对西南地区矿产资源的开发和利用等课题仍具有十分重要的价值。

在考古资料大量涌现、重大考古发现层出不穷的今天，20世纪六七十年代的一些调查和发掘的材料并不那么激动人心，甚至显得有些零碎。但从巴蜀地区的考古发现看，直到80年代中期以前，考古材料都还相对有限，很多今天看似寻常的发现在当时却意义重大。正是长期的田野工作和点滴的资料积累，才使我们有线索去寻求新的发现，并日益丰富了我们对巴蜀历史的认识。许多三四十年前可从地面上调查到的遗迹，想来绝大多数在今天已不复存在，因此当时的调查和记录在今天和未来更显其珍贵。从科学研究的角度看，每一条资料都有其自身价值，它们都是“建构”历史图景不可或缺的“碎片”。因而，今天巴蜀考古的新进展离不开当年田野工作奠定的基础，林向先生所做的很多田野工作无疑具有开拓性。

林向先生的田野工作并不限于他任教的30年，90年代后他仍坚持田野考古。1990年春，林先生曾带领我们86级考古专业的学生到大足参观。参观结束其他人返回成都，我则单独陪林先生到安岳考察石窟。在安岳，我们清早坐独木船考察卧佛院，午间长途穿行于田间小路去探查毗卢洞和千佛寨。在圆觉洞的调查直至夜幕降临，其情其景至今依然历历在目：一轮淡红色的满月从山冈上升起，四周一片寂静，我们和安岳文管所的同志轻快地走下山来，心中充满了愉悦的满足感。1992年初夏，我和同班好友、时在温江文管所工作的谷雨陪同林先生再次前往温江鱼凫城，在细雨中踏查城墙和“鱼凫王墓”。足见林先生对鱼凫城一直非常关注。

1995 年林向先生再到西昌地区，1997 年和 2002 年又两次前往三峡，2002 年率“金沙江文化研究与开发”课题组到云南和川南，2004 年组织“长江上游古代文明中心”课题组深入甘青，2005 年又到滇东北。在完成这些考察后，林向先生对峡江地区的巴文化、金沙江流域的区域文化、安宁河流域及南方丝绸之路上的出土文物等进行了更为深入的讨论。林向先生的这些考察与研究已不同于任教 30 年间的“工作”了，更多的是出于对过去考古经历的挂怀和持之以恒的学术信念与探索激情。

我至今还记得，1986 年我们入学之初，林向先生在课堂上讲到了他带着几名学生在三峡进行考古调查的情形：深夜行进在沿江的小道上，由于不辨路向不得不止住了脚步，这时长江中一只行船的灯光正好照到前方，这才惊觉前方几步路外便是悬崖。当时我感受到的是野外调查的艰苦，但今天我体会到的却不只是一次具体的田野经历，而是筚路蓝缕的艰辛。

三

林向先生长期致力于以田野考古为基础探索巴蜀古史，他的研究探索有三个核心：蜀文化、巴文化和巴蜀文化。围绕核心，探讨三个文化的源流、内涵、特质、彼此间及与其他文化间的关系。具体的研究涵盖了巴蜀地区古代文化的来源、民族、宗教、礼俗、葬俗、艺术等。对于这些巴蜀考古的主要内容，林向先生力图从不同的视角、利用不同的理论和方法，将考古材料与文献材料、民族学材料等结合在一起进行研究。这一研究历程历经数十年，而从该文集收录的论著中我们也可以清楚地看出其脉络。

20 世纪六七十年代，林向先生侧重于田野工作，主要进行资料积累和学术积累。这一时期林先生还重点整理和研究了大溪文化的资料。大溪遗址与大溪文化虽不属巴蜀考古，但却使林向先生萦怀不已。至 1980 年，林先生还利用二十多年前的发掘材料再度深入讨论了大溪文化，进入新世纪后又撰文追忆大溪往事。

70 年代末至 80 年代前期，在巴蜀地区的考古资料较为有限的情况下，林向先生的研究主要在四个方面取得了重要成果。

第一方面是“早期蜀文化研究”。林向先生由周原出土卜辞中所见的“蜀”字入手，从古文字学、历史学、考古学、民族学的角度讨论成都平原、岷江上游、汉中等地的“早期蜀文化”，认为“早期蜀文化”与氐关系密切，但它又并非是只与某一族、某一国直接对应的考古学文化，而是一种受中原文化影响的有特征性和地域性的青铜文化。这是林向先生的一个基本观点，今天学术界对“早期蜀文化”也多持这种认识。值得注意的是，林向先生向来重视文献材料，但对文献记述又有着辨别而不受其左右。比如，他认为从岷江上游到成都平原，诸多既有联系又互不相同的蜀文化遗存表明，当时蜀地“本非一族一国，而是并立或先后立国的众多的‘蜀’，被后世描写成代代相袭的统一的庞大的古蜀国”。这便是由考古材料突破传统的历史观，亦是对文献记载的

“历史”的一种“解构”。也正是在这一研究中，林先生提出了“意在寻索隐没在历史尘埃中的古蜀文明”。林向先生一生的研究和探索，都在于寻索关于历史的真相与真知。

第二方面是对巴蜀地区三种主要葬俗的系统研究。其一是全面讨论了安宁河流域的大石墓，认为大石墓是东周秦汉时期巴蜀西南徼外的邛人墓。其二是从岷江上游羌族民间流传的《羌戈大战》探讨羌族的原始宗教和迁徙史，结合对岷江上游石棺葬的考察，认为石棺葬是战国至西汉时期氐人而非羌人的遗存。其三是结合考古材料和文献材料研究峡江地区的崖葬，提出这是巴蜀境内獽、蜒民族的葬俗。这些研究尤其注重辨析各类葬俗的命名，并充分利用各类资料系统讨论墓葬的特征、时代、分布、文化内涵等，故而具有开创性和指导性。

第三方面是对羌族民间传说的收集、整理与研究。除上述对《羌戈大战》的历史分析外，还收集整理了羌族的“创世纪”神话，深入发掘其中的历史价值。

第四是地震考古研究。四川西部地处地震带，开展这一地区的地震考古研究具有重要的现实意义，林向先生为此投入了大量精力。针对各种邛海地陷说，林向先生详细考证文献材料，再分析考古材料，最后从地质学的角度考察邛海的变迁，以多重证据和严密的逻辑令人信服地辨明了邛海并未因地震而将城址沉陷成湖。林先生还利用各种文献、碑刻以及对上百位彝族老人进行的第一手民间调查材料，考察了历史上发生于西昌、炉霍等地的地震。70 年代末期，这些研究成果成为国家文物局和国家地震局开展地震考古工作的重要参考文献。此后，林向先生又根据安宁河两岸遗址位置的变化进一步研究了安宁河谷的地震，通过田野调查和文献考订论证了大渡河因新构造运动而发生的改道。结合具体研究，林先生还就考古材料和考古学研究方法对于地震史料的考订与判读作出了理论阐述。在其他诸如对四川唐宋塔等的研究中，林向先生也十分关心其中涉及的地震考古的史料。收集与地震相关的考古资料、运用历史考订的方法作出地震学的分析，这是考古学的应用研究取得的新成就。

1986 年三星堆器物坑的出土为巴蜀考古提供了前所未有的新资料。以此为契机，巴蜀地区不断有重要的新发现。而 80 年代后期至 90 年代末，也成为林向先生著述最丰富的一个时期。这一阶段林先生的研究集中于以三星堆为重点的古蜀文化。

三星堆遗址出土了大量陶质和青铜质酒器，林向先生结合文献材料和民族志材料，讨论了酒与巫术的关系以及古蜀的酒文化。后又根据台湾阿美族的制酒方法，进一步讨论了巴蜀地区的酿酒技术与酒文化。过去很少有人在这方面进行过如此专门、深入的研究，林向先生将考古、文献和民族志材料相结合的研究可谓别开生面。更重要的是，林先生并非只限于讨论酒文化，而是意在通过酒与巫术来理解巴蜀的“萨满式文化”。正是透过这一独特视角，林先生在三星堆器物坑出土不久即提出坑内埋藏的是用于原始宗教的遗物，那些失灵的灵物和神像被毁坏和掩埋，可能与古蜀国改朝换代时行巫术以厌胜有关。这种关于三星堆器物坑及出土遗物性质的意见具有很大影响。目前针对三星堆器物坑的性质已有十余种不同观点，但多属祭祀坑说。林向先生“厌胜埋藏”的认识是将器物坑置于萨满文化的背景下考察而得出的，它也得到了民族学材料的支持，这种研究方法和具体观点至今仍给我们以启迪。

除酒器、神像外，林向先生还专门研究了三星堆器物坑内的其他遗物。这些研究由于视角独特、材料广泛而具有独到见解。比如，林先生认为青铜树为建木，意为众神上下于天地的“天梯”；青铜太阳形器和兽面为盾饰，它们与共出的铜戈、玉戈同为古蜀国祭礼“干舞”的用具；经仔细观察，认为青铜人像都戴有面具，神像则不然，这反映了当时宗教的仪式与仪轨。三星堆器物坑中出土大量玉、石牙璋，此类璋类型众多，分布于东亚大陆并历时上千年。林向先生将这些璋定名为“中华牙璋”，并将夏商时期的牙璋划为分别以古蜀和西北为中心的南北两支。这是对牙璋所作的全面研究，并由各系统牙璋的异同、流布等讨论了中华文明多元一体格局的形成。

三星堆器物坑的发现极大地推进了人们对古蜀文明的认识，也为我们重新认识过去出土的材料提供了新的视角和线索。20世纪50年代曾在成都羊子山发掘一个土台遗址及台上的一座大墓。因受资料限制，过去仅认为羊子山土台是先秦时期的礼仪建筑，土台上的172号墓或为战国晚期墓，或为秦代墓。结合对三星堆遗址的认识，林向先生研究后认为土台可能始建于商代或殷末周初并沿用至战国，是古蜀国用于宗教祀典的祭坛。而M172则为身兼祭司的蜀侯恽墓。这进一步丰富了对古蜀文明的认识。

在这一时期，林向先生重新审视了蜀文化的整体面貌、与中原文化的关系以及古蜀文明的生态环境等。关于殷墟卜辞中的“蜀”，历史上有不同理解。借助三星堆遗址的新材料，林向先生认为以三星堆为都邑的蜀即为殷墟卜辞中的“蜀”，亦是商之西土。具备了文明社会诸要素的蜀文化同中原文化存在联系，它在江汉地区与二里头文化相遇、在陕南与商文化相遇、在渭水与周文化相遇。90年代，在成都平原相继发现一批史前城址，确立了早于三星堆文化的宝墩文化。林向先生提出宝墩文化为古蜀文化的开端，宝墩文化的古城、三星堆文化的陶器群与牙璋、“禹”与“蜀”字的关联、三星堆器物坑出土遗物所反映的龙崇拜等，又表明蜀与夏有密切关系。蜀与夏同源的问题，林向先生以后又从不同角度多次加以论证。

林向先生对巴蜀文化区的生态与地理环境也作了考察，认为蜀文化的兴起、文化区的形成以及蜀文化的特征等均与当时的人文和地理环境相关。从环境的角度分析蜀文化的发展进程是非常必要的，至此，林向先生就蜀文化所做的研究在涵盖面上已趋完整。

进入新世纪后，林向先生非常关注考古新材料，对巴蜀文化的研究也进一步向广度和深度拓展。这一时期林先生的学术关注点主要集中在两方面。

第一方面是文物研究。西南地区大量存在的青铜树即是其中一个重要专题，林向先生此时将这项研究的范围由三星堆扩展至我国西南、时代由商时期延至汉魏。其基本观点是，三星堆铜树表现了传说中的建木，反映的是树崇拜；川西南盐源盆地及贵州等地出土的战国秦汉铜树，反映的是树崇拜和太阳崇拜，并完成了由“神树”到“树神”的人格化转变，树上的马、虎、鱼等动物形象则与早期的龙崇拜相关；对“神树—树神”的崇拜成为巴蜀地区民族文化的特征。汉魏时期的铜树发展为“柱铢”，它虽根源于早期的信仰，但开始更多地表现金钱崇拜、民间神仙崇拜、道教和佛教信仰，其功能也演变成为主人升天准备的天梯。将铜树研究加以扩展，林向先生进一步考察了三星堆的羊首龙柱与鸡杖、金沙的太阳神鸟、三星堆与金沙的岐刃牙璋、盐源的羊首虎杖和鸡杖以及南方丝绸之路上的其他相关发现，认为这些遗物及广泛发现的龙、鸟（鸡）、虎、羊等动物形象与古代观测日影的活动和信仰密切相关，并充分反映了这个区域的文化特征。以上针对遗物的研究最终都指向了巴蜀地区的文化系统，并首次在巴蜀考古中涉及了天文考古。

对龙形象的研究是又一个专题。据三星堆器物坑中的羊首龙柱和其他的龙形象，林向先生认为蜀文化中的“羊首龙”与“禹兴于西羌”的古史传说相关。对于三星堆器物坑的龙柱形器，一直难有合理的解释。林向先生的研究不仅对龙柱形器提出了一种新看法，而且将对铜树、立杆测影、蜀夏同源等的论述相贯通。林向先生还将视野扩展到过去较少关注的金沙江流域，根据该流域少数民族龙崇拜的传说和相关考古发现，探讨该区域与巴蜀文化的关系以及成都平原出土金器的金料来源。

第二方面是林向先生对蜀文化、巴文化和巴蜀文化的总结性认识，有两篇作品最具代表性。

一篇是《四川盆地巴文化的探索》。过去学术界受考古材料限制而难以确认四川盆地内的巴文化遗存，巴文化的面貌相对于蜀文化更为扑朔迷离。林向先生对巴文化一直有思考，但却很少专门论及。此时通过多年来对四川各地考古材料的研究，林向先生提出四川盆地和三峡西部在夏商和西周时期都只有“蜀”而无“巴”，东周以前的“巴”应在汉水流域和江汉平原；东周时江汉平原的“巴人”受楚逼迫西进，与蜀地的土著民族结合形成“巴文化”，进而与“蜀文化”共同形成了“巴蜀文化”。而三峡西部李家坝和川东北罗家坝的墓葬为賨人墓。林向先生对巴文化的研究可说是厚积薄发，根据文献学和考古学的文化因素分析法，就“巴人”和“巴文化”、“蜀人”和“蜀文化”进行分析和归纳，一一辨明了各地遗存的性质。

另一篇是《“巴蜀文化”辨证》。该文以数十年的研究为基础，通过对从“巴蜀文化”一词的最早出现到目前最新研究成果的系统梳理，分析和辨别“蜀文化”、“巴文化”、“巴蜀文化”等概念的内涵和外延。同时，明确了巴蜀地区古代文化的三个发展阶段：以宝墩文化为代表的“先蜀文化”、以三星堆文化和十二桥文化为代表的“古蜀文化”、以巴蜀墓葬为代表的“古巴国”和“古蜀国”境内的族群文化即“巴蜀文化”。至于“巴蜀文化”中那些具体墓葬与具体族群的对应关系，林向先生认为还有很大的探索空间。对于学界提出的“广义的巴蜀文化”，林先生还认为，四川盆地由于特殊的人文地理条件等，在源远流长的中华文化的历史长河中犹如一座水库，对中国历代的政治、经济、文化、人口等，都取到了流动、储存、调节、融合、扩散等“水库效应”。这篇文章或可说聚合了林向先生此前巴蜀考古的研究成果，集中体现了林先生的学术思想。

约在2000年前后，中国社会科学院考古研究所组织编写《中国考古学》，我参加撰写的部分就有《两周卷》中的“巴蜀文化”一节。当时《夏商卷》与《两周卷》分别编写，我在写作时更多考虑的是巴蜀地区两周时期的情况，认为四川地区在西周主要为受中原文化影响的蜀文化，东周时期的文化面貌则较为复杂，早期的蜀文化继续发展，同时巴文化、楚文化、秦文化和中原文化都对这一地区产生了明显影响，这一阶段的文化一般被称为巴蜀文化。《两周卷》出版不久，我读到了林向先生的《“巴蜀文化”辨证》一文。林先生对此提出：将“巴蜀文化”作为一定时间段的地域文化是很正确的，但不宜将蜀、巴、楚、秦、中原诸文化并列，而如果将字里行间有所强调的“蜀文化”看成是较早时期的以“蜀”为中心的地域文化就更为确切了。完成《两周卷》后，我对金沙遗址、成都商业街船棺墓等考古材料以及商至西周时期蜀文化的独特性和延续性有了进一步的认识。我认为林向先生对“蜀文化”、“巴蜀文化”的上述认识与目前四川地区出土的考古材料最为契合，我现在亦完全同意林先生的看法。

四

林向先生利用科学的方法对巴蜀考古进行了全面、系统的研究，对巴蜀文化有系统的认识，这使得林先生在“建构”巴蜀古史的同时，也形成了一个以巴蜀文化研究为主体的学术体系。

学术研究是一种探索，既是对知识的探索，也是对获取知识途径的探索。林向先生学术体系的鲜明特色首先就体现在多元的研究方法上。这突出表现在林向先生的考古学研究结合了历史文献学、古文字学、民族学、地理学、宗教学等相关学科的理论、方法和材料，同时广泛采纳国外考古学的新理论，并将巴蜀地区的材料与我国其他地区以及东南亚、南美等地的考古材料进行广泛的比较。多学科结合和采纳广泛比较的研究在林向先生的几乎每一篇作品中都有明显体现。这也使得林向先生对巴蜀历史的认识更为丰富多彩。可以说，林向先生这一学术体系的基础是田野考古，利用考古资料通过多种途径“构建”的是一段过去不为人知的“历史”和一个不同于后世文献记述的历史观，因而这一学术体系的形成也凸显了巴蜀考古的重要意义。

林向先生这种学术取向和治学风格，还体现在他纪念徐中舒、冯汉骥、邓少琴和童恩正等师友的文章以及林先生的教学中。从 1986 年林向先生开始给我们讲授商周考古，到 1990 年我成为林向先生的研究生，多年跟随林先生学习，让我对此更有切身体会。90 年代初林先生指导我撰写船棺葬的学位论文时就提出，要研究这种特别的葬俗，仅着眼于墓葬本身是不够的，还需要考察相关民族的生活习俗、信仰以及他们的生活环境等。林先生要求我除墓葬材料外还应尽可能了解古代南方民族使用独木舟的情况等，收集相关的文献材料与民族学材料。尽管我最终也未能将各类材料贯通起来，但林先生的教诲使我开阔了视野，认识到通过多种途径、多类材料进行考古学研究的重要性，并感受到了这种学术风格的魅力。以后，我也更多地了解到民族学、人类学、地理学等在西方考古学研究中的作用与地位。

林向先生学术体系的特色也体现于内容上。在这一体系中，研究面涵盖了巴蜀文化的源流、内涵、交流等各个方面，在从宏观上认识巴蜀古史的同时，实际上也阐明了中华古代文明的丰富性。林先生提出巴蜀区域文化具有“水库效应”，这一具有前瞻性的思想更给予我们这样的启示：即我们不能只将巴蜀区域文化视为中华文化静态图景中的一部分，而更应考虑两者间的互动关系，尤其是巴蜀区域文化在中华文化形成、发展过程中的作用，如此才能从更深层次上揭示巴蜀区域文化为中华文化的组成部分这个重要问题。林向先生还于巴蜀考古中开创了地震考古以及酒文化、龙文化等新领域。四川地区历史上有过多次地震，2008 年更是发生了震惊中外的“5・12”汶川大地震，因而开展西南地区的地震考古研究更具重要的现实意义。四川地区的酒文化源远流长，西南的许多民族至今仍有不同形式的龙蛇等灵物崇拜。因此，开展酒文化、龙文化研究，也是为了更好地理解当今。

这一体系也并非只有高屋建瓴的论述，它还包括了大量对具体遗物所做的个案研究。这些遗物研究也有两个鲜明的特点。特点之一是注重建立不同遗物间的联系。研究出土遗物、尤其是缺乏文字“背景”的遗物，不宜进行孤立的解释，而应将考察对象放在出土背景和文化背景中与其他共出遗物相联系，如此才能避免解释的随意性而得出合理认识。林向先生研究具体遗物时就特别注意考察出土背景与共存关系。更重要的是，对诸如铜树、人像、盾饰、铜杖、玉璋等遗物虽是分门别类加以研究，但各项研究得出的结论却互相支持，对不同遗物的解释最终都能放在同一个理论框架中经受检验。这其实是在一个更高的层面上将不同遗址、不同时段的材料相联系。也正是这样，这些研究才真正成其为一个严密的体系。特点之二是遗物研究并不停止于“物”上，而是由“物”来探讨文化、社会、民族和人们的精神生活。相关论著中虽然不乏必要的类型学研究，但却无一篇文章仅限于此。“透物见人”需要造诣，也需要眼光。

在这一学术体系中，无论是宏观考察还是个案研究，都时时显示出林向先生开阔的视野、活跃的思维和渊博的学识。林向先生的论著中不仅有宏论，更有思想的火花。

五

《童心求真集》是林向先生为自己的论文集所取的题目。

古希腊哲人亚里士多德说过，“知识”源于“好奇”或者源于“惊赞”。这个意思并不仅仅是说，科学知识的产生是对人皆有之的“好奇心”的满足，它还应有一种更为深刻的解释，即“好奇”就是“自由”，是人在摆脱了“被动”的对于生存环境的适应和挑战之后的一种“主动”的“好奇”，它是一种没有实用和功利目的的“自由”行为；“知识”本身就是求知的目的，求知的行为在根本上是“自由”的。在这种自由地探寻真知与真理的进程中，除去常说的决心、恒心之外，一份“纯真无邪”的“赤子之心”也必不可少。童心以其纯一无伪的“清白”、了无遮蔽的“开放”状态在不同的文化当中都受到了推崇。从孟子所说的“大人者，不失其赤子之心者也”，到《新约》中耶稣多次表达的“天国”的奥秘只向孩童显露，这些无非都表明，“真理”只向那些抛弃了“私心杂念”的、摆脱了实用功利目的的真诚者、“自由者”敞开，“自由”是求真的最高境界。

林向先生在一颗“童心”的带领下在学术研究领域中自由驰骋，这种求知的好奇心同样贯彻到了他的日常生活中。林先生从不拒绝新鲜事物，而且始终保有一种开放的心态和对未知事物的热忱，他的思维非常活跃、敏锐。1997 年夏，林向先生到东北讲学途经北京，我陪林先生参观中国美术馆。林先生饶有兴趣地边看边画里画外地随兴评论，直至饥肠辘辘，我们才意犹未尽地走出展馆。1998 年我到成都，林先生刚买了电脑，热切地让我教他使用。我就所知的创建文档、输入文字、保存文件、复制备份讲了一遍。林先生边听边试，很快就掌握了。后来，我的电脑水平再无进步，但却常能从网上接收到林先生制作的新鲜有趣的视频和动画。

林向先生便是这样愉快地思考和生活着。祝愿林向先生永葆“童心”。

谨以此文感谢林向先生引领我走上一条“求真”的路。

施劲松

2009 年 10 月于北京

目　录

（一）田野考古报告

（二）考古文物论丛

（三）巴蜀文化研究

(四)地震考古探索

(五)师友人物随笔

CONTENTS

Researches on the Ba and Shu Cultures

Discoveries of Earthquake Archaeology

Essays on Teachers and Friends

Appendix

（一）田野考古报告

四川理县汶川县考古调查简报

1964 年 3 月 27 日四川大学历史系考古教研组派童恩正去阿坝藏族自治州理县和汶川调查石棺葬，因发现了石器，于是又增派林向前往，一并调查了有关遗址，前后历时两个月。这次调查得到理、汶两县各级领导及汶川气象站等单位的支持，同时四川地质学院、重庆市博物馆及四川省博物馆对我们的工作也给予了协助。

此次调查范围在杂谷脑河两岸：上起理县米亚罗，进了孟屯沟，下至杂谷脑河与岷江汇合处的威州（今汶川县治），并溯岷江至汶川雁门乡萝苈寨一带（图一）。除发现许多石棺葬（另文发表）外，发现石器出土地点五处，其中确定为石器时代遗址的一处，均在理县境内。在汶川县姜维城发现石器与陶片共存的地点一处。这一带解放前后都有人调查过①，但建山寨遗址及大岐寨和小岐寨等地点，以及姜维城的石器，则是首次发现。

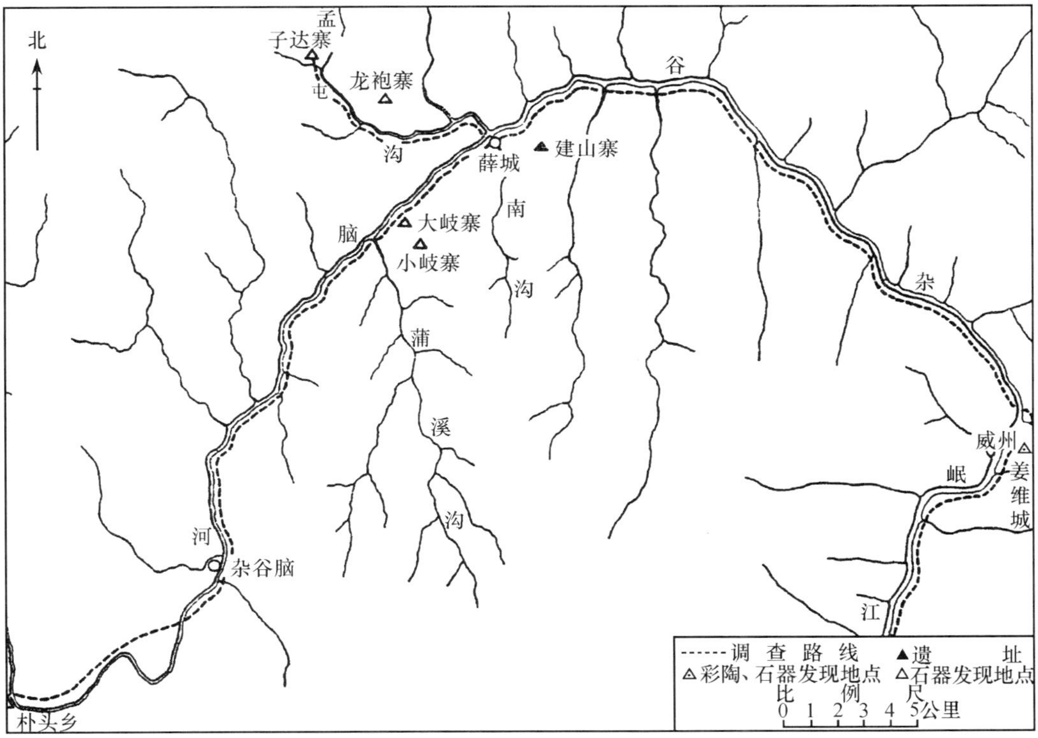

图一　遗址分布图

① 《四川威州彩陶发现记》，《说文月刊》4 卷合订本，1944 年；《四川藏区孟董沟发现的磨制石器》，《文物参考资料》1955 年第 6 期。

一、理　县

（一）朴　头　乡

在梭罗沟和杂谷脑河汇合处的三角形台地上，台地高出河谷30余米，地面已垦为农田。这里只发现千枚岩磨制的大型石斧二件（图二，1、2），都是狭长平薄，一件长22厘米、宽6.5厘米、厚1.7厘米，顶部残缺，锋刃圆突，纵剖面刃部似不对称；另一件长28厘米、宽6厘米、厚1.4厘米，刃口微圆。这种石斧过去在此地还未发现过，其他地方也甚罕见，这次发现较多。朴头乡是这一带发现石器最低的地点。

（二）大　岐　寨

在薛城以西约五公里余的高山上。采集到石斧一件（图二，3），比朴头乡的显得宽短厚实，长10厘米、刃宽6厘米、厚1.5厘米。平面呈梯形，刃部斜圆，是新石器时代晚期常见的形式。

（三）小　岐　寨

采集石斧一件（图二，9），和大岐寨的相似，残长8厘米、刃宽7厘米、厚2.6厘米，上部残断。石凿一件（图二，7），残长7.5厘米。是黄河上游及长江流域新石器时代晚期的常见器物①。

（四）龙　袍　寨

在孟屯沟内，高出河谷约八百米以上。采集到石锛一件（图二，4），狭长平薄，棱角清晰，与朴头乡的石斧近似，长10厘米、宽4厘米、厚1.3厘米，顶部微损，似装柄的痕迹，也是千枚岩磨制。

（五）子　达　寨

也在孟屯沟内。共发现石器四件，石材一件。其中石斧二件（图二，5、6），方柱

---

①　可参看：《西安半坡》，图五八，9、10；图版六八，20、21；夏鼐：《考古学论文集》，第22页；《甘肃武威皇娘娘台遗址发掘报告》，《考古学报》1960年第2期；《四川巫山大溪新石器时代遗址发掘记略》，《文物》1961年第11期；《凤县古文化遗址清理简报》，《文物参考资料》1956年第2期；《陕西西乡李家村新石器时代遗址》，《考古》1961年第7期；《湖北蕲春易家山新石器时代遗址》，《考古》1960年第5期；《南京市北阴阳营第一、二次的发掘》，《考古学报》1958年第1期。

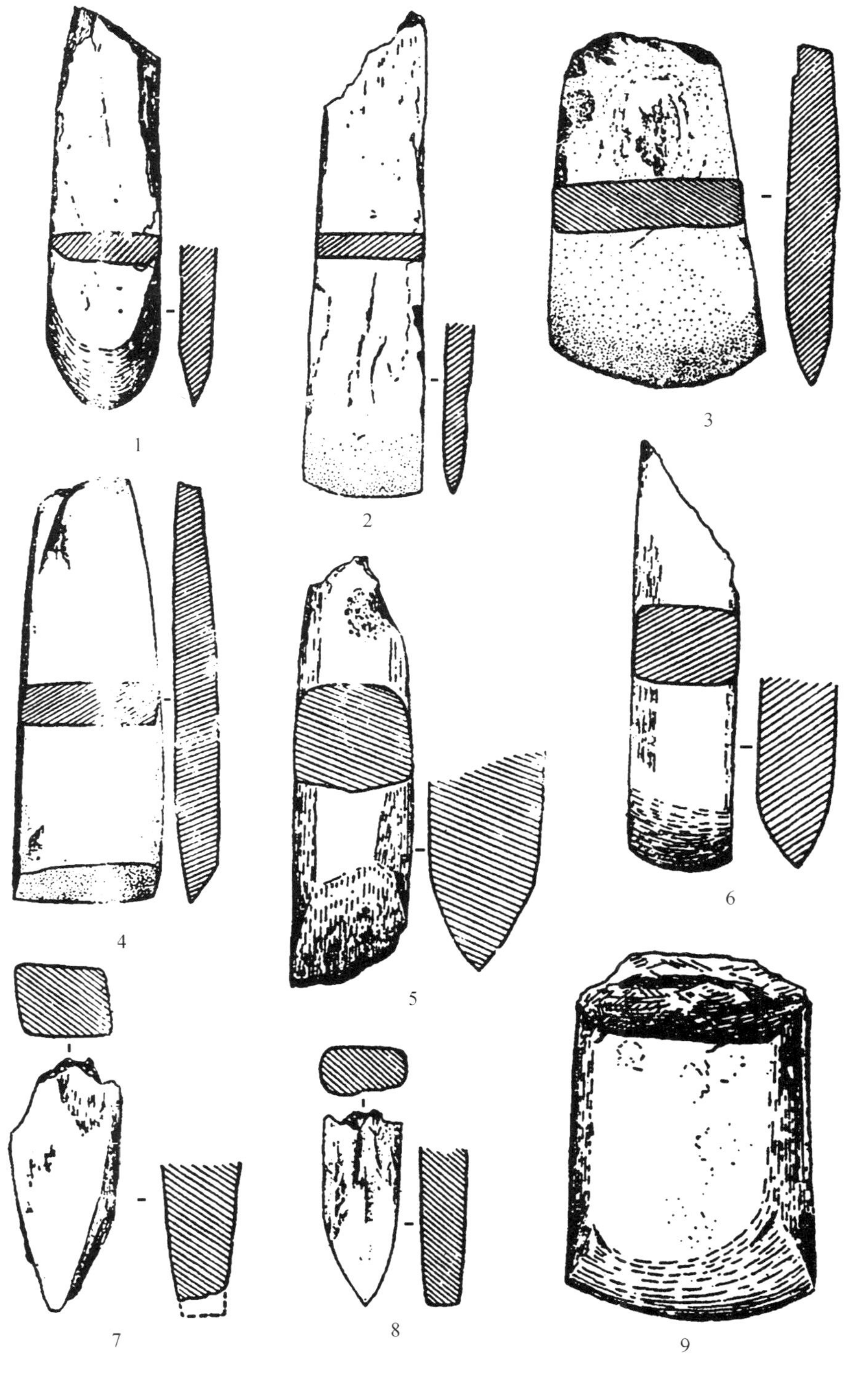

图二　石器

1～3、5、6、9. 斧　4. 锛　7、8. 凿（1、2. 朴头乡　3. 大岐寨　4. 龙袍寨　5、6、8. 子达寨　7、9. 小岐寨）

状长条形，横断面近钝角长方形，一件残长 12.5 厘米；一件残长 12 厘米，刃部均斜圆，似使用磨损的结果。这种方柱状石斧过去在四川乐山、宜宾一带亦曾发现，川大博物馆有旧藏标本多件。凿二件（图二，8），均残断，形制与这里采集的石斧有关，这种石凿多半折断。另有锯割痕迹的石材一件。

（六）建　山　寨

从薛城（原理县治现为区治）东侧小路上山约 5 公里余，高出河谷约 800 米。在寨子东约 100 米的地方，有一处高约 5.5 米的梯地断崖，上面露出厚约 1 米的灰层，社员们曾在此拾到石器，我们在灰层中找到了大量陶片。断崖上露头的文化层长约 20 余米，据说上面晒坝附近也曾出过石器。

我们在这里开了 1 米宽的探沟 3 条，面积 15 平方米。是利用原来断崖上暴露的剖面，继续下挖，直到生土。地层以探沟 1 南壁（即原断崖面）为例：

第一层，农耕土，土色棕黄，厚约 20 厘米，质松。含有大小石块。

第二层，褐色土，厚约 2.5～4.6 米，质硬成块状，土缝间有白色硝盐，杂有石块，植物根须等。这一层应是开辟梯地时从斜坡上盖下来的，有些地方没有这样厚。

第三层，灰黄土，厚 0.4～2 米。色灰带黄，含有陶片、石器、炭屑和烧土等，没有发现晚期或近代遗物，部分下压淡黄色生土或炭灰与烧土的遗迹。

第四层，炭灰烧土堆积层，在厚约 1 米、长约 5 米的灰土内有叠压十分整齐的炭灰和烧土。黑炭屑有 8 层，有的能看到直径约 5 厘米的木炭块，在黑炭屑中间或有薄而成层的烧土，有的烧土上还有木材的印痕，厚的 10 厘米、薄的约 1 厘米。上部炭屑间填满极轻细的白色或粉红色的灰状土①。下部的炭屑间是厚约 15 厘米的红色细土，内含遗物。中间有一大块淡黄色土。西边有一处炭屑层，下凹约 35 厘米，有如柱洞痕迹。石器、陶片、烧骨主要出在这一部分灰烬中，有可能是一处建筑遗址。

第五层，红土夹淡黄土，厚约 1 米，直接压在炭灰烧土之下，内杂有石块，陶片和烧土块等，可能与上述建筑遗址的构造有关。

第六层，淡黄色生土。

这次在建山寨调查，从文化层中共获得标本 409 件，内石器 17、陶片 391、穿孔贝 1（图三，9）及烧骨、石器残片若干，现将遗物分述如下。

石器　器形有斧、锛、凿和环四种，用千枚岩磨制。这些石器制作得都较精细。

石斧　2 件。都与朴头乡的相同。一件长 9 厘米，圆刃不对称（图三，1）。一件残长 10 厘米，锋刃圆突（图三，2）。由于石质关系，石斧极易崩坏，同出的有残片 7 件。

石锛　2 件。形制与朴头乡的石斧相同。一长 11 厘米、一长 12.5 厘米（图三，3、4）。

---

① 承四川大学化学系化验，认为是未燃烧的自然物。

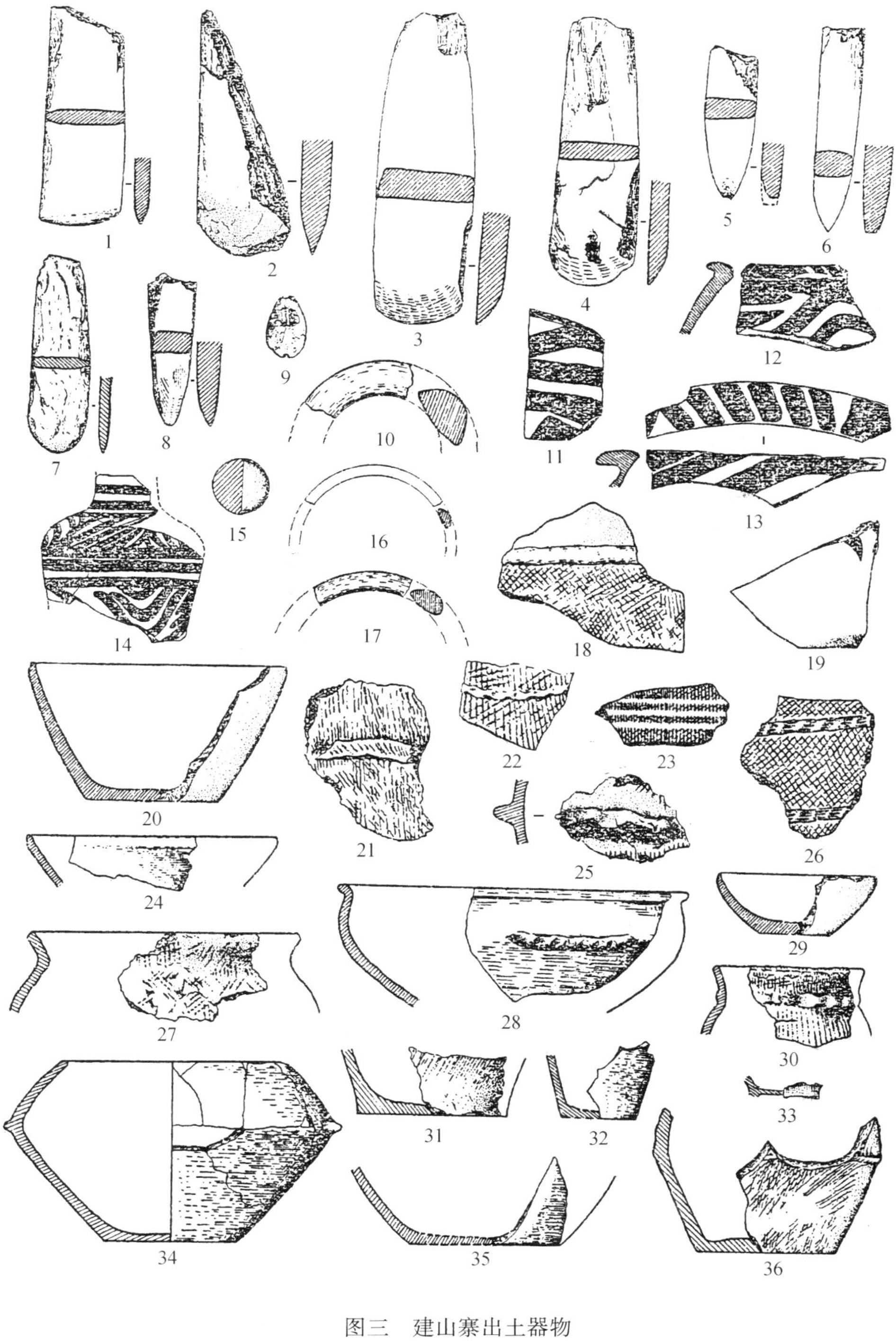

图三　建山寨出土器物

1、2. 石斧　3、4. 石锛　5～8. 石凿　9. 穿孔海贝　10、16. 石环　11～13、19. 彩陶片　14. 残陶瓶　15. 陶球　17. 陶环　18、22、23. 泥质陶片　20、24、29. 陶碗　21、25、26. 夹砂陶片　27、30. 陶罐　28. 陶盆　31、32、35、36. 器底　33. 圈足　34. 陶钵

石凿　5件。其中圭形凿三件（图三，5、6），比较精致。尖头凿一件（图三，8），形如圭形凿而尖刃。斧形凿一件（图三，7），如朴头乡的斧，但小而平薄。

石环　8件。均残断。黑色的用千枚岩，白色的用大理石磨制。有宽、窄两种（图三，10、16）。

陶片　按质地可分为四种。泥质灰陶，火候较高，数量最多，占56.01%。其中有的质粗，胎多孔，色灰黑，以素面磨光为主，有的表面留有交错绳纹及斜行绳纹的痕迹。有的饰附加堆纹（图三，18、22、23），可能为模制。有的泥质较细，灰色，打磨光滑，或饰一层黑色陶衣，有陶衣的占全部陶片的4.29%。夹砂灰陶占27.37%，为此地带特征性的遗物。陶质粗多孔，夹有大量片岩、页岩石子，有的长达12毫米。夹砂灰陶的陶土，是取自附近的山泥，均手制，火候不高。纹饰均为绳纹加一至数圈附加堆纹（图三，21、25、26），也有圆窝纹。有的绳纹经过抹平，隐现器表，有些则组成斜方格纹，十分清晰。未发现完整器物，往往底薄于壁。泥质红陶占15.09%，质较细，也有粗而多孔的。因火候关系，呈斑驳的灰色，手制。有些内壁有明显的泥条盘筑痕迹。彩陶占1.53%，质极细，火候高，胎色橙红，黑彩（图三，11～13、19），手制。探沟2出土的残陶瓶上部。花纹由平行线和弧线等组成，其风格与甘肃东部的仰韶文化近似①。

容器的口缘有敛口、直口、侈口、翻唇、卷唇、尖唇和直颈数种（图四）。底部只见小平底（图三，31、32、35、36），可能有圈足器（图三，33）。器形可辨的有碗（图三，20、24、29）、杯、盆（图三，13、28）、钵（图三，34）、瓶（图三，14）和罐（图三，27、30）等数种。此外，有陶球（图三，15）和陶环（图三，17）等。制法似以手制为主，部分口缘似有轮修痕迹。

这次在川西北岷山山区调查发现的原始遗存，就各地发现的遗物来看，是属于同一种类型的遗存。建山寨遗址的发现，为我们认识这种文化类型提供了线索。这里的石器

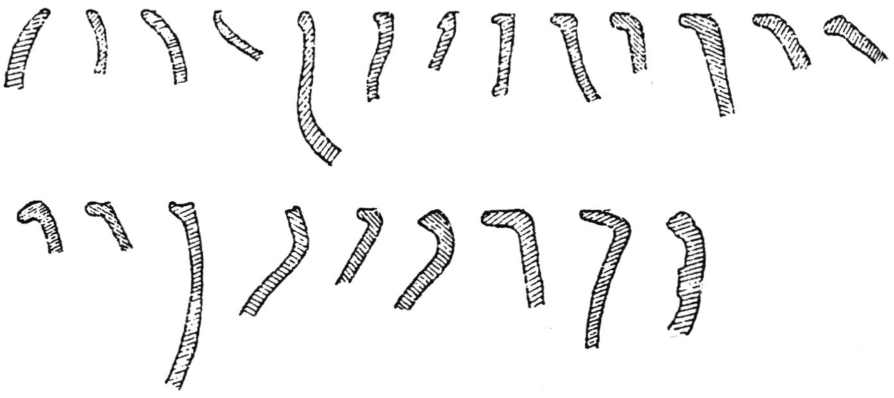

图四　陶器口沿

① 甘肃博物馆：《甘肃古文化遗存》，《考古学报》1960年第2期。

以全身磨光，形态规整，狭长平薄的斧、锛为其特征，有西北、西南地区流行的圭形凿。陶器以灰色陶为主，口部形态的复杂与底部形态的一致成为鲜明的对照。泥质陶占大多数，有与甘肃的仰韶文化相似的彩陶，而夹小石块的粗灰陶是特征性遗物之一。这里没有发现骨器，但发现有穿孔的海贝。

这些发现遗物的地点，均无金属物痕迹，虽与秦汉时代的石棺葬相邻近，如建山寨遗址以西数百米，就有石棺葬群，但两者遗物全不相同，如石棺葬中不出彩陶，遗址中未见双耳罐，可以肯定不是同时的文化遗存。

二、汶 川 县

（一）威州镇后姜维城

在威州镇南的台地上。岷江自东北流来，汇合杂谷脑河再折向南流，形成高约110米的舌状台地。表面是黄土，下面是夹砂砾石，应是一处冲积台地。上面有古代夯土城址（详后）。在城墙内外地表耕土层内及夯土墙中均可找到陶片。我们在此共获彩陶片六块，陶色橙红，黑彩（图五，1～3）；泥质红陶二十七块，器形可辨的有罐底（图五，7）、瓶口（图五，6）；泥质灰陶和夹砂灰陶都有细绳纹和附加堆纹（图五，4、5）。在东城墙边上发现磨光残石器一件，似为斧类器。遗物性质与建山寨遗址同。

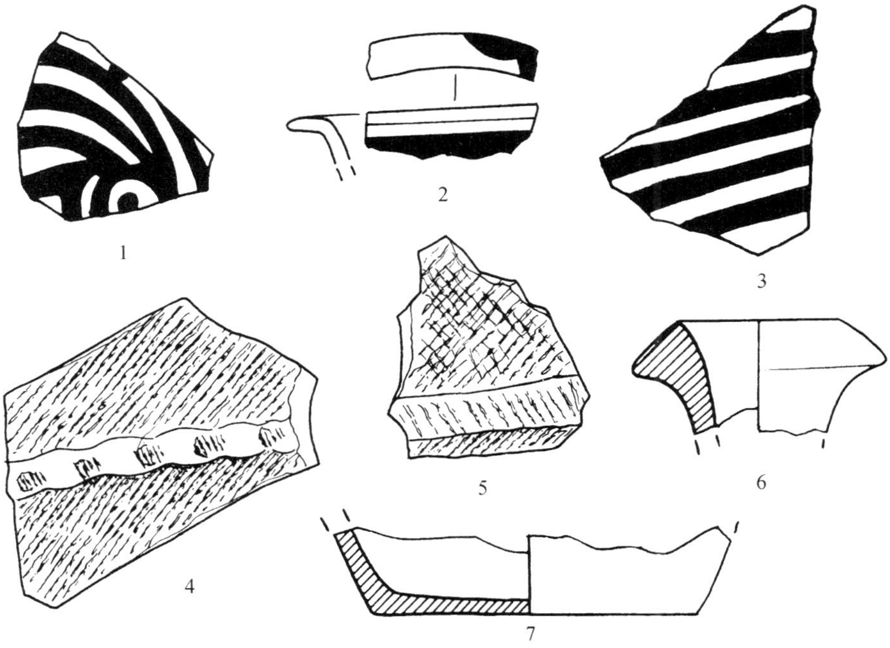

图五 姜维城出土陶片

1～3. 彩陶片 4、5. 陶片 6. 瓶口 7. 器底

这里过去发现过彩陶片，但没找到石器和文化层。这次我们在台地上开了1米×4米的探沟4条，但仍未发现文化层。各探沟情况相同，耕土内含彩陶片、红陶片、灰陶片及晚期遗物；耕土下有些地方接生土，有些地方扰坑很深，出土汉瓦碎块，唐宋白釉瓷片、青釉瓷碗和黑釉瓷碗，还有明代的骨灰罐等。

（二）古 城 址

三面环水，背依高山，当地人称此台地为“古城墙”，或称“姜维城”。

古城墙尚残存东南与西南两段。东南略成一直线，残长65米、厚约6米、高约9.4米。西南段残长120米，其南端向外突出成一转角，墙身大部倒坍，残厚2.5～6米、高4～9.4米。城墙系用黄土夯筑，每层夯土厚约12厘米，夹棍孔径约20厘米。

城墙之夯土即利用台地上及其周围之黄土，内含彩陶片、细泥红陶片、夹砂粗灰陶片及黑细瓷片。在城址内，亦找到一些彩陶片，还有青黄釉、黑釉①及酱釉的瓷片，器形有碗和水盂，还有大量厚重绳纹汉瓦片。

今汶川县本汉绵虎县地，梁于此置汶川县②，唐因之，至永徽二年废③，南宋时又增设汶川县④。“明宣德中……，迁州治于汶川县，而移汶川县治于寒水驿北，即今治也。”⑤ 由此可知，此古城应为明以前的汶川县治至少在梁时已经存在。

当明宣德时威州迁到汶川以后，即在旧城北修了一道石城墙，城区亦移到山下岷江南岸⑥，石城墙现在尚有部分保存。至于迁到寒水驿北的汶川县治，由清代至解放以前仍为汶川县，现为汶川县绵虎区。

（本文与童恩正共同署名执笔，原载《考古》1965年第12期）

---

① 这种黑釉瓷一般称为“建窑”，但四川、广西亦有这种瓷窑，时代为宋代。王家佑：《四川广元黑釉窑初探》，《文物参考资料》1955年第3期。我们仅在城墙表面发现一小块，在断层深处绝无发现。

② 《元和郡县志·汶川县》卷三三。

③ 《旧唐书·地理志》卷四一汶川县。

④ 《宋史·地理志》卷八九茂州。

⑤ 《大清一统志》卷四二一《杂各厅》。

⑥ 《读史方舆纪要》卷六七。

成都附近古窑址调查记略

1964 年 4 月，四川大学历史系考古专门组师生在成都附近进行考古调查时，发现两处古窑址，现简述如下：

一、双流县牧马山窑址

在双流县城南 6 公里，牧马山西端应天寺附近，现存一大土堆。1957 年兴修牧马山水利工程时，灌溉渠道正好从土堆中间穿过，暴露出大量的釉陶片和制陶工具（支钉、支架、匣钵等）。我们采集了一些标本，都是紫泥胎，青釉，有冰裂纹，易于脱落，有些似先上粉再上釉，釉挂在器上部。器形最多的是碗（图一，1）、盘（图一，3）、罐（图一，2）。有一种盂形器（图一，4）大小不等，弇口，底有孔，器下部有青釉的“烛泪痕”，不知何用。

从碗、盘等制法、器形、胎骨及釉质看，与四川地区已经发现的邛崃的邛窑及华阳琉璃厂的釉陶应属一个系统①，尤其是小碗，与成都青羊宫窑址的出土物十分相似②。其时代应在唐宋之间，或可能早到南朝晚期。这个窑址还是第一次发现，过去县志等也从未记载过。为四川唐宋民间窑业提供了新材料。

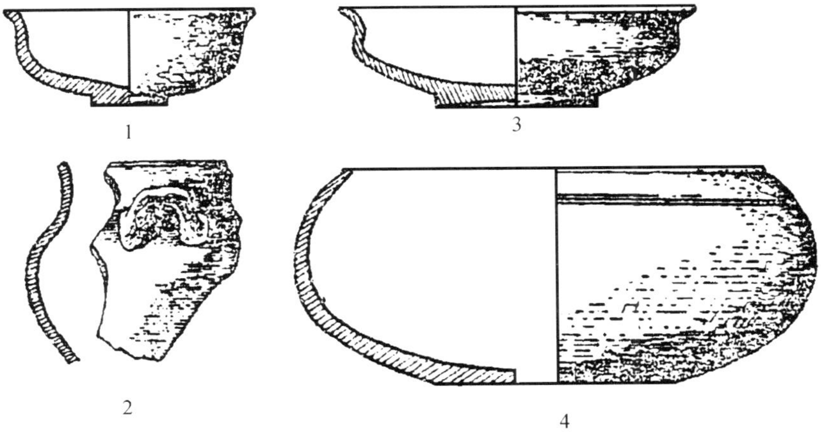

图一　牧马山窑址采集

1. 碗　2. 罐　3. 盘　4. 盂形器

---

① 林坤雪等：《四川华阳县琉璃厂调查记》，《文物参考资料》1956 年第 9 期；邛窑资料见四川大学历史系博物馆藏品。

② 江学礼、陈建中：《青羊宫古窑址试掘简报》，《文物参考资料》1956 年第 6 期。

二、郫县横山子窑群

横山子在郫县先锋、安德两公社与灌县金马、崇义两公社的交界处。南端过去亦名铁砧山，是南北约长5公里的老黄土埂子，原属崇宁县，今已归入郫县。山上有庙三座，北面的叫上评乐寺；中间的叫中评乐寺或称宝光寺；南端的叫下评乐寺，传说中的严君平墓和君平读书台就在附近。在这三座庙的附近，尤其是山的西侧，散布着许多窑包。据《崇宁县志》记载："铁砧山又名横山子，今农人之耕田者犹时获古碗古盘"。其中一有个窑址1956年报道过①。这次我们在横山子共调查发现了22个窑包。最大的窑包编号为E4、E5，高约15米、底径约50米，两窑相连。窑包上布满碎陶片和窑具：支钉、支架、垫板等。

从各窑所采标本看，内涵复杂。胎骨有灰白胎、灰黑胎、紫红胎、褐红胎等四种。质地较粗多孔，但火候很高，基本上不吸水，扣之声音响越，尤其灰白胎近乎瓷器。釉色以豆青为主，还有酱褐釉和白釉等共三种。青釉易于脱落，白釉数量很少。另外在E7还找到一块釉里青花的白瓷盘片，其制法、质料都不与一般相同，可以认为不是本地制作的。但有一部分瓷盘的制法好像是仿造它的，故也许是输入外地佳品以作样板的。

釉陶器形有碗、盘、罐、壶、砚等。以碗为最多。可分为三式：Ⅰ式（图二，1）敛口、深腹、小实心圈足。灰白胎或紫红胎，挂半截豆青釉，釉水薄，易落。Ⅱ式（图二，2）直口、浅腹、大实心圈足。灰黑胎，挂青釉，有烛泪痕。Ⅲ式（图二，3）侈口、斜壁、大实心圈足。最为常见。有灰黑胎青釉、紫胎白釉、紫胎青釉等三种。

盘的数量也多，也可分三式：Ⅰ式（图二，4）直口、平底。有灰黑胎青釉和红褐胎青釉两种。Ⅱ式（图二，5）敞口斜壁、大实心圈足。有灰黑胎青釉和紫胎青釉两

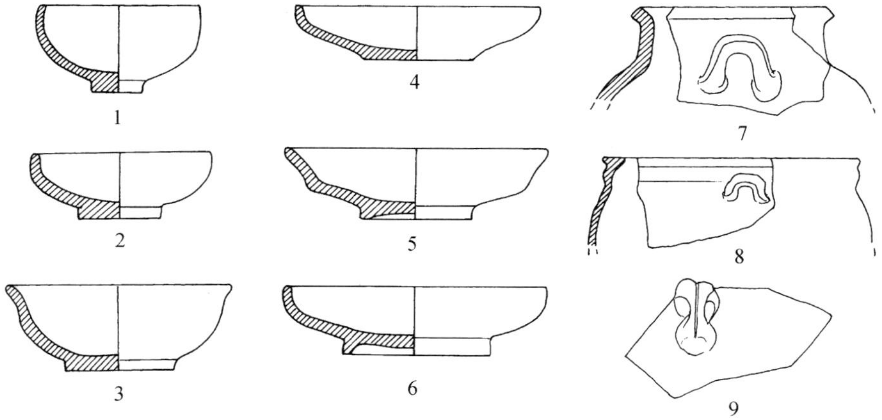

图二　横山子窑采集

1. Ⅰ式碗　2. Ⅱ式碗　3. Ⅲ式碗　4. Ⅰ式盘　5. Ⅱ式盘　6. Ⅲ式盘　7. Ⅰ式罐　8. Ⅱ式罐　9. Ⅲ式罐

---

① 支沅洪：《四川崇宁县铁砧山的古窑址》，《文物参考资料》1956年第3期。

种。Ⅲ式（图二，6）直口、浅圈足。紫胎青釉，最为常见。

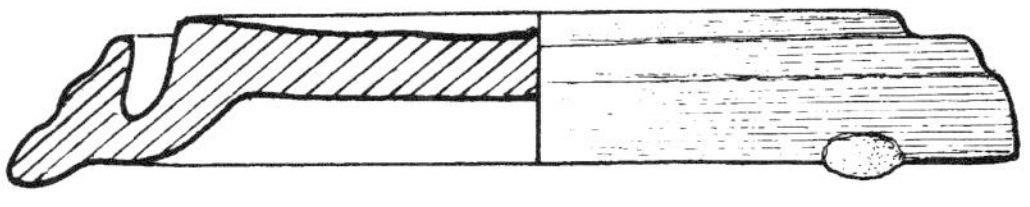

图三　砚（横山子窑采集）

罐大约也有三式：Ⅰ式（图二，7）大口平缘。横纽呈方形，紫胎青釉。Ⅱ式（图二，8）直颈小口。横纽呈圆形，灰黑胎青釉。Ⅲ式（图二，9）直纽圆形，紫胎酱釉。

砚：圆形，砚心微凹，周围有凹水槽，下有四个小泥突足，紫胎酱釉（图三）。

另外还采集有壶口残片（灰白胎、青釉）、器盖以及窑具如支钉、垫板、支架等。没有发现匣钵。

据现有材料观察，这个窑群延续年代较长。如Ⅰ、Ⅱ式碗与牧马山及青羊宫出土物相同，应为唐代遗物或可早到南朝。Ⅰ式罐也是四川唐、五代墓葬中常见物。而Ⅲ式碗和Ⅱ式罐是四川宋代所常见的①。Ⅲ式盘与青花瓷片的出现，则说明到了元、明以后，此处窑业仍旧很盛。陶砚也应是唐宋间物，为砚史提供了新资料②。

这些器物在四川各地，尤其是川西一带唐宋遗址、墓葬中常有出土，过去认为不是邛窑就是琉璃厂的出品，现在可见这种民间用品的产地是很多的，是唐宋时川西的一项重要的手工业。但这类窑址，至今尚未经发掘，调查发现也不够，有待今后去工作。

（原载《文物》1966年第2期）

① 四川省博物馆：《四川古代墓葬清理简况》，《考古》1959年第8期；四川省博物馆：《四川东山灌溉渠宋代遗址及古墓清理简报》，《考古》1959年第8期。

② 可参考《文物》1964年第2期，图版八。

1975年金沙江安宁河流域考古调查记略

1975年3月22日至4月21日，川大考古专业与四川省博物馆、渡口市（现改名为攀枝花市）文管处、西昌地区博物馆，和冕宁、西昌、德昌、米易、会理、盐源、会东等地文管所合作，共同组成“四川省金沙江渡口西昌段及安宁河流域联合考古调查队”，对上述地区进行田野考古调查，并在此基础上从4月24日至5月10日，对西昌的坝河堡子大石墓与西宁汉代砖石墓进行考古发掘①，同时进行考古调查简报的整理与撰写②。近年来横断山地区的考古日益成为热点，人们对1975年的考古调查工作表示关切，笔者是当年川大考古实习队的领队，并执笔撰写了上述调查简报稿，愿对此进行粗略的追记，以飨诸位同仁。

1975年的考古调查简报的文字共报道了考古遗迹8种：①新石器时代遗址14处：冕宁的三坟屯、西昌的坛山、坝河堡子、大泥坝、团山包、栖木沟、山头、羊山坡、钟家山嘴、横南山、三和、寨子山、会理的东嘴、河弯弯。②秦汉遗址2处：冕宁泸沽、西昌大坟堆。③古城址5处：冕宁梳妆台、西昌的诸葛城、孟获城、田坝新城、礼州驻军城。④古墓葬5种：有土坑墓、大石墓、砖室墓、石棺葬、火葬墓。⑤标本采集地点16处：冕宁的五宿、瓦场凹、水城、刘家、西昌的草坝、大堡子、西洼沟、小麻柳、蛇尾巴、牛屎巷、龙口树、山楂坪、德昌的瓦窑沟、孟获城、米易的湾崃村、高龟塘、阴兵包、会理的红泥坪。⑥窑址2处：西昌高枧、会理果园。⑦汉阙1处：西昌东南郊。⑧碑碣8通：德昌有太平军碑记4通、米易有豪强侵产碑记3通、西昌地震碑记1通（图一）。

笔者对此次调查收获有几点认识：

第一，安宁河谷具有优良的水热土壤条件，故新石器时代遗存比较密集，都是原始农业村落。挖土工具不多见，有一些有使用痕迹的打制砾石片，可能与锄地有关，而砍伐的斧、锛和收获加工的石刀、磨盘甚多，有段石锛的发现，说明与东南沿海的联系。陶器质粗火候不匀，故以夹砂红褐陶为主，泥质陶极少，有黑衣红陶的粗陶器可能与礼仪有关。陶器以素面及绳纹为多，有划、点、压印、方格、附加堆纹、镂孔等。器底以

---

① 坝河堡子大石墓的发掘由川大实习队教师童恩正指导，并撰写《西昌坝河堡子大石墓发掘简报》发表在《考古》1976年第5期。西宁汉墓的发掘由川大实习队教师宋治民指导，墓葬破坏过甚，但墓室砖券的扭曲破坏引起地震地质工作者的重视，在现场共同多次讨论。

② 调查简报由川大实习队领队教师林向撰写，绘图摄影工作由当时西昌州博物馆负责，经联合考古调查队讨论通过，定稿为《四川省金沙江安宁河流域考古调查简报》（1975年5月文图表的油印本），存在凉山州博物馆，因故一直未能发表。

平底叶脉印纹为多，矮圈足仅见于少数遗存，不见圜底、三足、尖底等。器耳却常见，有平板、牛角、乳钉、横鼻等。器形可辨的有杯、罐、盆、钵、豆等。第二，会理瓦石田墓葬区出土的石质戈范镞范，不仅说明这里也曾是我国特有的铜兵器戈的制造地，也标明这一带是古代重要的铜矿出产地①。第三，本区墓葬形式的复杂，反映本区民族文化的多样性，当然也有先后时代特征的反映，从此中国考古学文化中多了一种西南民族墓葬文化的命名——“大石墓”。第四，这次调查不仅引起民族、历史界的重视，也引起了地质、地震、水文、建筑等有关方面的关注。例如安宁河东西两岸古遗址分布的距河水平距离与高程差异，为研究我国川滇地震带中段安宁河断裂的现代构造运动提供了考古学证据②，后来举世独有的泸山地震碑林的建立③也是成果之一。

总而言之，此次调查不仅是该地区首次大规模的田野考古调查，为今后的开展考古工作打下了基础，也为各方面的研究提供了新的视角和范畴。

下面就当年记录的资料，忠实于当年的认识水平举要报告如下：

一、遗　址

这次调查共发现新石器时代晚期遗址14处，汉代遗址2处（附表一），标本采集点13处（附表二），现分述如下：

（一）新石器时代晚期遗址

这次调查的主要收获之一是在安宁河两岸和城河地区发现一系列新石器时代晚期的遗址和标本采集点。依遗址所在地的地貌特征，可分三种情况：

（1）河谷阶地遗址。这种遗址，位于河谷冲积阶地上，往往傍临支流或时令河与主流汇合口，这里是土壤深厚、水源方便的平坝地区，自古以来是主要的农垦区，由于地面升降，河槽下切，遗址的位置也有变化。在安宁河上游，河床较浅，遗址多濒临河岸，高出现河面在10米之内，如冕宁的三坟屯遗址，在安宁河中游，河床加深，阶地发育较好，可分三级，遗址都发现在紧贴山边的一级阶地上，离现河岸达数公里，高出河面约30米：如西昌的坛山、三和等遗址。会理的东嘴和河湾湾遗址在域河与麻龙的汇合口，因该河阶地较窄，遗址即暴露在河岸上，这种阶地遗址受历代农垦的影响最大。

（2）山间坡地遗址。安宁河的东西两侧是连绵的高山，在伸向河谷的山脚之间，往往是冲积的扇形坡地，有的土壤较厚，上有溪流，形成三山环抱、一面临河，宜于人

① 西昌东坪曾发现铜锭、“货泉”范盒、铜锤等，见《考古》1977年第4期。1988年川大考古实习队与西昌文管所合作，发掘西昌东坪汉代冶铜铸钱遗址，见《四川西昌东坪汉代冶铸遗址的发掘》，《文物》1994年第9期。

② 林向：《四川凉山地区的地震考古研究》，《四川文物》1986年第1期。

③ 《西昌地震碑林》，文物出版社，2006年。

类劳动生息的环境，所以现代村落常与古遗址重合。这种冲积扇的边缘一般压在现河面约十几公尺的阶地上，斜坡顶部则高出河面在50~70米，与山坡相连。如西昌的巴河堡子、大泥坝、栖木沟、山头、羊山坡、钟家山嘴等遗址均属此类。安宁河下游虽有不少类似的冲积扇形坡地，但因近代泥石的堆积很厚，无法调查。

（3）丘陵山地遗址。在背风面河的丘陵或半山，也往往有古人居住的遗址。一般高出现河面50米以上。这种山地有的因植被覆盖严密，有的因水土流失严重，也不易调查，这次发现的西昌团包山、横南山遗址和米易的寨子山遗址，都是因为建立人民公社以来，在向荒山要粮的开垦中暴露出来的。预计这种遗址在今后更大规模的农田水利建设中会有更多的发现。

这次调查先采集或征集到石器37件，其中可辨器形的有斧11件、锛13件、刀5件，还有凿、锄、网坠、磨盘、砺石等8种（图二~图四）。

这些石器所用石料主要为河滩砾石，斧锛器主要用辉绿岩制成，因为辉绿岩是这一带常见的漂砾之一，而且它在破碎时呈柱状节理，便于打坯，最适合制作砍劈器。而石刀或小型锛等扁平器物则采用板岩、千板岩及呈板状劈理的岩石。这充分说明远古劳动人民善于总结经验，找出规律。石器制法可分打制，打磨合制，琢磨合制，又能对于平薄的石料进行划槽切割和双面钻孔。有些石器磨制极为精致，表面光洁，砺磨整齐，显示了较高的技术水平。

这些石器的同类器物形制较多，这不仅反映了文化性质的差异，也有时代的先后，但目前还无法说明。石斧形制中有两种值得注意：

Ⅰ式　平面长梯形，小平顶，弧刃。横剖面呈椭圆形，纵剖面的最厚处在中段，琢磨兼施，形制规整，在整个安宁河流域都有发现，如西昌团山包（图二，1）、冕宁三坟屯和米易阴兵包都有出土。

Ⅱ式　平面梯形，平顶，阔弧刃，顶端两侧略打成缺口，似若有肩，以便于缚柄，打制粗糙，而刃口磨制端正锋利，总剖面呈楔形，最厚处在顶部，应是同类器物的进步型，富于特征，目前仅发现于西昌横南山遗址一处（图二，2、3）。

石锛常见的有两种：

Ⅰ式　平面近似梯形，横剖面近似于等腰三角形，背部隆起似有脊，先打后磨，疤痕显明，如西昌山头遗址及山楂坪采集点出土。（图二，4）这种石锛与有段石锛似有渊源。值得注意的是，我们在会理金沙江畔征集到有段石锛1件（图二，5）说明这一带也有华南有段石锛分布。

Ⅱ式　尖顶、宽刃、扁平、器形甚小。在德昌、渡口一带采集较多。用砾石磨制的很精致（图二，6）。用千板岩制成的较草率（图二，7）。

石刀都是双孔的，可分成两式：

Ⅰ式　新月形，弦部两端微微上翘，刃在弓背，双面穿孔在弦部，为安宁河流域所常见。在西昌栖木沟遗址（图三，1）、德昌瓦窑沟（图三，2）以及过去在冕宁三坟屯遗址都有发现。

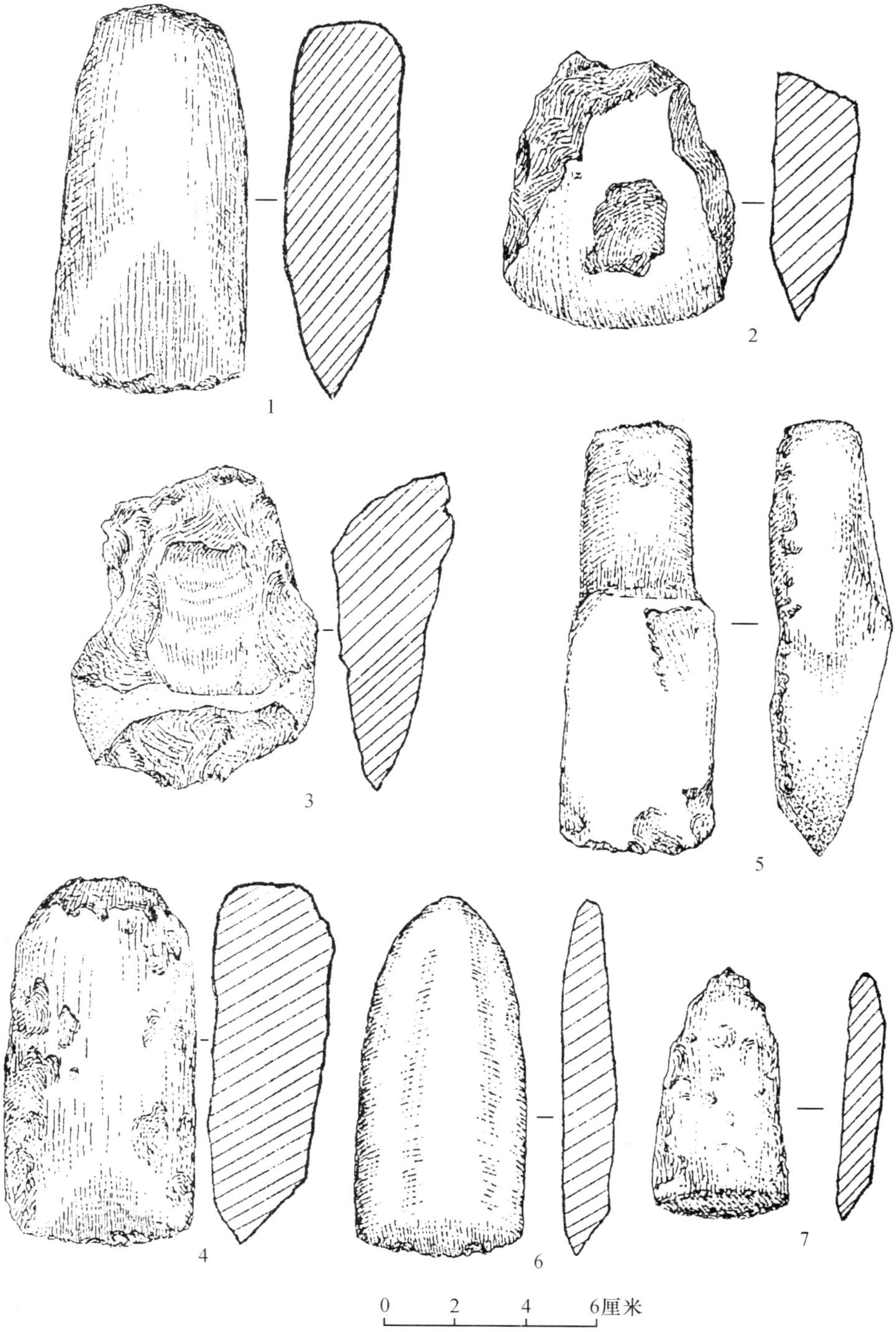

图二　石器

1. Ⅰ式石斧（75XS4∶1）　2、3. Ⅱ式石斧（75XS10∶2、75XS10∶1）　4. Ⅰ式石锛（75XB8∶2）　5. 有段石锛（75HB∶1）　6、7. Ⅱ式石锛（75KB∶8、75DB∶1）

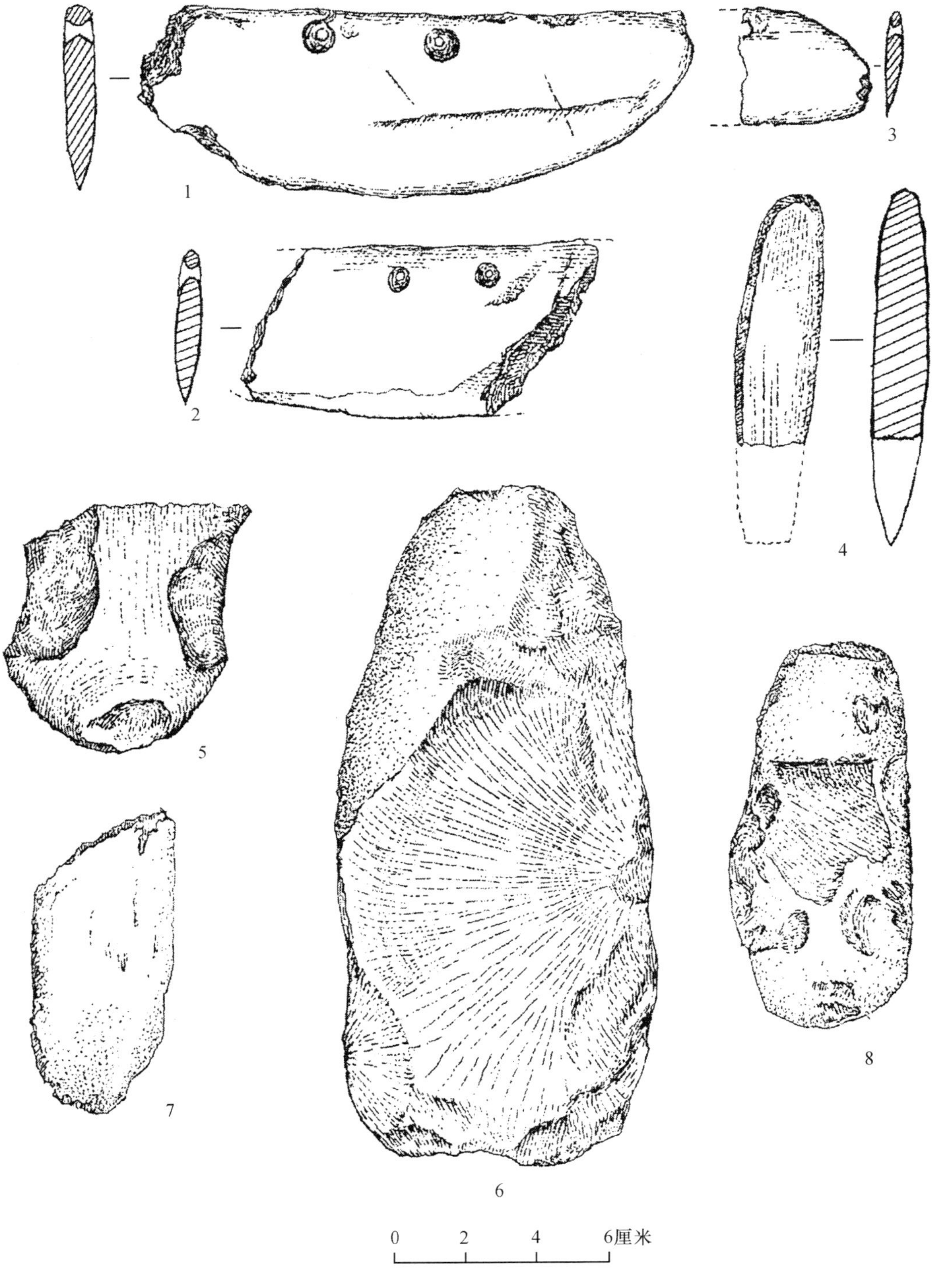

图三　石器

1、2. Ⅰ式石刀（75XS5∶2、75DB1∶1）　3. Ⅱ式石刀（残）（75XS10∶3）　4. 石凿
5. 石网坠（75XB10∶3）　6. 石锄（75EB∶4）　7. 石斧（75XS10∶10）　8. 石锛（75EB3）

Ⅱ式　形如半月，刃在弦部，两端略为内收，器形较小，目前只有西昌横南山遗址出土（图三，3）。

这次调查所获得新石器时代晚期的各色陶片约500块。陶质以夹砂红陶和夹砂褐陶为最多，也有夹砂灰陶。夹砂的情况可分两种：一些是有意识地掺和粗砂颗粒；另一些则因本地土质多砂，制陶时陶土未经淘洗的缘故，所以几乎没有泥制陶。陶色因火候掌握不佳，致使同一陶片上红、褐斑驳，但还是可以分出一些遗址的陶色偏红，另一些偏褐。制法以手制为主，有些可能用泥条盘筑，也有轮制的。陶器表面处理，有涂黑色陶衣的，纹饰有绳纹为主，也有划纹、点划纹、压印纹、方格纹，附加堆纹、镂空等。陶片口沿有折唇、侈唇纹、卷唇和直口等数种。底部以平底为最常见，圈足只限某些遗址有少量出现，没有发现圜底、三足、尖底等器。器耳有平鋬、牛角鋬、乳钉状把手、横鼻等。器形可辨者可能有杯、罐、豆、盆、钵等。

下面择要报道重点遗址6处：

1. 三坟屯遗址（75MS1）

三坟屯在冕宁县城以南约0.5公里，位于南河和安宁河汇合口所形成的三角阶地上。从自然断面观察，堆积可分三层：①黄色耕壤，厚约30厘米；②黑土，质松软，厚约50厘米，含各种文化遗物；③淤积的河沙层，深度不明。从地表采集磨制石斧残刃一件（75M51:1），未经加工而有使用痕迹的砾石一件（75M51:2）。采集的陶片以夹砂红陶为主，也有少量夹砂灰陶。以手制为主。陶片纹饰有绳纹、压印纹、镂空等。陶器形制较复杂，有流（图五，7），有鋬（图五，2），有乳钉状把手（图五，3），有为数较多的圈足器（图三，1、4、5、6），也有平底器。在一件平底器底部有叶脉印痕，

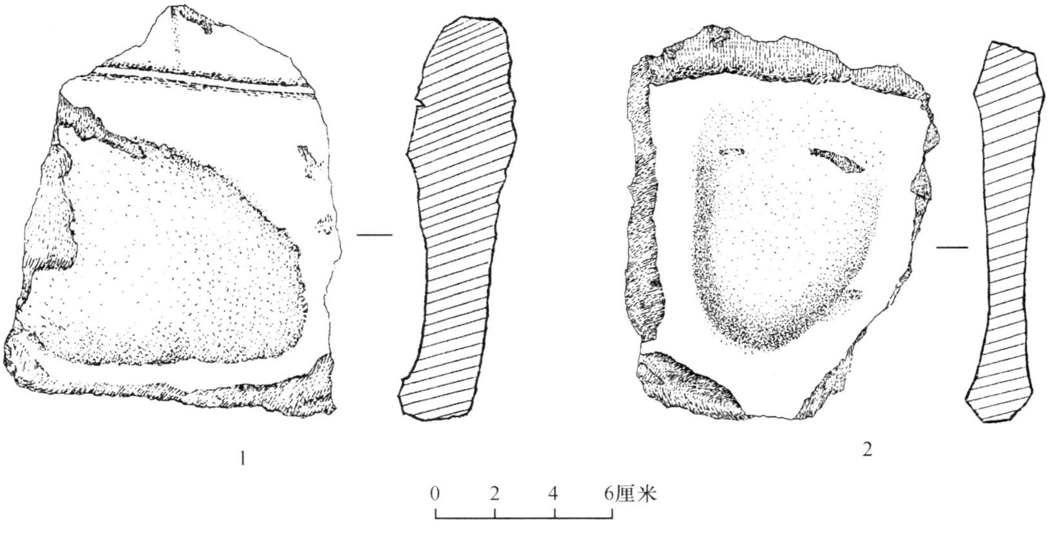

图四　石器

1. 砺石（75XS10:5）　2. 石盘（75XS8:3）

可能是烧制前用叶片垫底所致（图五，8）。类似情况在西昌巴河堡子遗址（图六，4）和钟家山嘴遗址附近的骨灰罐（图六，1）都有发现。器形可测者有豆（图五，1）簋形器等（图五，6）。

三坟屯遗址经反复调查，没有发现金属器，但陶器的制作和器形比较进步，是这一带新石器时代晚期的文化遗存，类似的遗址有西昌巴河堡子、大泥溪、团包山、钟家山嘴等。

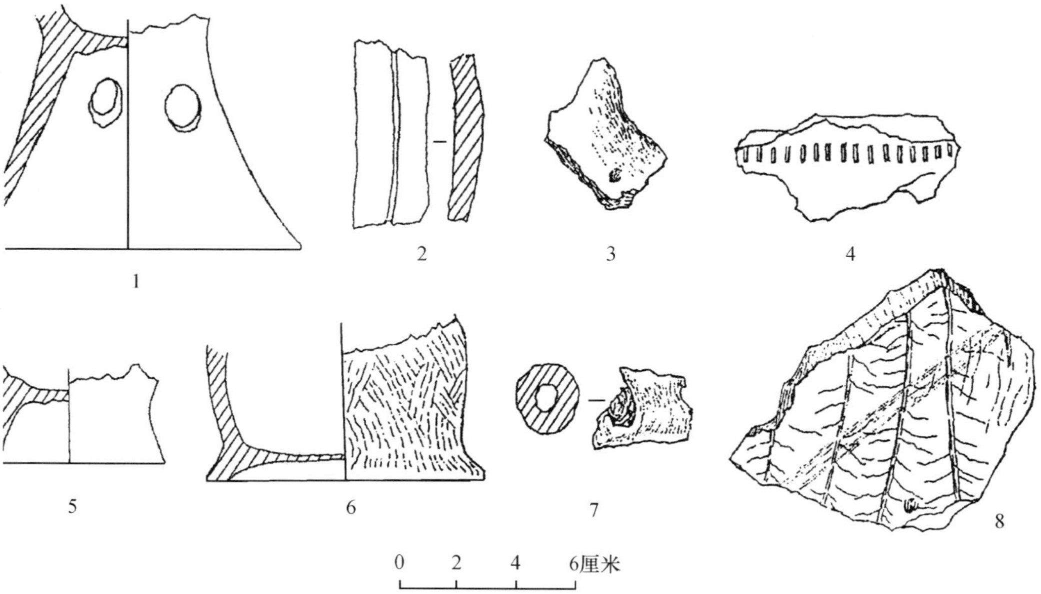

图五　三坟屯遗址陶器（75MS1）

1、5. 圈足器残足　2. 平錾　3. 乳钉状把手　4. 圈足上压印纹　6. 簋形器残底　7. 流　8. 平底器底部叶脉印痕

2. 坛山遗址（75XS1）

坛山在西昌礼州镇东北约3公里，位于热水河由山间流入安宁河谷的峡谷出口处。向南1公里为74年发掘的礼州遗址，两者同在安宁河谷的三级阶地边缘。地层堆积可分三层：①黄色冲积土，约厚95厘米；②褐黄色土，约厚40厘米，内含大量烧土块和可复原的陶器；③黄色冲积土，有凸镜体状的河沙和砾石层，深度不详。在文化层中采集到磨光石器残片2件，器形不明。陶片基本上是夹砂褐陶，其中夹砂最粗的石英颗粒达5厘米。火候低，陶质松软。手制或泥条盘筑。陶器表面处理以素面为主，有划纹（图七，9、10）、点划纹（图七，8）和压印纹（图七，11），有些有黑色陶衣。陶片口沿分有唇和直口两种（图七，1～3），底部全为平底器（图七，3～7）。可辨器形有：平底杯器形、侈唇圆腹平底罐。

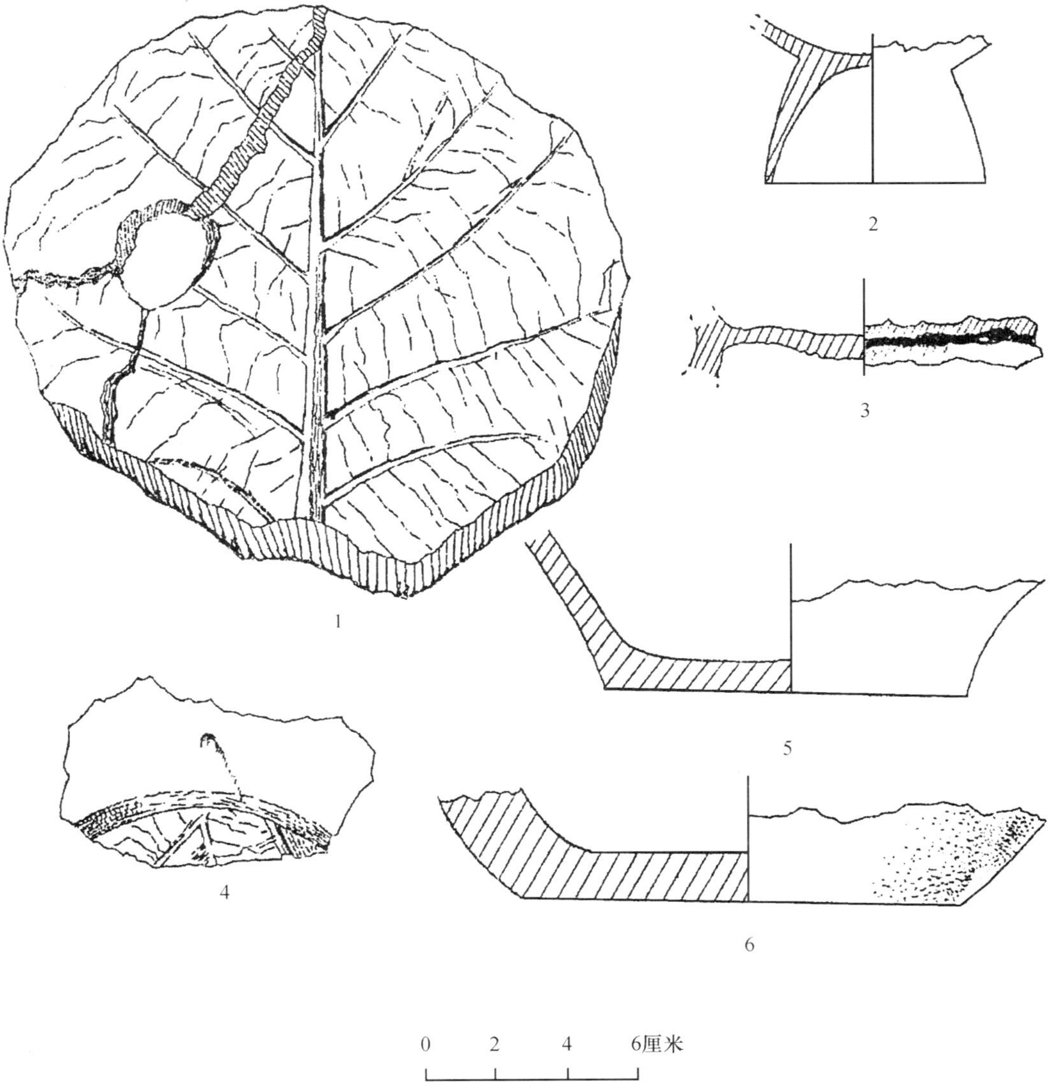

图六 陶器

1、4. 平底器底部叶脉印痕（1. 钟家山嘴骨灰罐 4. 坝河堡于遗址出土） 2. 圈足器残足（钟家山嘴遗址） 3. 圈足器残片（巴河堡于遗址） 5. 平底器底（同3） 6. 平底器底（栖木沟遗址）

此遗址与礼州遗址十分接近。以夹砂褐陶的平底器为主。没有圈足器①和乳钉状把手，是这一带新石器时代晚期的一种文化遗存。类似的遗址还有西昌山头遗址。山头所出的全为平底器，装饰的浅浪纹与礼州遗址所出的一样。

① 1974 年礼州遗址发掘，出土数百件陶器，只出镂孔豆一种圈足器，而此豆与三坟屯遗址出土的似乎完全一样，可能说明两遗址时代相近。

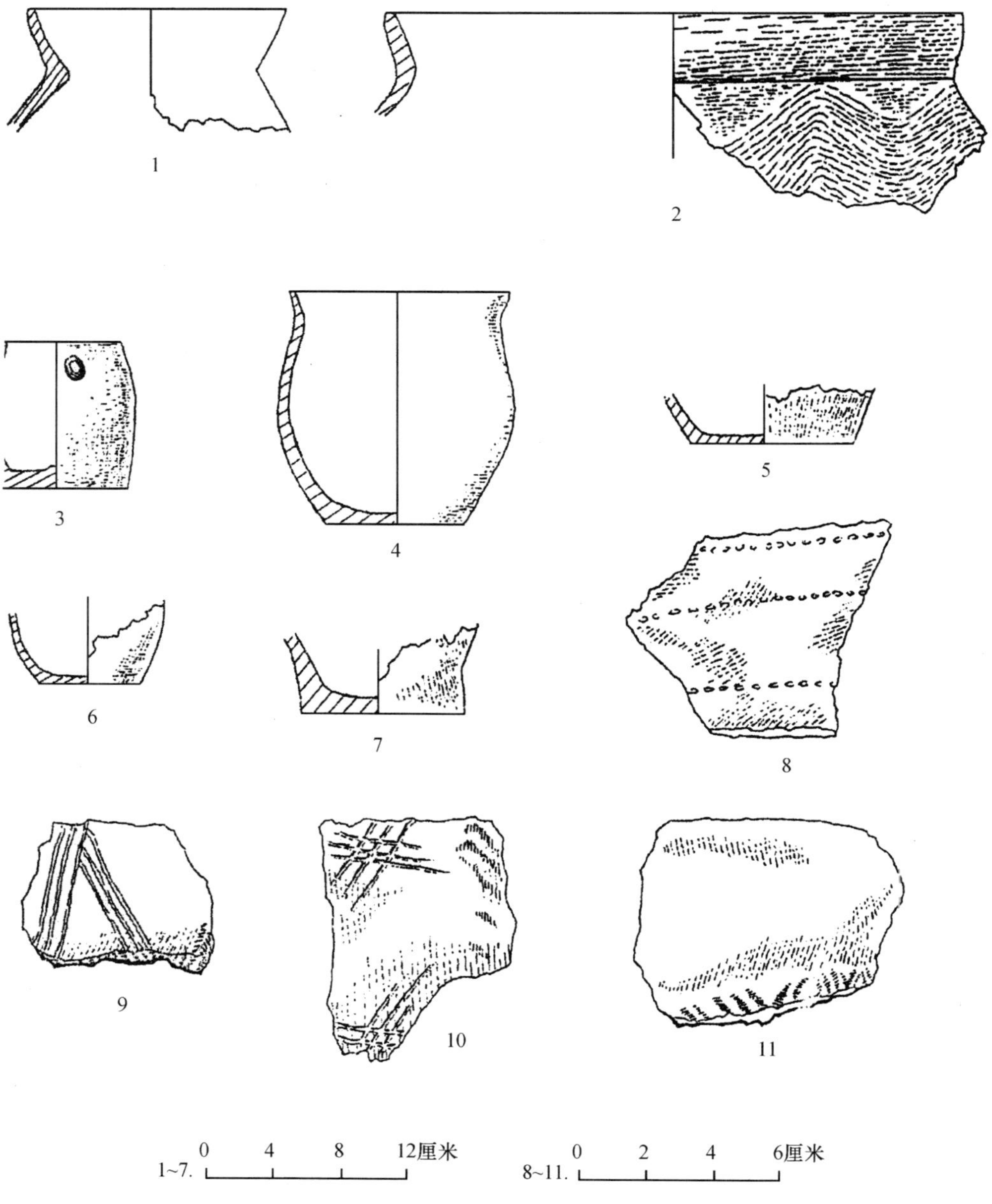

图七　坛山遗址出土陶器

1. 器口残片　2. 波浪纹（山头遗址出土）　3. 平底杯形器　4. 侈唇圆腹平底罐　5 ~7. 平底器底部
8. 点划纹　9、10. 划纹　11. 压印纹

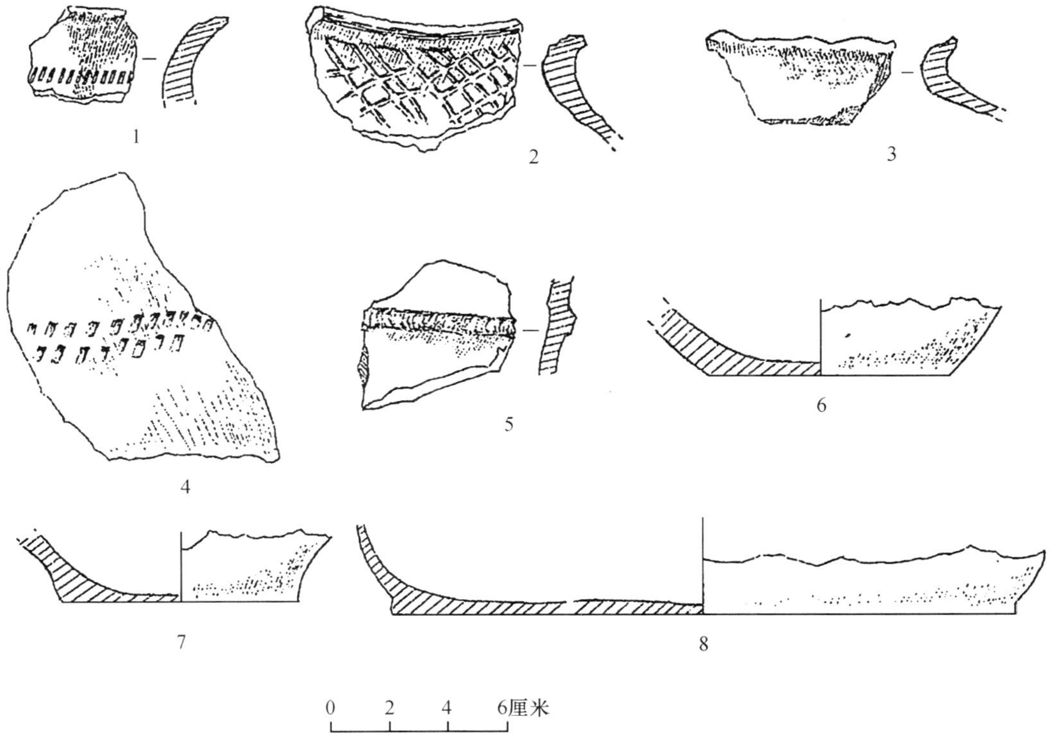

图八　横南山遗址陶片

1～3. 陶片口沿　4. 压印纹　5. 附加堆纹　6～8. 陶片器底

3. 栖木沟遗址（75MS5）

栖木沟在西昌礼州西南约 6 公里。遗址位于安宁河以西约 300 米的山间扇形坡地上。在东南临河 250 米长的断崖上，可看到在厚约 75 厘米的灰色农耕土下，有厚 50～80 厘米的黑灰色土，内杂烧土和陶片等，在相距 500 米的坡地顶端，地表已无遗迹露头，但不久前社员取土曾在一不到 5 平方米、深 2.7 米的坑内，出土完整双孔刀 4 把，我们征集了一把（图三，1）。陶片是夹砂细绳纹的，褐色陶器形较大，有横鼻状器耳，所采器底都是平底器。值得注意的有一件平底器夹砂很重，胎厚在 1 厘米以上（图五，6）。可能是一种耐火器皿。

此遗址与上述两处均不相同，文化内涵如何，有待复查。

4. 横南山遗址（75XS10）

横南山在成昆铁路西昌南站以南约 2 公里。遗址位于成昆路马鞍堡隧道南口的两侧，在东西向的低山横南山的南坡山，为一半山遗址。遗址面积很大，在东西 1 公里、南北 200 米的范围内都可拾到石器、陶片等文化遗物。从铁路隧道顶部西侧的地层看，可分三层：①农耕红壤，厚约 50 厘米；②棕色土，厚 40～60 厘米，有成片的烧土和炭屑，文化遗物甚多，还可见到不规则的锅底状灰坑，内填灰土近青白色；③风化的红色泥岩和红砂土。共采集石器10件，有石斧、石锛、石刀、砺石等。有特征性的Ⅱ式斧、Ⅱ式刀均出此遗址（图二，2、3；图三，3）。陶片以夹砂灰陶为主，也有夹砂褐陶，灰陶器壁较薄，火候也高，有手制也有轮制。纹饰有绳纹、点划纹和附加堆纹（图七）。所见器底均为平底器。可复原的敛口圆腹小平底罐纹，整个器形矮胖（图六），与其他地点所出异趣。

横南山遗址代表了一种安宁河中游富有特色的较进步的原始文化。横南山顶部有汉代陶片，山下有汉代砖室墓碑，所以其年代限应在汉代以前。至于其文化面貌和分布，有待进一步的工作。

5. 寨子山遗址（75ES1）

寨子山在米易县南部，橄榄河流入安宁河的汇合口的西南，为一椭圆形丘陵，文化大革命以来在南半山开荒造田，挖掘成片的烧土和灰堆。凡是有烧土和灰堆的地方，就有许多陶片和陶网坠。文化层已暴露地表，其深度不详。所采集的陶片分夹砂粗红陶和夹砂粗灰陶两种，火候很高，击之铿响，既有手制也有轮制。纹饰以绳纹为主，有的连器底有饰绳纹，还有交错线纹和方格纹等（图九，1～5）。个别陶片的表面涂黑，有的器物内壁也涂黑。陶片口沿有敞口、敛口、折唇、卷唇、侈唇、直口等（图九，1～6）。器耳有曲柱形和横鼻两种，器形都无法复原，大概有敞口坦腹平底盆。管状陶珠出土很多（图九，6），口沿因使用磨损①。

寨子山遗址的发现，为今后在安宁河下游及鸦砻江、金沙江一带寻找原始文化遗址提供了线索。

6. 东嘴遗址（75HS2）

东嘴遗址在会理县南阁公社，麻龙河与城河汇合口的西北约300米，为一阶段不甚明显的河阶台地。从河岸断层观察，堆积可分：①农耕土：厚约40厘米；②褐色沙质土，厚约160厘米；③灰褐色土，即文化层，底线不规整，中部厚约160厘米，两边厚约50厘米；④黄色生土：厚25～90厘米；⑤岩盘。陶片分夹砂粗灰陶和夹砂粗褐陶两种。陶质粗厚，火候甚低，都是手制。找到的器底都是平底（图九，8），有附加在器身的扭曲的牛角鋬（图九，7），与前述乳钉状把手异趣。可能反映出与安宁河流域不同的原始文化，今后值得注意。调查时从社员征集到一件磨光残石器，可能是一件石凿（图三，4）。

该遗址调查时遗址底部只高出麻龙河水面约40厘米，稍有洪水，即被淹没，这对当地水文资料提供了一些线索。

---

① 这种管状陶珠，过去一般称为陶网坠。据观察，在河流落差大，水流湍急的情况下，网坠要求粗大而重，否则粗织的原始网不可能很快下沉捕不到鱼，起不到网坠的作用。依其形状，似是一种管状串珠的饰物，与现代有些兄弟民族的串珠相似，其确切用途，尚待进一步研究。

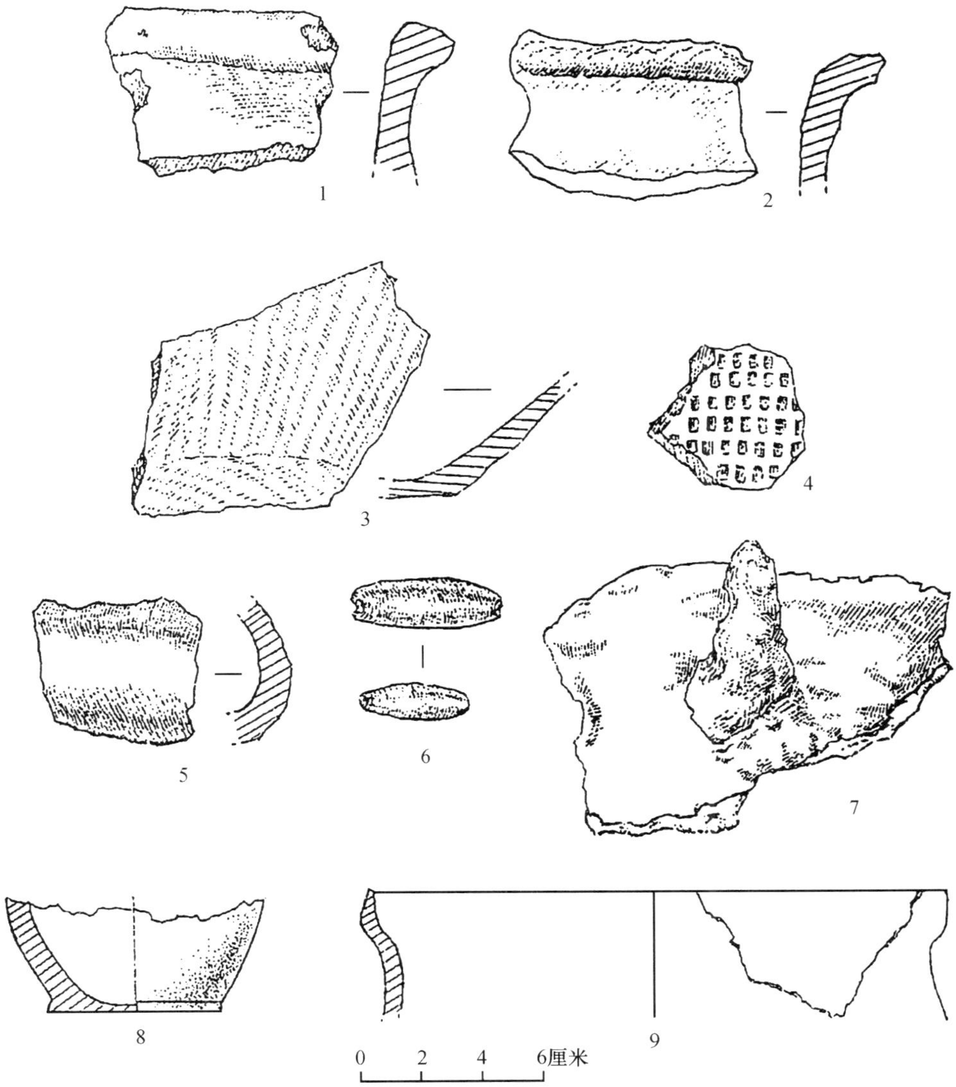

图九　寨子山遗址陶片（1～6）、东嘴遗址出土陶片（7～9）
1、2. 陶器口沿　3. 绳纹器底　4. 方格纹　5. 横鼻状器耳　6. 网坠　7. 牛角鋬　8. 平底器　9. 口沿

（二）汉代遗址

这次调查发现汉代遗址2处，汉代陶器采集点2处（冕宁梳妆台和德昌气象台）。现将遗址报道如下：

1. 泸沽汉代遗址（75MS2）

泸沽汉代遗址位于冕宁县南部孙水河南岸，成昆铁路泸沽车站北面约200米，现存

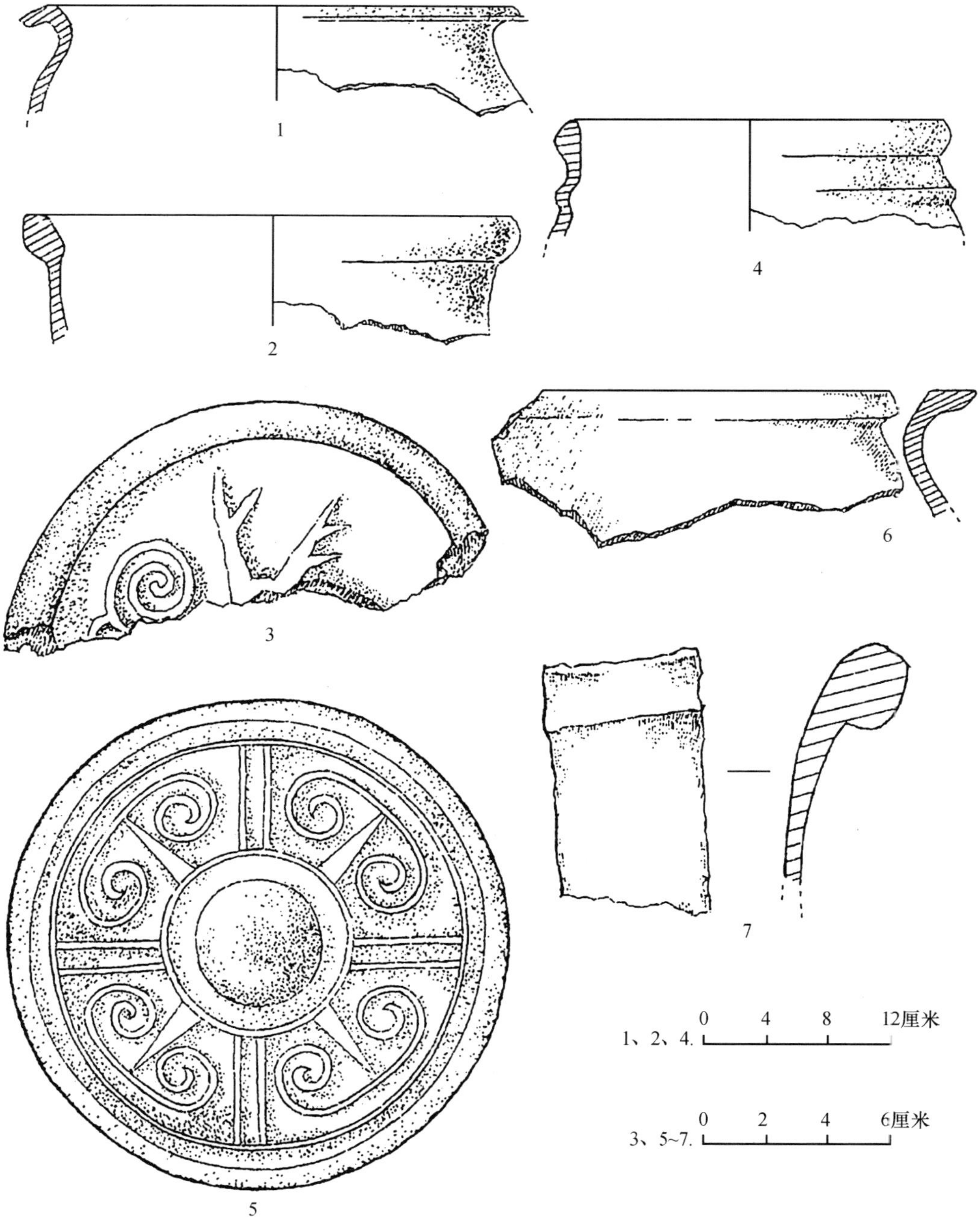

图一〇　泸沽汉代遗址陶器、大坟堆汉代遗址陶器

1、2、4. 陶器口沿　3. 鹿纹瓦当　5. 云纹瓦当　6、7. 陶器口沿（1~4. 泸沽遗址　5~7. 大坟堆）

面积约 5000 平方米。地表为 20 ~ 40 厘米厚的农耕土，下面就是厚达 1 米以上的汉代文化层，出土大量绳纹瓦片和陶片。在遗址西部社员取土，在地下曾发现砖井一口，井圈用弧形子母砖砌成，我们采集井砖一块，长 34. 8 厘米，宽 16. 4 厘米，厚 4. 8 厘米，色青灰，火候高。这次采集的标本有鹿纹瓦当（图一〇，3），绳纹筒瓦和板瓦，各种盆、瓮、器皿（图一〇，1、2、4）。

据初步观察，应为一秦汉时遗址。泸沽附近盛产品质很高的铁矿石，这个遗址会不会与汉代铁官府署有关，有待研究。另外据文献记载，汉台登废县在今泸沽以北关索城，汉大筰县在距泸沽里余的梳妆台，都在这一带附近，说明这是一处汉代县级行政机构的所在地。

2. 大坟堆汉代遗址（75X39）

大坟堆汉代遗址在西昌县城以东约 3 公里，西昭公路以北约 150 米，南临邛海，高出邛海水面约 50 米的开阔高地上。高枧公社张林七队的现代村子正坐落在遗址上，村子周围水沟深 90 ~ 100 厘米，沟底即为汉代文化层，出现大量汉代绳纹瓦片和陶片等。遗址面积大大超过现在村子，可计面积在 5000 平方米以上。在现代村落北面和西北面约 20 米处，有高山地面 1. 5 ~ 2. 1 米的高地，分别约为 15 米 × 20 米、10 米 × 10 米，高地周围散落的瓦当中，筒瓦、板瓦甚多，估计可能是汉代建筑群的基址。采集的有：卷云纹瓦当（图一〇，5）、大型敞口卷唇缸形器口（图一〇，6）和翻唇盆形器口（图一〇，7）。

经初步观察，认为可能是西汉遗址，从大型屋面构体看，不是当时的官署就是一统治阶级的豪宅。据文献记载，西汉武帝时，“以邛都为越嶲郡，县十五，邛都称首焉……降及王莽，易郡名为集嶲以属益州，东汉中兴郡如故”。这次调查发现东起大坟堆，迤西直至西昌县东的土城市满汉瓦，尤以高枧附近为密集。

可见这里当时是自汉以来西昌地区的政治经济中心。汉以后城镇中心才逐渐西移，降至明清在今西昌县城处建成。

二、墓　葬

调查发现的墓葬有土坑墓、大石墓、砖室墓、石棺墓和火葬墓等五种。砖室墓在西昌附近发现较多，如西昌北的西宁、西昌南的马道、马鞍堡、西昌东南的泸山等地，均为封土堆与砖室墓，从暴露在外残存的墓室结构及随葬品观察，与成都地区所常见的东汉晚期至西晋的砖室墓基本一致。石棺墓也在西昌县发现，有在地层断面成排露出者，墓的墙盖都用石板镶接，但规模较小。调查所见，均空无遗物。

以下分述土坑墓、大石墓和火葬墓：

（一）土　坑　墓

此种墓葬在会理县城郊、新安公社瓦石田村及米易县莲花公社的水塘坝都有发现，后两处都为较密集的葬群。兹择瓦石田村简述如下：

瓦石田村在城河下游西岸，属新安公社一大队一生产队，墓群在村后的红泥坪上，高出河面约 50 米。

这里水土流失严重，在东西宽约 180 米、南北长约 140 米的地段上，有 30 多处墓葬的人骨架或随葬品露出地面。在这个地段的地面东沿，采集到辉绿岩石戈范四块（可拼成一件）、镞范二件。戈范经复原为无胡一穿戈，援呈等腰三角形，底 4 厘米、高 16

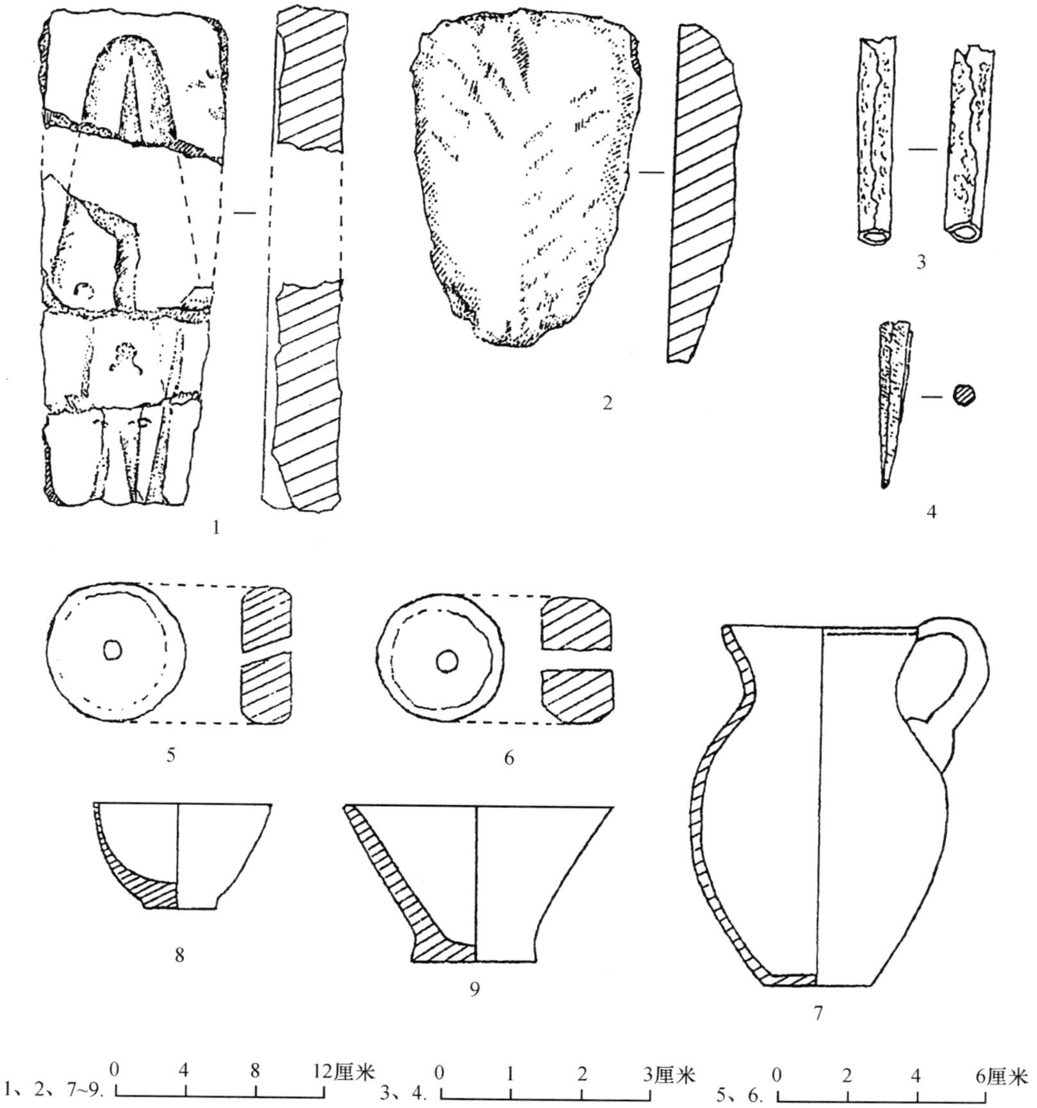

图一一　瓦石田墓葬群器物图

1. 石戈范　2. 镞范　3. 铜管　4. 石锥　5、6. 纺轮　7. 单耳罐　8. 陶钵　9. 陶盏厘米，援上中脊隆起，西下角各有一圆穿，阑呈弧形，长度等于援底；内呈长方形，长6厘米，末端宽4.4厘米，接阑处略窄，中部一圆穿，穿径0.5厘米。浇铸口呈喇叭形，口宽3.2厘米、深5.4厘米，凹槽一道在右侧，靠浇铸口。范通长28厘米、上宽10.2厘米、下端宽8厘米、厚3.8厘米（图一一，1）。镞范一件较完整，虽经严重风化，还可见14道分杈形排列的镞槽和连接镞铤的浇铸口。镞长5厘米，锋呈菱形，锋后斜抹成铤。长16.5厘米、厚3.5厘米（图一一，2）。另一块是残片，可见铤的痕迹3道。在地段北端 有 铜管二段采自一座残墓的人头骨顶端很近的地方（头骨顶向正西，大部露出地面），疑为随葬头饰，铜管为厚度不及0.05厘米的铜片卷成，分别长2.65厘米和3厘米，直径同为0.45厘米。管内有残存的绳一段，色若菜花黄，可能系铜锈影响所致。绳由二纱成线，若干线拧成绳，纱线匀称，工艺颇精。绳已朽，捏即成粉，质料待检验（图一一，3）。地段的中部采到石质锥状物一段，残长2.2厘米、上端径0.3厘米、末端0.1厘米，石质坚硬，呈深灰色，磨制，是否石笄残段不能判定（图一一，4）。

调查时还试掘了三座残墓，M1在中部，M2在东部，M3在西北端，均为竖穴土坑墓，除M3因残存于土沟断面，墓底依稀可见外，墓边都不明。M3的人骨架残存，仰身直肢，头向正西，另两墓的人骨架已不存，都未发现葬具。随葬品成组摆列头前，全为陶器，未发现其他随葬品（图一二、图一三）。共出土陶器11件（M3散失不全），分夹砂灰陶和夹砂红陶两种，器形较规整，有单耳罐、钵、盏、纺轮和残损不能认识的较大平底器等，都为手制，火候不高。夹砂红陶四件都为纺轮，分别处于M2、M3，分算盘珠和扁平两式。标本M2∶1和M3∶1，高约1.5～2厘米、径约3～3.75厘米、穿径

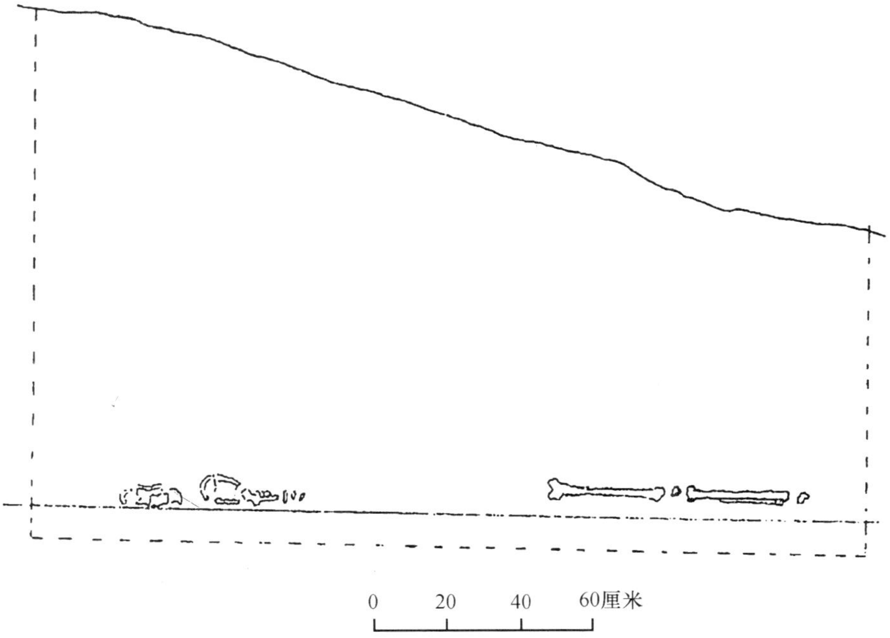

图一二　瓦石用M1纵剖面图

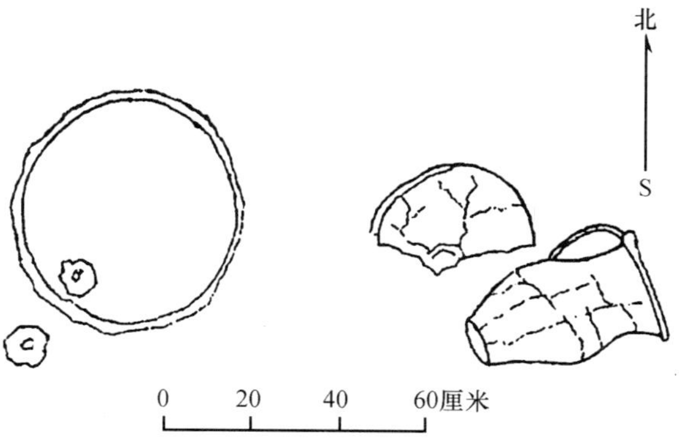

图一三　瓦石田 M2 器物分布图

0.5 厘米（图一一，5、6）。其余约为夹砂灰陶罐。单耳罐三件，每墓各一种，标本出于 M1（图一一，7），侈口、平底，耳的上端接于罐口，高 20 厘米、口径 11 厘米、底径 6.6 厘米。钵一件出于 M1，直口、平底，高 6.9 厘米、口径 11.6 厘米、底径 4.6 厘米（图一一，8）。盏一件出于 M2，敞口、平底，高 7.4 厘米、口径 19.4 厘米、底径 7.6 厘米（图一一，9）。

墓群的历史时代，由于采集遗物、墓葬的地层关系不清楚，还推于断定，初步认为，这里是一处相当于战国时代或稍晚的某个少数民族的墓葬区。

（二）大　石　墓

此种墓葬，在安宁河流域的两岸坡地上均有发现，冕宁、西昌、米易等县发现较多，用巨大的扁平石块成排连接以作墓顶，并筑有状若覆勺（柄置斜坡高处）的封土堆，建在坡度较大的地点，是这种墓葬的共同特点。

块石的体积较之石棺墓的石块大得多，估计每块的重量在 2500 公斤以上，甚有重达 5 千公斤以上者，有的体形略为方正，更多的则很不规整，大致多系采集的自然石块，封土的处理方法显然与便于拖运巨大的块石有关。

此种墓葬的墓穴狭长，长度很不一致，宽度都在 2 米以下。墓壁大体有以下作法：

Ⅰ式　用与墓顶大致相同的块石排列，如米易县湾丘火车站背后的一座属这种情况。残存较多陶片和铜剑一把。陶片有夹砂红陶和夹砂灰陶两种，器形大致有罐、杯、壶、碟等几种。铜剑为柳叶形，通长 45 厘米，系剑叶与茎同时铸成，剑叶上无纹饰，剑叶在近茎处收缩略窄于茎，中脊隆起，渐收江于铸端，刃多剥蚀，但犹锋利，剑茎镂空成方格纹，惜大部断失，纹饰已不完整（图一四）。

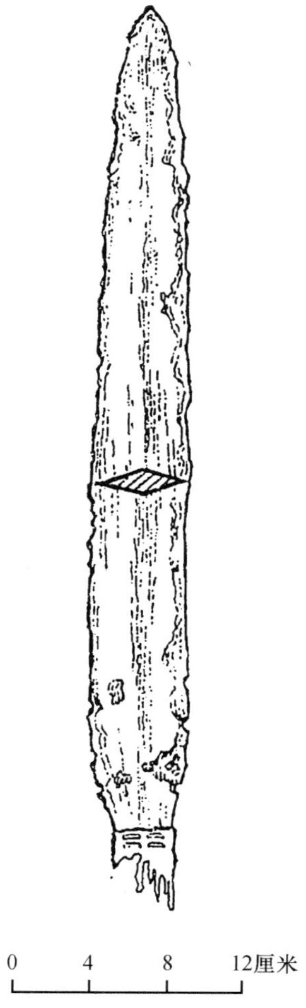

图一四　米易大石墓出土铜剑

Ⅱ式　用不规则的自然碎石砌成，如西昌琅环公社红星大队五队与樟木公社一大队一生产队各有一座属于这种情况。琅环公社的一座，残存墓坑，坑内尚存厚约 40 厘米的人

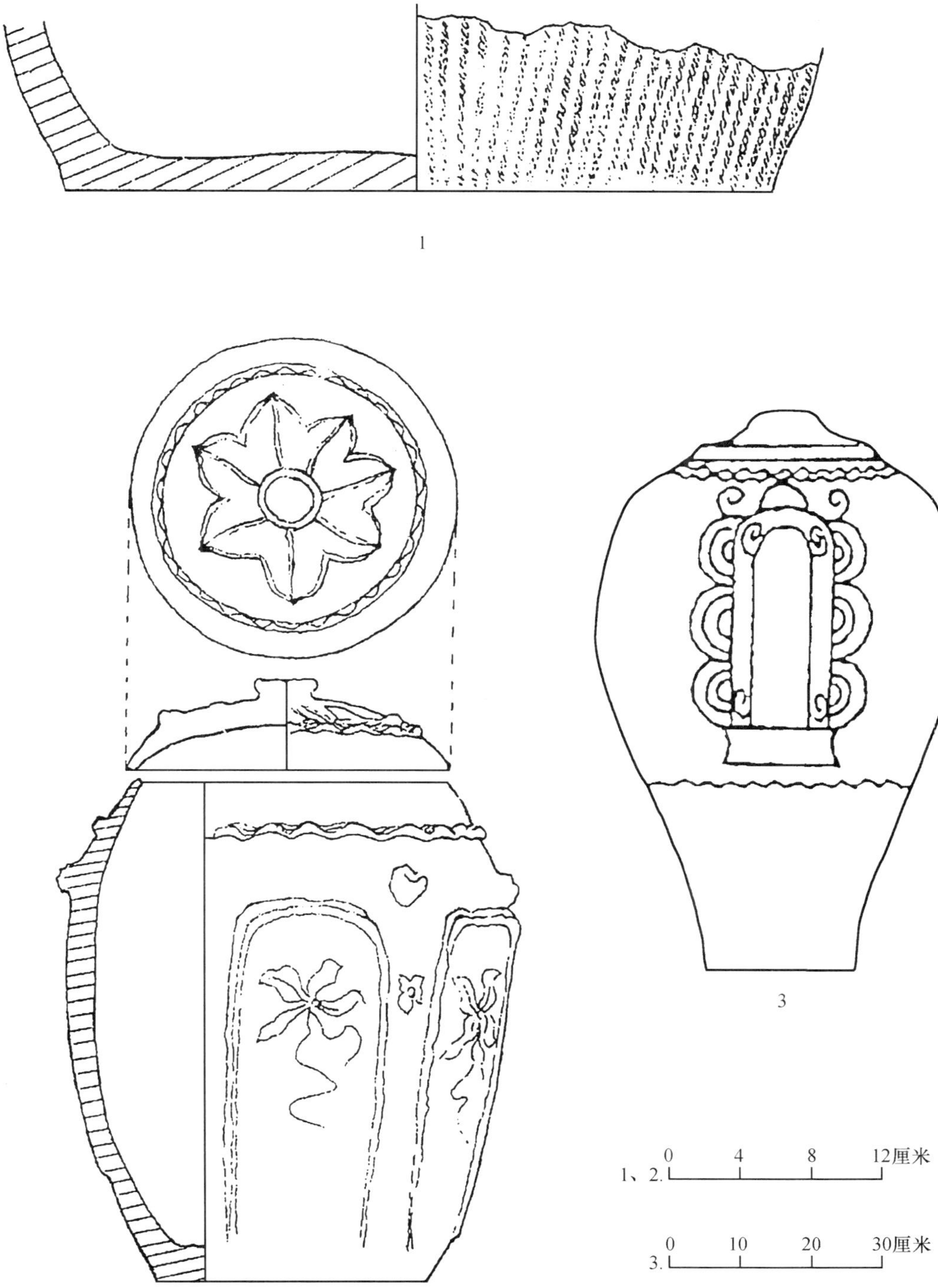

图一五　陶器

1. 大石墓出土陶罐残部　2. 骨灰坛　3. 火葬墓陶瓮

骨渣，以上为填土，尸骨多而碎，并无填土掺杂，有明显的火烧痕迹，系许多个尸体经火化后葬入墓坑的。樟木公社的一座墓顶块石尚存，从暴露的墓穴横剖面看，坑内从上至下放置杂乱的人骨，但无火烧痕迹。在距坑口2米以下，放置绳纹陶罐一件，口沿残失，为夹砂褐陶，平底（图一五，1）。此外，未发现其他随葬品。

Ⅲ式　碎石间以较大块石砌成。在西昌县巴河堡子新华公社新星大队发掘了一座墓式基本上完整的墓葬，墓中有人骨架百余具重叠堆置，出土铜器、骨器、玉器等40多件。发掘简报另发。

调查发现的大石墓，未被破坏、扰乱的已为数已不多了。这种墓葬的内涵还很不清楚，但无疑是研究这一地区古代某种少数民族文化遗产的珍贵资料，值得注意。

（三）火　葬　墓

使用的葬具有坛棺、瓮棺和石棺等三种。

坛棺　坛为夹砂粗红陶，手制、侈口、平底，大者通高49、口径52、底径约17厘米，小者通高25厘米、口径约30厘米、底径约12厘米。部分坛的口沿以下6厘米处，有一或两个乳钉。坛底都有一个两面凿成的穿孔。有的底下印有清晰的大型树叶纹，可能是在制陶时用树叶垫在器底印上的。这种火化坛棺葬在西昌县樟木公社六大队机耕道道旁的断岩上发现较多。

还有一种为夹砂灰陶坛，有盖若穹隆，盖饰大块荷叶纹，坛身饰大块莲瓣纹，通高32厘米、最大处径27厘米，火候不高，坛周围裹以木炭炭灰。地表以条形自然石或石磴为志。磴高24～53厘米、直径30厘米，石磴呈圆柱形，上分圆球顶与平顶两种，或刻光轮，或刻一龛，龛内浮雕趺坐佛像一尊。此种火化坛棺葬在西昌附近的杨家山和北山发现较多。当地人称之为“马拉坟”（意即西番喇嘛的坟）（图一五，2）。

瓮棺　陶瓮外施黄绿色轴，内壁着朱色，有盖，通高70厘米左右，骨灰与木炭混装。有的地面有封土堆，有的则无。此种火化瓮棺葬在米易县境内多有发现。当地人称之为“摆夷”族的墓葬（图一五，3）。

石棺　用四块约50厘米见方的石板合成方框为葬具，上无盖，下无底，或因水土流失关系，石板多部分露出地面。此种火化石棺葬在冕宁县新民公社富强大队八生产队发现较多。当地人称之为“摩些坟”。

三、其　他

（一）石　阙

石阙位于西昌县城东南三里，西昭公路以南70米的农田中。地属西郊公社一大队六队。1975年3月西昌地区博物馆发现。这次联合调查队进行了复查。

阙为双阙，东西排列，均已倒塌。暴露在地面上的有阙石 4 块，分别为东阙的屋顶、基座、阙身（残）和西阙的阙顶。两阙现相距 8 米。

东阙的基座呈长方形，长 1.45 米、宽 1.05 米、高 0.28 米。墓座中部有一个 28 厘米 ×20 厘米的方榫眼，与阙身的榫头相合（图一六，1）。阙身上部残缺，残高 1.65 米。平面呈长方形，长 0.97 米、宽 0.53 米。下部有一方榫头，上 0.26 米、宽 0.18 米、高 0.13 米。阙身四面均无纹饰、题记（图一六，2）。

西阙的阙顶为九脊重檐四阿式屋盖，长 1.7 米、宽 1.1 米、高 0.55 米。正脊长 105 米、宽 23 米，略方，山脊从正脊中部向四角延伸，两山对称，屋盖上凿瓦垅、瓦当，瓦当面无纹饰。阙顶底部方形，稍内凹，凿有四个榫眼。眼间相距 1.1 米，大于残阙身宽度

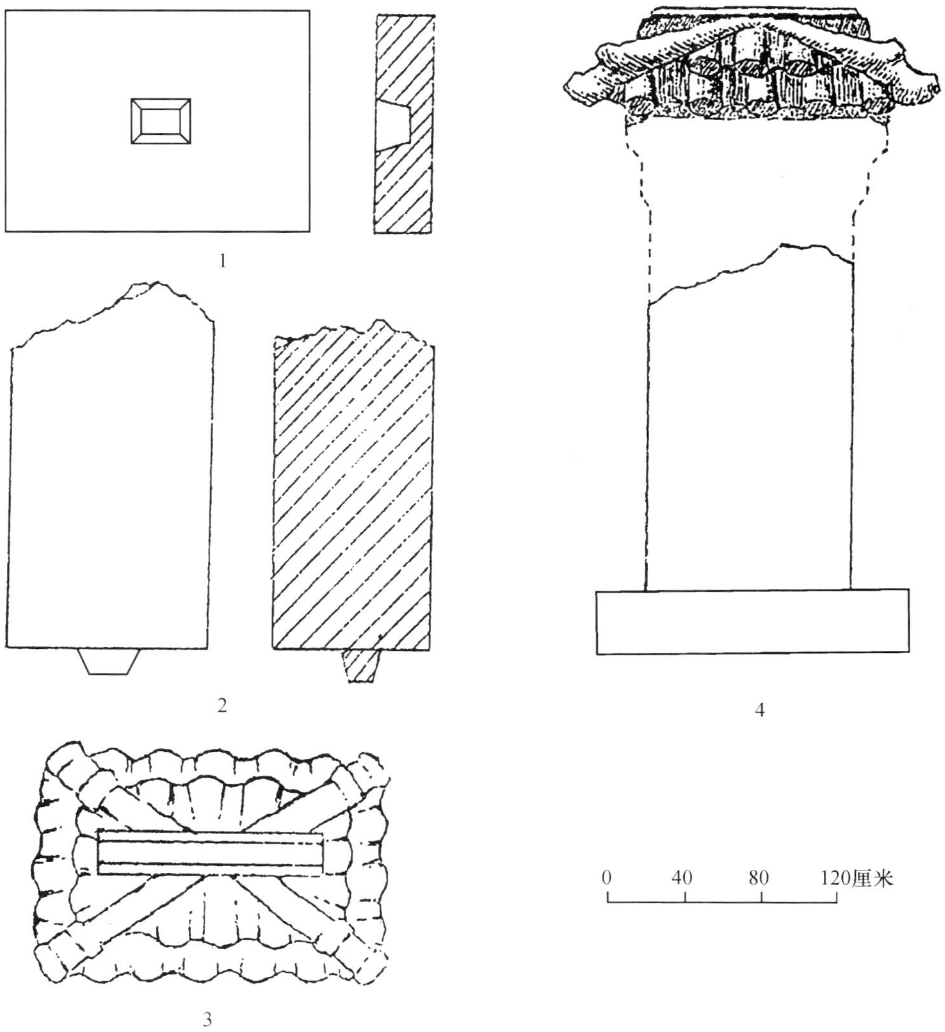

图一六　汉阙

1. 汉阙基座　2. 阙身　3. 阙顶　4. 复原设想

(图一六，3)。据此推测，屋顶与现存阙身之间还有一部分：其形状为上大、下小、逐渐内收，最后与阙身宽度相合。按一般石阙情况，这部分可能雕有斗拱、纹饰。现存三块阙石共高 2.48 米，若加檐下部分和残阙身上部，石阙复原高度应在 3 米以上（图一六，4）。

这组石阙，史书未见记述，现存部分又没有文字和纹饰，其建造年代从石阙的形制风格观察，似为墓阙。九脊重檐四阿式屋盖与四川汉阙和汉墓的石棺屋顶或棺盖雕刻作风相同；阙身瘦长，未雕铭文等情况又与渠县赵家村无铭阙、蒲家湾无铭阙类似。此阙建造年代估计亦在东汉末期到西晋时代。石阙的全貌、墓主人、年代等尚待进一步清理研究。

（二）窑　　址

这次调查在西昌高枧公社和会理东园公社各发现古代窑址一处。此处报道西昌窑址。窑址位于西昌县城东 3 公里高枧公社陈所七队，建筑在一小丘上，当地群众称土丘为“花果山”。土丘北面是枧漕河沟，深约 4 米，过去西昌至凉山的大道从沟中经过。修建西昭公路时，路基从土丘中部穿过，将土丘挖去 2 米多，打破了一号窑室的后壁。窑址东西两侧也因公社兽医站取土挖断，现仅存一长方形土台和部分沟边断崖的遗迹。

在土台和断崖周围，发现大量瓦渣和两处窑室。两窑室沿沟南东西排列，窑门向北，相距 6 米。西面一座（一号窑）保存较好（图一七）。东面一座（二号窑）仅剩部分窑壁。从两窑排列情况看，附近可能还有其他窑室。

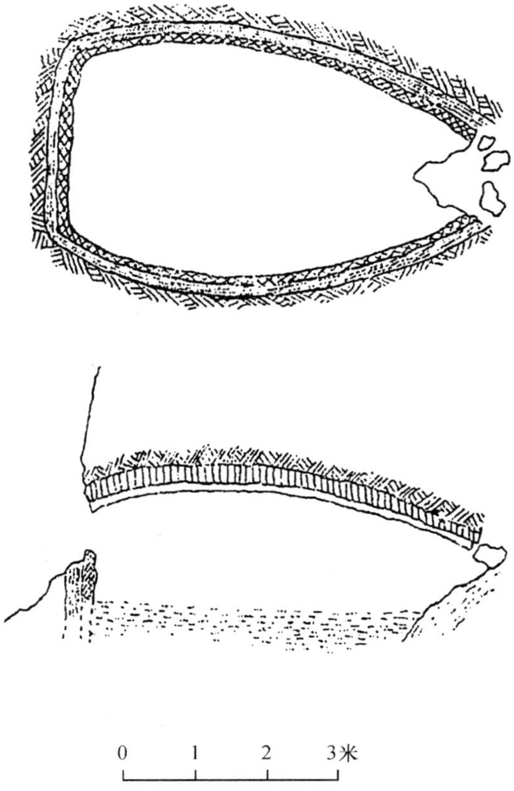

图一七　高枧 1 号窑平、剖面图

窑室的建造方法，是利用沟坡断崖向南凿一平洞，再加修饰而成。其形制以一号窑为例：窑门面向河床，因废弃后淤塞，情况不清。窑道仅见后部，宽 1.1 米，顶已塌落。窑室全长 2.9 米。后壁平直，宽 2.4 米，烟室烟囱已毁。窑室顶呈圆拱形。因淤土较厚，高度不清。窑室凿在生土层中，内壁修整后又抹上一层 10～13 厘米厚的泥皮，已烧成青褐色，泥皮外有 30 厘米厚的红烧土。

两窑室和附近堆积中有大量烧坏的板瓦、筒瓦、瓦当残片，此次调查未发现窑具。

板瓦　数量最多，分大小两种。大板瓦长 31 厘米、上宽 24 厘米、下宽 30 厘米、厚 1.5 厘米。青灰色，火候很高。背部素面，正面有布纹。小板瓦长 20 厘米、上宽 20 厘米、下宽 22 厘米、厚 1 ~ 1.2 厘米。泥质青灰色。正面有布纹。

筒瓦　从采集较完整的一块看，筒径 12.1 厘米、长 32 厘米、厚 1.1 厘米。子口颈内收，长 4.5 厘米。背部素面磨光，内面有布纹。前端为 Ⅰ 式瓦当，筒瓦烧成青灰色，有些未烧成的坯料呈褐色。

瓦当　均为莲纹，分二式：Ⅰ 式，中心为一圆莲房，周饰八瓣莲花，花瓣略呈菱形，外圈饰乳钉纹。边郭较宽，直径 12 厘米（图一八，1）。Ⅱ 式，中心莲房较小，莲花瓣呈三角形，外圈饰连珠纹，无边郭。直径 11 厘米（图一八，2）。

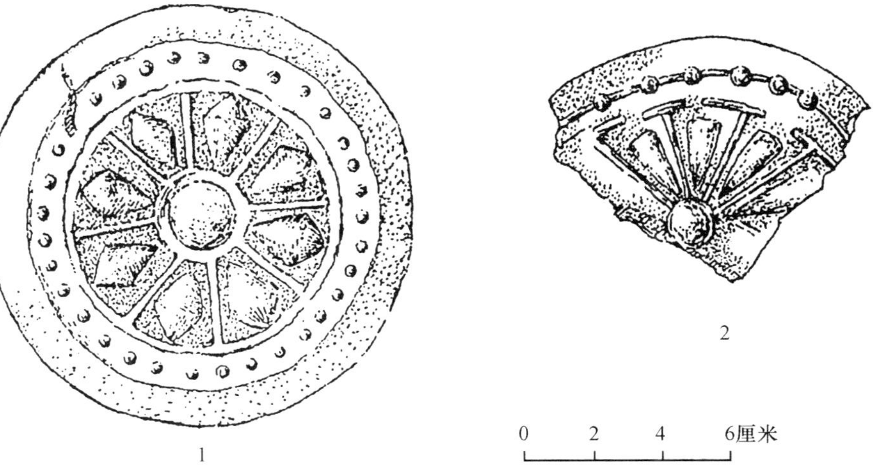

图一八　瓦当

1. Ⅰ 式瓦当　2. Ⅱ 式瓦当

这座窑的建筑方法与 1966 年洛阳隋唐宫城内烧瓦窑的情况相似①，所出板瓦、筒瓦、莲花纹瓦当具有典型的唐代风格，这是一座隋唐时期的烧瓦窑。在西昌地区发现烧制大型板瓦和瓦当的窑址，为研究隋唐时期这一地区的社会经济发展提供了重要资料。

（三）城　　址

调查中在冕宁、西昌发现古城址五处。分述如下：

1. “梳妆台”城址

位于安宁河上游，冕宁县泸沽火车站北面，孙水河与安宁河汇合而形成的台地上。城址南墙距西河交汇处约 500 米，安宁河靠城西北向南流，孙水河由东向西流至城东，又向北折与安宁河相汇，故城址三面环水。城墙大半残缺，现存西南残墙总长 394 米，

① 《洛阳隋唐宫城内的烧瓦窑》，《考古》1974 年第 4 期。

最高处6.2米，最宽约18米。墙地面70厘米以上为条石砌成，以上为黄土夯筑，夯层厚15厘米。夯土内发现许多汉代瓦当片，城墙不很规则，初步测算东面长约400米，南北宽312米（图一九，2）。城内现为农田。我们在地面采集到少量汉代陶片，其中有外卷唇陶器口沿3块，假圈足器底2块，均为泥制，青灰色，火候极高，陶质坚硬。残鼎腿（？）一块，外黑内褐，夹粗砂，饰绳纹。

此城建造时间当在汉代以后，是否是汉唐“大筰”县故址，尚待进一步考查。

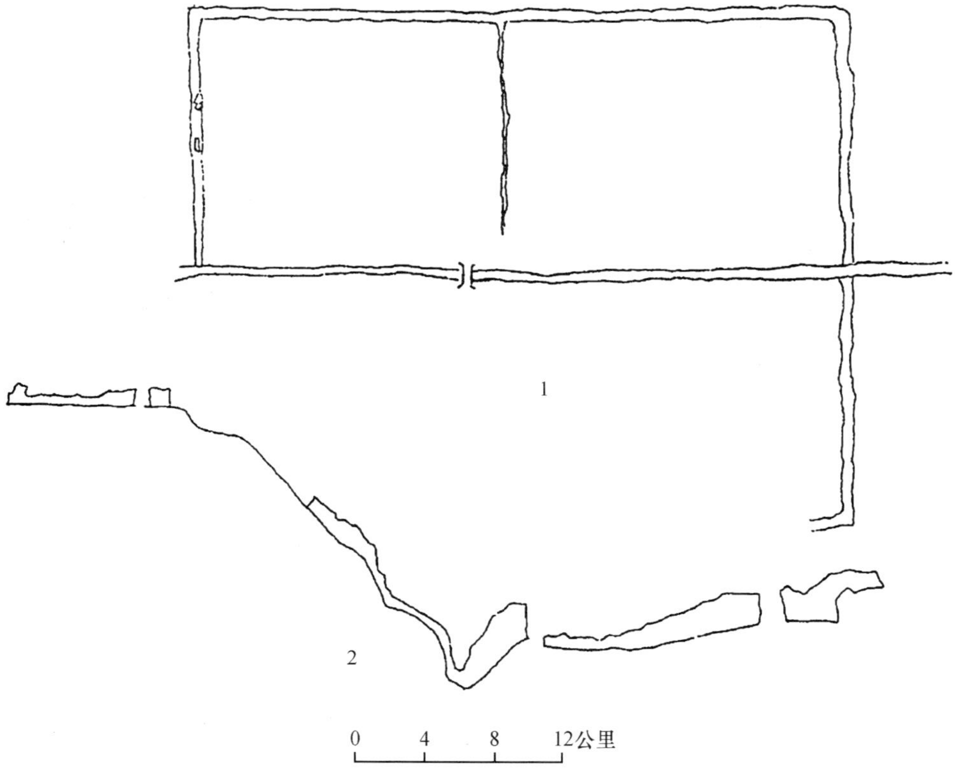

图一九　城址

1. 礼州“新城”古城遗址　2. “梳妆台”城址

2. 西昌“土城”与“孟获城”

西昌土城位于邛海以北的缓坡地上，将明代所建西昌砖城囊括在内。土城北墙接西昌北山，西墙外200米为西河，东北角外400米为姜坡。西昌东河由北向西南纵贯土城，将北墙东部和南墙大部冲毁。当地群众也将土城叫做“诸葛城”。土城略呈正方形，实测东西宽1700米，南北长1750米。东墙保存较好，方向为北偏东20°。东墙外尚存护城河遗址（现已改为水渠）。土城西北部为明初修建的砖城，东西宽980米，南北长880米，其北墙、西墙与土城城墙重合。土城为黄土夯筑，夯层厚8～10厘米，内含大量汉代陶片。残墙最高6米，最宽10米。城门、道路、城内布局等情况不明。在土城东南角发现石阙一对如上述，估计为汉晋遗物。

“孟获城”在高枧公社中所三队，地处邛海以北，姜坡以南的坡地上。城略呈方形，南北长320米，东西宽250米。此城保存较好，四墙相合，东有缺口（现南墙西部打开一缺口，作拖拉机道使用）。墙上有14处较宽的夯土台，似为城堞。城墙亦为黄土夯筑，夯层清晰，每层厚度为8～10厘米。夯土中含有汉代陶片。

在土城与孟获城之间，有一条夯土墙将两城连接起来。土墙最宽处为6米，残长170米。此墙的夯筑情况与两城相同，估计为同时建造（图二〇）。

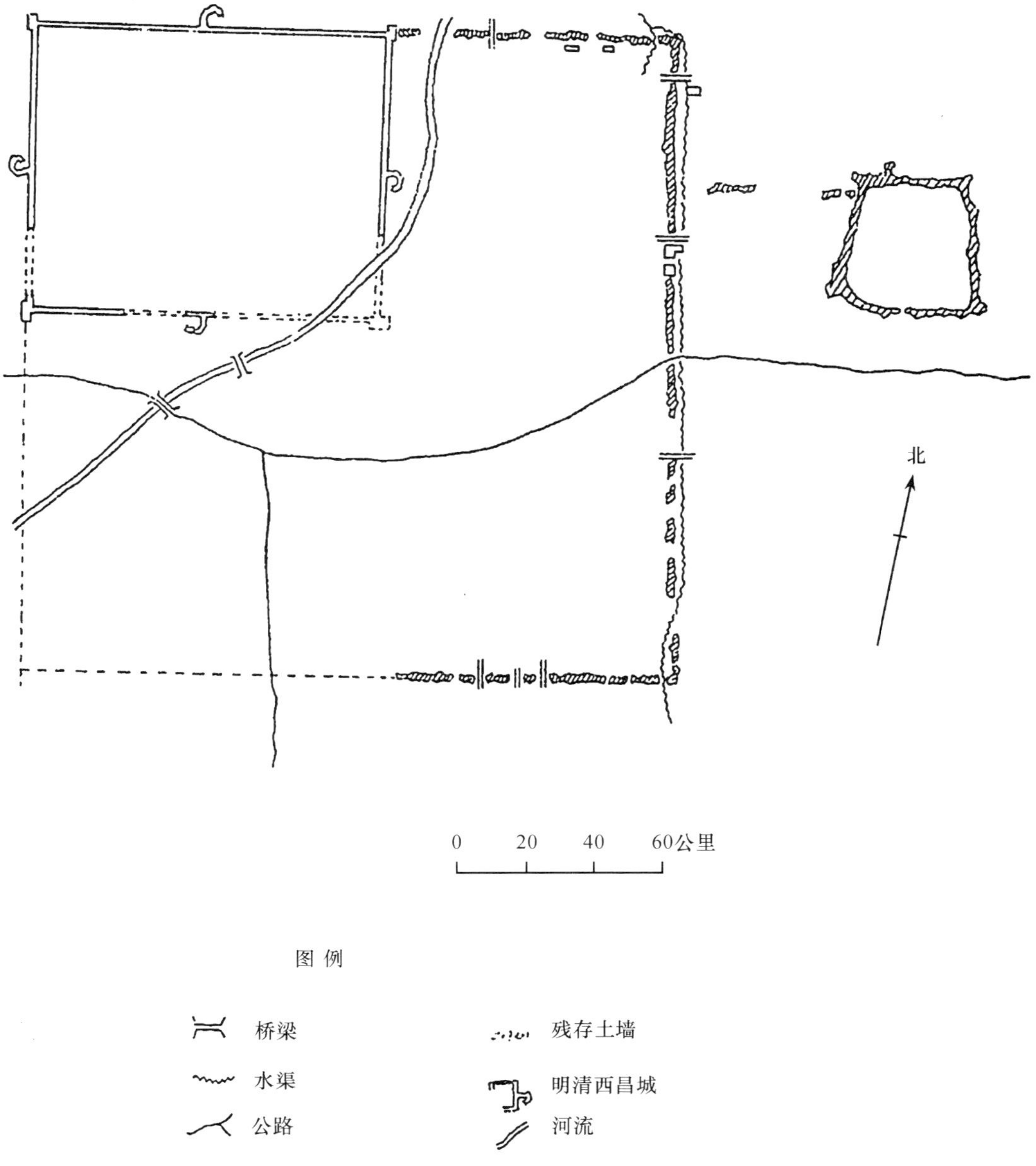

图二〇　西昌“土城”（大）与“孟获城”（小）平面图

据西昌县记载，现西昌城为明洪武中建造，宣德二年“以砖石，高三丈，周九里三分，计一千六百七十四丈。门四，安定，建平、大通、宁远”。该记载城的大小与土城不合。西昌地区博物馆藏明装武贰拾年刻“建平门”石额三块，原在砖城南门上，也证明现砖城建于明初。土城小城的夯土均含大量汉代陶片。因此，这两座古城建造时间应在汉代以后明代以前。具体在什么年代，尚需进一步考查。

3. “新城”等两城址

位于西昌县北25公里，安宁河东第二阶台地上，城址南100米为热水河，隶属礼州公社田坝二队，当地老乡称之为“新城”。城呈长方形，南北长324米，东西宽277米。东、南墙保存较好，西墙在修成昆铁路时被挖掉，北墙西段已毁。泸沽渠由北向南从城中穿过。城墙内夯土建筑，夯层厚5～10厘米。残存最高2.3米、最宽4.3米（图一九，1）。北墙夯土中发现汉花砖两块。

“新城”东面500米，在安宁河第三阶合地上，另有一土城，据传说为诸葛驻军城。城址南距热水河100余米，隶书礼州公社陈远九队。土城南北长130米，东西宽约60米，西墙保存较好，残高1.3米，宽6米，夯层厚8厘米，在夯土墙中发现有灰砖块、红色陶片、瓦片和一枚钱币，钱币因锈蚀字迹不清。此城据说为诸葛驻军城。

这两座古城址因采集物少，史书又未见著录，其建造年代不能确定。

附表一　遗址登记表

编号	遗址名称	地址	文化层厚度（米）	遗迹	采集遗物	时代
75MS1	三坟屯	冕宁 城关公社三大队七小队	0.5		残石器2，陶片33（内有器口、底、流、鋬、把手等）	新石器时代晚期
75XS1	坛山	西昌 礼州公社 田坝大队	0.4		石器残片2，平底杯形陶器1，陶片26	同上
75XS2	巴河堡子	西昌 新华公社 新兴六队	0.5以上	烧土灰烬等	陶片14，灰土1	同上
75XS3	大泥坝	西昌 新华公社 宁乐四队	0.6	红烧土层	夹砂红陶片5，红烧土2	同上
75XS4	团包山	西昌 新华公社 宁乐六队	0.5～0.6	菱形锅形灰坑各1个	Ⅰ式石斧2，夹砂红陶片3	同上
75XS5	栖木沟	西昌 琅环公社 红星八队	0.5～0.8		Ⅰ式双孔石刀1，陶片10	同上
75XS6	山头	西昌 樟木公社 二大队八小队	0.6		Ⅰ式石锛1，陶片10	同上

续表

编号	遗址名称	地址	文化层厚度（米）	遗迹	采集遗物	时代
75XS7	羊山坡	西昌 樟木公社 八大队二小队	0.6		残石刀1，陶片3	同上
75XS8	钟家山嘴	西昌 樟木公社 六大队三小队	0.5		残石刀1. 石磨盘1，陶片5	新石器时代晚期
75XS10	横南山	西昌 经久公社 洽龙一队	0.4～1.6		Ⅱ式石斧2，石斧4，残石器2，Ⅱ式石刀1，砺石1陶片16	同上
75XS11	三和	西昌 礼州公社 三和八队	0.5		夹砂红陶片12	同上
75ES2	寨子山	西昌 丙谷公社 二大队四小队	不详		陶片228，管状窑珠29	同上
75HS2	东嘴	会理 南阁公社 中和八队	0.5～1.8		陶片8	同上
75HS3	河弯弯	会理 南阁公社 中和八队	0.36～0.4		陶片9	同上
75MS2	泸沽	泸沽火车站 北200公尺	1		瓦当1，筒瓦、板片3、残陶器4，弧形井圈砖1	秦汉
75XS9	大坟堆	西昌 高枧公社 张林七队	不详		瓦当1，残陶器3	汉代

附表二　标本采集地点登记表

编号	采集地点	地址	采集标本	摘要	备注
75MB1	五宿	冕宁 城关公社 五大队五小队	陶片28	可能是新石器时代晚期遗存	
75MS2	瓦坊凹	冕宁 石龙公社 石龙六队	陶片16	同上	
75MB3	水城	冕宁 复兴公社 水城二队	陶片15	同上	
75XB1	刘家大囤子	西昌 礼州公社 陈远九队	碎骨11 陶片7	上为大石名墓，下为新石器时代晚期遗存	

续表

编号	采集地点	地址	采集标本	摘要	备注
75XB2	草坝	西昌 礼州公社 陈远二队	陶片 8	可能是新石器时代晚期墓葬	
75XB3	大堡子	西昌 琅环公社 八星一队	人骨 23 陶片 14	可能是新石器时代晚期遗存	
75XB4	西洼沟	西昌 琅环公社 五星六队	陶片 17 烧土 4	同上	
75XB5	小麻柳	西昌 樟木公社 七大队	陶片 6	同上	
75XB7	蛇尾巴	西昌 六合公社 一大队三小队	陶片 6	同上	
75XB8	牛屎巷	西昌 西郊公社 八大队三小队	石斧 1 石锛 1	同上	
75XB9	龙口村	西昌 高枧公社 陈所六队	石锛 1 陶片 4	同上	有碎陶末等
75XB10	山楂坪	西昌 西溪公社 西溪大队	石斧 1，石锛 1，残石器 1，陶片 4	同上	文化层断续不显
75DB1	瓦窑沟	德昌 新民公社 红卫七队	石刀 1	可能是新石器时代晚期遗存	
75DB2	孟获城	德昌 五一公社 反帝九队	石锛 3，石刀 1，陶片 2，汉瓦 4	上为汉代遗存，下为新石器时代晚期遗存	已破坏
75EB4	湾崃村	米易 红光公社 二大队九小队	石锄 1	可能是新石器时代晚期遗存	
75EB6	高龟塘	米易 莲花公社 二大队七小队	夹砂绳纹红陶片	同上	
75EB7	阴兵包	米易 垭口公社 二大队六小队	石斧 1	同上	附近尚有石片、贝壳、灰烬等
75HB6	红泥坪	会理 新安公社 一大队一小队	石斧 1	时代待考	

成都地区历史地震的考古调查报告

本报告是根据四川地震局《关于成都地区地震基本烈度鉴定工作的报告》（1977年）所规定的第四项工作任务而撰写的，目的在于运用考古方法来调查研究成都地区1900年以前的历史地震的基本烈度问题。

一、文献记载的历史强震的考查

（一）942年成都地震

据《四川地震目录·强震目录》（1975年）列（表一）：

表一

编号	地震日期	震中位置	烈度	地震情况	资料来源
6	公元942年11月（后蜀广政五年十月）	成都（N30°6′，E104°1′）	七（5.5）	蜀（今成都）地震摧民居数百	《历代四川各地灾异提要索引》

注：《中国地震目录》1960年版曾列入，1971年新版时删去，列入附录。

今查重庆市图书馆编《历代四川各地灾异提要索引》（1956年）所引的是清同治《成都县志》，其根据出于《蜀梼杌》，该书卷下："广政五年""十月地震，摧民居百数"。林向按：此乃据涵芬楼景明刻本《历代小史》所收的《蜀梼杌》，为目前可见最佳明版本。至于《中国地震资料年表》（1956年）同时征引的《十国春秋》一书，以及明清以来本省有关方志，都是抄袭这段文字的。现分四点考查：

（1）史料来源与背景。《蜀梼杌》一名《外史梼杌》，北宋的张唐英撰于1067年（宋治平四年）以前。张唐英，蜀州新津人（即今四川新津），是当时宰相张商英之兄，本人官至中侍御史。据《自序》说："予家旧藏前蜀开国记，后蜀实录，凡一百三十卷，欲焚而不忍"，于是"削去烦冗，编年叙事分为十卷"。今本的《蜀梼杌》最多的只有前、后蜀，上、下两卷，可见又被后人删削。其撰书目的在于"盖使乱臣贼子观而恐惧耳"，所以他刻意描绘后蜀境内的各种"灾异"，为北宋灭后蜀制造"天命"的根据，所谓"究极乎治乱之变，而探索乎天人之际。"（见该书第一个刊行者宋陆昭回：《蜀梼杌·后序》）。后蜀的广政年间地震频繁，当时人记者不少，现可见的有《野人闲话》、《牧竖闲话》、《鉴戒录》、《续锦里耆旧传》等，后来的《九国志》、《新、旧五代史》等，重要的有十余种，都不见有"摧民居百数"的记载。现在这条资料只有《蜀梼杌》一书是唯一出处。我们对这种孤证应持慎重分析态度，不宜轻易据以立论。

(2) 史料记述的位置。《蜀梼杌》记的是后蜀兴亡史实，并不是专记其宫廷或成都一地的事情。后蜀首府成都，下辖四十个州，包括今四川全省以及秦岭以南的汉中地区。所记广政年十六年间（938～953年）地震史料八条，无一注明地点，只能理解为是当时在成都所能感觉到的，或各地报来载入朝廷实录的地震，不能都理解为都发生在成都一地。

广政年间八次地震（广政元年十月、二年六月、三年五月、三年十月、五年正月、五年十月、十五年十一月、十六年三月，）其中有破坏记载的只有一次，即五年十月(942年)。如极震区确在成都，必然会引起朝廷惊恐而大书特书的，但事实却非如此。反观三年五月（940年）地震只是在成都出现宏观现象（如"苦竹开花"、"马作人言"、"银枪营中井水涌出"等），并没伤亡破坏，而后蜀主孟昶马上惊恐地征询群臣，六月间还有人借此发动叛乱。这两下对比，足以说明：942年地震的极震区是不会在成都及其近郊的。

(3) 破坏情况的考查。今本《蜀梼杌》凡是明清善本书，都作"摧民居百数"，(如上引涵芬楼景明楼刻本、清道光《学海类编》等)，讹作"摧民居数百"是坊间印本误刊的结果，这一颠倒，使烈度增大数十倍，必须加以廓清。再者，既突出表明是"摧民居"，而非宫观甲第，说明破坏的多数是Ⅰ类房屋，少量才是Ⅱ类房屋。其分布范围又比较大，成都充其量属于影响范围。所以，把成都的烈度订为七度，显然是偏高了。

(4) 据此，在942年10月23日～11月21日（后蜀广政五年十月）发生的地震，震中位置不能定在成都（N31°9′、E104°4′），烈度也偏高，更不能据以定成都市区的烈度。

（二）974年邛崃一带地震

据《四川地震目录·强震目录》(1975年）列（表二）：

表二

编号	地震日期	震中位置	烈度	地震情况	资料来源
7	公元974年9月（宋开宝七年）	邛崃一带（N30°4′，E102°6′）	七（5.5）	邛州（今邛崃）八月，延贵镇震死民四人	《历代四川各地灾异提要索引》

注：《中国地震目录》1960、1971年版均不列。

此条仅见于清嘉庆《四川通县》卷203，而嘉庆《邛州志》、民国《邛崃县志》都不载。查嘉庆《四川通志·祥异》的原文为："开宝七年八月邛州延贵镇震死民费贵及其子四人。"查宋代邛州　并无延贵镇，只有延贡砦。明洪武时在此建延贡寺，后来叫延贡镇，在今邛崃县东22公里，与冉义场隔斜江河相望。踏勘时发现该地农田表土下，多唐宋瓦片，社员们叫"瓦子田"证明此地确为唐、宋市镇。嘉庆《四川通志》把

“贡”字误刊成“贵”字了。林向按：综观《四川通志·祥异》卷的行文，凡地震不单用一个“震”字，因为“震”作“动”讲，“地震”就是“地动”，若单用一个“震”字，是指的“雷击”。(可参见清《康熙字典》“震”字条)。因此可见，嘉庆《四川通志》的原意是：974年9月在邛州延贡镇被雷击震死老百姓费贵一家父子五人。故与地震无涉，引用者显然搞错了。建议：此次地震应予撤销。

(三) 1324年双流一带地震

据《四川地震目录·强震目录》(1975年)列(表三)：

表三

编号	地震日期	震中位置	烈度	地震情况	资料来源
11	1324年9月(元泰定元年)	双流一带(N30°6′，E103°9′)	六(5)	成都、新津等郡地同日震，坏民房	《历代四川各地灾异提要索引》

注：《中国地震目录》1960年、1971年版均不列。

今查有关的方志均无此条材料。元泰定间(1324～1327年)只有一次地震，见于《元史》卷30《泰定帝本记》：“(泰定)四年八月巩昌府通渭县山崩，碉门地震，有声如雷，昼晦、天全道山崩，飞石毙人，凤翔、兴元、成都、峡州、江陵同日地震”。同书卷五十《五行志》所记同。明正德《四川志·灾祥》基本节抄原文。清乾隆《四川通志·祥灾》简略为：“元泰定帝时，碉门全天地震，厥后成都及峡中同日地震”。乾隆、光绪、民国各版《双流县志》和《道光新津县志》都照此作：“元泰定帝时地震，坏民房。”基本不错。问题出在嘉庆《四川通志》卷203误刊为：“元泰定元年八月”，又说：“成都等郡地同日震”(按：元代地方行政并无郡的建制，成都也从不叫郡。元代地方行政区划分为行省、路、府、州、县，并无“郡”这一说)，可见纯属误刊。同治《成都县志》不加检查，全抄讹文。《历代四川各地灾异提要索引》再错抄，于是把泰定四年八月地震讹传了，这是必须廓清的。

再则，对于泰定四年地震，过去未引起重视。据记载，此次地震在今甘南通渭和四川天全引起山崩，后者还造成伤亡。在四川荥经则地震有声，白天晦瞑。可见震中不会在荥经，而是在四川西北部与陕南、甘南交界的某地。地震影响所及甘南、陕南、四川西部，直到湖北，波及甚宽，推知其震中烈度肯定不止七度。若双流、新津等地果有“坏民房”，那么成都地区应属于六度范围。

据此，则1324年地震并非发生在“双流一带”。

(四) 1734年蒲江地震

据《四川地震目录·强震目录》(1975年)列(表四)：

表四

编号	地震日期	震中位置	烈度	地震情况	资料来源
27	1734年3月（清雍正十二年二月）	蒲江（N30°3′，E103°5′）	六（5）	地震、岱庙碑坊崩折	《中国地震目录》（1971）

这次地震，乾隆、光绪版《蒲江县志》和嘉庆《邛州志》都有记载，原文如下：“雍正十二年二月（蒲江）地震岱庙牌坊崩折。”《中国地震目录》的“碑”字应为“牌”字之讹。

这次调查找到了岱庙牌坊的确切位置。东岳为岱，岱庙就是东岳庙。蒲江有两个东岳庙，一在今县城东北，一在大塘。据调查，大塘的东岳庙是清末民初，因演戏发生纠纷，而分出去的。雍正“崩折”的是东岳庙牌坊，在县城东北数里处，今蒲江中学东围墙外，已于1960年拆除。据经手拆除的蒲中教师讲，牌坊在半山坡上，砖砌，四柱三门（圆拱门）、叠涩顶、高约7~8米，上有大明年号。据79岁的老教师讲，他小时候读书时见到此牌坊的东卷拱门洞上有一条两指宽，一尺多长的裂缝，牌坊的顶子崩坏了，这种样子自来如此，一直保持到拆除为止。踏勘时，在蒲中围墙砌体内，发现尺寸30厘米×16厘米×7.5厘米的明代牌坊砖，是1960年拆除后砌入围墙的。据踏勘，牌坊遗址在小山南坡，坡度陡峭，下面是古河道，今为滥泥田，犁田时曾抄出拱桥石来；山坡是含有砾石的冲积土堆积，较松散，所以经常滑坡，人们常从坡脚2~3米地下挖出柱础、水缸、木质家具等。在这种地形和地基上建筑的砖拱牌坊，而能保持数百年之久，说明此地的基本地震烈度不会超过五度，这从古建调查中也能证明，说详下节。

二、古代建筑反映的历史地震烈度

这次调查了成都附近13个县，42项古代建筑（包括唐、宋、明、清的砖、石塔15座，明清木架建筑20项，清末的石牌坊5座；其他建筑2项），发现其中可能有地震损害遗迹的有16项。

（一）调查的基本方法

这次调查实际上是一次历史地震的烈度考察。

（1）断代。根据文献记载与考古方法，确定古建的建造与修补年代。

（2）分析震害。在排除了非地震损害的情况下（如风化、雷击、腐朽、地基松动，人为破坏等），凡砖、石塔的倾斜、破裂、折断、掉头，木建筑的柱子位移、梁架拔榫，砖墙的异样裂缝等，都可能与历史地震留下的痕迹有关。

（3）烈度划分。根据《新中国地震烈度表》（1957年）、参照现代地震的宏观调查材料，并注意古建的特点，例如因年久失修，这些建筑虽多属于Ⅲ类建筑，基本上要降一等，按Ⅱ类建筑看待；又例如古建都曾经过了多次地震与非地震因素的综合影响，故而须要全面、慎重地考虑烈度问题。现提出如下古建所见地震烈度划分的参考性标志（表五）：

表五

	七度强	六至七度	五至六度	五度
砖、石塔	上下破裂，中部折断	中部破裂，上部折断或坍塌	顶部开裂，上部倾斜	伤顶
木架建筑	整个屋架倾斜，柱子位移，柱子倾斜显著，梁架多拔榫	柱子倾斜，梁架拔榫，砖墙开裂	柱子略有歪斜，梁、架榫卯松动	缩瓦

（4）归纳。尽可能找出古建震害与历史地震的对应关系。若不能确定某一次地震的烈度，则作为其自建修以来积累的最高烈度。

（二）调查所见各县古建的震害情况

1. 什邡

（1）慧剑寺，县东5公里。大殿是明建、清康熙八年（1669年）翻修。南向。地基坚实，木料粗实，施工讲究。整个屋架北倾，内柱北倾约2°～3°，所以南北向的穿插枋都拔榫5～8厘米。烈度推断意见：七度强。本寺其他在清道光十二年至二十年（1832～1840年）间建造的藏经楼，前、后殿、配殿等，均未见柱倾榫拔现象。

（2）金相寺，县北22公里。大殿为清康熙三十七年（1698年）重建。东向。金柱西倾，东西向穿插枋拔榫约5厘米。地震烈度推断意见：七度。

（3）龙居寺，县西二十公里，与彭县白鹿山相邻。大殿经明成化二年（1466年）重修。据文化馆同志讲，该殿在1957年培修前，柱子倾斜，阑额脱落、斗拱损坏。现可见新换的梁、枋、斗拱多处。破坏的烈度推断意见：可能为七度。清道光、咸丰、同治间建造的后殿、配殿、厢房等，无震害现象。

［按］什邡县过去缺乏强震记载，从明成化到清道光间约360年中，记载了有感地震12次，其中只有1713年9月叠溪八度地震的影响是“什邡地大震”（嘉庆《什邡县志》），但未载明有无破坏。现可知什邡在1669～1832年这150年中曾遭受到相当于七度强的地震破坏，很可能与1713年9月叠溪地震的影响有关。因为在此前后，龙门山断裂正在活动，如1644年2月彭县白鹿山裂数尺；1770年什邡西山八步坎中裂五尺等等（见光绪《彭县志》，嘉庆《什邡县志》）。

2. 彭县（今彭州市）

（1）龙兴寺塔，县北门外。北宋大观中（1107～1110年）建。十七级密檐式方砖塔，高约34.5米。据清雍正时人题诗，可知在清初以前此塔已被震破，东北残一角（嘉庆《彭县志·艺文》）。1786年泸定磨西面地震加深其四裂：“乾隆丙午五月初六地震，塔顶四裂势将倾地，卒不坠。”（《锦里新编》十五）1924年1月南半部终于垮塌，现存西北角1/4。此塔沿中间的窗洞垂直剖裂成四片，是典型的八度震害。但要考虑下列因素：①地基不好。表层黄壤，地表下1.5～3米处，即为含水丰富的沙砾层；②整体性差。由于不能攀登没有塔心蹬道，高34米的空方柱体，仅有三个用叠涩砖砌的楼层，缺乏横向拉力；③工程质量差。采用了大量汉、唐时留下的旧砖，规格不一，新旧质量不一，砌不对缝，用黄泥浆黏合，未加石灰，也没有其他宋塔都采用的扁铁强筋。故地震烈度推断意见：以七度为宜。

（2）正觉寺塔，县北20公里白塔坝。北宋天圣中（1023～1031年）建。13级密檐方砖塔，高约30米、底边8.2米。调查时见到塔身中部破裂，第二层塔室坍塌。塔顶掉头，东南角顶部一直坍塌到第三层。调查发现此塔的建筑工程质量甚好：有专制的塔砖、白灰泥浆黏合、墙体内还用宽4厘米、厚1厘米的扁铁条作强筋加固。但在清末咸、同年间底层曾遭火灾，近来来此掏砖的人不少，破坏在加深。不过中部破裂，顶部坍塌并非人力所致，地震烈度推断意见：七度强。

（3）镇国寺塔，县西15公里，关口镇西南坡上。北宋至和元年至嘉祐五年（1054～1060年）建。13级密檐式方砖塔。高34米、底边6.5米。上部北倾，从第五级起至第八级歪斜相差半个窗洞（约20厘米）。顶部南、北壁有宽1厘米的裂缝向下延伸。此塔的建筑工程质量甚好，做法与正觉寺塔相同。地震烈度推断意见：七度。

（4）无名塔，在县西南的庆兴公社塔子山上，原属崇宁县地。宋建，后世培修。密檐式方砖塔，原级数不详，现残存下部三级，底边宽3.2米。在塔身下部1/3处折断，南北向中间破裂。因为此塔孤立在塔子山顶，相对高差约120米，所以加大了地震波动的振幅，加重破坏。地震烈度推断意见：七度强。

（5）龙居寺，县西南庆兴公社的敬老院，原属崇宁县地。大殿系清代吴世璠洪化年间（1678～1681年）修建。南向。当心间内柱西倾5°，穿插枋拔榫5～10厘米。二殿系清康熙三十年（1691年）修建。西列内柱在柱础上向西移动10～15厘米，梁架瓜柱倾倒，地震烈度在七度强。

［按］彭县的地震记载下来的不多，自宋至清代前期仅五次，记载有破坏的只有1786年磨西面地震的影响。今经调查的六项古建都有震害，尤其是四座宋塔都受到严重的损害，由龙兴寺塔测知，在清初以前还有一次（或多次）破坏性地震影响，其确切情况有待进一步探讨。1786年磨西面地震在彭县造成的破坏，地震烈度可以达到七度以上，这是提出来的新问题。

3. 灌县（今都江堰市）

（1）灵岩山建筑群，灵岩山在灌县北五公里，相对高度约700米，离二王庙后山断裂出露点的水平距离不会超过2000米。这里共有甲、乙、丙三组坐北朝南的建筑。

甲组，灵岩寺韦驮殿。山门在最前面（南），清嘉庆时建，四壁已为人力破坏，而房架无偏斜，脱榫现象。前殿檐建于清乾隆二十二年（1757年）。用半截方形石柱（高约2米）和东西面的砖砌山墙搁梁，榫卯梁架。南边的托檐的六根石柱北倾约7°～8°，穿插枋拔榫约10厘米。东西山墙各有两道宽2～10厘米之字形裂缝到顶。后殿檐为乾隆十七年建，也是半截方形石柱砖砌山墙的殿宇，其金柱和内柱均北倾，南北向的穿插枋拔榫，山墙开裂，檐廊两侧砖拱券洞门上开裂，破坏烈度推断意见：七度强。

乙组，灵岩寺正殿，是甲组建筑的西邻。前殿系道光元年（1821年）建。后殿为光绪十五年（1889年）建，都是木架殿宇，未见柱倾拔榫等现象。

丙组，东岳庙，在甲组建筑以东不到10米。院中有清嘉庆十九年（1814年）建的雕石牌坊，四柱三门，高8米左右。后面是玉皇殿，清嘉庆二十二年（1817年）建，木架楼殿，均无位移，崩裂等现象。

［按］据了解，清末光绪时有人在寺下的沟里挖煤，这可能要危急灵岩寺的地基，县衙曾立碑永禁，故地面没有看到下沉的情况。但在相距不到50米，同一平面上的三组建筑，建造年代相差不过60年，情况却如此差别，当然不可能是地基等原因所造成的，而只可能是因为1757～1814年中间受到了强烈地震的破坏，地震烈度超过七度。

（2）普照寺，县西南20公里大观公社。内有木牌坊：系乾隆五十三年（1788年）建，四柱三门，高约7米。石照壁：为乾隆五十六年（1791年）建，条石砌筑，高约5米。石灯杆：系道光五年（1825年）建，胸径30厘米，高14.5米，顶部有一石盘，直径约1米左右。这些古建的特点，应该是对地震波较敏感的，却都没有找到留下的痕迹。

（3）奎光塔，县城西2公里。清道光十一年（1831年）建，六角形十三级砖塔。除门窗卷洞上略有细微裂缝外，无地震损害痕迹。

［按］灌县古建所反映的震害只可能发生在1757～1788年这31年中间。据记载这段时间有两次强震，1786年9月磨西面地震时，“灌县地震甚，田河水倾上崖，人有倒者”，1787年12月13日灌县地震“夜大震，屋瓦多坠”（均见光绪《灌县志》），都在六度范围内，现在看来在灌县地区的地震烈度可达七度强。

4. 广汉

（1）龙居寺，县南7公里。大殿明建，壁画有明成化二年（1466年）墨书题记，现屋架、壁画均保存较好，看不出有地震破坏的痕迹。

（2）文庙櫺星门，县公园内。清嘉庆17年（1821年）建，雕花石牌枋，高9米，上另有6根蹲兽望柱，高约2.5米。这种结构对地震波是相当敏感的，却未见损坏。

［按］广汉文献记载地震不少。1786年磨西面地时，“汉州地大震，州治民房间有倾塌者”（光绪《灌县志》），地震烈度应在六度以上，这次调查的古建上无反映，并不等于没有，今后注意收集新材料。

5. 新都（今成都市新都区）

（1）龙藏寺，县西20公里，原属新凡县。大雄宝殿为明成化元年（1465年）建。还保存部分明代壁画。南向。当心间西侧内柱和西面金柱微向西倾。穿插枋拔榫5厘米左右，地震烈度推断意见：六度强。

（2）宝光寺舍利塔，县北门。近代仿唐建造。十三级密檐式方砖塔，高约20米，第六级以上向西倾3°，由于内部不能登临观察，外观又时经整修，不见其他地震遗迹，故倾斜是否震害，难以判断。

［按］塔前发现有清同治十一年（1872年）《重修宝光寺浮图记》，碑文曰："隋初……诜律师护惜古迹，乃于石上起浮图，益州旱涝祈之有应，贞观初年地大震，此塔欲摧"。此碑所述似出于唐释道世所撰《法苑珠林》所载："益州郭下福感寺塔在州郭下城西，隋初有诜律师起九级木浮图，贞观初年大地震动，此塔摇扬，将欲摧倒"（卷五十一）。现宝光寺舍利塔为近代仿建，与唐代贞观年地震无涉，即使为震害也发生在近代。

6. 中江

（1）北塔，县北2公里。宋建，清末光绪中大修。十三级密檐式方砖塔。残高21、底边6米。此塔底层内保持宋式斗拱，无磴道，不能登临，与彭县龙兴寺塔同。塔基、四壁、挑檐曾经大修，顶上三级折断，亦为清末补修。此塔独立在小丘上，北面风化严重。南面可见：原塔（十级以下）上下从中间破裂，裂缝宽10厘米。鉴于此塔结构差，地形条件不好，地震烈度推断意见：七度强。

（2）联云塔，县南1公里。明万历三十八年（1610年）建。九级仿木构八角形砖塔。高21、每边3、33米。工程质量好，无明显震害。

（3）灵皈寺藏经楼，县城东南隅，明（1482年后）重建。后历有补修，1919年翻修过。现可见整个屋架北倾3°～5°，南北向穿插枋普遍拔榫5～10厘米。地震烈度意见：七度强。

［按］中江县过去记载的地震不多。1786年磨西面地震时，有影响，"乾隆五十一年丙午五月初六、七、十一、十二等川南北及潼属皆地震，幸为时甚暂，未坏庐舍"（道光《中江县志》），这段文字与潼属各县如遂宁、安岳等县志文字相同，疑是相互抄袭。今观道光《中江县志》卷一又载："北塔，县北三里，不知建自何时，嘉庆年间塔将倾，有异人登塔中，揝以木块，遂直如初。……其时灵皈寺经楼将倾，异人亦自半壁间以经二寸，长五尺木牮之，楼遂正。"语虽不经，但说明清嘉庆（1796～1820年）间塔和楼曾经倾斜而复正的事实。

据记载外地古塔之类建筑在地震中时有分而复原的情况。如西安小雁在1487年临潼八度地震的"塔自顶至足中裂尺许"到"正德末地再震，塔一夕如故"（王鹤《荐福寺题字》）。大理崇圣寺塔处在1514年八度震中区"中塔塔拆裂如破竹，旬日复合，宛然无罊"（道光《云南通志》）。中江北塔与灵皈寺经楼可能也是如此，而被附会为"异人"之力。嘉庆去1786年9月磨西面地震不久，可能有关。中江县的地震烈度可达七度强。这是过去不知道的。

7. 蒲江

（1）河沙寺，县东15公里山坡上，正好在熊坡断裂附近。大殿为明天顺二年

（1458年）重建。柱梁完好无损，粉壁上（穿透夹壁）明代壁画保存很好，没有地震破坏痕迹，尤其可贵的是在梁上有与河沙寺同时（更早）的14座庙宇住持者的题名。据调查这14座庙宇除两座已无考外，其余都在蒲江境内或邛崃接邻的场镇上，基本上都在，可惜近年来已被陆续拆毁。

（2）八角庙，县东20公里山边上，也在熊坡断裂附近。大殿是清初南明纪年的“大明周四年”（1677年）建，现完好无损。殿前原有万历三十三年（1605年）建的砖砌牌坊，亦无崩裂残缺，1976年因扩建小学被拆除。

（3）文昌宫，县内。乾隆三十八年（1773年）重修，到四十年（1775年）修成。今为县文化馆。无历史震害。1976年8月松平地震时，西南殿角折断，据观察檐椽已朽。地震烈度意见：五度。

（4）东狱庙，明代砖牌坊并裂，已如上节，烈度意见，不能超过五度。

［按］据此，则成都附近的蒲江—新津断裂（或名熊坡断裂）在蒲江段，从1458年以来五百年间没有发生过大的破坏性地震。这点对成都的地震安全评估至为重要。

8. 邛崃

（1）大悲院石塔，县西50公里，南宋乾道八年（1172年）建，明正德年间（1436～1449年）修过，高21米，雕石砌筑，下为须弥座，底层如亭，有12根2米高的石檐柱，上托5.4米见方的攒尖石顶，上有12级密檐式方塔如石亭宝顶状。现除底层东西阑额脱落外，其余无明显损坏。

（2）盘陀寺，县西8公里，小山顶上，大殿在明正统二年（1437年）建，内有明景泰元年（1450年）的纻胎漆佛像，天顺元年（1457年）的壁画。金柱略向北倾，地震烈度意见：五度。

［按］邛崃这几处古建自明正统年（1437）以来没有遭受到六度以上的地震破坏。尤其是1449年修过的大悲院石塔，独立在镇西山南麓，从沟底到坡上的相对高度约80～100米，且与芦、天、宝等多震区仅隔一山，而五百多年来没有大的地震损坏。因此，此塔建筑在地形选择、地基与结构上的特点值得研究。而且对川西地震影响场的研究也提出新问题。

9. 丹棱

白塔，县西1华里，唐大中末始建（860年），宋代重建，明弘治年间（1485～1505年）培修。建国后又经整修，没有受到显著的地震灾害。现为14级密檐式方砖塔，高约30米、底边约6米。自第七级以上微向西倾，顶部有南北向宽5厘米的裂缝，地震烈度意见：六度强。

［按］此塔内部蹬道似未到尽头，最后无塔室，仅在壁上开小窗完事。外观此塔仅14级，内部塔室为4，都与佛塔建造的常制不同。据调查塔室天井彩绘为明弘治年所加，塔内题记最早者为明嘉靖三十二年（1553年）。故有可能此塔在明弘治年之前，顶

部折断，弘治年间重新培修过。如果确实如此，则在宋、元之间，此塔应遭到过七度以上的地震灾害。

据查宋代丹棱曾有一次有感地震，宋大中祥符四年（1011 年），昌、眉两州地震，包含丹棱在内。附近有过两次强震；南宋咸淳七年（1271 年）七月，乐山六度地震；元泰定四年（1327 年）九月荥经西北七度地震。现在难以确定是哪一次地震所致。不过，从白塔西倾的方向来判断，很可能是 1327 年荥经地震的影响，因为该次荥经地震的震中烈度可能不止七度，已详上节。

10. 金堂

（1）瑞光塔，县南淮口镇南小丘上。宋建，塔内有南宋宝祐年号的墨书题记。清乾隆二十四年（1759 年）大修。十三级楼阁式方砖塔。高 33 米、底边 6.8 米。据调查，塔的宝顶在一、二百年前被雷击掉落，其他未见有震害痕迹。

（2）七佛坊，云顶山上，清乾隆二十六年（1761 年）建，高 7.6 米、底宽 7.8 米，雕石牌坊，没有明显的破损痕迹。

（3）明教寺，县西城厢镇，明建，近年已翻修，未见损坏痕迹。

［按］金堂淮口应在龙泉山断裂附近。1933 年叠溪地震时，金堂峡出口处凉水井上的垮梁子曾因此崩塌约两华里，痕迹至今犹存，证明这一带是有地震破坏的。但今所查古建却无反映，说明工作做得不够。瑞光塔在清乾隆时曾经大修，有所制塔砖为证；云顶山上只有清乾隆以后的木建筑。可能说明：在清乾隆以前，这里曾有过重大的地震破坏的，有待继续工作。

另外，现淮口镇隔沱江与对岸的同兴坝，古时是连成一片的，中间只有一条小溪，叫古城水。今查同兴坝上有古城址，即宋代怀安军遗址。据明代曹学佺《蜀中名胜记》卷八载：过去沱江在怀安军的西北，即靠近西山南流。今已变成在怀安军遗址的东面，靠近东山向南流了。据社员反映：西山崖脚如今尚有船的纤绳磨勒的痕迹，怀安军是被沱江冲掉的。据此，沱江可能在明万历以后才改道东移至现在位置的。这种河道东移的现象是否与附近构造运动有关，即与龙门山与龙泉山两断裂的活动——西盘抬升有关，有待进一步的证明。

11. 简阳

白塔，县南 1 公里。南宋庆元、嘉泰间（1195 ~ 1204 年）建。据清咸丰《简州志》记载：明代此塔因“岁久一切就圮”，在明嘉靖十七至二十二年间（1538 ~ 1543 年）重修，并置锡鼎 30 余斤于塔顶，1976 年有人上去取下，今存县公安局。

［按］可见明嘉靖前是否有地震破坏已无法弄清，而自 1543 年以来此塔未曾受到地震烈度六度以上的损害是可以肯定的。

12. 井研

白塔，县南 20 公里三江镇，原建犍为县。宋建。13 级楼阁式方砖塔，高 25 米、底边 5 米。顶上四层为后来补修的，其用砖和装饰都不一样，原因不明。其他部位无明显震害痕迹，暂不定论。

13. 乐山

凌云寺塔，九顶山上，唐建，塔室第三层老墙皮上曾发现唐末光化年号（898 ~ 901 年）题记，宋代重建，明、清都曾大修。现除出檐及墙角等处有损坏外，未见有明显的破裂、倾斜等现象。

三、古建筑调查中提出的三个问题

在成都地区 13 个县的 42 处古建中，查出有地震损害遗迹的有 16 处，约占 38%。大致提出下列三方面的问题。

（一）关于地震烈度的区划问题

在龙门山断裂附近的什邡、彭县、灌县、新都、广汉等 5 个县，已查的古建 20 项中，查出有地震损害的有 11 处，占 55%，其中有唐宋古建 4 处、明代古建 2 处、清代古建 5 处。尤其以西北部 3 个县（什邡、彭县、灌县）为甚，从明代（500 年）以来，最高地震烈度在七度以上，历史震害比其他各地严重，但似乎有向南递减的情况，如新都就只有六度了。

蒲江—新津断裂附近的有邛崃、蒲江、丹棱等 3 个县，9 处古建筑中查出有地震损害的有 3 处，唐代 1 处、明代 2 处。此后近五百年来未见地震损害。丹棱白塔西倾，可能受龙门山断裂地震的影响。蒲江东岳庙牌坊崩折，主要是地形地基不好。

龙泉山断裂北端的中江，3 处古建中有 2 处有地震损害，地震烈度可达七度。而南面的金堂、简阳、井研、乐山等地的古建筑未见明显的地震损害，也呈现北端震害严重向南减轻的趋势。

（二）关于震害的方向性问题

总观古建受震害的特点，有一定的方向性。如砖、石塔的破裂，都呈南北向；彭县龙兴寺塔四裂既有南北向，也有东西向，却没有一个单有东西向破裂的例子。塔的倾斜也只有北倾和西倾的，绝无东、南倾。垮塌的部位却都在东南，如彭县龙兴寺塔只剩西北一角，正觉寺塔顶部东南角坍塌。木建筑也是如此，柱子倾斜只有北倾、西倾、而无东、南倾；梁架拔榫的方向与柱子的倾斜是一致的。这种方向性可能说明两个问题：第一，按惯性用，说明地震波来自北西方面，这点与历史地震的震中位置是吻合的。第二，震害方向呈一致性，说明这些都是远震的影响的结果，如果在极震区及其附近，古建破坏的方向会受断层活动方式的影响而呈现对称的或不规则的情况，不可能如此一致。

（三）关于地震影响场问题

本区北部受龙门山地震带地震的影响甚大，这是经过事实检验的。如1933年茂县叠溪地震，在北部各县的老年人中记忆犹新，简阳的中年人都能讲述1933年地震的感受。可是，文献记载本区北部各县又受龙门山地震带与鲜水河地震带交会的泸定地区地震影响也明显，这一点却不为人们所注意。这次调查发现：什邡、彭县、灌县、中江四县都因1786年泸定磨西面的地震而遭到破坏，烈度可达七度以上，这是过去所不知道的。故1786年9月泸定磨西面地震的震级应该调高。《四川地震目录·强震目录》所列：震级7又2分之1、烈度十度，可能偏低了。

总之，今后要加强对龙门山断裂带与鲜水河断裂带的地震活动监视，注意发生震级很高的大震的可能，以保卫大城市——成都的安全。

［按］：这次调查工作是从1977年6月到10月，由四川大学历史系选派的地震考古小组进行的。小组由林向负责，先后参加工作的有段定喜、邬家能、赵荣耀、范泽先等同学，以及胡昭曦和刘琳两位教师。最后的调查报告由林向执笔，并经四川省博物馆、四川大学历史系组织有关专家审查定稿。作为四川省地震局《成都地区地震基本烈度鉴定报告》的附件之四印发的，而学界鲜有人知。

（四川省地震局1978年刊行，《成都文物》2008年第3期重刊）

川东峡江地区的崖葬

——巴蜀境内獽、蜒民族葬俗调查研究

川东的奉节、巫山、巫溪三县，地处长江三峡地区。这里悬崖夹峙，一江中通，景色十分雄伟峻丽，郦道元在《水经注·江水》里写道："重崖叠嶂，隐天蔽日，自非停午夜分，不见曦月。"峡江两岸峭壁是致密坚硬而垂直裂隙发育的三叠纪（嘉陵江组）石灰岩，故悬崖千仞而洞罅丛生，成为古代民族举行崖葬的理想场所。四川大学考古专业崖葬科研组于1980年7~8月间，到上述地区作了一次有关崖葬及其文化的专题考古调查研究①。这里，就川东峡江地区的崖葬文化及相关问题，予以报告。

一、历史记载与现状调查

三峡崖葬的历史记载最早见于唐宋。唐代诗人孟郊（751~814年）的《峡哀》诗写道："三峡一线天，三峡万绳泉。……破魂一两点，凝幽数百年……树根锁枯棺，孤骨袅袅悬。"宋代《太平御览》卷559引《神怪志》曰："王果经三峡，见石壁有物，悬之如棺，使取之，乃一棺也，发之，骸骨存焉"；《隋唐嘉话》也有记载；《大明一统志》卷62不知何据，引入"归州白狗峡东"，指今湖北秭归境；而曹学佺著《蜀中名胜记》卷14引《录异记》，则说在雅州平羌江上。另外，宋陆游《入蜀记》记载了湖北崖葬，却不及川东遗存，殊可怪也。

明代以后的记载；显然已不知其为棺木了。如正德《夔州府志》卷7记为："兵书匣在瞿塘峡半岩，远视若露一匣，高悬不能至。"曹学佺《蜀中名胜记》所记类似。清许缵曾在《东还纪程》上说："曩从军夔门时，有风箱峡者，数仞绝壁中，叠置木匣，如风箱者甚多，仰望色如朽木，较棺形则小。"陶澍《蜀辖日记》："悬崖间有一小匣。"道光《夔州府志》、光绪《奉节县志》都不过是抄袭成说。据我们目验，风箱峡崖葬虽迭经破坏，如自1971年来又被坏了10具，目前崖上的4条裂隙中尚存木棺6具。

巫山风景如画的大宁河上也有风箱峡。光绪《巫山县志》卷30载："风箱峡在旧大昌县境内，悬壁之上，累累形类风箱或类棺，人不能近，攀援而至，即见大蛇。"又说："鲁班岩治东十五里，上有斧凿风箱形迹。"据调查：今只见双龙上、下峡各一棺。若

① 调查由笔者领队，参加者有四川大学考古专业78级学生梁太鹤、张建世、王和平及奉节、巫山、巫溪县的有关同志。

加上 1966 年被破坏的洛门峡两棺，不足说明“累累形类风箱”的盛况，可见已破坏殆尽。

巫溪县原名大宁。光绪《大宁县志》卷 1 说：“杨泗洞在县东南廿里，下有王爷滩，乃宁河出巫之水径也。洞在半山，上下左右数百丈尽属绝崖，相传中有王爷像，外现船篷轿杆。”据调查：杨泗洞在大宁河庙溪峡中，洞中左上方石墩上，放着两具木棺，外面一具露出弧形棺盖，远望真如“船篷”，里边一具已碎，木片外侈，犹如“桥杆”。

文献记载仅止于此，简略而贫乏，与丰富的实际存在，恰成鲜明对照。这次共发现 24 个崖葬地点，尚存 48 棺，能落实在近年破坏的约 87 棺以上，还有大量的有关遗迹（详见附表）我们还在川东首次正式清理了一棺（荆竹坝 18 号棺）①。

说明本地区崖葬遗迹相当广泛，后因人口繁殖，生产发展而逐渐被毁。

二、川东崖葬的文化内涵

现在，根据我们的调查清理，以及已发表的材料②，可将川东崖葬的文化内涵概述如下：

1. 葬所

可分三种情况，四种类型（附崖墓）。

（1） 自然洞罅

Ⅰ型　川东崖葬的棺木多数置于天然洞罅中，有单棺，也有数棺重叠，用石块、木棒垫平，如盔甲洞的洞口有砌石数处。

Ⅱ型　在长条形裂隙中，两壁凿孔横枘木杠，上下数层搁置棺木。如风箱峡在一处岩隙中横置两木杠，曾叠置棺木 10 多具。九层楼有上、下两洞，上洞有木杠 8 根，上 4 根成两组前后两行排列，现第二组上还搁一圆木；下 4 根成单行，本亦双双成组，因外行脱落所致；下洞洞壁上留有成组枘杠方形凿孔，现洞内还零散脱落木杠 2 根。

（2） 自然岩墩

Ⅲ型　将棺木顺放在天然岩石层理的缝隙间。如荆竹坝棺木岩，棺木以偶数成组，首尾相衔顺放悬崖中部的岩墩上，1～12 号棺作 6 具 1 组平置岩墩上，岩口不平，用石块垫平。错开峡棺木阡与之小异，在一多面体柱状凸起的岩墩平台上，平放棺木 2 具，其中 1 具曾出头骨 7 个，顺岩壁又叠放大小棺木 8 具。

（3） 人工开凿的横龛

Ⅳ型　如果悬崖无合适裂隙或岩墩时，就人工凿仅容一棺横陈的浅龛，如巫溪南门湾、凤凰山的悬崖上，横龛密布、大小悉依棺木，不甚规则。

---

①　四川大学考古专业崖葬科研小组：《四川巫溪荆竹坝崖莽调查清理简报》，《考古与文物》1984 年第 6 期。

②　已刊简讯三则：《夔峡中发现悬棺葬》，《文物》1959 年第 5 期；《记瞿塘峡盔甲洞中发现的巴人文物》，《考古》1962 年第 5 期；《四川奉节县风箱峡崖棺葬》，《文物》1978 年第 7 期。

另附，人工开凿的直洞，外有封门方口，即四川常见的西汉末到六朝的崖墓（“蛮子洞”）。笔者于1958年在大溪上游发现多处，这次又在巫山屠家坝，巫溪县城北门外等发现多处。笔者认为，崖墓是古代兄弟民族间文化交流的产物。既有少数民族的，亦有汉族的，都是葬在崖上，应统属于崖葬一类①。因未作重点研究，故附记从略。

2. 葬具

可分两种、六式。

（1）整木挖成，可分四式。

1式　较粗糙如圆木状，如粉壁堂所见，圆柱状而底略平。

2式　同上。但两端或一端带耳穿孔，如吊槽与风箱峡所见②。

3式　方柱形，浑厚，有盖，盖顶呈浅弧形。

4式　同上。两端内凹，显系仿木板拼合式的棺木。如荆竹坝18号棺，盖底两端的两侧各有一凿孔，以便于捆扎搬运。盖底用子母榫闭合，棺盖往往占高度的三分之一以上③。

（2）木板拼合，可分为两式。

5式　比较长大，或作为外椁，内别装小棺。一般用6块整木板（块）拼合，板厚在10~18厘米，长2米以上。墙板两端各凿两个方形母榫，两端挡板两侧砍成公榫，拼合后如井椁状。

6式　比较简陋，如民间所谓“火匣子”的薄皮棺材。如洛门峡原两棺并放，大棺为5式，小棺为6式。

3. 随葬品

可举下列五组为例。

盔甲洞　棺木两具叠置洞中，葬所属于Ⅰ型。1958年取下时跌落江中冲走，棺内有细篾竹席和丝绸织物、铜环、玉雕（羊?）。今存者有：柳叶形无格青铜剑一件为常见的“巴式剑”；漆木梳一件，齿已残，黑漆为底，红漆描花，一面变体卷云纹，一面画双人对舞，双髻高耸，广袖长裙；人下颌骨一件，齿槽清楚，并无打牙痕迹。据说洞壁有黑色（如木炭）画的人马岩画④。

风箱峡　葬所属于Ⅱ型。在平行的四条斜直裂隙中，尚存棺木6具，1971年被推下9具，1978年又被推下1具。1971年推下的棺木，为奉节县文化馆收集的有2具，分别属于1、2式；还有战国巴式铜剑2柄；铜带钩2件，一为鎏金透雕的战国带钩，一为西汉所常见者；还有四铢半两钱等遗物⑤。1978年推下的棺木，已收集的有棺板1

① 林向：《崖葬的发现与研究》，《活页文史丛刊》第213期，《淮阴师专学报》1985年。

② 笔者在1958年10月调查时，曾从奉节白帝城供销社收集到吊槽取下的有耳木棺，今存四川省博物馆。风箱峡棺参见《文物》1978年第7期第89页图下。

③ 见前引《四川巫溪荆竹坝崖葬调查清理简报》。

④ 此据1958年3月参与该洞取棺木者奉节白腊村民童国贵口述。

⑤ 见《文物》1978年第7期，第89~91页。

块，属于5式棺木零件；还有陶纺轮1件；人下颌骨1件，齿槽清楚，并无打牙痕迹。这次，我们在风箱峡现场，拾到一些当时散落的文物，计有棺木残片、人骨、人牙、料珠、竹篾席等，与已发表的无异。又收集到织物残片、絮棉等物，经四川省纺织纤维检验所和成都纺织工业学校鉴定：有精粗不等的平纹棉、麻织品7～8种，及附粘在尸骨上的绵花絮。织物有本色的，也有染靛和姜黄色的，蜡缬印花布①。这是我国目前发现的最早的一批印花织物与棉织品之一②。上述服饰残片，分单、夹、棉3种，针脚细密，反映出当时已具较高的织染缝纫水平。

错开峡　葬所属于Ⅲ型。葬具为5、6式。据说也有粗细织物、竹席等。曾出铜钱2种：我们收集到东汉五铢钱，并说还有四个字的铜钱。据说在岩墩棺木旁放1木雕坐像，高约50厘米，头顶有1方孔，这种木俑可能即是“木主”③。在置棺岩墩的石壁上有钉木桩搁棺的痕迹，岩墩下也有凿孔，并留有木棒，似栈梯遗迹。

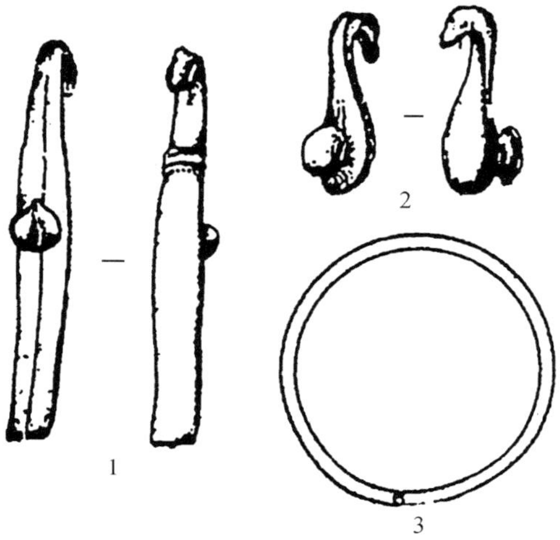

图一　荆竹坝崖葬出土器物
1. 铜带钩（M18∶1）　2. 铜带钩（M18∶2）
3. 铜镯（M18∶3）

荆竹坝　葬所属于Ⅲ型，葬具有1、3、4式，现存25棺。我们攀崖登高清理了其中第18号棺，它是单独放在最低的岩墩上，约高出河面80米，内有人头骨2个，肢躯骨若干，棺木早年破损，被小动物扰乱。人骨经秦学圣先生鉴定：为一男一女，男孩10岁左右，女的不超过13岁，头骨均有顶骨冠状凹陷，似生前有头顶负重习惯。女性头骨的左乳突后方有尖状物戳破的洞，似生前致命伤痕④。出土随葬铜器3件：铜镯1件，径5.7厘米，断面呈菱形；铜带钩2件，一件长条形，正面有锥刺点线纹饰，一件为琵琶形，钩头呈蛇首状（似水禽而短吻），应属西汉时遗物（图一）⑤。

---

① 纤维样品由四川省纺织纤维检验所鉴定，染织样品由成都纺织工业学校鉴定，并有鉴定报告。谨此鸣谢。

② 染色棉布在福建武夷山的崖葬中也曾发现。见《文物》1980年第6期。

③ 印尼西里伯斯Lemo崖葬曾发现木主，见凌纯声：《中国与东南亚之崖葬文化》，《中央研究院历史语言研究所集刊》第23本下册（1950年，台湾），第660页注及附图7。近闻湖北秭归王家坪棺木岩亦出一尺高的“木罗汉”。

④ 秦学圣：《荆竹坝18号崖塘两具尸骨的鉴定》，《民族学研究》第4辑，民族出版社，1982年。

⑤ 参阅《烧沟汉墓》，科学出版社，1959年，第178页Ⅰ、Ⅱ型带钩，图80。

4. 年代推断

从上述分组，可得初步看法：早期以盔甲洞为代表，可能是战国时期；中期以荆竹坝18号棺为代表，可能属西汉；晚期的错开峡可能是东汉或稍晚。风箱峡延续较久，相当于战国至两汉；南门湾和凤凰山棺木有2、4、5式，大致可推断为两汉时期，也许还延续到六朝。这些推断当然尚待今后工作的验证。

5. 崖葬的放置办法

细察川东崖葬有关放置办法的迹象，饶有兴味。这里的悬崖尤其高峻，盔甲洞上距崖顶约70米，高出江面约200米。错开峡崖葬高出泗瀼水面约700米。要把沉重的葬具运送上崖，难度可想而知。譬如小型棺以荆竹坝18号棺为例。实秤重80公斤，若连同两具尸体和随葬物，总重量绝不会低于150公斤。如果以5式棺的板长2米，外椁内棺，再加尸体和随葬品，总重量也许会达500公斤。那么如何搬运上高崖呢？据笔者观察，可提供几点设想。

（1）化整为零。把棺盖、底、椁板各部分分开运送，到崖上组装，再送尸体入棺。所以拼合式棺木的各块木板的重量大体相当，榫卯粗大，易于拆装。整木挖成的棺木的盖、底重量也相差不多，大致各占二分之一或三分之一。这种使各个部件的重量均匀化的办法，是免得某一部分过分沉重，影响运输。隋武陵人黄闵《沅州记》说："故老云，鬼造此棺，七日昼昏，唯闻斧凿声，人不觉失器刀斧，七日霁，所失之物并还其主，见此棺横置崖畔。"既然斧凿之声闻于崖上，说明是在崖上敲打合榫的。

（2）吊运上崖。2式棺有耳，4式棺有凿孔，5式棺有榫孔，都便系绳吊运。盔甲洞崖顶边缘有古代打制的巨型"牛鼻孔"数个，可穿系绳索，大概用于"自山上悬索下柩"，或"用绳系棺而上"①。据童国贵口述，1958年白帝城供销社派杨文平进盔甲洞，即从崖顶"牛鼻孔"拴主绳到崖脚固定，再用副绳吊人扶着主绳下滑。第一次因只用主绳一根，结果主副绳相纠不能动弹而失败。次日重来，平行固定两根主绳，再用副绳吊人，双手攀住两根主绳，下降至洞口，乘势用竹钩抓住岩石，才得以进洞。当时，崖下有人指挥，崖口有传话，崖上有人守住"牛鼻孔"收放绳索。推知古代吊运也可能如此。

（3）横行崖上。凡有水平层理形成岩缝的地方均可沿岩缝横行。如荆竹坝棺木岩虽高峻不可攀，而有数道近乎水平的岩缝横贯两边山垭，如登上垭口，再沿岩缝横行，即可到达葬所。查目前已无法连通，细察某些部位，似人工有意破坏。在有些原本难通的部位，有方形凿孔痕迹，似曾架栈道通过。据1966年爬上洛门峡者述说，那里的陡岩上亦有石栈道可横行至置棺处，也像后来被破坏了。

① 参见唐张鷟：《朝野佥载》卷14五溪蛮；今人梁岵庐：《广西北壮族的岩墓》，《广西时报》1957年6月21日。

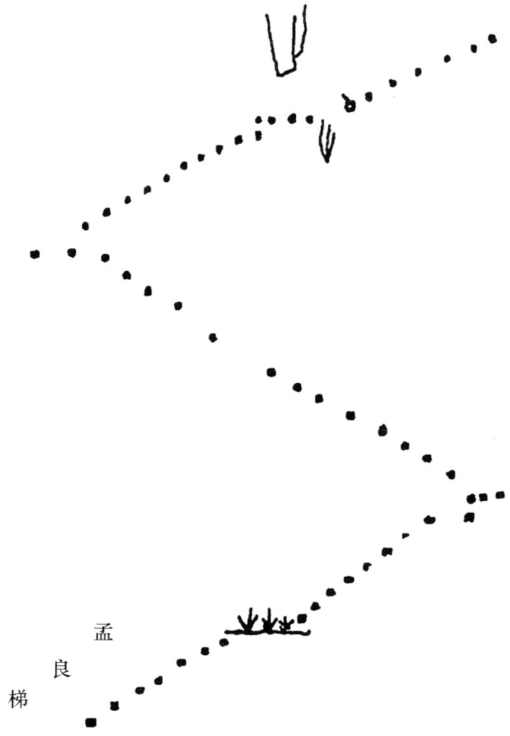

图二　奉节白帝城对岸孟良梯实测图
（林向，1980 年）

说明：孟良梯三字为今人标写，右下角有南宋乾道七年中兴颂碑。石壁上留下的之字梯凿孔，约 25 ~ 27 厘米见方，深约 35 厘米，正中上方钟乳盖覆处，一孔中尚留木桩。

（4）孟良梯用途的蠡测。塘峡西口南岸的孟良梯，自来传说甚多①，其真实用途无从得知。这次我们用望远镜从不同角度观察，可见现存 65 个方形凿孔，分三段“之”字形排列，各段约成 30 度上引，转折处多一二个凿孔，可能是平台结构，在第三段中间可见残留的一根木桩。据白帝城文保所实地丈量，方孔约 28 厘米见方，32 厘米深，孔间隔约 2 米左右，显系架木设梯的遗迹。由此梯从江边登上崖顶，缘崖口过狮子岩即是盔甲洞上方打有“牛鼻孔”的地方。梯子附近还有吊槽、粉壁堂等洞穴崖葬。设想古代山上林箐密茂，人迹难至。而由水路至孟良梯下，登梯从事崖葬，既比砍伐丛林翻山越岭更为便捷，而且便于吊运棺木。过去不知孟良梯的用途，今可知崖葬往往与此种凿孔共存，不仅在川东如此（见附表），其他地方也一样。福建武夷山有“虹桥板”，“相传武夷君设宴幔亭时，架虹桥以引乡人”②；栏杆山崖葬洞口有“飞阁栈道”；观音岩有攀登的栈梯③；加里曼丹东海岸近代崖葬“从前是凿有盘旋或之字路通过洞口的，现已毁坏无踪了”④。这些都说明栈道、栈梯与崖葬有共存关系。因此，笔者推断孟良梯可能是崖葬的通道（图二）。

总之，崖葬方法可以是多样的。不过，筑土台的办法⑤，在临江逼仄，悬崖壁立的川东峡江地区，是不可能的。

---

① 明正德《夔州府志》：“孟良梯与粉壁堂相连，俗传孟良欲夜过关，故设此梯。”

② 董天工：《武夷山志》卷 20 引祝穆《武夷山记》；《太平御览》卷 47 引肖子开《建安记》。

③ 曾凡等：《关于武夷山船棺葬的调查和初步研究》，《文物》1980 年第 6 期，第 30 页，图 11。但未说明年代。

④ 〔英〕Creagh：《婆罗洲东海岸居民的特殊葬式》1895 年，引自凌纯声女，见上引《中国与东南亚之崖葬文化》。

⑤ 刘锡蕃：《岭表纪蛮 · 瑶山纪闻》：“意者当日土酋威尊无上，殚民之力，筑土为台，运棺其中，事后台卸土撤，而棺乃独立岩隙。”这在广西或可能，而在川东大江边则绝无可能。

三、川东崖葬与其他崖葬的比较

1. 福建武夷山的“崖洞墓”或“架壑船”①

川东崖葬与武夷山崖洞墓的异同是：葬所都在悬崖的自然洞罅中；或架木搁棺；葬具用整木刳成，但川东无船棺。随葬品更不同，武夷山有龟形木盘，几何印纹陶等；川东为巴式铜器，楚式木梳，文化内涵的区域性差别显著。武夷山船棺的年代，据碳十四测定为距今3800～3300年间，由于这种测定方法容有误差，年代显然偏早，大概与江西贵溪的“崖墓”同时或稍早一些，约为春秋战国间。川东盔甲洞也可早到战国。总的说来，川东与武夷山两处，除葬在悬崖洞罅相同外，看不出有进一步的文化关系。

2. 江西贵溪的“崖墓”②

两地的葬所、葬具略有相似者，而随葬品的区别显著。贵溪不出金属器，以木、陶制品代替；出土的战国中原式剑（木制）、几何印纹陶器（有蕉叶纹、米字纹等战国盛行纹饰）、黑皮灰胎仿铜陶器，原始青瓷器、陶罐、杯、鼎、盒等都与长江下游战国文化一致，而与川东出土物（巴式剑等）异趣。贵溪崖葬年代约当春秋战国间（笔者认为可以分期，早到春秋、战国之交，晚可至战国中、晚期）。比川东稍早或同时。看不出两地崖葬在文化内涵上的一致性。

3. 广西的“崖洞葬”③

广西崖葬年代较晚（唐宋及以后），均实行检骨二次葬，这与川东崖葬异趣。而且笔者认为四川宋代的獽人也不行二次葬。一般引《太平寰宇记》卷26简州风俗条：“有獽人……遭丧乃以竿悬布，置其门庭，殡于别所，至其体骸燥，以木函盛，置于山穴中”，作为检骨二次葬的证据。但细味原文，可作别解，先殡后葬，葬只一次。殓而未葬谓之殡，《论语·乡党》：“朋友死，无所归，曰于我殡。”《北史·高丽传》：“死者殡在屋内，经三年，择吉而葬。”简州獽人“殡于别所，至其体骸燥，以木函盛，置于山穴中”。是为减轻尸体的重量，便于搬运上崖，不是二次葬。因为检骨二次葬是“刳其肉而弃之，然后埋其骨”，“发骨而出，易以小函”，所以与“先殡后葬”是不相同的④。可见，广西与川东的崖葬文化是不同的。

---

① 福建省博物馆等：《福建崇安武夷山白岩崖洞墓清理简报》，《文物》1980年第6期。

② 江西省博物馆等：《江西贵溪崖墓发掘简报》，《文物》1980年第11期。

③ 张世铨：《广西崖洞墓和几个有关问题的商讨》，《民族学研究》第4辑，民族出版社，1982年。

④ 参见《墨子·节葬下》“啖人国”；朱辅《溪蛮丛笑》“五溪蛮”；杜佑《通典·边防典二序》、《潭衡州侹人》。

4. 鄂、湘、黔边区的崖葬

湖北峡江地区的崖葬与川东的一样，时代亦相当，当地传说：岩上的棺材是由四川运去的①。湘西酉水流域发现与巫溪等地相同的人工开凿的横穴，出土物有宋天圣，崇宁钱②，可见与川东有关系而年代较晚。贵州松桃是人工开凿的横龛与桩孔并存，系整木棺，或有棺座，二次葬，约南北朝时期；岑巩的棺作柜式，二次葬，年代晚至明代③。可见黔东与川东有承袭关系。而葬式有变化，近于广西。

5. 川南的“悬棺葬”④

川南的葬所、葬具与川东一脉相承，其年代在明代，最早不会超过宋元。川南崖上的方形凿孔一部分系枘桩搁棺，但据笔者观察，如珙县麻塘坝狮子岩等地人工开凿的石孔太多，密麻直至岩脚，其中有一部分可能是运棺上崖的栈道、栈梯，与川东一样。川东崖葬有岩画，珙县、高县等地也相同。有同志对珙县麻塘坝岩画与崖葬的关系提出质疑，笔者经过仔细观察，确认其为同时之物。两者不仅在分布上对应，而且有互相打破的共存关系：如麻塘坝天心顶悬棺底部有红、白两色彩绘的两个圆圈；玛瑙坡岩画附近的方孔中填硃红彩色；珍珠伞的画虎背部被椿孔打破等。此外，川东风箱峡发现有大量的棉麻织物、麻鞋及竹编物，也与川南麻塘坝的出土文物有密切关系。

综上所述，川东峡江地区崖葬的文化内涵与长江下游的崖葬文化区别较大。而可能是湘鄂西五溪地区和长江上游的崖葬的策源地。

四、崖葬的命名与族属

川东崖葬与其他地区崖葬的共同点是葬在崖上。即把葬具放置在悬崖峭壁之上，不入土，不入水，这是与弃尸、埋（土）葬、水葬、鸟兽葬、火葬等不相同的一种独特的葬俗。崖葬有一定的分布范围：我国长江流域及其以南地区、东南亚某些地区、乃至于远播大洋洲，而不见于中国北部和世界其他地区⑤。这种葬俗在上述地区延续时间悠久，早可追溯到两千多年以前，晚可直至近代，在上述地区某些地方还有沿袭。而年代最早的系长江中、下游大湖地区（洞庭、彭蠡）的东西两面山地，如武夷山东西麓与川东峡江山区。但是，实行这种葬俗的人们，对尸体的处理、葬具的形式、放置的方法因时、因地、因族而变异极大。随葬品所反映的文化面貌，各地也有差异。由此引出两

① 舒之梅：《湖北秭归宜昌悬棺葬调查简记》，《民族学研究》第4辑，民族出版社，1982年。

② 谢心宁：《湘西酉水流域崖墓考察》，《民族学研究》第4辑，民族出版社，1982年。

③ 席克定：《贵州松桃、岑巩悬棺葬清理记》，《民族学研究》第4辑，民族出版社，1982年。

④ 四川省博物馆等：《四川省珙县洛表公社十具“僰人”悬棺清理简报》，《文物》1980年第6期；《四川珙县“僰人”悬棺及岩画调查记》，《文物资料丛刊》第2集。

⑤ 凌纯声文，见前引。

个问题：名称问题和族属问题。

我们认为，对于这样一种分布广、延续久、文化内容复杂的葬俗，统而言之称为“悬棺葬”是不确切的。尽管悬棺一词最早见于梁顾野王，他把武夷山“谓之地仙之宅，半岩有悬棺数千”①，但非专有名词。把川南崖葬命名为“悬棺葬”的是1948年的芮逸夫②。按：“悬”有系吊、挂、无所依托等义，若用来命名川南那些凿岩钉桩搁棺是很好的。笔者调查了珙县麻塘坝现存的160余棺，其中钉桩搁棺的只占56%，其余的或放在天然岩窟里，或搁置岩墩上，或嵌入横龛中，因此统称曰悬棺葬，亦觉不妥。且不说川东、武夷山等全国各地的葬所各异。因此，用“悬棺葬”一词称呼其中某一型（钉桩搁棺者）是可以的，却难以概称全部以“葬在崖上”为特点的葬俗。

从我国文献典籍来看，自三国时代吴国人沈莹著《临海水土志》以来，对这种葬俗的称呼不下二三十种：如悬棺、沉香棺、铁棺、僰人棺、架壑船、沉香船、海船、龙船、敝艇、仙骨函、仙蜕函、仙人葬、仙人换骨处、兵书匣、风箱、柜子、箱子、亲家殿、鬼葬山、挂岩子、白儿子坟、葬堂等③。近年来报道渐多，有人称川东的为“崖棺葬”，称武夷山的为“架壑船”、“船棺”、“崖洞墓”，称江西贵溪的为“崖墓”，称广西的为“岩墓”等。这些因地、因形而异的称谓，我们认为都有一定道理，但都不能概括全体。因此，我们建议：为了突出“葬在崖上，”而不入土、不入水这一显著特征，可以采用1941年向达提出的“崖葬制”④来统一命名。不仅包括上述所有少数民族的葬俗，也包括汉族学习而创造的“崖葬”（即四川的“蛮子洞”），如1947年刘铭恕所论⑤。作为一种葬俗文化，可采用1951年凌纯声提出的“崖葬文化”一词⑥。在统一命名之下，各地再随类命名，各以其宜称呼。有分有合，利于分析研究。这样的命名，显然优于单称“悬棺葬”。

鉴于我国南方崖葬文化的内容多样，不宜归为某单一的民族所有。崖葬习俗作为一种文化现象，可以是处在相似的自然、社会条件下的各族，各自发展起来的；也可以受某一民族的文化传播，为地域相接的其他民族所接受的。文化的传播不必一定与血缘相联系。那种认为实行崖葬的只是某一个民族（古越族），哪里有崖葬，哪里就是这个民族的分布区的意见，恐与事实相悖。我们建议：对崖葬要具体分析，首先要分清何时、何地、何种样式的崖葬是何种民族的遗存，切忌含混。

川东峡江地区的崖葬可能是古代獽、蜒族的遗存。本区在东周属巴，从《华阳国志·巴志》的记载看，巴是国名，而非族名，其统治者巴子是姬姓，乃周人宗族，“武

---

① 《太平御览》卷47“武夷山”引。

② 芮逸夫：《僚为仡佬试证》，《中央研究院历史语言研究所集刊》第20本。

③ 参见四川大学考古专业崖葬科研组辑：《我国悬棺葬（崖葬）历史资料辑要》，中国悬棺葬学术讨论会秘书组编印：《悬棺葬资料汇编》1980年12月。

④ 向达：《中国的崖葬制》，《星期评论》（渝版）第28期，1941年。

⑤ 刘铭恕：《崖墓稽古录》，《中国文化研究汇刊》第6卷，1947年。

⑥ 见前引凌纯声文。

王既克殷，以其宗姬封于巴”。地域包括今川东，“其地东至鱼复，西至僰道，北接汉中，南极黔涪”。居民都是“蛮民”，“其属有濮、賨、苴、共、奴、獽、夷、蜒之蛮民”。现可知：巴国的统治阶级可能是行土葬的，如在巴都“枳”（今涪陵小田溪墓地）的巴王陵墓即为土坑木椁①。所以，崖葬中出土巴式铜器的墓，当是巴国境内的“蛮民”。笼统地讲“巴人行崖葬”，是不贴切的。

獽——峡江支流以“瀼”称者甚多，如东瀼、西瀼、大瀼、泗瀼等等。陆游《入蜀记》说：“土人谓山间之流，通江者曰瀼。”瀼乃当地民族语言的孑遗无疑，或因曾有古獽人居住而得名。这种峡江土语甚多，如“有洞有水谓之阡”②，今峡江支流称瀼者、有洞称阡者确多崖葬，如梅溪河、草堂河因在奉节县东，被称为东瀼；巫山的泗瀼棺木阡；大宁河的燕子阡、沙阡等都有崖葬遗存。獽人一直行崖葬，宋代《太平寰宇记·简州风俗》就曾记述，如上引。

蜒——亦是当地古代土著之一，《华阳国志·巴志》曾多次提到当地有蜒人。北周天和元年（566 年）“蛮蜒”曾在峡江一带起事，为北周政府派兵镇压③。蜒人南下，流入湖南，故《太平寰宇记》卷 120 曾载：五溪蛮中有“古谓之蛮蜒部落”，杜佑讲：唐代潭衡州（今长沙、衡阳一带）的蜒人还行崖葬④。不过已接受南方的检骨二次葬了。

关于獽、蜒的族系，自来分歧。一般引《隋书·南蛮传》以为属于“百越”。笔者则倾向于“百濮”。凌纯声曾说：“古代居于中国长江流域，尤其在中游，左洞庭而右彭蠡为中心区域，最早见于中国古史者名九黎，其后在西南者谓百濮，在东南者称百越。”“至于僰人、獽人、僚人、仡佬、龙家、蜒户等皆为百濮之后，保存濮越文化较多，中国西南的崖葬，为彼等所留的遗迹”⑤，濮、越是否同为九黎之后，另当别论，说獽、蜒为百濮，则至为确论。我们认为：江汉之濮在楚、秦相继兴起后，陆续南移，渗入川、黔、湘、桂、滇一带，与当地民族融合，形成西南的百濮族系，其中有一部分是采用崖葬习俗的。另揭一端：峡江支流（如大宁河）沿岸崖葬凡可辨头向者，均朝下游。这个事实，暂难解释，或者可说明这样一个事实：峡江沿岸原为百濮之獽、蜒等“蛮民”居地，后来楚、秦势力进入，这些少数民族只好沿支流向上游偏僻山区退走，故其墓葬头向均朝峡江干流以不忘其故土也。

总之，长江中游的峡江地区是古代民族错杂之地，许多问题尚待历史、考古、民族工作者的共同努力。

---

① 《四川涪陵地区小田溪战国土坑墓清理简报》，《文物》1974 年第 5 期；《四川涪陵小田溪四座战国墓》，《考古》1985 年第 1 期。

② 巫山县文化馆同志告知。

③ 《周书》卷 49。

④ 杜佑：《通典·边防典序》“潭衡州蜒人”。

⑤ 凌纯声：《中国与东南亚之崖葬文化》，《中央研究院历史语言研究所集刊》第 23 本下册（1950 年，台湾）。

附表　川东峡江地区崖葬遗存一览表

1	棺材岩	位于奉节梅溪河上游，高出河面 70～80 米，被毁棺木 7 具，现木桩方孔甚多
2	粉壁堂	位于奉节瞿塘峡南岸，高出河面 50～60 米，现存棺木 1 具
3	吊槽	位于奉节瞿塘峡南岸，高出河面 70～80 米，被毁棺木 1 具，有木桩方孔
4	盔甲洞	位于奉节瞿塘峡北岸，高出河面 200 米，被毁棺木 2 具，现洞口砌石，内有木桩
5	风箱峡	位于奉节瞿塘峡北岸，高出河面 50～60 米，现存棺木 6 具，被毁木 10 具，现裂隙内有木杠
6	三架岩	位于奉节草堂河上游，现洞内有木杠
7	棺木阡	位于巫山泗瀼错开峡，高出河面 700 米；现存棺木 3 具，被毁棺木 7～8 具，现有木桩、木主
8	天子庙	位于巫山泗瀼错开峡，高出河面 700 米，现存棺木 1 具
9	洛门峡	位于巫山大宁河西岸，高出河面 50～60 米，被毁棺木 2 具，有石栈道
10	双龙下峡	位于巫山大宁河东岸，高出河面 100 米，现存棺木 1 具，被毁棺木 1 具，凿有横龛
11	双龙上峡	位于巫山大宁河西岸，高出河面 80 米，现存棺木 1 具
12	燕子阡	位于巫山大宁河西岸，被毁棺木 1 具
13	沙阡	位于巫山大宁河西岸，被毁棺木 1 具
14	庙山顶	位于巫溪大宁河东岸，高出河面 120 米，洞内有木杠
15	母猪洞	位于巫溪大宁河西岸，高出河面 30 米，现存棺木 2 具
16	杨泗洞	位于巫溪大宁河西岸，高出河面 30 米，现存棺木 2 具
17	杨泗洞对岸	位于巫溪大宁河东岸，高出河面 30 米，现存棺木 1 具
18	南门湾	位于巫溪大宁河西岸，高出河面 30 米，现存棺木 4 具，被毁棺木 35 具，上凿有横龛（按：今已全部坍毁）
19	凤凰山	位于巫溪大宁河东岸，高出河面 30 米，现存棺木 1 具，被毁棺木 18 具以上，凿有横龛
20	九层楼	位于巫溪大宁河东岸，高出河面 150 米，洞内有木杠
21	棺木岩	位于巫溪河荆竹坝，高出河面 80～200 米，现存棺木 25 具，被毁棺木甚多，有方孔。
22	三灯坡	位于巫溪东溪河，高出河面 40 米，洞内有木杠
23	点水岩	位于巫溪后溪河，高出河面 100 米，洞内有木杠
24	棺材溪	位于巫溪大宁河支流，被毁棺木 1 具
总计现存棺木 48 具，被毁棺木 87 具以上		

（原载《民族学研究》第 4 辑，民族出版社，1982 年）

蒲江龙拖湾北朝题名碑、石刻造像考察初记

1984年蒲江县在13个乡的文物普查中，取得了可喜的成果，值得庆贺。尤以在五面山一线发现多处古代冶铁遗址，在长秋山一线发现石刻造像群。这两项发现最为引人注目。大体上讲，五面山列在县境北部，长秋山列在县境南部，都是呈西——东走向的浅山丘陵。据初步统计，沿长秋山列的东北、光明、霖雨、朝阳、天华、长秋、插旗等七个乡已发现石刻造像46处，龛窟640个，造像在4907身以上，大部分是佛教造像，也有少数道教造像，如天华乡的太清观，大部分是唐宋时期的，个别的可能早到北朝，晚的直至明清还有开凿的。这是一笔巨大的文化遗产，不仅数量多，而且历史悠久，内容丰富，却又鲜为人知。其中绝大部分未曾见诸著录，所以在研究四川石刻造像中地位和意义应予足够的估价。笔者有幸于1985年7月在县文物干部同志们的引导下，考察了东北乡龙拖湾的北朝题名碑记与石刻造像，同行者还有温少峰、刘忠贵等同志。现应《成都文物》之约，将有关见闻先作一简约的报告，希望能引起同行们的注意，无非是抛砖引玉之意。

一、石 刻 造 像

步出蒲江县城鹤山镇西南约数公里，在长秋山列的北麓，傍山有一条古老的山间大路，崎岖蜿蜒，翻山越岭可通名山、雅安方向——即由成都方向通向川西北、甘青少数民族地区的古道。龙拖湾就在这条古道旁，因其出露红砂石岩壁，故宜于造像。岩壁下可见到堆积的巨大岩块，据传说古时蛰龙由此升天，尾拖岩壁，扫塌的岩块才堆积在此，形成一个山湾，所以叫“龙拖湾”。我们在上面的岩壁上找到石刻造像九龛，北朝题名碑记一通，在下面的崩岩上发现石刻造像一龛，都是小型浅龛佛教造像。于此初步按从西向东、先上后下的顺序，给石刻造像编了1~11号，逐号记述如下：

图一　1号龛

第1号，弧顶龛。本是一佛二弟子二天王的一铺五身高浮雕造像，却在紧靠趺坐佛像两侧显著的地位上，站着高大的俗装供养人五身（疑为造像施主一家），而把阿难、迦叶两位应站在佛身边的弟子挤到龛口边上去了。本龛造像略显臃肿，神

色呆滞，缺乏生气，而曾敷彩华丽。与广元皇泽寺唐代造像中，供养人跪在菩萨脚下不显著的角落里的情况，迥然不同。本龛大概是宋代的造像（图一）。

第 2 号，双层平顶长条形龛，龛内刻观音立像一身。观音作天男相，尖桃形项光，佛冠，帔帛，天衣，璎珞，下站莲台。造像精美，保存完好（只缺右手）。内层龛沿中部对称地浮雕两个拱手而立的供养人，形体卑小，气度恭敬，高度约为观音像的四分之一。左边（以主像的左右为准——下同）外层龛口被第一号龛打破，可见时代早于第 1 号龛。应是唐代的作品（图二）。

图二　2 号龛观音像

第 3 号，双层平顶方龛，一铺七身造像。内龛很浅，正中佛趺坐重莲台上，衣角下垂莲座上，尖桃形项光；两弟子合十侍立身边，两菩萨相向对立两壁下，龛口外侧有力士两身，已风化不清，力士脚下内侧，似有蹲狮一对。佛座莲台束腰甚细，而仰复莲瓣肥硕。本龛与敦煌莫高窟盛唐窟作法相似，是我省盛唐造像常见的模式（图三）。

图三　3 号龛

第 4 号，双层平顶龛。本是一铺七身造像，内龛为一佛二弟子二菩萨，龛口有半裸丰隆肌肉的力士两身。在外层左壁有持瓶观音立像一身，甚高大；右壁有阴刻莲花，上有小龛已风化，可辨有形体卑小的供养人四身。观音像疑在造龛后增刻的，不过时代都属于唐代无疑。

第 5 号，双层平顶龛。一铺五身造像，风化较重，与第 4 号龛紧邻，时代也相当。

第 6 号，双层平顶龛。内龛浅如佛坛，一铺七身造像与上述相同。外龛较深如窟形，两壁上方各有浮雕的飞天一身，露足上飞，双手捧物，如供养天；下方各存有浮雕供养人一身，风化较重，只见形体卑小，作站立姿势。

第 7 号，双层平顶龛，与第 6 号龛紧邻，中间仅一墙之隔，大小格局均相同，似为双龛。只是两飞天改为下飞的伎乐天，手执弹拨乐器，身姿婀娜，飘带飞扬，动感极强，确有盛唐作风。

笔者认为这两组飞天在四川唐代造像中属于稀罕的珍品，千余年来保存如此完好，诚属难能可贵，希望能予以格外的保护，让后世人众都能有更好的观赏机会。

第8号，平顶龛。一铺七身造像，主尊为善跏坐的卢舍那佛，足踏莲台有板，龛沿力士脚下有双狮。有盛唐造像之风。

第9号，长条形平顶龛。观音立像，风化已甚，与第2号龛相似。

图四　11号龛

第11号，双层平顶龛。单身造像，佛像面相清瘦，结跏趺坐而无座床，奇特者头顶有平板状冠冕，佛作帝王相，在四川造像中尚无例可寻；但因头部略有风化，辨认困难，记以待考。龛沿有供养人两身，左边的长袖下垂，右边的褒衣博带也十分明显。此龛造像风格与上述第1~9号龛迥然不同，揆其特征，疑是十六国期间的造像。此龛因岩石崩落田土中，已歪斜（图四）。

二、遗像断代的讨论

（1）第11号龛造像所反映的“秀骨清像”、“褒衣博带”，本是江南士人习尚的反映，敦煌莫高窟到北魏晚期和西魏时也开始盛行。过去认为这种南朝风格是经中原传至敦煌的，所以，有人称为“中原风格”。而洛阳龙门也只到北魏晚期才有此风，蒲江龙拖湾第11号龛却是十六国末期造像。那么，有可能把此风西传的路线改为南路：江南—沿江而上—四川—川西北、甘青交界—河西。至少，不能把敦煌北魏晚期出现的这种风格，称为“中原风格”才对。反之，是否可以把第11号龛订为相当于北魏晚期作品呢？恐也不妥。我们知道，北魏时佛的两旁一般都有了胁侍菩萨，左右各一尊，应来源于封建帝王“左辅右弼”之制。而敦煌十六国时期的造像都是单身像，供养人个头很小。可见此龛近于后者而早于前者。

（2）第2、9号龛为独立的观音造像，及第4号龛外加的独立观音像，所反映的是对观音菩萨的特殊崇拜，这种现象是隋唐以后才兴起的风气。如敦煌莫高窟的盛唐经变壁画以《观音普门品》为最多，单身观音像大增。所以这两龛的时代不能早过唐代。

（3）第3、4、5、6、7、8号龛的一铺五身、七身造像也是唐代才有的做法，佛弟子迦叶、阿难是北周以后才出现的，若加上两个裸露肌肉的力士像，则是盛唐作风。第6、7号龛的飞天与云岗北魏时期肥胖笨拙的飞天造像大相径庭，而与敦煌莫高窟唐窟的飞天壁画十分相似。第8号龛的善跏坐卢舍那佛与龙门奉先寺造像相似，具体而微。所以都证明这些龛只能是唐代造像，而不可能更早。

（4）第1号龛为弧形顶，造像呆滞臃肿，而把供养俗人造得与佛菩萨一般大小，且位置显赫，竟把佛弟子挤到一边去了，这与麦积山的北宋龛洞相似。所以，其年代决不能提早到唐代去的。

三、题名碑刻

在第11号龛上方岩壁上，第3号龛右边约1米处，有题名碑刻一通，是把岩面铲平刻成碑形，圆形碑首已风化，碑额不清，碑上刻三行十字。中行为“嘉兴元年”四个大字，上行“张仁忠”题名稍高，下行“许七忠”题名稍矮，字体在隶楷之间，字迹较随意（图五）。

图五 4号碑

“嘉兴”为西凉李歆年号，嘉兴元年（417年），当十六国之末，与碑形，字体所反映的时代风格均合而不悖。可以肯定，蒲江县文物工作者发现的这通十六国时期的题名碑，是四川最重要的古代碑刻文物之一，希望能得到格外的照顾和保护。

西凉立国河西走廊——酒泉以西至新疆地区，嘉兴元年正当东晋安帝义熙十三年，当时的四川地区属东晋管辖，怎么会题西凉年号呢？原来西凉本是陇西汉人大族李暠所建，与东邻匈奴族沮渠蒙逊的北凉，相邻仇杀，互相攻战不已，西凉时遭其难，最后被其兼并，所以西凉心向东晋，时向东晋朝廷表示愿作外属。西凉建初十二年二月（417年）李暠病死，子李歆即位，改元嘉兴，按例即派使者兼程向东晋朝廷“告袭位”，并讨封号。史书未载当时河西至江南的通道何出，但东路中间隔有死敌北凉与鲜卑后秦，肯定途塞不通；道由南出，行经今甘青川交界的边缘地带，可由成都东下而至东晋京都建康（参见谭其骧主编《中国历史地图集》第四册，15～16图），蒲江在成都之西，当西山入川要道，西凉使者若由此道而来，是会经过此地，留下“嘉兴元年”的题名碑刻的。西凉使者来得不易，道途艰险来到西蜀，可是当时的四川地面也不清净。虽然在413年，东晋已派刘裕入川，平定了谯纵的割据，一方面战乱之后也是道路维艰，另一方面刘裕跋扈，与东晋朝廷早有离心，后来果然代晋而建刘宋。所以西凉使者花了一年时间到了成都，再花了将近一年时间，在次年秋天才到达建康。据《资治通鉴》记载：“（义熙十四年，418年）秋，歆遣使来告袭位，冬十月以歆为都督七郡诸军事镇西大将军酒泉公。”西凉使臣讨了封也可能原路返回，这些办事牢靠、忠志可嘉的使者史书无名，幸得此碑，可知至少有张仁忠，许七忠两人姓名。张氏乃河西汉族大姓之一，张氏门中出任西凉朝晋使节，身份是合适的。西凉李歆少年气盛，自大骄奢，是否确曾向东晋朝廷“告袭位”之事，今得龙拖湾碑刻，可得明证。

四、一点推测

西凉年号的题名碑记与这群石刻造像是什么关系，尚属有待研究的课题。这里，笔者仅作一点初步推测。

当西凉使者张仁忠，许七忠等一行，历尽千辛万苦来到此地，万分庆幸，感谢佛祖的保祐，他们以敦煌地区佛教造像之盛的习惯，吸收东晋“华夏正统”文化的衣冠之制，在此造像祈福禳灾，以表达对佛祖的感恩戴德之心。也许往返时不止造此一龛，于是就在龙拖湾开创造像之点，后继有人，唐宋均有继续在此开龛造像，后来因山岩崩坍，北朝造像破毁，只留下第 11 号龛歪卧岩脚田土中，崖上却留下“嘉兴元年”的题名碑与唐宋造像并列，造成了这种令人费解的现象。

若此说不至大谬，则建议在龙拖湾崩岩中仔细翻查，或许还有其他早期石刻残存。再在长秋山一线，邛蒲大地区以致向西至甘青一线扩大调查，也许还可以找出沟通西北——江南的我们尚不清楚的交通线路所遗留下来的痕迹，如题名碑刻，石刻造像，墓葬、路标等等。真能这样，则蒲江同志们的发现，功莫大焉。这是笔者的一点心愿。

（原载《成都文物》1986 年第 2 期）

[林向按]：据后有学者研究认为：蒲江龙拖湾第 11 号龛为唐代道教造像。见胡文和：《中国道教石刻艺术史》（下册），高等教育出版社，2004 年，第 30 页。

天彭文物考察散记

1985年5月，我应彭县县志办公室的邀请，对该县部分地面文物进行了实地考察。虽然时间仓促，所见甚少，但有些见闻与想法，或许对文物工作有所裨益，故撰此文，聊作抛砖引玉之用，并祈得到诸位方家的指教。

一、龙兴寺故址

龙兴寺故址在县城北关外，今为彭县一中，现有两塔两殿。

龙兴寺原名“大空寺”，武周天授二年（691年）改名“大云寺”，唐开元中玄宗敕名“龙兴寺”，武宗会昌五年（845年）灭佛，废为闲地。唐宣宗大中年间（847～860年）复佛时，重建了殿宇、佛塔、寺墙、塑像。壁画等等①。嗣后虽寺名不改，而兴废数度，县志记载明清两代时有重建、培修等等。而龙兴寺塔只剩四分之一。1981年冬又被毁去上部，现仅剩十级半，但它的形制则为唐塔无疑。

我们曾指出此塔：

① 为十七级密檐方砖塔，唐以后的佛塔多以十三级为定制；

② 为空筒式结构，唐以后的佛塔一般有砖石磴道和塔室；

③ 塔体内砌有汉魏六朝墓的几何纹砖和隋代宝相花纹砖②，但至今未发现更晚的建材；

④ 黏合料只用黄泥，未用石灰，亦不用扁铁；而后者的做法为蜀中宋塔所常见，如彭县北宋正觉院塔、北宋镇国寺塔等均如此。

可见，这些都不是宋塔特征，而符合唐塔的一般特征③。中国营造学社古建学者鲍鼎指出：“自唐宋以来各塔每经后人修缮改作，均不免有改头换面之处，往往在塔的认识上会发生种种困难，当亦在所难免。我们所谓某时代的塔，并非指一砖一石一木均属诸某时代，乃系指塔的细部，具有某时代的特征。”④ 此说甚确，亦足以证明龙兴寺塔应为唐塔无疑了。

不过，此塔所在位置有异。今龙兴寺犹存天王殿与藏经楼，此塔在山门之后天王殿

① 见唐陈会《彭州九陇县再建龙兴寺碑》，载于清雍正《古今图书集成·博物汇编·神异典·僧寺部》及各种版本《彭县志》。

② 这种隋砖，成都近郊常有发现。见四川省博物馆藏品。

③ 林向：《四川唐宋塔初探》，《四川大学学报丛刊》第五辑，1980年。

④ 见《中国营造学社汇刊》第6卷第4期。

之前，（山门已拆）。按佛教寺院平面布局通例，中轴线上应以：山门——天王殿——大雄宝殿——藏经楼为序。早期寺院若塔在中轴线上，应在大雄宝殿之前，天王殿之后，如新都宝光寺（按：我们认为该寺规模系明朝大学士杨式挺等依古制所建）。日本早期寺塔配置仿自中土，塔亦在中门（二道山门，相当于天王殿）之后，金堂（相当于大雄宝殿）之前，如飞鸟寺、四天王寺、法隆寺等。可见，龙兴寺唐塔旧址未动，而天王殿显系后来移位重建的。从天王殿的梁架与两侧耳门的砖墙看，均是近代建筑。1977 年我们调查时曾在塔院内发现一红砂石匾额，上刻“同治四年乙丑，龙兴禅院，邑令傅培梅重建”，今存天王殿两侧耳门的对联，东为“千秋古塔传阿育，五代丛林自预知”，西为“引得高人留玉带，敲来明月徹金波”，亦同为红砂石。可见，天王殿及其两侧耳门砖墙都应是清同治四年（1864 年）或以后所重建。有同志根据这门联中有“五代丛林自预知”推测此塔是五代预知禅师所建，用的晚近资料是很不妥当的①。且对联本身已明言“千年古塔”比“五代丛林”为早。所以，根据文献记载与实地考察，此塔现存塔体始建于唐为宜②。此塔应正名为“龙兴寺塔”，若属雅称，或称为“天彭破塔”可也。

图一　彭县龙兴舍利宝塔

塔西有“龙兴舍利宝塔”（图一），现正在装修，塔名由中国佛教协会会长赵朴初题字。此塔为金刚宝座式塔，在佛教上属于密宗一派，下有台基，为金刚宝座，象征须弥山；座上有五塔，是供奉金刚界五部部主佛舍利的，称“五智如来”：正中大塔供大日如来（即毗卢遮那佛）、东方阿閦如来（亦名金刚智）、南方宝生如来（亦名灌顶智）、西方阿弥陀如来（亦名转法轮智）、北方不空成就如来（亦名羯磨智）。此塔系仿照中印度佛陀伽耶的金刚宝座大塔而建的。据庄巨川先生提供的资料：此塔为能海法师于 1944 年倡义募建，在新都县新兴乡太平寺建窑烧砖，1948 年阴历八月初八奠基起塔，1949 年底粗成。今可见散落的专用塔砖，有“民国乙酉”（1945 年）、“民国丙戌”（1946 年）、“民国丁亥”（1947 年）、“民国戊子”（1948 年）四种，长 39、宽 19、厚 10 厘米，正面模印塔形，梵文及汉文“南无本师释迦牟尼佛”、“龙兴舍利宝塔”字样。此乃国内建造最晚的金刚宝座式舍利塔。这种塔在国内实物极少，大都是明清时期的，如北京真觉寺、碧云寺、西黄寺；五台山园照寺，昆明妙湛寺，呼和浩特慈灯寺等均有。可惜，此塔原未建成，今正在装修。

---

① 周述烈：《龙兴寺古塔始创年代考》，《成都文物》1984 年第 3 期。

② 参见庄巨川：《关于龙兴寺塔建筑年代的探讨》，《成都文物》1985 年第 1 期；林向：《对龙兴古塔始创年代的初探一文读后》，《湔江》1984 年 9 月。

据正在装修的工人讲：现在除安装铜质宝顶，外敷水泥外，在各塔小龛中供瓷雕释迦牟尼佛与观世音菩萨像，外用玻璃罩护，现已装入746尊。另大塔四方大龛及各小塔内两方大龛另装佛像，预计全塔总装佛、菩萨法像为776尊。又据说，塔身中空如竹，大塔内下坛18个，小塔各下坛6个，共42个。坛内盛佛经及其他“宝物”，此为“法身舍利”。按佛经讲：舍利本指佛陀身骨，“白色骨舍利，黑色发舍利，赤色肉舍利”。若无身骨舍利，“经卷是法身舍利”（《智度论》），推而广之，“若无舍利，以金、银、琉璃、水晶、玛瑙、玻璃众宝造作舍利……无者无力者，则到大海边拾清净砂石即为舍利，亦用药草、竹木根节造作舍利”（《如意宝珠金轮咒王经》）。所以，此塔名为“龙兴舍利宝塔”有据，亦与上述“龙兴寺塔”相区别。

藏经楼外观完好。1949年12月9日川军将领刘文辉、邓锡侯、潘文华在此汇合签字起义，向中国人民解放军发出起义通电，在川西的人民解放战争史上有一定的历史意义，亦应予以妥善保护。

二、云居院塔

云居院在楠木乡曲尺山中，一古刹也。今存房舍数十间，已作民房，寺后山麓有石棚浅穴，石上有“至元二年五月□□记岩室所在”，及“万历廿六年戊戌岁七月廿九日陶用吾谒此记”题刻两段，旁证云居院为元明以前古刹无疑。

塔在寺前（图二），为十三层密檐式方砖塔，塔身高约21米，清瘦修长，远览如倚天长剑，近观若破土春笋，青山环列，茂林修竹，行人罕至，默然直指苍穹，另有一种古朴的风格。底座已露出地面约3米，应是千百年来水土流失的刻度。清道光十九年（1839年）用条石镶砌方座，保护塔基，并立碑记事：“前僧人建塔功果今数百年矣，慈心不忍塔足毁坏，同合寺僧等商议，众愿喜将塔足勒石，永垂万古云，……云居院在曲尺山中，高十三层，院西石岩中，乐音王真身犹在。”（石碑今立塔侧）《彭县志》卷二：“云居院塔，在曲尺山，旧志云宋乐音王祖师建，高十三级。”乐音王祖师，其人无考。塔西数百米山麓间有地下石室及墓塔两座。地下石室门洞开，内供观音玉石像，制作粗俗，门额题：“嘉庆十七年七月，乐音王”。地下室顶部的地面建一喇嘛塔式石墓塔，刹顶已佚，下为须弥座，中为塔肚。塔肚上刻：“景祐元年三月七日巳时建立”，北宋仁宗景祐元年为公元1034年，那么建塔的乐音王祖师当是北宋前期人了。不过，从塔肚子洞口内窥，见内尚另立一碑，碑文不详，而有“大清嘉庆十七年”年号。且塔座龙纹，吻部短齐，为明清所可见的形象，证明墓塔与石室同时建造。这里不过是追述乐音王祖师为北宋时

图二　彭县云居院塔

人，是很有意思的。另一喇嘛塔式石墓塔，在此西十余米，比较完整，而铭文湮没，不可稽考。

回观寺塔风格，则为宋塔无疑。塔座方9.3米，塔身底层较高，有门西向，而中空无塔室，仅有方约60厘米的空腔。不能登临。此塔腰檐甚密，由菱角牙子与九层砖叠涩出檐。在微翘的檐角及檐口下置铁钩悬铁马，每级12枚，共156个，今犹有十余枚，山风过处，声闻数里。塔刹已毁，而刹座尚存，用望远镜观察，杂树丛中四角立有铜铸平板透雕的朱雀、尾羽上翘，约家鹅般大小。但反复观察，仅见三只。据乡人讲：解放初有刘和尚者曾爬上顶去，取下一只“乌金凤”。前述龙兴寺塔亦原有朱雀，据《彭县志》卷九载：“咸丰元年八月有男子夜盗龙兴塔顶朱雀，雀口啣铜铃一，上刻甲子年志公为十八顶造，女弟皇氏九娘施。”可见，塔顶朱雀之设，蜀中唐宋皆然。此塔各级层间甚矮，做假窗，用白垩粉刷，并存彩画、字迹。今在西面第三层壁上右书“法轮常转”、第四层有“永□皇□”，为变体俗字，第六层有四幅红彩壁画，已模糊不清。此塔因路遥山深，人所罕至，保存很好，最可贵的是塔顶朱雀，檐口铁马尚存。

彭县一县而拥有唐宋塔4座：唐龙兴寺塔，北宋正觉院塔，北宋镇国寺塔，宋云居院塔，国内罕有，富甲天府，诚可庆也。为我省地面文物中，值得妥善维护和研究的对象。明代曹学佺《蜀中名胜记》说：“彭州寺观特盛”，良有以也。

三、三昧水千佛崖与石牌楼

千佛崖位于隆丰乡双松村西北数里的牌坊沟，在清乾隆八年（1743年）修筑的上山通往三昧古刹的石蹬道的起点附近。这条上山石径颇疑开自五代前蜀，宋祝穆《方舆胜览》云：“至德山，在郡西三十里，上有广明院。蜀王衍专事游幸，尝登是山，患其高险。令于福唐寺东，别开一径。凡数里，广可二丈。栽松砌石，以达于寺，众官悉骑以从，松枯石怪，尚有存者。”《蜀中名胜记》又引《本志》云：“至德山有三昧泉，自石窦喷洌，方大如斗，不竭不溢。俗传即知玄国师洗人面疮之处，至今疾者浇之多效。”广明院，福唐寺均不可考。据最近新修《彭县志稿》记：今上三昧有水亭寺，殿后有圣水亭，岩隙间有清泉浸出，即所谓三昧水。圣水亭以明崇祯年建，上书“永兴三昧水，普济十方人”。中三昧有至德寺，下三昧有安国寺，均已残坏。可见，此地自唐五代以来一直是佛教徒朝拜乞医的圣地。但却从未有关于摩崖造像的著录，深可怪也。

千佛崖造像，经这次清点大小共37龛（窟），可分为三个区。

Ⅰ区——在碑坊沟西，正对小石桥，上山石梯的起步处，有突出的大岩墩，凿有大小25龛，分上下两层。下层3龛：

Ⅰ1 主尊为延命观音立像，高约1.65米。原为一窟，窟顶早年坍塌，头部也残，后经妆塑，又残。满身璎珞飘带，二十臂略残，各执法器。据佛经密教部讲，延命观音为三十三观音之一，其任务是“引接群众类”，所以造此像在崖脚正面。唐代不空所译：补陀落海会轨第三院东门之延命观音曰："顶上大宝冠，其中住佛身，身相深黄色，慈悲柔软相，救世二十臂，引接群众类，两足辐轮相，化导诸有情。"手执宝珠、宝剑、金轮、金刚索、室镜、莲花、五股杵等十八种法器，结两种手印①。今此像虽残，犹能一一对证，确为延命观音立像。观其雕造手法与大足北山130号宋窟摩利支天相似②，时代也应相近，两侧刻天王、力士和供养人，较精，可惜前部已被后世装修护木栏干时凿毁。值得注意的是天王像中有托塔执剑的北方多闻天王毗沙门；供养人中有载侈脚幞头的官人，故此龛的年代大致在唐、五代前后。

Ⅰ2 菩萨立像，已被Ⅰ1 窟凿去半龛，风化加破坏，已模糊不清，时代应早于Ⅰ1 龛。

Ⅰ3 菩萨趺坐像，小龛已风化，依稀现为众臂，可能是如意轮观音像。

上层有一狭长平台，有石梯数级可登，有22 龛。

Ⅰ4 在最北面，已空。

Ⅰ5 正中一大龛，为一铺九尊群像（一佛、两弟子、两菩萨、两天王、两力士）。此龛当Ⅰ、1 窟之正上方，也在整个千佛崖的中心位置，其地位相当于寺院中的大雄宝殿，可惜此龛历经妆塑，时代特征已不明显，大概也在五代间。

在Ⅰ5 以南有一斜立岩墩，上开有小型浅龛20 个（Ⅰ6～25），Ⅰ6 龛在最外面，保存较好，刻一仰天倚坐，以手支颐的罗汉像，神思清逸，体态安闲，比较生动，是千佛崖造像中的上品，其他各龛除正中上方几龛如来佛像外，均作光头无髻，或趺或倚，坐在山石座上的罗汉像。此处大约相当于寺院中的罗汉堂。我们知道，我国佛教徒对罗汉的崇拜之风盛于五代以后，最早的石刻罗汉群像见于杭州烟霞洞十六罗汉雕像，就是五代吴越王钱元瓘的妻弟吴延爽发愿所造。在四川也如此，如苏东坡在谪居海南岛时，从民间得到前蜀简州（今四川简阳）金水张氏所画的"十八罗汉图"③。大足北山两处刻十六罗汉，此处罗汉数有待细查，其年代当也在五代间。

Ⅱ区在Ⅰ区的上面，石牌楼的南面林箐中，分两段，共6 龛，北段Ⅱ1～3，南段Ⅱ4～6。

Ⅱ1 为千佛龛，趺坐佛像分三排，右上角仅凿出雏形，未完工。雕像平庸，时代较晚。

Ⅱ2 在Ⅱ1 的北面，为菩萨立像，姿态婀娜，衣带飘动，可惜已坍塌风化，时代较早，与Ⅰ区相当。

Ⅱ3 在Ⅱ1 的南面，较低。已空。

Ⅱ4 较Ⅱ3 更低，两佛并坐，疑为释迦、多宝说法像。这种佛像在寺院塑像中少见，而石窟造像中常有，如大同云冈的北魏窟。四川多宋代作品，如大足多宝塔下的宋刻两佛并坐像。

---

① 见《大正藏·卷廿·密教部》No. 1067。

② 原称光目天女窟，将另有文讨论。

③ 参见白化文：《中国的罗汉》，《文史知识》1984 年第7 期。

Ⅱ5 主尊为三世佛。右侧有戴披风的供养人，比较生动。

Ⅱ6 千佛龛，规模较小，分三排，趺坐佛像共 45 尊。南段三龛时代较晚，均在宋代。

Ⅲ区，位于Ⅰ区以北约数十米，牌坊沟东岸，有三、四米高的石崖，在林箐阴森处有 6 龛。

Ⅲ1、Ⅲ2、Ⅲ4 在左上方，都是长方形浅龛，每龛雕两官人坐公案，手执文卷，似审阅状，头戴双翅官帽，各有两人侍立案边。

Ⅲ3 圆顶浅龛，在左下方，各有一人坐案前执案作审案状，案侧有人侍立。

Ⅲ5 在右上方，长方形浅龛，一人坐案后，两边各有两个拱手侍立，后侧一人执卷，作诵读状。

Ⅲ6 在右下方，已风化，似一奔兽，一人抚兽背而立。

前五龛似冥府阎王造像，造像平庸，如明清戏文场面，疑是宋以后增刻，凑成摩崖造像群落中的地狱变造像，供善男信女们膜拜。

千佛崖摩崖造像，有几龛较精如Ⅰ1、Ⅰ6、Ⅱ5 等，虽未发现文字题刻，可以看出大概始凿于唐末五代。宋代继续开龛，一直到明清均有增刻，装塑的痕迹。彭县千佛崖造像为四川石窟寺艺术提供了新资料。四川各地石窟寺艺术之盛，数量之多，国内有数，有待去发现和研究。

图三　彭县三昧水石牌楼

石牌楼在千佛崖上面，有石梯直通下三昧水的安国寺，梯弯石壁有修路碑记两则："乾隆八年（1743 年）三月"，"道光七年（1827 年）五月"。石梯道穿过一道石墙寨门，门洞高约 3 米，长 2 米。门上横额："三昧禅林"，对联："欲识宏图须进步，不知古迹且登临"。背面横额："盛唐古迹"，对联："朝随云出入，暮戴月推敲"。寨门上建一石牌楼（图三），四柱三门，重檐三楼，不用冲天柱，用旗鼓夹柱石，石屋顶雕出瓦垄，檐下雕出斗拱。中间为象征性的门洞，左右门洞嵌碑石，碑文记同治五年（1866 年）建牌楼事，由邑人吕调阳撰文。一般把这种牌楼叫牌坊，其实不确，牌坊与牌楼是有区别的，牌坊上用华表柱（叫或冲天柱）加横梁（额枋），其上不起楼——即不用斗拱及屋檐。牌楼在横梁之上，有斗拱屋檐，起楼两重以上，可用冲天柱，也可不用冲天柱。所以，这是一座石碑楼，而不是牌坊①。

此碑楼正面上有"神道阙"竖榜，下有横额"天垂宝盖"，背面有"似天竺"，

① 刘致平：《中国建筑类型及结构》，中国建筑工业出版社，2000 年，第 65 页。

“地涌金莲。”（按：“神道”原称墓道，《后汉书》李贤注有：“墓前开道，建石柱以为标，谓之神道。”）门楼为阙，本用于宫室府第或墓道之前。此处用“神道阙”，则另有一番用意。按佛经讲：众生轮回有六道：地狱、饿鬼、畜生、阿修罗、人间、天上。而后三者谓之“神道”。此处在三昧禅院山门上建“神道阙”，意在宣扬礼佛修行可得善果，进得此阙门，即可轮回入神道。在多苦多难的旧社会，也是一种切中时人心理的宣扬佛教教义的方式。此寨门牌楼，建筑精良，保存完好，有一定的建筑史与宗教上的研究价值。连同千佛崖造像开发为旅游点是十分适宜的，宜列为保护对象。

（原载《四川文物》1986年第3期）

四川西昌东坪汉代冶铸遗址的发掘

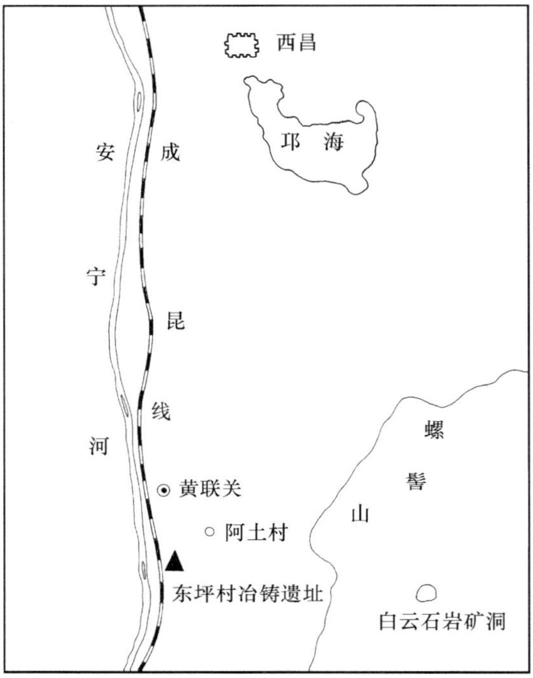

图一　西昌市东坪村冶铸遗址位置示意图

东坪遗址位于四川省凉山彝族自治州西昌市南40公里的黄联关区东坪村一带，处在川西南山地金沙江水系安宁河中游东岸的二级阶地与螺髻山摆摆顶西麓冲积扇交叠的台地上，成昆铁路在台地下西面通过（图一），这里属于横断山地区南北“民族走廊”的一部分，自古以来为巴蜀通南中及中国通东南亚各国的要道。这里古代为邛都夷故地，西汉武帝元鼎六年（公元前111年）设越巂郡，治邛都县（今西昌市）以后，得到全面开发①。

东坪遗址自1976年以来陆续有所发现。曾先后出土铜锭、“货泉”范盒、铜锤、铁臿、陶范、耐火材料及炼炉遗迹等②。

1988年10月至12月，四川大学考古专业86级实习队与西昌市文物管理所对东坪遗址进行了联合发掘。经调查，东坪遗址范围约2平方公里，地面可见冶铸遗迹50多处，分为9个集中发掘区，编号为Ⅰ～Ⅸ区（图二）。此次共发掘了探沟4条，探方（5米×5米）27个，连同扩方面积共778平方米。发现汉代冶铸用土石炉11座，作坊遗迹3处，清理汉代砖室墓2座，调查了阿土村古遗迹与白云岩古矿洞。发现了大量的炼渣（以10万吨计）、矿石、木炭及炉衬、耐火砖、风管、坩埚、铜锭、陶范、陶器、铜镜、铜镞、铜刀、铁臿残片及五铢钱等，现将有关冶铸遗存发掘报告如下。

---

① 参见《史记·司马相如传》、《西南夷列传》、《汉书·西南夷传》、《后汉书·南粤西南夷列传》。

② 西昌地区博物馆：《四川西昌发现货泉钱范和铜锭》，《考古》1977年第4期；凉山彝族自治州博物馆：《四川西昌首次发现东汉五铢钱铜范》，《考古》1986年第11期；刘世旭、张正宁：《四川西昌市东坪村汉代炼铜遗址的调查》，《考古》1990年第12期。昭觉东汉石表刻文田凉山博物馆刘弘同志见告，谨致谢意。

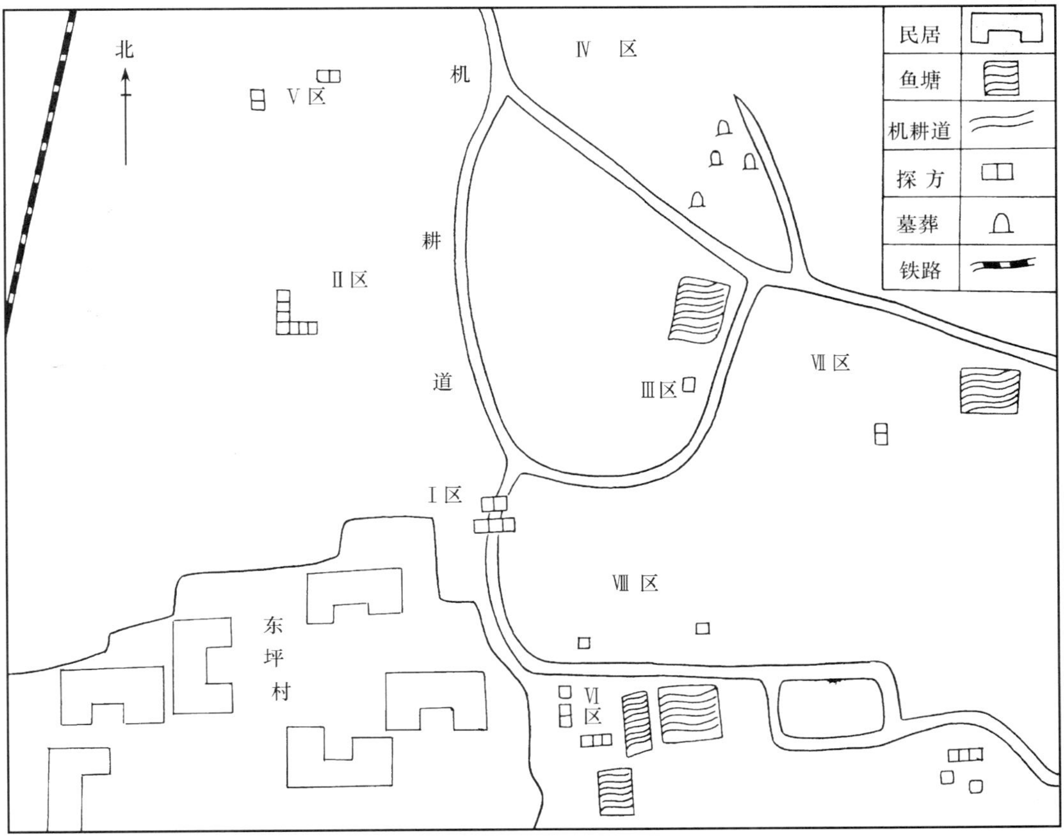

图二 东坪汉代冶铸遗址平面示意图

一、地层与年代

东坪遗址因长期水土流失，尤其是近年遗址中心地段被挖塘取土，破坏严重，汉代文化层一般只保留0.4～0.8米，最厚处不过1.1米。堆积单纯，表土下即为汉代文化层，下接生土。以Ⅱ区T5006西壁的地层堆积为例（图三）：

第1层：灰黑土，厚15～20厘米，内含汉代陶片和1块现代黑釉粗瓷片，此层应为扰土层。

第2层：黑土，厚10～15厘米，土色黝黑，土质纯净，除出土汉代筒瓦、灰陶盆、罐等残片数十件外，未见其他包含物，应属汉代文化层。

第3层：黄褐土，厚约30厘米，包含物较多，有炭屑、烧土块等，出土汉代铁臿、神兽铜镜残片。陶片中绳纹筒瓦、板瓦、卷云纹瓦当等建筑构件占37%，可辨器形的陶片有黑衣灰陶钵、盘、罐等。纹饰有绳纹、方格纹、弦纹等。除土色与第2层不同外。包含物相同，也应属汉代文化层。

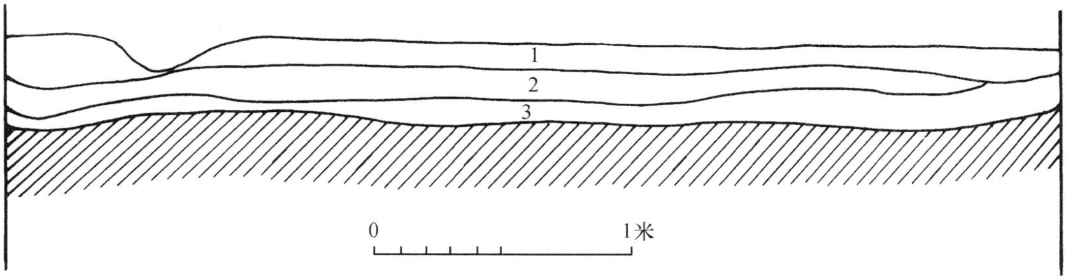

图三　ⅡT5006 西壁剖面图

第 3 层下为红黄色生土。

炉址的地层关系可以Ⅲ区 T001 为例（图四）：

第 1 层：耕土。

第 2 层：黑灰色扰土。厚 8 ~ 20 厘米。为炼炉倒塌后的扰乱堆积。分布在探方西南部。

第 3 层：黑土，厚 2 ~ 10 厘米，土质疏松，包含物较少，有烧土屑，炼渣、矿石、方格纹黑陶衣夹砂灰陶片等。此层属汉代文化层。

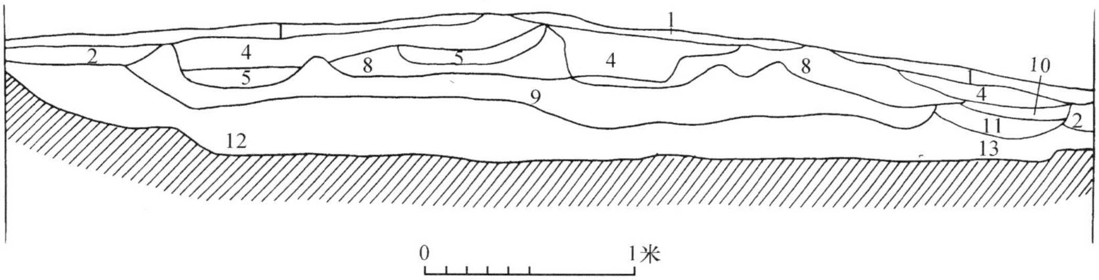

图四　ⅡT001 西壁剖面图

（3、6、7 层本探方西壁未见）

第 4 层：红烧土碎块，厚 4 ~ 12 厘米，夹杂有炼渣、耐火材料、烧过的砾石等，仅出土一件可复原的汉代平底灰陶钵。此层成片地分布在探方中部，似为炼炉倒塌的堆积。

第 5 层：细矿渣，厚 5 ~ 10 厘米，由匀净的豌豆状炼渣组成。此层分布在探方西北部，压在河沙层之上。

第 6 层：河沙，厚 8 ~ 24 厘米，为纯净的细沙。底部沙粒稍粗，并杂有烧土微粒和炭末。此层分布在探方西北角，延伸至探方外。它紧挨着炼炉金门，应是炉前沙坑。

第 7 层：炼渣，厚 8 ~ 22 厘米，炼渣块大小均匀，直径 3 ~ 4 厘米，是沙坑底部堆积，其东南角呈斜坡状压在第 8 层红烧土层之上。

第 8 层：红烧土（甲），厚 5 ~ 25 厘米，由杂有汉代碎陶片的红烧土、耐火砖及烧过的砾石块胶结在一起。呈不规则圆形，直径约 2. 6 米。西面有箕形缺口，里壁用砾石堆砌，高约 17 厘米，宽约 45 厘米，口稍宽，开在烧土层外沙层边缘，可能是金门（炉门）遗迹。联系本层的耐火砖及炼渣上粘有铜锈，这应是一座圆形的炼铜炉遗迹，编号为 L6。炉底有两条沟槽，南边的为 G1，北边的为 G2，G1、G2 相距约 1 米，中间有小沟可通，上面是残存的炉缸底，火候最高，十分坚硬。沟槽底、壁用耐火细泥涂抹，内有耐火砖残块散落。

第 9 层：黑烧土（甲），厚 15 ~25 厘米，直接压在第 8 层之下，土色黑中带红褐色，土质坚硬，显系经过压紧并受高温所致。包含的陶片较少且十分破碎，与第 8 层同。

第 10 层：红烧土（乙），厚约 6 厘米，分布在探方北部中间，土色土质与第 8 层相同，不含陶片。底部留有一条沟槽（G3），位于第 8 层 G2 以北 65 厘米，深 7 厘米处。应是另一座炉子的残存部分，编号为 L8。

第 11 层：黑烧土（乙），厚 8 ~12 厘米，土质坚硬，土色较第 9 层略浅，出土陶片 15 块，除含沙量稍低外，其余同上层。应是 L8 炉基。

第 12 层：灰白土，厚 24 ~32 厘米，质地坚硬，曾经填压。出土陶片最多，有 165 块，均为汉代遗物，泥质陶约占 80%，与上面几层出土物稍异。本层南部为第 9 层所压，北部为第 10 层所压，除沙坑部分无此层外，遍布全方。

第 13 层：耐火砖，在探方北边扩方部分发现排成弧圈形的一排耐火砖，首尾相接，压在第 10 层 G3 之下。直接在生土上挖出圆圈形基槽，砌入耐火砖，因受后期筑炉破坏，只剩 5 块砖，但弧圈形基槽已探至沙坑底部。在基槽圈外还有小片炼渣亦压在灰白土层之下。这应是另一座早期炉基，编号为 L9。

第 13 层下红黄色礓石生土。

图五　卷云纹瓦当拓片（ⅡT5006③）

文化层中出土陶片能辨识器种的有罐、钵、盘、盆、甑、鼎、筒瓦、板瓦、瓦当等。尤以瓦类残片数量最多，绳纹板瓦与筒瓦都是汉代常见物，ⅡT5006③层出土的卷云纹瓦当的边轮较窄、宽 0.8 厘米，瓦心较小，卷云纹作 T 型，界格用三线，并饰斜方格网纹带（图五），年代约当西汉中晚期①。饰有方格拍纹的陶罐（图六，1）与广州华侨新村西汉土坑墓、贵州清镇平坝新莽墓出土物②和成都凤凰山西汉后期木椁基出土的 Ⅰ 式罐③十分相似。L6 出土的平底钵（图六，2）与西昌北面的礼州新莽墓出土的相似④。陶鼎、陶甑常见于四川西汉木椁墓，而东汉崖墓则少见⑤。

① 参见《汉云陵、云陵邑勘查记》、《汉平陵调查简报》，《考古与文物》1982 年第 4 期。

② 《广州华侨新村的西汉墓》，《考古学报》1985 年第 2 期；《贵州清镇平坝汉墓发掘报告》，《考古学报》1959 年第 1 期。

③ 四川省博物馆：《成都凤凰山西汉木椁墓》，《考古》1959 年第 8 期。

④ 礼州遗址联合考古发掘队：《四川西昌礼州发现的汉墓》，《考古》1980 年第 5 期。

⑤ 四川省博物馆：《四川古代墓葬清理简况》，《考古》1959 年第 8 期。

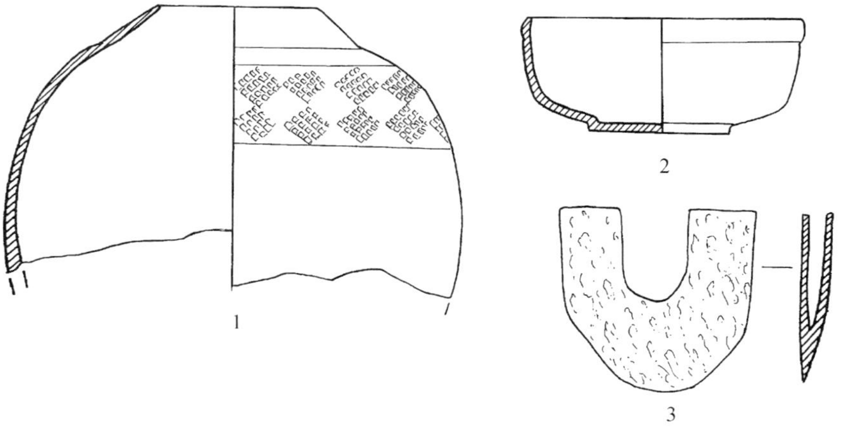

图六　出土和采集器物

1. 陶罐（ⅠT2006③）　2. 陶钵（ⅡT1001④）　3. 铁臿（采集品）

铜镜残片2件。一件为连弧纹镜残片（ⅠT002④），圆纽与连珠纹座较大，与洛阳烧沟汉墓的Ⅳ型3式镜相似①，也应是新莽前后遗物。另一件为神兽镜残片（ⅠT5006④）宽边上有菱格云纹、划纹带，为东汉常见物②。

铁臿残片3件。采集的完整铁臿1件（图六，3），凹銎口，弧刃有两翼外侈，锈甚。另二件都出土在ⅡT5006③。其中ⅡT5006③：5约高10厘米，刃宽当在12厘米以上，其尺寸与长沙马王堆西汉墓出土的完整器近似③。ⅡT5006③：7有已被铁锈腐蚀的铭文（可能是产地名）。过去曾在东坪遗址采集到铸有“蜀郡”铭文的铁臿④，与此相同。成都亦曾征集到这种铸有“蜀郡”铭文的铁臿⑤。这种刃有两翼外侈的凹銎口铁臿与中原地区刃角呈圆弧形或三角形者不同，似为汉代蜀郡特产。1936年在云南昭通铁门坎出土3件铸有“蜀郡”字样及“千万”连文的铁臿，据研究认为，“千万”连文盛行于西汉，到东汉则不常见⑥。在贵州清镇平坝汉墓中这种铁臿曾与“元始三年广汉郡工官造”及“元始三年蜀郡西工造”的漆耳杯同出⑦，西汉平帝元始三年为公元4年，已近新莽时期了。

五铢钱有两种。在Ⅱ区邹家沟断崖文化层（相当于Ⅱ区第3层）采集的5枚，外径均为2.5厘米、穿宽1厘米左右（图七，1、2），应属西汉后期的五铢钱，与洛阳烧沟

① 《洛阳烧沟汉墓》图六九：3、4，科学出版社，1959年。

② 参见《鄂城汉三国六朝铜镜》图42，文物出版社，1986年。

③ 黄展岳：《古代农具统一定名小议》，《农业考古》1981年第1期。

④ 凉山彝族自治州博物馆：《四川西昌市东坪村汉代炼铜遗址的调查》，《考古》1990年第12期。

⑤ 刘志远：《考古材料所见汉代的四川农业》，《文物》1979年第12期。

⑥ 李家瑞：《两汉时代云南的铁器》，《文物》1962年第3期。

⑦ 《贵州清镇平坝汉墓发掘报告》，《考古学报》1959年第1期，图版五：7误刊为“犁”。

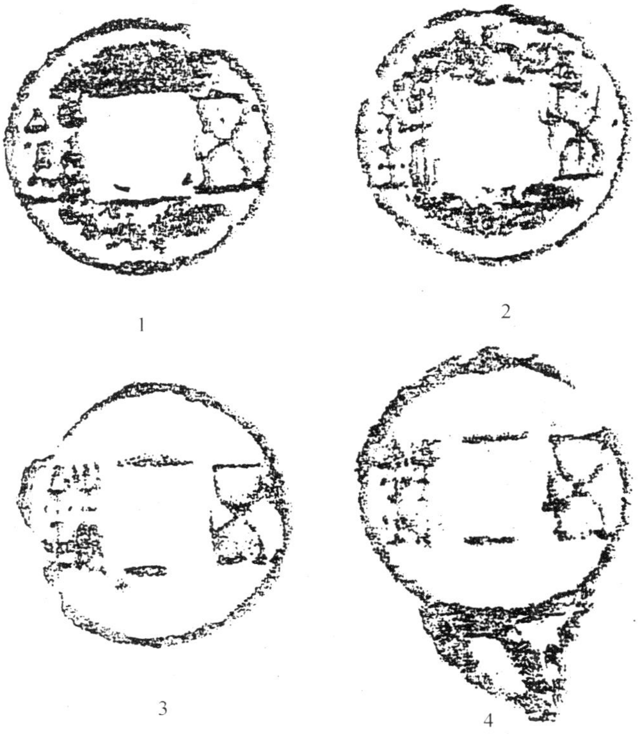

图七　五铢钱拓片

1、2 Ⅱ区采集　3、4. ⅨL12 出土

汉墓出土的Ⅱ型五铢钱相似①。在Ⅸ区 L12 砖石炉基外侧的灰土坑中出土的 33 枚五铢钱，外周及穿内均有毛边未除，且钱体厚薄不匀，卷曲不平，字有错范双笔（图七，3、4），大小轻重不一，大概是生产的废品。其特征与东汉初建武五铢相当②。

总之，东坪遗址文化层中出土的遗物其年代均落在两汉之际、新莽前后，年代比较集中明确，不会晚至东汉中期。

二　遗迹的类型与推断

东坪遗址已暴露的烧土遗迹有 50 余处，此次共清理出冶铸用的土石炉基址 11 座，保存最大高度为 1.1 米；还有相关的作坑遗迹 3 处，保存最大面积为 33 平方米，因破坏严重，已无法复原。

炉址 11 座，按形制分 5 种类型（表一）。

① 《洛阳烧沟汉墓》图六九：3、4，科学出版社，1959 年，图九一、表五三。

② 朱活：《古钱新探》，齐鲁书社，1984 年。

表一　东坪遗址炉址登记表

炉号	出土位置	炉型	保存的遗迹	出土遗物	备注
L2	ⅠT3003②下	Ⅲ	内腔 1.8 米×0.8 米，炉底槽上宽 0.4 米，下宽 0.28 米，向西北延伸，残长 2.8 米，周围有柱洞、前有夯土场地（T2003）	陶片、炭屑、铜渣、铜块、陶风嘴	
L3	ⅥT5004②下	Ⅱ	内径 2.45 米、残深 0.58 米	多孔炭渣块、坩埚片	
L4	ⅥT6004②下	Ⅱ	内径 2.6～2.7 米、残深 0.9 米	多孔炭渣块、陶片、烧土块	
L5	ⅥT9004②下	Ⅱ	内径 2.9 米、残深 1.1 米、东南面有沟 3 条，东壁用砖补修，西北有缺口	多孔炭渣块、陶片	
L6	ⅢT001⑧下	Ⅰ	外径 2.6～3 米、风沟 2 条与炉缸底沟成 H 型，西有金门缺口，正对沙坑。炉南 6 米有矿石堆，炉西 10 米有炼渣堆	条砖、炉衬、金门封泥、陶风嘴、陶片（钵、罐、盆等）	
L8	ⅢT001⑩下	Ⅰ	存风沟 1 条及部分炉体、红烧土块、砾石	条砖、炉衬、陶片	被 L6 打破
L9	ⅢT001⑫下	Ⅰ	生土上挖出弧形基槽，内砌条砖	条砖 5 块	被 L8 打破
L10	ⅥT8007③下	Ⅱ	内径 2.9 米、残深 0.3 米	炼渣及陶片	早年废弃
L12	ⅨT1②下	Ⅳ	条砖与石块砌成 2 米×2 米方形	北壁下出五铢钱	
L13	ⅨT2②下	Ⅴ	内腔长 2.9 米、宽 0.9 米、深 0.86 米，西壁外有坑，下有孔	坩埚残片	

Ⅰ型，底有沟槽的圆炉：4 座（L6、L8、L9、L11），以ⅢT001 发现的 L6 为代表（图八），在填土压紧的地基上，用砾石块围筑成不规则圆形的炉基，直径 2.6～3 米，底部有两条沟槽，两头伸出炉壁外，原用砖石盖覆，沟口两侧用条砖砌筑（图九，1；图一〇）。沟槽内壁敷草拌泥，再抹夹砂细泥。两条沟槽中间有空隙相通，形成 H 形，上架构石块，形成悬空炉底，仅存炉缸壁残片，用高岭土制成，壁厚 5 厘米以上，在两条沟槽之间有一向西的箕形缺口，宽 40～60 厘米、进深约 60 厘米。深入炉体，直抵炉缸前，应是金门位置，缺口向西正对沙坑。沙坑已伸出探方外，面积不详，其中纯净的河沙是从安宁河畔搬运来的。在缺口附近出土一件圆形泥饼，直径约 7 厘米，用高岭土捏成，高温烧制，质坚，凸面粘有光泽的铜液及黑色渣屑（图九，2），应是金门封泥。据此推断，东坪 L6 可能与湖北铜绿山炼铜竖炉相似①，其底部沟槽也可能是“风沟”，起防潮保温作用，提高热效率，延长炉龄。不过铜绿山炼炉的风沟呈 T 型，而东坪炼炉的风沟呈 H 型，这可能是因时代、地域不同所致。

这种地面建造的带风沟的圆形竖炉是容易损坏的。“从实验情况看，冶炼的时间有可能持续数日之久。”② 炼铜数日后，炼炉或需熄火大修，或需废弃重建。所以，在 L6 的北部压着 L8 的风沟（G3）。G3 下又压着 L9 的炉基（图八）。都是后来的炉子建在早

① 卢本珊、华觉明：《铜绿山春秋炼铜竖炉的复原研究》，《文物》1981 年第 8 期。

② 中国社会科学院考古研究所铜绿山工作队：《湖北铜绿山古铜矿再次发掘——东周炼铜炉的发掘和炼铜模拟试验》，《考古》1982 年第 1 期。

图八 L6、L8、L9 窑炉叠压打破关系图

1. L6 炉缸底 2. L6 金门前槽 3. 沙坑 4. 条砖

期炉子的废墟上，而其间隔不久，所以包含物相同，都属于新莽前后不久的一段时间里。

Ⅱ型，内有保温层的圆炉：共 4 座（L3、L4、L5、L10）。这种炉子的下半部是挖在生土中的竖穴，以Ⅵ区 T9004 发掘的 L5 为代表（图一一）。内径约 2.9、残深约 1.1 米。炉壁即利用竖穴土壁，烧土厚度 45 厘米左右，外围无明显界线。在炉子的东南有三条与炉壁垂直相接的沟槽，宽约 60 厘米，残深 5 ~ 8 厘米。中沟端有直径约 10 厘米的圆孔，由外向里呈 20°倾角向下穿透炉壁，进入炉腔，似为鼓风口。南沟端原有风口，已用黄泥堵塞。东沟端的炉壁熔蚀，用耐火砖砌补了约 60 厘米一段，原有风口已不存在。又在中沟与南沟之间的炉壁上发现一个向下穿透的孔穴，直径约 10 厘米，大概是

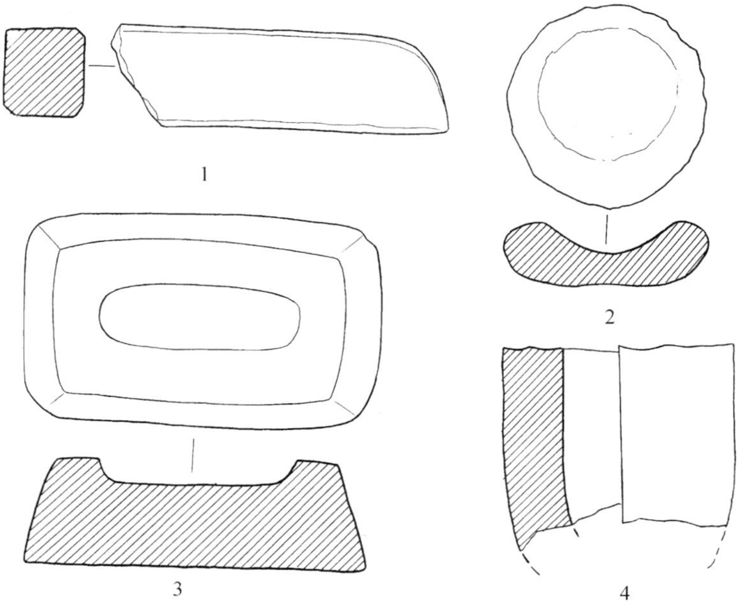

图九　炉址出土器物

1. 条砖（L6G2）　2. 泥饼（L6 金门槽）　3. 陶范（ⅤT2003③）　4. 坩埚（L3）

图一〇　条砖（L6G2）

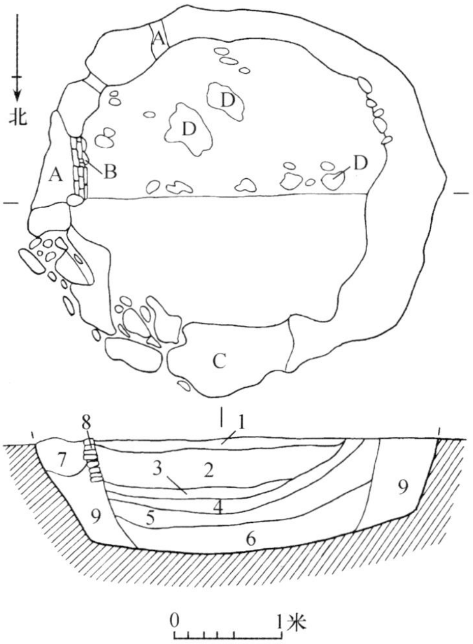

图一一　L5 平、剖面图

1. 灰色硬土　2. 灰黑土　3. 灰黄土　4. 灰细泥土　5. 灰黄土　6. 红黄土　7. 灰黑渣土　8. 耐火砖　9. 红烧土　A. 风沟　B. 修补砖层　C. 缺口　D. 保温层残块

后配的风口。风口附近的炉壁已被烧流，这应是多次使用、损坏、培修的结果。与风口正对的北壁也有一缺口，宽约60厘米、残深10厘米，此究竟是另一风口还是金门位置，不能肯定。

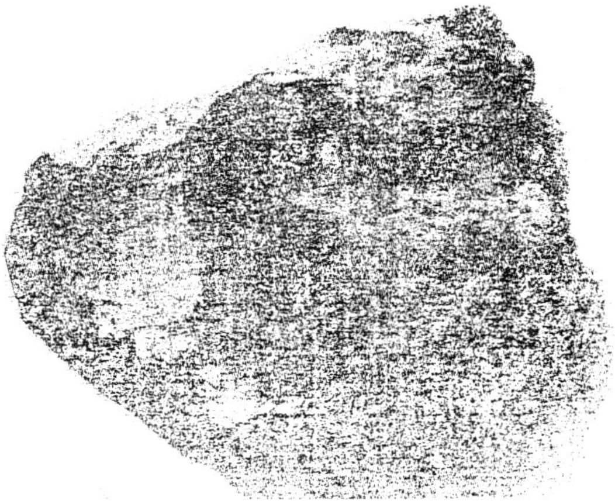

图一二 L5出土的保温层

这种炉子底部没有风沟，而在炉腔堆积物中清理出很多青灰色草拌泥渣碎块，比较坚硬、多孔而轻，凸面的印痕表明是附着在竖坑炉壁上的，凹面则附在圆形坩埚上，似乎是炉腔内的保温层（图一二）。在L3炉腔内还发现一大块坩埚残片（图九，4），壁厚约7厘米、复原直径约30厘米。坩埚为砂质高岭土制成，含有石英颗粒，内壁已烧呈流沟状。这种炉子集中分布在Ⅱ区，至少有二三十座。附近发掘出大片成堆的炼渣和粗铜锭，这种炉子有可能是对粗铜锭精炼提纯的炼炉。这种竖穴式有保温材料的精炼炉还是首次发现。

Ⅲ型，内有底槽的椭圆炉：只发掘1座（L2）。底部保存完好，炉身椭圆形，内径长1.8米、宽0.8米。炉基挖在生土中。炉底正中沿长轴方向有沟槽，槽底成U形。沟壁敷抹青灰色耐火泥，厚6～7厘米，质地细密坚硬。沟槽东抵炉壁，填塞石块数枚，西端伸出炉外，形成缺口，是为炉门（图一三）。

这座炉子附近炼渣极少。而在炉子的北、东、南三面有直径20～30厘米的柱洞5个，北面1排3个柱洞，间隔约2米，应是炉上棚盖的柱洞。炉门前有沙坑（残存面积

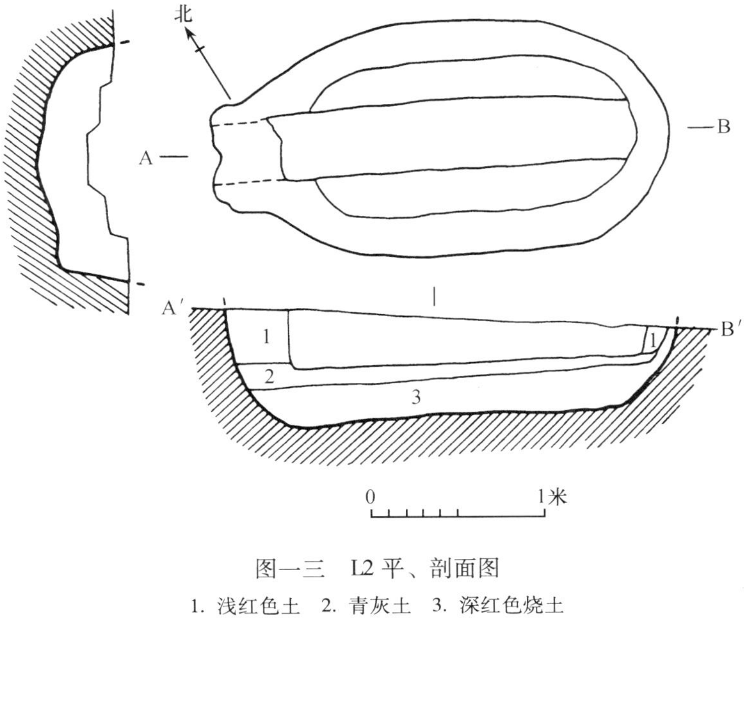

图一三 L2平、剖面图

1. 浅红色土 2. 青灰土 3. 深红色烧土

图一四　L2 前作坊场地

约 1.4 米 ×0.4 米）和大片的硬土面，在 25 平方米范围内布满夯窝，系 L2 前作坑场地（图一四）。硬土面上陶片较多，除汉代陶钵、罐、盂、瓮等残片外，还有陶制风嘴 1 件和铜炭相混的残渣。据此推测，此炉可能是熔铜炉，炉前原为浇铸场地。

Ⅳ型，砖石方炉：只发掘 1 座（L12）。在Ⅸ区的巴溪河畔的沙砾坝上，分布着 10

图一五　L12 平面图

1. 五铢钱

余座炉址。L12 的基址已突现地表，揭开表层植被即见用条砖与砂岩砾石砌成的，约 2 米见方的正方形炉址，当是地面建造的砖石炉（图一五）。砖与石块间填以沙土。炉腔已不清楚，炉内填充灰土、铜渣、炭屑和倒塌的砖石等，炉壁外用砾石堆砌成丘状阶台。在北壁外石丘的灰土渣穴中发现带毛边的东汉建武五铢钱 33 枚，均为废品。据此推测，这种炉子很可能是用于铸钱的熔铜炉。

V 型，长方形竖穴炉：只发掘 1 座（L13）（图一六）。东距 L12 约 20 米。L13 是挖在沙砾河坝上的长方形竖穴，方向正东西。炉壁敷有一层细沙黏土、被烧成红色。西壁外有 1 米见方的不规则坑道，成斜坡状直抵炉壁，底部正中开有直径约 28 厘米的圆孔，透入炉腔。炉腔填土为灰烬与汉代陶片，还有倒塌的土石，炉内外均未见铜屑炼渣，只有两小块坩埚残片，可能是从附近熔铜炉搬运过来的。据当地群众讲，现在当地烧制木炭用的“明槽”与此相似。槽内装柴，洞口点火，待柴燃起，用土封槽，闷闭成炭。

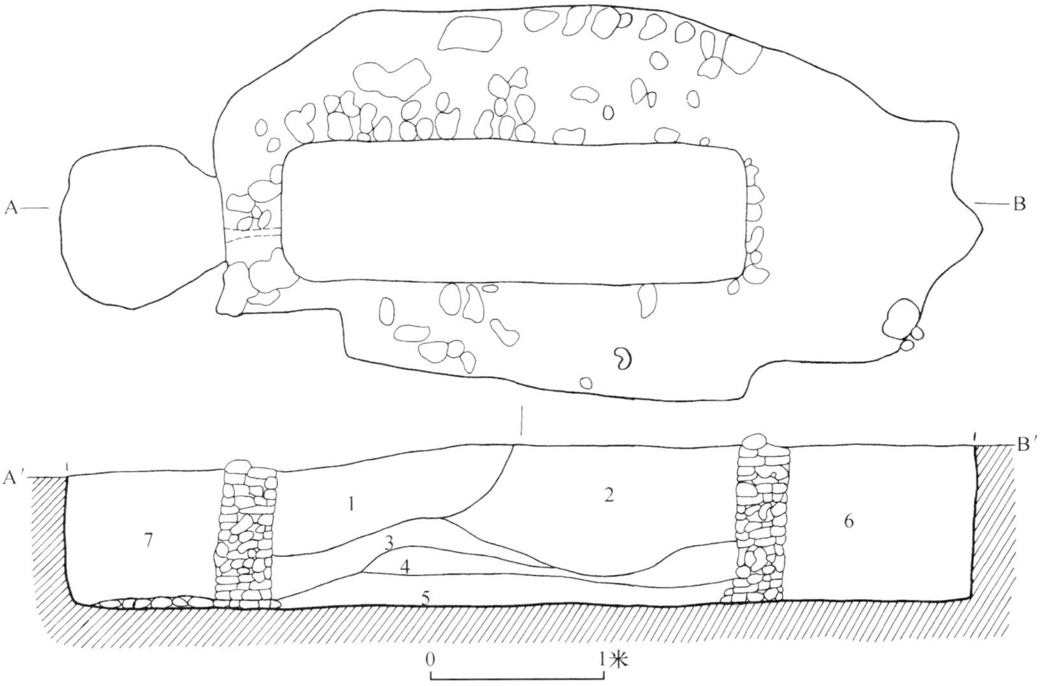

图一六 L13 平、剖面图

1. 红沙土 2. 沙石土 3. 灰土 4. 灰沙土 5. 红烧土 6. 红沙土夹烧土块 7. 方槽

作坊遗址 3 处。

第 1 号作坊 在 V 区。在 V T2003②下发掘出一个汉代竖穴，深至生土，口径 1. 3 米、底径 0. 95 米、深 1. 9 米，呈漏斗状，穴内填土松软发黑，底部有汉代陶罐与陶范残片，可能是储水坑。其西北约 2. 5 米处，发掘出一夹砂灰褐陶瓮（V T2003②: 1），外饰斜方格纹，残径约 70 厘米，瓮底内有一些散乱的五铢钱，约 16 枚。陶瓮为小平底，侧面有小孔可排水，置于一堆残陶范（图九，3）与烧土块上。在竖穴东北约 2 米处另有一陶瓮（ⅤT2003②:2），瓮底外也有一些锈蚀不堪的五铢钱。两瓮相距约2.4米。与竖穴成品字形分布，应是有意识的布置。据此推测，此为铸钱淬火用的陶瓮与水坑。

第2号作坊　在Ⅶ区。因修公路被破坏，残存红烧土面约33平方米，残厚25～65厘米，下接生土。开有沟槽4条，近东西向平行排列，间距1.8～2米、两端被破坏，残长2.4～3.7米、宽0.55～0.65米、残深约0.2米。槽内用耐火细泥涂抹平整，经高温烧成深红色，槽内留有炭渣及附着的铜锈。在沟槽两边共清理柱洞10个，分东西两排，间距1.8米左右。柱洞内有垫石。这4条沟槽当是暴露地面的，上有棚遮蔽，与炉底风沟不同，是一处用铜液浇铸的作坊。

第3号作坊　在Ⅴ区第1号作坊东西约45米处，残存面积约5米×4米，上有两条东西向的沟槽，两端被毁，南槽残长4.5米、宽0.7米、残深0.12～0.22米，北槽残长2.5米、宽0.74米、残深0.08～0.12米。两槽相距0.16～0.32米，向西倾斜叉开。槽壁用砖与夹砂粘土块砌筑，槽内壁涂抹灰白色耐火泥，被高温烧成红色，坚硬、平整。两沟槽直接筑在沙土上，西端大概通向沙坑，今已被毁。南槽沿有柱洞痕迹，数目不详，大概原有棚。填土中有陶范、木炭、铜片等物。其性质应与第2号作坊相似。

各炉间出土的遗物，可推知冶铸技术情况的有铜锭、陶范、五铢钱废品、耐火材料、风嘴、坩埚、金门封泥等。我们测定了其中3种：

铜锭　残块甚多，其中出土在阿土村王木呷（彝族）菜园的一块较大，长约22厘米、宽12厘米、厚5厘米。粗糙多孔，杂质较多，经用X射线衍射分析：含铜76%、铅8.1%、铁14.2%①。当是有待精炼的粗铜锭。

五铢钱　Ⅸ区L12出土东汉建武五铢残片，经X射线衍射分析：含铜81.3%、锡1.9%、铅15.8%。当是精炼后的铜铅合金产品。陕西长安出土的东汉五铢钱含铜77.6%、锡8.1%、铅7.33%②，两者相较成分相差较大，其中含锡大大降低，而铅含量大大增高（近一倍）。我国先秦时货币含铅量较高，如布币有高达62%的，汉代钱币含铅量降低。一般只有5%左右。东坪出土的东汉五铢钱含铅量较高，可能与其铜矿来源的成分有关。

耐火材料　灰白色高岭土。经X射线衍射分析：含石英（SiO_2）约50%，其余为硅酸铝和硅酸铝钙，其成分与米易县（东坪南）产的高岭土相同。风沟（L6G2）底出土的耐火泥块，其使用温度可能低于870℃，因为温度高于870℃时α型石英要转化为β型鳞石英，且不可逆转，今用X射线衍射仪测定中未见到后者。这大概是因为炉底风沟不直接燃烧的缘故。

三　结　语

（1）东坪遗址面积甚大，炼渣厚积，炉群列布，规模较大，应属于汉代郡国铸钱

① 承四川大学分析测试中心陈志学、吉晓洋同志用X射线衍射仪分析，谨致谢忱。

② 田长浒：《中国金属技术史》，四川科学出版社，1987年。

工场。两汉严禁民间私铸钱，而对地方政府铸钱则禁弛不定①。如王莽始建国元年“又遣谏大夫五十人，分铸钱于郡国”。目前所知，除在汉京畿之地（今西安附近）发现中央铸钱工场外②，在辽宁宁城黑城古城，河南南阳、邓县等地均曾发现规模巨大的郡国铸钱工场③，在云南昭通、宁夏银川、山东海阳等地都发现“大泉五十”钱范盒④。在河南商水新安故城、平舆。甘肃崇信等地都发现“货泉”钱范盒⑤。如商水出土的“货泉”范盒，制作讲究，似非民间私铸者所用，这些发现钱范盒的地方，很可能也都与郡国铸钱有关。东坪遗址与“货泉”范盒同出的还有铸钱工县与铜锭，铜锭铭文虽不可识，但毕竟与无名盗铸的产品不同，铜锭侧面还阴刻编号，有“百九十六”、“二百一十”、“二百二十”、“二百二十四”等，这只可能是郡国官营工场的产品编号，更不会是私人盗铸者所需。东坪“货泉”范盒为长椭圆形八枚，与上述商水出土的八角形八枚、平舆出土的正方形四枚不同。不过金石著录的“货泉”范盒形制多样，这种长椭圆形八枚范盒也属常见⑥。东汉建武十六年行五铢钱后，是否允许郡国铸钱史无明文⑦。河北石家庄市曾收集到建武五铢钱范盒、背铭曰：“建武十七年三月丙申，太仆监椽苍、考工令通、丞国、令史凤、工周仪造。”⑧ 当为中央朝廷颁发无疑。东坪出的建武五铢钱范盒形制与此相同，但无背铭。推知东汉早期似并未禁绝郡国铸钱。且东坪遗址出土的铜锭上有“越”字铭文，即越嶲郡花押，故此处在东汉早期仍然是郡国铸钱的手工业作坊。

（2）东坪遗址居住的是内地来的移民，他们带来了传统的冶铸技术和生活方式，虽然入境随俗，有所变异，但基本上形成了与周围民族环境不同的社团聚落。其居住方式、出土的云纹瓦当、绳纹板瓦等建筑材料与汉蜀郡首府成都、京师长安、洛阳等地出土物相似，而与西南夷居“石室”、“碉房”或“土墙板瓦”大相径庭，使用的器具：铁臿为蜀郡产品，铜镜为内地产品，罐钵盆甑等陶器与成都地区出土同类器相近。而与西昌附近习见的汉代陶器不相同⑨。埋葬礼俗；券顶砖室墓与洛阳、成都等地相似，而与西昌地区邛都夷的大石墓、筰都夷的石棺墓毫无相同之处，随葬明器均为内地习见。

---

① 钱剑夫：《秦汉货币史稿》，湖北人民出版社，1986 年。

② 陕西省博物馆：《西安北郊新莽钱范窑址清理简报》，《文物》1959 年第 11 期。

③ 昭乌达盟文物工作站等：《辽宁宁城县黑城古城址王莽钱范作坊遗址的发现》，《文物》1977 年第 12 期；王儒林：《河南南阳发现汉代钱范》，《考古》1964 年第 11 期；金槐：《河南邓县发现一处汉代铸钱遗址》，《文物》1963 年第 12 期。

④ 汪宁生：《云南考古》，云南人民出版社，1980 年；王洪明：《山东海阳出土“大泉五十”钱范》，《文物》1990 年第 5 期。

⑤ 杨凤翔：《河南商水发现“货泉”铜范》，《考古》1989 年第 11 期；程景洲：《河南平舆发现新莽时期的钱币及铸范》，《考古》1990 年第 2 期；周荣：《甘肃崇信出土“货泉”铜母范》，《文物》1989 年第 5 期。

⑥ 丁福保：《古钱大辞典》下编“货泉”钱范七、十四等。

⑦ 钱剑夫：《秦汉货币史稿》，湖北人民出版社，1986 年。

⑧ 王海航：《石家庄市发现东汉五铢钱范》，《文物》1979 年第 3 期。

⑨ 参见《四川西昌一号墓发掘简报》，《考古学集刊》1983 年第 3 集。

冶铸技术与产品：冶炼用的竖炉（Ⅰ、Ⅲ型）底部的“风沟”与湖北铜绿山遗址炼炉的技术相似，带保温层的竖穴炉似在此基础上发展而来；翻陶范用的“货泉”、“五铢”钱范盒与内地相同；带有郡名、编号的铜锭，很可能是向中央或外郡缴输的产品。总之，有理由认为东坪遗址是汉移民的聚落遗迹。

（此次发掘得到西昌市人民政府、四川大学各部门、黄联关区镇政府的大力支持，深表谢忱。参加发掘整理的有：林向、高大伦、张正宁、李映福、夏学华、马玉屏及四川大学历史系考古86级全体同学。）

（原载《文物》1994年9期，与张正宁合署执笔）

1964年成都附近四县考古调查追记

1964年4月，吾四川大学历史系考古专门化60级学生的田野实习在成都附近四县进行考古调查，当年参加带队指导的教师分别是：杨建芳（双流）、马继贤（彭县）、宋治民（温江）、林向（郫县），从4月6日至18日历时两周，虽然因时间短促，各县只走了部分地点，但还是有所发现。据笔者手记共发现新石器地点1处、大石遗迹3处、古城址6处、夯土建址1处、古墓群19处、窑址2处。事后，笔者受考古教研组主任冯汉骥教授之命，对调查结果进行综合整理、草拟调查报告。因为种种原因，其中只有双流牧马山窑址与郫县横山子窑群，笔者已予报道①，其余各项均未刊布。迄今已时过三十余载，人事变迁，学生星散②，而当年大家所做的田野工作不应被泯没。尤其是近年来成都近郊环境变化捷钜，许多古代遗迹已难以观察，而成都平原古城址、古遗迹的调查研究又正在引起海内外学术界的日益重视，将成为继"七五"期间十大考古发现的三星堆遗址发掘后的又一考古学术热点。近来不断有同行学者前来垂询，故有必要旧事重提，笔者有感于此，自认有责任公布手边的这批资料。当然，由于时过境迁，十年动乱中资料亦有散失，很多记录图照已缺佚，手边只剩当年草稿，也已残损不全，笔者只能现加修润，一并刊布，讹误遗漏责在笔者一人。如果拙文能有助于后来者的继续登陟而取得更大的收获，相信是我们当年四位指导教师共同的一片诚意与愿望。

一、新石器地点

双流维新乡松林槽，是牧马山土岗的西段北麓，在方圆数十米的地面上发现磨制石斧4件。其一基本完整，窄顶宽弧刃，横断面呈椭圆形，弧刃微有崩缺，长10.5厘米、刃宽5.6厘米、厚2.9厘米（图一，5）。其二为残石斧，宽弧刃崩缺，横断面呈梭形，齐腰折断，应是当年使用致残，残长12厘米、刃宽9.8厘米、厚2.8厘米（图一，6）。另2件是残坏的石斧顶部，均用页岩磨制，风化较甚，表明此处水土流失严重，暴露地表甚久，附近没有发现陶片和文化层，但已表明在成都平原周围高地的老黄土（或网纹红土）丘埂上，应有新石器时代遗存存在。

---

① 林向：《成都附近古窑址调查纪略》，《文物》1966年第2期。

② 参见四川联大历史系考古教研室编：《四川大学考古专业三十五年》。按：1960级校友名录误为10名，记得当年分组情况是：双流——陈光模、张世昌；彭县——刘章霖、李春阳、宋邦君；温江——李永隆、孙传松、沈正刚；郫县——邓永贵、任泽忠、黎大淮。应为11名，这段历史值得珍惜，衷心希望60级校友能恢复与母校联系。

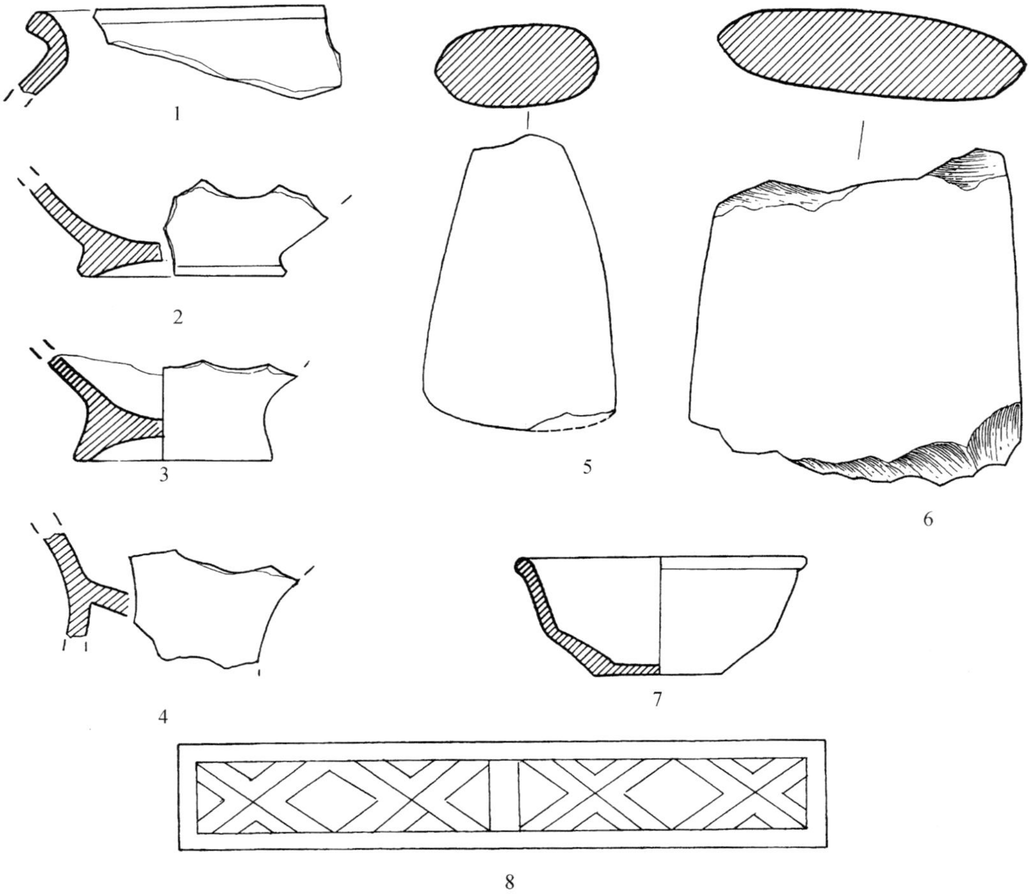

图一　成都四县调查遗物
1～4、7. 郫县杜鹃城　5、6. 双流松林槽　8. 郫县古城

二、大石文化遗迹

在彭县东境竹瓦、濛阳一带发现了可能属于大石文化的遗迹3处，调查时已经残缺不全，经踏勘访问可知情况如下：

（1）五块石。在彭县竹瓦场东三里成汶铁路侧，原有东西向单行排列的大石6块，每块大石的间距约1米，其中5块为圆形，直径在2米左右，据说每块大石上可坐4～5人乘凉，故称“五块石”，1959年修建成汶铁路时被炸毁，剩下最东面的1块为方形砂岩，露在土上的边长约1米，这很可能是列石遗迹。

（2）白鹤蛋。在彭县濛阳镇东北约一里许。有一高地形似白鹤，上有历代墓葬，在高地土边有块圆形砂岩大石，出露直径约60厘米，故称“白鹤蛋”，中间有一凹槽。因在路边，自古以来人踩车碾不见损伤，乡人颇以为神奇。

（3）圆石。在彭县濛阳镇西北2里，石质灰白坚硬，出露直径在50厘米以上，过去曾在圆石旁建庙供奉，常有乡人前来烧香求子，声称“灵验”。

成都平原是冲积沃土，中心地区表面绝无岩石出露，所以这些来路不明的巨大石块，特引人注意，颇为神奇。1938年冯汉骥先生首次在成都附近作过专题调查，并提出属于大石文化①，后来又有学者在川西各县调查陆续有所发现②，但均无人提到彭县境内有无大石文化的问题。既然认为大石文化可能与古蜀文明有关，这一带靠近三星堆遗址群（或曰古蜀都城），直线距离不过数千米。竹瓦场附近又两次发现古蜀文化的铜器窖藏③。因此，是十分值得注意的。

三、古　城　址

这次调查了郫县的杜鹃城、古城；温江的鱼凫城；彭县的九陇县、濛阳县和安国故城等6座古代城址，择要简报如下：

（1）杜鹃城。在郫县城关北面，成灌公路以北约500米处。清同治《重修郫县志》载：“杜鹃城在县北郊，扬雄蜀纪：杜主代鱼凫王蜀，徙都于郫，即杜鹃城也。”此处原有明万历年建的“古杜鹃城”石坊，已拆毁仅有残迹。踏勘发现有东西向土埂，长约400米、宽3米、高6米，南面呈斜坡，北面有小河，面河有高4～8米的断坎，未见到夯筑痕迹，积土中杂有小砾石，未找到文化遗物。隔河另一高地为江西移民坟地，俗称“江西坟”，从“江西坟”南望土埂酷似城墙，当然也有可能原为一相连高地，后被小河（灌溉渠）切开，南边残留部分若土埂状。

但在土埂西端土坎上，发现被挖残的袋形烧土坑的剖面，坑开在生土中，坑口在农耕土下，高约1.5米、口径1.9米、底径2.3米，内壁有厚约5厘米的草拌泥，已烧成青灰色，平滑坚硬，烧土无明显外界，土色由灰转褐最厚处约30厘米，坑内外均未找到文化遗物。这也可能是古代陶窑遗迹。

在土埂西端以南约30米的农户高家院子附近的取土坑内，在离地表90厘米处，发现若干陶片，其中有一件汉代夹砂灰陶平底钵（图一，7），可见此处有被破坏的汉代遗存。

在土埂东段以南约120米的田间肥料坑的西北角，地表下1.25米处，发现被打破的早期灰坑，坑内填满黄灰土，出土大量早期陶片，全为夹砂红褐陶，器形可辨的有罐口、矮圈足及豆把（图一，1～4）。按：这些零星标本可与广汉三星堆、成都十二桥等

---

① 冯汉骥：《成都平原之大石文化遗迹》，《华西边疆学会杂志》第16卷，1945年，第15～22页。

② 郑德坤：《四川古代文化史》第三章，华西大学博物馆印行，1946年。

③ 《记四川鼓县竹瓦街出土的铜器》，《文物》1961年第11期；《四川彭县西周窖藏铜器》，《考古》1981年第6期。

遗址出土的同类器物相比较，当属古蜀文化的遗存①。

由此可知：杜鹃城墙有待进一步的发掘证明。而此为一古蜀文化遗址则确有可能，史称“杜宇都郫说”或非空穴来风。

（2）古城。在郫县北面，从古城乡马街场沿通往彭县的公路北行百余米，两侧即为古城遗址。清嘉庆《郫县志》载：“古城在县北廿里，城基尚存。国初农民掘得石碑：有马镇两字，年代磨灭不可考。今之马街因马镇而名之也。”城址呈不规则长梯形，城墙周长约2158米、墙基宽在14～27米，保存较好的北墙高约5.6米，长约591米；南墙被毁尚可见墙基，长约654米；东墙约长388米；西墙约长525米，在东西墙各有缺口2处，宽20～38米，现为沟渠道路通过，是否原为城门缺口无法判断，而北墙完整无城门缺口则可肯定。在西墙北端新开的断面上可以清楚地看到夯筑痕迹，夯层厚14～15厘米。土质即当地含小砾石的黏土，两层夯土之间均夹有2厘米左右的沙层，可见夯筑技术甚为进步。

城墙上已建有现代民居24处，其余已开成菜地。城内有民居院落7处，土地面积约300余亩，也已辟为旱作农田，作物生长好坏不一，意味地下堆积物不同，总的讲西半部优于东半部。从北墙中段实测，发现城内地面较城外地面约低90厘米，不排斥从城内取土筑墙的可能，城外未发现沟壕。城内地面未找到古代建筑痕迹，据当地农民反映：过去曾在城内西北角犁田时翻出“街沿石”（条石）和水沟、石板等。

据称古老相传：此城乃诸葛亮征“蛮夷”时为屯养军马而筑、考虑到城墙夯筑方法的进步，此处又正当通往彭县西山一带的要冲，此说似有可能。但在调查东墙上张姓农民房前地坝时，清理出一长方形砖室墓残底，长方形墓砖一侧有菱形花纹（图一，8），墓底残陶片可辨的有俑、鸡、房等，残陶器上粘有云母片，陶房上有涂硃痕迹。据此，古城的废弃年代可能在三国前后，故其始建年代应较三国为早。

（3）鱼凫城。在温江清平，温郫公路南北纵贯城址，乡民称“古城埂”，民国《温江县志》载：“今温江城北十二里有鱼凫城遗址，相传为鱼凫王所建。”调查时城墙圈基本上出露田野，最高处2.9米，基宽约13米，顶宽约10米，尚存1810米，其中1300余米保存较好，平面围成不规则长方形（或近椭圆形）的城址。西北角有砖瓦窑，窑后为报恩寺，城墙上压有多处汉墓，已被破坏，采集到东汉五铢钱与几何花纹汉砖。此城废弃年代较早。1993年笔者偕研究生施劲松和谷雨等前往踏勘，城墙依旧，而墙上建筑物增多，在砖瓦窑附近挖开城墙的断坎处拾得早期陶片若干，初步观察与三星堆遗址出土物相似，标本归温江县文管所收藏，可见此为一古蜀文化的城址极为可能。

另外，还调查了唐宋彭州沽九陇县故城，在彭县城关南郊，有残墙一段约长400米，高3米、底宽20米、夯层厚0.2～0.7米。唐宋濛阳县故城，在彭县濛阳镇西北一

---

① 矮圈足与三星堆遗址出土相似，见《考古学报》1987年第2期第245页图一五，3；又见于成都十二桥遗址，见《文物》1987年第12期第15页图三〇，4。高把豆见于三星堆遗址，如上述《考古学报》第240页图一三，16。

里，俗称“鬼门关”，城墙隐约可见，有很厚的唐宋陶片堆积。宋安国故城，在彭县军屯镇西北约一里，城墙西北角犹存，北墙残长 50 米、西墙残长 40 米，地面有唐宋陶片。

四、夯土基址

在成都平原上有许多拔地而起的大土堆，在平坦的田野中尤其注目，往往被称为“××山”、“××包”或“××台”等，其实都应属古代文化遗存。在四县境内经调查的可分为三类：大多数为汉代及以后的墓葬群，东汉末至魏晋间的砖室墓封土特大（说详下节）；有些则是古窑址（参见《文物》1966 年第 2 期）；有的则可能是古代夯土建筑基址。

郫县犀浦镇东北约 2 里许的兰家山坡，为一台形高地，高约 8 米，直径约 40 米，平顶上已辟为麦地，在西面新挖出的断坎上、可以清楚地看到夯筑的痕迹，夯层厚 17～20 厘米，夯窝可测者有 7、8 厘米两种。从 1958 年开始从土堆取土、在堆上挖开许多“花砖墓”，调查时地表尚见许多几何花纹砖，都属于东汉至魏晋间入葬的砖室墓，当时正在从地平面向土堆中心开挖，已去掉土堆体量的一半以上，土堆里面并无任何墓葬痕迹，故有理由认为堆上那些汉以后的墓葬都是在夯土基址废弃之后才入葬的，考虑到此处去成都北郊羊子山土台基址不远，两者情况相似①，因此所谓的兰家山坡很可能是汉以前的另一处古代夯土台形基址，值得注意。

五、古墓葬群

四县境内共调查了 19 处。多数为大土堆下有一个或一组东汉砖室墓，在封土上有历代墓葬叠压，因此堆积物愈见庞大，被后世附会了许多名目。在郫县有“何武墓”、望丛祠、宋家山、娃娃山、阊家祠、君平读书台等。在彭县有大墓山、小墓山、莲花台、高堆子、钟坪院等。在温江有柏灌山、“鱼凫王墓”、小墓山、浅山包等。在双流有大坟包、应天寺、白塔寺等等。

这些墓群大部分已被破坏暴露。如郫县第二中学内的“何武墓”，其东端已被暴露，为 4 座一组的几何花纹砖室墓的墓门，当然不会是西汉墓葬。望丛祠的“丛帝陵”封土堆侧边也露出几何花纹砖的券拱，并采集到陶俑头、鸡、五铢钱等。彭县义和乡莲花台墓群散落的几何花纹砖极为丰富，有钱纹、菱形纹和画像砖等，并采集到 2 块画像砖，均为长方形（43 厘米×25 厘米×6 厘米），题材可见。一为西王母图，一为杂技图，而画面略有不同。温江寿安的柏灌山，乡人又称“八卦山”，传为蜀王柏灌墓，调查时封土高 4 米，已被挖开，出土几何花纹砖，五铢钱等，并被取出一扇石门，长 165

① 《成都羊子山土台遗址清理报告》，《考古学报》1957 年第 4 期。

厘米、宽 73 厘米、厚 6 厘米，在罗家院子西南沟上作桥。“鱼凫王墓”在温江寿安，距县治 33 里，封土高 5 米余，已挖出几何花纹砖，东端已见石门。笔者等于 1993 年踏勘时，此处封土已平，从附近乡民院中觅得汉墓石门一扇，归双流县文管所。

另外。在双流维新乡牧马山西段的北麓，从二仙洞至望山堉一带因开灌溉渠破坏了一大批崖墓，暴露大小崖墓洞口 149 个，有单室墓也有复室墓，有的还有瓦棺、石函等，有的被积土填塞，未便清理。

总之，这些墓葬群的时代，大致以东汉三国至魏晋间为主，当时中原战乱，富豪多来避于蜀，加之当时地方经济有长足发展，世俗风尚讲究厚葬，故成都平原上“高坟瓦椁”比比皆是，这正是“蜀土富厚，时俗奢侈，婚姻葬送，倾家竭产”① 的历史见证。

（原载《四川大学考古专业创建三十五周年纪念文集》，四川大学出版社，1998 年）

① 《三国志·蜀志·董和传》。

（二）考古文物论丛

大石墓的族属问题

——巴蜀西南徼外的邛人墓葬

这种在四川西南——安宁河流域首先发现的，以大石建造的石室墓，以其具有特征性的文化面貌而引人注意。首先在民族史的研究上，应属哪一种古代民族的遗存呢？目前大体有三种意见：邛人说①，濮族系统的邛人说②，笮人说③。笔者以为后两说虽有所据，目前看来，不如邛人说为长。本文拟着重从大石墓的文化内涵及其相互关系上进行探讨。

一、名称、分布、特征与年代

这种以大石建造的石室墓，最早记载是20世纪40年代庄学本在冕宁的发现，叫“石墓”，他说：“冕宁县中左千户所后面有石墓，形如几，系一大石棚置放竖石上。乡人呼之曰‘么些坟’。”1946年，郑德坤将其归入“大石文化”的“墓石遗迹”④。

20世纪50年代，鲍文熙⑤、徐知良⑥等人所论也就是根据庄学本的发现。

20世纪70年代初，在冕宁清理了一座，被称为“三块石大墓葬”。⑦

1975年3~5月，四川省金沙江渡口西昌段安宁河流域联合考古队在安宁河谷两岸广为发现后，笔者在《四川省金沙江安宁河流域考古调查简报》（1975年5月）中⑧，始以“大石墓”命名。同时在西昌坝河堡子正式发掘了一座，1976年，《考古》第5期发表发掘简报后，“大石墓”一名遂为人知，到现在发现的大石墓估计近百座，已发表的发掘资料约40座（附表）。本文即根据这些资料，进行分析。

大石墓的共同特征是：在地面以块石垒成墓室、墓道（巷道或阶梯），上盖平列的

---

① 四川省金沙江渡口西昌段安宁河流域联合考古队：《西昌坝河堡子大石墓发掘简报》，《考古》1976年第5期。

② 童恩正：《四川西南地区大石墓族属试探》，《考古》1978年第5期。

③ 唐嘉弘：《试论四川西南地区石墓的族属》，《考古》1979年第5期。

④ 郑德坤：《四川古代文化史》，第三章第二节，华西大学博物馆印行，1946年。

⑤ 鲍文熙：《川康史前大石文化遗址的检讨》《中国考古》1950年第1期，上海美术出版社出版。

⑥ 徐知良：《中国的巨石文化与石棺墓介绍》，《人文科学杂志》1958年第2期。

⑦ 西昌地区博物馆、冕宁县文化局：《冕宁县三块石大墓葬清理发掘简报》，《凉山彝族奴隶制研究》1978年第2期。

⑧ 参见本书《1975年金沙江安宁河流域考古调查记略》。

大石块为顶。石块巨大，轻过千斤，重过万斤，一般平列 3～7 块。墓穴形制依其墓道情况可分为三种情况：长方形（一端开墓门或有象征性短墓道）；狭长方形（墓室狭长，一端有狭长的墓道）；丁字形（墓室较宽，墓道在一边的中间）（图一）。外有复勺状（或叫“蝌蚪状”）封土堆。后面有逶迤较长的缓坡（或叫“尾巴”，是建造中作为拖运巨大盖石的滑道）。前面是八字形的石墙，中间有可开合的墓道口，平时以石块封塞。封土堆前不远竖独石为碑。因此，无论从墓室的大石结构或大石崇拜而言，它们都与其他“石墓”不相类同，所以用“大石墓”命名，是比较贴切的。

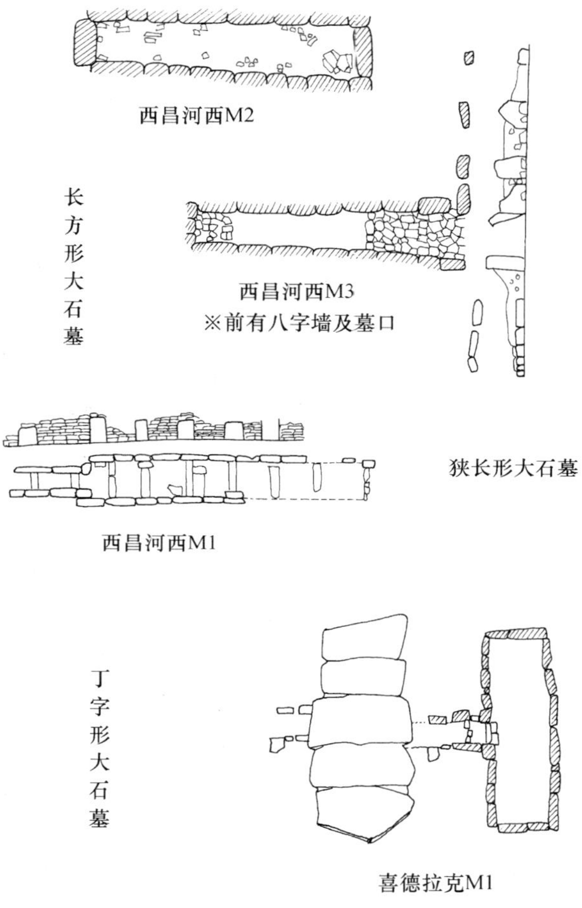

图一　大石墓形制图

其葬法的特点是：一墓多次丛葬，即按血缘关系男女老幼同穴，并无棺椁，亦无分隔，多次打开墓门入葬。入葬者行先殡后葬，骨架略有凌乱，而死者佩带的装饰品犹在原来位置，可见不是“洗骨葬”或“拣骨葬”。从人骨蜷曲的情况看，可能曾用皮条等物捆扎入内。每次开墓入葬时要点火照明或举行某种仪式，往往焚及陈尸（已多处发现未烬的火把和烧灼的残骨或部分已成为灰烬），故不能肯定有火葬。随葬品稀少，一般只有随身佩带的装饰品。早期多随葬陶器、晚期多随葬金属制品。

大石墓的分布：往西——雅砻江流域未见正式报告；往东——大、小凉山均不见踪迹；往北——却有线索可寻：①在大渡河上汉源石棉间有大石墓的残迹。1979年夏笔者从事地震考古调查过此，得见铜镞、管珠和大量的陶器圈足，均为大石墓所常见，据称出于“石墓”；②在岷江上游支流杂谷脑河畔，理县桃坪西沟的山坳里。1964年，笔者调查发掘石棺葬时，发现半截大石墓，顶盖大石，墓室用块石垒成，出有黑皮陶钵，圈足内有戳记，文似“雒”字。往南——也有线索可导：①云南姚安黄牛山发现残墓；②紧邻姚安的祥云禾甸也发现块石垒成的石室墓但与安宁河的大石墓区别很大①。这些线索，目前暂不得其详，但有两点可以肯定：第一，扩大了大石墓的分布范围，指出了向南北寻找的可能性；第二，到现在为止，未能改变大石墓的分布以安宁河流域为集中的意见。

大石墓的断代以春秋战国至西汉为准，晚的可能进入东汉。长方形墓室，在西昌礼州陈远九队发现长方形大石墓打破新石器时代遗址②，类似打破关系在西昌樟木、德昌果园都有发现。普格小兴场AMl和BM2出土人骨的碳十四测定年代分别为距今2400±75年和2400±85年，即相当于中原的春秋占国之际③。狭长形墓室曾出汉文帝四铢半两和鼻纽覆斗状汉式印章（见喜德拉克M8）；丁字形墓室曾出汉宣帝五铢钱（见拉克M1），其年代大概与此相当。最晚的要数喜德轱辘桥M1出土新莽“大泉五十”④，则下限可能进入东汉。

二、文化内涵

大石墓的随葬品本已贫乏，加以保存不好，所得更少。除出土少量陶器外，绝大部分是小件装饰品，要凭这些遗物来全面研究其文化内涵，显然不够，但是，目前只好如此。试述三点：

1. 随葬的器物群（或组合）

石制工具很少，并无特色。如通体磨光长梯形的锛形石凿、叶形片状石镞、长方形直刃石刀、半月形直刃石刀、打制的盘状砍砸器等都为周围新石器文化的遗存中所常见。条形砺石的存在，是进入青铜文化的反映。

铜器有特点。如铜镞有四种。剑有三种，镂空兽首铜柄铁剑、镂空茎无格铜剑、鞍形首铜短剑。常见的铜器是弧背直刃的铜削，其中以双柄有鱼纹的为特色。还有窄叶长骹方形穿的矛。另外，还发现残铁器，可能是削。

---

① 参看张增祺：《西南地区的“大石墓”及其族属问题》，《考古》1987年第3期。

② 西昌礼州新石器时代遗址与云南元谋大墩子新石器时代遗址相似，后者的^{14}C测定年代为距今3210±90年。参阅云南省博物馆：《元谋大墩子新石器时代遗址》，《考古学报》1977年第1期。

③ 《放射性碳素测定年代报告（一二）》，《考古》1985年第7期。

④ 《四川喜德县清理一座大石墓》，《考古》1987年第3期。

陶容器发现的种类不多，以喇叭口尖底、小平底或圈足带流的壶、侈口圆肩小平底或圈足的四系罐，三耳的圈足尊、多耳平底杯为特有的器物。还有侈口折壁的单耳罐和双耳罐（分高领矮领两种）、侈口斜肩罐、圈足尊、器身粗壮的觚、圈足杯等。另外，有算珠状或圆饼形折棱的纺轮和网坠。

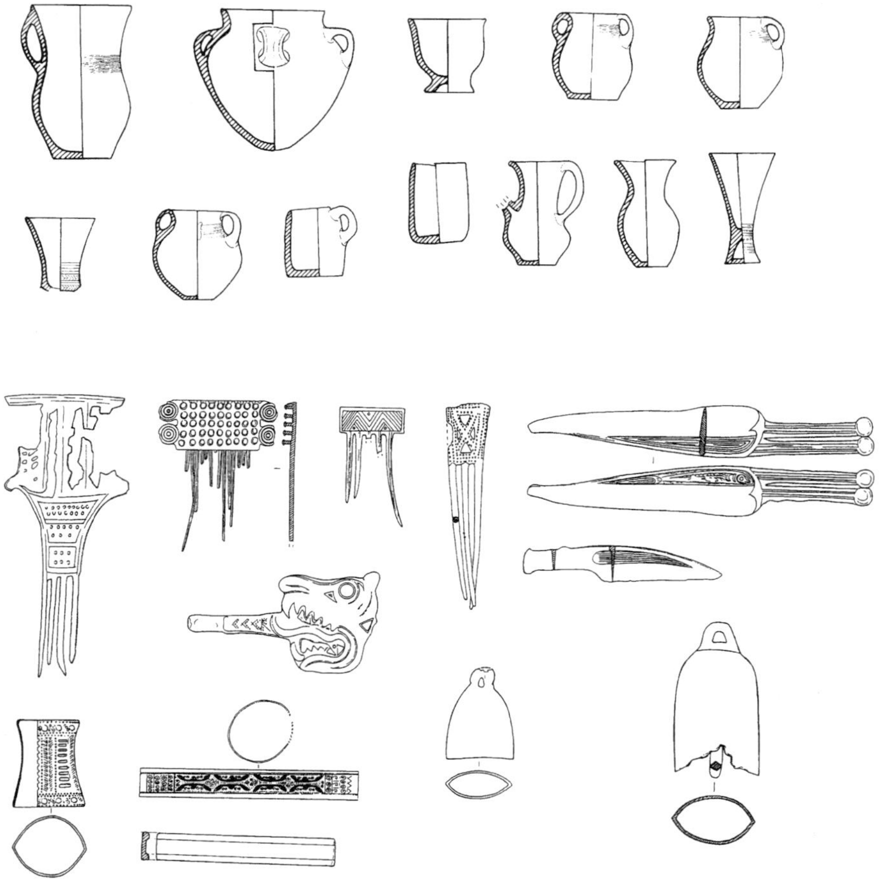

图二　大石墓出土器物图

（上）陶器：罐、觚、壶、簋

（下）铜器：钗、臂鞲、镯、削、铃、虎头饰

装饰品形制各异又富特色。尤以各式镂花牌首铜发钗、四棱形铜笄、骨簪头饰；金片（或铜片）“6”形耳环、骨制的块形耳环等耳饰；铜片或铜条卷成的手镯（也有银片卷成的手镯），铜条卷成的指环、镂孔的铜臂饰①等颇具特色。还有玉、骨、烧料制的环珠或管珠、双轮形铜饰等构成的串饰。铜、铁环饰，铜泡形饰和铜昆虫形饰物和骨制半圆形璜、纽钟形的小铜钟铃。

① 原报告误称“铜镂孔筒形器”，见《考古》1978 年第 2 期。

2. 制作技术的工艺情况

石器的打、磨、钻孔技术较高，而缺乏南方石器常见的琢制技术。另外，石器与铜器中的刃器都是平刃，而南方流行的是弧刃。

制铜器的技术不高，多数铜器是用自然合金铜锤延成薄片或细条后再卷成器的；如镞、环、镯等都是，小型青铜器是用单面范，或简单的合范铸成的。缕孔茎铜剑、铜柄铁剑和少量的铁器，可能不是本地制造。金银首饰显然罕见。

制陶技术以手制（泥条盘筑，捏制）为主，或有转盘式慢轮修整，制坯时底部衬以树叶，烧成后底部留有叶脉纹比较常见。从折壁、附耳、附流、圈足接底等看，一器分部制后黏合。陶色以红褐色为主，斑驳不一，质地疏松易碎，可能是露天烧制的。前期以夹砂红褐陶为多，后期多挂陶衣的泥质红陶和黑皮陶。表面装饰以素面为多，纹饰以弦纹和刻画纹为主，亦有捺印的方格纹。刻画纹以横人字纹、斜线纹和圆点纹为常见。陶器的基本形态：侈口无唇、有领、圆肩、鼓腹，以平底（包括小平底）为主，圈足也多见（圈足较小，接在圆底上，与云南大墩子的不一样），也有尖底器。

3. 社会生活的状况

墓主人生前以种水稻为主要生产部门，如西昌坝河堡子 M1、河西 M3 均有稻谷印痕。兼营捕鱼、射猎和采集。有陶纺轮和丝织品说明已能织造多种织物，据冕宁三块石大石墓出土丝织品观察经紧纬松，似腰机投梭织成。营聚邑定居的生活，行族葬制度，可能一墓一家族，一墓地一氏族。一墓地往往有墓若干，每个墓又需费巨大的劳动才能修成，墓成后又需几代人才能归葬完毕，虽然已发现的墓室均未装满，但多的已过百余具人骨（如坝河堡子 M1）。可见，在人口稀少的古代，需要定居相当长的时期才能造成这种大石墓的遗迹现象。从西昌西部 M1 来看，随葬品尤其丰富，又有金银首饰、铜剑、陶壶、觚、尊等酒器随葬，可能意味着贫富分化的部落贵族——邑侯的出现。有大石崇拜的习俗。束发椎髻。铁器可能是外来的，大约是以物换物的初级商业。少量的外来货币（四铢半两、五铢钱），主要用于装饰或作为财富、权力的象征。

结合上述：可见这是一种处于铁器时代的少数族部落的青铜文化，是长期定居的土著人民，有自己的相对稳定的文化特征，而又受到附近先进文化的强烈影响。

三、文化关系

为了弄清大石墓文化与其他古文化的关系，要把它放在“横断山地区”，相当于中原东周、秦汉之际这样的时空条件下来考虑。

首先可以指出一个有趣的现象，这一带的古文化遗存与山脉水流的走向一致，也呈南北向的条带分布。例如，今凉山彝族自治州地面的战国秦汉间古代居民的葬俗，大致可分为东、中、西三条线：西线——雅砻江流域（木里、盐源、盐边）的是石棺葬和土坑墓。

中线——安宁河流域（冕宁、西昌、德昌、米易）是大石墓。东线——大凉山区（以昭觉为代表）的石板墓。虽然也略有交错，但基本上可以说是“泾渭分明”，东西之间各不相同，而各自却南北绵延。如大石墓虽以安宁河为集中，但北可能到大渡河以北，南到云南境内。石棺葬的分布，更是北抵岷江、金沙江上游，南到滇西北德钦山区。有力地证明了横断山脉的确存在一条古代民族南北移动的“民族走廊”这样一个基本事实。

现在我们对大石墓的各种文化因素作一次综合的“定向”分析以便于说明问题。

大石墓的文化因素可能来自北方的有：①长方形直刃石刀、盘状砍砸器、长梯形锛式石凿、算珠状的纺轮等与黄河中上游新石器时代遗址遗物相似；②高领折壁的单耳罐、双耳罐与甘青地区的齐家文化、岷江上游的石棺葬遗物相同；③弧背直刃铜削、双翼倒刺和三棱形铜镞、陶觚、圈足尊等均为中原所常见①；④鞍形首短剑、铜柄铁剑、窄叶铜矛、铜臂饰、环珠与管珠同于岷江中上游的石棺葬②；⑤陶器的小平底器、虎头带钩、丝织品、大石崇拜则明显的与巴蜀文化有关，但又并非属于巴蜀文化的系统；⑥特别是块石砌筑技术，更应来自北方，至今还是甘南、川西北羌族的绝技，而且自汉代以来人们把川西北的垒石碉房叫做“邛笼”③ 绝非偶然。

大石墓的文化因素与南方（云贵及当地）的文化有关系的有：①叶形片状石镞、侈口斜肩罐与元谋大墩子新石器时代遗物一样④；②镂孔茎无格剑、环饰和手镯也同于云南青铜文化；③陶器上的划纹、器底叶脉印痕和横人字纹、圈足器等都是南方所常见；④尤其是水稻更是江南新石器时代以来的主食。

可见，大石墓的文化因素更接近于北方，指出大石墓与石棺葬的有某种亲属关系，应该说是正确的。大石墓的文化因素又是继承了本地区的新石器时代文化。大石墓出土的全部石器、手制的红褐色粗陶、泥质红陶和黑皮陶、陶器底的叶脉纹、捏制的小陶杯等日用器皿都是当地新石器文化所常见。众所周知，在青铜文化时期，人们日常使用的器具，基本上与新石器时代相仿，只是大石墓随葬品不多，未能一一指明其继承关系而已。

四、族属的推测

目前要肯定其族属还比较困难。因为：①至今主要在安宁河流域作了发掘，云南的发现颇为不同，当另行研究，且多数较残，有待于科学地解剖几个保存较好的墓；②没有找到确实与之相应的居住遗址。1975 年，我们在西昌南、马鞍堡铁路隧道南口的横南山，发

① 以上可参阅《新中国考古收获》，文物出版社，1959 年，第 13、23、43 ~ 59 页；川大考古教研室：《川西理县汶川考古调查简报》，《考古》1965 年第 4 期。

② 冯汉骥、童恩正：《岷汉上游的石棺葬》，《考古学报》1973 年第 2 期。

③ 《后汉书 · 西南夷列传》：“冉駹夷者，武帝所开，元鼎六年，以为汶山郡……众皆依山居止，累石为室，高者至十余丈，为邛笼。”李贤注曰：“按今彼土夷人呼为雕也。”

④ 见前引《元谋大墩子新石器遗址》，第 61 页图十二、图版拾：1，原报告称瓶。

现一种比礼州等地的新石器时代遗址稍晚的遗址，出土黑皮泥质陶和红褐色粗陶，有刻划纹、人字纹和圆点纹，出土的石刀也是半月形直刃的①。这类遗址可能还有，值得探索，或许能与大石墓挂上钩。我们认为寻找大石墓主人生前后居址，是解决其族属问题的关键之一。尽管如此，目前真要推测其族属，也还是有线索可寻。试说如下：

大石墓的年代是东周至秦汉。地域以西昌为中心，安宁河流域为集中。又能推定其是“椎结、耕田、有邑聚”。有这样三个前提，认为是邛人的遗存，恐不会错。文献上没有留下邛人的葬俗，考古资料足以补正。1978 年 10 月，我们试掘了西昌大坟堆汉代遗址，在由汉代卷云纹瓦当和绳纹版瓦所堆成的瓦砾层下有一层炭末灰烬，据中国社会科学院考古研究所碳十四实验室测定，距今约 2630 年，树轮校正年代为距今 2700 ± 205 年②即相当于中原春秋时期。在大坟堆汉代遗址周围就有早期文化层，出土石斧、石锛和红褐色粗陶片，圈足器等。与遗址中心相距不过二三百米即有大石墓的遗迹。由此再往西不过 2.5 公里，唐巂州土城内清理了西昌西郊 M1 大石墓（见图一，狭长形大石墓），可能是邛都国侯王家族的墓地。这片墓地一直沿用到东汉以后，距此不远曾发现汉无铭双阙，为九脊重檐庑殿式顶③，属于“神道阙”之类。有同志怀疑是邛都侯王而被封为地方长吏者的墓阙，这是可能的。《华阳国志 · 蜀志》载：“邛都县，（越巂）郡治，因邛邑名也”，因此我们曾推测：汉代的邛都县治，就可能设在这邛人聚邑的废墟上④，所以范晔讲：“邛都夷者，武帝所开，以为邛都县”是对的。但他又说：“无几而陷为汗泽，因名为邛池，南人以为邛河”，则可能是讹传。总之，邛人邑聚、邛都县址与周围的大石墓的分布相适应，那么大石墓可能是邛人的墓葬，更得一层证明。

有人认为：大石墓不是邛人的墓而是筰人的墓，我们以为可能性不大。邛、筰虽相邻却各有相对集中的聚居区。刘昭注《郡国志》引《华阳国志》佚文说：“邛崃山本名邛筰，故邛人筰人界也。”两者是有界线的。邛人在东：临邛（今邛崃）“本有邛民”，阑县（今越西、甘洛间）“故邛人邑”，邛都（今西昌东南）“因邛邑名也”。筰人在西：“筰都夷者，武帝所开，以为筰都县……元鼎六年以为沈黎郡（今汉源境）。”⑤ 在越巂郡内亦有筰人，主要在西部雅砻江上，如定筰（今盐源境）、大筰（今盐边境），筰秦（一般认为在今冕宁西金矿一带），正与常璩说的“汉嘉、越巂曰筰”相合。可见邛、筰的聚居区是分开的，大石墓的主要分布区正好在邛人聚居范围内。在筰人界内，间或会有邛人的遗迹，例如上文所述大渡河以北可能有大石墓，同样的，在邛人界内也会有筰人的遗存，只是我们还不认识而已。但各有相对的集中分布是无疑的。若把安宁河上下如此密集众多的大石墓，统统称作筰人的遗存，那么邛人的遗存反要到筰人聚居的西边去寻找，这恐与事理不合吧！

---

① 参见本书《1975 年金沙江安宁河流域考古调查记略》。

② 中国科学院考古研究所实验室：《标本年代测定结果》1979 年 7 月，实验室编号：ZK-629。

③ 见本书《1975 年金沙江安宁河流域考古调查记略》。

④ 林向：《邛海地陷辨》，《四川大学学报》（哲学社会科学版）1977 年第 4 期。

⑤ 《后汉书 · 西南夷列传》。

再则邛人“椎髻”，筰人“披发”。大石墓出土如此大量的钗、笄等束发用的寻饰，安在邛人椎髻的头上恐比安在筰人披发的头上更加相宜。

但是，把邛人称作“濮族系统的一支”，也未免牵强。理由有三条：①濮族在殷周间为江汉一大族群，既说他们在春秋时受楚人逼迫向西南迁移，甚至到了安宁河地区①，那么为什么找不到大石墓的遗物与江汉楚文化有关系的痕迹呢？从江汉到安宁河间隔数千里，却没有春秋战国的大石墓遗存，怎能说明“营造大石墓的江汉濮族”迁移的脉络呢？②如果说是西南的濮（僰），也难以成立。古人事死如事生。阴间生活是阳间生活的继续。而濮（僰）人有营干栏树居的习俗。《太平寰宇记》引《九州要记》说濮人“在（越嶲）郡界千里，常居木上作室，有尾长三寸，若损尾立死，欲地上居，则预窟穴以安尾”。晋宁石寨山墓葬出土铜器，有这种“有尾人”的形象②。这种生人居杆栏的习俗与垒石作墓以置死者的习俗未免相差太远，而顾亭林记濮人行火葬③，也是值得注意的情况；③说者均引《华阳国志·蜀志》：“会无县。路通宁州，渡泸得住（堂）狼县。故濮人邑也，今有濮人冢，冢不闭户，其穴多有碧珠，人不可取，取之不祥。”以为此乃“大石墓等于濮人冢”的铁证。然笔者细读此文，颇生疑问。冢不闭户，不等于是大石墓，如果是土坎上的石棺葬，或者崖上的悬棺葬其一端暴露，也可描写成“冢不闭户”的。1964 年，笔者在理县汶川一带发掘石棺葬，在土坎上露出半截石棺葬，黑洞洞的恰似“冢不闭户”。碧珠之类更是古墓常见之物，两者是不能画等号的。而且，大石墓顺安宁河迤南而下，往东在会理（会无）未见其踪迹，倒发现过不少土坑墓④。总之，大石墓尚难说是濮族之遗物。如果以后有新资料，再来讨论不会迟的。

有人讲邛、筰中有一部分是古代氐羌人，并引纪昀说，以为筰都乃牦牛种越嶲羌部的中心⑤。笔者以也为邛人即建造大石墓的邛人也可能是氐羌人中的一支。在西、东周之间到达这里，与当地处于石器时代的土著居民相结合。而形成了新的人们共同体，创造了大石墓为代表的青铜文化。所以既保留了大量西北文化的因素，又接受了南方的经济生活和某些习俗，如种植稻谷等。由于进入川滇西部山地的氐与羌人分支很多，时代相隔，文化各生变异，故邛人的文化面貌不同于巴蜀文化与石棺葬文化也是情理之中。可以这样说：大石墓乃是东周秦汉时期巴蜀西南徼外的邛人的墓葬。

诚然，古来各族间的分合、同化是层出不穷的，可以说是你中有我，我中有你，很难确指某古族即今某族的直接祖先，我们这里讨论的是构成这个“族”的面貌的文化因素的归属问题。从这个意义上讲，要把文化因素更多地与西北方关系密切的大石墓，划到属于南方的濮族系统中去，未必妥当，这就是本文的意见。

---

① 见前引《四川西南地区大石墓族属试探》。

② 汪宁生：《晋宁石寨山青铜器图录所见古代民族考》，《考古学报》1979 年第 4 期。

③ 《天下郡国利病书·云贵交趾备录》。

④ 见本书《1975 年金沙江安宁河流域考古调查记略》。

⑤ 李绍明：《关于凉山彝族来源问题》，《凉山彝族奴隶制研究》1978 年第 2 期。

附表　川西南大石墓清理一览表

序号	地点	墓号	资料索引
1	西昌巴河堡子	M1	考古 76.5
2～6	西昌巴河堡子	M2、M3、M4、M5、M6	考古 78.2
7～11	西昌河西	M1、M2、M3、M4、M5	同上
7～16	喜德拉克四合	M1、M5、M6、M7、M8	同上
17	冕宁三块石	M1	凉山彝族奴隶制研究 78.2
18、19	德昌果园	M1、M2	同上
20、21	米易弯丘	M1、M2	考古学集刊 81.1
22～26	普格小兴场	AM1、AM2 BM1、BM2、BM4	考古与文物 82.5
27	西昌西郊	M1	考古学集刊 83.3
28	西昌川兴小花山	M1	同上
29	西昌礼州中学	M2	同上
30	西昌关山	M4	考古 83.6
31～33	西昌燕家山	M1、M2、M3	同上
34	西昌袁家山	M1、M2、M3	同上
35	喜德拉克轱辘桥	M1	考古 87.3
36	西昌礼州陈远	M1	同上
37、38	米易挂榜	M1、M2	同上
39	西昌北山	M1	同上
40	西昌黄水塘	M1	同上

（原题《大石墓族属的再议》，载《凉山彝族的奴隶制研究》1980 年第 1 期）

四川唐宋塔初探

在明丽秀美的巴山蜀水之间，往往有高耸入云的古塔，成为名城古刹的标志。古塔不仅能登临眺览，旷人心神，赋诗入画，装点江山，成一方名胜；而且本身就是很好的历史文物，可供地方史、建筑、美术、宗教乃至于地震、水文等学科进行研究。可是，四川的古塔却一直不为外界所重视。历代的方志记述不详，甚至讹误百出；近代的研究者言必称唐代雁塔、辽金白塔、栖霞舍利、杭州六和等，于蜀中古塔却知道很少。20世纪二三十年代，日本的常盘大定和关野贞发表他们八次来中国所收集的佛教史迹，以其搜集之丰富，为人称道，但是于四川却只收广元千佛岩的佛塔浮雕①。前中国营造学社诸公对国内名塔曾作缜密的调查研究，唯独于四川直到四十年代才举宜宾旧州坝塔一例②，全国临解放前夕，为供解放军作战和接管时保护古建文物作参考，由清华大学和营造学社合编的《全国重要建筑文物简目》（1949 年），四川古塔只增加乐山凌云寺塔和大足北岩白塔两处③，未免令人遗憾。50 年代，四川省文物管理委员会进行地面文物调查，发现有塔 53 座，列名的 45 座，虽然多数是明清风水塔，这在古塔的文物保护工作上却是一次突破④。60 年代初，重庆建筑工程学院和四川省志文物志编辑组等又曾进行大量工作。可惜文化革命中在极左路线冲击下，实物破坏，资料散失，造成不可挽回的损失。

笔者近年来因承担地震考古任务，得以实地调查其中幸存之一部⑤，又在翻检资料中，偶有所见，觉得应该在前人工作的基础上，进一步对四川唐宋佛塔的断代、分类及其价值的初步估量，提供一些粗见。一则抛砖引玉，以冀引起有益的学术讨论，二则希望能引起有关方面的注意，保护并利用这笔文物遗产，使四川的古塔亦能“古为今用”。

一、隋唐的木塔

最早中国式的塔是木塔。作为佛教主要建筑物之一的塔，传自印度（梵名 Stūpa 或

---

① 初编入《支那佛教の史迹》，后收入《支那文化の史迹》；四川部分在第 10 辑，见第三图。

② 鲍鼎：《唐宋塔之初步分析》（中国营造学社汇刊六卷第四期，1937 年）列唐宋塔 86 座，无四川塔。首见莫宗江：《宜宾旧州坝白塔宋墓》（中国营造学社汇刊七卷第 2 期，1944 年）。

③ 《全国重要建筑文物简目》由清华大学和中国营造学杜合设的建筑研究所编，1949 年 6 月由华北高等教育委员会图书文物处印行。1950 年 5 月中央人民政府文化部文物局重印。见第 49 ~ 58 页。

④ 四川省文物管理委员会编：《四川文物简目提要》（油印本，1956 年）。

⑤ 据现知全川有唐宋塔约 20 座，我们调查了其中 15 座。

巴利文 Thūpa）译为“窣堵坡”或“塔婆”，直称“塔”，后或称“浮图”。但是，在中国广为流传的却是一种独创的建筑形式；中国式的重楼加“窣堵坡”的刹，等于中国式的木塔①。北魏时，这种木塔已修建得十分精美。可以洛阳永宁寺木塔为例：共九层，去地千尺，可望百里，刹顶有金宝瓶，瓶下是金盘三十重，上下满挂金铎，每层四面各开三户六窗，朱漆金钉，金环铺首，“殚土木之功，穷造形之巧，佛事精妙，不可思议，绣柱金铺，骇人心目”，堪称世界奇观之一。可惜不过十八年就被毁于雷火，当时千人救火，无济于事，大火三月不灭，寻柱入地，周年犹有烟气②。这是中国木结构古建的一大浩劫。所以，历史上曾出现过的无数“不可思议”、“骇人心目”的木塔，几乎全部被湮没在历史的灰烬之中。南宋的应县木塔能保留至今，真是万一的幸存者。四川更多兵燹，潮霉，尤难保存③。

四川的楼、台、观、阁等高层建筑自古发达，可以从汉墓出土的大量陶、石楼屋模型和画像砖上的观阙形象得到证明。据文献记载：秦时所筑成都城，宣明门城楼为百尺张仪楼，李膺《益州记》说：“重楼复道跨阳城门。”④ 左思《蜀都赋》说：“结阳城之延阁，飞观榭乎云中”。王莽时“公孙述造十层赤楼”⑤。李白登上隋王秀所建散花楼吟诗云：“今来一登望，如上九天游”（《登锦城散花楼》），极言其高。可见，古代的四川建筑艺术并不亚于祖国其他地区，这是四川佛塔建筑兴盛的技术基础。

自东汉中叶至隋统一的五六百年间，四川境内农民起义与封建割据交迭，兵燹灾祸，连绵不断，人心思治而不可得，转而求神佛庇护，所以，四川汉、夷地区很早就流行佛教了，屡有佛教遗物出土，如乐山麻浩岩墓享堂梁上，有结跏趺坐佛像，右手施无畏印⑥；彭山岩墓出土的陶座上塑佛像，头上肉髻分明，两旁并有弟子侍立⑦；西昌邛海边汉砖室墓的卷拱砖上，有朱书梵文佛号⑧；据传芦山最近亦出土汉魏佛像。可见，与外界所传不一样，四川流行佛教是很早的。东晋以后佛事渐盛⑨，寺塔建筑亦相应兴起。这是四川佛塔建筑兴盛的社会原因。

相传广都（今双流东）大塔山有阿育王塔，已无可稽考。可考者最早乃隋初之塔，现无实物可寻，只在文献中留下雪泥鸿爪而已，如著名的隋初西蜀三座大石塔，益州

---

① 梁思成讲、林徽因整理：《古建序论》，《文物参考资料》1953年第3期。

② 《洛阳伽蓝记》卷一。

③ 四川宋以前木建筑只有江油窦圌山云岩寺的飞天藏殿一处，参见罗哲文：《江油发现宋代木构建筑》，《文物》1964年第3期。

④ 《方舆胜览》卷五十引。

⑤ 《东观汉记》卷二十三。

⑥ 闻宥：《四川汉代画像选集》第五十九图。

⑦ 转引自：《沂南古画像石墓发掘报告》

⑧ 资料存凉山彝族自治州博物馆。

⑨ 参阅汤用彤：《汉魏两晋南北朝佛教史》，中华书局，1963年，第203页。

（成都）福感寺塔，雒县（广汉）宝兴寺塔、江原（崇庆）等众寺塔①。开皇中修建的郪县（三台）兜率寺塔和灵瑞寺塔②。仁寿中三次诏修舍利塔，四川境内占五座，仁寿元年（601 年）有益州（成都）法聚寺塔；仁寿二年（602 年）在楚州（重庆）、信州（奉节）建塔；仁寿四年（604 年）有隆州（阆中）禅寂寺塔，梓州（三台）华林寺塔③。大业中在遂宁建有白塔④。其中以成都的福感寺塔尤多异闻。

福感寺塔原名大石塔，在“（益）州郭下城西”⑤。当时成都有大城、少城，州在大城，县在少城，大城西墙即少城东墙，故知塔在州城西墙外少城内，即今成都通惠门一带。清代有人指福感寺塔在今新都宝光寺的无垢净光塔址，这是后人故神其说，不足为据，隋初有僧诜律师在大石上“起九级木浮图”⑥，塔下饰木刻十二神王像，礼塔院壁上有寺僧模画的展子虔狮子图⑦。“贞观年初，大地震动，此塔摇飏，将欲摧倒……乍倚乍倾，卒以免倒”。这可能是唐贞观十二年正月（638 年 2 月）发生在松、丛二州（松潘黑水一带）的大地震的波及，此塔略有损坏⑧，震后有人“舍金三百两，共诸信者更造露盘”。到了天宝末，可能因地基问题，向东南移动四十二步重建。唐太和三年十二月（830 年）南诏蒙嵯颠攻掠成都，兵驻塔下，“廊庑皆烹炙熏灼，僧皆奔逃”，大概是炊烟由塔室冲顶而出，于是“塔顶出四道浓烟，分穗直上空虚，至夜群蜓睹此奇异，乃禁止污秽”。南诏退兵时，俘成都子女百工数万人而去，这是唐代成都有名的浩劫。也许因为有这等“灵异”，加上“在益州旱涝，官人祈雨，必于此塔”⑨，所以会昌灭佛时福感寺寺毁僧散，而此塔依然。五代时还很出名，北宋初犹存，以后才逐渐湮没。

唐代的四川可能还是以木塔为主。如蜀州天目塔⑩，新都大觉寺塔⑪，成都的石犀寺塔⑫、法定寺塔⑬、正法寺塔⑭等等。尤以大慈寺的多宝塔和东门外的安福寺塔为著名。

---

① 唐道宣：《集神州塔寺三宝感通录》卷上；刊上海《影印宋碛砂藏经》第 464 册。唐道世：《法苑珠林》卷五十一所载相同。

② 唐王勃《梓州郪县兜率寺浮图碑》、《梓州郪县灵瑞寺浮图碑》，《全蜀艺文志》卷四十六。

③ 孙宗文：《仁寿舍利塔》，《现代佛学》1958 年第 1 期。

④ 《舆地纪胜》卷一百五十五。

⑤ 同注①，下引均不另注。

⑥ 乾隆《宝光寺重兴道场序》碑文刊道光《新都县志》卷十三；同治《重修宝光寺浮图记》碑，现立塔前，均持此说，误。

⑦ 《益州名画录》卷中“蒲延昌”条。

⑧ 准此，成都应在地震烈度六度区内，则数百公里外的震中烈度绝不止六度，《中国地震简目》（地震出版社，1977 年）所列偏低，宜改。

⑨ 宋赞宁：《宋高僧传》卷二十七，刊上海《影印宋碛砂藏经》第 543 册。

⑩ 陆游：《老学庵笔记》卷八。

⑪ 见注⑥，唐末悟达国师迎唐僖宗于此，曾经建塔，已圮。今宝光寺砖塔乃近代所建。

⑫ 《蜀中名胜记》卷一。

⑬ 唐闾丘均、李巡、履空等撰《浮屠颂》载《全蜀艺文志》卷四十五。

⑭ 《成都文类》卷五十。

成都大圣慈寺多宝塔以壁画著称。塔下层有左全“仿长安景公寺吴道子地狱变相”，被后人列为妙格中品①，塔上有佛经变相及佛菩萨、天王像二十五堵以上②。

图一 大足宝顶第七号龛妙智宝塔下塔浮雕

安福寺塔一名黑塔，在成都城东，高耸入云，金碧辉煌。“像塔依中霄，晕檐结重榱”，登上塔顶“千里如指掌，万象可穷讨”③，此塔在宋初被李顺起义烧掉。原来唐宋寺庙经济恶性发展，霸占良田可达万亩以上④，吮吸民脂民膏，滥兴土木，穷奢极侈，引起人民反抗，北宋淳化五年（994 年）李顺率领起义军攻入成都，建国号大蜀，推行“均贫富”的政治主张，锋芒所向杀贪官，焚寺观，安福寺塔即在此列。到北宋大中祥符（1008～1016 年）间可能被改建成石基木塔，“取材于岷山，得青石中有白画浮图”⑤，大概是笔石化石之类。从此春节元旦登塔眺望，成为宋代成都风尚之一。范成大曾记其事：“成都一岁故事，始于此塔，士女大集拜塔下，燃香挂幡，禳兵火之灾”⑥。反映南宋时，南北分裂兵燹连年，人心思安的心情。爱国诗人陆游在雨中登塔留题：“今朝上黑塔，千里旷无碍……更思驻潼关，黄河看如带”⑦，寄托着收复中原的慷慨情思。

这些壮丽的木塔都湮没了，我们不得见其真象。幸亏四川还有许多石窟寺艺术，给我们留下许多宝贵的形象。例如通江千佛岩第三十六龛就留下了唐初七级楼阁式方形木塔的浮雕⑧。此塔有低矮的台基，塔身逐级收分显著，轮廓线作阶梯状。各层当心间辟门，左右次间，开直棂窗，方柱粗大，不用石础而接地袱⑨，阑额比例较小。斗拱比较

① 《益州名画录》卷中“蒲延昌”条。

② 范成大：《成都古寺名笔记》，载《全蜀艺文志》卷四十二。

③ 田况：《元日登安福寺塔》诗，载《全蜀艺文志》卷六。

④ 例如《立法院常住田记》载后蜀田钦全施田于寺万亩以上，见《成都文类》卷三十九。

⑤ 《方舆胜览》卷五十一引《成都志》。

⑥ 《石湖诗集》卷十七。

⑦ 《剑南诗稿》卷七。

⑧ 全图载《文物参考资料》1955 年第 2 期第 109 页前。幸其一先生曾作记述，见《文物》1961 年第 11 期第 61 页。

⑨ 不用石础，可能埋柱基内，如近代之地椿。北魏永宁寺木塔失火，“寻柱入地，周年犹有烟气”，正说明地下打有木椿。

简化，柱头铺作，只在栌斗上安十字替木承撩风槫，补间铺作仅作装饰，用直斗与人字拱上加替木承撩风槫，人字拱形状弯曲，与西安大雁塔门楣石浮雕酷似。每层腰檐四角微翘，刻有瓦陇，有瓦当而无滴水。顶上有宝瓶重轮。装饰华丽，惟妙惟肖。看到这里，可以想见《洛阳伽蓝记》载永宁寺木塔，有多么真切。由此可见，初唐的四川木塔也即这样，基本上是沿用中原法式，而略有变化，如简化的斗拱，还是有特色的。

久享盛名的佛教密宗的石窟寺艺术之大全，开凿于南宋初年的大足宝顶，亦保存了不少木塔的浮雕（图一）。如观音立像，手捧七级楼阁式舍利宝塔。楼阁式舍利宝塔，只现四级，柱额、瓦陇、刹顶都很清楚，独不见斗拱。值得注意的是宝顶石刻及石塔（详下），都不表现斗拱。妙智宝塔的下塔，为单层攒尖顶塔，与东魏山东神通寺塔、唐河南安阳修定寺塔①，基本相同，不过此为六面木塔之模型。这些浮雕大大丰富了四川古代木塔的资料②。

二、唐代的砖塔

木塔易毁，砖石难摧，故传世者基本上是砖石塔。国内现存最早的砖塔是建于北魏正光六年（520 年）的嵩岳寺塔，为密檐式十五级十二角形砖塔。现已知的唐代砖石佛塔不过十余座。有名的如西安大、小雁塔，香积寺塔，河南法王寺塔，永泰寺塔（以及最近发现的单层塔安阳修定寺塔），河北的云居寺塔群，云南的崇圣寺中塔等。综观其特征，大概可列五点③：

（1）平面四方形。

（2）塔无基座，或有简单台基，或直出地面。

（3）外檐为叠涩出檐。楼阁式的不做斗拱；密檐式的外形轮廓呈梭形，有十三级以上者。

（4）单层塔壁，内部为空筒式结构，或设置楼梯、楼板。

（5）用条砖加黄泥浆砌筑，不用石灰砂浆。

过去，对四川有无唐代砖塔，心中无底。现在，笔者经实地调查，参照上述一般特征，结合文献记载，作了肯定的答复。

首先看四川唐代浮雕的砖塔形象。广元皇泽寺南有支提式石窟，揆其形状似开凿于南北朝，可惜洞壁及塔柱已经后世磨损、重凿，今塔柱上只有北宋题刻而无建筑浮雕

---

① 《河南安阳修定寺唐塔》，《文物》1979 年第 9 期。

② 大足宝顶石刻的塔浮雕，可参阅四川美术学院雕塑系编：《大足石刻》（1959 年，朝花社）第 90、156 图。其余见笔者 1979 年 8 月调查笔记及照片集。

③ 本文对塔的分类采用：楼阁式塔、密檐式塔、单层塔、喇嘛式塔、金刚宝座式塔等五类，本文所涉只有前两类。塔的各部位名称（由下而上）：台基、基座、塔身、刹顶；内部的塔柱心室、楼梯蹬道等，可参阅罗哲文：《中国的古塔》，刊《旅行家》。

了[①]。与之隔嘉陵江东岸上游有千佛崖，因筑川陕公路已被炸毁大半，据以前日本常盘大定等人调查，在唐窟（属于七像双塔？仪轨的）门侧有楼阁式四级方塔浮雕[②]。值得注意的是此塔各层用叠涩办法构成腰檐和平座。这与云冈石窟[③]及上述通江千佛崖36号龛仿木作的楼阁式塔异趣，应是砖石塔的浮雕。至于密檐式砖塔的形象，我们在邛崃盘陀山唐开元寺旧址的基岩下发现[④]。在有唐元和十五年（820年）开窟题记的两侧，有密檐式十三级方塔浮雕，十分写实，是唐代蜀中砖塔的真实写照（图二）。正方形，下有低矮的须弥座基座，塔身第一层特高，几占通高1/4，圆拱门内有趺坐佛像，两侧还有力士站像，上面由菱角牙子和叠涩砖构成的腰檐既密且短，外形轮廓线呈梭形，塔刹低矮，底部作须弥座，上有莲瓣托出硕大的宝珠。类似的塔浮雕在邛崃天宫寺石窟（晚唐）亦有发现[⑤]。这种塔与四川的宋塔一模一样（详后），甚至同华北常见的“辽金塔”，例如与金大定十五年（1175年）建的洛阳白马寺塔相近，可是它却出在四川的唐中叶（9世纪前半叶），要早出一、二百年。这充分说明入唐以后，四川在佛塔建筑上，已不硬搬中原模式，所以对四川砖塔的断代，要从实际出发，注意其地方特点。

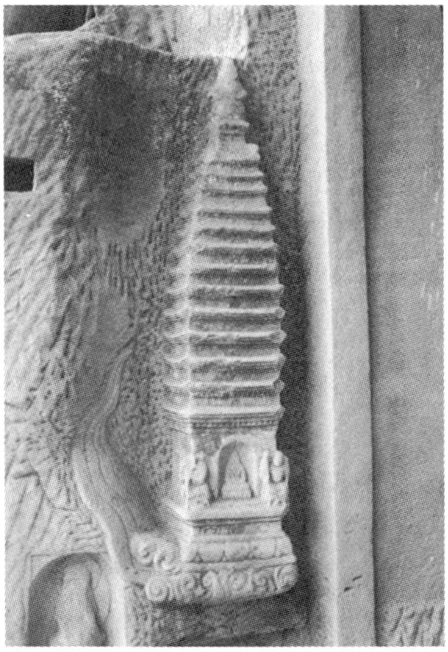

图二　邛崃盘陀寺唐元和十五年窟浮雕

下面我们来讨论三座砖塔的断代问题：

（一）彭县龙兴寺塔

彭县北关外，是有名的“天彭破塔”。高34.5米的残塔耸立在绿树粉墙之间，远眺如悬弓天外，近观若腾蛟冲霄。实为一密檐式十七级方形砖塔，所残留的四分之一历久不坠，亦一奇观。关于它的建造年代自来有两说。清嘉庆前传为“宋大观中预知禅师建”（乾隆、嘉庆《四川通志》、嘉庆《彭县志》均同此说 ）。至光绪《彭县志》则力辟此说，并定为“梁武帝大同二年建”（该志卷二）。真是如此，只比嵩岳寺塔晚十六年，是我国现存最早的砖塔之一了，其实不然。

明天启《成都府志》载，是塔为“唐大体中预知禅师刱造”（卷三），但历代无“大

① 因此，色伽兰误认为是“宋代体范”，见冯承钧译：《中国西部考古记》，商务印书馆，1920年。笔者于1963年曾作调查。

② 见前引《支那佛教の史迹》。

③ 参见《云冈石窟》第5、21、59图，文物出版社，1977年。

④ 笔者1977年7月调查笔记及照片集。

⑤ 资料存四川大学历史博物馆及邛崃文化馆。

体”年号，故乾隆通志以字形相近擅改为“宋大观中”。但四川宋代未见预知禅师其人，唐代却有两个：叙州府有梵僧预知和尚，大历中结庵于北岩①。唐末什邡龙居寺有一个预知禅师，凡事预知，孟蜀主昶“知而异之，赐号普通大师”②。这后者在什邡，与彭县接境，或即一人。要之，预知禅师出在唐、五代，而不见于“宋大观中”。颇疑乾隆志误抄天启府志，而天启府志的“大体”又有讹字。所以说此塔是宋塔，并无文献根据。

光绪县志定为梁塔，一据：“咸丰初盗取塔之檐马，舌上并铸大同二年四字”（卷二）；二据“咸丰元年八月有男子夜盗龙兴塔顶朱雀口啣铜铃一，上刻甲子年志公为十八顶造，女弟皇氏九娘施，檐马皆刻大同九年”（卷九）。（按：“大同九年”不当甲子，疑伪。）据说，清末寺僧将朱雀啣铃及檐马持以示人，后为某县令取走，即有此事，且不论其真伪，仅以塔饰文字断塔之年代，亦恐不妥③。

根据我们对破塔的实地观察：①为十七级密檐式方塔；②内壁仅有两处台阶，似塔壁收分时所留，为空筒式结构；③塔砖新旧、厚薄不一，有汉魏六朝墓的几何花纹砖和唐初宝相花纹砖，杂砌在墙体中，④黏合料用黄泥，未用石灰，亦不用扁铁做强筋（为蜀中宋塔所常见）。可见，这些既不是宋塔特征，亦不是南北朝塔的特征而符合唐塔的一般的特征。

据唐宣宗时人陈会撰《彭州九陇县再建龙兴寺碑》载：此寺原名大空，天授二年改为大云，开元中诏号龙兴。会昌灭佛，“废为闲地”。唐宣宗复佛时，修了殿宇、寺墙、神像、壁画，而且还“创浮图、建宝刹”，建造了宝塔④。可见，复佛修建时，不仅把旧砖废瓦砌入塔体，还把过去大空寺的檐马挂上塔角。另外，此塔形状与云南大理崇圣寺中塔极为相似，决非偶然。据说唐代南诏佛法之盛，即途由成都、清溪道而入云南的⑤。故两者形近，似有渊源。所以，龙兴寺塔当建于唐代无疑。

此塔在1786年曾遭地震破坏。“乾隆丙午年五月初六地震，塔顶四裂，势将倾圮，卒不坠”⑥。据查1786年6月1日康定、泸定间发生八级地震，成都平原曾被严重波及，影响还远达湖南芷江、贵州威宁一线⑦。塔顶四裂后于1923年南半部垮塌，存现在这1/4了。这种空筒形的砖塔，在结构上极不牢固，特别缺乏横向拉力，遭受地震波冲击时，往往沿上下成直线排列的窗洞从中剖裂。如西安小雁塔因1481年临潼地震，“塔自顶到足下裂尺许”⑧，云南崇圣寺塔因1514年大理地震，“中塔坼裂如破竹，旬日复合，

---

① 雍正修、乾隆元年刊：《四川通志》卷三十八。

② 《蜀中广记》卷三十八。

③ 清末黄云鹄撰：《彭游记》（碑在原新繁龙藏寺，拓片存四川大学历史博物馆），说此塔“建自隋仁寿，修于宋大观中”，显系耳闻寺僧之说，调和乾隆志书之误，并无坚实的事实根据。

④ 此碑为《古今图书集成·博物汇编·神异典114卷·僧寺部》收录，亦载各种版本的《彭县志》。

⑤ 此说可参阅《新纂云南通志》卷102“张建成始倡佛法”条。

⑥ 《锦里新编》卷十五，此塔在乾隆前已崩裂一角，今分裂开来。

⑦ 《四川地震目录》（1974年）第7～8页，原订为$7\frac{1}{2}$级，现据研究，宜有调整，说另详。

⑧ 王鹤：《荐福寺题字》犹存西安小雁塔，陕西省考古所杜葆仁同志见赠拓片。

宛然无璺"①。1976年唐山大地震，辽代的丰润观音塔也"中部震裂"。我们曾统计了历史上79座塔在各个地震中破坏情况，轻者掉尖，脱皮，重者中裂，尤重者折断倾圮。均依其距震中位置的远近和地震烈度的大小而异，颇有规律，此即一例也。龙兴塔为地震破坏，还有其自身的特殊性，在结构、地基、施工上都有原因，这在建筑防震工作中是有参考意义的，我们已另有论述，此处不赘②。

（二）乐山凌云寺塔

在乐山大佛背后九顶山坳里，过去一直被认为是明塔③，因此不为人们所注意。（图三）据我们实地调查，为一密檐式方砖塔，观存十三级。下面是8.2米见方的砖砌基座，每面有小佛龛五个，可是塔身底部边为7.2米，却不在基座正中，偏在东南边，基座可能系后来围筑的。塔身底层四面辟有倚柱斗拱的卷洞门，但只有北门是真入口。用菱角牙子和九层砖叠涩出檐，外观极为雄壮。现在内有五层塔心室，第一层塔室有南宋宁宗嘉定（1056～1063年）年号的题记。第二层塔室的补间铺作为人字拱加直斗托阑额。第三层塔室门洞前老墙皮上有"光化戊申全月望日陕西渭南贺禹臣题"④ 墨书题记。第四、五层见有石灰泥浆、扁铁等物，疑是宋代重修时补作的。

图三　乐山凌云寺塔

据嘉庆《四川通志》引《方舆考略》载："（凌云寺）在凌云山，一名大佛寺，唐开元初建……殿后有清音亭，亭上旧有东坡书院，书院西为浮图十三级，中空，石蹬可登，亦唐建浮图"（卷四十一）。据其外形似唐小雁塔，内有人字拱（与大雁塔门楣石刻画一样），又有光化（唐昭宗）年号题记，可能是唐建宋修，明清陆续培补，所以面目不清，早晚混杂。但此塔有唐代特征，则可肯定。

前人曾说："自唐宋以来各塔每经后人修缮改作；均不免有改头换面之处，往往在塔的认识上会发生种种困难，当亦在所难免。我们所谓某时代的塔，并非指其一砖一石

---

① 李元阳：《崇圣寺重器可宝记》，载道光《云南通志》。

② 见本书《成都地区地震考古调查报告》（1978年）

③ 见前引《全国重要建筑文物简目》第50页。

④ 此题记颇费解。按：唐昭宗光化年号仅三年，元戊申，只有戊午为元年（898年），这可能系笔误所致，但渭南在唐属关内道，陕西路为宋代所置，唐光化年间似不应题"陕西渭南"，姑录以存疑。

一木，均属诸某时代，乃系指塔的细部，具有某时代的特征。”① 这是很有见地的话，适用于本文所论。

（三）丹棱白鹤寺塔

图四　丹棱白鹤寺塔

在县西二里，密檐式十四级方砖塔（图四）。高约30米左右，无台基和基座，塔身直出地面。塔身底边约6米见方。轮廓呈梭形，线条柔和，形态秀美，可称建筑佳品。其外形与前述邛崃盘陀山唐刻塔形相同，抑或同时，可是只有塔心室四个，有蹬道盘旋而上。底层心室有砖砌斗拱八朵支承长方形叠涩藻井，以上各层不装斗拱顶部无心室，蹬道尽头直抵塔壁，开一小窗。此塔外十四级内四层，不合佛塔规则，且顶部蹬道似未到尽道，颇疑曾经折断，后代大修成如此模样。据《大明一统志》载：“白塔寺在丹棱县治西，旧名白鹤，唐大中末建，内有浮图，宋重修，苏辙曾为记，本朝永乐初改今名”。苏子由碑记早已剥落无存了。此塔形制与大理崇圣寺塔、彭县龙兴寺塔等相似，殆亦唐塔，而内部宋式斗拱和盘旋蹬道是后代补修的。

梁思成先生曾指出唐塔外砖内木，空筒形结构的不坚固，并认为到了10世纪才解决这个问题，他说：“宋朝以后的塔，再不是像烟囱那样砌上去了，而是在内部用各种角度和相互交错的筒形卷的方法，把内部的楼梯，楼板，塔内的龛室同时砌成整体，消灭了过去五百年外部用砖内部用木的缺点，塔身更加坚固了。”② 丹棱白鹤寺塔和乐山凌云寺塔内部都有塔柱心室和蹬道，似乎都解决了这个问题。有两种可能：一种可能是后代改建加进去的，另外可能则是四川比较早地解决了这个问题。四川在汉代至六朝流行砖室墓，几乎遍及全川。那些汉代的能工巧匠用条砖或扇形砖、或子母榫砖，砌成跨度近2米，高近3米（其中卷拱高1米左右）、长7米以上的大型卷筒形卷拱墓室，有的有复室，能处理“各种角度和相互交错的筒形卷的方法”。因此，把这种熟能生巧的砌砖技术，用于佛塔建筑，较早地解决了空筒式结构不坚固的缺点，亦完全是可能的。南充的塔建成于北宋建隆之时，其始建时间应在五代后蜀，下四级即有心室、蹬道，上部用六角井口，保持空筒形

① 鲍鼎：《唐宋塔之初步分析》，刊《中国营造学社汇刊》第六卷第四期。

② 梁思成：《中国的佛教建筑》，刊《清华大学学报》第八卷第二期。

结构①。证明在宋代以前四川已能解决这个问题了。

总之，我们认为彭县龙兴塔极可能是唐代后期所筑的原物，乐山凌云寺塔和丹棱白鹤寺塔则可能是唐建而后代迭经改造，犹保留唐塔风格的古建。

三、宋代的砖塔

宋代统治阶级对外屈膝投降，对内残酷压榨，农民起义连绵不断，尤以四川为甚②。统治阶级除了武力镇压外，很重视宗教的“鸦片烟”作用，所以两宋的四川“佛事最胜”③，寺庙众多，佛塔林立，留下的古塔也就多了。

国内闻名的两宋辽金砖塔甚多（至少不下六七十座），均有比较详细的记述，而四川却没有。四川境内现能查明的两宋砖塔约12座，我们调查了其中的7座，其特征与省外相比，有合与不合者，试列表如下（表一）：

表一

全　国	四　川
1. 平面以八角形为主，六角形次之，个别的正方形。（方形的只有江苏崇教寺塔、兴教寺塔、河南白马寺塔、辽宁朝阳白塔等几座）	1. 平面以正方形为主。（只有大足多宝塔为八面形、泸州报恩寺塔为六面形这两座例外）
2. 塔有基座，多作须弥座式，雕饰华丽，尤以“辽金塔”为甚	2. 多数有基座，装饰不繁，也有无基座者
3. 外檐至多十三级，成1，3，5……13单数。楼阁式的砌仿木斗拱，柱额，密檐式的只有底层如此。“辽金塔”的密檐式仿木结构繁缛	3. 楼阁式表面仿木结构简洁，密檐式不仿木结构，却在檐外侧泥塑各种佛、菩萨、花、鸟、佛塔等像
4. 内有塔柱心室，层数与外层不一。外壁与心室间形成“夹壁”，内藏蹬道。某些“辽金塔”仅底层有心室，上部不能登临	4. 基本上都有塔室、蹬道。仅中江北塔与“辽金塔”同
5. 有定型的塔砖（如开封祐国寺塔，面砖标准块有二十八种之多），常有砖铭	5. 各型塔砖有施主或窑厂名号、数码戳记，普遍在砌体中加扁铁，以加固转角和过洞，用黄泥白灰砂浆砌筑。施工一般精良

由此可见：①四川两宋砖塔的某些特征起源于本地唐塔；②与中原、江南两宋塔相同处多，与华北“辽金塔”相似处少；③地方特点更加显著。下面分别记述：

（一）楼阁式塔

这是四川宋砖塔的常见形式，共七座，我们调查了四座。

---

① 重庆市博物馆等编：《嘉陵江南充地区河段考古调查纪实》（1979年，铅印本）第11页。

② 据蔡美彪等：《中国通史》第五册附《宋代农民起义年表》统计：两宋时在四川有起义十次之多。

③ 《东坡集》卷十三。

1. 金堂瑞光塔

淮口镇南小丘上。为楼阁式十三级方砖塔，高 33 米，下为低矮之砖砌台基，上有基座作须弥式，砌体内有“白塔寺砖”戳记，证明台基、基座均系清代围筑（有乾隆二十六年《重修太平寺碑记》记其事，碑存当地）。须弥座的上枋用条石砌成，塔身 6.8 米见方，周围形成平台。各层均作四柱三间，底层仅当心间有门，以上各层各间有卷洞假门。每面有柱额斗拱七朵，转角铺作有单昂。圆柱系用特制的ɋ形砖砌成。内部有盘旋蹬道上顶，有九层塔室，为四川宋塔所罕见。第五层过道在墙皮上发现墨书题记：“府城孙寄行宝祐□丑仲夏吉日到此游”。证明塔身确为宋代原物。原有铁塔刹，清代被雷火击落。塔身用黄泥白灰砂浆砌筑，门窗过洞及外墙与塔室间均用宽 4.5 厘米、厚 1 厘米的扁铁加固，施工精良。所以附近累有地震破坏，此塔却屹然无恙①。

此塔在淮口镇之南而门向西，正临沱江，殊不可解。据嘉庆《金堂县志》载：“瑞光塔在怀口镇白塔山，创始无考。隔江为怀安军故址，则亦唐宋来有之矣。”（卷三）考之事实不谬。隔江今名同心坝，有夯土城墙基址，即宋怀安军故址。社员时常在城内挖得窖藏的金银、铁钱和瓷器，所谓“北门碑”者，实为一宋代庙碑额“大宋怀安军重□□□禅院记”（现存当地）。明代曹学佺记道：“按中江（即沱江）在（怀安）军西北流”。社员反映，今同心坝西山脚下有行舟之纤绳篙尖痕，证明当时沱江出金堂峡口后，即顺西山南流。曹学佺又引图经曰：“（古城）镇在（军）北一里，下为古城水，由灌子滩入斜潭”②，可见塔与军城东门之间仅一小河相隔，今则为滔滔沱江了。宋时人出怀安军东门过小木桥即上白塔山，塔门向西开着迎接游人。这里从地质上看处于龙门山断裂与龙泉山断裂交汇处附近，近期还在活动，说明西面地壳在抬升造成明代后期沱江改道，即出峡口后直冲东山脚下再往南流，怀安军故城大约也因此而遭破坏，废弃。这在研究成都地区地震活动性上是有一定意义的③。

此塔离成都不远，附近又有金堂峡、怀安军故址、云顶山宋代石刻等名胜古迹，可作为旅游点。

2. 简阳白塔

治南里许火车站附近。楼阁式十三级方砖塔。通高 35 米，下有台基及须弥座两层，上有平座。塔身高 29 米，底层为四柱三间，只有当心间有补间铺作，以上各层的斗拱仅作点缀，但可见原来檐口有花草人物等泥塑。内部塔室及过道有倚柱斗拱承托长方及六角形藻井。用砖比较规整，条砖 48 厘米 ×20 厘米 ×6 厘米，方砖 36 厘米 ×30 厘米 ×6 厘米，还有砌圆柱的异形砖和砌檐口的楔形砖。在方砖上有“杜亿二郎宅施”戳记，

---

① 如 1933 年叠溪地震时，距塔不远的金堂峡口凉水井山上即被震垮山达两公里以上，而此塔无恙。

② 《蜀中名胜记》卷八。

③ 见本书《成都地区历史地震的考古调查报告》。

字体圆熟，同宋版书字体。据咸丰《简州志》：塔建于南宋庆和间（1195～1200年）。

3. 井研白塔

治南三江镇外小丘山。楼阁式十三级方形砖塔（图五）。通高25米，台基低矮，须弥座式基座高约3米。须弥座壶门内有小佛龛。各层外表都有柱额斗拱。斗拱托仿木撩檐檩，上叠涩砖两层，施菱角牙子砖一层，再叠涩砖四层，构成腰檐。远观牙子砖恰似木建的桷子露头，仿木结构的效果较好。但最上三层装修不一样，似为后补。内部有蹬道。除底层与顶层有塔室外，各层都只在塔心柱上开较深的佛龛代替心室。整个塔表现小巧玲珑的风格。

4. 大足多宝塔

大足多宝塔在县北五里北山上。楼阁式十三级八面形砖塔（图六）。塔高30.4米。底层每边3.52米，塔直立山顶岩石上，没有台基和基座。底层外八角立石柱，刻八龙绕柱，柱端为八个托塔力士，虽有风化仍可见造像刚劲。十三层叠涩腰檐都有斗拱托檐。外壁本嵌有上百堵画像石，尽是白描佛菩萨像和花草图案，颇精美，惜已为后代粉刷所掩，不易察见。内八层塔室，有蹬道盘旋上顶。各层塔室与巷道内均有佛龛，嵌各种佛菩萨浮雕画像石，约七八十块，现已大部分毁损。这大概就是“多宝塔”得名的由来。这种画像石的制作，远可溯至四川东汉砖室墓中盛行的画像石和画像砖的制作传统。亦可想见唐代成都大圣慈寺多宝塔满饰壁画的情景。

图五　井研三江镇白塔

图六　大足北山多宝塔

1979 年调查时尚见部分造像和三条题记比较清楚。在第三层塔室壁上有冯檝造像记，其中道：“……冯，今于昌州多宝塔内施钱肆佰贯文，足造第六层塔壹级，全用银合，内盛华严感应舍利壹百贰拾粒，安于其中，祈乞禄寿绵远，进道无魔，眷属康安，子孙藩衍，尽此报身，同生极乐，绍兴壬申岁仲春旦日。修塔化首任亮刊石立”。按：此石不应在此，据文应在第六层，清嘉庆时张澍也见在第六层内①，说明以后移动了。在第四层佛龛楣上有“伏小八镌”工匠题刻。在第八层巷道有光绪十九年（1893 年）知县楚天培《培修塔记》。前人根据造塔记造像记的纪年，定为在南宋绍兴十八至二十四年之间建成（1148～1154 年），是可信的②。

此塔形制端美，装饰华丽，目前还比较完整，由于历来记载较多，复原比较方便，将来不仅可供建筑史研究，亦将是旅游胜地。

楼阁式塔此外还有南充白塔、广安白塔、蓬溪白塔等三座。

（二）密檐式塔

共五座，我们调查了三座。

1. 彭县正觉院塔

县北四十里。密檐式十三级方砖塔。现存通高约 30 米，下有砖砌须弥座式基座，每边长 10.4 米，塔身底边 8.2 米；此塔外形粗壮。调查时基座及地宫已被挖坏。底层外墙及门洞内两侧原共嵌石碑 22 方。1977 年 6 月调查时在东墙碑记上可辨：“皇宋天圣元年……汉州什邡县永贵乡初合第一会起塔钱……”等字样，10 月复查时已被损坏，目前已无碑记。据嘉庆光绪各版《彭县志》均载“宋天圣年建”是可信的。

图七　彭县正觉寺白塔

此塔外檐十三级由菱角牙子和叠涩砖出檐，上面亦叠涩内收，因此檐口特别浑厚。内三层塔室，装饰圆柱斗拱托住覆斗状穹隆顶藻井，斗拱颇精美，原来粉墙彩画现已剥落无遗，砖缝犹残留竹钉棕丝，无疑是加固粉墙壁画之用（图七）。此塔用砖尺寸较大（42 厘米 ×21 厘米 ×6 厘米），平面有塔形戳记，侧面有数码戳记：“四”、“五”、“第六”等。用黄泥白灰砂浆砌筑，转角、过洞及塔室与外墙间均用扁铁加固，但目前垮塌严重，其原因有三：

① 张澍：《书多宝塔石记后》，刊民国《大足县志》卷一。

② 傅振伦：《大足南北山石刻之体范》，刊《大足石刻图征初编》，1946 年。

（1）曾经火烧：古老相传，清末李、兰起义兵过此地，豪绅老财躲进塔楼，据塔顽抗，起义军搬来晾烟叶的木杆和晒垫放火烧烤，把地主全部烧死在塔里。现在门洞及楼梯所有砖都烧成赤褐色，表面有龟裂纹。

（2）地震破坏：此塔 1918 年曾大修过，在 1933 年叠溪地震时把塔砖摇松，从此就陆续垮塌了。

（3）人工破坏：文化革命以来破坏严重。

此塔在建筑风格和修建技术上都有可取之处，建议有关部门从速测绘记录，不久即可能倒塌。

2. 彭县镇国寺塔

县西北三十里关口镇。密檐式十三级方形砖塔（图八）。高 34 米，下有台基高约 4 米，塔身底边 6.5 米。全塔瘦高，亭亭玉立。外檐叠涩砖达十三层之多，檐下原塑各种佛、菩萨、宝塔、孔雀、飞天等浮雕，现已脱落。内有五个塔室，有蹬道盘旋上顶。此塔砖烧制精良，有“宋”、“杨”、“王”、“景”、“义记”等戳记，可能是施主或窑场名号。用条砖和方砖对缝，灌黄泥白灰砂浆砌筑，亦用扁铁，故至今保存良好。

图八　彭县镇国寺塔

此塔建于北宋仁宗至和元年到嘉祐五年（1054～1060 年），有北宋嘉祐五年《彭州镇江寺新修塔记》为证：“建无垢净光法舍利塔一座，自甲午年到庚子年告成”。碑石（2.26 米×1.1 米×0.24 米）阴阳有字，颜体楷书，颇佳，原立塔旁，今被剖成三块，仆路沟旁作桥，甚可惜。此碑文各金石书（如《三巴金石苑》、《艺风堂金石文字目录》等）均有著录。

3. 中江北塔

县北二里小丘上。密檐式十三级方砖塔。残高约 21 米。条石台基，塔身 6.1 米见方。比较特别的有两点：①每层用八根青砂条石嵌入檐口，四角和四面正中各嵌一根，与叠涩砖层齐头。其原意是起加固作用，但由于砖石不能对缝，加以砂石风化，反而加速了挑檐敝败。②此塔只有底层有心室，以上为实心，不能登临。从心室内有穹隆形天棋，安五铺作砖砌斗拱，应是宋塔无疑。

此外，密檐式砖塔还有宜宾旧州坝塔①。

四、宋代的石塔

四川宋代的石塔，都是实心的，形态各异，装饰性强，观赏价值较高。有些形制为外界所不见者，比较奇特，在建筑艺术和佛教宗派的研究中有一定的价值。试述如下：

1. 灌县灵岩山千佛塔

在县北十里灵岩山灵岩寺侧。为石雕覆钵式千佛塔。通高 3 米，底约 7.5 米。塔身分十三层，下三层趺坐佛像有莲座背光，各层佛像依次缩小，总数估计在七、八百个左右。顶上饰莲瓣两层、上安莲座，有释迦入定趺坐像。此塔形制奇妙，蜀中初见。宋代范成大过青城县曾有诗提到②，可见亦宋时遗物。

塔本传自印度。印度有名的山奇大塔，下为圆形台基，上为覆钵，顶上为一方形宝匣装舍利叫平头，再建刹竿相轮③。中国最早的塔大约也差不多。据说东汉明帝永平时（58 ~75 年）建白马寺，“凡宫塔制度犹依天竺旧状而重构之”④。可惜汉白马寺塔久经兵燹，早已失传。后来广为流传的却是：中国的重楼，加印度“窣堵坡”的刹，等于中国楼阁式的木塔。木塔易毁，改用砖石，初用砖石仿木塔，后来发现以砖代木实有困难，就又创造完全中国式的密檐式砖石塔了。所谓密檐式塔，就是把整个塔建成一个大刹竿的模样，塔身像刹竿，密檐像相轮。这是真正中国创造的高层建筑，远眺如春笋破土，近览若玉兰含苞，装点祖国的江山如画。不过，自嵩岳寺塔、小雁塔……以下全国不下两千座塔，与印度的“窣堵坡”不啻相差十万八千里，令人惊异的是灵岩寺千佛塔却保存了印度“窣堵坡”的基本形态，只把平头改为莲座，刹竿换成释迦坐像，使教徒们绕塔礼拜时，礼“佛”的意义更明确而已。这可能与相传灵岩寺为梵僧阿世多尊者所居有关，据说灵岩寺侧还有摩岩阿世多像。1977 年调查时千佛塔埋没荒草，如若此论不谬，则有待妥善保护。

2. 邛崃大悲院石塔

邛崃大悲院石塔在县西南约 50 公里，镇西山南麓，邻近唐宋时火井县，一般未为人知（图九）。石塔通高 21 米，基座为两重须弥座，其式样悉依《营造法式》⑤ 束腰的

---

① 宜宾旧州坝塔外形似彭县镇国寺塔，莫宗江先生定为宋塔，至确。但据莫文所引明卞伟撰《重修白塔碑记》说黄庭坚守戎州时，以“溯稽古允为不爽，遂题额曰宝塔凌云，原存殿阁廊庑”，则年代略有不当。按：黄山谷避亲至戎州为宋元符元年三月，到三年十二月离去（1098 ~ 1100 年），则建塔还在此前，不应晚至“崇宁至大观三年”（1102 ~ 1109 年）。廖铎为亡父施砖，疑为培修。姑说以存疑。

② 《石湖诗集》卷十八。乾隆《灌县志》卷二千佛塔条下引。

③ 高田修《印度・南海の佛教美术》（1943 年）第 15 ~ 18 页，图版 1：サーニチース塔。

④ 《魏书・释老志》。

⑤ （宋）李诫：《营造法式》卷十五。

图九 邛崃大悲院石塔

每面三个壶门内有阴刻花卉，繁简相宜，凝重而流畅，为不可多得之艺术佳品。平座上有石雨篷如亭翼然，以十二根六方石柱，托起檐角微翘的四角攒尖石屋盖，柱子托撩檐檩用替木不用斗拱。檐柱下为回廊。中间为四方形塔柱，四方开长方形佛龛，龛上竖有石匾额，楷书两行："释迦如来真身宝塔"，东北西三面的上款为"敕赐大悲院兴建石塔僧安静记"，下款为"左迪功郎县尉主簿王觉书"，南方匾额上款改为"大宋壬辰乾道八年秋兴建石塔僧安静记"。此塔建于1172年，距今已800余年了。雨篷顶上还有十二级实心石塔，约1.5米见方，高12米，每层阴刻门窗，塔身中段微凸，呈梭形，显得格外挺拔。

这种石塔形制奇妙，国内不见。在大足宝顶石刻第七号妙智宝塔的上部，却有这种塔的形象①，或许在宋代这是四川常见的塔形。揆其原意似乎就是应县木塔或日本京都法隆寺塔的模型，那两塔的底层也有较宽大的雨篷式披檐。梁思成先生在六和塔的复原计划中曾作论述②。

塔北为石塔寺庙宇，据《邛州直隶州志》载，石塔寺原名大悲院，明正统年间曾经重修，虽未提石塔，恐亦在修整之列。

3. 大足宝顶石塔

大足宝顶圣寿寺是南宋时佛教密宗的道场，也是国内唯一按密教仪轨，有计划、有系统开凿的石窟寺艺术，久享盛名。其中有三座石塔，值得注意。

倒塔——在圣寿寺右外约一里小丘顶上。为一楼阁式八面形实心石塔，今存四级，因远观上大下小，俗呼倒塔。其实从第四级粗石未琢，尚未合缝，第四级以上残石凌乱的情况看，显然是一座未竣工的大型石塔，因此梭形的下半截塔身，似乎上大下小。再从大佛湾摩岩没有完成，最后一龛只雕出头像而中止的情况看，大足宝顶的建设是戛然中止的。此塔第一层像已剥蚀难辨，第二层每面刻一菩萨立像，各有题名（除盖障、妙吉祥、金刚手、地藏王、虚空藏、观世在、普贤、慈氏）。另刻十六字："风调宋（雨）顺，囩（国）泰民安，（佛），因（日）光辉，活（法）轮常转"。这些新字与《历朝书谱》载武则天所创字有同，也有不同的。上几层都是佛，菩萨像。据密宗经典解释，上述菩萨像是密教行灌顶法时的瑜伽部证盟八大菩萨③。想见当年此塔所在之小丘乃是秘密教之灌顶密坛，是十分神秘的去处。

---

① 笔者1979年大足调查笔记和照片集。

② 梁思成：《杭州六和塔复原状计划》，刊《中国营造学社汇刊》第五卷第三期。

③ 有关密宗仪轨的解释，可参阅陈习删：《大足石刻志略》（1955年，油印本）第二章第二节。

经目塔——在宝顶小佛湾大宝楼阁石刻院内。为一楼阁式三级方石塔。外檐翘角，各层收分较大，四角攒尖顶，有石雕塔刹覆钵。第一层正面圆龛中一卷发人像，并刻“六代祖师传密印”等等，似乎就是柳本尊像，把密宗经惠果传空海东传日本后的空白填补起来了。其余三方刻佛藏经目，横额题“佛说十二部经”，据陈习删先生考证，内有武周刊定的众藏经目。已剥蚀大半，50年代可辨经名400余部，而1979年调查时又有一半不可辨认了。其他各层各面均刻圆龛佛菩萨像。还刻了一些密教大阇黎赵智凤的宣教誓言：“本师大愿，热铁轮里翻筋斗，猛火炉中打倒悬，伏请世尊为证明，五浊恶世誓先入”，“假使热铁轮，于我顶上旋，终不以此苦，退失菩提心”。表现了苦行僧的宗教狂热。此塔形制无奇，可贵的是保存了唐代以后中土失传的密教史迹和南宋时舍利宝塔藏经目录，在宗教史上很有价值。

图一〇　大足宝顶释迦真如舍利宝塔

释迦真如舍利宝塔（图一〇）——在圣寿寺山门外石池边水田中央，三级方塔，形似经幢而第一级正面自名为：“释迦真如舍利宝塔”。其他三面据说有字，不能走近察看。第二级四面各刻立佛一尊，可能有题名，不能近观。殆即密宗四方佛：东方阿閦佛、南方宝生佛、西方阿弥陀佛、北方不空成就佛。第三级有趺坐佛。有刹顶宝珠。

宝顶三座石塔是我们研究佛教密宗的第一手资料之一。

五、结　束　语

（1）四川的唐宋塔的研究，目前还是一个空白。它不仅是珍贵的文物，亦是一项重要的旅游资源。建议有关部门予以重视，组织有关各学科的人力进行调查研究。有必要的进行整修保护，加以利用，使之为我国社会主义四个现代化，繁荣全民族的科学文化事业服务。

（2）四川隋唐间以木塔为主，虽无实物遗存，可从石窟寺浮雕中得见形象，基本上按中原法式修建。唐代后期以砖塔为主。过去对四川有无唐塔实物，颇有怀疑，现在我们认为可能有三座，即：彭县龙兴寺塔、乐山凌云寺塔和丹棱白鹤寺塔，都是密檐式砖塔，轮廓线呈梭形，都有文献记载。内部或为空筒形，或有塔心柱、蹬道。

（3）四川两宋砖塔：平面以正方形为主，楼阁式砖塔为多，一般都有基座；装饰简洁；密檐式砖塔没有仿木结构；都有塔心室和蹬道；有专门烧制的塔砖，普遍用黄泥白灰砂浆和扁铁加固。两宋石塔的造型各异，观赏价值较高。

（4）四川的唐宋塔亦是很好的地震史料。例如遭到地震破坏的塔集中在川西北多地震地区附近，而川东、川中一带的塔，未见任何地震损害。我们考察了川西的十五座塔，包括本文所列的：彭县龙兴寺塔、正觉院塔、镇国寺塔、丹棱的白鹤寺塔、中江北塔等五座唐宋塔，发现它们的顶部都斜向西北方，而破坏部分大都在东南。这种方向的一致性乃是地震造成的，因为对川西平原而言，我国著名的南北地震带正在它的西北方向。而且对四川古塔及其他古建的保存与破坏情况的分析，可提供建筑物抗震的经验教训。这方面的史实还有待于进一步发掘。

（5）四川唐宋塔又是很好的宗教史料。尤其在唐宋间佛教密宗在中土失传，却在四川盛行，不论在塔的建筑上，在寺庙和石窟寺艺术中都有强烈反映，保存了许多第一手资料，更有待探索。宗教既然在历史上与广大人民群众的思想、生活、斗争息息相关，我们就应该去研究它。

（原载《四川大学学报丛刊第五辑·地方史专刊》，1980 年）

大溪文化与巫山大溪遗址

大溪文化以首先发现在四川巫山大溪遗址而得名。它的发现为研究长江三峡和江汉平原的原始氏族社会，提供了珍贵的新资料。由于近年来新发现愈来愈多，而大溪遗址的正式报告却未能发表，致使海内外学者对大溪文化的特征及其相关问题有所误解，1958年以来笔者曾做过一些工作，感到有责任提供一孔之见。诚然，大溪遗址有其个性，但正本清源，也应有较全面的认识。笔者意在抛砖，谬误难免，请予指正。

一、大溪文化命名的由来

四川巫山大溪遗址位于长江瞿塘峡东口。大溪由南面汇入长江，遗址坐落在瞿塘峡南侧白盐山东麓（乌云顶山）面江的扇形斜坡上。遗址上有山洪冲刷的干沟——火爆溪，所以又曾叫火爆溪遗址。

1925~1926年间，美国的奈尔逊（N. C. Nelson）曾在此采集到石器、陶片若干。其初步报告刊载《自然科学》（Natural History），后刊入《中亚自然科学》（Natural History of Central Asia）第一卷。

1958年10~12月，笔者参加四川省长江三峡水库文物调查队工作，发现了这个遗址。此处高出江面约40米，面积约300米×50米。在遗址的断崖上可见厚达2米以上的文化层。调查简报刊载在《考古》1959年8期上。

1959年7~8月和11~12月间，在四川长江流域文物保护委员会文物考古队主持下，先后进行了两次发掘，发掘面积共228平方米，清理墓葬74座，出土文物994件。发掘纪略刊载在《文物》1961年第11期上。

1962年5月，笔者受命在导师冯汉骥教授指导下撰写《巫山大溪发掘报告》①，提出：大溪遗址有独特的文化面貌，并已知相同文化的遗址多处②。因此，按考古文化命名惯例③，建议命名为“大溪文化”。可惜这份报告的1966年修改稿在当时不仅未能发表，而且连同它的全部图照表格等资料一并查无下落了。

---

① 林向：《巫山大溪发掘报告》，四川大学研究生毕业论文油印本，1962年5月。存四川大学历史系资料室，本文引用不另注。

② 当时已知有湖北宜昌杨家湾、四渡河，秭归朝天嘴等。见《长江西陵峡考古调查与试掘》，《考古》1961年第5期。

③ 夏鼐：《关于考古学上文化的定名问题》，《考古》1959年第4期。

现在，“大溪文化”的命名已逐渐为广大学者所接受①。迄今已发表的重要遗址有：四川巫山县城，湖北宜昌杨家湾、四渡河、秭归的朝天嘴，松滋桂花树，江陵毛家山②。据悉正在发掘或整理待刊的还有多处，如湖北宜都红花套、枝江关庙山、宜昌中宝岛以及大溪原地第三次发掘的133座墓葬。可见，大溪文化的发现和研究正在进一步扩大和深入。

二、从大溪遗址看大溪文化的特征

长江三峡以东的大溪文化遗址都以原始农业为主，如桂花树、毛家山等都曾发现大量的稻秆和谷壳③。大溪遗址所反映的农业水平也不低，如有石锄④等农业工具；饲养以猪为主，狗、鸡、牛、羊等农业经济类型的禽畜。但因地处峡区，线天斗坪，丛林密箐。不得不捕捞水生动物（有青鱼、鲟鱼、龟、鳖、蚌、螺等遗骸）和猎取南方丛林型动物（以野猪、麂、鹿为多，也有虎、豹、犀、象等遗骸）⑤，作为主要谋生手段。所以，大溪遗址有大量长锥形骨镞⑥、石镞、牙制的鱼钩和砾石网坠等渔猎工具出土。据悉靠近峡区的红花套也出土较多的渔猎工具。这里，我们试述大溪文化的特征如下：

生产工具的特点：

（1）有大量的砍伐加工工具如斧、锛、凿等成套出土。石斧制作是打、琢、磨兼施。形状有长条形、梯形、长方形等，晚期有少量穿孔石斧。而以扁薄的梯形圆顶弧刃石斧为常见。有一种长条形、周身琢制、刃部精磨的巨型石斧尤著特色。大溪M55出土一件长34厘米，红花套出土的竟达43厘米、重7.25公斤。堪称我国石斧之冠军，现陈列在中国历史博物馆⑦。那种刃部由前后两面磨成的圭形石凿也是典型器物。

（2）有相当数量的打制石器，如锄、盘状器、砾石片切割器、网坠等。

（3）有粗大扁平的陶或石纺轮和可与钢针比美的骨针。

---

① 国家文物局研究室资料组：《文物考古工作三十年纪事》，《文物考古工作三十年》，文物出版社，1979年。

② 《湖北松滋县桂花树新石器时代遗址》，《考古》1976年第3期；《江陵毛家山发掘记》，《考古》1977年第3期。

③ 《湖北松滋县桂花树新石器时代遗址》，《考古》1976年第3期；《江陵毛家山发掘记》，《考古》1977年第3期。

④ 《四川巫山大溪新石器时代遗址发掘纪略》，《文物》1961年第11期，图三，5、6。本文下引《纪略》，不一一注明。

⑤ 大溪遗址出土动物遗骸由四川大学生物系动物教研室在1960年鉴定。

⑥ 这种骨镞被叫做骨锥，其实不对。它或扁、或圆、或三棱形，一端尖锐，一端圆钝有捆扎箭杆的痕迹，在墓葬中成捆地出在胸前，如M34（中年男性）左胸出骨镞26件。形式可见《文物》1961年第11期，封三图七，左。

⑦ 李文杰：《试论大溪文化与屈家岭文化、仰韶文化的关系》，《考古》1979年第2期。

陶器的特点：

（1）以手制为主，口沿用慢轮修整，晚期已有轮制。以红色陶为主（早期多夹砂、谷壳、蚌末粗陶，晚期多泥质细陶），火候较高的黑陶、灰陶晚出且少。毛家山等地出土少量白陶，恐另有来源。有一种外红内黑的夹色陶最富特色，外挂红陶衣，内壁漆黑光亮，陶胎也分为红黑两半，可能是烧制后趁热在内壁涂抹油脂、树胶，以防渗漏，用作食器，比较讲究①。

（2）陶器表面以素面为主，纹饰以彩陶、朱绘、戳印为特色，还有细绳纹、篮纹、刻划纹、附加堆纹、弦纹、镂孔等。彩陶有三种：①红黑两彩相间在白陶衣或本地上绘制钩叶圆点纹，近于仰韶文化；②黑彩在红陶衣上绘制平行线夹横人字纹、草叶团花纹、水波纹等，均富本地特色；③在橙黄陶器上，用黑赭彩绘制网格、羽毛等纹，略有晕染的效果②，开屈家岭文化彩陶的先河。

朱绘多见于烧成后的黑陶或灰陶。直接或上白粉后用朱砂绘制流畅的弧曲线构成的图案，有行云流水之美，但易脱落。此种特征亦为屈家岭文化所继承。

戳印纹为一特色。用竹管、木片、指甲等在陶器上戳印成等成组的花纹，由器表向里戳印，有的戳透成孔。主要用于夹色陶器上。

（3）陶器器类的特点，以圜底釜为主要炊器，鼎少而晚出。饮食器有敞口的碗、敛口的簋、坦腹的盘、碟，形制各异的豆以及上部如碗下腹部曲收成筒形的曲腹杯、收腰的筒形瓶等。贮容器有盆、钵、壶、罐和瓮等。还有伞纽或圈足纽器盖，筒形器座等。陶器的底部形态，早期圜底约占 80%，圈足约占 10%；晚期以矮圈足为主，约占 75%，平底次之占 14%，圜底又次之占 10%。三足器很不发达，更没有鬲、鬶、甗等袋足器，不见管状流和把手亦一特色。

装饰品的特点：

以精制的玉器（软玉或碧石）为特色，有璜、珩、玦、镯等等。形制规整，打磨光洁，能钻直孔或象鼻孔。有蚌制的镯和细小成串的环珠。用漆黑的火山灰岩雕成的人面浮雕悬饰，乃原始艺术精品。空心陶球内装石子，摇动发响，亦典型器物之一。

大溪文化的居住情况还不太清楚。从毛家山等地的红烧土遗迹分析，可能是木柱夹壁的泥屋。平地立木柱，柱间编竹篾，抹草泥，用火烘烤。桂花树在红烧土居住面下铺 2 ~ 3 厘米的姜石避潮。大溪等地常出的夹砂粗陶具，或叫猎嘴形陶支座③，其实不是。既有实心，也有中空，小端平头或穿孔或饰花纹，大端如喇叭口，不成双成对，多数为牛角形，也有如今屋脊鸱尾，不能作支座用。此物在遗址大量出土。而不见于墓葬，疑是建筑物上的饰物。

大溪文化的埋葬习俗，至今只有大溪墓地比较清楚。其特点是：盛行单人葬和母子

① 参见柴尔德著、周进楷译：《远古文化史》，中华书局，1958 年；《云南省佤族制陶概况》，《考古通讯》1958 年第 2 期。

② 《文物考古工作三十年》，文物出版社，1979 年。

③ 李文杰：《试论大溪文化与屈家岭文化、仰韶文化的关系》，《考古》1979 年第 2 期。

合葬，如M75（儿童）埋在M65（中年妇女）左侧；M35（中年妇女）的膝下埋着M56（儿童）①。桂花树曾发现一坑4个人头，尚待研究。其葬法是刨浅坑、无葬具，不封不树，密集重叠，互相打破。据1959年发掘，可辨葬式的60个墓统计：仰身直肢葬为基本葬式，占53.33%，屈肢葬次之，占40%，俯身葬又次之，占6.66%。屈肢葬可分为仰身屈肢和侧身屈肢，后者只有四座儿童墓。仰身屈肢葬又可分为两种：①危坐式：十六座，仰身平卧，上肢交于腹部或垂身旁，下肢相并，向一侧屈曲，胫股骨夹角小于90°，或相重叠，如古代危坐姿势。②蹲踞式：四座，仰身平卧，上肢交于腹部或抱臀部；下肢相并，上举屈曲：双膝并于胸上。胫股骨重叠，如古代蹲踞姿势②。仰身屈肢葬式为大溪文化所开创。影响后世甚大。

大溪墓葬还揭示了奇妙的原始葬俗。随葬实用陶器都在底部打孔。用鱼随葬很普遍，如M3（中年男性），口咬两条大鱼尾，鱼分两边放身上，用狗或猴随葬：如M55（老年男性）为蹲踞式屈肢葬，两旁各匍匐着一条狗，头向与人反，似伺机猎物状。随葬品有一定位置：大石斧用作枕头，俯身葬则盖在脑后。石器、箭镞等工具置胸上。陶器在头侧或身旁。装饰品的位置更有趣，玦和绿松石坠子都是耳饰，右耳为多。玉石、象牙、蚌、骨镯则戴在左下臂为多，如M6（男性）两手各戴玉镯一枚，左手玉镯之上至肘部戴蚌镯九件。玉璜、猪獠牙、环饰、蚌环珠、悬饰等串成项饰。如M6颈部出璜13件，牙饰1件。还有一些另有意义的随葬方式：M1（中年，妇女）用两个陶碟，覆盖左右乳房。M6（男性）耻骨上覆盖一盅形陶器。M11用三个彩陶筒形瓶顺放两股间。M5（老年妇女）头枕象牙一整支足底各置扁平砾石一枚，此墓随葬品最多最精。M47（成年男子）在左右腋下和脊椎下各置砾石一枚。M35（中年女子）在屈曲的股间置一卵形砾石。这些无疑与原始宗教的巫术有关。

归纳一下，大溪文化的特征性因素：巨型石斧、圭形凿、粗大的陶纺轮，外红内黑夹色陶、特有的彩绘和戳印纹和朱绘陶，以釜为炊具，曲腹杯、筒形瓶、簋、玉石璜玦、空心陶球等组成特征性的器物群。住平地木柱夹壁的烧土泥屋，以仰身屈肢葬为特色的埋葬习俗。社会经济可分农业和渔猎两种类型。

三、从大溪遗址看大溪文化的分期

依大溪遗址的地层关系可分为三期：早期（文化层下层），中期（文化层上层）、晚期（墓地）。

地层堆积可以大溪遗址A区T2、T12北壁为例：

---

① 大溪1959年发掘的墓葬骨架，经已故冯汉骥教授1960年鉴定：可鉴别性别者23具（男12、女11），可鉴别老少者36具（老年2、成年26、青年3、童年5）。还有部分人种学测量资料，均已丢失。

② 冯汉骥：《驾头考》论述古代坐式和坐具甚详，载《史学论丛》，四川大学史学系1956年刊行。

（1）耕土层（浅黄色泥沙土）：厚约15厘米。

（2）扰土层（黄褐色松土）：厚20～60厘米。有汉绳纹瓦和宋明瓷片。有墓地特有的底部击孔陶器，人骨人齿。遗址特有的夹砂粗陶具。这是后代破坏了基地扰及文化层造成的。

（3）文化层上层（灰褐色土）：厚20～120厘米。鱼骨渣极多，石器、骨器均多，陶片有夹砂和泥质红陶，也有少量黑陶和灰陶等。饰物和夹砂粗红陶具很多。下接厚约10厘米纯净的河沙层。

（4）文化层下层（黑褐色土）：厚50～200厘米。鱼骨减少而大兽骨增多。石器、骨器减少而粗陶片增多，不见黑陶和彩陶。底接黄色沙土层（T2因故未到底）。

各期陶片的演变可统计列表如下（表一）：

表一

陶系 层位	夹砂红陶	泥质红陶	外红内黑夹色陶	彩陶	泥质黑陶	夹砂灰陶	泥质灰陶
墓　葬	9.6	22.04	9.63	11.81	31.40	0.6	14.92
文化层上　层	87.64	3.17	?	1.16	0.93	5.59	1.27
文化层下　层	97.78	0.72	?		/	1.04	0.09
	1. 文化层统计T2、T12两坑全部陶片，墓葬按随葬陶器总数统计。 2. 外红内黑夹色陶，田野统计未能列出、混入夹砂及泥质红陶内。						

同类器物的变化，也可看到：

①石斧——早期多中、小型，中期始有大石斧，晚期出巨型斧；②凿——早期多骨凿，晚期以圭形石凿为主；③石锄——早期多直腰，中晚期多凹腰；④陶纺轮——早期周边平直的扁平形，中期有截顶圆锥形，晚期有周边折棱；⑤陶釜——早期大，中期小，晚期口径只有早期的三分之一；⑥陶盘——早期有平底的，中晚期都为圈足；⑦陶钵——早期有圜底钵：晚期都是小平底；⑧陶罐——早中期有颈部或口饰戳印的粗陶罐，晚期不见，而有彩陶罐；⑨陶豆——早期只有深腹豆，中期多浅盘豆，晚期样式多种，有竹节状高圈足；⑩玉玦——早中期制作粗糙，内孔往往不在正中、晚期精美。

大溪遗址的分期有待检验，若依此为初步的尺度，我们认为：桂花树墓地出土精美的黑陶曲腹杯、彩陶器，有竹节状高圈足豆，Ⅱ式浅盘豆、Ⅰ式瓶①等，是屈家岭文化早期的东西，可见已到大溪文化末期，孕育着屈家岭文化的初始了。毛家山亦有类似情况，内有彩陶内彩碗，较高的扁凿形鼎腿和高圈足镂孔豆②等，可能已成屈家岭文比早期之物了。

至于湖南澧县三元宫遗址的早、中期确有许多与大溪文化相同的文化因素，如外红

① 《湖北松滋县桂花树新石器时代遗址》，《考古》1976年第3期，图七，26；图八，6、7、21、22。

② 《江陵毛家山发掘记》，《考古》1977年第3期，图四，1；图五，15、22。

内黑夹砂陶、发达的圈足器、伞纽罍盖、空心陶球等。可是不容讳言，有着很大的差异，如三元宫没有大溪文化的典型器物群：巨形斧，圭形凿（晚期才有）、曲腹杯、筒形瓶、玉璜、玉玦等，而三元宫有火候很高的红胎或灰胎黑皮陶，为大溪文化所不见。三元宫的折壁碗、敛口折腹豆、大口尊、无底豆式器座，中期的彩陶纹样，两面有凹槽的石斧①，都与大溪文化异趣。因此，我们认为，三元宫遗址的早、中期可能只是受大溪文化强烈影响的另一种原始文化，也不同于屈家岭文化。所以，大溪文化在湖南的分布大概要另外去找。

四、大溪文化与其他文化的关系

大溪文化早于屈家岭文化已有层位关系证明，如桂花树三、四层是屈家岭，五至八层为大溪文化。类似情况在红花套、关庙山、中宝岛等已多处被证实。而且从文化因素分析亦可知其继承关系：圭形凿、发达的圈足器（加高了、多样化了）、曲腹杯、朱绘黑陶、空心陶球、蹲踞式屈肢葬、水稻种植等等。可见，大溪文化与屈家岭文化确是当地先后承袭的两种原始文化。

大溪文化与长江下游的河姆渡文化、马家浜文化、表现为经济类型（种水稻、渔猎）的一致性，但其他文化因素却并不相同。过去曾有同志提出大溪文化是青莲岗文化的人溯江而上所创造的②，这没有多少根据。目前有同志认为“青莲岗文化”本身因文化面貌各异而难以独立存在③，即使按有些同志的意见分为江北、江南两种类型④，而以江南类型的南京北阴阳营墓葬⑤来比较，差异也是巨大的。北阴阳营的典型器物如穿孔环形斧、穿孔锄、多孔刀、方形凿、骨鱼标、名目繁多的三足器（弇口的彩陶鼎、盉等），大量带流带把的陶器等等都为大溪文化所不见。而大溪文化的典型器物：曲腹杯、筒形瓶等也不见于北阴阳营。因此，两者很难扯在一块。不过，两者都有外红内黑夹色陶，精美的玉璜、玦也惊人的相似，说明这两支不同文化的原始氏族沿长江水路有弥密的交往吧！

大溪文化与汉水上游的李家村文化⑥，有重要的相似点：①以磨制石器为主，都有一定数量的打制石器。梯形圆顶弧刃斧、圭形凿都一样；②李家村的圈足碗是大溪文化圈足器的初型，而且这种圈足碗也大部分用外红内黑夹色陶制成；③李家村的三足器为乳钉状或三角锥形足，大溪文化典型的三足器也正是如此。目前，李家村文化的材料还

---

① 《澧县梦溪三元宫遗址》，《考古学报》1979年第4期，图六，3、4；图七；图八，7、29；图五，11。

② 《古代江苏历史上的两个问题》，《江苏出土文物选集》，文物出版社，1963年。

③ 夏鼐：《碳—14测定年代和中国史前考古学》，《考古》1977年第4期。

④ 吴山菁：《略论青莲岗文化》，《文物》1973年第6期。

⑤ 《南京北阴阳营第一、二次的发掘》，《考古学报》1958年第1期。

⑥ 《文物考古工作三十年》，文物出版社，1979年。

不多，难以说明进一步的问题，不过其年代要早于大溪文化则可以肯定。

大溪文化与黄河中、上游的仰韶文化有相当密切的关系，如①半坡遗址曾出土圭形凿多件①，也有类似曲腹杯的陶器②；②大溪的钩叶圆点纹与庙底沟类型一样，又如大溪 M11 的彩陶瓶纹样③，与庙底沟的彩陶碗（H10：128）④ 的纹样有密切关系；③红花套遗址的大溪层出仰韶典型小口尖底瓶残片⑤，大溪典型的伞纽器盖可能仿自尖底瓶口⑥；④河南淅川下王岗仰韶层中出大溪典型的筒形瓶⑦；⑤打制的盘状器，仰韶与大溪一样引人注目；⑥仰韶文化晚期圈足器增多，显然受大溪文化的影响⑧。更值得注意的是：仰韶半坡氏族人种据颜訚先生研究认为近于南方蒙古人种⑨，且其图腾为鱼，并有那个著名的人面鱼纹⑩，明白地画着一个大眼睛（闭着）、宽鼻子的人头，口里含着两条大鱼，不禁令人联系起大溪 M3 口含两条大鱼的奇妙葬俗，这当然不是巧合，而是反映了信仰习俗上的一致。长江流域的大溪文化与黄河流域的仰韶文化有着包括人种、习俗、乃至图腾、文化上的亲密关系是不容怀疑的。

大溪文化对我国古代文明的诞生和发展也作出了应有的贡献。大溪文化的精美黑陶比黄河下游山东的龙山文化要早得多。中原商文化中的觚（筒形瓶）、簋、壶、璜、玦、圭等典型器物都可以在大溪文化中找到其滥觞期的初型。尤其是大溪文化中由璜、珩、环珠、猪獠牙、悬饰等组成的串饰，乃是中原商周时期盛行在统治阶级中的佩玉的先声。宋朱熹讲佩玉之制⑪："上横曰珩"，大溪有种长条形的璜，应正名为珩；"下系三组贯以蠙珠"，蚌环珠正可当之；"末端悬一玉，两端皆锐曰冲牙"，猪獠牙正乃冲牙之初型；"其末悬一玉如半璧而内向曰璜"，那不正是大溪精美的玉璜吗?！佩玉之制自来聚讼，宋儒之说可备一说，商周佩玉中确有这几种零件是事实，而其原始却在南方，当毋庸置疑。

更值得注意的是，大溪文化的特征仰身屈肢葬一直在中原的夏、商、周三代流传。例如在二里头文化（相当于夏代）的陕县七里铺⑫，商代的安阳殷墟⑬，都曾发现过危

---

① 《西安半坡》，文物出版社，1963 年，图五八，9；图版六八，1。

② 同①，图一〇三，7；图版一三八，1。原报告称豆，其实不是。

③ 《四川巫山大溪新石器时代遗址发掘纪略》，《文物》1961 年第 11 期，图 25、图 26。

④ 《庙底沟与三里桥》，科学出版社，1959 年，图版一二，6。

⑤ 安志敏：《略论卅年来我国的新石器时代考古》，《考古》1979 年第 5 期。

⑥ 《文物考古工作三十年》，文物出版社，1979 年。

⑦ 《文物考古工作三十年》，文物出版社，1979 年。

⑧ 《文物考古工作三十年》，文物出版社，1979 年。

⑨ 颜訚等：《西安半坡人骨的研究》，《考古》1960 年第 9 期。

⑩ 石兴邦：《半坡氏族公社》，陕西人民出版社，1979 年。

⑪ 以下引文见《诗·郑风·女日鸡鸣》、朱传《杂佩》条。

⑫ 《河南陕县七里铺商代遗址的发掘》，《考古学报》1960 年第 1 期。

⑬ 《1969～1977 年殷墟西区墓葬发掘报告》，《考古学报》1979 年第 1 期。其中只有 M1025 较典型。

坐式的屈肢葬。西周春秋间的上村岭虢国墓地有危坐式屈肢葬近20%①，战国时期中原更盛行屈肢葬，可举半坡战国墓地为例②，那里共发掘了112座墓，屈肢葬有104座，占92.85%，除危坐式外，还有与大溪一模一样的蹲踞式屈肢葬51座，占45.57%。过去有人说中原的屈肢葬是由甘肃地区东迁的诸戎带来的③，此说不确。我们曾检查了已发表的甘青地区新石器时代和稍晚的屈肢葬材料，发现那里没有与大溪文化一样的仰身屈肢葬，包括危坐式与蹲踞式两种中的任何一种。甘青地区的马家窑文化（包括马家窑和半山两种类型）只有侧身屈肢葬。马厂类型据说有仰身屈肢葬，但从发表的甘肃永昌鸳鸯池的M136看，下肢屈曲大于110°，与大溪危坐式不同。所谓“蜷曲特甚”的屈肢葬也不是大溪的蹲踞式。如鸳鸯池M24第3号人骨④，青海乐都柳湾M327第二号女性骨架⑤，显然都属于“捆缚致死后殉葬”的。齐家文化的屈肢葬也都与殉葬作的姿势有关⑥。这些都不是一种独立的原始葬式。因此，我们认为中原流行的仰身屈肢葬来源于南方的大溪文化。

综上所述，大溪文化是我国灿烂的古代文化的有机构成部分之一，它富有特色，又与其他文化有紧密的关联。大溪文化的主人也是源远流长的中华古老文明的共同创造者之一。

五、大溪文化的年代和社会性质

大溪文化的相对年代据上节分析，应晚于裴李岗文化、李家村文化，与仰韶文化、河姆渡文化同时或有参差，而早于屈家岭文化。这与碳十四测定的年代大体相合，据标本ZK687（红花套T111⑥:506、507、509的谷壳标本）测定为公元前3825±120年，校正为4485±200年。据悉红花套第六层出土筒形瓶、曲腹杯和彩陶器与大溪墓地相同，应属于大溪文化晚期⑦。再据关庙山等地的测定数据，似乎可以说大溪文化是距今6000年以前的原始文化⑧，恐不为谬。

---

① 《上村岭虢国墓地》，科学出版社，1959年。但从《考古》1961年第11期第625页发表的图看来，1812等墓不能算。

② 《西安半坡战国墓葬》，《考古学报》1957年第3期第72页，其中Ⅰ、Ⅱ、Ⅲ、Ⅴ式都是危坐式，Ⅳ、Ⅵ式是蹲踞式。因战国墓有棺椁葬具，骨架在入葬后，还可能移动。

③ 林寿晋：《上村岭的屈肢葬及其渊源》，《考古》1961年第11期。

④ 《永昌鸳鸯池新石器时代墓地的发掘》，《考古》1974年第5期，图七，M136，近似危坐式而不一样，图三M24第3号、图四M42第2号均不是仰身屈肢葬。

⑤ 《青海乐都柳湾原始社会墓地反映出的主要问题》，《考古》1976年第6期，图一五M327、图版四M92、图一四M326等均被捆绑殉死，不是屈肢葬俗。

⑥ 如甘肃临夏秦魏家的M105、M124等，见《考古》1960年第6期。

⑦ 1974年长江流域规划办公室文物考古队发掘资料。

⑧ 关于大溪文化的年代还有待更多的测定数据，但安志敏先生引红花套标本ZK325，以为公元前2405±115年，偏晚了，其实ZK325为红花套第五层出土泥炭，该层器物近于屈家岭晚期，并不是大溪文化（参见前页注⑤和《考古》1978年第4期第282页ZK325标本测定说明）。

现在，我们对大溪文化的社会状况还不甚明白，据大溪墓地资料分析，在大溪的氏族公共墓地中盛行单人葬，没有夫妇合葬、殉葬，却有子从母葬的习俗。随葬品的数量多寡不均，据 1959 年发掘的保存较好的 52 座墓统计，最多的是 M5 为老年女性，有 56 件。而另有四墓一无所有的，也全是女性。这 52 座墓的平均随葬品数应是 1 件，而在平均数以下的有 36 座，占 70%，多数女墓只有一、二件。当然，这里只能就保存下来的随葬品而言，那些易朽的随葬品则不可知了。尽管如此，我们似乎还是可以就一斑而窥整体，推论大溪文化的晚期正处在由母系氏族过渡到父系氏族社会的历史阶段。

（原载《中国考古学会第二次年会论文集》，文物出版社，1982 年）

《羌戈大战》的历史分析

——兼论岷江上游石棺葬的族属

岷江上游的茂（汶）、汶（川）、理（县）一带的羌族中间，流传着许多民间传说，《羌戈大战》就是其中重要而引人注目的一种。1937年胡鉴民师赴羌区调查，开始搜集，著之于文①；1938年冯汉骥师亦作了调查与分析②。他们的成果在许多论著中广泛地被引用，并一致认为具有重要的科学价值③。1980年，笔者再赴茂、汶调查，又记录到比较系统的故事本末，故不揣浅陋，愿在前人工作的基础上，对《羌戈大战》作一比较全面的历史学的分析，庶几对认识岷江上游的羌族来源、氐羌族关系和石棺葬的族属问题等提供一些不成熟的意见。

一、白石崇拜与羌戈大战

直到近代，岷江上游的羌族还信奉原始宗教“万物有灵论”（Animism），崇拜天、地、山、火、树、石等具体事物，虽然受到佛、道与喇嘛教等的影响，却并没有形成严格的神灵系统，而其中对白石的崇拜却十分富有特色。其实白石并不是一种单独的神，而是神的象征，例如：汶川萝卜寨的羌人碉房顶平台的女墙上有五块白石英石块（选取大块的自然石块），分别代表：天神、地神、山神（立地之神）、山神娘娘和关老爷。理县二枯上三里，羌碉屋顶有九块白石头，分别代表：开天辟地神、地母神、还愿开路神、山神、建筑房屋之神、指示战争之神、天门神、智慧之神、冬藏神（仓神）。可见羌族尚无严格的神灵系统，白石崇拜却是其固有的信仰。羌族崇拜白石头并不如汉族“五行论者”所说的：“西方金也，其神为太白”，所以尚白的。据说因为羌族历史上曾遭劲敌，几乎不能自立，受天神启示，用白石战胜敌人，民族始得复兴，所以传为习俗，拜白石犹如拜天神。《羌戈大战》（羌语称 bi－gu－ngaw）就是叙述这段光荣历史的长篇有韵史诗。每当羌寨岁时祭祀、婚丧大事时，合寨长幼聚集一起，由头戴金丝猴皮帽、身披豹皮，下着本色麻布裙的端公——羌族的巫师“比”（pi）——伴着羊皮

---

① 胡鉴民：《羌族之信仰与习为》，《边疆研究论丛》，1941年。

② 冯汉骥：《禹生石纽辨》，《说文月刊》第4卷合订本，1944年，第203～213页；《岷江上游的石棺葬文化》，《工商导报·学林》副刊1951年5月20日。

③ 例如郑德坤：《四川古代文化史》，华西大学博物馆印行，1946年；《羌族简史简志合编》（初稿），1963年；冯汉骥等：《岷江上游的石棺葬》，《考古学报》1973年第2期。

鼓，进行吟唱，以激励民族自尊心①。全诗很长，据说要说唱好几个小时，我们就前人所收集的（参见胡、冯两先生文）和笔者所记录的民间故事（见附件），可将其故事本末节要述列如下：

（1）羌族历史上曾有一次大流亡，弄得种族东西分散，其中一支来到岷江上游，遇到已住本地的戈基人（按：或写作歌人、葛人，ge-ji）。

（2）戈基人虽然憨愚欠智，而矮壮有力，羌人不敌，时受欺侮（按：有畜群被盗、孩子被窃食等情节），羌人欲远遁以避之。

（3）羌人得天神相助，奋起与之战。或说得天神启示，学会打仗。或说羌人用智谋争取到天神的支持，如说羌人盗天神的偏花（指瞎一眼）、独角、断尾，有标记的三牛，给戈人吃，让天神发现，嫁祸于戈人。作战时天神令羌人颈系羊毛线为标志，即得神助。

（4）首战坡地。天神教羌人用树棒，戈人用麻秆，戈人败绩（按：羌人崇拜树神 Mei-be-tze）。

（5）次战高山。天神要羌人用白石，戈人用雪坨坨，戈人败绩（按：羌人以白石 rbo-pi-tze 作崇拜对象）。

（6）三战悬崖。以溜索过峡谷，天神教羌人用手抱溜筒，戈人用牙咬溜索。天神在中途发问，羌人答应后，顺利过谷；戈人一松口，跌落深渊灭绝（按：羌人至今用溜筒过河）。

（7）天神发洪水荡涤战场，羌人安居于此。

（8）戈人的生理特征是：人矮且壮，眉骨凸起，齿大如指，头颈甚短，发黑粗如马鬃，纵目不能平视，平视则需埋头，有尾，尾干缩则自知死期，性格闷憨，不知计谋。

（9）戈人的文化特征是：吃肉而不畜牲，只收获而不播种，采食果实，饮取雨露，不知击石取火，无协作精神，居岩洞，葬无底石棺。尾干，自知死期将至，即以石板搭一洞："戈基呷钵"（按：即石棺葬），预置一罐水，一罐粮，自己钻进去等死。

（10）羌人世代相传，把战胜戈人，视为民族复兴之转折，每述及此，颇为自豪。据说以前羌人自称 dze-gaj-be 意为人民，消灭戈人后，自称 rma（北方方言 rmee），意为文明之牧羊人，与野蛮的戈基人相区别。

羌族是我中华民族古老的成员之一。自殷周以来，甲骨卜辞、钟鼎文以及《尚书》《诗》《国语》《春秋左氏传》……以下，可以说史不绝书。可是，羌族自己却因只有语言，没有文字，而无本民族的典籍可考，只有依靠这些世世代代相传的口头吟唱了。那么《羌戈大战》的传说，究竟有多大的史料价值呢？如果我们撇开其神话的外衣和流传中的变异，剔除其后来的衍生物，透过其神奇的折光，可以看到这样三个基本事实：

（1）羌族是在大迁徙中进入岷江上游的，经过民族间的斗争和融合，最终定居下

① 见前引《羌族之信仰与习为》。

来的。

（2）岷江上游原有居民，是被羌族认为从种族到文化都不相同的另一种人——戈基人。

（3）岷江上游的石棺葬不是羌族祖先的遗物，而是戈基人的遗存。

下面，我们就来讨论《羌戈大战》所述的这些基本事实。

二、羌族的迁徙

《羌戈大战》说：岷江上游的羌族是从别处迁徙而来的。这一点，历来史家并无异议。然而，其来源和迁入年代，颇有可论者①。

羌的最早记载，虽见于商代武丁及以后的卜辞，但岷江上游的羌族却与之关系不大。商代羌的地理位置就在天邑商的附近。据陈梦家研究："武丁卜辞所记与羌作战的沚、戊、雀等、或在晋南，或在河内附近太行山的区域。前七·十九·二有'才敦𦎫羌'之辞，敦在沁阳附近，则羌去此不远。"又说："今陕西大荔县西五十里有羌白镇，地名'羌白'与卜辞的'羌方白'恐非偶然的相合，此或是羌所曾居住之地，在河东之西。"② 李学勤认为：羌为商西猎区的邵区，与沚、微、等相邻，在今晋南一带③。由于地近王畿，所以商王可以常到羌地狩猎："辛巳卜王曰贞，王其田羌，亡，擒鹿十又五"（《金》一八二）。正因为羌与商紧邻，卜辞中才累见"获羌"、"戍羌"等记载，羌人才成为商王朝重要的奴隶来源，不仅大量用于田猎："乎多羌逐罡，隻"（续四·二九·二），用于农垦："王令多羌圣田"（《粹》一二二二），更多的用于作牺牲："用羌"、"伐羌"、"卯羌"等等不绝于书，还用羌伯祭祖："□亥卜，羌二方白用于且丁父甲。"（《京津》四〇三四）至于用一般羌人祭祀，甚至贱于牲畜，往往杀人多于牲畜，如："酒□于上甲九羌，卯一牛。"（《后》上二八·二）一次可多达三四百个羌人："戊子卜、宂贞，今夕用三百羌于丁用"（《殷契》：二四五）；"贞……羌四百于且□。"（《南北·师友》一·四〇）如此滥用，说明在殷商奴隶主心目中，羌人因地近易获，用之方便。

商代最西边的羌，在邰（今陕西武功一带）。卜辞有"妇姜"（《乙》六五·八五反），羌姜本一字，一从人，一从女。《后汉书·西羌传》说："西羌之本，出自三苗，姜姓之别。"这个姜姓的羌，乃周室姬姓的姻亲部落，却是一个农业高度发达的部落。《史记·周本纪》说：有邰氏姜螈践巨人迹而孕，生后稷，成为舜的农师，"播时百谷"，为周人的先祖。《诗·大雅·生民》《鲁颂·閟宫》均记其事。

商末，周武王伐纣时，羌人作为"西土之人"，参加了牧野之誓："王曰：嗟！我友邦冢君……及庸、蜀、羌、髳、微、卢、彭、濮，称尔戈，比尔干，立尔矛，予其

① 参阅胡昭曦：《论汉晋的氐羌和隋唐以后的羌族》，《历史研究》1963年第5期。

② 陈梦家：《殷墟卜辞综述》，科学出版社，1956年，第281～282页。

③ 李学勤：《殷代地理简论》，科学出版社，1959年，第一章六、邵区。

誓。”孔颖达《尚书正义》说：“此八国皆西南夷也，文王国在于西，故西南夷先属焉。”这里讲的是商末周初“商周西南徼外夷也”，不能与秦汉时司马迁所说的“巴蜀西南徼外夷”相提并论。此时羌地不会超出渭水中游的。

周代与羌有密切关系的陆浑之戎、姜戎氏等，陆续由西向东迁徙。《左传》僖公二十二年：“秋，秦、晋迁陆浑之戎于伊川。”襄公十四年云：“（晋）将执戎子驹子。范宣子亲数诸朝曰：‘来，姜胡氏，昔秦人迫逐乃祖吾离于瓜州，乃祖吾离被苫盖，蒙荆棘，以来归我先君。’”瓜州在哪里？杜预说远在敦煌，其实太西边了。经顾颉刚考证：“瓜州必不在今敦煌，它一定离凤翔不远”①，也只在渭水中游，关中平原之西段。另外，出于姜姓之羌的齐、许、申、吕等（见《国语·周语中》），既随周人东进，被封在黄河下游，全盘的华夏化了。

可见，上述羌族分布在商周近邻，经济文化发展水平甚高，大量内迁，基本上同化于华夏族之中，所以他们和岷江上游的羌族没有直接关系。

岷江上游的羌族直接来源于横断山脉北端甘青高原的“河关之西南”、“河湟之间”的西羌。由于当时当地经济文化落后，不为人注意，也无载籍，直到汉代“羌患”严重，人们开始重视西羌始末，才有河湟诸族的追记。关于羌的史实，至秦汉间尚未引人注意，《史记》《汉书》散见于匈奴、大宛诸传，至《后汉书》始专立《西羌传》。《后汉书·西羌传》说这一带的原始居民：“所居无常，依随水草，地少五谷，以产牧为业。其俗，氏族无定。或以父名母姓为种号……不立君臣，无相长一，强则分种酋豪，弱则为人附落，更相抄暴，以力为雄。杀人偿死，无它禁令。”说明他们还在原始氏族社会的发展阶段上，尚没有形成“民族”②。故而他们与上述商周近郊有较高政治经济文化水平的羌族，大相径庭。

西北羌族的形成，约在战国之世。公元前四六一年时，“秦厉公灭大荔，取其地，赵亦灭代戎，即北戎也，韩、魏复共稍并伊洛、阴戎灭之，其遗脱者皆逃走，西踰汧陇”。这些羌人残部西逃，逐渐融合在河湟诸原始氏族中间，才形成西羌民族。其中最重要的是“不知何戎”的秦人奴隶无弋爰剑跑来此地，与上述西进的诸羌汇合，因“诸羌见爰剑被焚不死，怪其神，共畏事之，推以为豪。河湟间少五谷，多禽兽，以射猎为事。爰剑教之田畜，遂见敬信，庐落种人，依之者日益众……其后世世为豪”。可见，战国之世，中原羌族残部西逃，与当地原始氏族融合，才形成“河湟之间”的西羌诸族。

西羌形成后，其南下则在战国后期。《后汉书·西羌传》又说：“至爰剑曾孙忍时，秦献公（公元前384～前362年）初立，欲复穆公之迹，兵临渭首，灭狄㒜戎。忍季父卬畏秦之威，将其种人附落而南，出赐支河西数千里，与众羌绝远，不复交通。其后子孙

---

① 顾颉刚：《从古籍中探索我国的西部民族——羌族》，《社会科学战线》1980年第1期。

② 关于历史上的民族形成问题，目前尚有争论，不过都认为在原始社会末期向阶级社会过渡时期以后，不会再早的。参阅《关于历史上的民族问题综述》，《学术月刊》1982年第2期。笔者认为直到奴隶社会的阶段，民族才真正形成。

分别各自为种，任随所之，或为白马种，越嶲羌是也；或为白马种，广汉羌是也；或为参狼种，武都羌是也。”

综上所述，可见三点：

（1）最早跑到岷江上游的羌族，是卬的子孙后裔，出于战国之世的爰剑之后。

（2）这些羌族是由“赐支河西数千里”，向东南分股而来，“任随所止”。

（3）到达岷江上游的时间，只能在战国秦汉以后。大股羌族的出现，可能在西汉武帝以后。其说详下。

西汉时的羌族，著名的是留在湟中的忍及其弟舞的后裔二十六种。因为他们与“月氏诸胡”一起，夹在匈奴与汉王朝之间，“首施两端”，时而助汉攻胡，时而又攻掠汉边邑，迁入关内，又为患内地，酿成数百年“羌患”，使汉王朝十分头痛。而远徙西边的卬的后裔，却默默无闻。因为他们只与“巴蜀西南徼外”诸族周旋，有时几乎被人吃掉，故不为汉王朝所注意。司马迁著《史记·西南夷列传》前，虽然他事先还亲自“奉使西征巴蜀以南，南略邛笮、昆明”，取得了第一手资料，记录了西南比较著名的各族，而独不记有羌族，值得注意。司马迁把西南各族按地理位置分为七个民族区：①以夜郎为代表的南夷（据王念孙校）；② 以滇为代表的靡莫之属；③以邛都为代表的滇东北诸族；④随畜迁徙无常处的嶲、昆明；⑤以徙、笮都为代表的嶲东北诸族；⑥以冉、駹为代表的笮东北诸族；⑦以白马为代表的氐类诸族。每区只举一两大族，代表着“以什数”的其他小民族，这些什数中，恐怕也隐藏着有“附落而南”、“各自为种”的小股羌族卬的子孙们。由于西汉前期尚无大股羌族南下，故司马迁无力把这些零星小股的羌族从西南夷诸族中分辨出来。这些情况，正好反映了《羌戈大战》说的：在迁徙中一路上羌族到处遇到劲敌，几乎不能自立的被动景况。

东汉以后，羌族在西南地区起的作用，逐渐显露出来，记载也就多起来了。就以岷江上游而言，《华阳国志·蜀志》记汶山郡有“六夷、羌胡、羌虏、白兰、峒（氐）九种之戎”。《后汉书·南蛮西南夷传》记汶山郡：“其山有六夷、七羌、九氐、各有部落”。《后汉书·西羌传》还记下了：广汉塞外的“白马羌”、“参狼种羌”，蜀郡徼外的“大牂夷种羌”、“羌龙桥等六种”、“羌薄申等八种”等等，名目繁多，实力已强，这是因为经过汉代数百年的斗争与融合，羌族已在西南各地扎下了根的缘故。

《羌戈大战》所述羌族在大迁徙中，化整为零，各自为战，或生或灭的情况，可以《后汉书·西羌传》的这一段话为注脚：

“自爰剑后，子孙支分凡百五十种，其九种在赐支河首以西，及在蜀汉徼北，前史不载口数。唯参狼在武都，胜兵数千人。其五十二种衰少，不能自立，分散为附落，或绝灭无后，或引而远去。其八十九种，唯钟最强，胜兵十余万，其余大者万余人，小者数千人，更相钞盗，盛衰无常，无虑顺帝时胜兵合可二十万人。发羌、唐旄等绝远，未尝往来。牦牛、白马羌在蜀汉，其种别名号皆不可纪知也。”

岷江上游的羌族在遇到劲敌“戈基人”后，面临“灭绝”或“引而远去”的可悲下场，居然最后得到“神助”，用白石头战胜之，在当地站稳了脚跟，这的确值得庆幸，难怪他们要用《羌戈大战》这样的史诗来歌颂自己民族复兴的伟大胜利了。

三、戈基人与石棺葬

岷江上游石棺葬的族属，迄今尚未解决，或以为是羌族、古羌族的遗存①。可是，值得注意的是，当地的羌族一致公认石棺葬与他们无关，而且他们在染袭汉族土葬之前，一直奉行火葬。茂、汶岷江两岸的羌族称石棺葬为“戈基呷钵”（意即戈基人的墓），或叫“戛尔布”（呷钵的长音），在向汉人作解释时，称为“矮子坟”（《羌戈大战》说戈人很矮）。理县杂谷脑沿岸的羌族有称石棺葬为“瑶洞子”、“瑶人洞”的（意即南人之洞）。这一点颇耐人寻味。

岷江上游的石棺葬经正式清理发掘的近百座②，其年代最早可到战国以前③，最晚大概在西汉之末④。据上节可知，羌族来此只能在秦汉以后，石棺葬非其所有不言自明；羌族经过民族斗争与融合在此扎下根是西汉之世，故石棺葬的衰落正是羌族势力在此增长的结果；东汉以后，羌族在这一带成为重要力量，《羌戈大战》说“消灭”了石棺葬的主人——戈基人，石棺葬俗也在此消失了。据在这一地区的多年调查，西汉以后只有东汉的汉制砖石墓和崖墓⑤，还没有发现其他墓葬形制，其原因可能是多方面的，而羌族自古行火葬，“羌人死，燔而扬其灰”⑥，冉、駹夷的“王侯”也是“死则烧其尸”⑦，当然无羌人的墓葬可寻了。

我们认为：岷江上游的石棺葬很可能是比羌族先住此地的氐族的遗物。氐与羌一样是我中华民族古老的成员之一。虽然卜辞中有“氐”，而不作族讲⑧，但先秦典籍中往往有之，如《诗·商颂·殷武》：“自彼氐羌，莫敢不来享，莫敢不来王”。《逸周书·王会解》记成周之会：“氐羌以鸾鸟”。《山海经》的《海内南经》、《海内西经》、《大荒西经》（据王念孙校改）均为“氐人国”。《荀子·大略》有“氐羌之虏”。据《三国志·魏志》裴注引鱼豢《魏略·西戎传》说：

① 沈仲常、李复华：《关于“石棺葬文化”的几个问题》、《中国考古学会第一次年会论文集》，文物出版社，1980 年；陈宗祥；《岷江上游石棺葬的族属初探》，《西南民族学院学报》1981 年第 1 期。

② 除前文《关于“石棺葬文化”的几个问题》引 86 座外，据茂汶羌族自治县文化馆告知，尚有该县羊午沟 13 座，正在整理。

③ 《四川茂汶营盘山的石棺葬》，《考古》1981 年第 5 期。

④ 据说 1978 年四川省博物馆在茂汶县城发掘的 48 座中，第三类墓出宣帝五铢，而均不见有莽钱及东汉钱，故应在西汉末之前。

⑤ 1964 年笔者在理县桃坪发现东汉大石墓，收集黑皮灰陶钵底部有“雒”字；1980 年笔者在汶川克枯调查了汉晋崖墓穴 6 座。

⑥ 据《太平御览》卷七九四引《庄子》。

⑦ 据《后汉书·南蛮西南夷列传》。

⑧ 〔日〕岛邦男：《殷墟卜辞综类》所收“氐”字甚多，各家均以为如《说文》：“氐，至也”，不作族名解。

> 氐人有王，所从来久矣。自汉开益州，置武都郡，排其种人，分窜山谷间，或在福禄，或在汧陇左右。其种非一，称槃瓠之后，或号青氐，或号冉氐，此盖虫之类而处中国，人即其服色而名之也……其俗语不与中国同及羌杂胡同，各自有姓，姓如中国之姓矣。其衣服尚青绛。俗能织布，善田种，畜养豕、牛、马、驴、骡。其妇人嫁时着衽露，其缘饰之制有似羌，衽露有似中国袍。皆编发。

据此，可注意几点：

（1）氐族以虫类为族徽，与南下的羊种之羌不同。

（2）氐族较早居此，“汉开益州，置武都郡，排其种人，分窜山谷间”。《汉书·地理志》载：广汉郡有刚氐道（今四川平武东）、甸氐道（今甘肃文县西），蜀郡有湔氐道（今四川松潘西北），这两郡有氐道而无羌道，陇西郡则有氐道也有羌道，金城郡有羌道而无氐道。《北史·氐传》追述曰：“氐者，西夷之别种，号曰白马。三代之际，盖自有君长……秦汉以来，世居岐陇以南，汉川以西……自汉渭抵于巴蜀，种类实繁。”可见氐族确为此地世居的古老民族。

（3）氐族文化与石棺葬文化内涵颇有相合者。前已有同志论及①，此处略举数端：氐族“善田种”有聚落，正与石棺葬往往出土粟、稷等粮食并有成片墓地相合，而非游牧不定的羌族所营建；氐族“各自有姓，姓如中国之姓”，过去石棺葬出土双耳罐上刻有“李”、“木”等，字体在篆隶之间②。而非“以父名母姓为种号”的羌族所有自明；氐族“俗能织布”、“衣服尚青绛”，石棺葬往往出土麻布衣服，或本色，或染青黑、绛红。

石棺葬为氐族中一支的墓葬，也为《羌戈大战》所证实。《羌戈大战》所描述的戈人特征有几点值得研究：①纵目；②有尾；③居石洞；④葬石棺。试讨论如下：

所谓纵目者，传说讲：戈基人眼睛不能平视，平视则须埋头纵目，即把眼睛“棱起来看东西”。川镇交界处的纳西族有《人类迁徙记》的传说，讲到有“眼睛直生的天女美，眼睛横生的天女好”，纳西象形文字，直眼作，横眼作③。这“直眼”形象正是“纵目”的写照。纵目人确为岷江上游的古老居民，周原卜辞有“伐蜀”，出于武王克商以前（H11:68），蜀字作，俨然一纵目人像，而且从虫④。《华阳国志·蜀志》说：“有蜀侯蚕丛，其目纵，始称王，死作石棺椁，故俗以石棺石椁为纵目人冢也。”石棺葬为纵目人冢这是一极有力之证据。据《古文苑·蜀都赋》章樵注引《先蜀记》说：“蚕丛始居岷山石室中”。蚕丛氏既住石洞（室），又葬石棺，其人恰为纵目，均与传说之戈基人相合。《汉书·地理志》湔氐道：“《禹贡》岷山在西徼外，江水所出。”今茂汶叠溪城废墟北有蚕陵山，相传为“古蚕丛之国也”，其地正当岷江两岸石棺葬分

① 童恩正：《四川西北地区石棺葬族属试探》，《思想战线》1978年第1期。

② 郑德坤：《理番的版岩墓文化》（英文），刊 *arvard Journal of Asiatic Studies* Vol.9，1946年。

③ ［日］君岛久子：《纳西（么些）族的传说及其资料》，《民族译丛》1980年第5期。

④ 《陕西岐山凤雏村发现甲骨文》，《文物》1979年第10期，第43页，图一。

布较密集的地区。亦可见这蜀之蚕丛氏也即戈基人，以虫为族徽，与氐族“乃虫之类而处中国”为一类，而与南下的羊种之羌不同。

有尾神人在《山海经》中迭有记载，都集中在西方：

《西次三经》：西南四百里，曰昆仑之丘，是实惟帝三下都，神陆吾司之。其神状虎身而九尾，人面而虎爪。

《大荒西经》：西海之南，流沙之滨，赤水之后，黑水之前，有大山，名曰昆仑之丘。有神人面虎身，有文有尾，皆白处之。其下有弱水渊环之，其外有炎火之山，投物辄然。有人戴胜，虎齿，有豹尾，穴处，名曰西王母，此山万物尽有。

西王母有尾而穴处，齿大如虎齿，均与传说中戈基人相合。

昆仑之丘，唐兰以为是祁连山，徐旭生以为“盖昆仑乃青海高原”①。1973年在昆仑之丘的青海大通上孙家寨发掘了一座马家窑文化类型的墓葬（M384），出土烧焦的人骨，随葬品中的牛骨、纺轮、海贝，陶器多件，最堪注意者，在一件舞蹈纹彩陶盆上画着一群“有尾人”，陶盆以三组相同的舞蹈图案作为主题装饰，每组有牵手的五人队列，各向一个方向摆动发辫和尾饰②。昆仑之丘有有尾人，可得地下证明，同时也有石棺葬。1974年在昆仑之丘的东面，甘肃景泰张家台清理半山类型的墓葬二十二座，其中有大口双耳罐③，一般认为这种双耳罐乃后来的齐家文化、卡约文化、辛店文化、岷江上游的石棺葬文化出土的双耳罐的祖型。这些都能说明有尾人与石棺葬确有某种关系。但是，有同志认为：马家窑文化（包括半山类型）是羌族文化的前驱或羌族之先民④。笔者以为有待商榷，民族的形成最早也只能在原始社会向阶级社会的过渡期；而甘青地区作为西羌民族形成的时期如上述只能在战国之世，其间相去数千年，似难相合。作为西羌民族的构成之一本地的原始氏族在当时还“只知射猎，不知田畜”，与上述有农业、定居、有发达的制陶业等的原始文化相去甚远，若真为“羌族之先民”，这种文化上的倒退，实在太令人吃惊了，反过来若说成是后来氐族继承了这种原始文化，恐怕于理更近吧！

有尾人在西南也有发现。岷江中下游的乐山、宜宾地区多汉、晋崖墓，依山凿室，葬棺其中，在崖穴及石棺上往往雕刻伏羲、女娲像，均作有尾人。女娲之名首先见《楚辞·天问》：“女娲有体，孰制匠之”，王逸注云：“传言女娲人头蛇身”。古人事死事生，墓室如居室，居石室而由有尾神人相佑，说明其中确有来历。晋佚名者作《永昌郡传》：“郡西南千五百里，徼外有尾濮，尾若龟形，长三四寸，欲坐，则先穿地穴，以安其尾，若邂逅误折尾，便死。”这个“濮”当非江汉之濮，而是“僰”，即《史记·司马相如传》说的“西僰之长”的“僰”，《史记集解》引徐广曰：“羌之别种也。”自

---

① 徐旭生：《中国古史的传说时代》，科学出版社，1960年，第43、295页。

② 《青海大通上孙家寨出土的舞蹈纹彩陶盘》，《文物》1978年第3期。

③ 《甘肃景泰张家台石器时代的墓葬》，《考古》1976年第3期，第184页，图七，7。

④ 俞伟超：《古代“西戎”和“羌”、“胡”文化归属问题的探讨》，《青海省考古学会会刊》1980年第1期，第8页。

来氐、羌连称，此称“别种”，抑或氐也。这个方向也有石棺葬，1974 年在云南德钦永芝等地也发现石棺葬，出土陶罐与岷江上游相似，时代亦在西汉①。

有尾人居石室还有记载。《后汉书 · 南蛮西南夷传》说：“槃瓠得（高辛氏）女，负而走入山，止石室中”，其后代“衣服制裁，皆有尾形”。而氐族正自称槃瓠之后。但《南齐书 · 氐传》说氐族“无贵贱，皆板屋土墙”，并未言及居石室之事。我们以为居板屋土墙者，可能指居住在北方的氐族，《诗经 · 秦风》说：“在其板屋”，《汉书 · 地理志》说：“天水、陇西，山多林木，民以板为室屋”，大概受地理环境的制约。在南方岩溶地区（喀斯特地貌）居石洞是有悠久历史的，从旧石器时代以来洞穴遗址很多。岷江上游由于地质原因，没有发育的岩洞，却有傍水凹岩下的岩厦。如《说文》说：“氐，巴蜀名山岸胁之堆旁著欲落堕者曰氐，氐崩闻数百里。”巴蜀方言称这种岩厦为氐即“氐”，这种岩厦是可以辟为石室居人的。要之，居石室的戈基人，或即氐族于南方之一支。

氐、羌是一还二，自来聚讼。商代族名有羌无氐。《诗经》始有氐、羌连称，《逸周书 · 王会解》有：“氐、羌以鸾鸟。”孔晁注曰：“氐、羌地，羌不同，故谓之氐羌，今谓之氐矣。”意即：氐在羌地，与羌不同，过去叫“氐羌”，现在叫“氐”了，孔晁注有错乱，或作“氐地之羌不同，故谓之氐羌，今谓之氐也”，意即住在氐地的“羌”与羌不同，过去叫氐羌以示区别，今天叫氐了。两说均可通，说明氐与羌确有区别。徐中舒师早就论及：“氐、羌应是服属于殷王朝的两个部族”②，顾颉刚先生亦以为氐、羌是“平行的两名”，马长寿先生也力主氐与羌不同③，确是真知灼见。氐、羌有别，虽嫌资料缺乏，但还是可以区别的④。

总之，氐、羌有别，有族间的冲突与交融，今可从羌族史诗《羌戈大战》得到证明；石棺葬乃氐族区别于羌族的地下证据。羌族传说的戈基人纵目、有尾、居石洞、行石棺葬，乃氐类之一种，先羌族而居于岷江上游，与后到之羌族发生冲突，而后或迁徙，或同化，或改名换姓，隐在历史的灰烬之中，今得《羌戈大战》本事，始知晓这段几乎湮没的历史，诚属难能可贵。

羌族史诗《羌戈大战》有待全面、科学地整理，而其史料价值不容忽视。笔者陋见，以冀于抛砖引玉。

附： **《羌戈大战》**（民间故事）

汪有伦口述，笔者于 1980 年 5 月 28 ~ 29 日记录、整理。汪有伦同志系汶川簇头羌族人，现任汶川县文化馆馆长。

---

① 《云南德钦永芝发现的古墓葬》，《考古》1975 年 4 期。

② 徐中舒：《巴蜀文化续论》，《四川大学学报》1960 年第 1 期。

③ 马长寿.《氐与羌》，上海人民出版社，1984 年。

④ 黄烈：《有关氐族来源和形成的一些问题》，《历史研究》1965 年第 2 期；《关于前秦政权的民族性质及其对东晋的战争性质》，《中国史研究》1979 年第 1 期。

羌人来此前，这里住着戈基人，又叫呷尔布。这种人很矮很憨又很懒，只会收不会种，常偷窃羌人的东西，甚至盗食羌人的孩子。这种人有一根小小的尾巴，一旦尾巴干了，耳朵蔫了，就知道自己快要死了。用石板砌个洞洞，“梭”去睡下，就死了。

从前某寨住着的一户羌人家，父母早亡，只留兄弟两人。哥哥每天上山砍柴，临走时留一个“打尖”馍馍给弟弟当午饭。但后来发现弟弟饿瘦了。相问之下，才知有一个呷尔布老婆子每天来要馍馍吃。那天哥哥用牛屎做成馍馍，自己躲在楼上。老婆子果真来了，看见牛屎馍馍，就问：“为什么这样黑?”咬了一口，又问：“为什么这样难吃?”丢了馍馍要吃弟弟。这时，哥哥在楼上出声了，老婆子问你是谁，哥哥说：“我是天神。”老婆子不信说：“天神会刮风。”哥哥用撮箕一扇，风响了。老婆子又说：“天神会打雷。”哥哥用力推空磨，隆隆作响。老婆子有点害怕，又说：“天神会下雨。”哥哥没法，就屙了一泡尿，淋在老婆子头上，淋得她睁不开眼，并丢下一条皮口袋，命令老婆子钻进去，呷尔布很害怕天神，只好钻进皮口袋。哥哥下楼来把皮口袋捆吊起来，并嘱咐弟弟不准放开，然后出门去喊人。弟弟人小好奇，用刺笆扎了一个小孔，往里瞧。老婆子说：“你快放我，否则我从小孔钻出来，把你吃掉。”弟弟害怕，忘了哥哥嘱咐，放开皮口袋。老婆子钻出来，还是把弟弟吃了，只剩下一副骨架，立在门背后。哥哥回家发现弟弟被吃，非常难过，向寨子上的羌人哭诉，大家都很气愤，要报仇，但呷尔布人又戆又壮，羌人打不过，只有争取天神的支持。

本来，羌人尝新必定先敬天神，然后自己才吃，呷尔布人先自己吃，再享天神，天神早已不高兴呷尔布人了。天神在神山上放牧牛群，羌人头天偷了一只偏花儿（瞎了一只眼）牛，第二天又偷了一只独角牛，第三天偷了一只断尾巴牛，回来把牛肉吃了，剩下筋筋骨头，邀呷尔布人打平伙，约定呷尔布人只出酸菜，呷尔布人又笨又馋，高兴地答应了。吃的时候，呷尔布人按到牛筋骨头啃，羌人却只吃酸菜，吃完后，呷人把骨头埋在门槛下。羌人把柴灰埋在门槛下。天神发现丢了牛，大怒，下来查找。看见羌人门槛下是未烧尽的树疙瘩，呷人门槛下是啃光的牛骨头。天神叫他们张开嘴巴，发现羌人牙缝里是酸菜渣，呷人牙缝是牛筋渣。天神认为是呷尔布人偷食了神牛，更加憎恨呷人，袒护羌人了。

羌人与呷人发生争执，请天神调解。天神叫他们比武，规定羌人拿黑木棒，呷人拿麻秆，第一个汇合，羌人赢了；又教羌人拿白石头，呷人用雪坨坨，第二汇合羌人又赢了；呷人不服。天神要他们比赛溜索过河，教羌人手抱溜筒，呷人用嘴咬索，滑至半路，天神发问，羌人手抱溜筒，嘴里答应一声就一个个过去了；呷人松口答应，就一个个跌下万丈深渊死绝了。于是，天神发起了滔天洪水，把呷尔布发臭的尸体冲得干干净净，羌人就在此地安居乐业了。

（原载《四川大学学报丛刊》第20辑，1984年）

羌族的“创世纪”神话

——木姐珠与冉必娃

岷江上游的羌族聚居区（四川省茂汶、汶川、理、黑水、松潘、北川等县境内）流传着许多古老的神话传说。它们不仅是珍异的民族民间文学遗产，丰富了我们伟大祖国的文学艺术宝库，而且是宝贵的民族历史文化遗产，是文化人类学研究的上好资料，对我们认识羌族——这个古老的兄弟民族的民族源流、古代社会、风尚习俗、心理信仰、语言历史等，都有极可宝贵的科学价值。过去对羌族的这“一宗重大的民族文化财产”（钟敬文语）的收集整理和研究，注意得很不够，和西南地区其他一些兄弟民族如：藏、彝、苗、白、纳西等相比，更显得有些空白。笔者在羌区进行考古工作，接触到一些原始材料，常惊异其优美动人和科学价值的珍贵，更有感于收集整理之迫不及待，故草此短文。

一、《木姐珠与冉必娃》的梗概

很早很早以前，地上没有人。天上的阿爸（天爷）木巴有个女儿，叫木姐珠，非常聪明和勤劳。一天，她到溪边漂洗麻布，把手镯脱下，放在溪边石头上。不料被猴子冉必娃偷去挂在树梢上。木姐珠不见了手镯，急得到处寻找，忽见手鐲在溪水中闪光，忙过去拾取，扑了一空，打湿了一身衣裳。原来只是挂在溪边树梢上的手镯，映在溪水中的影子。冉必娃见此，笑着对木姐珠说：“我可以帮助你，只要肯答应嫁给我。”木姐珠答允了。冉必娃大喜，灵活地上树取下手镯。木姐珠很感激冉必娃，就带着他回到天上的家里去。

阿爸木巴一见冉必娃是只猴子，断然拒绝他俩的婚事。可是，木姐珠不依，她说：“我既已答允，怎能反悔呢?”执意要与猴子成亲。木巴无法，对冉必娃说：“你要是能按我的要求办到，可以成亲，否则就休想”。冉必娃同意办到。

木巴说：“明天，我上山放木头，你要在溜槽下接住。”木姐珠听到后，悄悄告诉冉必娃：“明天一早，你去躲在溜槽下的大石头后面。前面再放多少木头，你也别管。记住一定要把最后一段老树疙篼接住。”第二天，木巴把高山上砍下的粗大树干，一根接一根狠狠往下扔。心想再是三头六臂，也一定被砸倒了。于是急着想看个明白，就变成一段老树疙篼，从溜槽溜下。冉必娃一个箭步上前，就抓住了树疙篼，原来是木巴的一双手。第一次，木巴就输了。

木巴不甘心，要冉必娃在一天之内，砍好九条沟的火地。冉必娃很发愁。木姐珠安慰道："你不必愁闷，快拿四把砍刀，四把毛铁（斧子）挂在树上，风神会帮助你的。"冉必娃把砍刀、毛铁挂好后，倒头便睡。果然一觉醒来，九条沟的火地上，杂树荆棘统统砍倒了。

木巴见了，要他在一天之内把九条沟的火地烧出来，还要他从山脚点火，守在山头观火。冉必娃以为容易，来不及告诉木姐珠，就从山脚点起火来，自己却蹲在山头观火。火仗风势，越烧越旺，山头很快被熊熊山火包围了。烟火窜上来，把冉必娃周身烤得焦煳，欲退无路，眼看快要被烧得不行了。山鸟忙飞去告诉正在磨面的木姐珠，她一听大惊，忙解下围裙，醮上水向四方洒去，顷刻化成大雨，灭了山火，救出冉必娃。冉必娃经过这一场大火，烧掉了周身的猴毛，被雨水冲淋后，变成了一个俊美的男子。因为在被火烤烧的时候，他用双手护住了脑袋，所以留下了眉毛和头发，两腋和股间也因为夹紧了，留了少量的黑毛。所以，猴子变成了人，至今人的头上和身上还留下少许的猴毛。

木巴见此，更不高兴。他又要冉必娃在一天之内，把九背篼谷子（粟），播种到九条沟的火地里去。冉必娃接受了火烧的教训，忙去找木姐珠。她说："你去把它们藏在岩洞里，明天阿爸又会叫你收回来的。"冉必娃照样做了，去回报木巴。木巴果然大怒说："谁叫你现在就种，快去把谷子收回来，少了一粒也不行。"冉必娃听了暗笑，很快去把藏在岩洞里的谷子背了回来。可是，发现九背谷子少了一合，木巴不依。木姐珠又教他道："你去问布谷鸟，第一只会说：看是看见了，吃是没吃过，你把它放了。第二只会说：看是没看见，吃是吃过了，你就逮住它。"冉必娃抓住了第二只布谷鸟，果然在它的嗉子里找到了那失去的一合谷子。木巴又输了。

木巴还不服输，就说："最后再来一次，我藏起来，你来找我，找不到就休想与木姐珠成亲。"一瞬间，木巴就失去踪影。冉必娃找遍了九十九座山，九十九条沟，都不曾找见，十分着急。木姐珠告诉他："阿爸一定藏在竹节疤里面，你去把竹节上的小孔堵住，阿爸在竹节里闷得慌，就会答允你的。"冉必娃找到了有小孔的竹节，堵住了小孔，木巴在里面蹩得换不过气来，只好答应了他们的亲事。

木巴要木姐珠跟着冉必娃回到地上去成亲，生育人类。临行时，木巴送给他们世上所有的万物。单是禽兽，走在他俩前面的有千千子（以千数计算），跟在他们后面的还有万万子（以万数计算）。木巴告诫他们只能朝前走，千万不能回头看。木姐珠因为要远离天上的家，舍不得亲娘，走着走着，忍不住回过头去，再多看娘一面。她一回头，"哄——"一声，跟在后面的万万子，统统跑散了，变成了野物，只剩下走在前面的千千子才是家养的（驯养的）。所以，现在的野物，总比家养的多。可喜的是木巴送的各种粮食种子，落地自生，不费劳力，收获丰富。就这些东西，已经够他们一家过着衣食温饱，无忧无虑的生活了。

木姐珠和冉必娃同到地上后，生儿育女，日子过得很快活。他们把临别时木巴的嘱咐，忘个干净。木巴赠给杉木种三斗，吩咐播种在半山。有刺灌木种三斗，吩咐播种到高山。结果他们记错了，把杉木种播到高山峻岭，而把有刺灌木种播在村寨附近。害得后世子孙，要伐木造房，只好进深山老林。开地种庄稼，必须披荆斩棘。又例如，木巴要他们爱惜粮食不可糟蹋，不得在板凳上卡虱子，不准在水桶里洗尿片子。结果他们全忘记了。还用粮粮粑粑给娃儿揩屁股。木巴闻知，大为震怒，要把他赠送的粮食品种全部收回天上。狗的耳朵尖（听得远），最早听见了，就大叫起来：“给我留点，给我留点。”又叫又咬，木巴无法，只好把麦子、谷子……每一样留下一个穗子。后来人们用这些做种，加上汗水的浇灌，才慢慢重新发展起来，后代子孙才有吃的。因为狗立了大功，所以至今收获时，首先敬天，其次让狗尝新，然后才是人自己吃。

二、流传与整理

《木姐珠和冉必娃》本是羌族的巫师——“比”（pi），汉语称“端公”——世代口传的说唱词，原是有韵的长诗。羌族没有本民族的文字，他们之间的一切交流和传授，只靠口语相传，因此民间口头创作的价值显得格外重要。近代的羌寨虽然已经是各姓杂居，但各寨都有各自独特的地方神和巫师，有自己的岁时祭祀活动。羌族的巫师是一些师徒相传，不完全脱产的神职人员，他们不仅要招神弄鬼，主持一切宗教仪式，能够为生者祈福，为婚者择期，为患者驱鬼治病，为死者卜地超度，而且还是羌族社会上唯一熟悉本民族历史与天象地理的“知识阶层”，所以可说是羌人的精神领袖①。自古以来，每当羌寨岁时祭祀，或婚丧大事，全寨男女长幼聚集一场，倾听那头戴金丝猴皮帽，身披豹皮，下着本色麻布裙的巫师，伴着羊皮鼓等乐器，且歌且舞，吟唱本民族的光荣历史，借以教育后代，增强民族意识。其中必有一段《木姐珠和冉必娃》，犹如现在我们讲《社会发展史》第一章《从猿到人》一样。

上述梗概是1980年5月由汶川县文化馆汪有伦口述，笔者记录整理的。汪有伦是羌族人，出生在汶川县南面簇头的羌寨里，自幼小开始，多次听过巫师的说唱，记忆很深，至今还能吟唱片段，所以来源可靠。另外，茂汶县文化馆在1980年4月油印的《羌族民间故事》（第一集）中收有《斗安珠与木姐珠》故事，据称是根据五十年代少数民族社会历史调查组在汶川县北面地区收集的原始材料改写的。两者相比，颇存出入，而后者流传较广②。现将两种本子的主要情节的异文，对照列表如下（表一）：

由表可见，两本基本相同，主要人物（木巴和木姐珠）也相同，其差异主要有四点：

（1）主题不同：《汶川本》是“创世纪”（人类始原）神话。《茂汶本》是生活爱情故事。

（2）繁简不同：《汶川本》有五道难题，三次（或四次）失误。《茂汶本》只有四道难题，一次失误。

---

① 胡鉴民：《羌族之信仰与习俗》，《边疆研究论丛》，1941年金陵大学中国文化研究所编印。

② 例如吴贤哲：《羌族民间故事巡礼》，西南民族学院《庆祝建校三十周年学术论文集》，1981年5月。

（3）男主角性质不同：《汶川本》冉必娃原本猴子，在解决劳动难题（烧火地）中变成人，与天女婚配，为人类始祖。《茂汶本》斗安珠原为美男子，在解决劳动难题中受伤，与天女婚配，取得终身幸福。

（4）女主角作用不同：《汶川本》以木姐珠为主，在冉必娃解决五道难题中，均起主导作用。《茂汶本》以斗安珠为主，木姐珠在解决四道难题中，有两道并没有明显地起作用。

表一

《木姐珠和冉必娃》（简称汶川本）	《斗安珠与木姐珠》（简称茂汶本）
1. 木巴之女木姐珠漂洗麻布，因镯子丢失，与猴子冉必娃相识，有了婚约，被引上天	1. 美男子斗安珠与木巴三女木姐珠因放牧相遇，有了爱情，被引上天
2. 第一道难题：木巴要冉在溜槽下接木头。姐教冉接住木巴变成的树疙篼	2. 木巴要斗在凌冰槽下接柴和石头。姐教斗接住木巴本人
3. 第二道难题：一天砍完九沟火地。姐教冉挂刀斧于树，得风神之助完成了	3. 一夜要砍完九沟火地。得诸神相助，完成了
4. 第三道难题：一天烧好九沟火地。冉中计，被火围在山头。姐用围裙蘸水灭火相救。冉因烧掉猴毛变人	4. 一天烧好九沟火地。斗激动失智，被火包围，得二姐大龙神之助，灭火。斗负伤，姐教斗转回人间洗澡，烧白石头，愈伤
5. 第四道难题：一天播种九背谷子。姐教冉藏在岩洞，收回时发现少了一合，姐教冉杀布谷鸟取种还木巴	5. 一夜播种九石菜子，斗播完后，又让收回。斗用弓箭射死野鸡，取种还木巴，答应婚事
6. 第五道难题：寻木巴。木巴藏在竹节里，姐教冉堵住小孔，木巴服输，答允婚事	6. 无
7. 冉、姐结亲，离开天上到地上生育人类，木巴送以世间万物	7. 斗姐结婚，求得终身幸福。木巴送以木种和禽兽
8. 失误一：姐回头看，后面跟的禽兽逃散变野物	8. 嘱咐同，未失误
9. 失误二：杉木与荆棘播种颠倒	9. 相同
10. 失误三：违背木巴嘱咐，糟蹋粮食，在板凳上卡虱子，水桶里洗尿布	10. 嘱咐同，未失误
11. 木巴大怒，收回粮种，多亏狗留下种子，人类后世，得以温饱	11. 无

这种差异可以用民间口头创作的“变异性特征”来解释。神话传说在漫长的岁月中，经过集体、口头的流传，其演变差异可以层出无穷，这在任何民族的口头创作中都一样，不仅它们的体裁、语词会变化，而且其主题和情节也是会变化的。例如脍炙人口的云南撒尼族优美传说《阿诗玛》就有20种不同的异文①。藏族史《格萨尔王传》的说唱者，“在说唱中，他们随时根据听众的不同，当时的环境以及自己的记忆，增减内

① 李广田：《阿诗玛》序，《阿诗玛》，人民文学出版社，1962年。

容，变化细节"。手抄本与印本多如牛毛，据截止1961年的统计，已收到34部（150种抄本）①。羌族无自己的文字，其神话的口头流传会更加复杂的。所以，我们认为：作为羌族"创世纪"神话的《木姐珠和冉必娃》和作为羌族民间故事的《斗安珠与木姐珠》是可以并存的。

但是，我们仔细分析了上述两种本子的差异，主要是因为在第二手整理时的出发点和方法不同所造成的，这是一个值得商榷的问题。现在一般把神话传说作为民间文学的一部分加以搜集和整理，这是对的。但如果着眼点只放在其"文艺"价值上，则是片面的。《斗安珠与木姐珠》改写者的好意，可能在于剔除其"荒诞不经"的情节，如"猴婚"之类，而代之以健康的、忠贞不渝的爱情主题，这当然是有积极的社会意义。但在我们看来却是失真了，特别是忽略了神话所反映的时代特征，从而也就失去了把它作为认识社会（包括历史上的）的科学价值②。

现在，我们通用的"民间文学"一词大概与俄文人民口头创作一词有关，而后者是意译十九世纪后半叶西欧广泛采用的Folk-lore一词③。当然，Folk-lore的含义要广泛得多，似乎包括民间生活中的一切事物：村制、族制、婚丧、社交、信仰、习俗、技艺、语言和文艺等等，所以我国在五四时期曾译作"民俗学"。后来一般的习惯于只取其狭义的概念，仅指民间文学创作而言，注意力也集中在民间文学的文艺效果上，这就远远不够了④，有的研究者把神话传说的文艺价值与历史价值对立起来，互相排斥，当然更可商榷了。其实广义的"民间文学"，应该是人民社会生活的百科全书，可供各种学科（包括哲学、社会科学、自然科学、技术科学中的许多学科）研究之用。因此，笔者认为应该把它放在广义的民俗学的范畴中去研究，才比较合适。否则，总会挂一漏万，顾此失彼的。

我们这里强调一下神话传说的历史意义。高尔基说："如果不知道民间口头创作，那就不可能知道劳动人民的真正历史"。郭沫若把民间文学比作"人民的二十四史"，他说："过去的读书人只读一部二十四史，只读一些宦家或准官家的史料。但我们知道民间文艺才是研究历史的最真实、最可贵的第一把手的材料。因此要站在研究社会发展史、研究历史的立场来加以好好利用。"⑤ 人们可以从"人民的二十四史"中，研究这些创作的主人当时的社会、生产、生活、意识形态等各个方面。所以，对民间文学，尤其是少数民族的口头创作的搜集和整理：首要的要求是完整、准确、科学、尽可能保持其本来面貌⑥。这当然需要各方面的专业知识。而且随着民族地区物质文化的飞速发

---

① 黄静流：《格萨尔》序言，《格萨尔》第四部，上海文艺出版社，1962年。

② 段宝林：《民间文学的社会价值》，《北京大学学报》1964年第2期。

③ 乌丙安：《民间文学概论》，春风出版社，1980年。

④ 这一点前人早已注意，请参阅钟敬文：《晚清革命派著作家的民间文艺学》，《北京师范大学学报》1963年第2期。

⑤ 郭沫若：《我们研究民间文艺的目的》，《民间文艺集刊》第一册，新华书店，1950年。

⑥ 毛星：《从调查研究谈起》，《民间文学》1961年4月。

展，那些与宗教紧密相连的口头创作正在迅速的消失，需要去抢救。因此我们呼吁：科学工作者都来关心这件事，尤其是历史、考古、文学、民族、民俗、人类学界的同志们，大家都来关心这件事，多学科协作来搜集整理这些中华民族共同所有的珍贵的文化财产，只有多方面专业工作者的协作，才能更科学地保持传说的本来面目，也才能更好地提供各学科进一步加工、研究之用。

三、历史价值初析

我们试来分析《木姐珠和冉必娃》所反映的羌族的历史问题。

马克思指出，神话是“通过人民的幻想用一种不自觉的艺术方式加工过的自然和社会形式本身”①，高尔基也说，“神话乃是自然现象、与自然的斗争以及社会生活在广大的艺术概括中的反映”②。我们的理解是：神话是艺术加工过的历史，是历史事实在人们幻想中的反映，而不是事实本身。传说就其本质与神话一样，不过更紧密地与历史的时、地、人、事，有着更密切的关联。所以对待反映人类史前史的神话传说，既不能忽视或否认其历史性，同时也不能把它当作真人真事，进行烦琐的考证，否则只会治丝愈棼，甚至引入歧途。据此，我们从《木姐珠和冉必娃》中，似乎可以看到下列五点：

（1）羌族承认猿猴是人类的祖先（虽然是神与猴两元的），有猴子在劳动中变人的观念，是十分引人注目的。据史载：北朝时的党项羌就“皆自称猕猴种”③，一般认为党项羌与今天岷江上游的羌族有着渊源关系④。这种“猴祖型”的神话在今西南地区以氐羌族群为主体的藏缅语系民族中的某些支系尚有保存。藏族传说：山南泽当地方，母猴与天神化身成亲，后裔即藏区最早的人类⑤。佤族也有与母猴婚而生人的神话，傈僳族则反过来说：人猴相婚，人类灭绝⑥。英国人柏尔（Charles · Bell）曾惊讶地写道：“西藏人在达尔文未生以前，早已自言为猴之苗裔。”⑦ 当然，这种“猴祖型”神话乃是史前氏族社会图腾崇拜的残迹。

（2）神话所反映的时代，羌族已进入刀耕火种的原始农业阶段。《后汉书 · 西羌传》说：“羌族在汉代的甘青高原上是所居无常处，依随水草，地少五谷，以产牧为业”。但此时已脱离游牧生活了。神话只有农业方面的难题，而没有畜牧方面的难题，

① 马克思：《〈政治经济学批判〉导言》，《马克思恩格斯选集》第2卷，人民出版社，1972年。

② 《高尔基选集 · 文学论文选》，第320页。

③ 《北史》卷九六。

④ 参看胡昭曦：《论汉晋的氐羌和隋唐以后的羌族》，《历史研究》1963年第2期；李绍明：《关于羌族古代史的几个问题》，《历史研究》1963年第5期。两文意见虽不同，但对党项羌曾到过岷江上游一带，留下种人这一点，则无异议。

⑤ 王沂暖译：《西藏王统记》，商务印书馆，1957年。

⑥ 参阅《几个云南藏缅语系土族的创世纪故事》，《边疆研究丛刊》1945年，其中近人认为卡佤应属南亚语系，则可能受氐羌族群的影响所致。

⑦ 官廷璋译述：《西藏之过去与现在》，商务印书馆，1920年。

既反映了农业已在社会经济中占重要地位，又说明农业还是“新”的生产部门，比畜牧要“难”。这种砍火地、烧火地、播种收回的难题在南方山地民族中所累见，如云南的纳西族。日本的君岛久子说“是属于华南少数民族，特别是山地人民间所流传的难题型”①，是有道理的。

（3）羌族的社会形态在产生神话时已进入父系家长制阶段。木姐珠是解决难题的英雄，她简直无所不能，尚保留着母权制下的荣光，可是她必须出嫁，跟着丈夫离家下凡。婚事必须征得男性家长——木巴的同意。婚前男方须在女家服役补偿，据说老挝的瑶族至今尚存此俗②。结婚时新婚夫妇能得到女方的陪嫁（木巴的馈赠），并宣扬女方对男方婚约的忠贞。

（4）羌族在此时已南下定居岷江上游。有高山、深谷、竹子、杉木、溜槽、火地以沟计等方物特征可证明，与原来居住的河湟高原不一样。并表现出已接受了若干南方文化的因素。例如认为狗与农业有密切的关系。据胡鉴民先生调查，羌族有吊白狗卜丰年的习俗：据说把白狗倒吊，食物放在狗碰不到的鼻子下面，七日夜不死，则为丰年③。说明羌族重视农业与狗有关，却并不崇拜狗。这与南方自称是神犬槃瓠之后的苗瑶④民族群是有联系，而又有区别的。

（5）羌族的天神叫 Mei－da－be，与“木巴”音近，智慧之神叫 Mu-gee⑤，与“木姐珠”音近。可是“冉必娃”之名似乎另有来源。《三国志》注引《魏略·西戎传》曾提到这一带有“冉氏”，还自“称槃瓠之后”，“冉必娃”与“冉氏”音近。“槃瓠之后”的冉氏与南方民族关系密切，而与以羊或猴为图腾的西北方南下的羌族不同⑥。但猴子冉必娃兼有这两重身份，若非偶合，是否反映两者的融合。神话中说木姐珠从天而降，下嫁给冉必娃而为人类始祖，正好曲折地反映出这样的基本事实：即《后汉书·西羌传》所说的从秦献公时（公元前384～362年）起，陆续由“河关以西”“河湟间”，“将其种人附落向南”的羌族，迁徙来到此地后，融合了当地的土著（或先羌族到此的）氐族，才成为岷江上游的主人。顾颉刚先生认为氐、羌“同源异派”⑦。笔者则以为：先后到此的氐、羌，在岷江上游接触后，产生斗争，逐渐融合⑧，我们所述的神话，似乎从侧面反映出这样的历史事实。

（原载《人类学研究》，中国社会科学出版社，1984年）

① 君岛久子著、海兰译：《纳西（么些）族的传说及其资料》，《民族译丛》1980年第5期。
② 同①。
③ 胡鉴民：《羌族之信仰与习为》，《边疆研究论丛》，金陵大学中国文化研究所编印，1941年。
④ 《后汉书·南蛮西南夷书传·南蛮》。
⑤ 同③。
⑥ 同③。
⑦ 顾颉刚：《从古籍中探索我国的西部民族——羌族》，《社会科学战线》1980年第1期。
⑧ 详见本书《羌戈大战的历史分析》。

四川西南山地盐源盆地出土的战国秦汉青铜树

一

近年来在四川西南山地盐源盆地的干海、双河地区有大批土坑墓群被垦殖破坏或盗掘，损失严重。所幸经凉山州博物馆会同有关部门出面制止与查处，得以稍息，并追回大批文物，其中出土的青铜树、杖、杖首等特别引人注目。1995 年秋，笔者有幸在凉山州博物馆见到这批标本，这里愿略述己见，以飨读者①。

青铜树　标本的铸造比较粗糙，一般是单范浇铸的扁平饰片，通高在 10～20 厘米，宽 8～10 厘米，厚仅 0.1～0.3 厘米。根据人物图案上下排列的情况分析，当为干茎直插地面使用，也有可能接在竹木杆上。其基本形式是：中间一根树干，左右两侧有对称的两层树枝，每枝上有一似璧瑗的盛开的花朵，共四朵花，花朵之间或有绶带相连。树上或有神人、马匹（或以为有其他动物，可能辨认有误②）。我们可将其分为四式。

图一　青铜树

1. Ⅰ式青铜树（B01）　2. Ⅳ式青铜树（E02）　3. Ⅱ式青铜树（C05）　4. Ⅲ式青铜树（D06）　5. Ⅳ式青铜树（E04）

Ⅰ式：标本 B01，四朵花的中间有圆孔可透光亮，花瓣上有放射状排列的直线纹，在上层花的顶上各站立一匹马，马身有线纹，如同 X 光图像，是一种与萨满文化有关的艺术传统的反映。两马相对，长吻相接，修尾落地。下层花上各有一小环，已断损，残留一对似蟹螯状的弯刺（图一，1）。

Ⅱ式：标本 C05，在树干中部上层枝桠间站一人，两脚叉立，腰带斜插佩剑，一臂下垂扶剑，一臂上举过顶牵住

① 刘弘：《若木・神树・鸡杖》，《四川文物》1998 年第 5 期，并感谢他赠予照片。

② 可参见刘世旭：《四川盐源县出土的人兽纹青铜祭祀枝片考释》，《四川文物》1998 年第 5 期。

两马缰绳，四朵花除长在树枝上外，还以微曲的绶带相连，下层花外下侧有两个小环（已残），可系悬饰，如广汉三星堆二号坑出土青铜树状（图一，3）。

Ⅲ式：标本 D06，树顶上一人与树干混为一体，双脚与树桠枝无法分辨，双臂高举，分牵左右两马缰，两马背上各有一骑马者，马身上隐约可见骑者的腿脚，有的骑者已腐蚀，仅留一凸出物，故容易被误认为其他动物（图一，4）。

Ⅳ式：标本 E04，树干顶生出的牵马人较大，腰部长出左右两桠枝，枝上开着花，花上分别站着两马，马上有骑者，牵马者头上长着一棵枝叶密茂的树，树梢高出马头和骑马人，可见他不是一般的人而应是树神（图一，5）。标本 E02（图一，2）、E03 的树神更高大，头上的树巅则是三叉枝桠。

青铜树杖首　制法和形制与上述相似而较短，下端铸有銎口可接插杖头，可见是一种法杖的杖首，也可分为四式。

Ⅰ式：标本 A01，只有树干、枝桠和花，树干较短，下有梯形的銎孔可插杖头，盛开的莲花作圆饼状，上面两个大，下面两个小，每朵花有三圈同心圆阳纹，里面为一圆心似太阳，外两圈间有联珠纹一周（图二，1）。

Ⅱ式：标本 A02，树干粗壮，下端为銎口，上有四树枝，每枝端开一莲花，下两朵小，上两朵大，每朵花也有日心与联珠纹，上两朵花上站有相对的两马（图二，2）。

Ⅲ式：标本 A03，在树干两侧各有四树枝，每枝端开一花，共八朵花，八花由绶带相连，树顶有一长喙鸟，下垂的喙尾与上花相连（图二，6）。

Ⅳ式：标本 A04，杈干细长，树顶有一虎，下似有断枝，中间两侧各有一虎，脚踏树干，这些虎都张嘴龇牙，弓背屈腿，翘尾，似跃扑前一瞬间（图二，4）。

青铜杖　依形制之差别，可分两种。

青铜虎杖　标本 Z01，杖干为扁铜枋制成，下端修尖，似可插地，杖首似一盘羊头，干有两层横直枝，也用扁铜材制成，用铜钉铆接干上，下层枝端为回首虎头，枝上的两边各有两只虎，枝下有悬物的小环，上层枝已残断，只可见两边各有一只虎，这些虎都是弓背修尾，返首回顾杖干，此杖反映的是“以虎守护羊”为主题的畜牧民族宗教文化（图二，3）。

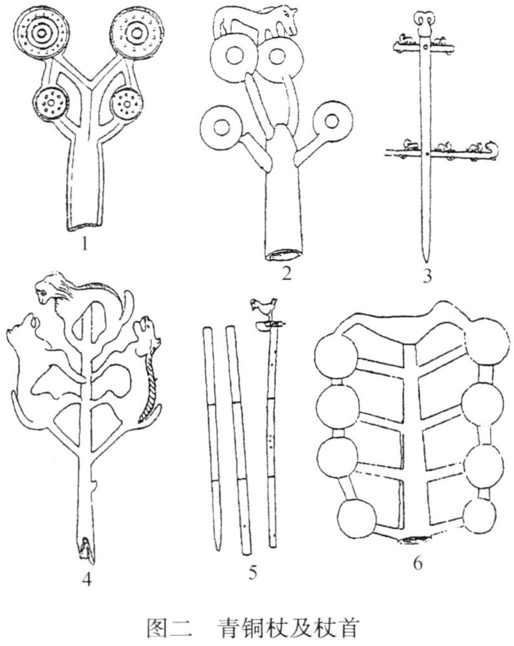

图二　青铜杖及杖首

1. Ⅰ式青铜树杖首（A01）　2. Ⅱ式青铜树杖首（A02）　3. 青铜虎杖（Z01）　4. Ⅳ式青铜树杖首（A04）　5. 青铜鸡杖（Z02）　6. Ⅱ式青铜树杖首（A03）

青铜鸡杖　标本 Z02，杖干中空，

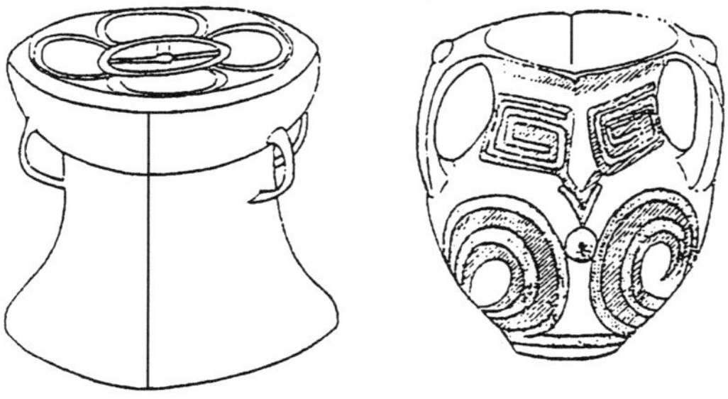

1　　　　2

图三　器物

1. 铜鼓　2. 双耳陶罐

圆径1.3厘米，由九节铜管套接而成，通高138厘米，杖干表面布满阴刻鱼纹，最下一节修尖可插地，杖端托一圆盘，盘径4厘米，盘的四方各有一环，环套环挂一圆片饰，盘上饰云气纹，圆盘上中央立一大喙雄鸡，此鸡当为“天鸡”，此杖亦当为祈日的法杖（图二，5）。

这批墓群的年代因限于资料，难以确定。笔者得知曾挖到有类似釜形的铜鼓（图三，1），鼓面较大，似介于万家坝型与石寨山型之间的鼓型；还有三叉格铜剑、戈、钺、镞，双耳陶罐有直口圆腹的，也有核桃口，腹部有漩涡纹，并有彩绘的罐（图三，2）。从树神腰插佩剑及虎的造型等都透露出东周战国时期的时代特征，这可能是这批土坑墓的时代上限；从有核桃口的双耳罐等来看，其下限则可能在秦汉之间。

二

盐源新出土的青铜树的可比材料在西南地区出土较多，最著名的当推四川广汉三星堆遗址的出土物。三星堆二号祭祀坑出土的青铜树残件很多①：树根、树干、树枝、树叶及花果铺满坑底，与海贝、玉石礼器、鸟蛇饰件相混，据清点约有6株以上，其中修复的一号青铜树最大（图四，1），残高3.84米（树巅无法复原）。树根立在三叉支架的圆盘基座上，座上纹饰为缭绕的云气；树干粗壮挺拔，分若干节，有四道圆箍插接；树干上有树枝三层，每层三枝，枝桠上有萼托卵（栾）形果，两垂一昂，在昂果上各站一钩喙大鸟，生动地表现出其在展翅之前一瞬间的动态；在垂果的萼托旁有镂孔罗网状的宽大叶片，叶片下缘有三个小孔，可悬挂三叉铜丝圆架，架下有各不相同的小悬饰，有如天空星辰的圆牌，或如海洋扇贝的直棱牌等。最引人注目的是：树干有一巨龙蜿蜒而降，龙头昂起在下龙尾高翘在上，后半部已残；龙头长方形，似有两根肉须，怒目定睛，龇牙咧嘴；龙躯细长，奇特地呈绳索状纠曲；龙足更奇特，如人臂张肱曲肘，龙爪如伸手的人掌，粗短的拇指与细长并拢的四指分开；龙身还有些分支断残不清，至少有一支上长的是牙璋。

这株树的性质，笔者认为是古蜀神话中的“建木”。《山海经·海内南经》② 载：“有木，其状如牛（不详疑讹——笔者注释，下同），引之有皮，若缨黄蛇（伸展在树

① 四川省文物管理委员会等：《广汉三星堆遗址二号祭祀坑发掘简报》，《文物》1989年第5期。

② 袁珂：《山海经校注》，上海古籍出版社，1980年。

皮表面上的，是身若绳索状缠绕的无角黄龙），其叶如罗（网），其实如栾（卵），其木若蓝（刺榆树），其名曰建木。”《海内经》载：“（九丘）有木，青叶紫茎，玄华（花）黄实，名曰建木，百仞无枝，上有九欘（枝回曲为欘），下有九枸（根盘错为枸），其实如麻，其叶如芒，大皞爰过（上下于天），黄帝所为（造作）”。可见其来头不小，法力很大。又《淮南子·地形训》载：“建木在都广（应作广都，指成都平原），众帝所自上下，日中无影，呼而无响，盖天地之中也。若木在建木西，末有十日，其华照地下”。由上述文献记载可知：该青铜建木树当年可能是上彩的，“青叶紫茎，玄华（花）黄实”，色彩艳丽，华美庄重。

那么，为什么树上有一条龙呢？因为它是夏禹的化身①。“建木”既是古蜀人心目中“天地之中”的社树，作为社神的“禹龙”，理所当然地要出现在“建木”之上。我们知道：第一，从古代文献与地下文物都能证明蜀与夏有族缘关系，“兴于西羌的”大禹，也是蜀敬奉的祖神之一。第二，夏禹的历史伟绩在于治水，或者说大禹在古人的眼里本是一条会治水的龙。《山海经·海内经》：“鲧死，三岁不腐，剖之以吴刀，化为黄龙。”《初学记》卷二二引作：“大副之吴刀，是用出禹”。那么，这条黄龙就是禹了。“龙是夏禹”可从三星堆遗址出土的青铜树“建木”上的神龙中得到明证。以农业生产为主的古蜀国中心在川西成都平原②，“西蜀天漏”，成都平原屡遭水患，他们盼望善于治水的祖神夏禹，化作黄龙从天上缘树而下，来保佑蜀地子孙后代能永享丰年。这大概是古代蜀人的原始宗教思想所能表达的最佳方式了。

贵州也发现头上长树的树神。贵州清镇 M15 为一座方形木椁土坑墓，出土器物有铜马、铜洗、漆器等 30 余件，并出土坐在玄武（龟）背上的树神③。玄武伸颈昂首作矫健爬行状，后曳小尾，背刻甲纹；背上踞坐一人（神），高鼻大眼，双耳外侈，细腰微偻，双手撑据膝盖上；头顶长一树干，枝桠已锈蚀仅留痕迹，顶端似分三枝，今仅存一枝，联系到同出灯盏等来考虑，应是青铜树连枝灯④的组合部件。该墓出土的麻胎漆耳杯，铜耳鎏金，黑地朱绘，铭文“元始三年，广汉郡工官造乘舆髹羽画木黄耳棓”，有明确的纪年与制造地点，西汉平帝元始三年为公元 4 年。贵州汉墓出土的蜀郡造、广汉郡造漆器甚多，运销条件是畅通的，故该墓入葬年代应晚于西汉平帝，而又不会太久。贵州出土的西汉末青铜树连枝灯与盐源干海出土的青铜树属于共同的神话系统是很明显的。其树神毫不例外的都是人（神）树混为一体，而且人形表观出诡奇的神格。

四川出土的三国画像砖上也有头上长树的神人。成都附近大邑董场三国砖室墓⑤已被破坏，仅收到画像砖 28 方，内容有：神荼郁垒、六博舞乐、西王母、轺车出行、天

① 林向：《蜀与夏——从考古新发现看蜀与夏的关系》，《中华文化论坛》1998 年第 4 期。并收入《徐中舒先生百年诞辰纪念文集》，巴蜀书社，1998 年，下引不另注。

② 林向：《巴蜀文化区导论》，《巴蜀文化新论》，成都出版社，1995 年。

③ 贵州省博物馆：《贵州清镇、平坝汉墓发掘报告》，《考古学报》1959 年第 1 期。

④ 林向：《贵州汉代青铜树连枝灯》，待刊稿。

⑤ 大邑县文化局：《大邑县董场乡三国画像砖墓》，《四川考古报告集》，文物出版社，1998 年。

仓、天阙、方相等。其中“建木画像砖”的正中上部有一头上长树木的羽人，他当是人格化的建木神。他身着左衽束腰尖下摆的半袖衣，两手张开，两足作弓箭步，正在冉冉升天；其脚下是以三颗星代表的星空三垣太微垣、紫微垣、天市垣，即表示整个星空已在他脚下；在他的左右有两个兽首人身的飞仙，作舞蹈相迎状；下部是交尾的人首龙蛇身的伏羲与女娲（图四，2）。据《山海经·海内经》太昊（皞）伏羲是能缘建木上下于天地的神；又据抟土造人、葫芦兄妹等神话传说，伏羲女娲是天下百姓的祖神，也就代表着人间凡界。值得注意的是这里的建木神身着的左衽尖角下摆半袖衣，令人联想起三星堆遗址的那个巨大的立人像的衣着①，他可是大祭司的造像。

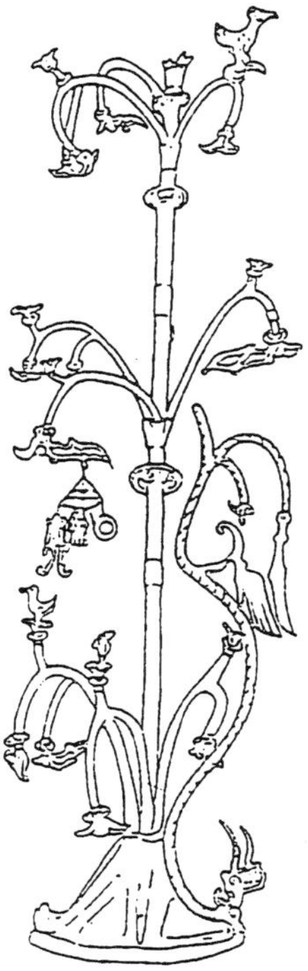

1

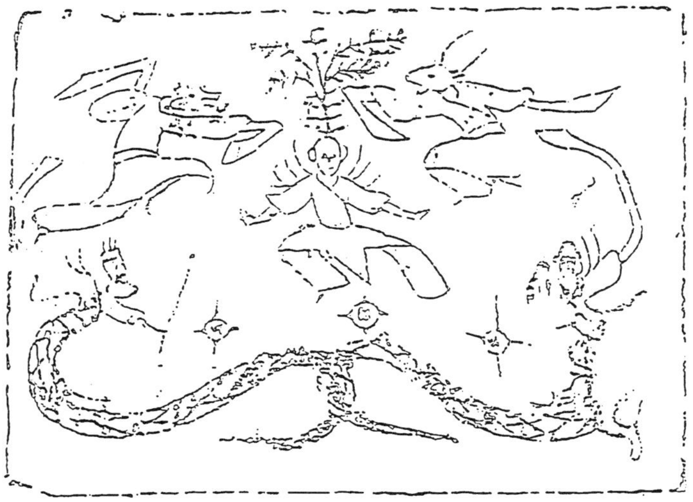

2

图四　青铜树及画像砖

1. 三星堆一号青铜树　2. 大邑董场建木画像砖

三

根据上述资料的比较研究，可以看到几点：

（1）从神树到树神。盐源干海的青铜树已经人（神）格化了。从商代三星堆青铜

① 《中国考古文物之美·商代蜀人秘宝·四川广汉三星堆遗迹》，文物出版社，1994 年，图 4 ~ 图 7。

神树，演变到东周干海青铜树上站人（神），到树神（人）合一，到汉代干海、清镇的神（人）头上长枝叶，完成了从神树向树神的转化。这样从神树进而树和神合为一体，并赋予完全人（神）格化的树神，曾经历了数百上千年的历史过程。

（2）树日崇拜。盐源干海青铜树上的花代表太阳，它有炽热的日心和四射的光芒。并以“四”个太阳来代表许多太阳，反映的是一种艺术图像上的四分法，或以4、8……64的四进位制概念，与三星堆铜树的3、9……81是不一样的①。但三星堆铜尊、罍的纹饰组合有三分法与四分法两种②，看来古蜀文明兼有三、四两种进位制概念是没有问题的。三星堆铜树以鸟代表太阳，干海铜树以花朵代表太阳，异曲同工表现的是神树——建木或若木，这里则很可能是若木。《山海经·海内经》：“南海之外，黑水青水之间，有木名曰若木，若水出焉。”《水经注·若水》：“若水出蜀郡旄牛徼外。”今《诸子集成》本《淮南子·地形训》：“若木在建木西，未有十日，其华照下地。”高诱注：“若木端有十日，状如莲华，华犹光也，光照其下也。”这里反映的是中原的十进位制概念。无论是哪种进位制，“树上有多个太阳”这一点则是一致的。但高诱的注在《北堂书钞》、《初学记》、《太平御览》均作：“状如连珠，华光照其下地”，干海铜树上的花正如平展的“莲花”，有的不正有联珠纹饰吗？盐源干海青铜树反映出：它显然接受古蜀文明——三星堆文化的传播，是对有“日”的“建木之西”的神树“若木”的崇拜。

（3）马与龙。盐源干海青铜树上的骑马人，应该是上下于天地的神灵——太皞之类的众神。三星堆青铜树上有龙，这里却是马，其实马就是龙。闻一多先生说：“天文房星为龙，又为马”，“龙像马，所以马往往被呼为龙。”③ 以马为龙亦为畜牧民族的一种宗教文化。有X光式的马，更是萨满文化的表现④，它们是萨满神巫们沟通天地的最主要助手，它们是载神人沿天梯若木上下于天地的神马。

（4）虎与开明兽。盐源干海青铜树杖首上的虎形有战国风格。《山海经》所记虎神甚众，其中尤以“昆仑之虚”与蜀王开明同名的“开明兽”最引人注目。《海内西经》云：是为黄（天）帝守护疆域与圈养禽兽牲畜苑囿的。《西次三经》说：“昆仑之丘，实惟帝之下都，神陆吾司之。其神状虎身而九尾，人面而虎爪。是神也，司天之九部，及帝之囿时。”郭璞注：“主九域之部界、天帝苑圃之时节。”袁珂先生说：“此天帝实黄帝也”⑤。由此可见，此杖上的神虎也当是为黄（天）帝守护苑囿的虎神造型，它和蜀王开明的神话肯定有牵连。

（5）鱼虫龙蛇。古人的生物学分类知识粗浅，鱼、虫、蛇相混不分，《山海经·海

① 需要说明的是，三星堆铜树每层三枝是据现在修复的标本描述的。

② 《中国考古文物之美·商代蜀人秘宝·四川广汉三星堆遗迹》，文物出版社，1994年。如图31，龙虎尊；图32，六鸟三牛尊等是三分纹饰；图3，兽面纹罍、四鸟四兽罍是四分纹饰。

③ 闻一多：《神州与诗》，古籍出版社，1957年，第25页。

④ 张光直：《考古学专题六讲》，文物出版社，1986年。

⑤ 袁珂：《山海经校注》，上海古籍出版社，1980年。

外南经》：“南山在其东南。由自此山东，虫为蛇，蛇号鱼”，郭注：“以虫为蛇，蛇为鱼也”。“蛇”与龙相通，因为蛇乃“龙之类也。或曰，龙无角者曰蛇”（见《洪范五行传》注）。不仅如此，古代神话中还有形状如“鸡”的“鱼”，《山海经·北山经》：“彭水……其中多悠鱼，其状如鸡而赤毛。”铜鸡杖上布满的鱼，也就是蟠满了龙蛇。这根蟠龙（鱼）的鸡杖就是三星堆遗址出土神树的仪仗化。

由此可见，盐源干海出土的若木青铜树反映的树神崇拜与日崇拜、龙崇拜的结合，和三星堆建木铜树有明显的承袭关系，更加反映出这一带属于同一个树崇拜的古蜀文化区的特征。当然同一古蜀文化区内也存在亚文化的区别。在成都平原的三星堆遗址的建木神树与树神崇拜反映的是农业社会对治水、丰收的祈求。盐源地处横断山区的山间坝子，那时是畜牧业社会、骑马民族的天下，他们祈求的是马牛羊牲畜的繁殖，所以若木树神牵着骑着神人的马。到了汉代西南地区各民族处于定居状态，青铜树就演变成照明的连枝灯具（如贵州清镇汉墓出土）。不同的历史阶段与社会经济生活反映在对神树与树神的崇拜上，表现出不同的文化内涵与形态。

这种神树—树神崇拜还反映出某种区域民族文化[①]的特征。盐源盆地战国秦汉间的居民很可能是西南夷中的筰人。《史记·西南夷列传》：“自嶲以东北，君长以什数，徙，筰都最大”，据《汉书·地理志》、《华阳国志·蜀志》记载：今盐源一带汉代有定筰、大筰、筰秦三县，统属于越嶲郡，因筰人而设筰县，可见筰人是这一带居民的主要组成部分。他们是先秦时西南地区广泛分布的“夷种”，《华阳国志·蜀志》：“汶山曰夷，南中曰昆明，汉嘉、越嶲曰筰，蜀曰邛，皆夷种也”。《史记正义》引《括地志》：“筰州本西蜀徼放外曰猫羌”，居住在这一带若水（雅砻江）之上的筰人又被称为“猫羌”，他们中的一部分很可能是顺横断山区“藏彝走廊”南下的氐羌系统的古代民族，所以特别重视马匹。有学者认为：鱼形、虎形装饰反映的是羌戎系民族的神话[②]，是有道理的。盐源干海的青铜树与杖上的鱼、虎画像正是其属于氐羌系统民族—筰人—神话的反映。据《山海经·海内经》：“黄帝妻雷祖，生昌意，昌意降处若水”，《大戴礼记·帝系》：“昌意娶于蜀山氏，蜀山氏之子谓之昌濮氏，产颛顼”，《华阳国志·蜀志》有类似记载：“蜀之为国，肇于人皇，与巴同囿。至黄帝为其子昌意娶蜀山氏之女，生子高阳，是为帝喾（此处应校作帝颛顼）；封其支庶于蜀，世为侯伯。历夏、商、周，武王伐纣，蜀与焉”。那么，在蜀山若水之滨有蜀人的亲缘之族是毫无疑问的，一脉相承的神树——树神崇拜就是区域民族文化传统的地下证据。

（原载《华夏考古》2001年第3期）

① C. H. 托尔斯托夫等主编：《普通民族学概论》第一册，科学出版社，1960年。
② 陆思贤：《神话考古》第四章，文物出版社，1995年。

三峡考古琐记

今年起长江三峡水利工程就要开始蓄水了，正当“告别三峡”的情愫挥之不去的时刻，去年年底笔者应邀去到云阳李家坝、明月坝，看我们四川大学考古系的考古工地；顺道去万州市区，看万州区博物馆；去忠县㽏井沟，看四川省考古所与北京大学的考古工地；去涪陵，看涪陵市博物馆和小田溪考古工地；来去经过重庆，还看了重庆市考古所、博物馆有关三峡考古的资料。一路上受到他们的盛情接待，使我受益匪浅，在此谨致谢忱。当然毋庸讳言，在这千军万马齐上阵，与水库蓄水争时间的情况下，珍贵的文物能否获得妥善保护与考古信息的取得是否能完整，确实是令人忧虑的。

笔者此行虽然浮光掠影，只是一个管窥蠡测的参观者，但仍然深深地为三峡考古规模之空前宏伟，人们紧迫的历史使命感与超乎想象的艰巨工作，并取得如此丰硕的成果所叹服。我看到的是：如今的长江三峡考古工地是世纪之交，中国文物考古界的群英会、练兵场，新发现必能出新成果，新成果必定出新人才，将持续辉煌的中国考古黄金时代的大师们正在茁壮成长，我们正拭目以待。面对如此丰硕的三峡考古成果，人们（包括笔者）至今还只能看到5年前的成果：《重庆库区考古报告集·1997卷》①，后续新成果的面世恐犹待时日。

从20世纪50年代末起笔者就有幸介入了长江三峡考古，现在也想乘机回顾一下所见所闻的琐事。虽是旧闻，或有新意，写出来以飨读者，也许可算是三峡考古史上补空救场之举，望获共鉴。

一、我参加的1958年三峡水库考古调查

为了配合长江三峡水库建设工程的需要，1958年秋由四川省博物馆、重庆市博物馆、四川大学历史系合作，组成四川省长江三峡水库文物调查队，我们当时是川大历史系大四的学生，参加了调查队对当时川东（今重庆市境）的三峡库区范围内的长江沿岸及其支流两岸的考古调查。这是四川省内一次大规模的考古调查，省里作了很仔细的组织工作。调查队的62名组成人员中除省、市和有关地县的工作人员外，川大历史系55级甲班的本科生是为主力。当年的上半年四川省博物馆馆长、四川大学教授冯汉骥先生已给我们系统地讲授了《考古学通论》，冯先生的讲授突出了田野考古方法，还特别提到考古田野调查的意义与方法，并以他亲身做过的岷江上游民族考古调查、成都平

---

① 重庆市文物局等：《重庆库区考古报告集·1997卷》，科学出版社，2001年。

原大石文化专题考古调查和四川全省文物普查为例说明之。这是以理论与实践相结合、言教与身教相结合的最好的学术动员。

根据冯汉骥教授一贯谨严认真的学风，此前已为三峡考古作了必要的铺垫。1957年3月，四川省博物馆即派出川东调查小组，对长江两岸的长寿以下至巫山的8个县进行考古调查，发现了忠县㽏井沟口和巫山大昌坝等2处遗址及29处遗迹文物点①。为大规模的三峡库区考古调查做好准备，做到了心中有底。所以，1958年的三峡水库考古调查取得不错的收获，这里只是回忆笔者的亲历，全面情况请参阅《四川省长江三峡水库考古调查简报》②。

1958年9月中旬，三峡调查队的成员集中在成都西郊的青羊宫二仙庵培训，由冯先生与沈仲常、杨有润等先生讲授川东田野调查的前期收获及要求与方法。下旬来到重庆，聆听了邓少琴先生关于川东巴文化的讲演，即分头开赴调查作业地点。我们这一组负责调查奉节、巫山两县，由省博的陆德良先生和我负责，组内有陈培绪、吴正两位同学和奉节、巫山两位文物工作人员，可惜大家都已星散。

我们在10月初到达巫山开展调查，第一站是租用木船在巫峡十二峰下的湍流中漂流，直到川东顶端的碚石，然后沿巫峡纤路寻觅而还。在碚石、青石和跳石等都采集到石器。中间还沿神女峰南岸的峡间支流齐腰深水的抱龙河那不见天日的峡谷中，跋涉20余里调查了群山环抱中川鄂间的古道和墓葬群，采集了几何纹汉墓砖和陶俑，可惜最后的《调查简报》未能记述。

第二站是调查大宁河，大宁河发源于大巴山山麓的巫溪新田坎，南流至巫山城东入江，全长150公里，我们只调查了庙溪河以下至入江口的约90公里左右，坐在拉纤的平底小木船上可以见到西岸的石壁上有连续不断的方形石孔，有些桩孔已被石灰岩中浸出的石灰华所覆盖，当时疑为古代的栈道或输送盐卤的管道的桩孔遗迹，因为巫溪自古至今盛产盐泉。此行共发现先秦时期的遗迹文物点10余处，其中以大昌西坝遗址（即今称双堰塘遗址）的复查最为重要，发现了战国至两汉时期墓葬与遗址间的叠压关系，采集的陶片中有鬲（宽档柱足粗陶鬲）、豆（圈足豆与中高把豆）、罐（有花边口罐与中高领罐）、盆（尖折唇束颈黑皮陶盆）等器形，从而可把年代定在新石器时代以后的商周时期。在大宁河入江口的江东嘴和隔江对岸的南陵村的文化层中都找到类似的绳纹粗陶鬲和灰陶鬲残片，后来知道三峡地区是这种“楚式鬲”分布的西界。

第三站是从巫山县城沿江西行，我们分成南北两组夹岸溯江步行调查，发现线索即上坡踏勘。时值冬季枯水期，我们行走在江干沙坝上，用脚踢沙常可发现石器。多半是用砾石打制的石片石器，器形主要是有柄石锄、亚腰网坠等，间或也有磨光石器和陶片，都与砂石及近现代遗物混杂，显然是由水流冲刷下来的再生堆积。故追踪到岸上土层断崖上能找到文物的原生埋藏点，瞿塘峡东口巫山大溪遗址（当时叫火爆溪遗址）就是这样找到的（详见下节）。值得注意的是江干的漂砾多为火成岩与变质岩，硬度较

① 四川省博物馆：《川东长江沿岸新石器时代遗址调查简报》，《考古》1959年第8期。

② 四川省博物馆：《四川省长江三峡水库考古调查简报》，《考古》1959年第8期。

高，打下带砾石皮的石片与刀一般极为锋利，无需进一步加工，至今沿江居民还用以剖鱼割物。

在奉节境内首先是调查瞿塘峡北岸峡路一带，发现不少崖葬遗迹，如风箱峡的悬棺等。笔者还从白帝城三八供销社收集到崖葬木棺 1 具，底盖由整木剖挖而成，底盖两端均有上下对应的突耳，可供绳索串扎。据称是从白帝城对岸的孟良梯上方的吊槽崖穴中取下的，棺木运回四川省博物馆。此事《调查简报》也未记述，事后有人作了报道①，但误记为盔甲洞。另揭一事，笔者又亲自从熬硝的乡民口中得知，瞿塘峡的峡路附近有一处溶洞，匍匐而入，得一大洞，内积大量“龙骨”，据称形似“粗腿细肋”的都有，用舌舔之发黏，还有人取出卖钱，可见是一处重要的古生物化石埋藏点。可惜当时未及调查取证。时隔近半个世纪，每思及此，懊恼非常，三峡蓄水，此洞必将成千古之谜。

我们在奉节城东梅溪河口的鱼复浦调查，没有发现城址，而有许多砖室墓和散落的瓦砾陶片层。溯梅溪河而上，在长沙坝至两河口一带，支流甚多，地势开阔，环境理想却没有找到遗址，只从乡民手中征集到磨制石斧，而汉砖室墓甚多。

为探大溪河的源流，我们从奉节县城南岸的对县出发，翻山越岭，到五马河上游七曜山下的吐祥坝调查。五马河是大溪河的正源，流淌在川鄂边境的大山之中，吐祥是丛山峻岭之中的一个坝子，越过七曜山就是鄂西清江上游的利川、建始界。可惜此行匆匆没有找到早期遗迹，只见有崖葬和汉砖室墓，反映在秦汉前后这里应是一处交通要冲上的重要聚落。此处地势甚高，水库当不及淹没，希望今后能有机会循此古道探索清江廪君巴人进入四川盆地的来龙去脉。

12 月间，调查队陆续返回重庆市博物馆，在枇杷山总结整理调查结果，分装标本和撰写记录，笔者负责撰写本组的记录。最后由杨有润先生汇总撰写《四川省长江三峡水库考古调查简报》。现在重读此报告，感触甚多，1958 年调查时库区标高的范围未定，踏勘的位置未必合理，各遗址遗迹的判断也未必科学准确，但毕竟是里程碑式的工作基础。不仅是调查结果表明：川东库区有需要处理的遗址 42 处、墓葬 49 处、地面文物 6 项、采集标本 2458 件。而且抓住了几个大遗址，如：巫山大溪遗址、忠县㽏井沟遗址群、巫溪双堰塘遗址等，对它们的发掘研究必将载入中国考古学史册。而且进一步说明一次大规模的田野考古工作，必定要有充分细致的前期准备和组织工作，包括舆论动员、专业培训、先行摸底、新老搭配、深入现场、有始善终等等，才能顺利完成任务。尤其如吾等当年年轻学生虽然学、识两薄，而求知欲高，勇于探索，只要好好引导，扬长避短，也是能够做好事情的。笔者此行看到各考古工地的年轻领队们指挥若定、意气风发的模样，莘莘学子埋头探坑、潜心钻研的劲头，更使人深有“长江后浪推前浪”的感叹。

---

① 陈培绪：《夔峡中发现悬棺葬》，《文物》1959 年第 5 期。

二、大溪遗址与大溪文化发现始末

大溪遗址是这样发现的。1958 年 11 月间，我们组溯江调查来至巫山西界江南的大溪镇，镇西濒临大溪河，大溪全长 120 余公里，虽是山涧溪河，而水流终年不绝，在入江口恰与瞿塘峡口的洄水沱相遇，水面甚宽，西岸为瞿塘峡口白盐山东麓（小地名乌云顶山）面向江河的倾斜台地，远望可发现正是我们要找的理想的遗址所在地。本来对岸有村落以渡船与大溪镇往来，当时已近正午，久等不见驾船者前来，同组陈培绪同学自持江津人水性好，不听劝阻竟下水泅渡，不料水冷湍急，顿生险情，幸好有渔者相助得登彼岸（大溪口水面平静而实凶险，翌年发掘时有应届高考生当民工者，不幸在此游泳遇难）。陈登岸后即举着从河坝拾得的石斧大声欢呼，急召我等过河。过河来，全组人为断崖上暴露出来的 2 米多厚的文化层所激动，文化层几乎全为白色的鱼骨渣夹杂着人骨、兽骨、陶片、石器所构成。整个下午我们即采集到由打琢磨兼施制成的大小石斧、圭形石凿、打制的石锄、彩陶片、黑陶片、夹砂陶片、人骨、鱼骨等标本一大堆，还从乡民手中征得彩陶瓶 1 件。所得标本比此前所得到的总和还多，很多文物都是第一次发现。大溪遗址作为一个新石器时代的考古遗址就这样被发现了。大溪遗址发现的好消息即报队部，杨有润先生急急赶来复查，还在后面山坡上找到很多石砌的长方形“蛮洞”（应该是东汉砌券石室墓），绳纹粗陶实足鬲等显然较上述新石器遗存为晚，兴奋地认为这是四川的最新发现，并以遗址上有冲沟叫火爆溪而在以后的《调查简报》中以“火爆溪遗址”命名。

这里有必要说明的是：不能认为大溪遗址是早在 20 世纪 20 年代由美国人发现的，这次不过是“再发现”。因为据郑德坤《四川考古论文集》介绍：1925～1926 年，美国中亚探险队的奈尔逊（N. C. Nelson）曾在此一带采得一批石器、陶片、鱼骨等，调查报告曾发表在《自然科学》杂志上①。但奈尔逊只把此作为众多的标本采集点之一，而众所周知文物如果不出在原生地层即文化层中就不是考古遗址。采集点有可能成为遗址的线索，但两者决不能等同。

迄今为止，大溪遗址已经历了 6 次考古发掘，共发掘面积达 4528 平方米以上（第三次发掘未公布发掘面积），除发现大量的灰坑、沟、灶、柱洞和祭祀坑（?）外，主要收获是发掘出新石器时代墓葬 379 座。这 6 次发掘是 1959 年 7～8 月及 11～12 月，四川省长江流域文物保护委员会文物考古队、四川大学历史系先后两次发掘，发掘面积 228 平方米，发掘墓葬 74 座②。1975 年 10 月～1976 年 1 月，四川省博物馆、万县市文

---

① 据郑德坤：《四川考古论文集》（T. K. Cheng, Archaeological Studies in Szechwan，剑桥大学出版社，1957 年）。

② 四川长江流域文物保护委员会文物考古队：《四川巫山大溪新石器时代遗址发掘纪略》，《文物》1961 年第 11 期。

化馆、巫山县文化馆进行第三次发掘，发掘墓葬133座①。1994年3~4月，中科院考古研究所长江三峡工作队进行第四次发掘，发掘面积100余平方米，发现墓葬3座②。2000年10月~2001年3月，重庆市文物考古所进行第五次发掘，发掘面积2000平方米，发掘墓葬14座③。2001年下半年，重庆市文物考古所又进行第六次发掘，发掘面积约2300平方米，发掘墓葬155座④。

大溪遗址1959年的第一、二次发掘资料的整理，是在1960年11月至12月，由四川省博物馆和四川大学历史系合作进行的，笔者作为冯汉骥教授的考古学研究生与历史系1956级考古专门化学生一起参加整理工作，并受命负责撰写发掘报告。发掘简报由四川省博物馆负责，后由沈仲常、袁明森先生执笔撰写的《四川巫山大溪新石器时代遗址发掘纪略》，发表在《文物》1961年第11期上，遗址名称改“火爆溪遗址”为“大溪遗址”，但并未提出“大溪文化”的命名。“大溪文化”作为一支考古学文化，是笔者从1961年开始至1962年5月在冯汉骥教授指导下完成的四川大学研究生毕业论文：《巫山大溪发掘报告》中提出来的⑤。报告曾请著名考古学家夏鼐、石兴邦等先生审阅、通过。可惜这份报告的1966年修改稿在“十年动乱”中不仅未能发表，而且连同它的全部图照表格等一并查无下落了。

所幸的是《巫山大溪遗址发掘报告》的1962年原件还存四川大学历史系资料室。《报告》的“第五章文化性质与年代”的第一节，在全面分析了大溪遗址的文化性质后写道：“以上这些特征，构成了大溪遗址与其他各种文化不同的文化面貌。目前已知，与此相同的文化遗迹在长江三峡地区：如湖北宜昌的杨家湾、四渡河，秭归的朝天嘴及四川境内巫山县城等地已有发现。因此我们建议暂先命名为‘大溪文化’以志识别，以利进一步的发现与研究”（54~55页）。这里还有一点必须说明，著名的考古学家石兴邦先生在他的名著：《有关马家窑文化的一些问题》中在论述西北与西南地区原始文化的关系时曾写道：“最近巫山大溪文化的发现，给我们提供了一些线索……我同意川博同志的意见”云云⑥。他引的只是1961年11月发表的《四川巫山大溪新石器时代遗址发掘纪略》，可是此《纪略》并未提出“大溪文化”已如上述；而且石先生只是为讨论其他问题时提到“大溪文化”，并未对此做必要的论证。

时间过去将近半个世纪，我们对大溪遗址有了更多的认识，也有了更多的思考，特别是关于“大溪文化”的性质与内涵、分期与年代、类型与分布等问题，更是有待进一步的讨论与界定。例如笔者在1980年即提出：“大溪文化以首先发现在四川巫山大溪

---

① 四川省博物馆：《巫山大溪遗址第三次发掘》，《考古学报》1981年第4期。

② 中国社会科学院考古研究所长江三峡工作队：《巫山大溪新石器时代至清代遗址》，《中国考古学年鉴·1995年》，文物出版社，1997年。

③ 白九江：《巫山大溪遗址历年发掘与思考》，《重庆历史与文化》2001年第2期。

④ 邹后曦：《重庆库区2001年度的主要考古发现》，《重庆历史与文化》2002年第1期。

⑤ 林向：《巫山大溪发掘报告》，四川大学研究生毕业论文，1962年5月。

⑥ 石兴邦：《有关马家窑文化的一些问题》，《考古》1962年第6期。

遗址而得名。它的发现为研究长江三峡和江汉平原的原始氏族社会，提供了珍贵的新资料。出于近年来新发现愈来愈多，而大溪遗址的正式报告却未能发表，致使海内外学者对大溪文化的特征及其相关问题有所误解。”“诚然，大溪遗址有其个性，但正本清源，也应有较全面的认识”①。遗憾的是，二十多年过去了，大溪遗址历年来的发掘材料（除第三次发掘外）仍未能全面发表，因此“误解”似乎始终存在，例如澧县三元宫、安乡划城岗等洞庭湖北岸的遗址，被认为是“大溪文化三元宫类型”，任式南先生指出“有人认为，这类遗存虽确有许多与大溪文化相同的文化因素，但可能是受大溪文化强烈影响的另一种原始文化”②，笔者即持此见。因此，有关大溪文化的种种讨论，将会因地下的新发现与旧资料的陆续公布而逐渐展开，我们正拭目以待。

三、长江三峡重庆库区的崖葬调查与清理

世界上的崖葬主要分布在亚洲东部及太平洋南岛一带，长江三峡是其主要分布区之一；崖葬文化很可能起源于南中国③。笔者以为长江中游的古大湖沼泽区（跨今洞庭、鄱阳两大湖）周边——即东部的武夷山及其邻近地区和西部的长江三峡及其邻近地区很可能有其源头④，三峡崖葬的重要性是不言而喻的，目前在三峡库区的文物抢救高潮中似乎顾不过来，它们虽然大多处在淹没线以上，但随着水库蓄水线的上涨，其保护和利用的紧迫性会逐渐加大的。这次笔者见到万州博物馆的崖葬陈列颇受海内外游人的青睐，而科研又暂时跟不上，更感到有必要提请有关方面予以注意。

1980年四川大学历史系为了筹备即将在1981年联合召开的“中国悬棺葬学术讨论会”，曾在考古专业成立崖葬科研小组⑤。这个崖葬科研小组成立后利用教学之余做了两件事，其一是编辑了《悬棺葬资料汇编》一书作为在讨论会前后散发的会议资料。《汇编》刊登了本组编辑的《我国悬棺葬（崖葬）历史资料辑要》，从典籍、方志中辑录了大量有关崖葬的记载⑥；同时还摘录此前重要的研究崖葬的论文，如芮逸夫的《僚为仡佬试证》、向达的《中国的崖葬制》、刘铭恕的《崖墓稽古录》等。其二是1980年7～8月，利用暑期赴奉节、巫山、巫溪三县做田野调查，冒着酷暑在长江、大宁河及

---

① 林向：《大溪文化与巫山大溪遗址》，《中国考古学会第二次年会论文集》，文物出版社，1982年。

② 任式楠：《大溪文化》，《中国大百科全书·考古卷》，中国大百科全书出版社，1986年。

③ 凌纯声：《中国与东南亚之崖葬文化》，《中央研究院历史语言研究所集刊》第23本下册，1950年。

④ 林向：《中国悬棺葬学术讨论会纪要》，《文物》1981年第8期；《崖葬的发现与研究》，《淮阴师范学报活页文史丛刊》第213期，1985年。

⑤ 崖葬科研小组由笔者和当时川大考古专业学生梁太鹤、张建世、王和平等4人。田野调查则有奉节、巫山、巫溪县的有关同志参加。

⑥ 此书由四川省博物馆编印，在会议上及会议前后作为会议资料向有关人士散发。值得一提的是，由于收录文献时编印有误，致使有的研究者引用不察，发生以讹传讹等事情，笔者为此深感歉意。

其支流两岸的悬崖上周旋，并清理了一具从巫溪东溪河荆竹坝的棺木岩上取下的木棺①。后来由笔者执笔的调研报告：《川东峡江地区的崖葬》，作为1981年在四川珙县举行的“中国悬棺葬学术讨论会”② 论文印发。这次的峡江三县的崖葬调查弄清楚了一些问题，也提出了一些问题，现举其重要的几点在此做个交代。

（1）基本上弄清楚峡江三县崖葬的分布情况。峡江地区的崖葬是呈点状分布的，当年经过调查的有24个地点：在奉节有梅溪河上游的棺材岩，瞿塘峡里的粉壁堂、吊槽、盔甲洞和风箱峡，草堂河上游的三架岩；巫山错开峡里的棺木阡、天子庙，大宁河上的洛门峡、双龙上峡、双龙下峡、燕子阡、沙阡；巫溪大宁河上的庙山顶、母猪洞、杨泗洞、杨泗洞对岸、南门湾、凤凰山、九层楼、棺材溪，大宁河支流东溪河上的荆竹坝棺木岩、三灯坡，大宁河支流后溪河上的点水岩。当时这些地点尚存棺木48具，能知被毁的棺木87具以上，其断代约在战国至两汉，有的可能延续到六朝。这些棺木至今可能又有所损失，但也会有其他新的发现，如最近报道丰都、石柱的崖葬等③，我们正等待新成果早日公布。这些棺木都高葬在悬崖之上，以当地河面为起点，一般高在50米左右，最低的在30米左右，如大宁河上的杨泗洞、凤凰山等；最高的有700米，如棺木阡和天子庙。可见，水库蓄水后少数的有可能被淹没，而大多数可能只在水面上不远，这样既便于观赏，也可能触手可摸，其后果是两者的保护责任都将会随着水库蓄水的进程而变得愈来愈大。

（2）对这种葬制在文物考古研究中应该有科学、规范的定名。过去流行称为“悬棺葬”，这是1948年芮逸夫先生根据川南的葬制命名的④，用这来命名如珙县麻塘坝等地那种凿岩钉桩搁置棺木，人站岩下能仰望棺底的葬制，这个“悬”字当然贴切。可是即使在麻塘坝的160余棺中，钉桩搁棺的只占56%，其余还是放在天然岩窟里，或嵌入人工开凿的横龛里，并不都是“悬”的。而在峡江地区基本上不见那种钉桩搁棺的悬棺葬，据我们的调查，可分4种类型：Ⅰ型，多数置于天然洞罅中，用石块、木棒垫平，如盔甲洞⑤。Ⅱ型，在天然长条形裂隙中，两壁凿孔枘木杠，分上下数层搁棺，典型的如风箱峡，可惜破坏殆尽。而九层楼的木杠还保存完整。Ⅲ型，将棺木顺放在天然岩石层理的缝隙间，如荆竹坝棺木岩。Ⅳ型，在岩壁凿横龛置棺，如南门湾、凤凰山等。所以可见“悬棺葬”只是其中的一种类型，是不能以偏概全的。为了科学正名，笔者曾不止一次地建议⑥：为了突出这种“葬在崖上”，而不入土，不入水，不入鸟兽

① 川大考古专业崖葬科研小组：《四川巫溪荆竹坝崖葬调查清理简报》，《考古与文物》1984年第6期。

② 林向：《川东峡江地区的崖葬》，《民族学研究》第4期，民族出版社，1982年。

③ 王豫：《重庆丰都、石柱崖棺葬调查与研究》（上），《重庆历史与文化》2002年第2期。

④ 芮逸夫：《僚为仡佬试证》，《中央研究院历史语言研究所集刊》第20本，1948年。

⑤ 童恩正：《纪瞿塘峡盔甲洞中发现的巴人文物》，《考古》1962年第5期。

⑥ 林向：《中国悬棺葬学术讨论会纪要》，《文物》1981年第8期；林向：《崖葬的发现与研究》，《淮阴师范学报活页文史丛刊》第213期，1985年。

口腹这一显著特征，可以采用1941年向达先生提出的“崖葬制”①；作为一种文化，可采用1950年凌纯声先生提出的“崖葬文化”②。可是虽然“悬棺葬”的命名确实不科学不全面，而积习难返，依然流行。故笔者在此再做呼吁，该给它一个正确的命名了。

（3）这次峡江调查的重要收获之一，是为崖葬棺木的放置办法提出了新的论证。据笔者观察，有几种办法：①化整为零：把棺盖、底、挡板分开运送，到崖上组装，再送尸入棺。古籍有证，隋《沅州记》载五溪蛮传说：“故老云，鬼造此棺。七日昼昏，唯闻斧凿声，人不觉失器刀斧，七日霁，所失之物并还其主，见此棺横置崖畔”。②横行崖上：凡崖壁有岩石水平层理形成缝隙的地方，均可由两侧山垭口顺悬崖岩缝横行，到达葬所，1978年有盗墓者即循此岩缝到达荆竹坝棺木岩上。据1966年爬上洛门峡者也说：崖上有通道可横行至置棺处。③吊运上崖：木棺上一般都有耳、或有榫孔，便于系绳吊运。唐《朝野佥载》记五溪蛮：“自山上悬索下柩”或“用绳系棺而上”。1958年白帝城供销社派杨文元进盔甲洞，即在崖顶古老的人工“牛鼻孔”石栓上系主绳下地固定，再用副绳吊人，攀主绳吊下进洞的，岸下有人指挥，崖口有人传话，崖上有人守住牛鼻孔收放绳索。推知古代吊运也当如此③。④筑栈梯上崖：在珙县麻塘坝看到有的桩孔已接近地面，搁棺的可能太小，曾推测可能是栈梯遗迹。这次调查瞿塘峡西口南岸的孟良梯，可见有65个方形桩孔，个别孔内还残留木桩遗迹，分三段呈“之”字形排列，来回斜上，转折处多几个桩孔，可能是平台结构，显系架木设梯的遗迹④。后据白帝城文保所告知，实测桩孔约28厘米见方，深约33厘米，孔距约2米左右。此梯上方即是崖葬集中点，如粉壁堂、吊槽等。既然栈梯与崖葬共存，其用途作为运棺木上崖是无疑的。此非孤证，相类似的在武夷山崖葬处有“飞阁栈道”⑤和攀登的栈道⑥；东南亚加里曼丹岛东海岩近代崖葬“凿有之字路通往洞口”⑦。近来有些地方以现代工具“仿古”吊运崖棺，声称是“发明”，其实是很不明智的。

（4）风箱峡的再发现。1978年风箱峡崖葬被人推下的棺木有2具以上，我们发现的残片、纺轮、人下颌骨等已为白帝城文保所收集⑧。1980年8月我们来到风箱峡现场时，峡路已多年断人行，看到地上有当时棺木跌下散落的文物，有棺木、人骨、竹篾席等，发现上面附着有织物残片、絮棉等物。我们采集后请四川省纺织纤维检验所鉴定认为：其中有精粗不等的平纹棉、麻织品7～8种，黏附在人骨上的是棉花絮。织物请成

---

① 向达：《中国的崖葬制》，《星期评论》（渝版）第28期，1941年。

② 凌纯声：《中国与东南亚之崖葬文化》，《中央研究院历史语言研究所集刊》第23本下册，1950年。

③ 此据1958年初参与盔甲洞取棺木者，奉节白腊村民童国贵口述。

④ 孟良梯的示意图刊在拙著：《巴蜀文化新论》，成都出版社，1995年，第215页。

⑤ 董天工：《武夷山志》引祝穆《武夷山记》。

⑥ 曾凡等：《关于武夷山船棺葬的调查和初步研究》，《文物》1980年第6期。

⑦ 凌纯声：《中国与东南亚之崖葬文化》，《中央研究院历史语言研究所集刊》第23本下册，1950年。

⑧ 李莉：《四川奉节县风箱峡崖棺葬》，《文物》1978年第7期。

都纺织工业学校专家鉴定认为：纺织品有本色的，也有染靛和姜黄的，并有蜡缬印花布。服饰残片分单、夹、絮棉三种，针脚细密，反映较高的织染缝纫水平①。

关于我国植棉和棉纺织技术的起源一直不甚清楚，或以为迟至宋元由境外传入。1979 年福建武夷山崖葬中发现了据称是距今 3200 年的一块青灰色棉布，才引起了科技界的重新评估②。武夷山崖葬船棺年代可能偏早，笔者以为从巨大的树木制成的船棺上取样的碳十四测年肯定会偏早的，大概应与江西贵溪的“崖墓”同时，约春秋战国间。三峡风箱峡的崖棺是 1978 年推下的，可惜当时未经科学清理，就棺木在 2 具以上，收集的文物有战国的柳叶形剑和鎏金透雕带钩；也有西汉带钩和四铢半两钱。就此判断其年代应有早晚，至少在战国至秦汉之间，略晚于武夷山的崖葬。可见风箱峡崖葬发现的绵制品其意义的重大岂容低估。我们的问题在于既未经正式清理，又不注意认真收集标本，把研究工作跟上，教训是十分沉重的，前车之鉴，岂敢大意。行文至此，愿读者不会再以旧事重提相责。

（原载《四川文物》2003 年第 3 期，收入《中国人民大学报刊资料·历史学》2003 年第 9 期）

① 并有鉴定报告，特此鸣谢。

② 赵文榜等：《中国棉纺织史》，《中国大百科全书·纺织卷》，中国大百科全书出版社，1984 年。

金沙江：中国西部龙

——金沙江文化与巴蜀文化区

巴蜀文化区的西部是崇山峻岭的横断山区，大体上与古代的“昆仑山”区相当，自古以来是包括巴蜀在内的多民族的文化发祥地之一。在蜀人仅存的旧籍如《山海经》的《海内经》《大荒经》及《禹本纪》等都曾记载：“昆仑为天下之中”①，其位置约在今金沙江及其以东、岷江以西、黄河以南的广袤山区②。要弄清楚巴蜀文化的来龙去脉，就必须要弄清楚古代昆仑山区的历史与文化，历来为学者们所关注，笔者不揣冒昧也愿为攀登此山而尽绵力，当然这决非一日之功，那么让我们先从金沙江着手来窥视一二吧！

一、长江之源的文化

金沙江是万里长江的源头，站在“长江第一城”——四川宜宾的三江口眺望，左边是岷江，右边是金沙江，一清一浊至此相会，滔滔东流入海的长江犹如是从金沙江这条金色巨龙口中吐出的清流。长江穿过四川红色盆地的巴蜀文化区③，劈开三峡，像乳汁般滋养了江汉荆楚大地、洞庭彭蠡之泽、吴越春申故乡，哺育出伟大的长江文化，使长江成为与黄河一样的中华民族的“摇篮”之一。

这几年长江文化研究已成为一大显学，学者从而总结出：“中国传统文化的主体华夏文化是二元耦合的。所谓二元耦合，即南江北河、南炎北黄、南凤北龙、南道北儒、南骚北诗、南奇北正。”④ 可是饮水要思源，我们要研究长江文化，就不能不研究金沙江文化；我们要研究华夏文化，就不能不研究兄弟民族文化。这不仅仅是为了“礼失求诸野”，而是一个源与流、局部与整体、古与今、人文与自然的关系问题，所以金沙江文化是长江文化的一个分支、一个不可缺失的有机组成部分。

研究金沙江文化的必要性还在于：这里是南北江河、炎黄、凤龙、道儒……的交汇点，文化面貌既斑驳不纯，又深藏不露，这里也有过辉煌的历史，却都被尘封在荒山野

---

① 蒙文通：《再论昆仑为天下之中》，《古地甄微》，巴蜀书社，1998 年，第 165 ~ 176 页。

② 参见蒙先生文及邓小琴：《“山海经”昆仑之丘应即青藏高原巴颜喀拉山》，《邓少琴西南民族史地论集》上册，巴蜀书社，2001 年，第 494 ~ 505 页。

③ 林向：《巴蜀文化区导论——长江上游的古代文明中心》，《巴蜀文化新论》，成都出版社，1995 年。

④ 张正明：《在“长江文化丛书”编纂工作会议上的讲话》，《长江文化》2000 年第 1 期。

谷之中，若能研究开发，将对吾中华文明有不可估量的贡献。当然，长江文化含金沙江文化的研究不仅要南北对比，还应把目光投向世界，与恒河文化、两河流域文化、尼罗河文化、莱茵河文化、亚马逊河文化等相比较，才能看得更深更贴切。

金沙江文化的题目很大，只有群策群力才能开展，尤其需要跨学科的综合研究。这里笔者先就“龙”和“金”两点，抛砖引玉，以求教于诸位方家。

二、中国地图上的“西部龙”

金沙江从地图上看犹如一条从天飞降的巨龙。青藏高原的唐古拉山和可可西里山之间的沱沱河、通天河等的散漫河曲是它高翘飞扬的龙尾；从青海玉树巴塘河口以下蜿蜒在川藏边境宁静山与沙鲁里山崇山峻岭之间南下的是它矫健的龙躯，成为著名的古今民族南来北往迁徙交通的“藏彝走廊”；平均海拔在3000～4000米间的横断山脉不能阻挡它向东方太平洋奔腾，于是在云南丽江的石鼓切穿浑厚的山原，构成著名的跻身世界最深峡谷的虎跳峡，两岸悬崖飞瀑，谷深超过3000米；然后急剧转过龙身北流，几经曲折，龙颈向东，穿过大凉山和乌蒙山，来到四川盆地的西南缘重镇宜宾，与岷江汇合后始称长江。它由西北直泻西南，所以称它是“中国西部龙”。

金沙江，这条“中国西部龙”全长2308公里，占中国第一大河——长江总长6300公里的三分之一强。金沙江不仅曾经与东流入太平洋的黄河、南流入印度洋的怒江和澜沧江并肩而行有着密切的关联，而且还携带着青藏高原的东缘川西山地和云贵高原西部乌蒙山众多的支流和湖泊。有名的支流首推穿行在川西山地南流来会的雅砻江（含鲜水河、理塘河、安宁河等）；在云贵高原西部北流来会的有名大河如龙川江、普渡河、牛栏江、横江等，它们犹如金沙江这条“中国西部龙”左右伸展的臂膀，拥抱着无数个雪峰和山间盆地——坝子。支流上还连接着许多崇山峻岭间的湖泊如：泸沽湖、程海、邛海、洱海①、滇池等，它们犹如金沙江这条“中国西部龙”身上悬挂着的晶莹剔透的蓝绿宝石。可以毫不夸张地说，金沙江这条“中国西部龙”涵盖了东亚大陆腹地——中国西南部的绝大部分疆土。

它从远古走来，带来了无数的历史信息。

三、这里也都认同“龙的传人”

在金沙江这条中国西部龙的怀抱里生息着我中华民族大家庭中的许多个兄弟民族：现在的如藏、彝、白、纳西、普米、傈僳、傣、苗、汉、回等等，以前从这里迁走的还有哈尼、拉祜、苦聪等等，如果加上过去曾在藏彝走廊上活动过的古老民族，如

① 今洱海经漾濞江南入礼社江。而金沙江近在咫尺，洱海湖盆北的洱源和海东鸡足山等处都有金沙江支流，故归入金沙江流域未尝不可。

“夷”、“氐”、“羌”、“巂”、“叟”、“昆明”等，更是不计其数①。他们创造和保持的丰富多彩的民族文化是我国，也是世界上急需抢救的珍贵的文化财产。

值得注意的是，金沙江流域及邻近地区的兄弟民族的历史文化中都有“龙”的印记，据有学者统计在这一带近现代民族中龙蛇鱼灵物崇拜比较普遍：如彝族有龙、蛇氏族；傈僳族崇拜龙、蛇，也有在龙、蛇氏族；白族崇拜龙、鱼，其中勒墨人有蛇等四个支系；纳西族有蛇灵崇拜；怒族有蛇氏族；哈尼族认为人类始祖是大鱼所生，崇拜龙和蛇；傣族也有龙蛇崇拜等等②。由此可见古今居住在金沙江这条中国西部龙所在地的大多数各族人民都是认同“龙的传人”的。

金沙江流域的古代民族有“龙生夷”的传说。《华阳国志·南中志》载：“夷人大种曰昆，小种曰叟，皆曲头，木耳环，银裹结。”“论议好譬喻物，谓之《夷经》。今南人言论，虽学者，亦半引《夷经》。”“诸葛亮乃为夷作《图谱》：先画天地，日月，君长，城府，次画神龙；龙生夷，及牛马羊……夷甚重之”。先有了当地的《夷经》，诸葛亮才会因之作《图谱》，两者皆佚，而“龙生夷”的传说留了下来。《水经注·淹水》载“九隆哀牢之国”，“其先有妇名沙壹，居于牢山，捕鱼水中，触沈木若有感因怀孕，产十子。后沈木化为龙，出水，九子惊走，小子不能去，背龙而坐，龙因舔之，其母鸟语，谓背为九，谓坐为隆，因名为九隆。及长，诸兄遂相共推九隆为王。后牢山有一夫一妇生十女，九隆皆以为妻，遂因孳育，皆画身像龙文，衣皆著尾。九隆死，世世不与中国通。”如果说前例有沿袭汉文化之嫌（?），那么九隆哀牢之国以“龙”为祖神，则应该是当地民族的原生文化现象了。

图一　云南大理大展屯出土青铜连枝灯

九隆哀牢夷的“龙生夷”的传说，还有地下出土物的证据。1991 年在云南大理大展屯汉墓出土一件青铜连枝灯残件，其灯座为双龙相蟠，树干上也有龙相缠绕，还残有曲柄灯盏（图一）③，其形制与贵州兴仁交乐东汉墓出土的青铜连枝灯十分相似，后者完整，可供借鉴④。连枝灯座中心是一只 7～10 厘米的玄武，头上昂，背饰方格线纹，正中立一圆柱，柱顶屈膝危坐一裸人（神），高 8.5 厘米，平顶、大眼高鼻、双唇紧闭、双乳突显、腰系一带、带穗下坠、

① 参考尤中：《云南民族史》，云南人民出版社，1985 年。

② 林河：《中国巫傩史》第二章第三节，花城出版社，2001 年。

③ 资料存大理古城文物陈列馆，2002 年 6 月笔者参加“金沙江文化考察”时所见。

④ 林向：《中国西南出土的青铜树》，三、贵州出土汉代的青铜树连枝灯，图三，《巴蜀考古论集》，四川人民出版社，2004 年。

双臂手曲扶在膝盖上、体格刚健有力：座外围是盘旋蟠绕的双龙，龙头上昂，左龙似吻人颔，右龙张口露齿伸舌似舔人背，两龙长颈、修尾与粗壮的身躯有明显界别，是汉代兽龙的特点，周身鳞甲，有背脊鳍及臂鳍各三枚，四足匍匐于地。树干长80厘米，从人头顶长出，分上、中、下段，有榫头套接。中、下段树干基本一样，每段由双龙缠绕，龙头向上，龙口为长方形插口，各有一树枝由龙口曼出，共四枝；上段树干渐杀收细，有一龙缠绕，龙首上扬，张口露齿伸舌。树干顶端有一灯盏，高4厘米，浅盘口径9.1厘米，盘口接一曲平手柄，柄长10.5厘米，灯盏中央有一长1厘米的锥形烛钎，灯盏下有三只蹄足，中间还有一插管与树干插接；下面四根树枝的顶端都各有一灯盏，共五盏。树枝分上下两层，均为一从龙口曼出的小龙，成S形曲张，枝条上以阴刻的双线弦纹缠绕，表示似缨缠绕的龙身，枝端为龙头，龙口插接灯盏；枝条（即龙身）上有蹲踞的巨喙鸟、展翅欲舞的朱雀和乐人。乐人高鼻、大眼，头戴锥形帽，有的吹箫、有的演唱，骑坐树枝上，回向树干。笔者认为，灯座玄武上的仙人正是古哀牢国始祖九隆的造像，正有父龙舔其背；连枝灯上众多的龙，无非是表现加强调古哀牢夷视龙为祖神的象征。看来这连枝灯正活生生地表现“龙生夷”的民族神话。大理地理位置与古哀牢国颇近，这里有“龙生夷”青铜连枝灯的发现，意义更大。可惜残损过甚，只能借鉴贵州兴仁的出土物。不过为我们下一步的探索，提供了方向。

四、考古发现的龙崇拜

龙（包括蛇和鱼）崇拜在本区的地下考古发现中证据甚夥：如四川盐源干海战国秦汉间墓葬出土的祈日用的法杖——铜鸡杖上布满刻划的鱼纹，也就是蟠满了龙蛇①。因为古人的生物学分类知识粗浅，鱼、虫、蛇相混不分，《山海经·海外南经》：“南山在其东南。由自此山东，虫为蛇，蛇号鱼。”郭注：“以虫为蛇，蛇为鱼也。”“蛇”与龙相通，因为蛇乃“龙之类也，或曰龙无角者曰蛇”（见《洪范五行传》注）。又如干海的铜树片上的有许多马和骑马人②。神马共实就是龙，闻一多先生说：“天文房星为龙，又为马。……龙像马，所以马往往被呼为龙”，骑马人则应该是驾龙上下于天地的神灵——太皞的众神。干海还曾出土蛇鱼铜案，两条蛇从案上射出，口中各噙一条大鱼③。盐源是雅砻江支流上的高山间平坝，古代是横断山区“藏彝民族走廊”东部的重要集散地，干海等地的出土物很可能是氐羌系民族南迁形成的“筰人”所遗。《史记·西南夷列传》：“自嶲以东北，君长以什数，徙、筰都最大”。《汉书·地理志》载：当时这一带设定筰、大筰、秦筰三县，统属于越嶲郡，他们是西南地区广泛分布的“夷

① 林向：《中国西南出土的青铜树》，二、盐源盆地出土的战国秦汉的青铜树，图二，9，《巴蜀考古论集》，四川人民出版社，2004年。

② 林向：《中国西南出土的青铜树》，二、盐源盆地出土的战国秦汉的青铜树，图二，《巴蜀考古论集》，四川人民出版社，2004年。

③ 资料存凉山州博物馆，多谢馆长刘弘研究员提供图片。

种”，《华阳国志·蜀志》：“汶山曰夷，南中曰昆明，汉嘉、越嶲曰筰，蜀曰邛，皆夷种也。”南下的氐羌系的“夷种”，特别重视马匹，有“马龙”神话，氐人有“鱼龙”神话①。或者可以进一步说金沙江流域的“龙”就是“夷种”的文化特征之一，在文化的迁徙、传播中发生了种种的变异。

云南滇池地区的滇文化中龙也不少，且地位显赫。如出土的青铜动物“兽斗”扣饰上，往往以长蛇作为大地之神；石寨山出土的贮贝器盖上铸着盘蛇神柱（图腾柱?），柱前举行杀人祭祀②；出土“滇王之印”的 M6 还出土一套蟠龙编钟（见图二），钟体两面各铸蟠龙 4 条，左右对称，可见滇国龙蛇崇拜的规格之高。祥云检村出土一组 3 枚编钟，双面铸纹，一面为双鸟（凤）对舞，一面则为双龙对舞（见图三）。江川李家山 M24:96 是一杖头（图四），下为长獠牙的人像，头顶一条横置的大鱼，鱼体上下各蟠一条蛇，鱼鳃下吊一铜铃，这应是滇国贵族所持仪杖的杖头，行走时还会发出法铃声，可见龙蛇鱼在滇国地位之显赫③。滇池及邻近地区所是古代濮越系民族与氐羌系民族的交会点。冯师汉骥教授曾把滇文化中的人物图像依其形象、头髻和服饰分组，“除此一文化的主要民族，至少尚有七种族属”，可分为三类：编发的属嶲、昆明；椎髻的属夜郎、靡莫、邛都之类；长须窄袖长裤的属西北游牧民族④。这里多数是南下的氐羌系民族，因此龙鱼崇拜之盛是可以想见的。其中祥云检村编钟龙纹原以为是兽纹，其实与四川牟托石棺墓出土纽钟（M1:124）的龙纹相对勘，即可知两者基本相同⑤，更增加了龙崇拜是随氐羌系民族南下传播的可能。

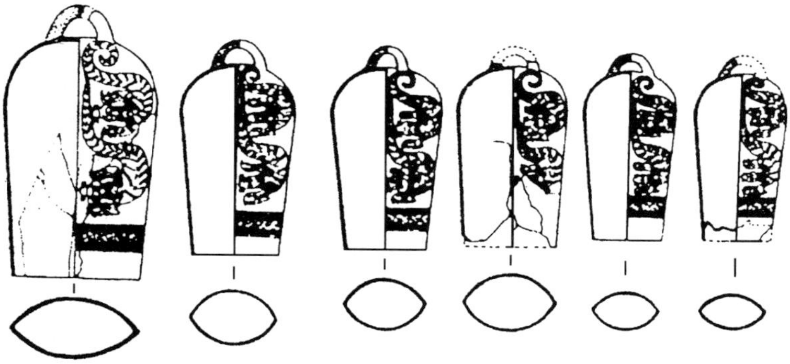

图二　云南石寨山出土滇王编钟

① 参考陆思贤：《神话考古》第四、八章，文物出版社，1995 年。

② 林向：《中国西南出土的青铜树》，五、贮贝器、铜鼓与画像砖石上的树，图八，1，《巴蜀考古论集》，四川人民出版社 2004 年。

③ 李昆声：《云南艺术史》第二章第三节，云南教育出版社，2001 年。见《文物》1994 年第 3 期，第 16 页。

④ 冯汉骥：《云南晋宁石寨山出土文物的族属问题试探》，《考古》1961 年第 9 期。

⑤ 《四川茂县牟托一号石棺及陪葬坑清理简报》，图二二，《文物》1994 年第 3 期。

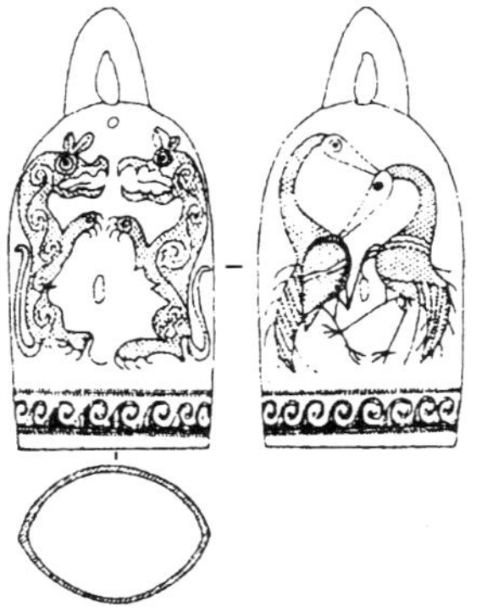

图三 云南祥云出土编钟

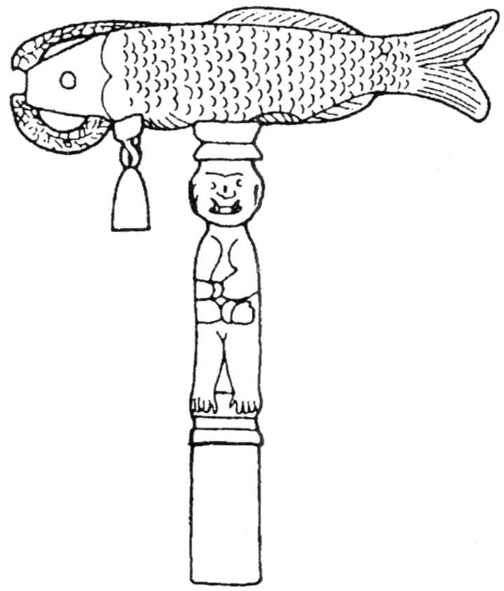

图四 云南李家山出土杖头

入汉代以后，汉文化传入本区，而龙蛇崇拜还是强烈地表现出来，如本地区及邻近地区的东汉出土的“柱铢”（摇钱树）上，往往有龙。四川西昌高草东汉墓出土的柱铢残片上，西王母不仅坐在树端的龙虎座上，而且树干上还缠绕着龙，有人以为是“弱水”①，其实从残存的实物看龙头犹存（见图五）。西昌马道东汉墓出土的柱铢树干两侧也有龙与仙人纹饰（见图六）②。云南昭通白泥井东汉石棺上雕刻的上身为人下身为蛇的伏羲女娲，也是本区及邻近地区所常见的“人之始祖”的图像，而不少伏羲女娲的下身蛇体往往相缠作交尾状，且有脚爪如龙③，也是当时“龙生夷（人）”的遗风吧！

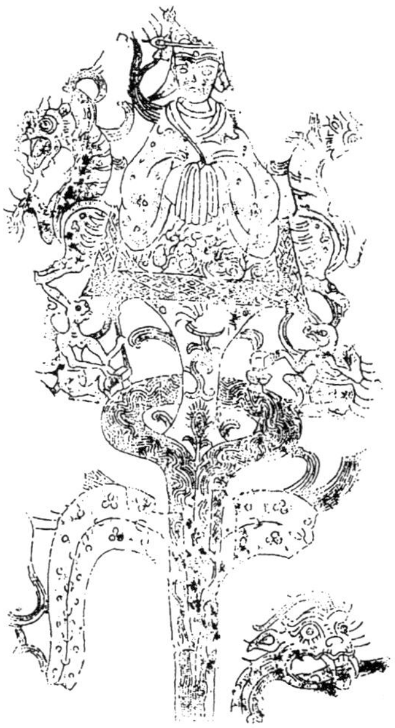

图五 四川西昌高草出土柱铢叶片

五、金沙江还是一条“金龙”

我们再来讨论金沙江的得名问题。金沙江的古有绳水，泸水、马湖江等名称。绳水之名最早见于

① 小南一郎：《中国的神话传说与古小说》，中华书局，1993年，第75页。

② 《四川茂县牟托一号石棺及陪葬坑清理简报》，图二二，《文物》1994年第3期。

③ 吴曾德：《汉代画像石》，文物出版社，1984年。

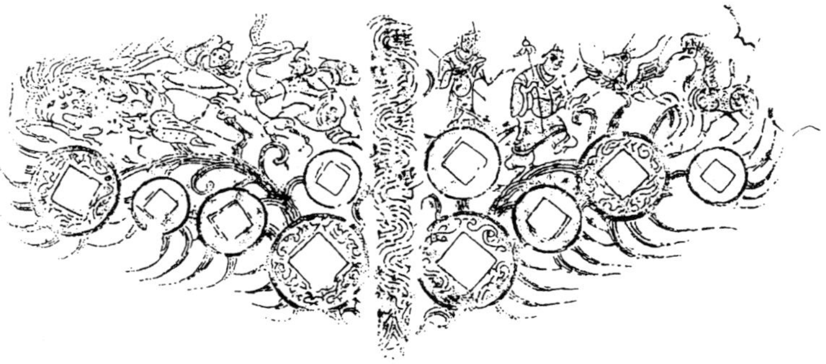

图六　四川西昌马道出土柱铢叶片

《汉书·地理志》，记载：越嶲郡遂久县“绳水出徼外，东至僰道入江”；《水经注·若水》也说：“绳水出徼外，……至大莋（今盐边东）与若水（今鸦砻江）合，自下亦通谓之为绳水矣”：《大清一统志》卷305说：“金沙江即古之绳水也”；胡渭《禹贡锥指》也考证绳水即金沙江。泸水，一名泸江水，原专指雅砻江与金沙江汇合后的那一段，《后汉书·西南夷传》载：刘尚率军“度泸水入益州界”，诸葛亮《前出师表》：“五月渡泸，深入不毛”，即是此泸水；后也作通称，明代顾祖禹：《读史方舆纪要》：“泸水，一名金沙江。”（卷70）马湖江见于《水经注·若水》：“绳水又经越嶲郡之马湖县（今雷波境），谓之马湖江”，《读史方舆纪要》则迳称：“马湖江，一名泸水，一名金沙江。”金沙江之名大约是宋元时期才开始采用的，最早似乎见于李京诗：“雨中夜过金沙江。”（转引自《佩文韵府·拾遗》卷三）

金沙江何以得名，则有二说：一说因江得名水色黄而得名，如明人顾祖禹说：“金沙江……其江夹岸皆石，江中沙土黄色，因名”（《读史方舆纪要》卷74）。《大清一统志》（卷305）和清代陈登龙《蜀水考》均同此说。此说至今犹可目验，在宜宾三江口可见金黄色的金沙江水与湖青色的岷江水汇合时，泾渭界线是如此的分明。另一说因江水多沙金而得名，此亦古老相传俗之通称。已故任乃强先生曾著书说：“江水既南入滇，两岸河原渐多，沉蓄沙金极富，宋元之世，采金已盛。故曰金沙江，亦曰丽水，一曰丽江。”“旧籍或指为若，或指为绳，或称黑水。惟金沙、丽水，名不可移耳。”① 任先生此说颇值得注意。

在我国历史上川、滇盛产的沙金一直十分有名。《韩非子·内储说上》：“荆南之地、丽水之中生金，人多窃采金。采金之禁，得而辄辜磔于市，甚众，壅离其水也，而人窃金不止。”《后汉书》：“益州金银之所出。”《华阳国志·蜀志》：“其宝则有璧玉、金、银、珠、碧、铜、铁、铜、锡、赭、垩……之饶。”《南中志》：“益州西部、金、银、宝货之地，居其官者，皆富及十世。”《三国志·蜀志·李恢传》：“赋出叟濮，耕牛、战马、金、银、犀革，充继军资。”《蛮书·云南管内物产》：“麸金出丽水，盛沙淘汰取之。河赕法（南诏的法规）男女犯罪，多送丽江淘金。”《本草纲目·金石部》

① 任乃强：《西康图经·地方篇》，新亚细亚学会，1925年，第90～91页。

李时珍曰："沙金细如沙屑，出蜀中。叶子金出云南。"

但徐师中舒教授晚年则认为《韩非子·内储说上》的"丽水"是"犛牛河的省称"，"这里出产的黄金是生金，出于旄牛地区丽水流域的山中，而不是出于丽水中的沙金"；其位置是"东汉时代四川西部雅砻江、安宁河之间，原为羌族牦牛王的领地，这里蕴藏黄金极富，现在雅砻江东岸还有一个地名称为'金矿'，说明这里原是古代盛产黄金的地区。"又说："四川丽水地区黄金之多，虽无文献可查，但就其所出黄金片块之大至于一斤、二斤，显然是一个富金矿。"① 据《四川省志·地理志》② 载：雅砻江上的冕宁、木里等地至今犹产脉金（即生金），颗粒一般小于1厘米，含金品位在3~10克/吨，可能已近产罄。

金沙江及其支流所产沙金之盛则至今不衰，据《四川省志·地理志》同书记载："川西高原的沙金矿主要分布在岷江、大渡河、雅砻江、金沙江"。而且多自然沙金块——狗头金，"在盐源洼里曾发掘出'狗头金'，重达3200克。白玉县孔隆沟盛产狗头金块（图七），1985年7月发掘出一块重1150克，1987年8月又连续挖出10个狗头金块，最大者重3616.15克，小者重550克。其他不足500克者甚多"。高品位（沙含金量在0.3/立方米以上）的沙金矿点有里塘金厂沟、道孚玉科、德格独木岭和嘎利寺、甘孜白利、盐源洼里等十余处，由此可见金沙江是"金沙之江"，果然名不虚传。

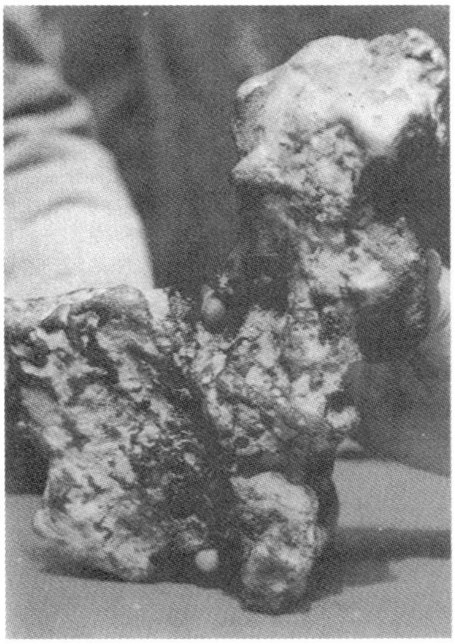

图七 四川白玉孔隆沟狗头金
（据《四川省志·地理志》）

这就为解开"三星堆黄金来源之谜"提供方向。广汉三星堆祭祀坑共出土黄金制品65件（残片未计），总重在842.62克以上③（按：另有贴附在人头像上的金面罩未计），为我国商代考古中单位出土黄金数量最多的第一大发现。其中一号坑出土4件，杖皮、面罩、虎形箔饰和料块，共重651.33克。这金料块（K1:39）颇引人注意，略成扁平长方形，长11.9厘米、宽4.4厘米、厚0.2~0.5厘米，重170.44克，有多处气孔，一端还留有浇冒口痕迹。显然是用沙金或狗头金熔铸而成，以供锤打成金皮、金箔之原料。金杖皮（K1:1）就是用金料块锤打而成的，用作竹木杖的外包皮，杖芯既朽毁，只留下杖皮，长143厘米、宽7.2厘米，重463克，这要用的金料块要比上述的料块重3倍。三星堆二号出土的黄金制品61件，都是金箔制的面罩、璋形饰、鱼形饰、带饰等，

① 徐中舒：《试论岷山庄王与滇王庄蹻的关系》，《思想战线》1977年第4期。
② 《四川省志·地理志》上册第四章第二节，成都地图出版社，1996年。
③ 《三星堆祭祀坑》，文物出版社，1999年，第60~61、352~357页。

共重191.29克。金箔面罩2件，都是从头像上脱落的，未脱落的均未计入，而脱落又佚失的，更没有计入。

笔者在《三星堆假面考》中曾指出：所有三星堆两个祭祀坑出土的人像的面部（神像除外，约在100件以上）都是戴假面具的，假面具上原来都应有金面罩的①。每件面罩的重量不等，据《三星堆祭祀坑》公布的已测重的面罩（均已残）的重量在10.62～29.36克之间，以平均数（20克）计算，那么三星堆金制的重量起码应另加2000克才是，总重量应在3000克左右。笔者以为这么大的黄金用量，恐怕只有来源于金沙江这样的黄金富产地才能够对付，当然不排斥同时从其他地点如岷江及其支流取得金源。换言之，正因为蜀都三星堆有金沙江这样的源源不断的黄金来源，才能用金如此奢侈。进而言之，古蜀人的来历本来就在西部山区——古昆仑山——金沙江与岷江流域的山区（另文讨论），他们用取之于家乡金沙江、岷江出产的黄金来制作祭礼神灵的金杖、金璋、金鱼和假面具的金面罩，则有着更深沉的本土文化的内涵。当然，笔者这些假设与推论还有待于补作三星堆黄金的产地测试结果的验证。

无独有偶，2001年2月发现的成都金沙村遗址也出土了大量的黄金制品，有人面像、带饰、“四凤朝阳”箔节、蛙形箔饰、喇叭形器、盒形器、球拍形器、鱼形器及大量的器物残片等数十件②。总量未知，据已公布的人面像（2001CQJC:465）重5克、射鱼纹带饰（201CQJC:688）重44克、鸟首鱼纹带饰（2001CQJC:687.1、2）重11克、四鸟绕日箔饰（2001CQJC:477）重20克、蛙形箔饰2件（2001CQJC:215、217）共重7克、喇叭形器（2001CQJC:31）重51克……共重140克。若测得总重量，一定也非常可观。鉴于金沙村遗址出土物与三星堆出土物如此的相似，而显得年代偏晚。大致印象应在商末周初至东周初年间（因为多数出土物为采集品，没有地层学证据，只能预测待考），故2001年4月，笔者在金沙村遗址考古现场接受中央电视台采访时，曾说：“代表古蜀文明权力中心的广汉三星堆古城是毁于洪灾的。根据金沙遗址出土的文物看来，其后这个权力中心都邑很可能转移到成都市区来了。”③ 金沙村遗址与三星堆遗址既然同属于古蜀文明的不同阶段，那么其黄金器物的丰富，就不足为奇了，因为同样靠近金沙江这条盛产黄金的江。

所以，我们说金沙江不仅是一条“中国西部龙”，同时还是一条“中国西部金龙”。

（原题《金沙江文化与巴蜀文化区》，载《中华文化论坛·金沙江文化专号》2002年第4期）

① 林向：《三星堆假面考》，《巴蜀考古论集》，四川人民出版社，2004年。

② 据《金沙淘珍——成都市金沙村遗址出土文物》，文物出版社，2002年。唯器物名称尚待商榷。

③ 林向：《寻找三星堆文化的来龙去脉》，《中华文化论坛》2001年第4期。

“南方丝绸之路”上发现的“立杆测影”文物

“南方丝绸之路”起于成都平原，迤南至云贵高原，直诣东南亚，这个地区古称“巴蜀及南中之地”，自古至今都是许多兄弟民族的生息之地。本区古代的人们为了生产、生活，同样需要气象、季节方面的信息，他们是不是也和中原及其他地区的人民一样，运用过“立杆测影”的观测方法呢？答案当然是肯定的。但至今在考古文物界的报道中还留下空白，令人遗憾。

自从河南濮阳西水坡仰韶文化的45号墓葬的发掘，被研究者认为是“中国天文考古”的重大发现之后①，中国天文考古逐渐为世人所瞩目，陆续有著述问世②，令人耳目一新。笔者本与天文学史的研究无缘，但在浏览有关论述之余，愿对“南方丝绸之路”上发现的、反映“立杆测影”活动的有关文物，作一番鸟瞰式的考察，以冀抛砖引玉，得到同行们的关注，不当之处，勿吝指正。

一、“立杆测影”是最古老的天文观测仪器

最早人们是观物象以定节候的。对气候季节的变化，最初人们不是根据对天象的观察，而是根据自然界的生物和非生物在气候变化时的反应，去捕捉气候变化的信息——“物候”，甚至形成了物候计时体系——物候历，记载在《夏小正》、《诗·豳风·七月》、《吕氏春秋·十二纪》等典籍中，说明民间上下广泛采用物候历法。

进一步观天象以定节候。经过人们长期的观察体验，某些恒星在天空中出现的不同时间、不同方位和不同形态，与气候的季节的变化有密切关系。据《尚书·尧典》，以太阳出没的方位和四中星（“鸟”、“火”、“虚”、“昴”）的昏见，作为“日中”、“日永”、“宵中”、“日短”的标志，即相当于后来的“春分”、“夏至”、“秋分”、“冬至”，并以四星上中天来确定春、夏、秋、冬四季之“中”。这就要求有对日影及星象观测的标杆，最早大概是利用自然物，如山蜂、巨石、大树、甚至人体本身来作为标尺，后来用“立杆测影”（见《周髀算经》）。

---

① 冯时认为仰韶文化时期的古人已熟练地使用“立杆测影”法。见冯时：《河南濮阳西水坡45号墓的天文学研究》，《文物》1990年第3期。

② 陆思贤：《神话考古》，文物出版社，1995年；冯时：《星汉流年——中国天文考古录》，四川教育出版社，1996年；陆思贤、李迪：《天文考古通论》，紫禁城出版社；冯时：《中国天文考古学》，中国社会科学出版社，2007年等。

《说文》："晷，日景也。""景，光也，从日京声"也就是要测日影。古人观测的最便捷的仪器，就是一根各式各样的杆子，这种简单而实用的仪器可归入原始的"地平式日晷"。中国科技史专家英国的李约瑟说："在所有天文仪器中，最古老的是一种构造简单、直立在地面上的杆子，至少在中国可以说是如此。这杆子白天可用来测太阳的影长，以定冬夏二至，夜晚可用来测恒星的上中天，以观测恒星年的周期"①。天文史学家李鉴澄说："古人在空旷的平地上树立一标杆。连接日出和日没的影端或上下同长的影端，即为正东西；平分它的夹角，即得正南北"②。值得注意的是，从进入分层社会开始，"观象制历"的权力只能被上层人物所垄断，下层人民是不得预问的，《尚书·尧典》记载帝尧命羲和制历时，规定他的职责就是"钦若昊天，历象日月星辰，敬授民时"。当帝尧禅让帝舜时，特别交代："天之历数在尔躬，允执其中"，这个"中"就是"杆"，简单的"测影"的"杆"被赋予了神圣而神秘的权力与宗教的含义。"杆"就演变为"圭表"了，《周礼·大司徒》记载：周王室官员"以土圭之法测土深，正日景以求地中。日南则景短，多暑；日北则景长，多寒；日东则景夕，多风；日西则景朝，多阴"。可见，圭表是统治者用以来垄断"敬授民时"的权力的。

古蜀王国当然也不会例外的。成都平原有许多从外边搬来的巨石，有支机石、天涯石、地角石、五块石、石笋、武丁担、飞来石、八阵图等。冯师汉骥先生曾作过专题调查③，认为"石笋早在蜀国即有之"。"至于此等大石之原始含义何在，仅能猜测而已"，认为或为墓石、或为纪念、或作路标、或为禁地之标界等等。现在看来，其中很可能还有"立石测影"的含义，它们有的是独石而留名"天涯石"、"地角石"之类，也有的是列石而留名"飞来石"、"八阵图"者，虽已残缺不全，仍然能使人马上联想到，那些已经被认定为"具有天文学测向线"的英国索尔兹伯里的"巨石阵"和欧洲各种形形色色的独石和列石。可见，古蜀人"立石测影"的可能性是不能否定的。

据徐南洲考证：古蜀人也曾用两山对立或两石对立来测日影的，如"天彭阙"、各色"土门"、"石门"等④。《山海经·大荒西经》记载的："大荒之中，有山名日月山，天枢也。吴姖天门，日月所入。……帝令重献上天，令黎邛入地……以行日月星辰之行次"，这则神话反映的正是这种通过对立两山之阙来"测影"以测知日月星辰的运行的事实。

古蜀人有无"圭表"测影设施，目前尚未可定论，但似有迹可探。如郫县的宝墩文化晚期古城遗址的中心部位，发掘了编号为 F5 的大型建筑基址，中轴线上有排列有

---

① 〔英〕李约瑟：《中国科学技术史》第四卷一分册，科学出版社，1975 年。

② 李鉴澄：《晷仪——我国现存最古老的天文仪器》，《中国古代天文文物论集》，文物出版社，1989 年。

③ 冯汉骥：《成都平原之大石文化遗迹》，原刊《华西边疆研究学会杂志》第 16 卷，收入《冯汉骥考古学论文集》，文物出版社，1985 年。

④ 徐南洲：《蜀王杜宇来自何方》及《天彭阙考释》，《古巴蜀与山海经》，四川人民出版社，2004 年。

序的5个竹笼卵石构筑的方形台基，长宽约3~5米，周围并无生活遗迹，当为"大型的礼仪性建筑"①，这5个台子的用途不详，但令人联想到后世中原的"周公测景台"之类的"圭表"测影设施②，记以存查吧！又如成都北郊的大小羊子山是土坯筑台，可惜上世纪50年代只清理了其残余部分，我们曾指出："这三处土台形祭坛有方有圆，三级三重，上无屋榭，与居住或燕享等生人活动无关，都应该是宗教性祭祀建筑"③，"立杆测影"既为社会上层所垄断，也是当权者的职责，那么这土坛上是否建有"圭表"测影设施，是耐人思索的。而广汉和盐源发现的、见于《山海经》、《淮南子》等记载的"建木"、"若木"，可能为原本就是由测日影的"杆"、"表"而衍化成为神话中的"天梯"，则是可以判定的。

二、三星堆和金沙出土的有关"立杆测影"的文物

三星堆遗址的2个祭祀坑④和金沙遗址的一号祭祀坑等60余处祭祀遗址⑤中出土文物都是属于祠庙的祭器、巫觋的法器、祭典的仪仗、古蜀人所信奉崇敬的物品。广汉三星堆遗址群与成都金沙遗址群既是古蜀王国的中心都邑⑥，其中肯定有反映当时蜀国上层奉行"敬授民时"的"立杆测影"的文物，试择要以申其说。

（1）首先当推青铜神树。三星堆祭祀坑出土的青铜树据清点约有6株以上，其中修复的一号铜树最大（图一），残高384厘米（树巅无法复原）。这株树的性质，另详拙著《中国西南出土的青铜树》⑦，笔者认为它应该是古蜀神话中的"建木"。《山海经·海内南经》："（九丘）有木，其状如牛，引之有皮，若缨黄蛇，其叶如罗，其实如栾，其木若蓲，其名曰建木。"《海内经》载："（九丘）有木，青叶紫茎，玄华黄实，名曰建木，百仞无枝，上有九欘，下有九枸，其实如麻，其叶如芒，大暤爰过，黄帝所为。"可见其来头不小，法力很大。过去笔者认它为古蜀人心目中"天下之中"的社树，是古蜀人心目中沟通天地的"天梯"，现在看来是正确的，但是还不够。"建木"的来历与神圣性还因为它是蜀王"敬授民时"的"立杆测影"的"杆"，所以要把它作为祀典中最中心的仪仗之一。《淮南子·地形训》说得很明白："建木在都广（应作广都，指

① 江章华、李明斌：《古国寻踪——三星堆文化的兴起及其影响》，巴蜀书社，2002年，第76~78页。

② 请参见王邦维：《"洛州无影"与"天下之中"》，《蒙文通先生诞辰110周年纪念文集》，线装书局，2005年。

③ 见本书《羊子山建筑遗址新考》。

④ 三星堆古城遗址内外发现的礼仪性遗存甚多，目前报告正在整理中。最著名的就是一、二号祭祀坑，见《三星堆祭祀坑》，文物出版社，1999年。

⑤ 《金沙——21世纪中国考古新发现》，五洲传播出版社，2005年，第12~16页。

⑥ 林向：《寻找三星堆文化的来龙去脉——成都平原的考古最新发现》；《巴蜀考古论集》，四川人民出版社，2004年。

⑦ 林向：《中国西南出土的青铜树》，《巴蜀考古论集》，四川人民出版社，2004年。

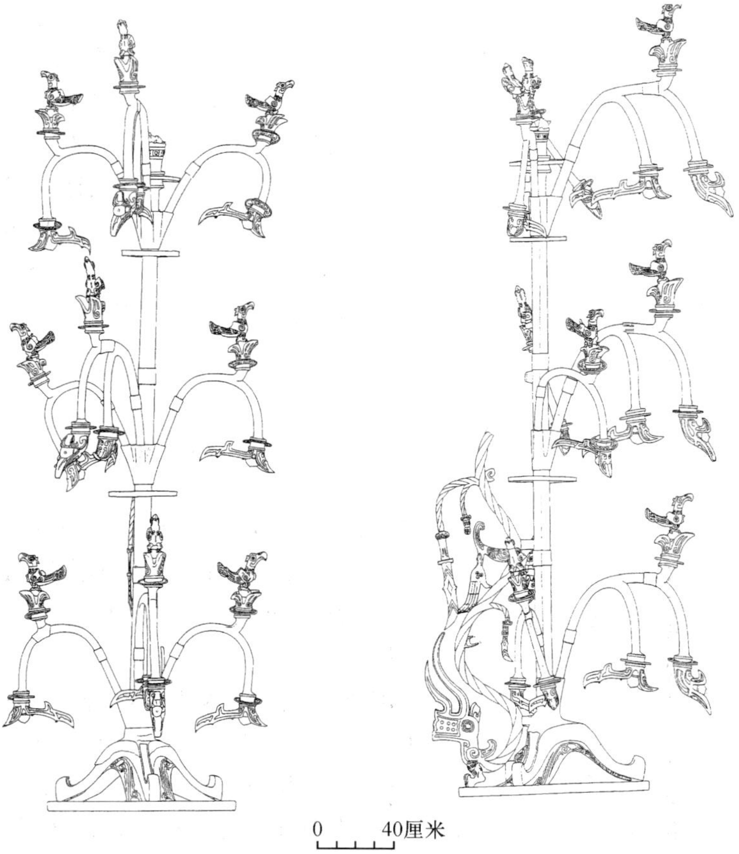

图一　三星堆二号坑出土青铜树（复原图）

成都平原），众帝所自上下，日中无影，呼而无响，盖天地之中也”，这里的“日中无影”与“天地之中”最是关键。

“日中无影”，一则明白地指明“建木”的主要功能是用来观测日影的。二则“日中无影”的观测在地球的赤道上是可以的，三星堆古城约在北纬 31°，却是绝不可能的，如果想要做到这一点，就必须要另有一套特殊的观测设定才能做到。我们可以河南登封告成镇的“周公测景台”为例来说明之。

“周公测景台”相传原为西周周公旦创建的，后来的“周公测景台”是唐代的旧制，据《旧唐书》记载：唐玄宗开元十一年（723 年），命太史监南宫说仿周公土圭旧制，换以石圭、石表。现存的“周公测景台”所在位置为北纬 34°，比三星堆更北，按理更不可能做到“日中无影”的，奥妙就在该台的特殊设置。该台通高 3. 95 米，分上、下两部分，下部是方形的石座，上小下大呈柳形锥体，名曰“圭”，高约 1. 95 米，上部为长方形石柱，名曰“表”，高约 1. 956 米，合唐开元尺子的八尺。石表北面距石座上面北边沿 37 厘米左右，约合唐开元尺 1. 5 尺。据王邦维先生于 2004 年夏至日在实地考察的结果，看到中午 13 点零 8 分～13 点 10 分之间，石表并非无影，而是石表的影长正与表下石座北面上沿的长度相等，所以在台外地下看不到影子，这就是所谓的"无影"。因此王先生认为：古人预先知晓阳城的日影为1尺5寸，土圭（按：当指表下石座上沿）于是也就设计为同样的尺度。所以，这座建于唐代的周公测景台的"最大的功用，除了纪念'周公营洛，建表测景'这一传说中的历史，估计就是在夏至之时，以'无影'的方式显示这里就是地中"。换言之，"测景台能够出现'无影'，是设计者的有意所为"①。设计者刻意要表现的是都邑所在位置乃是"地中"或"天下之中"，这在古代具有至关重要的政治含义，用以证明都邑具有驾临一切属地之上的统治地位。

要使"立杆测影"做到"日中无影"才能证明是"天下之中"，这是古国的统治者共同的政治需求。三星堆古城既为古蜀国都邑，蜀王统治集团也一定会把这"建木"即"表"，放置在一个能造成"无影"的设施"台"即"圭"之上的。现在经修复的一号青铜神树有个基座，为一直径92.4～93.5厘米的圆圈，圈上有拱形三足，拱足上有长方形插孔，这当然不能构成为"圭"，很可能原来下面还应该另有"圭台"的，只是未能发现而已。"圭台"的尺寸也一定会与"表"即"建木"的日影长度相称的，这样才可以在庄严而神秘的古蜀祭典中，向人们表现三星堆古城确实是"日中无影"的"天下之中"的蜀国都邑中心。"建木"被神化为众神上下天地的"天梯"，正说明它是观景测影的"表"，具有沟通天地、"敬授民时"、保证蜀国民众能安居乐业方面的神圣功能。

另外，三星堆二号祭祀坑还出土其他5种青铜树的残件，也应该都是"表"的象征物，甚至可能是古蜀国下属诸部族所拥有的"圭表"，而因某种变故与需要而被一起祭埋的。其中二号青铜树的基座之上，三面有三个跪坐的人像，可能就是守护和测影的神巫们的造型。金沙遗址至今尚未发现有神树，但却有与三星堆祭祀坑出土的神树挂饰相同的支架、铃、圆牌等。可见金沙作为古蜀王国的后起都邑，也应该拥有证明是"天下之中"的神树"圭表"的，还有待于进一步发掘证实。

（2）其次是羊首龙柱。三星堆一号祭祀坑出土的"铜龙柱形器"（图二，K1∶36）②，在通高41厘米，上端直径约9厘米的铜柱上有一"龙"。龙头上有一双镰形大耳和一对盘羊犄角，昂首挺胸，龇牙咧嘴，颌下有山羊胡须，前身和两前肢屈肘以爪趴于柱顶，后半身似蜥蜴贴伏在柱侧，两后肢屈肘以爪紧抓柱的两侧，前后爪均各露出4趾，龙尾翘卷。在与龙对应的柱壁另一侧，有一程式化的头向下尾上卷的夔龙。铜柱下端有钉孔2、3个，可见它是套钉在木柱上的祭祀仪仗。综观全像，爬在柱上的明白无误是一条长着羊头的神龙，所以不妨称为"羊首龙柱"③。

羊在古人心目中的神圣地位也是十分显赫的。陆思贤先生认为："以羊象征太阳神，源出于羌戎族。羌族羊祭，图腾神以羊名，因以'日'名'太阳'即'大羊（祥）'。

① 王邦维：《"洛州无影"与"天下之中"》，第六、七节关于"周公测景台"的考察，《蒙文通先生诞辰110周年纪念集》，线装书局，2005年。

② 《三星堆祭祀坑》，文物出版社，1999年，第33～37页，图二〇；图版六，3、4；彩图7。

③ 见本书《"羊首龙"与"禹兴于西羌"》。

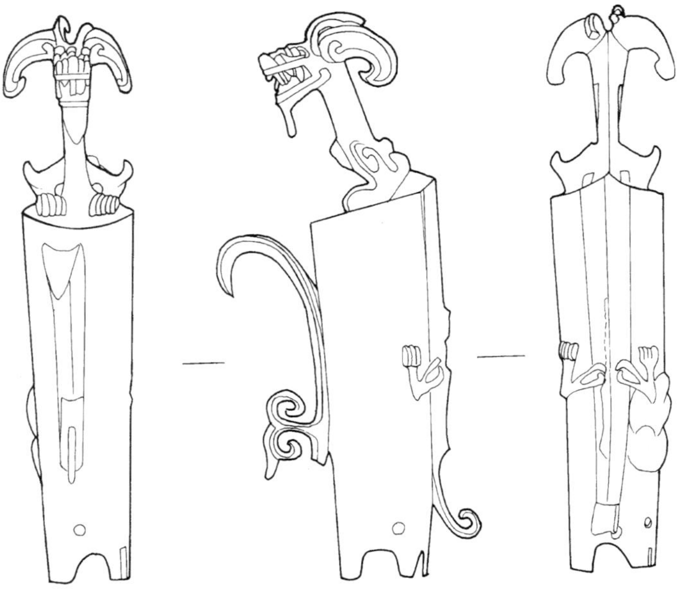

图二　三星堆出土羊首龙

在商周青铜器上，亦以羊为吉祥物。”还认为：“羌族因羊图腾得名，图腾柱可简称为‘羊柱’或‘羊角柱’……作为立杆测影的圭表。”而“禹为地母神，《国语·郑语》说：‘禹能单平水土。’禹是用‘单’为立杆，测定九州大地，进行治水工作”。这“单”就是立杆测影的“羊角柱”①，陆氏之说可从，当然“图腾”之说当另议。

准此，三星堆一号坑出土的“羊首龙铜柱”很可能就是这种立杆测影的“羊角柱”一类的圭表仪仗。其一，大禹治水是“左准绳，右规矩”，“随山刊木，定高山大川”，用的是“单”即“羊角柱”。蜀与夏同族②，在治水过程中也同样会通过用“单”即“羊首龙柱”测影的方法，来测定成都平原的地势高低上下，以利于排涝灌溉的。其二，丁山先生曾提出“观象制物的文化史观”③。可以这样理解，古人“仰则观象于天，俯则观法于地，观鸟兽之文，与地之宜，近取诸身，远取诸物”，“以通神明”，“以类万物”。“三皇”、“五帝”、唐尧、虞舜……与四方之神一样，都是这样“观象制物”创造出来的“天神地祇”。“单”或“羊角柱”、“羊首龙柱”就是这种“仰则观象于天，俯则观法于地”的法器仪仗。

（3）公鸡杖首。三星堆二号祭祀坑出土青铜公鸡圆雕，（图三，K2②: 107）通高14. 2 厘米，站在 2. 5 厘米见方的座上，下部缺失，颇疑为鸡杖首。与羊角柱用来之“立杆测影”一样，鸡杖也是反映“立杆测影”的仪仗，说详下。

（4）太阳神鸟。金沙遗址出土的“太阳神鸟金箔”（图四），直径 12. 5 厘米，厚

---

① 陆思贤：《神话考古》第五、六章，文物出版社，1995 年。

② 见本书《蜀与夏——从考古新发现看蜀与夏的关系》。

③ 丁山：《中国古代宗教与神话考》，上海古籍出版社，1988 年，第 266 ~ 474 页。

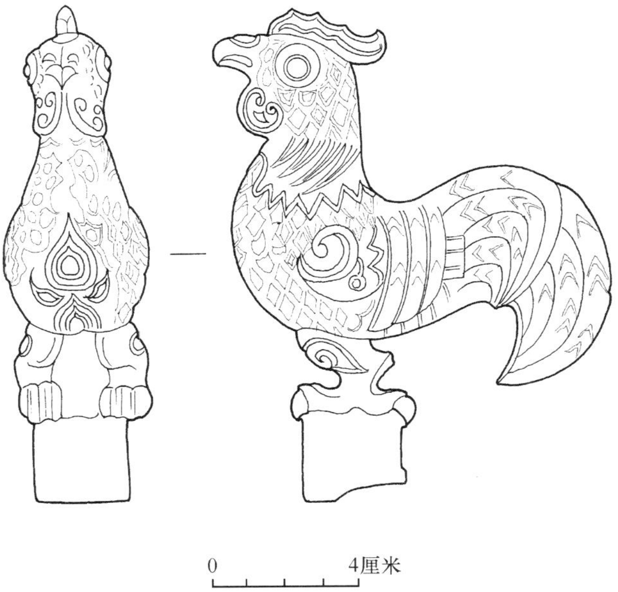

图三　青铜公鸡

0.02 厘米，重 20 克，含金量 94.2% 。图案分内外两层，内层是镂空的十二芒太阳纹；外层是四只等距分布的长脚巨喙鸟，故命名为"太阳神鸟"，并在 2005 年被选中成为中国文化遗产标志①。《说文》："凤，神鸟也。"它的双脚是简化了，爪有三趾，故非"三足乌"。它是腹部朝太阳而非背负太阳，太阳是镂空的，故十二芒的旋转指示着凤鸟迎日飞翔的方向，故曰"朝阳"。三星堆的"鸟"与金沙的"凤"都是下界派遣上天言事的使者。由此可推知，古蜀已有一年分四季，一年有十二月的历法。金沙遗址群既为古蜀国后起之都邑，当然是"敬授民时"的历法的制定地，必有官方进行"立杆测影"的举措，才会出土此类文物。"太阳神鸟金箔"是贴附在某尊贵器物上的尊贵图像，很可能与某种"立杆测影"的"圭表"之类的仪器有关。中国和埃及等古国都有"鸟形太阳神"②，所以在测日影的仪器上有鸟的造型（后来有鸡），就毫不奇怪。

图四　金沙出土太阳神鸟

① 《金沙——21 世纪中国考古新发现》，五洲传播出版社，2005 年，第 22 ~ 24 页。

② 芮传明、余太山：《中西纹饰比较》，上海古籍出版社，1995 年，第 127 ~ 178 页。

另外，金沙遗址还出土“青铜带柄有领璧形器”①，直径 10.2 厘米、孔径 4.3 厘米、厚 0.33 厘米。双面有相同的图案，围绕中间的圆孔似日而无芒，有三只长脚的神鸟——凤，造型与“太阳神鸟金箔”相似，而鸟只有三只，细部更见繁缛，头上有冠，巨喙下勾，长尾有卷曲等，构成三鸟绕飞的图像。古蜀既已知道一年有四季，一年有十二个月。难道这不是“绕日”，而是“三鸟绕月”？隐喻的是一季有三个月！此器可柄柄，是巫史执以进行祭祀的法器。《尚书·尧典》记载尧命羲和制历时说：“钦若昊天，历象日月星辰，敬授民时”，也就是说不仅要观测日影，还要观测月象、星象的。金沙的“带柄铜有领璧形器”似乎能证明“敬授民时”在观日景的同时，也需观测月象、星象的。谨录此备考。

（5）岐刃的牙璋。三星堆与金沙遗址都出土大量的牙璋，其中最具特色的是射端呈岐刃的牙璋。据《三星堆祭祀坑》载：三是堆一号坑共出玉石牙璋共 40 件，其中 B 型 3 件，射端刃口呈凹弧形：C 型 2 件，射端刃口呈宽叉刃；D 型 27 件，射端呈鱼嘴形岐刃；E 型 7 件，射端岐刃中镂刻图案可辨的一件镂孔刻出鸟形（图五）。三星堆二号坑出土玉石牙璋共 17 件，其中 C 型 12 件，射端刃口呈深叉形；另有岐刃的璋形玉饰 1 件；B 型金箔岐刃璋形饰 2 件；另有青铜圆雕持璋跪坐人像 1 件（图六，K2③：325）。金沙遗址出土的牙璋更多，未见全面报告，从金沙遗址博物馆展示品看，有大到 42 厘米、小到 1～2 厘米的各式牙璋，岐刃的不在少数。金沙也出土有类似三星堆一号坑的 E 型牙璋，图案残损，发掘者称：“极可能是一只老虎”②。

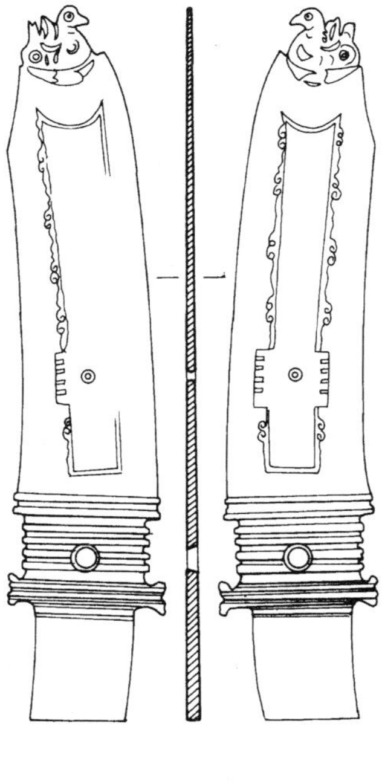

图五　三星堆出土 E 型牙璋

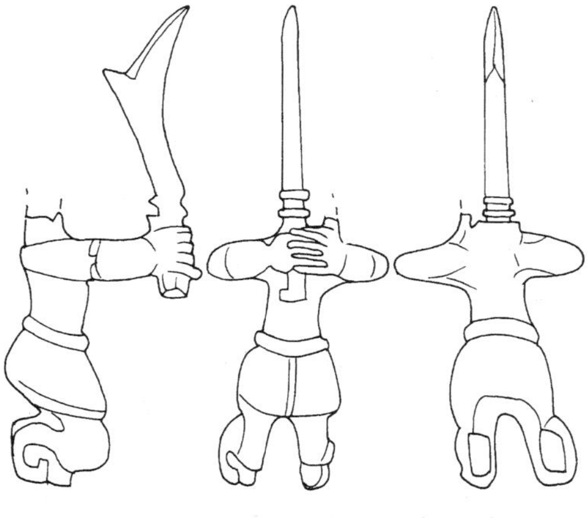

图六　三星堆出土执璋人像

① 《金沙——21 世纪考古新发现》，五洲传播出版社，2005 年，第 50 页。
② 《金沙——21 世纪考古新发现》，五洲传播出版社，2005 年，第 70 页。

值得注意的是，这些牙璋的岐刃都是长短不对称的，似乎是象征神树的桠杈、象征“测影”的“表杆”的仪仗。理由有两点：一是一号坑的E型璋（K1:235-5）的岐刃中间镂刻的是“太阳鸟”，用以象征表杆（即神树）桠杈间的太阳；二是二号坑青铜圆雕持璋跪坐人像（K2③:325），头已残，双臂前举，双手执一岐刃璋，跣足跪坐，原为神坛上的人像，作恭敬地执璋观测状。把两点联系起来：青铜圆雕持璋跪坐人像恰是在再现观测表杆（树杈）间的日景的动作。至于岐刃中刻“虎”，也可作同解，因古蜀的“神虎”传说也与测日景有关，说详下。

三、盐源出土的有关“立杆测影”

1995年秋，笔者在“南方丝绸之路”经过的盐源县看到一批追缴回来的文物，据说是从该县的干海和双河乡被盗掘的土坑墓出土的，其中的青铜杖和树片给人印象深刻。笔者曾加讨论，提出：这批青铜器的年代上限在春秋战国间，下限约至秦汉；从青铜树的造型看，已完成了由“神树”到“树神”的演化；干海铜树以花朵代表太阳，这里很可能表现的是若木；杖上的神虎当是为黄帝守护苑囿的，当时当地的居民是巴蜀文化区中的筰都夷等等①，现在看来是可以成立的，不过从天文考古的角度重加审视，还是另有话可说，今试择要申述之。

（1）盐源青铜树标本数量不少，铸造比较粗糙，一般是单范浇铸的扁平饰片，通高在10～20余厘米、宽8～10厘米，厚仅0.1～0.3厘米左右。其基本形式是：中间一根树干，左右两侧有对称的两层树枝，每枝上有一似璧瑗的盛开的花朵，共四朵花，花朵之间有绶带相连。树上或有神人、马匹（图七，1～4）。青铜树是绑上竹、木杆，有的下端有銎孔柄柄，是巫史把它插在地上，在举行祭祀活动时作为法器使用的。树上花朵的花蕊是镂空的，可透过光线，十分形象地表示对日影的观测。《淮南子·地形训》说：“若木在建木西，末有十日，其华照下地”。高诱注“若木端有十日，状如莲华，华犹光也，其华照其下也”。但是，值得注意的是每棵青铜树片上，并不是十朵花，却不多也不少都只有四朵花。“十日”是言其多也，而“四日”当是代表春、夏、秋、冬四季的日景。这可与《尚书·尧典》的记载两相印证，《尧典》记载：以立杆测定太阳出没的方位和四中星的昏见作为标志，来定“两分两至”的时日：“日中星鸟，以殷仲春”、“日永星火，以正仲夏”、“宵中星虚，以殷仲秋”、“日短星昂，以正仲冬”的，即相当于后来的“春分”、“夏至”、“秋分”、“冬至”，以确定春、夏、秋、冬四季之“中（仲）”，所以只能有四朵花。

铜树上有骑马人，应该是上下于天地的神灵——太皞等的众神之类。神马其实就是龙，闻一多先生说：“天文房星为龙，又为马……龙像马，所以马往往被呼为龙”②。以马为龙是

① 林向：《中国西南出土的青铜树》，《巴蜀考古论集》，四川人民出版社，2004年。
② 闻一多：《神话与诗》，古籍出版社，1957年，第25页。

图七　盐源出土的青铜树、杖

1. 青铜树Ⅰ型（B01）　2. 青铜树Ⅱ型（C05）　3. 青铜树Ⅲ型（D06）　4. 青铜树Ⅳ型（E04）　5. 青铜树杖首Ⅰ型（A01）　6. 青铜树杖首Ⅱ型（A02）　7. 青铜树杖首Ⅳ型（A04）　8. 青铜树杖（Z01）　9. 青铜树鸡杖（Z02）

畜牧民族的一种宗教文化反映。有X光式像的马，更是萨满文化的表现①。它们是萨满神巫们沟通天地的最主要助手，它们应该是能载人（神）沿天梯即神树——若木上下于天地的龙马。

因此，盐源的青铜树与三星堆的青铜树是同一文化区内一脉相承的树崇拜的产物，只不过三星堆的建木反映的是古蜀王国核心地区以农业为主的宗教文化，而盐源的若木反映的是后来西南夷中笮都夷——畜牧民族的宗教文化。它们都既是“天梯”，又是“立杆测影”以“敬授民时”习俗的祭典神器。

（2）盐源出土的羊首虎杖（图七，8）是一件十分难得的反映“立杆测影”的标本。杖干为扁铜枋材制成，下端修尖，以供“立杆”于地。杖首是一盘角羊首，明显地承袭着最古老的测影工具“羊角柱”即“单”的文化内涵。杖干上有2层横枝。也用扁铜枋材制成，用铜钉铆接在干上，平视全器恰是一个加“点”（羊首）的“干”字。此杖的上层横枝较短，左右各匍匐一“虎”，对称地回头反顾中间的杖干；下层横枝较长，左右各匍匐二“虎”，也是对称地回头反顾中间的杖干。原以为“此杖反映的是‘以虎守护羊’为主题的畜牧民族的宗教文化”，现在看来尚未达意。我们现在认为，就如以“羊首”来表示“羊角柱”一样，“顾虎”表达的是对“测影”之“羊角柱（杖干）”的守护。

此虎是何来历呢？《山海经》记载有与蜀王开明同名的“开明兽”。《山海经·海内西经》：“海内昆仑之墟方八百里，高万仞。上有木禾，长五寻，大五围。上有九井，以玉为槛。上有九门，门有开明兽守之，百神之所在”。开明兽是什么样子呢？《海内西经》又说：“昆仑南渊深三百仞。开明兽身大类虎而九首，皆人面，东嚮立昆仑上”。这九首人面虎身的开明兽曾在敦煌莫高窟壁画中出现，吴任臣的《山海经广注》有图（图八）。“开明兽”又名“神陆吾”，《西次三经》说：“昆仑之丘，是实惟帝之下都，神陆吾司之。其神状虎身而九尾（据《太平御览》引，尾应作首），人面而虎爪。是神

① 张光直：《考古学专题六讲》，文物出版社，1986年，第5～6页。

图八　山海经里的开明兽

也，司天之九部，及帝之囿时"。郭璞注："主九域之都界、天帝苑圃之时节"。袁珂先生说："此天帝实黄帝也"①。可见此虎的来历不凡，有一点可以肯定，它是专为黄帝管理疆域地界、时令节气的，所以它必定是"立杆测影"的守护者。盐源出土的羊首虎杖既是象征"测影"的"杆"，那么上面就一定会有"羊和虎"的。

无独有偶，在1996年云南晋宁石寨山发掘的96JSM71是一座滇国侯王级的大墓，墓底西北角出土一筒形虎纽贮贝器（M71∶133），器内贮满环纹贝②。该器盖中央铸一大树，树干上端有两层树枝，4根树枝向西面伸展，上两枝各有1猴，下两枝各有1鸟，树下守护1虎与来犯的2牛相搏，虎的一条后腿被一牛的角挑穿，虎伏地作嘶吼状，引起树上猴、鸟惊恐，两猴相背尾相缠绕，两鸟振翘欲飞。器身两耳各为一虎，张口嘶吼似与盖虎相呼应，四足撑地似欲跃上助战。这是不是同样反映的是一个"开明兽"守护"测影"之"杆（树）"的神话传说呢？我们有理由认为，巴蜀文化曾经过"南方丝绸之路"向南方传播，曾在滇文化中留下痕迹。

（3）盐源青铜器中还有一件青铜鸡杖（图七，9）。此杖制作精致，杖干中空径1.3厘米，由9节铜管材相接而成，通高138厘米，杖干表面布满阴刻的鱼纹，最下一节修尖可插地直立。杖端托一圆盘，盘径4厘米，盘的四方各有一环，环套环挂一圆片饰。盘上饰云气纹，圆盘上中央立一大喙雄鸡。

鸡是人类饲养最普遍的家禽，其驯化历史至少约4000年。原鸡为家鸡的始祖，原产地在我国西南地区至东南亚一带。在西南民族中"崇鸟"之风推广至"崇鸡"的不在少数，是敬神祭祀的首选，流行用鸡卜（鸡骨或鸡蛋）以占吉凶。据民俗学者研究，云南彝族崇拜鸡、羊、龙、虎等，还有以龙、虎、羊、鸡等氏族。傈僳族有鸡、龙、羊等氏族。纳西族有鸡氏族，以黄鸡为始祖神，还崇拜母羊。佧佤族有鸡神。珞巴族崇拜龙蛇、鸡鸟，还崇拜鸡蛋。白族崇拜龙、金花鸡等，有鸡氏族③。

鸡可报晓计时，与太阳崇拜有直接的关系。如《渊中记》记载："东南桃都山上有大树、曰桃都枝……上有天鸡，日初出照此木，天鸡鸣，天下鸡皆随之"。所以在"测影"的"杆（树）"上用鸡作装饰，是事出有因的。西南夷的豪族们往往以"鸡杖"作为地位和财力的象征，所以类似的鸡杖明器在四川西昌至云南大理一带的稍具规模的汉代土坑墓中常有大量的出土④。

---

① 袁珂：《山海经校注》，上海古籍出版社，1980年，第48页。
② 《云南晋宁石寨山第五次抢救性清理发掘简报》，《文物》1989年第6期。
③ 林河：《中国巫傩史》第二章第三节，花城出版社，2001年。
④ 见在三星堆博物馆举办的"三星堆及南方丝绸之路青铜文化展"陈列。

四、“南方丝绸之路”上发现有关“立杆测影”的文物

“南方丝绸之路”沿线除盐源外，发现与“立杆测影”有关的文物甚多，粗略举“表柱”、“连枝灯”等数例如下。

（1）云南石寨山出土的贮贝器上的“表柱”。石寨山1号墓被认为是汉代某滇王、后墓，出土祭祀人物贮贝器（图一〇，石M1:57A）的器盖中心位置竖有蜿蜒而上的两条盘龙（蛇?）柱，顶部有一立虎，正在举行杀人祭柱的场面。在石M12:26贮贝器盖上也有盘龙立虎（仅存四爪痕）的表柱①。冯汉骥先生认为，“这种表柱”可能是“社”的象征，正在举行的庆祝丰收的“报祭”②，有的学者虽不同意是“报祭”，而认为是“聘享”祭祀（?），但都同意是“社树”③。笔者以为或可作另解，那就是“立杆测影”既为庙堂之事，立表纪功，立柱示权，杀人祭柱都是维护统治的手段之一。

图九　云南广南出土铜鼓上的剽牛图像

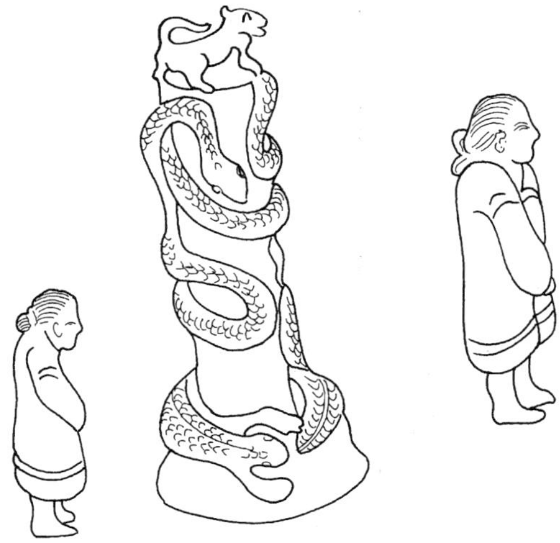

图一〇　石寨山出土的表柱图像

① 《云南晋宁石寨山古墓群发掘报告》，文物出版社，1959年。

② 冯汉骥：《云南晋宁石寨山出土铜器研究》，《考古》1961年第9期。

③ 易学钟：《晋宁石寨12号墓贮贝器盖人物雕像考释》，《考古学报》1987年第4期。

（2）云南省博物馆藏广南鼓的腰部有剽牛图（图九）[①]，以一分节式树干的柱子为中心，柱顶与柱干有各种装饰，柱上系一牛，柱旁有两羽人持兵器作剽牛状，其外有多人围作舞蹈。这种插节式的柱干令人想起三星堆遗址出土的插节式铜树——建木，所以很可能是剽牛柱的祖型。

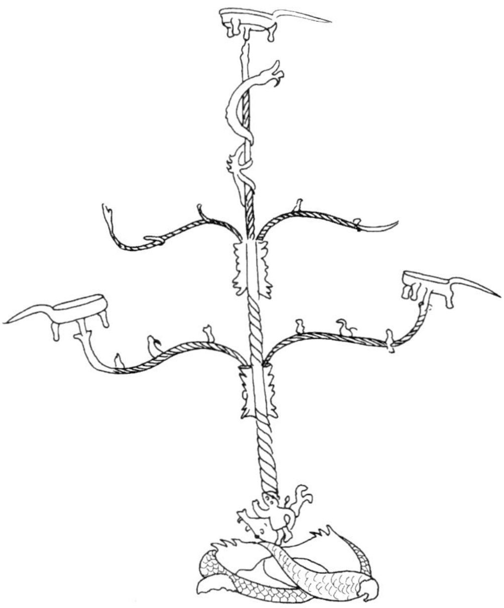

图一一　贵州兴仁出土青铜连枝灯

（3）贵州汉墓出土的“青铜树连枝灯”。贵州兴仁交乐汉墓群中的M6出土青铜树连枝灯（图一一，M6∶13）通高117.2厘米，由树座、干枝、灯盏三大部分。树座中心是一玄武，背上立一圆柱，柱顶屈膝危坐一裸人（神），座外围是盘旋蟠绕的双龙，吻人颌、背，树干每段均有双龙缠绕，树干顶端有一灯盏，下面四根树枝的顶端都各有一灯盏，共五盏。树枝有蹲踞的巨喙鸟、朱雀和乐人[②]。类似的出土物在相邻的清镇县也有发现[③]。我们认为贵州出土的青铜树连枝灯与三星堆出土的青铜树一脉相承，而把“树”与“日景”的关系，用灯火来代替太阳，十分贴切。

（4）贵州汉墓出土的“伏羲女娲”石刻。贵州金沙县后山镇古坟坝东汉石室墓出土伏羲女娲画像石上（图一二），上身为人（神）体，各一手托日月、另一手共举一“树”，两层有四枝下垂；下身为常见的有爪龙蛇交尾，正飞腾升空。此处的人类始祖——伏羲、女娲，其地位正同上述青铜树上神龙（大禹）的地位，两者似可等同互换，他们在升天时两人共执一树，此树必与测天象有关。

（5）广西苗族的“盘龙表柱”。笔者曾在广西、贵州的苗族聚落看到一种盘龙表柱（图一三），顶端立一锦鸡，盘龙自上蜿蜒而下，一如三星堆的建木，只是与滇文化的表柱一样删除了枝叶，又加上两对牛角，这与测影的“羊角柱”有异曲同工之妙。他们在立有这种表柱的广场上举行各种祭祀活动，包括击铜鼓、跳芦笋舞、抛采球等社祀活动。

① 《云南青铜器论丛》，文物出版社，1981年，第134页图二三。

② 《贵州博物馆藏品志》，贵州人民出版社，1990年，第128～129页。

③ 《贵州清镇平坝汉墓发掘报告》图版五，1，《考古学报》1959年第1期。

图一二　贵州崖墓伏羲女娲图

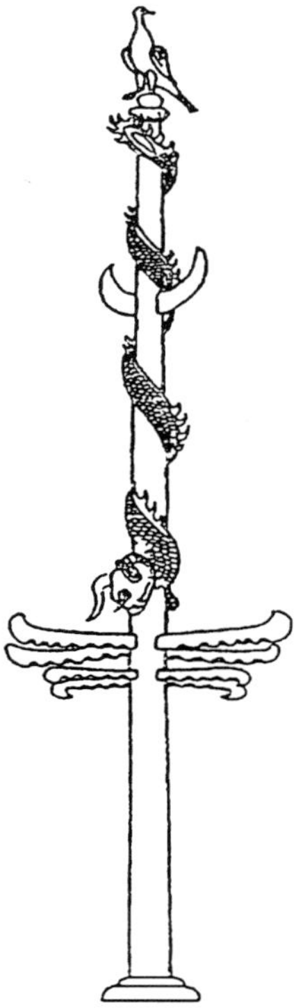

图一三　广西苗寨的盘龙表柱

五、初步认识

我国西南地区与其他地区一样，在出土的文物中，也可发现反映“立杆测影”活动的仪杖。在这些仪杖如“树”与“杖”、“柱”上都能发现有“龙、鸟（鸡）、虎、羊”的图像，它们既与古代的观测日景的活动与信仰有密切的关系，同时也充分反映了本区的文化特征。

过去我们认为：三星堆遗址出土文物所揭示的“树、龙、鸟、虎”图像，曾长期在我国西南地区如云南、贵州、广西等地区广泛流传，经历了由夏商周时期的“古蜀文化区”到春秋战国时期的“巴蜀文化区”的千百年时光，构成本区的“标志性图像”①。从三星堆出土的“神坛怪兽”（K2③∶296）考释为“是古蜀崇拜的能飞扬上下、通达天地的‘神羊’”②，加上羊及羊角与“立杆测影”的密切关系，再联系到西南民族有着共同的崇羊、崇鸡（鸟）的习俗传统，可见南方丝绸之路经过的本区的“标志性图像”应增加为“树、龙、鸟（鸡）、虎、羊”。

---

① 林向：《巴蜀文化区的标志性图像：龙、树、鸟、虎》，讲演稿。

② 见本书《“羊首龙”与“禹兴于西羌”》。

这组图像既与我国其他地区发现的图像相似，而又有其鲜明的特征，如用青铜制作树（包括后来的连枝灯）为本区特有，龙为羊首，鸟的崇拜为鸡所取代，虎与蜀王开明合二为一，羊能通达天地等，都是本区特征性的文化因素。这应该是中华古代文明中“多元一体”的具体体现。

（原载《四川文物》2007 年第 4 期，收入《三星堆研究》第 2 辑，文物出版社，2007 年）

“羊首龙”与“禹兴于西羌”

1998年，都江堰龙池召开“四川省大禹纪念会暨夏禹文化研讨会”，笔者在会上曾以《从考古新发现看蜀与夏的关系》为题论证了“蜀夏同源”这一命题，在会上会后得到学者们的认同。当时提出的主要论点是：①从考古发现的宝墩文化古城址与“夏鲧作城郭”的关系来说明“夏与蜀本是同源的异地文化”；②从三星堆与二里头两地出土的高柄豆、封顶盉、牙璋、镂孔铜牌等相同的文物来看“夏与蜀既是文化同源，又各自独立发展，在发展中又不断进行双向交流”；③从古文字字形的比较提出“‘禹’和‘蜀’均属‘虫’，这个‘虫’符也就是‘龙’符”；④进而从考古发现考述了三星堆铜树就是“建木”，铜树上蜿蜒从天而降的龙就是大禹即“禹龙”；⑤因此认为“从考古文物来看夏与蜀的亲密关系，无论是古城，还是字符，或者是对龙的崇拜都从不同的角度证明夏禹与蜀有文化上的同源关系。由此可见，夏蜀同源问题既于文献有征，又得地下出土文物的印证，有了这两重证据法的证明，确是有案可稽，是无须怀疑的了”①。但笔者仍然觉得意犹未尽，因为当时三星堆祭祀坑的考古发掘报告尚未问世，还有更多的考古资料未能研究运用。

1999年，《三星堆祭祀坑》② 考古发掘报告正式出版后，资料更加丰富了，也更加坚实了“禹为龙说”的可靠性。这里再就三星堆祭祀坑出土有关“羊首龙”等图像作一点剖析，以进一步讨论司马迁《史记·六国年表》所提出的“禹兴于西羌”的问题③。

三星堆二号祭祀坑出土的1号铜树上的龙不妨径称“禹龙”，关于“禹龙”的讨论已见上引《蜀与夏》一文，此处不赘。三星堆一号祭祀坑出土的“铜龙柱形器”1件，标本编号为K1:36（图一）④，在通高41厘米、上端直径为9厘米的铜柱上有一“龙”。龙头上有一双镰形大耳和一对山羊犄角，昂首挺胸，龇牙咧嘴，颌下有山羊胡须，前身和两前肢屈肘以爪趴于柱顶，后半身似蜥蜴贴伏在柱侧，两后肢屈肘以爪紧抓柱的两侧，前后爪均各露出4趾，龙尾翘卷。在与龙对应的柱壁另一侧，有一程式化的头向下

---

① 见本书《蜀与夏——从考古新发现看蜀与夏的关系》。

② 四川省文物考古研究所：《三星堆祭祀坑》，文物出版社，1999年。本文下引用此报告内容，如无特殊需要将不另注。

③ 笔者参加“禹兴于西羌”问题的讨论已经是第3次了，前2次的意见可参见：《“禹兴于西羌”新证》，《羌族研究》第1辑，1991年；《“禹兴于西羌”补证》，《阿坝师范高等专科学校学报》第21卷第3期，2004年。

④ 《三星堆祭祀坑》，文物出版社，1999年，第33~37页，图二〇；图版六3、4；彩图7。

尾上卷的夔龙。铜柱下端有钉孔2、3个，可见它是套钉在木柱上的祭祀仪仗，与出土的众多铜人头像也是套接在木柱上的祭祀仪仗一样。综观全像，明白无误的是一条长着山羊头的神龙，故不妨称为"羊首龙"。

图一 铜柱上的羊首龙

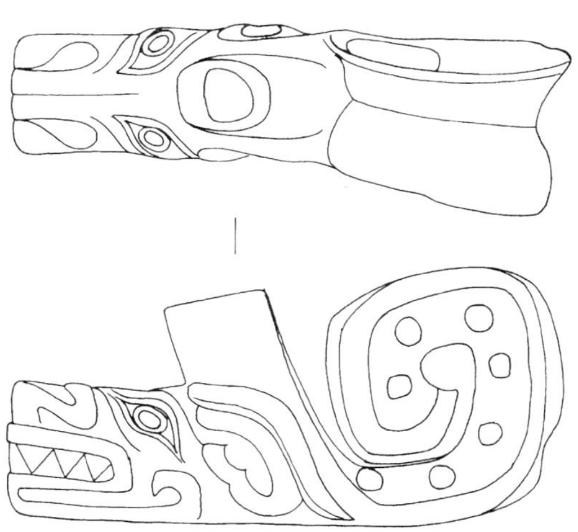

图二 羊首龙之二

无独有偶，同坑还出土有"龙形饰"1件，标本编号为K1:188，长8.4厘米（图二）①。方头，龇牙咧嘴，龙头两侧有垂耳，耳上可见羊角后曲，身尾上卷。此龙头上有供斜插物件的空管，所以也可能是一种祭祀用的仪仗。比照上述"羊首龙"的造型，此"龙"也应是"羊首龙"的变体。

再回过头来重新仔细检查三星堆二号坑出土的1号神树（标本编号为K2②:94）上的"禹龙"的头部，发现同样也有2支犄角（图三）②，因为该龙之首不是圆雕的而是扁平形的，故两角只能前后排列，而经艺术加工成为长短不一的弯曲状角，龙角后面的耳朵已断残。再来看这条"禹龙"也是龇牙咧嘴，其肢体也是呈屈肘形，而且特别之处也相同，如曲肘后拐外侈，与一号坑的"羊首龙"的嘴部和肢体一模一样，当非偶合。所不同的是"禹龙"正在从天上缘神树而下凡，以助同源的蜀人治水；而"羊首龙"则由下而上来到铜柱顶，正昂首欲飞升回天上。所以，神树上的"禹龙"也应该是"羊首龙"，只不过龙头的造型有些变化，一时难以辨认。

由此可见，无论它们曾被叫成何名，造型有何变化，很可能都是古蜀人崇拜的神

① 《三星堆祭祀坑》，文物出版社，1999年，第33~37页，图二一，1；图版七，1。

② 《三星堆祭祀坑》，文物出版社，1999年，第214~219页，图一二〇；图版八一；彩图63。

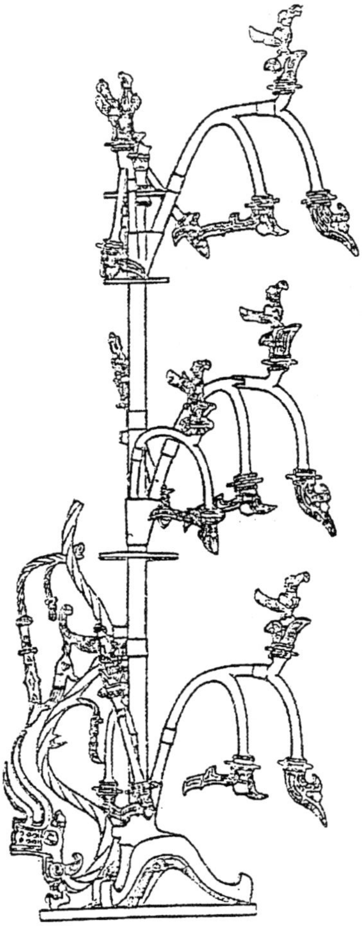

图三　建木上的禹龙

圣——能上下于天地间的“羊首龙”，其中地位显要的是“禹龙”。

三星堆出土“羊首龙”显示了长江上游古蜀文明与众不同的神龙传说。北方草原内蒙有赵宝沟文化的“鹿首龙”① 和红山文化的“猪首龙”②；黄河上游有马家窑文化和中游的陶寺龙山文化的“鱼首龙”③；黄河下游濮阳的“华夏第一龙”是“鳄首龙”④；长江下游良渚文化的“人龙形神徽”的“‘人龙’图案是明确的”⑤。由此可见，“龙”本是人造的“神物”，并非自然界所实有的动物。在上古时期的各个民族都是根据各地所习见的、被视为灵物的动物的形象，如鹿、猪、鱼、鳄等等，来塑造自己崇拜的“龙”的形象，来创造自己的“龙文化”的。甚至是把几种动物形象地复合起来，弄得在似像非像之间，但都会配上类似蜥蜴或蛇的龙身以示其稀罕与神奇。因此，我们认为在上古时期的“龙文化”是多元化的，不存在后世大一统的政治格局下，所见到的那种基本统一格式的“龙”的形象。

三星堆的龙为什么会配上似山羊的头呢？1986 年春我们在三星堆遗址第 3 区发掘时曾发现有陶塑的盘角羊头⑥。在三星堆一号祭祀坑的埋藏中有约 3 立方米左右的烧骨碎渣，据初步鉴定，其中有人和动物的骨骼，如猪、羊、山羊、牛、水牛、象等。说明古蜀文明时期，蜀人在“燎祭”时也可能使用了太牢一类的牺牲，甚至还有人牲。可见，羊或山羊都是古蜀人所习见的畜牧动物和用于奉献的神圣供品，所以用“羊首”来塑造他们心目中的“神龙”就是顺理成章之事。当然事情不止于此，还有其更深层的文化含义。

三星堆古蜀文明的“神龙”为什么要配上“羊首”，是因为与“禹兴于西羌”的古史传说有关。大禹既兴于西羌，就与羊有了密切关系，古蜀人既纪念夏禹，必然也与羊发生崇敬关系，所以古蜀的一部分“神龙”要配上“羊首”就不奇怪了。《说文解字》：

---

① 《敖汉旗南台地赵宝沟文化遗址调查》，《内蒙古文物考古》1991 年第 1 期。

② 《内蒙古翁牛特旗三星他拉村发现玉龙》，《文物》1984 年第 6 期。后有学者认为是熊首龙。

③ 《1978～1980 年山西襄汾陶寺墓地发掘报告》，《考古》1983 年第 1 期。

④ 《河南濮阳西水坡遗址发掘简报》，《文物》1988 年第 3 期。

⑤ 陆思贤：《神话考古》，文物出版社，1995 年，第 328 页。

⑥ 资料存四川省文物考古研究所三星堆工作站。

“羌，西戎，羊种也。”《广韵》、《韵会》、《史记索隐》均称：“羌，牧羊人也”。任乃强先生认为最早养羊成功的是羌人，他说：“羌族养羊成功之早，说明中华古代的毛褐、羔裘，都是仰给于羌人的”①，这是说的羊在古代社会经济层面上的重要性。羊在古人心目中的神圣地位是十分显赫的，例如陆思贤先生认为：“以羊象征太阳神，源出于羌戎族。羌族羊祭，图腾神以羊名，因以‘日’名‘太阳’即‘大羊（祥）’。在商周青铜器上，亦以羊为吉祥物。”还认为：“羌族因羊图腾得名，图腾柱可简称为‘羊柱’或‘羊角柱’……作为立杆测影的圭表。”而“禹为地母神，《国语·郑语》说：‘禹能单平水土。’禹也是用‘单’多立杆，测定九州大地，进行治水工作”。这“单”就是立杆测影的“羊角柱”。这“羊角柱”测影还与我国古代的诸神起源有关②。陆先生的见解颇有见地，联系到三星堆一号坑出土的“羊首龙铜柱”会不会也是这种立杆测影的“羊角柱”一类的圭表呢？值得进一步探讨。

相关的还有几件出土标本值得研究。三星堆二号祭祀坑还出土了被火烧残不能复原的“神坛”3件。其中标本编号为K2③:296的“神坛”，一半已熔化无存，另一半被烧变形，但可推知其基本造型结构，亦即现今陈列在三星堆博物馆广为人知的残器（图四）③。所幸的是，我们所关心的“神坛怪兽”基本上保存完好。我们从《三星堆祭祀坑》公布的资料与附图及图片看，认为可作如下描述：此兽大头巨目，龇牙咧嘴，立耳卷角，蹄分两趾，长尾曳地，翅翼飞扬。吻部饰冏纹，前胛后臀饰卷涡纹，所有纹饰线条均以小凸圆点填充。复原时2只怪兽被安排站在扁方的基座上，承载着上层扁方基座。座上站4神人，4神人顶着4座山，山上有方殿，殿内有众跪人，殿上有立鸟，再上则已残缺。看来此两兽承载着神山、神殿、神人、神鸟等，是整个神坛的大力神，至于兽名则众说纷纭，尚无定论。笔者认为应该是古蜀崇拜的能飞扬上下、通达天地的“神羊”。

三星堆二号祭祀坑还出土了多件小型“铜怪兽”（图五）④，其中标本编号为K2③:193-8等3件，被认为是水牛头；K2③:193-7的头角有杈，疑为鹿外；其余标本编号为K2③:193-10、K2③:193-5、K2③:193-6的3件基本与上述“神坛怪兽”一样，而头上有双角残断的痕迹很清楚，尤其是K2③:193-10，双角长尾，全身较完整，是“神坛怪兽”的具体而微的再现。可见，原报告说“神坛怪兽”只是“独角向前内卷”的说法，是不对的。因为这可能是造型的视觉效果关系，现代造型艺术用2脚表示4脚、用1耳表示双耳……是常有的事，古人也不能例外。

综观上述4、5件标本，可以发现它们的头部都与“羊首龙”的头部一样，虽造型有变化，但大头双角，龇牙咧嘴，都与神化了的羊头一致。当然，“羊首龙”和“禹龙”是更加神化成具有羊头的“神龙”了，可以说是“羊神”了。而“神坛怪兽”等

① 任乃强：《四川上古史新探》，四川人民出版社，1986年，第9~10页。

② 陆思贤：《神话考古》第五、六章，文物出版社，1995年。

③ 《三星堆祭祀坑》，文物出版社，1999年，第231~236页，图一二九；图版八六。

④ 《三星堆祭祀坑》，文物出版社，1999年，第340、344页，图一八九。

图四　神坛下的神羊

还保存着羊身、羊蹄，所以我们把“怪兽”称为“神羊”，恐怕不为过吧。

那么还有一个问题，三星堆古蜀文明的“神羊”怎么会有巨大的长尾曳地呢？其实不怪，据说海外有大尾羊，大大超过了三星堆的“神羊”。据《瀛海胜览》记载：“忽鲁谟斯国羊有四种，大尾绵羊重七八十斤，其尾阔一尺余，拖地重二十斤。狗尾羊如山羊，尾长二尺余……”。其实不仅如此，被传为是“禹平水土，主名山川”（《尚

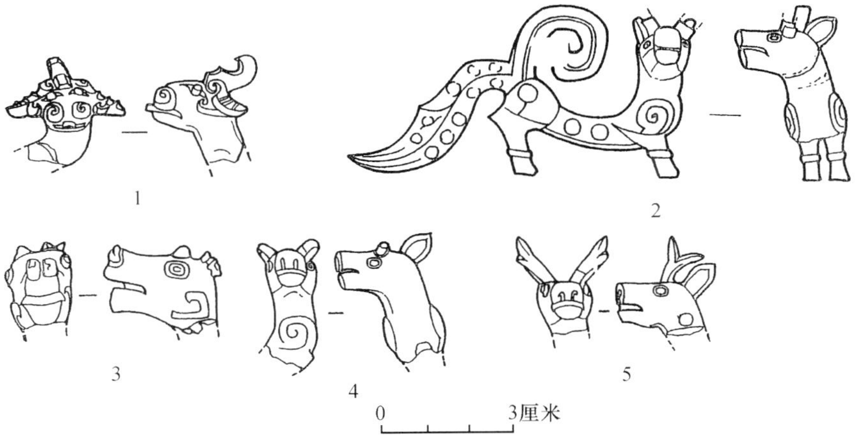

图五 铜怪兽

1. 水牛 2、3、4. 神羊 5. 鹿

书·吕刑》）的《山海经》里记载的各种神羊怪兽的名目就有8种之多，其中有名“羬羊”的。《山海经·西山经》载：“华山之首，曰钱来之山，其上多松，其下多洗石。有兽焉，其状如羊而马尾，名曰羬羊，其脂可以已腊。”郭璞注云：“今大月氏国有大羊如驴而马尾，《尔雅》云，羊六尺为羬，谓此羊也。”据吴任臣《山海经广注》有“羬羊”图（图六），两相比较。三星堆出土的“神羊”与之十分相似，笔者以为不如径直以“羬羊”来正式命名。而有“羬羊”头的“羊首龙”既然成“龙”，恐怕还是称为与夏禹崇拜有关的“羊首龙”为好吧！至于三星堆二号坑出土的1号铜树，在古蜀人心目中，是供众神上下于天地的“天梯”——建木上的那条龙，因为地位显赫，还是可以叫“禹龙”吧！

图六 山海经的羬羊图

总之，通过对三星堆“羊首龙”、“禹龙”、“羬（神）羊”等图像的解析，可以为太史公的“禹兴于西羌”说，再提供地下佐证。

（原载《史前研究2006》，陕西师范大学出版社，2007年）

我国西南地区出土的汉魏青铜树——“柱铢”

我国西南地区东汉、三国、魏晋时代的砖室墓和崖墓中常出土一种青铜树的随葬品，由于是青铜铸就的，叶片上有各式各样的钱币图像（以五铢钱、莽钱为多），故一般称为“摇钱树”或“钱树”。其实，对它的名称、形制、分布、年代及社会功能等，都还缺乏适当的认识。为此，1998 年在四川德阳召开了“中国汉画及摇钱树货币文化学术讨论会”，笔者应邀在开幕会上作了发言，意犹未尽。会后阅读组委会学术组编印的《汉画·钱树·货币文化》文集①，觉得有必要对上述问题作一鸟瞰式的考察，并根据新资料提出自己的管见，以求教于方家。

一、青铜树的名称与功能

“摇钱树”一名并未为学术界所共识，如《中国大百科全书·考古学》、《中国大百科全书·文物博物馆》两书均未收此条目。《现代汉语词典》（修订本）“摇钱树”条目曰：“神话中的一种宝树，一摇晃就有许多钱落下来。后来多用来比喻借以获取钱财的人或物”，看来甚不相干。

最近我们在四川简阳鬼头山东汉崖墓出土的三号画像石棺的左壁画像（图一，1）中发现，在日神、月神两羽人之间上方有榜题“日月”，下有一棵树，只露树巅三枝，叶片呈长条形，上有榜题“柱铢”（图一，3）②。何谓“柱铢”呢？柱者，形容树木直立且高，如《山海经·大荒东经》：“大荒之中，有山名曰孽摇頵羝，上有扶木，柱三百里”，郭璞注云：“柱犹起高也”。铢者，本为量词，《说文》：“权十分黍之重也，八铢为锱”，此借为金钱，如《韩诗外传》说的“贾不数铢”，价值连城可说成“值万铢”等。所以，这“柱铢”很可能才是汉代民间对长着五铢钱的青铜树的称呼。那么，可以说“柱铢”乃今之“钱树”、“摇钱树”的古称，后者乃今之约定俗成的通称。

简阳三号石棺画像还足以说明“柱铢”（摇钱树）是从商周的三星堆青铜神树演化而来的。该石棺图像在神树旁边刻了一条从树上下来游走的龙，并有两条游鱼相伴。这与四川广汉三星堆二号坑出土的青铜树一式一样，三星堆青铜树上的一条龙尾上头下，

---

① 参见中国汉画及摇钱树货币文化学术讨论会组委会编印：《汉画、钱树、货币文化》，四川德阳，1998 年。

② 内江市文管所简阳县文化馆：《四川简阳鬼头山东汉崖墓》，《文物》1991 年第 3 期。

正从树上蜿蜒而下，所不同的只是表现龙下树的动态的时段不同而已①。

我们以为三星堆青铜树可与《山海经·海内经》载的“建木”相印证：“（九丘）有木，青叶紫茎，玄华（花）黄实，名曰建木，百仞无枝，上有九欘（枝回曲欘），下有九枸（根盘错为枸），其实如麻，其叶如芒，大皞爰过（上下于天），黄帝所为（造作）”，可见建木是黄帝所造，是用于众神（如太皞、化为黄龙的大禹等）上下于天的“天梯”，真是来头不小，法力很大。不过，那是先秦的神话，两汉时人却要求凡人的仙化，这个石棺上的画像就是具体的写照。石棺画面的上方还有两轮马车和骑马人，榜题是“先人骑”或说即“仙人骑”，其实在此的用意是葬殓者称墓主人为“先人”，墓主人已仙化，他骑着马朝着正在迎候飞升的羽人及上方有“日月”的神树（柱铢）走去。此图的石棺背面一侧是另一幅画像（图一，2），中间是双阙“天门”（图一，4），门中有一迎侍者。此棺两侧的画像是相连贯的。它们表现的正是神树（柱铢）的神力，它不仅供仙人们——黄帝、太皞之类上下于天地，也为凡间“先人”上天提供了“天梯”。这不正是先秦时期的建木神话图像在汉魏时期的再表现吗？不过已改名为“柱铢”了（图一，3）。

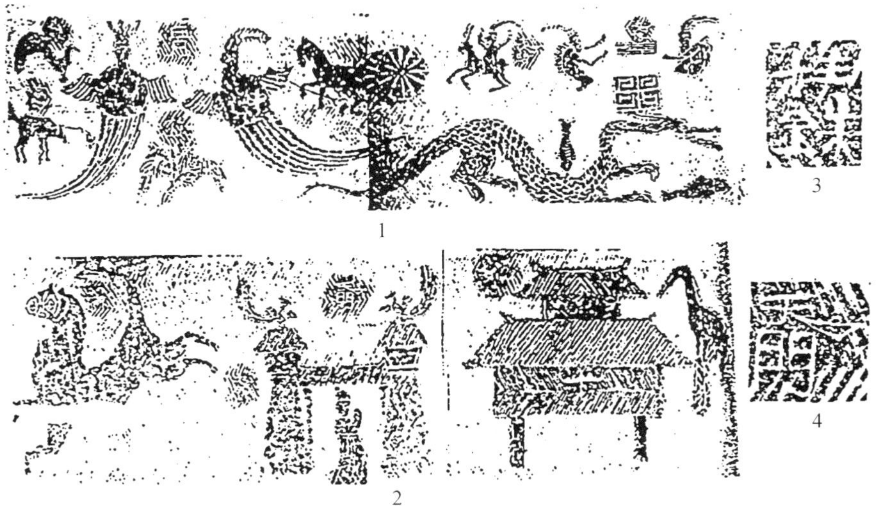

图一　四川简阳鬼头山崖墓拓本

1. 三号石棺左图　2. 三号石棺右图　3. 柱铢　4. 天门

1998年，成都市钱币学会新收到一件据说出自四川西北茂汶地区的鎏金钱树残件（图二），经修复为一株由6节树干、3层12枝叶片、2层8枝萼片以及庞大树冠组成的钱树②。此树作为天梯更为典型，可作个案分析。此树每节树干两侧各有一仙人，头上

① 见本书《蜀与夏——从考古新发现看蜀与夏的关系》。

② 承成都市钱币学会张善熙等先生见告并提供资料，谨致谢忱。

站一垂尾朱雀，树干上部都有四向的插钮，可插接叶、萼片。下面 3 节树干所插的枝叶片，其整个枝条是一条回首外顾的小龙，枝条（龙身）向外横挑上扬，枝端（龙尾）为一展翅撒尾的朱雀。枝条下缘有 4 个由带芒的方孔圆钱构成的下垂叶片。叶柄与枝条相连。枝条上缘也有 1 个钱叶片上翘，在叶片与朱雀间有展翅天鸡与跽跪的羽人。上面 2 节树干所插的枝萼片较长大，外端与上述枝叶片相同，也有钱叶、天鸡、羽人、朱雀等。不同的是枝叶片被内端一绕璧的巨龙的嘴叼着，巨龙角须奋扬，怒目张口衔着枝叶，圆璧有镂孔的水纹，并为龙所绕。按全树总计共有龙 35 条，可见龙与神树有十分密切的关系，这是西南地区出土的青铜树共同特征，到汉魏时代表现更加夸张了①。树冠庞大而复杂，中间为一大瑗，瑗上为西王母座像，西王母戴胜，双肩生翼，头上立一奋尾巨凤，端坐龙虎座上。瑗左右两侧为手持杵臼捣药跪揖的蟾蜍与玉兔。瑗下左右两龙衔枝，这枝条又是龙的化身，龙头在外端回顾，瑗两侧龙身枝条上各有巨大的金阙，双阙对称，为重檐结构，阙身素净，顶盖上有简化的瓦垅，下有枋拱，阙顶立展翅奋尾的朱雀。双阙外侧各有一行人，挑着 4 枚带芒的方孔圆钱。在最外端的龙头上各有一灯盏，灯盏柄乃一条周身鎏金的小龙顾首呵护金阙。

图二　四川茂汶青铜树冠（两端龙首上置灯盏缺）

值得注意的是此树的特点：①有金阙——天门：树冠有双阙，阙上有朱雀。巫山江东嘴干沟子出土的铜牌上也有朱雀双阙，并以隶书注明“天门”两字②，可见此朱雀双阙也当为天门。这与简阳鬼头山石棺“天门”图像异曲同工。②有神灯——明月珠：《神异经 · 西北荒经》：“西北荒中有二金阙，高百丈，二阙相去百丈，上有明月珠，径

① 林向：《我国西南地区出土的青铜树研究》，《青铜文化研究》第一辑，黄山书社，1999 年。

② 重庆巫山县文物管理所、中国社会科学院考古研究所三峡考古队：《重庆巫山县东汉鎏金铜牌饰的发现与研究》，《考古》1998 年第 12 期。

三丈，光照千里。中有金阶，西北入两阙中，名曰天门”。明月珠是用来照亮进天门的金阶的。此处以灯盏代表明月珠，以灯火来照亮天门金阶，以便循此树升天者得天门而入。③有璧瑗——日轮太阳：西南地区出土的神树如盐源干海铜树上即以璧瑗象征日轮太阳①，此树的璧瑗与神龙、凤鸟（朱雀）在一起，中间的孔好透光，恰似放射阳光的日轮。④西王母位置显赫：西南地区出土的钱树上西王母图像甚为常见，但大都在叶片上，与人、兽同处，不像此树在树冠中心，与日轮、神龙、凤鸟同处，地位大不相同。与此树冠以西王母为中心的造型相类似的还有四川绵阳何家山2号墓与西昌高草汉墓出土的青铜树②，说明对西王母的尊崇在西南地区有相当的代表性。⑤钱无文：西南地区出土的钱树上钱币往往有文，常见的有“五铢”或仅标“五”字，或有新莽钱文，表示明确的钱币身份。此树钱不少，叶片上有钱，树冠上还有行人担钱送来，可均无文，而光芒四射如星斗，显系一般财富的象征，可见此树所祈求的主要是通向天国的“天门”，财富已降为次要的了。

由此可见，“柱铢”的社会功能主要不在为主人谋财，从树上去摇落金钱，而是便于主人循着神龙、仙人上下于天的天梯而升入天门的通天金阶，所以树干上有仙人或佛陀（见下节）以相迎候，树冠上有西王母或佛陀（见下节）代表天国。树上的金钱代表天上的财富（如星斗），只有升天者方能享用。所以汉魏青铜树绝不是一般意义上的“摇钱树”，而是供升天者通向天门的天梯。

二、青铜树的形制、分布与年代

迄今在考古发掘中还没有发现完好无损的青铜钱树。笔者据复原品观察（图三）：一般通高在1.5米左右，分两部分。上部是青铜树，约高1米多；下部是陶（石）制的树座。铜树分树干、叶片、树冠三部分。树干为分节插接，有的分节而无饰，有的纹饰十分精彩，如四川绵阳何家山、双碑白虎嘴东汉崖墓、忠县涪井蜀汉崖墓③、贵州清镇东汉墓（M11）④ 出土的树干上有结跏趺坐的佛像（图四，2、4、5）。四川茂汶的树干上则是仙人和朱雀。

树干上连铸造或插接叶片、一般有4层叶片，每层2~4片，有的大叶片（约长20厘米）上加接小叶片，叶片是铜树的主要部件，长大而装饰繁华，枝条叶脉盘曲呈罗网

---

① 见本书《四川西南山地盐源盆地出土的战国秦汉青铜树》。

② 绵阳博物馆何志国：《四川绵阳何家山2号崖墓清理简报》，《文物》1991年第3期；刘世旭：《四川西昌高草出土汉代“摇钱树”残片》，《考古》1998年第3期。

③ 绵阳博物馆何志国：《四川绵阳何家山一号东汉崖墓清理简报》，《文物》1991年第3期；四川省文物管理委员会：《四川忠县涪井沟蜀汉崖墓》，《文物》1985年第7期；《绵阳双碑虎嘴东汉崖墓出土“摇钱树铜佛像”》，《中国文物报》1999年4月18日第1版。

④ 《贵州清镇平坝汉墓发掘报告》，《考古学报》1959年第1期。M11为东汉砖室墓，出土的青铜树干较破碎，原图十，5标为铜人，其实据笔者仔细观察应是结跏趺坐的佛像，与四川绵阳、忠县的出土物相同。

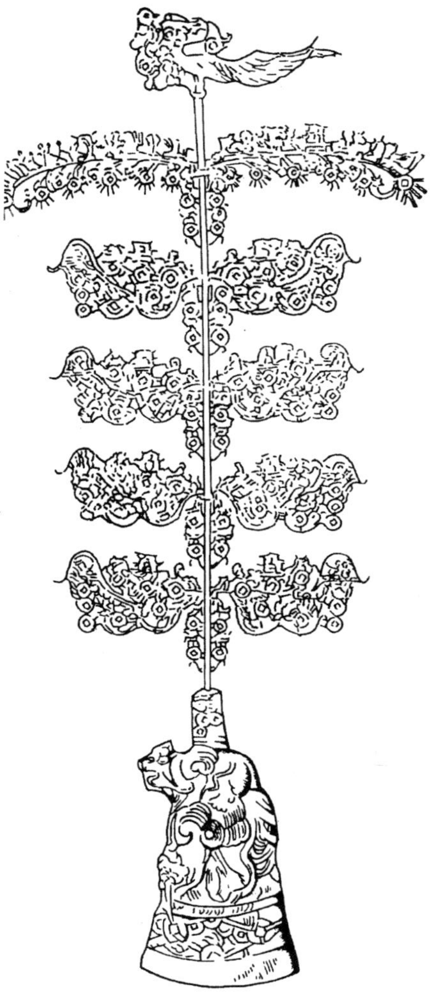

图三　四川彭山出土青铜树复原图（据杨文成画）

状，上有钱币、璧瑗、神人、鸟兽等图像，主题有西王母、东王公、牛郎织女、仙人博弈、驯象戏兽、骑游射猎等等。在成都凤凰山出土的铜树叶片上的钱纹不是五铢钱或莽钱纹，而是《太玄经》的卦爻①。树冠由2~4片（也有8片）萼片托起顶端的天鸡（天雀）组成，萼片似叶片而狭长（约长30厘米以上），只有枝条直贯，下侧是一排以钱币为芯的花朵，上侧的神人神物往往表现为神话场景，十分醒目。这些叶片与上面的图像都是横置的，叶、萼片与树干成90度排列。树顶上一般都站着一只硕大的朱雀，尾羽飞扬，嘴衔钱枝，作散发状，最奇特的是四川茂汶树冠是坐在龙虎座上的西王母，陕西城固东汉墓出土的树顶却是一尊结跏趺坐的佛像（图四，1）②。

树座在田野发现最多，主要用石、陶制成，早期的树座以砂石为多，形制也复杂。有：①神山型：发现最多，可分为"天门昆仑山"、"蓬莱、方壶、瀛洲三神山"、"西王母玉山"等式；②神物型：守护或背负着铜树的有天禄、辟邪、蛟龙、飞羊、蟾蜍、灵龟、麒麟、巨熊等神物；③神坛立柱型：下为神坛，上为立柱以插铜树。彭山江口M166出土的树座神坛上有"一佛二胁侍"造像（图四，6）；④楼阁型：绵阳出土有多层楼阁，有神人造像等多种形式。

青铜树的分布，目前已见报道出土的钱树在100棵以上③，它的分布以成都平原最密集，包括整个四川盆地，约占出土量的50%左右。云贵高原的安顺、清镇、兴仁、兴义、昭通、呈贡、大理、保山等地，及陕南盆地的汉中、城固、勉县、南郑等地也有出土。传播到邻近地区如甘肃河西走廊的武威、

① 张善熙等：《成都凤凰山"太玄经"摇钱树初探》，《中华文化论坛》1998年第3期。

② 罗二虎：《陕西城固出土的钱树像及其与四川地区的关系》，《文物》1998年第12期。

③ 可参见《四川、重庆出土摇钱树座统计表》列树座35件，高文等：《摇钱树和摇钱树座考》，《四川文物》1998年第6期；《摇钱树出土情况概要表》列67件，《再论早期道教遗物摇钱树》，《成都钱币》1997年第3期。最新出土的如茂汶、绵阳双碑白虎嘴等尚未计在内。

酒泉，青海的大通等地，均有出土报道①。这个地区的中心正好与《汉书·地理志》所载的：巴郡、蜀郡、广汉郡为核心的巴蜀“风俗”区相合，整个分布区同“与巴蜀同俗”的犍为郡、牂牁郡、越嶲郡、汉中郡、武都郡等大体吻合，这就是我们认为的“巴蜀文化区”②，所以说青铜树崇拜，包括汉魏的柱铢（摇钱树）是巴蜀文化区的特有产物。

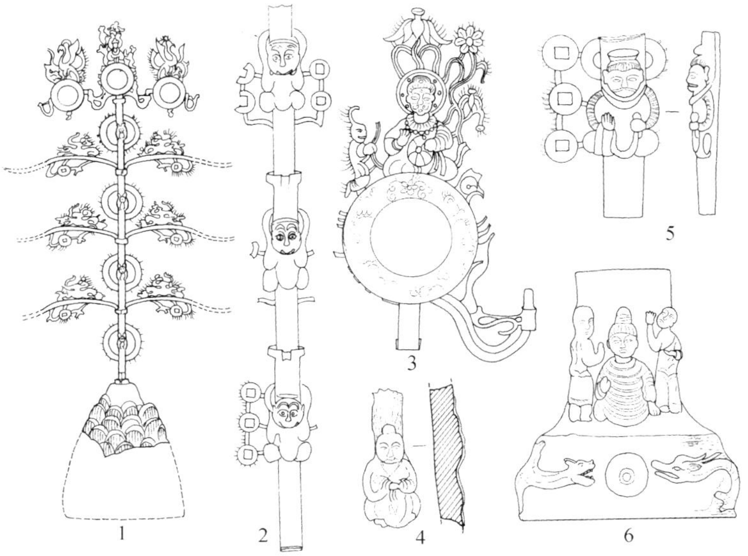

图四　汉魏青铜树上的佛像

1. 陕西城固柱铢复原图（据罗二虎文）　2. 四川绵阳何家山一号墓青铜树干　3. 陕西城固出土青铜树冠上的佛像　4. 贵州清镇 M11 佛像（原作铜人）　5. 四川绵阳何家山一号墓青铜树干的佛像　6. 四川彭山江口 M166 出土陶树座

青铜树有确切纪年的不多，可知最早的有 1937 年云南昭通曹家老包的“梁堆”东汉墓葬中与青铜树残片同出土的红砂石插座，上刻“建初九年三月戊子造”③，东汉章帝“建初”只有八年，第九年七月改元“章和”，此处因三月仍沿用“建初九年”，为公元 84 年。1941 年四川彭山寨子山 550 号崖墓出土飞羊乘神陶插座，洞口刻有“永元十四年三月二十六日王相□造”14 字④，东汉和帝永元十四年为公元 102 年。四川其他

① 各地报道出土汉魏青铜树的甚多，重要的如云南省昭通出土见《文物》1960 年第 6 期。《考古》1962 年第 8 期；大理、保山出土见《南丝绸之路货币研究》；呈贡出土见《考古》1966 年第 3 期，1982 年第 1 期；贵州省安顺出土见《文物资料丛刊》(4)；兴仁、兴义出土见《文物》1979 年第 5 期；陕西省城固出土见《中国文物报》1990 年 9 月 13 日；勉县出土见《陕西日报》1985 年 9 月 14 日；甘肃省武威出土见《文物参考资料》1956 年 6 期；青海省大通出土见《上孙家寨汉晋墓》。

② 见本书《古蜀文化区导论——长江上游的古代文明中心》。

③ 汪宁生：《云南考古》，云南人民出版社，1980 年，第 88 ~ 90 页。

④ 《四川彭山汉代崖墓》，文物出版社，1991 年，第 37、39 页。

出土的青铜树、树座的年代一般也都在东汉到三国蜀汉或可晚至魏晋。而云贵的出土似乎更早，如上述云南昭通曹家老包汉墓和贵州清镇一号墓都出土石质树座与青铜树残片，均属东汉早期，也许说明青铜树与钱的结合最先是在巴蜀文化区的南部形成的。云南保山汉庄乡砖墓则属于三国蜀汉。甘肃武威磨嘴子、陕西城固的墓葬均属东汉晚期，青海大通上孙家寨 M4、M8 则可能属东汉末至魏晋。

总之，巴蜀文化区出土的青铜树——柱铢或钱树，流行年代从东汉早期到蜀汉，下延至魏晋。

三、青铜树与道、佛

西南地区汉魏流行的青铜树其渊源当然与广汉三星堆商代、盐源干海战国秦汉的青铜树有着密切的关系，在树上都同样有反映对太阳、龙、鸟、神人的崇拜。西南地区出土的青铜树是原始社会“树崇拜”的遗风，加入了三代神话（如以《山海经》为代表的巫文化），到汉魏后，随着时代的发展，又加入了新的文化因素如神仙方术等，其中有早期道教与佛教的内容，值得注意。

至于有人认为：“摇钱树是早期道教遗物”①，则可能有失偏颇。其实，东汉顺帝年间（126～144 年），张陵来到鹤鸣山（今四川大邑境）修道，奉老子为教主，以《道德经》为主要经典，并自造道书，同时吸收巴蜀地区少数民族的原始宗教信仰，始创立五斗米道，是为早期道教的发端。而西南地区“摇钱树”的出现比它早，昭通出土的砂石树座和叶片是建初九年（84 年）；贵州清镇出土砂石树座和叶片是东汉早期；四川彭山出土陶树座和叶片是东汉和帝永元十四年（102 年），说明早在五斗米道的创始以前此地已流行此物了，很难说它就是早期道教的遗物。汉魏青铜树上有西王母等“追求长生不老、羽化升仙”主题造型，与其说是“道教思想文化的核心”，不如说是“巴蜀地区少数民族原始宗教信仰的习尚”的表现，而后者正是早期道教的思想与道术的重要来源②。至于青铜树上有道家经典西汉杨雄《太玄经》的卦爻，很可能是在道教流行后，道徒们对西汉黄老道学思想的追崇。道教在民间流行后肯定会影响汉魏青铜树即柱铢——摇钱树。

汉魏青铜树上有佛像的初步统计有 7 个地点，共 27 尊，计四川彭山豆芽坊 166 号崖墓出土的陶树座上 1 尊（图四，6）；绵阳何家山 1 号崖墓出土铜树干上 5 尊（图四，2、5）；绵阳双碑白虎嘴 19 号崖墓出土铜树干上 1 尊、49 号崖墓出土铜树干上 3 尊：忠县涂井 5 号崖墓出土的铜树干上 5 尊、4 号崖墓出土铜树干上 8 尊；贵州清镇 11 号墓出土铜树干上 2 尊（图四，4）：陕西城固砖室墓铜树冠上 1 尊（图四，3）；另据《佛教初传南方之路》文物图录载，流入日本、出土地点不明、被认为是蜀汉时期的 1 尊。

---

① 鲜明：《论早期道教遗物摇钱树》，《四川文物》1995 年第 5 期；《再论早期道教遗物摇钱树》，《成都钱币》1997 年第 3 期。

② 参见《中国大百科全书·宗教》，中国大百科全书出版社，1988 年，第 61 页。

这批出土佛像的墓葬的年代早的如绵阳双碑19号墓被认为属东汉中期，彭山166号墓为东汉时期，一般属东汉晚期，忠县涂井崖墓群晚至蜀汉，所以这批佛像的年代就在东汉中、晚期至蜀汉之间。

这批佛像的造型分为三类：①所有铜树干上的佛像基本相同：面团圆，高螺髻，项光镂孔有纹，上唇髭，通肩衣，右手施无畏印，左手握衣角，结跏趺坐。②城固树冠佛像基本相同，唇髭八字上翘，额心施白毫相，衣领有莲花纹，胸前似有璧；两侧似有跪揖者，一侧已缺失，右侧一人戴异形高冠。佛像明显有“一佛二胁侍”的痕迹，但两侧跪揖者与佛陀胁侍不同，而可在西王母图像中看到类似的跪揖者（如图二所见）。③彭山树座下有汉代常见的龙虎争璧图像。上为“一佛二胁侍”图像，中为佛陀，面团圆，圆眼眶，高螺髻，唇无髭，无项光，通肩衣（垂至座上），右手施无畏印，左手施与愿印，结跏趺坐；二侧胁侍站立，右手上扬施无畏印。根据佛陀造像特点是脸形短圆、螺状肉髻、项光有纹饰等分析，这批佛像属于印度秣菟罗式南传汉地的佛教造像的可能性较大①。但这三类佛像也有明显区别：第一类可看作较纯粹的印度秣菟罗式造像，可是佛还只能坐在从属位置的树干上。第二类佛已升至树冠中心位置，有了“一主二从”的布局，可是两侧是中国化的跪揖的乞请者，而不是佛的胁侍。第三类确是“一佛二胁侍”的布局，却坐在中国式的龙争璧图的座上。这确实反映出佛教最初传入中国时是依附于本地神仙方术之间，逐渐汉化，而后变成独立发展的事实。

四、对汉魏青铜树的三点认识

综上所述，我们可得知三点认识：

（1）西南地区出土的汉魏青铜树，过去习称为“钱树”、“摇钱树”，实际上它原有的古称应该是“柱铢”。它的社会功能是为主人升天准备的“天梯”。

（2）三星堆遗址反映青铜神树是古蜀人的膜拜中心，青铜树上的花果和鸟是太阳的象征，也是古蜀文化中“崇日”习俗的集中表现。到了汉魏时期，时代变了，但巴蜀地区的人仍秉承了本土的神树崇拜习俗，并在反映汉魏商品经济发展的“钱神”观念的支配下，把对“太阳”的崇拜逐步让位于对“金钱”的崇拜了。

（3）本地区长期流行的是民间的神仙崇拜，从此发展出来的道家思想和道教、新从域外传入的佛教也占有了人们信仰习尚的一席之地。众多民间崇拜的西王母、神山、天门、神兽等早已为人熟知；而成都凤凰山《太玄经》爻文青铜树片是近年来的一大发现；时代较早的佛像出现在青铜树上，其出土地点又不止一处（如四川彭山、绵阳、忠县、贵州清镇、陕西城固等）更是令人注目。说明早期的中国佛教多与本土的道家神仙崇拜相结合，西南地区的秣菟罗式佛像还反映小乘佛教由“南方丝绸之路”传入的可能。

（原载《考古与文物》2008年第2期）

① 阮荣春：《早期佛教造像的南传系统》，《东南文化》1990年第1、2期。

（三）巴蜀文化研究

周原卜辞中的“蜀”

——兼论“早期蜀文化”及相关问题

1997年、1979年两次从陕西岐山凤雏村西周遗址的西厢房2号房的两个窖穴（H11、H31）中，清理出17000余块占卜用的甲骨，其中有字甲骨292块，计有单字903个，合文12个①。这批周原卜辞中出现国（族、地）名十余个：衣（殷）商、微、楚、蜀、虫（崇）、巢、䜌（胡）、毕、密须、鬼、虹等。这里仅就周原卜辞中的“蜀”与“早期蜀文化”的关系，论证之。

一、断　　代

周原卜辞中，目前已知有“蜀”字的两片：

第一片（H11:68）　　3字（图一，1）

伐蜀

兹

第二片（H11:97）　　2字（图一，2）

蜀

克

由于残破过甚：第一片只知“伐蜀”相属为辞，而与“兹”字词意不联；第二片“蜀”与“克”两字互不相连，难解其意，或释作“克蜀”为一辞，则误。

这两片卜甲出在周原岐邑的周室宗庙基址内②，这就证明了蜀确为周的重要与国，其亲疏和战与周本身的利害休戚相关，需要在宗庙里不止一次地卜告。

根据出土武王灭商前的卜辞（如H11的1、3、84号甲骨等）和西周晚期的陶器（如Ⅱ式鬲T37（3B）:22和罐T36（3B）:7等）推定，这建筑的使用年代大概从先周延续到西周晚期。碳十四鉴定基址出土的木柱木椽，其年代在公元前1080年（较正后

---

① 陈全方：《陕西岐山凤雏村西周甲骨文概论》，《四川大学学报丛刊》第10辑；《岐山凤雏村两次发现周初甲骨文》，《考古与文物》1982年第3期。另有扶风齐家村出的字骨，因无蜀字，此处未计。

② 这里从《陕西岐山凤雏村西周建筑基址发掘简报》和陈全方、王恩田、尹盛平等同志之说。（分别见《文物》1979年第10期，1981年第9期）。另外《商周考古》认为是一般西周贵族的活人宫室（文物出版社，1979年，第184～185页）；丁乙进一步否认这是岐邑宗庙，是诸姓贵族聚居区的宫室（《考古》1982年第4期）。但笔者以为尚不足推翻前述论点。

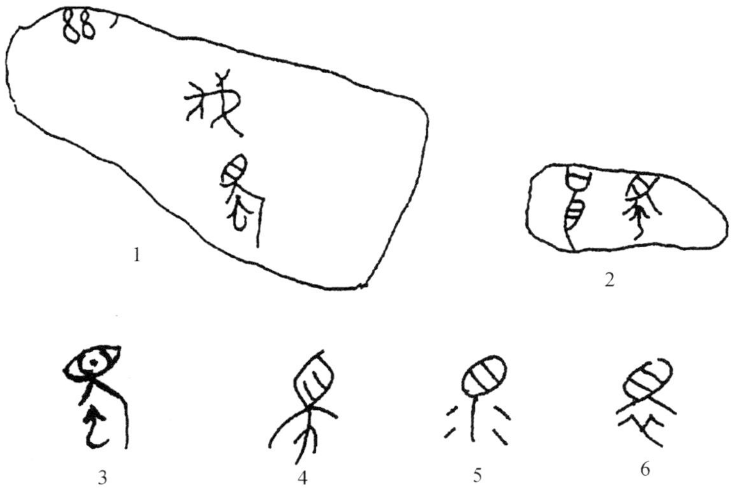

图一　蜀字图例

1. 周原卜辞的“蜀”（H11∶68）　2. 周原卜辞的“蜀”（H11∶97）

3. 班簋的“蜀”　4. 秦廿六年戈的“蜀”（小田溪 M3）

5. 五祀卫鼎的“罘”　6. 江陵楚简的“罘”。

为 1245 年）~前 890 年（较正为 1010 年）之间①，两者相吻合。但出土甲骨的窖穴（H11、H31）打破了建筑的基址和西厢房的夯土墙体②，故其入藏年代的上限应晚于建筑基址的始建年代，属于该建筑的使用期内。各家根据出土卜辞的内容分析，认为上起周文王时代，下限到西周昭王即整个的西周前期③。这两片带蜀字的卜甲因过残，一般未单独断代。有的据《尚书·牧誓》八国伐商有蜀参加的记载，认为不可能在克商后即伐蜀，断在先周文王经营江汉之时④。李学勤认为“伐蜀”、“克蜀”即《逸周书·世俘》所说：“新荒伐蜀”之事⑤。我们认为：“克蜀”不辞，“伐蜀”也因前后无文，而难以比附。就字体而论，第一片（H11∶68）的字形与班簋相同（图一，3）。班簋一般定为穆王时器，郭沫若改定为成王时器⑥，故第一片的蜀字甲骨年代应与班簋相近才是。第二片（H11∶97）之字形有变化，其目形与五祀卫鼎的罘及江陵简的罥近似，整个字形与四川涪陵小田溪出土的秦始皇廿六年戈相同（图一，4、5、6）。五祀卫鼎为恭王时器，故其年代较第一片（H11∶68）为晚⑦。因此，我们认为，这两片“蜀”字

① 《中国考古学中碳十四年代数据集，1965~1981》，文物出版社，1983 年，第 130~131 页。

② 见《考古与文物》1982 年第 3 期，第 11 页图一。

③ 徐中舒：《周原甲骨初论》，《四川大学学报丛刊》第 10 辑；李学勤：《西周甲骨的几点研究》，《文物》1981 年第 9 期。

④ 首倡其说者为徐锡台：《西周原出土的甲骨文所见人名、官名、方国、地名浅释》，《古文学研究》第 1 辑。

⑤ 李学勤文见《文物》1981 年第 9 期，第 11 页。

⑥ 郭沫若：《班簋的再发现》，《文物》1972 年第 9 期。

⑦ 《陕西省岐山县董家村西周铜器窖穴发掘简报》，《文物》1976 年第 5 期。

卜甲定为西周之初到西周中期为宜。

周原卜辞中关于蜀的记载虽属片言只字，却是距今2900年前西周早中期的宝贵史料，可补蜀的早期历史的空白。

二、形体分析

各家均释“蜀”，无异议。但从偏旁形体分析，此字从目、勹、虫，与殷墟卜辞之“蜀”不同。《甲骨文编》（1965年版）共收殷墟卜辞的“蜀”20字，除前4字，另当别议外，其余16字均不从虫，其形稍异，隶定作“罒”。孙诒让首释为“蜀”，他引《说文》：“蜀，葵中虫也，从虫。上目象蜀头形，中象其身蜎蜎。”曰：“此省虫，于字例得通。”（《契文举例》下、九）。叶玉森、商承祚等诸家均从之。李孝定说：“字为全体象形，上目象蜀头，古文多以目代首者，许解不误，（篆变作）象身之蜎蜎，从虫者乃后起，于形已复。”（《甲骨文集释》第13卷，第3911～3912页）。可见，殷墟卜辞与周原卜辞之“蜀”的形体结构是大不相同的。

周原卜辞的蜀从目，象形。《说文》：“目，人眼也，象形。重，童子也。”段玉裁注曰：“人目由白而卢，童而子，层层包裹，故重画象之。”此目形与殷墟卜辞异，而与西周金文同（参见图一，2），这与“象蜀头”之说不符。

中间是而不是，与《说文》：“象其身蜎蜎”相去更远。按此形应作勹①，《说文》有勹部：“勹，裹也，象人曲形有所包裹”。西周盂鼎之“匍”，所从之“”作，与本字中间之勹形全同。

的形体与殷墟卜辞及西周金文“虫”均同。《说文》“虫，一名蝮，博三寸，首大如擘指，象其卧形。”《玉篇》：“虫文虺字”。又同“它”，《说文》：“它，虫也，从虫而长，象冤曲垂尾形。”故“虫”也是“蛇”，而象形有长短大小之分。

可见，周原卜辞的“蜀”乃合体字，全形非象虫，而象一个纵目之人，曲体裹虫形徽记。它既象形（纵目之人），又象事（虫形徽记）。据此，也可见殷墟卜辞与周原卜辞中的两个“蜀”字的不同②，不仅因为形体结构有所发展变化，而有其更深刻的字源上的区别。甲骨文字属于象形文字，也可以说殷、周卜辞中的两个“蜀”字各自反映了不同的所象的对象。

我们认为考释古文字需要综合研究。徐中舒师在中国古文字研究会第二届年会开幕式上即席发言说：“考释古文字要对文字的形音义三者综合考察，研究古代文字，还要懂得古代社会，懂得少数民族风俗的习惯，把几方面结合起来。”（《古文字研究》第4

① 高明：《古文字的形旁及其形体演变》表70，《古文字研究》第4辑。

② 殷墟卜辞“蜀”字之目均横列，只有一片纵列，为孤证。见《甲骨文合集》第13册摹本第5088页，片号4077。此片过残不辞，难以进一步解释。

辑）。他在近著《怎样考释古文字》中进一步发挥，要“根据考古资料、民俗学、社会学及历史记载的原始民族的情况和现在一些文化落后的民族的生活情况来探索古文字。”“这样考释古文字，才有根据，也才比较正确，而不是凭空悬想，望文生义。”① 下面试就周原卜辞“蜀”字所反映的纵目、虫徽等问题进行考释。

三、纵 目 之 人

纵目人是古蜀国蚕丛氏之特征。蜀国的早期历史缺乏可靠记载，而蚕丛曾王蜀则是仅存的信史之一②。《华阳国志·蜀志》：“周失纲纪，蜀先称王。有蜀侯蚕丛，其目纵，始称王，死作石棺石椁，国人从之。故俗以石棺石椁为纵目人冢。”蚕丛之国在哪里？并不在成都平原，也不在汉中盆地，而在川西北岷江上游。《古文苑·蜀都赋》章樵注引《先蜀记》：“蚕丛始居岷山石室中。”《汉书·地理志》湔氐道：“《禹贡》岷山在西徼外，江水所出”，西汉湔氐即今川西北岷江上游的松潘一带。《地理志》又说：蜀郡有蚕陵县，今茂汶羌族自治县北叠溪城废墟东北有蚕陵山，《中国历史地图集》第2册，第29~30图正标西汉蚕陵县于此。据吴卓信《汉书·地理志补注》引《成都记》“蚕陵即古蚕丛氏之国也”。这一带今为羌族聚居区，地下分布着大量古代的石棺葬遗存，一般以为属于氐羌文化。③ 可是，氐与羌是有区别的④，而且当地羌族一致公认：石棺葬与他们无关，他们自古以来奉行火葬，与文献记载“羌人死，燔而扬其灰”（《太平御览》卷794引《庄子》佚文）相吻合。羌族称石棺葬为“戈基呷钵”（戈、歌、葛音通，意即戈基人之墓），在羌族史诗《羌戈大战》中把戈基人描写成比他们自己的祖先先住在岷江上游，并与他们为敌的另一种人。这种人的特征是：①纵目；②有尾；③居石洞；④葬石棺。我们曾考释石棺葬、戈基人与蜀的蚕丛氏以及古代川甘陕一带的氐族之一支有关⑤。蜀人有出于氐系者，早为史学界许多前辈所论证⑥，石棺葬与氐族有关，也有论证⑦，此处不赘。

所谓纵目，或释为“雕题”。《礼记·王制》孔颖达疏：“雕，谓刻也；题，谓额也，谓以丹青雕刻其额。”据说清末光绪廿年（1904年）左右，有自藏区途经成都去北京的二十余人，为人围观，其人额上均有一直孔，内含黑珠，酷似三眼。额上一目，乃

① 香港中文大学编：《古文字学论集初编》，1983年9月，第7~19页。

② 顾颉刚先生过去对古籍中的巴蜀古史，颇多辩驳，而确认蚕丛王蜀是事实。见《论巴蜀与中原的关系》，四川人民出版社，1981年，第69页。

③ 沈仲常、李复华：《关于石棺葬文化的几个问题》，《中国考古学会第一次年会论文集》，文物出版社，1980年，第253~255页。

④ 顾颉刚：《氐》，《史林杂识》初稿，中华书局，1963年。

⑤ 见本书《羌戈大战的历史分析——兼论岷江上游石棺葬的族属》。

⑥ 请阅四川人民出版社出版的《巴蜀史研究丛书》：徐中舒《论巴蜀文化》、蒙文通《巴蜀古史论述》、邓少琴《巴蜀史迹探索》有关论述。

⑦ 童恩正：《四川西北地区石棺葬族属试探》，《思想战线》1978年第1期。

幼时刻额嵌石所致①。近代灌县二王庙的二郎神像亦为三眼，据李思纯考释，二郎本氐人猎神，助李冰治水有功而入祠焉（见《江村十论》）。最近又有报道：在川西北今阿坝藏族自治州的巴郎山等地，尚有以艾青灸额头眉心为“眼疤”的人，自称是嘉戎人中的“哥邻”之一部（见《四川史学通讯》第5期）。我们认为上述种种可能都是蚕丛“纵目”遗俗的流变。最初把纵目——这种雕题记载下来，不过是周人为了表现这种“西土之人”的蚕丛氏与渭水流域人们不同的面容特征，写成了那个纵目而视的“蜀”。据《羌戈大战》传说，戈基人眼睛不能平视，平视须埋头纵目，即把眼睛“竖起来看东西”。另外，川滇交界处的纳西族有《人类迁徙记》的传说，讲到“眼睛直生的天女美，眼睛横生的天女好”。纳西文字也是象形文字，直眼作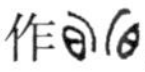，横眼作②。这“直眼”可能就是“纵目”的象形，殆即我国西北人中间所反映的蒙古人种北方支系的体征③。这两者均备一说。

四、虫、鱼、蛇

蜀字从虫，其字源之古训有三：似蚕之桑（葵）虫；天牛幼虫之蝤蛴；豆藿中的大青虫。《说文》：“蜀，葵中蚕也。”段玉裁注曰：“葵，尔雅释文引作桑。诗曰：蜎蜎者蜀，蒸在桑野，似作桑为长。毛传曰：蠋貌，桑虫也，传言虫，许言蚕者，蜀似蚕也。淮南子曰：蚕与蜀相类，而爱憎异也。桑中蠹，即蝤蛴。”《尔雅·释虫》：“蚅，乌蠋。”郭注：“大虫如指似蚕。”《庄子·庚桑楚》有“藿蠋”，疏曰：“豆中大青虫也”。待殷墟卜辞出，近世又倡原始民族图腾之说，据殷契字形，释者纷沓。今有完全相反的两种意见：一说此字乃象形以蚕为神虫、图腾的民族。朱逖先认为，蜀之得名于最早养蚕的蚕丛氏。④ 虽于古训有碍，而影响颇广，最近还有以“野蚕驯化”之说重申之⑤。另一说此字乃象形似蚕的毒虫，“是商代统治者用一种代表毒虫的字来称呼古代的蜀人，可能是一种贱称”⑥，最近也有进一步发挥此毒虫乃“川西阔叶林中的旱蚂蟥”（《四川史学通讯》第4期）。其各执一词，未可轻从。

周原卜辞出，于“蜀”字或可得新诠。其象形一有虫形徽记的纵目人，正与氐族有密切关系。据《三国志·魏志》裴注引鱼豢《魏略》云：“西戎传曰：氐人有王，所从来久矣。自汉开益州，置武都郡，排其种人，分窜山谷间，或在福禄，或在汧陇左右。其种非一，称槃瓠之后，或号青氐，或号白氐，或号冉氐，此盖虫之类而处中国，

① 卫聚贤：《二郎》，《说文月刊》第3卷第9期。

② 〔日本〕君岛久子著、海兰译：《纳西族的传说及其资料》，《民族译丛》1980年第5期。

③ 周人遗骨未见研究报道，渭水流域的新石器时代人骨与甘青地区同时，人骨稍有不同。前者眼眶圆钝，近于蒙古人种南亚支；后者“都有斜的眼眶”。参阅颜誾等：《西安半坡人骨的研究》，《考古》1960年第9期；《甘肃齐家文化墓葬中头骨的初步研究》，《考古学报》第9册。

④ 朱逖先：《古蜀国为蚕国说》，《时事新报·学灯》第44期。

⑤ 石湍：《记成都交通巷出土的一件蚕纹铜戈》，《考古与文物》1980年第2期。

⑥ 童恩正：《古代的巴蜀》，四川人民出版社，1979年，第55页。

人即其服色而名之也。其自相号‘盍稚’，各有王侯，多受中国封拜。”论者或以为“槃瓠之后”，乃三国时后起之说。我们则认为“盖虫之类而处中国”是说氐族之一支以“虫”为族徽图腾，保存了有关蚕丛之“蜀”出于氐系之最古老的神话式历史。过去说氐与羌同族，都以羊为族徽，羌是羊加人，氐是加羊傍为“羝”，牡羊为种号①。其实我们曾指出羌还有猕猴种的②，氐则是有虫种的。

《山海经·海内南经》：“氐人国在建木西，其为人，人面而鱼身，无足。”郭注曰：“尽胸以上人，胸以下鱼也”，这是就图说经。其实，古人生物学分类知识粗浅，虫、鱼、蛇相混而不分，鱼即虫也。就以《山海经》本书内证而言，《海外南经》：“南山在其东南。自此山来，虫为蛇，蛇号为鱼”，郭注：“以虫为蛇，以蛇为鱼。”《说文》：“鱼，水虫也，象形。”《洪范五行传》注：“鱼，虫之生于水，而游于水者也。”《诗·斯干》毛传疏：“鱼也虫之属。”　《尔雅·释鱼》邢昺疏总结说：“说文之鱼水虫也，此第释，其见于经传者，是以不尽。”准此，“人面鱼身”的氐就是“盖虫类而处中国”的氐，也就与“人面虫身”的蜀相一致的。

《山海经·海内西经》：“后稷之葬，山水环之，在氐国西。”《淮南子·坠形篇》：“后稷垄在建木西，其人死复苏，其半鱼在其间”，这半鱼也指氐人而言。后稷乃周之始祖怎么会葬到氐人之国，与“人面鱼身”的氐人相处呢？《大荒西经》：“有氐人国，人面鱼身，炎帝孙名曰灵恝，灵恝生氐人，是能上下于天。”《史记·周本纪》：后稷“其母，有邰氏女，曰姜原”。《说文》：“邰，炎帝之后，姜姓所封，周弃外家国。”既然周、氐同出炎帝，那么周之始祖葬在氐国，就不足为怪了。

在周代以血缘为纽带的宗法制政治体制之下，蚕丛蜀国既出于与周始祖有血缘关系的氐族，所以周与蜀的关系确实不同于一般。殷末，蜀人曾参与周武王牧野之誓，共同向朝歌进军，推翻殷商王朝。成周之会，氐与蜀均与会，并贡纳本土特产，《逸周书·王会解》：“氐羌以鸾鸟”，鸾鸟出于后稷葬地，广都之野。《山海经·海内经》说是“都广之野，后稷葬焉……鸾鸟自歌，凤鸟自舞”。郭注为“广都之野”。杨慎《山海经补注》“黑水广都，今之成都”。“蜀人以文翰”，这文翰正是蚕丛蜀国之土产，《山海经·中次九经》：“岷山，江水出焉……其鸟多翰、鷩。”可见，蚕丛蜀国确曾出席西周的成周盛会。所以，班篕才会特别提到：“秉、繁、蜀、巢”，作为“四方之极”。

虫也是蛇。蜀中汉画（画像石、画像砖、崖墓刻石等）多伏羲、女娲像，以为人之始祖。伏羲、女娲正作人首人身而蛇尾。其形作人首，双手分托日月，分持规矩，往往有双脚，衣下有蛇尾蜎蜎修长，有相交，也有不相交的。解放前后发现甚多，如郫县、新津、乐山、宜宾、长宁、重庆、合川等地随处皆有。四川大学考古专业在长宁县七个洞发现的东汉崖墓 M6 石函刻的伏羲女娲像，两尾相交如爻，并刻有蛇皮鳞甲纹。所以，邓少琴先生认为人身蛇尾的伏羲女娲与巴蜀的古史有关③，是十分正确的。

① 范义田：《云南古代民族之史的分析》，商务印书馆，1944 年，第 33 ~ 37 页。
② 见本书《木姐珠与冉必娃——记羌族创世记传说》。
③ 邓少琴：《巴蜀史迹探索》，四川人民出版社，1983 年，第 120 ~ 124 页。

近来，四川民族研究学者对川甘间平武文县一带的白马人进行民族识别调查，多数同志认为：这是古白马氐人的孑遗①。白马氐人在节日跳神时戴的“曹盖”（面具），有阴阳一双，其相貌十分凶恶，浓眉圆眼，额上眉心也有一只纵目，头上有双蛇盘绕，其中一人手执木雕的龙（蛇）杖，当地叫“达纳尸界”，是使鬼怪最害怕的天神。氐族的民俗遗风正反映其纵目人与蛇、虫为名号的民族有密切关系的表现。

五、蜀的早期文化

殷周卜辞中的蜀与考古学上的“早期蜀文化”遗存，有什么关系？关于考古学上的“早期蜀文化”问题，近来因陕南城固出土的铜器群②、宝鸡茹家庄、竹园沟的西周墓③、四川彭县商周青铜器窖藏的发现④，以及广汉遗址的发掘而引起了一些新的探索⑤。这里，我们只讨论被中原王朝（如用商、周甲骨文）记录下来的早期的蜀的位置及其相关问题。

关于殷墟卜辞蜀的地方，自来多歧说，或说在鲁地，胡厚宣曾说：“自今之泰安南至汶上，皆蜀之疆土。”⑥ 最近李学勤又重申之，以为周原卜辞中的蜀也在鲁地⑦。清人朱右曾《逸周书集校释》即倡此说。《左传》宣公十八年杜预注：“蜀，鲁地，泰山博县西北有蜀亭”，《嘉庆一统志》：“蜀亭在泰安县西”，说明今之山东确有地名蜀亭者。至于说“南至汶上，皆蜀之疆土”，其主要根据是《嘉庆一统志》说：“汶上县西南四十里有蜀山，其下即蜀山湖。”其实不然，汶上有蜀山是因蜀有“一”、“独”之古训而得名，与蜀人之国无涉。《方言》：“一，蜀也，南楚谓之蜀”，《尔雅·释山》：“独者，蜀”，邢昺疏：“山之孤独者名蜀也”。汶上县四望无山，唯此山独立湖心，故山、湖均得蜀名，犹如江苏宜兴有独山，苏东坡改名蜀山，出产名闻中外的紫砂陶器的蜀山镇，即其地也。或谓在晋地，陈梦家曾释殷契之蜀为旬，以为即今山西新绛西。其实，旬乃西周国名，《说文》：“郇，周文王子所封国，在晋地”，西周文王所封姬姓侯国不当入殷墟卜辞。

---

① 赵卫邦：《川北甘南氐族考略》，《四川大学学报丛刊》第5辑。

② 唐金裕等：《陕西省城固县出土殷商铜器整理简报》，《考古》1980年第3期；其余参阅李伯谦：《城固铜器群与早期蜀文化》，《考古与文物》1983年第2期。

③ 《陕西省宝鸡市茹家庄西周墓发掘简报》，《文物》1976年第4期；《宝鸡竹园汉西周墓发掘简报》，《文物》1983年第2期。

④ 《四川彭县西周窖藏铜器》，《考古》1981年第6期；王家祐：《记四川彭县竹瓦街出土的铜器》，《文物》1961年第11期。

⑤ 李伯谦：《城固铜器群与早期蜀文化》，《考古与文物》1983年第2期；宋治民：《关于蜀文化的几个问题》，《考古与文物》1983年第2期：卢连成等：《宝鸡茹家庄、竹园沟墓地有关问题的探讨》，《文物》1983年第2期；《宝鸡茹家庄、竹园沟墓地出土铜器的初步研究——兼论蜀式兵器的渊源和发展》，《考古与文物》1983年5期等。

⑥ 胡厚宣：《卜辞中所见之殷代农业》，《甲骨学商史论丛》第2集。

⑦ 李学勤文见《文物》1981年第9期。

古代“华山之阳”确乎存在早期的蜀。董作宾说：“蜀的地望……约在今陕西或四川。”① 日本岛邦男转标蜀于黄河河曲西南，今陕西东南部商县、洛南一带②。顾颉刚《牧誓八国》引证徐中舒早年名著《殷周之际史迹之检讨》：“盖周之王业实自太王迁岐始，岐在渭水河谷……南接褒斜，可通江、汉、巴、蜀，周人得此而势始盛，因此肇立翦灭殷商之基础”③，称“蜀之北本达汉中”，所以说“蜀（与庸、卢、彭、濮）均在汉水流域”④。郭沫若释《班簋》：“作四方望，秉緐蜀巢”，是“以四国表示四方”，“蜀即西蜀，在今四川”⑤。上面诸先生所述均可从。但是，商末周初在北起陕南汉中盆地，南到西蜀成都平原这广袤的华阳之地，有众多的、具备建立国家条件的青铜文化，它们与殷、周卜辞中的“蜀”有什么关系呢？需要讨论。我们现将已发现并被认为与早期蜀文化有关的考古资料，按地区择要分述如下：

1. 成都平原

广汉三星堆遗址：可分为四期，其中第一期为新石器时代晚期面貌，当为先蜀文化阶段。第二、三、四期为早期蜀文化，年代为夏商、殷商、商末周初。

新繁水观音遗址⑥：1957～1958 年发掘可分为三期：早期墓葬 5 座（M3～M7）出土的小平底罐与三星堆三期（殷商）相同。遗址第三层出土的大口小平底罐、高把豆、尖底器、圈足簋等与三星堆四期（商末周初）同。晚期墓葬出土的狭长援方内戈、长骹双耳矛与竹瓦街 1959 年窖藏出土相同，年代不会晚于西周⑦。

竹瓦街出土的三角援戈一直沿用至四川的战国墓葬，如新都马家木椁墓、成都百花潭 M10 与羊山子 M172⑧。最近成都指挥街周代遗址地下文化层可分早、晚两期。早期有与三星堆四期相同的小平底罐、高把豆、盉等，都以尖底器，黑皮陶为主，开始出现与战国巴蜀墓习见的圜底球形罐（俗称人头罐）年代相当西周。晚期出土与战国早期相似的大口浅腹釜、器盖形豆、釜形鼎等，年代相当于春秋。

可见，这属于一个文化单位，编年顺序是清楚的。

2. 汉中盆地

城固铜器群：从 1955～1976 年起，陆续收集的商周青铜器五百余件⑨。时代从商代

---

① 董作宾：《殷代的羌与蜀》，《说文月刊》第 3 卷第 7 期。

② 岛邦男：《殷墟卜辞研究》，台北鼎文书局，1975 年译本，第 374～375 页。

③ 徐中舒：《殷周之际史迹之检讨》，《中央研究院历史语言研究所集刊》七本二分。

④ 顾颉刚：《牧誓八国》，《史学杂识》，中华书局，1963 年。

⑤ 郭文见《文物》1972 年第 9 期。

⑥ 《四川新繁县水观音遗址试掘简报》，《考古》1959 年第 8 期。

⑦ 见《考古》1961 年第 6 期。

⑧ 《四川新都战国木椁基》，《文物》1981 年第 1 期；《成都百花潭中学十号墓发掘记》，《文物》1976 年第 3 期；《成都羊子山 172 号墓发掘报告》，《考古学报》1956 年第 4 期。

⑨ 见《考古》1980 年第 3 期。

前期到商末周初。有的代表器物有空锥足分裆鼎、瓿、尊、罍、簋、曲内戈、矛等，“其中有些是当地仿制的，有些可能是来自中原地区”，其年代可能包括整个商代。另一些代表性器物有：“蜀戈”（戳）即三角形援直内戈、长援直内戈、长胡四穿戈、弧刃直内钺、方銎圆刃钺、直口双耳罐、脸壳、铺首形器等。这一组器物“有浓厚的地方特色”，或据中原器形改制或自行制造的，其时代下限可到商末周初。据分析：把陕南汉中盆地的出土物与西蜀成都平原的出土物相比，铜容器两地相同者，大体均取形于中原商文化，铜兵器两地相同的如戈、矛、钺，则具有较浓厚的地方色彩。因此，“它们之间，不只是个别文化因素的相似，而是在文化性质上有着很大的一致性”。值得注意的是：“与城固窖藏青铜器共存于遗址之中”的还有与新繁水观音晚期的尖底罐（见原报告图七，3）相似的尖底罐。更加强了上述遗存在文化性质上一致性的推断。

3. 秦岭地区

在汉、渭分水岭——秦岭的北麓下，宝鸡的茹家庄与竹园沟自1974年起，已发掘墓葬二十五座，车、马坑六座，发现了大量有价值的文化遗物。据研究，初步揭示出商末周初具有明显的甘青地区和巴蜀地区文化特征的重要方国——强国的文化面貌。值得注意的是：上述新繁水观音晚期出土的尖底陶罐，在茹家庄、竹园淘的西周墓地中，几乎每一座大小不同的墓葬均有出土，而且特别精致，与青铜礼器同出的，还有用青铜仿制的尖底罐，以及与新繁水观音晚期小平底陶罐（见原报告图七，2）相同的小平底陶罐与铜罐。更令人注目的是：这些“早期蜀文化”特征的尖底器与小平底器又与寺洼——安国类型的马鞍形双耳罐同出。类似情况在秦岭南麓、汉水上游的凤县也发现，“也是西周早期陶鬲与马鞍形双耳罐、尖底罐同出”。因此，研究者认为：“古強国应是氐族的一支。茹家庄、竹园沟墓地铜器和陶器所表现出不同于周民族的地方特征，应是氐族文化的一种表现。”这种氐族文化与西蜀成都平原的“早期蜀文化”又有着密切的渊源关系。如宝鸡西周墓出土的兵器都与“蜀式”兵器相同：三角形援直内戈、长援直内戈、长胡戈（两长穿以代四穿）、方銎弧刃钺、柳叶形剑等等。这些论断都是正确可从的①。我们认为：“強”从鱼，也即从虫，在族徽记号上与氐族有关，更加强了蜀文化、強文化与氐文化有密切关系的证据。

4. 岷江上游山区

在蚕丛之国的岷江上游的石棺葬中同样存在着“早期的蜀文化”因素。石棺葬的发掘以茂汶羌族自治县城关的那一批最为重要②。原报告把46座墓葬分为三期九组。早期四组断代在“春秋战国之际起到战国末年以前”。其根据：“墓结构简单，随葬品少，陶器较为原始，不出铁器，铜器很少。所出Ⅰ式扁平铜剑与甘陕地区西周春秋墓的短剑相似，Ⅲ式浅山字格短剑，从春秋中后期开始流行，盛行于战国时代。”但我们认

① 卢连成等文见《文物》1983年第2期及《考古与文物》1983年第5期。

② 《四川茂汶羌族自治县石棺葬发掘报告》，《文物资料丛刊》7。

为其中第一组 4 墓（DM13 ~ 16）及第二组 DM12 的年代似可提前。这五墓陶器比较原始，其中Ⅰ式直口双耳罐（原图一〇，1）与城固五郎出土的直口双耳铜罐近似①；尖底钵（原图一一，18）与新繁水观音早期出土近似（原图三，□）；② 不出山字格剑。所出柳叶形短剑，锋尖圆，相对较短宽，（原图一二，4）与宝鸡茹家庄、竹园沟出土的相似，尤其与竹园沟（M4:55）③ 更近似。其年代似可早到西周。至于中、晚期石棺葬中出土的陶罐（Ⅶ ~ Ⅺ式）、圜底陶罐、陶豆（Ⅲ、Ⅳ式）、陶釜（Ⅰ、Ⅱ式）铜鍪、铜釜、漆器等都与西蜀成都平原附近出土相同，已见原报告。说明石棺葬中的“早期蜀文化”因素，也不是个别的，而是文化面貌上的一致性。

综上所述，在成都盆地、汉中盆地、秦岭地区及岷江上游，从相当于二里头文化时期即夏代开始，尤其到商末周初，存在着不止一处，各有特点，而又有共同“蜀文化”因素的遗存。这种现象如何给予历史学的解释呢？

我们认为蜀非一族，蜀的疆域也不是如《华阳国志 · 蜀志》所说的“其地东接于巴，南接于越，北与秦分，西奄峨嶓”。蒙文通师曾说过：古代蜀国的蚕丛、柏灌、鱼凫、杜宇、开明都各为一族，互有征战兴亡。如“蚕丛国破、子孙居姚巂”、“鱼凫是一个部族，为杜字别一部族民所侵”，到“开明侵逐望帝”等。而且可能有几个蜀国同时并存的局面④。其说精当可从。就以《华阳国志 · 蜀志》的记载而言，蜀之各王间族属各异、文化各异的情况也是明显的。如蚕丛氏是“纵目”，“死作石棺石椁”，“纵目人冢”石棺葬；而开明氏则“尚赤”，“每王薨，辄立大石、长三丈，重千钧，为墓志，今石笋是也”，即大石遗迹（如石镜、支机石之类）。“鱼凫田于湔山”，似尚处在山前地带经营游猎与粗放农业；而杜宇则“教民务农”以“其相开明，决玉垒山，以除水患”，“巴亦化其教，而力务农”，则已在平原地区从事灌溉农业生产了。《蜀王本纪》说：“杜宇从天堕，止朱提。有一女子名利（来敏《本蜀论》作朱利），从江源井中出，为宇妻。乃自立为蜀王，号曰望帝，治汶山下，邑曰郫。”徐中舒师指出：朱利乃藏语牧场（Drok）的对音，汶山江源即有牧区⑤。这可能是反映从鱼凫到杜宇经历了由“田于湔山”，“以汶山为畜牧”而进入成都盆地，“除水患”，“教民务农”的历史过程。杜宇蜀国最盛时，“自以功德高诸王，乃以褒斜为前门，熊耳灵关为后户，玉垒峨嵋为城郭，江潜绵洛为池泽，以汶山为畜牧，南中为园苑”，势力达到汉中盆地，但他仍以成都盆地为根据地，治郫邑或瞿上。而“开明王自梦郭移，乃徙治成都”。成都平原所发现的广汉三星堆、新繁水观音、成都十二桥街等一系列“早期蜀文化”遗址就是他们留下的遗存。而建国在岷江上游，并与周相交往的蚕丛氏则不同，一直保持着畜牧与粗放农业相结合的经济形态。《史记》正义引《谱记》说：“蚕丛国破，子孙居姚、巂

① 唐金裕等文见《考古》1980 年第 3 期，第 216 页。

② 《四川新繁县水观音遗址试掘简报》，《考古》1959 年第 8 期。

③ 见《文物》1983 年第 2 期，第 8 页，图 22。

④ 蒙文通：《巴蜀古史论述》，四川人民出版社，1981 年，第 35 ~ 49 页。

⑤ 徐中舒：《论巴蜀文化》，四川民族出版社，1981 年，第 141 ~ 142 页。

等处”，从岷江上游向西南顺横断山脉到滇西北，都分布着各种类型的石棺葬，恐怕正反映这些历史事件。可见，这些本非一族一国，而是并立或先后立国的众多“蜀”，被后世描写成代代相袭的统一的庞大的古蜀国（如《华阳国志》），很可能是常璩干的，因为他深受中原“正朔文化的洗礼”，秉“民无二王”、“子不语怪力乱神”之儒训，硬加笔削加工改造的结果①。

所以，我们认为所谓“早期蜀文化”，并不是只与某一个族、某一国直接对应的考古学文化，而很可能是一种土生土长而又受到中原夏、商、周文化强烈影响，扎根地方（“华阳之地”）的有特征性的、地域性的青铜文化，它的文化因素可以在许多相邻近的“族”或“国”的古遗存中表现出来。若此说不谬，那么，当氐族之一支蚕丛氏建国于川西北岷江上游的山地，并越秦岭、汧陇与周人打交道，而被周人用象形文字“蜀”记载在卜辞中，藏诸岐周宗庙的前后，在陕南、西蜀或其他地方，也可能另有一些与夏、商、周同时并存的小国，他们具有共同的地域性文化因素——即“早期蜀文化”。其中也有一些曾与中原王朝打过交道的，如处在河曲西南、陕南汉水一带的古国，被殷人用象形文字“蜀”记载在卜辞中，藏诸殷墟地下档案库。所以我们在前文说：殷墟卜辞与周原卜辞中的“蜀”虽今隶相同，实则各自象形了自己不同的对象，有其字源上的区别。商周文化因袭，西周甲骨文的形体结构，又直接沿袭殷商甲骨文，于是就出现了这样似同而又不同的两个“蜀”字。

总而言之，我们仅就周原卜辞中所见的“蜀”字，从古文字学、历史学、考古学、民族学等综合角度，对“早期蜀文化”与岷江上游的石棺葬作一极粗略的鸟瞰式考察，意在寻索隐没在历史尘埃中的古蜀文明。

（原载《考古与文物》1985 年第 6 期）

① 顾颉刚文见前引《论巴蜀与中原的关系》，第 78 ~ 79 页。

蜀酒探原

——巴蜀的“萨满式文化”研究

三星堆遗址出土大量的陶、铜酒器具，反映了古代蜀文明中酒文化的茂盛，它作为中国文化中的一枝奇葩，具有强大的生命力和感染力。正如西晋张载《酃酒赋》所说：“物无往而不复，独居旧而弥新，经盛衰而无废，历百代而作珍。”今日巴蜀美酒香飘四海，正可谓源远流长。这里要探索的是另一面，即从蜀酒探原中可以体察到古代蜀文明中有灌溉农业的存在；还存在着古代世界共有的“萨满式文化”现象①，但它又有其独特的古蜀风貌。

一、酒与巫术

巫术是一种古老的准宗教现象。原始人幻想依靠“超自然力”对目的物施加影响或控制，以达到自己的愿望，当时神灵观念还极其模糊。法国旧石器时代的洞穴壁画野兽的图像上布满的刺痕，中国山顶洞人尸骨上撒布的红色粉末，被认为是原始巫术的遗迹。原始宗教产生后，巫术继续流行，有的宗教仪式就是巫术活动。巫术一直流传到现在社会②。

酒，如果指含酒精（乙醇）的饮料，其出现当不比巫术为晚。民族志材料证明酒并不一定要粮食酿造，热带的原始部落把棕榈树砍倒，斜支在火上烘烤，树汁从切口流出，用葫芦装起来，放在有盖的容器里，自行发酵三至四天即成冒出泡沫的棕榈酒。潘格威人的酒葫芦里会发出“令人难忘的奇香”。专家们相信旧石器时代过着采集经济活动的原始人，从观察自然发酵的野果，到喜爱食用含酒味的野果，再到有意识地让野果发酵，是完全可能的③。酒，是人制作的饮料，首先是人自己享用，其次也要让人所信奉的神灵歆享。

原始部落的宗教巫术活动，也就是全民的文化生活，主持者是巫师或部落首领，或一身而两任。这种渗透着巫术的宗教仪式，往往是在歌舞狂饮中达到高潮。北美印第安部落，用仙人掌类植物酿酒，帕帕戈人每当酿酒季节一定要举行一系列庆典，同时巫师要举行祈雨巫术。印度康代人用一种叫 Salopoogaxo 的棕榈树酿酒，当开花时节他们除

---

① 张光直：《考古学专题六讲》，文物出版社，1986 年。

② 李泽厚：《美的历程》，文物出版社，1981 年版；罗伯特·路威著、吕叔湘译：《文明与野蛮》，三联书店，1984 年。

③ 利普斯著、汪宁生译：《事物的起源》，四川民族出版社，1982 年。

饮酒外啥事不干，这是一个无节制的狂欢和跳舞的季节①。这种狂舞祭祀的场面在我国新石器时代遗物中也有发现，如马家窑文化半山类型的陶盆上画着五人一组，连臂甩尾而舞的图像。甘肃秦安大地湾大房子（F11）地画中，两个巫师，左手叉腰，右手举顶，双腿交叉，正围着陈牲的俎案祭祀舞蹈②。原始的酒文化浸透了巫术的魅力。

中国古代文人好酒，如有名的竹林七贤，李白，杜甫等等。在历代的诗文中，认为酒与宗教巫术不能分开。西晋张载《酃酒赋》写道：“嘉（杜）康（仪）狄之先识，亦应天而顺人。拟酒旗于玄象，造甘醴以颐神。虽贤愚之同好，似大化之齐均。……漂蚁萍布，芬香酷烈。播殊美于圣载，信人神之所悦。”在他看来，传说仪狄、杜康所造的酒为贤愚同好，人神所咸悦。刘惔的《酒箴》说：“爰建上业，曰康曰狄。作酒于社，献之明辟，仰郊昊天，俯祭后土。歆祷灵祇，辨定宾主，啐酒成礼，则彝伦攸叙。此酒之用也。”在他看来，酒是祭天祀地，人间成礼的好东西。

酒以祭祀不仅是神的需要，归根到底是人的需要，祭后的酒肉无疑由奉祭者享受，而且巫师们更需要酒，他们要借酒精之力达到昏迷状态而与神界交往。北方的巫师——萨满，在召请他们的神灵时就必须装酒疯，瑜卡吉尔人的萨满在作法时，“尖叫、唿哨、咬牙、脸上抽筋，见者无不战栗”。西南的萨满——独龙族的巫师叫“乌”与“南木萨”。据调查：“他们成为乌的征兆是常在酒后言行异常，像是发疯，又说又唱又跳，自称是崖鬼（凶鬼）几卜郎附在自己的身上或卜拉（灵魂）上。”所以祭崖鬼是“乌”的专职，祭祀前必须让“乌”把酒喝足，等于让崖鬼喝酒，而祭毕的酒肉，照例众人共餐之，据说：“凡属鬼所需的歆享，都是祭牲的卜拉”，所以祭牲的肉是归人自己享用的。据最近成为“南木萨”的独龙族青年自叙：1979 年夏天一个午后，他饮酒时感到有艳丽的太阳鸟围着他不停飞叫，一连数天，后来看到上方出现寺庙，并排端坐着七个“南木”（半鬼半神的善良精灵），叫他当“南木萨”，此后他只要有求，备上米酒鱼肉“南木”就会来帮助他③。在这些巫师说来酒有通神鬼之功，又有贿赂鬼神之力。可见，酒与巫术有不解之缘，原始的酒文化必定打上“萨满式文化”的烙印。

巴、蜀的酒文化同样与萨满式文化有密切关系，这可从巴蜀的巫书——《山海经》中看出。鲁迅先生说：《山海经》“记海内外山川神祇异物及祭祀所宜”，“盖古之巫书也”④。据吕子方、蒙文通先生研究⑤：《山海经》的《海内经》四篇所说的“天下之中”指今四川西部地区，故这四篇“当作于蜀中”。《大荒经》五篇曾四次提到“巫山”，有关“巴国”、“巴人”的记载也仅见于此，所以，这五篇“可能就是巴国的作品”。考证精确可从。过去，专家们讲中国古代的萨满式文化必定要提到《国语·楚语

① 利普斯著、汪宁生译：《事物的起源》，四川民族出版社，1982 年。

② 《大地湾遗址仰韶晚期地画的发现》，《文物》1986 年第 2 期。

③ 蔡家麒：《独龙族原始宗教考察》，《社会科学研究》1984 年第 3 期。

④ 鲁迅：《中国小说史略》，人民文学出版社，1958 年。

⑤ 吕子方：《读山海经杂记》，《中国科学技术史论文集（下）》，四川人民出版社，1984 年；蒙文通：《略论山海经的写作时代及其产生地域》，《巴蜀古史论述》，四川人民出版社，1981 年。

下》中观射父论“绝地天通”一段[①]。而笔者以为：颛顼命重、黎两人“绝地天通”的故事很可能出于巴、蜀巫师的传说。

《山海经·大荒西经》说：“大荒之中，有山名日月山，天枢也。吴姖天门，日月所入。有神人面无臂，两足反属于头上，名曰嘘。颛顼生老童，老童生重及黎。帝令重献上天，令黎邛下地。下地是生噎（嘘），处于西极，以行日月星辰之行次。”袁珂先生认为：其中“帝令重献上天，令黎邛下地”可能是韦昭注《国语·楚语下》：“言重能举上天，黎能抑下地”的同义语，“献”有“举”义，“邛”或为“抑”之误[②]，其说可从。《山海经》保存了“绝地天通”神话的原始面貌是毋庸置疑的。

这名叫“日月山”的“天枢”就是萨满式文化中所说的“天梯”或“地柱”（ax-ismundi）。这种“神山”在巴地有好几座。《山海经·大荒西经》说：“大荒之中……有灵山，巫咸、巫即、巫肦、巫彭、巫姑、巫真、巫礼、巫抵、巫谢、巫罗，十巫从此升降，百药爰在。”这巴国的十个巫师能上下天地采药治人间疾病。《海内经》说：“华山青水之东，有山名肇山，有人伯高，伯高上下于此，至于天。”《海外西经》说：“巫咸国在女丑北，右手操青蛇，左手操赤蛇。在登葆山，群巫所从上下也。”看来，以山为“天梯”“地柱”的都与巴有关。

蜀地通地天的“天梯”是神树，如《山海经·海内南经》与《淮南子·坠形》所记的“建木”和“若木”，其说详下节。《大荒西经》载：“有氐人之国（氐原作互，依郝懿行改），炎帝之孙，名曰灵恝，灵恝生氐人，是能上下于天。”蜀蚕丛氏就是这种能上下于天的氐人[③]。这神话大概反映古代的蜀王既是巫师祭司，又是政治军事首脑的历史事实。这与巴地巫师采药行医又略有不同。但是巴、蜀均善酿而好祀则是一样的。

二、“巴乡清”与蜀酒“醴”

巴人好祀善酿。《华阳国志·巴志》记其诗曰：“川崖惟平，其稼多黍，旨酒喜谷，可以养父。野惟阜丘，彼稷多有，嘉谷旨酒，可以养母。”其祭祀诗曰：“惟月孟春，獭祭彼岸，永言孝思，享祀孔喜。彼牺惟泽，蒸命良辰，祖考来格。”《水经注·江水》：“江之左岸有巴乡村（今四川云阳奉节间），村人善酿，故俗称‘巴乡清’。”盛宏之《荆州记》：“南乡峡西八十里有巴乡村，善酿酒，称‘巴乡酒’。”这种用黍、稷酿造的“巴乡清”酒既用来奉养父母，也用来享祭鬼神，而且名气颇大。据《华阳国志·巴志》载：秦昭襄王时（公元前 306 ~ 前 251 年），白虎为害秦、蜀、巴、汉等四郡，秦王悬赏杀虎，有朐忍（今云阳）的巴夷廖仲药、何射虎、秦精等用白竹弩从高楼射杀白虎。秦王不敢爽约，除免其租赋外，刻石为盟曰：“秦犯夷，输黄龙一双；夷犯秦，

① 参见张光直：《中国青铜时代》，三联书店，1983 年。

② 袁珂：《山海经校注》，上海古籍出版社，1980 年。

③ 见本书《“羌戈大战”的历史分析——兼论岷江上游石棺葬的族属》。

输清酒一锺。”把黄金铸造的一对龙与“巴乡清”一锺酒相提并论，一方面说明秦王对巴夷的优待；另一方面这种名酒身价之高亦可见一斑了。清酒，按郑司农注《周礼·酒正》讲：“清酒，祭祀之酒。”贾公彦疏曰：“清酒……冬酿接夏而成。”一般醪糟酒是“冬酿春成”，可见清酒是一种久酿而成，含酒精度数高，味厚，滤去糟滓澄清的好酒。可惜，这种价比黄金的好酒“巴乡清”早已绝响于世，不知哪位有心人能“独居旧而弥新”加以恢复继承呢！

蜀之古酒也已失传。《华阳国志·蜀志》载：到鳖令之后“九世有开明帝，始立宗庙，以酒曰醴，乐曰荆，人尚赤，帝称王”。这种叫“醴”的蜀酒，也是用于宗庙祭祀的。“醴”本是中原商周王朝用“曲糵”（据方心芳先生研究是一种发霉发芽的谷粒，即散曲）酿造的糖化度大而酒化度低的连糟滓的薄味甜酒。《周礼·酒正》把醴作为“五齐”之一，是供祭祀专用酒。不过，这里的“醴”似乎是蜀酒的专名，音译为“醴”与中原文献记载的醴不同。因为常璩说“以酒为醴，乐曰荆”，是说开明帝把酒叫做“醴”，乐叫做“荆”，中原有叫“醴”的酒而无叫“荆”的乐，可见两者都是蜀语音译。蜀酒“醴”与中原的醴不同，并不是“汁滓相将”连糟食用的薄味酒，其说详后。

巴蜀地区自古以来农业发达，酿酒谷物来源丰富。巴人用黍稷酿制旨酒“巴乡清”。那么，蜀人呢?！他们酿酒的谷物种类，一定更多。《山海经·海内经》载：“西南黑水之间有都广之野，后稷葬焉，爰有膏菽、膏稻、膏黍、膏稷，百谷自生，冬夏播琴。”“都广”为古蜀地，即成都平原，在《后汉书·张衡传》注和《艺文类聚》卷八十五与九十引均作“广都”，《华阳国志·蜀志》记汉武帝元朔二年（公元前127年）在蜀郡郡治附近三十里地设置“广都县”，所以杨慎《山海经补注》称：“黑水广都，今之成都也。”后稷乃古之农神，《逸周书·商誓》：“在昔后稷惟上帝之言克播百谷，登禹之绩，凡天下之庶民，罔不维后稷之六谷，用蒸享。”传说农神后稷之葬地，当然是一个农业发达的中心地区。这里冬夏四季均宜播种，百谷滋生，酿酒的谷物绝不致匮乏。蜀人可能有麦，广汉三星堆早蜀文化遗址红烧土块里有许多禾本植物茎叶印痕，叶面窄而叶脉清晰，尚待鉴定。在一件陶豆的圈足上有一周花纹，是互生的肥大籽粒，如麦穗。据（《左传》）宣公十二年冬载：楚子伐萧，军队受寒湿，楚臣申叔展问：“有麦曲乎”。孔颖达疏曰：“麦曲作酒之物。”早蜀文化中酒器甚多，用麦曲作酒也是有可能的。《战国策·楚策》张仪说：“秦西有巴蜀，方船积粟，起于汶山，循江而下……”积粟之盛，也许是酿酒的重要谷物。《礼记·月令》在总结酿酒生产经验六诀时，第一就是“秫稻必齐”。粘稷、稻米都应是重要的酿酒名物。《华阳国志·蜀志》：“绵水，出紫岩山，经绵竹入洛，东流过资中，会江江阳。皆溉灌稻田，膏润稼穑。是以蜀人称郫、繁曰膏腴，绵、洛为浸沃也。”雒即雒水，今流经广汉三星堆—月亮湾遗址的鸭子河即古之雒水。成都平原与沱江流域为盛产稻之乡，古今一样。在嘉陵江流域的方山丘陵地区又有梯田，《华阳国志》载巴西郡、涪、郪、广汉、德阳一带均有“山原田”，与“平稻田”不同。到秦汉之世、“壅江作堋”，“灌溉开稻田”则更加普遍。

名酒（巴乡清与蜀酒醴）的出现，必有发达酿酒业，就必有发达的农业生产为基础，就必有发达的酒文化。考古发掘资料充分说明了这一点。

三、三星堆遗址所见的酒文化

广汉三星堆—月亮湾遗址自1929年发现以来，半个世纪中许多中外学者都曾在此做了大量的田野工作，发表了许多研究成果。近年来的发掘有新的突破，尤其是1986年3～5月四川大学历史系考古专业师生与省、县文物工作者在三星堆遗址的发掘，进一步证明了这里方圆十二公里的范围内，很可能是早期蜀国的一个重要都邑所在地。有的地下文化堆积层厚达2.5米，可划分为十六个文化层，根据地层学与器物类型学的分析，可分为四期：第一期出土物为新石器晚期的东西，是先蜀文化，即蜀文化的前身。第二、三期的文化面貌与一期不同，是早蜀文化的堆积，从类型学排比得知年代相当于中原的夏商。第四期继续发展，达到鼎盛，即殷末周初。过去只知道一种异于中原的铜兵器与船棺葬是“巴蜀文化”，时代只相当于中原的春秋战国时期，现在把蜀文化的年代提前了，所以三星堆遗址的第二至四期应叫“早蜀文化”。

这中心部位方圆六公里的遗址群被人工堆积的土埂——“城墙”所环绕，形成东西约1800米，南北残存600～1000米的城邑。这里出土的大量陶酒器有：盉、杯、尖底盏、觚、壶、勺、缸、瓮等；食器有：碗、碟、盘、豆、罐等，都出在城墙圈里、房屋密集的生活区内。这里不仅有“木骨泥墙”面积十平方米左右的小房舍，也有面积超过60平方米穿斗结构大房子与抬梁结构的厅堂。房舍厅堂间还有道路沟渠相连，形成聚落。在这些房舍聚邑内不仅出土髹了漆的酒、食陶器具；还出乐器如石磬、陶埙等；各种精美的工艺陶塑：虎、象、牛、猪、羊、鸮、杜鹃、鱼、蛙；还有双手反缚跪坐的石人雕像；有雕花镂孔的漆木器，玉石礼器：琮、璧、圭、璋、矛、斧、斤等高档消费品。相反的缺乏农业生产工具，出土少量的小型窄条形石斧、锛等只是生活用品。由此可见：①这里应该是一座文明古城的废墟，而不是一般原始村落的遗迹；②这里属于一群脱离劳动生产的上层人物的活动场所；③当时已有水平较高的农业生产，畜牧渔猎也很发达；④已有谷物酿酒的技术和大量用酒的需要。

从遗址出土的陶器来分析，当时的酿酒技术不会低于中原。《礼记·月令》总结酿酒经验说：“仲冬之月……乃命大酋，秫稻必齐，曲蘖必时，湛炽必洁，水泉必香，陶器必良，火齐必得，兼用六物，大酋监之，毋有差贷。”三星堆出土的陶器中符合这些条件的酿造器皿可能是一种高领大罐。这种陶器高约40厘米，腹部圆鼓，上接粗壮的高领，直口，下腹部作反弧线内收，接小平底。我们知道，发酵的毛霉和酵母菌都是很敏感的低级生物，“陶器必良”是说要在陶器内造成发酵的良好环境。这种陶罐高领直口正宜封闭，既可避免杂菌入侵滋生，又可造成有利于发酵的厌氧条件。“火齐必得”是指温度的控制。毛霉与酵母菌繁殖的最适宜的温度是28℃～30℃，所以夏天气温过高难于控制，一般都在冬天酿酒，但气温低了要靠加温才能保持①。这种陶罐下腹部成反弧线内收便于受热，小平底不稳却宜于埋在灶炕边热灰中保温。所以，我们把这种高领大罐命名为“三星堆式发酵罐”。古代蜀人虽不知微生物学，却能制出这种合乎科学的发酵陶器，其功能可与《礼记》所总结的经验相对应，诚可贵也。

这里的饮酒器是一种很有特色的觚和瓶形的杯，瓶形杯数量极多，形制也多，粗看犹如今日北方烫酒用的陶瓷酒瓶。典型器形是：平底（全器最大径在底部），腹壁向上斜收，束颈，有的加一圈附加堆纹，侈口似喇叭形。器形细长，高约13厘米，容量在200毫升左右。这种杯子侈口便于啜饮，但残糟却难通过束颈，容量也嫌过小，似乎饮用去滓的清酒最为适宜。所以蜀酒虽称“醴”，只是音译，并不如中原“汁滓相将”的连糟食用。第三期以后，又出一种尖底盏，口径约10厘米、高约4厘米，第四期后作为主要饮具逐渐代替瓶形杯。

盛酒器有瓮、缸、壶。有种缸的残片厚约1.2厘米，腹径大于120厘米。壶有多种：侈口小平底的；长颈圈足的；短颈长腹的等等。在盛酒器中舀酒必须用勺，遗址出土的勺把特别多，有空心也有实心的，勺把头雕塑成各种长喙鸟头、兽头和钩形，便于钩住盛酒器口，不致沉落酒汁中。

既是低度发酵酒，就需加温，遗址出土陶盉很多。这里的盉粗看与二里头文化相似，而显瘦高，封口管流，三款足成柱管状，似乎也不宜加温带滓的酒料。

我们在86GST1415探方的第四期文化层中发掘了灰坑H30，坑不大，满放着大小不等的21件瓶形杯、中间有一把盉，周围放着多件平底盘、豆、小平底罐等盛食器，似乎是一个酒餐具“贮藏柜”。

四、“祭祀坑”里的酒樽

城墙里面是上层人物享用酒宴的厅堂，外面则是巫师们用酒作法的场地了。

1986年7~8月，三星堆遗址又有新的重大发现。在三星堆土堆（祭坛）南外数十米的地方，连续发现了两个长方形土坑，一号坑4.4米×3.3米，二号坑5.3米×2.3米。出土了金、玉、铜、陶、骨器与整支的象牙（不是“纳玛象牙”!）等40多种一千余件（图一）。青铜器总重量接近一吨。其中最大的青铜立人像。身高172厘米，座高90厘米；最大的青铜人面像，通耳宽138厘米，额颌高65厘米，分别是我国也是世界上最大的立人、人面青铜造像。一次出土如此众多的纯金制品在国内也是首见，有142厘米长的金皮“杖”、金面罩、金条、金箔等。时代约当殷墟时期。国内对这两个土坑的性质，专家们的意见比较分歧。大体上有几说：①祭祀坑说：坑内无尸骨，不是墓葬；器物与火烧的骨渣堆一起，不是窖藏；只可能是祭祀坑。②窖藏说：坑的形制与器物放置与中原商周秦晋等地祭祀坑不合，可能是灾祸猝起，主人窖而弃走。③被毁宗庙

① 袁翰青：《中国化学史论文集》，三联书店，1964年。

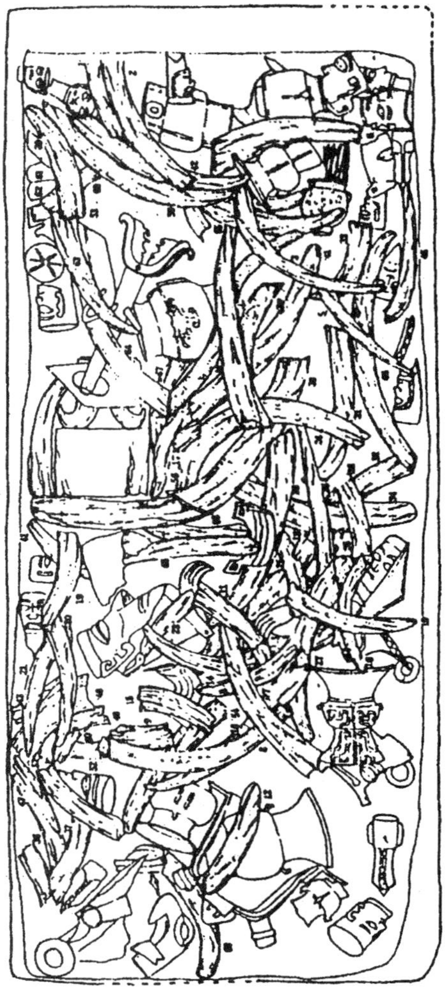
图一　三星堆二号坑上层遗物分布图

说：此乃战胜者“犁庭扫穴”结果。④陪葬坑说：附近或有大墓。笔者则认为：蜀文化是有别于中原文化的地域性文化，有自己的原始宗教信仰，不能用中原祭祀坑来硬套，这种合坑埋藏的情况，很可能是古代世界风行的巫术——“萨满式文化”的产物，大概是在附近场地上举行了巫术活动后的“厌胜”性埋藏。

这两个长方形土坑相距约 20 米左右，方向一致 N35°E，与祭坛走向近直角。两坑坑壁整齐，填土夯实，坑内堆积乱而有序。所以它们与城邑里居民的信仰有关，都是为着某种神圣的目的，有意识的作为。

坑里的包含物是经过搬运后有意识堆积的。如一号坑的象牙、铜器、金器、玉器等与铡碎焚烧过的动物骨（可能有人?!）牙齿、打碎的尖底盏、豆、盘等陶器相混，从坑的东南角倾倒入坑的，从烧化黏结的情况看是燔、燎的遗迹。二号坑是依次放置的：玉器、铜戈和大小铜人像放在下层；40 多具人头像环置四周坑壁下；上面由南向北依大小放着 20 多个青铜面像与铜尊、铜罍等；在上面放整支的象牙六七十支，填土夯实致使位置移动，但仍能看到乱而有序。

陶酒器被打碎了，尚待清理。一号坑的铜酒器也相当破碎，二号坑的铜酒器有尊和罍，还可能有方彝（?）。有些圆铜尊形体高大，花纹繁缛，肩头四个牺首（牛），上面各立一鸟，牺首间又有四只较大的立鸟。器表满饰云雷纹和饕餮纹，可以叫做“八鸟四牛尊”。器形与商周铜尊相似，而圈足改外侈为内收。与遗址出土的圈足陶豆相同，纹饰排列也与中原似是而非，它们是蜀人铸造的酒器。铜罍饰凸弦、云雷、饕餮纹，大的有牺首（牛）衔链环，有的表面光洁，呈青灰光泽，至今无半点锈斑，可见蜀人铸造工艺的精良。出土时有的里面装着贝玉，甲骨文的“豊”字，正是豆上一尊，尊中置玉（珏）；有的里面已空无一物而有使用（盛酒?!）痕迹。在古人看来祭祀奉献的酒是“琼浆玉液”，非常珍贵的饮料。在二号坑底出土两件头顶酒尊的铜人像。尊上有盖，双手过顶捧尊，站在镂花的座子上，做供献状（见图二，1）。看来这些尊罍都是置酒设供的重器。那么这些酒器供奉的对象是什么呢?!

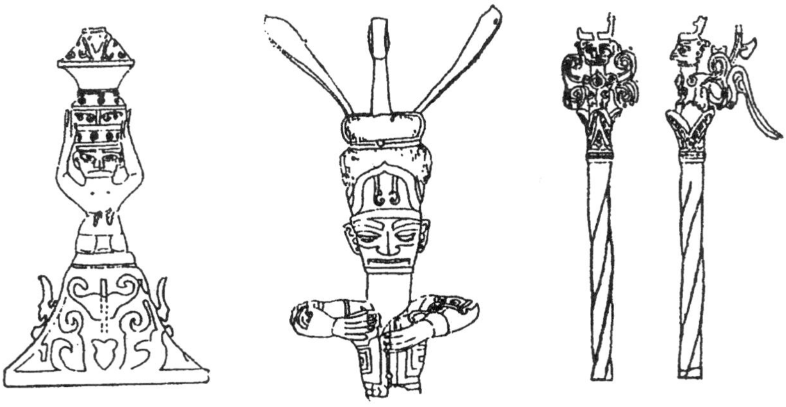

图二 三星堆出土铜像

1. 头顶酒樽的供奉者 2. 戴羽冠的祭司 3. 神树上的神人

最大的铜立像，戴冠，鼓眼高鼻，倒八字浓眉，着长服披巾，右袒，下摆如燕尾下垂，下着长裙，身躯瘦高，赤足带环，站在座上，双手巨大，握圈，左下右上，如执奉献状，执物已失。另外小人像很多，有戴冠的，有不戴冠的，都是双手执物。有人称为神像，其实这些可能都是供奉者，而不是受供奉的神灵（见图三）。

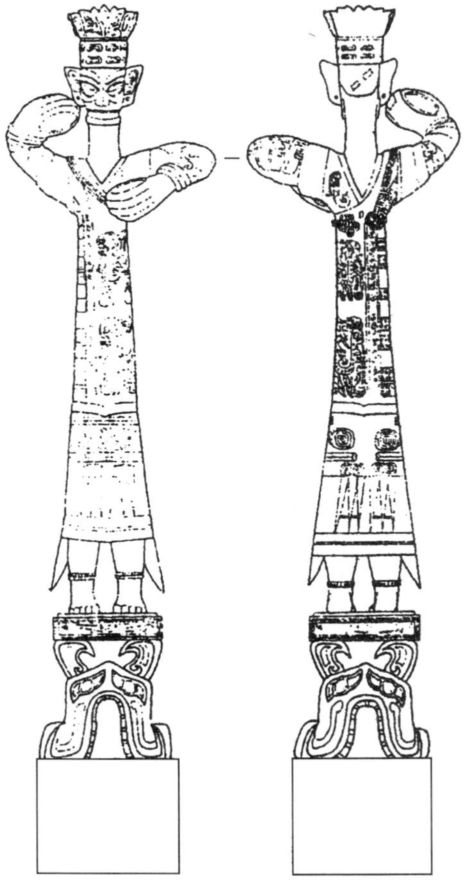

图三 三星堆二号坑青铜立人像

青铜神树有三棵以上。其一有三脚架座，座的三面各跪一小铜人。树干挺立高约3.9米，树干上分丫杈，枝叶茂盛，结的果实如卵而有托。丫枝上有许多人，兽、鸟、蛇、铃和圆形挂饰，还有一只昂首垂尾的公鸡。这大概就是古代蜀地萨满（巫师）们“沟通天地”的神树“若木”和“建木”了。《山海经·大荒北经》说：“大荒之中有衡石山、九阴山、洞野之山，上有赤树，青叶，赤华，名曰若木。”《海内南经》说：“有木，其状如牛，引之有皮若缨，黄蛇，其叶如罗，其实如栾（卵），其木若苉，其名曰建木。”《海内经》：“西海有盐长之国，有人焉鸟首，名曰鸟氏，有九丘，以水络之……有木，青叶紫茎，玄华黄实，名曰建木，百仞无枝，上有九欘，下有九枸，其实如麻，其叶如芒，大皞爰过，黄帝所为。”《淮南子 · 坠形》说：“建木在都广（即广都，指成都平原），众帝所自上下，日中无影，呼而无响，盖天地之中也。若木在建木西，末有十日，其华照下地。”树上的神人大概是太皞、黄帝等这些既是首领又是巫师能上下于天者的造像，圆形挂饰可能是树上的十日，花果枝叶，乌鸡黄蛇竟都能一一对照，而且在坑南壁下，最大的铜面像侧边就有一个巨大的铜鸟头像，高 60 厘米，正是“有人焉鸟首，名曰鸟氏”的写照。

四五十个铜头像，有真人头大小，有的光头，有的编辫，有的戴冠，有的还带纯金面罩。头部中空，颈部以下前后两个尖，可套在身躯上（身躯已失），犹如今日的木偶头像。这些大概是半人半神的配角，反映蜀国是多民族的联盟，他们是各方“诸侯”，或者就是各部的守护神。

二十五个大小不等（均大于真人头面）的铜面像，有的眼珠柱状突出如螃蟹，有的鼻梁上镶嵌云雷突饰，有的鼓眼呲嘴做愤怒凶相，有的定睛咧嘴做欢欣状。每个面像四角和额头都有方孔，便于悬挂，若配上头躯，按比例算来都是二米以上到六七米的巨大神灵偶像，从面相来看似乎全是男性。笔者以为这些装配铜面的巨大神像才是祭祀坑里崇拜的偶像。这是我国继辽西红山文化发现泥塑女神头像后①，更为惊人的古代偶像的重大发现，一泥一铜，南北对应。联系到川西与辽西有许多相似的文化因素（如石棺葬俗、相同的铜罍等等），确实令人震惊。三星堆出土的铜神像，数量之多，形体之大，雕塑之精美，相貌的诡异实在超出人们的想象。可以断言，这至少是包含着天神、地祇、人鬼、图腾在内的、一种多神的、偶像崇拜的原始宗教的遗物。祭祀坑里的酒樽就是奉献给这些神鬼的。

奇怪的是这些偶像和神树都是毁坏后埋藏的，这大概与“厌胜”巫术有关。我们知道，原始宗教的灵物和偶像也可能遭到蔑视和责罚的。民族志材料告诉我们，有些原始部落认为不灵验的灵物可以抛弃另找代替，也有可能被打击，丢弃或烧毁，例如奥斯弟亚人在出猎不获时，就要责打偶像②。坑里的酒樽与失宠的神像大概也是如此被埋入地下的。

至于神像为什么会失宠呢？已不可深究，但笔者颇疑此事与蜀地洪水及战乱有关。根据《华阳国志 · 蜀志》记载：杜宇时国力达到鼎盛，而遭水灾，“其相开明决玉垒山，以除水害，帝遂委以政事”，“帝升西山隐焉，时值二月，子鹃鸟鸣，故蜀人悲子鹃鸟鸣也”。常璩一介儒士，对民间神话往往改纂。但至少可以反映三个事实：①杜宇时洪水灾害极酷烈，《蜀王本纪》说：“若尧之洪水”；②因灾而变，改朝换代；开明乃荆人鳖令，简直就是“异族入侵”；③杜宇下台是被迫的，蜀人才会悲子鹃鸟鸣。三星堆遗址三区第七层是一层厚约 20 ~ 50 厘米的淤土，青黑色，包含物极少，此层以上出晚近物。第八层相当于第四期，殷末周初，正是祭祀坑的年代。这大概就是巫术厌胜埋藏的缘由吧？神灵不能制止洪水，只好埋入地下；开明治理了水患，就取得了政权，这就是地下酒樽的谜底。改朝换代更需要行巫术以厌胜，以求革旧布新。

① 《辽宁牛河梁红山文化女神庙与积石冢群发掘简报》，《文物》1986 年第 8 期。

② 朱天顺：《原始宗教》，上海人民出版社，1964 年。

五、巴、蜀铜酒器集锦

众所周知，世界文化宝库之上乘的殷周青铜器中，酒器之多“确实超绝古今”、“在古代世界中是没有先例的”①。据《殷周青铜器通论》的分类统计，在五十类铜器中，酒器要占二十四类，将近一半。分为煮酒、盛酒、饮酒、挹注、盛尊五门，有爵、角、斝、盉、鐎、尊、鸟兽尊、觥、方彝、卣、罍、壶、瓶、罐、缶、罐、卮、皿、区、觚、觯、杯、勺、禁等二十四类，绝大部分是祭享鬼神的“礼器”。这些酒器都有华丽繁缛的装饰，其中以各种动物图像最突出，不仅有自然界存在的：犀、鸮、兔、蝉、蚕、龟、象、鹿、蛙、牛、水牛、羊、熊、马、猪等；还有神话中存在的：饕餮、肥遗、夔、龙、虬等。这是因为“商周青铜器上的动物纹样实际上是当时巫觋通天的一项工具。”“现代比较原始的民族里面还有巫觋名为萨满的；萨满的主要作用便是通神，而在他们通神的过程中各种动物常常作为他们的助手或是使者”②。周承殷制，原始多神宗教更加发达，仪式和祀典也更加规范。《国语·鲁语上》说：“凡禘、郊、祖、宗、报，此五者国之典祀也。”据《周礼·大宗伯》记载凡祭祀天神、人神、地祇的吉礼要举行：禋祀、实柴、燋燎、血祭、埋沉、副辜、肆献、馈食、祠、禴、尝、蒸等十余种仪式，而所有仪式都要“献”，“献者，献酒为主，献脯炙为从。”③ 所以，酒是宗教巫术仪式中不可缺少的东西，殷商酒器之盛就没有什么可奇怪的了。巴蜀文化中也有许多铜酒器，显然与殷周铜酒器有密切关系。

巴蜀铜酒器的出土，除三星堆外，已知重要的有：彭县竹瓦街殷末西周的窖藏；成都百花潭 M10、新都马家木椁墓、大邑五龙船棺及土坑木椁墓（战国早、中期）、犍为金井等地的土坑墓、简阳糖厂窖藏、成都羊子山 M172、涪陵小田溪土坑木椁墓、青川秦墓、成都金牛坝土坑木椁墓、郫县土坑墓（战国早期）；成都西郊土坑墓（战国末至秦灭巴蜀后）；巴县冬笋坝及昭化宝轮院的船棺葬（自战国晚至西汉初年）；可定为西汉初年的巴蜀墓葬还有成都南郊土坑墓、越西华阳村土坑墓、绵竹木板墓等④。另外在

① 郭宝钧：《中国青铜时代》，三联书店，1963 年；马承源：《中国古代青铜器》，上海人民出版社，1982 年。

② 张光直：《考古学专题六讲》，文物出版社，1986 年。

③ 丁山：《中国古代宗教与神话考》，龙门联合书局，1961 年。

④ 《记四川彭县竹瓦街出土的铜器》，《文物》1961 年第 11 期；《四川彭县西周窖藏铜器》，《考古》1981 年第 6 期；《成都百花潭中学十号墓发掘记》，《文物》1962 年第 1 期；《新都战国木椁墓》，《文物》1981 年第 6 期；《成都西郊战国墓》，《考古》1983 年第 7 期；《四川大邑县五龙战国巴蜀墓葬》，《文物》1985 年第 5 期；《四川犍为县巴蜀土坑墓》，《考古》1983 年第 9 期；《四川简阳出土的战国青铜器》，《文物资料丛刊》第 3 辑；《成都羊子山第 172 号墓发掘报告》，《考古学报》1956 年第 4 期；《四川涪陵地区小田溪战国土坑墓清理简报》，《文物》1974 年第 5 期；《四川涪陵小田溪四座战国墓》，《考古》1985 年第 1 期；《青川县出土秦更修田律木牍》，《文物》1982 年第 1 期；《成都市金牛区发现两座战国墓葬》，《文物》1985 年第 5 期；《四川郫县红光公社出土战国铜器》，《文物》1976 年第 10 期；《四川船棺葬发掘报告》，文物出版社，1960 年；《成都南郊出土的铜器》，《考古》1959 年第 8 期；《四川越西华阳村发现文物》，《文物资料丛刊》第 7 辑；《四川绵竹县西汉木板墓发掘简报》，《考古》1983 年第 4 期。

新津、广元、峨眉等地也有零星的巴蜀酒器出土①。这些发现中缺乏西周中晚期至春秋早期的东西，这大概也是因为天灾人祸而造成的巴蜀文化的中衰现象吧！

巴蜀铜酒器的数量，初步统计已有一百余件。一般认为有罍、壶、尊、觯、钫、缶、彝（?）、勺等八种，笔者认为鍪应是煮酒器，故共九种。

罍 是巴蜀常见的铜酒器（见图四，1）。著名的如竹瓦街窖藏出土九个铜罍，大的高79，小的高36厘米。饰以繁缛的饕餮、云雷、夔龙、鸟纹、蚕纹、涡纹等。而且都有主体的牺首（牛、百）、蟠龙。二号坑的大铜罍，还在饕餮纹上嵌绿松石。这些花纹较紊乱，有的甚至倒置，应是本地铸造的。辽西喀左县曾出土一件罍与竹瓦街同②，疑由蜀地输出。也有直接从外地输入的，如新都马家墓出土五件一套的铜罍，肩有双耳，饰涡纹及三角蝉纹，与扶风齐家村出土的西周罍③完全一样。

尊 出在殷末周初的竹瓦街窖藏与三星堆祭祀坑。（图四，2、3）竹瓦街出土的饕餮纹尊与中原出土的亚丑季尊④相同，为中原输入。而三星堆出土的八鸟四牛尊则是本地铸造。

方彝（?）残片仅见于三星堆二号坑。

觯 只出在竹瓦街，牧正父和覃父癸所铸的器系殷人之物，可能与尊一道因蜀参加伐纣之役输入的⑤。

壶 出在战国墓中。新都马家墓出两套每套五件。都是盖上有纽，腹部有耳或铺首衔环，与楚文化的壶一样。成都百花潭出土的错银水陆攻战纹壶，堪称珍品，与故宫收藏⑥陕西凤翔⑦及洛阳中州路⑧出土相同。三星堆遗址在第三、四期出了不少陶壶，其形制与涪陵小田溪及广元出土的两件银嵌错银卷云纹铜壶酷似⑨，应是地方性的传统制品。成都南郊及越西华阳村西汉土坑墓则出蒜头壶，全是汉代文物之典型。

缶 新都马家出土，扁体带盖，双耳带环，饰变体蟠螭纹。羊子山M172出土的一件，无双耳而有提梁，三蹄足，原报告作盉⑩，其风格两地所出酷似。

钫 羊子山M172出土，与云梦睡虎地⑪耀县西汉墓⑫出土相同。

勺 绵竹西汉木板墓出土，柄已断，勺瓢椭圆形似耳环。

---

① 刘瑛：《巴蜀铜器纹饰图录》，《文物资料丛刊》第7辑。
② 《辽宁喀左县北洞村出土的殷周青铜器》，《考古》1974年第6期。
③ 《陕西省出土商周青铜器（二）》，文物出版社，1980年。
④ 于省吾：《双剑誃古器物图录》上卷，14，1940年影印本。
⑤ 徐中舒：《四川彭县濛阳镇出土的殷代二觶》，《文物》1962年第6期。
⑥ 《战国宴乐射猎攻战纹壶》，《故宫博物院院刊》1983年第3期。
⑦ 《陕西凤翔高王寺战国铜器窖藏》，《文物》1981年第1期。
⑧ 《洛阳中州路（西工段）》，科学出版社。
⑨ 刘瑛：《巴蜀铜器纹饰图录》，《文物资料丛刊》第7辑。
⑩ 《成都羊子山第172号墓发掘报告》，《考古学报》1956年第4期。
⑪ 《湖北云梦睡虎地十一号秦墓发掘简报》，《文物》1976年第6期。
⑫ 《陕西耀县战国、西汉墓葬清理简报》，《考古》1959年第3期。

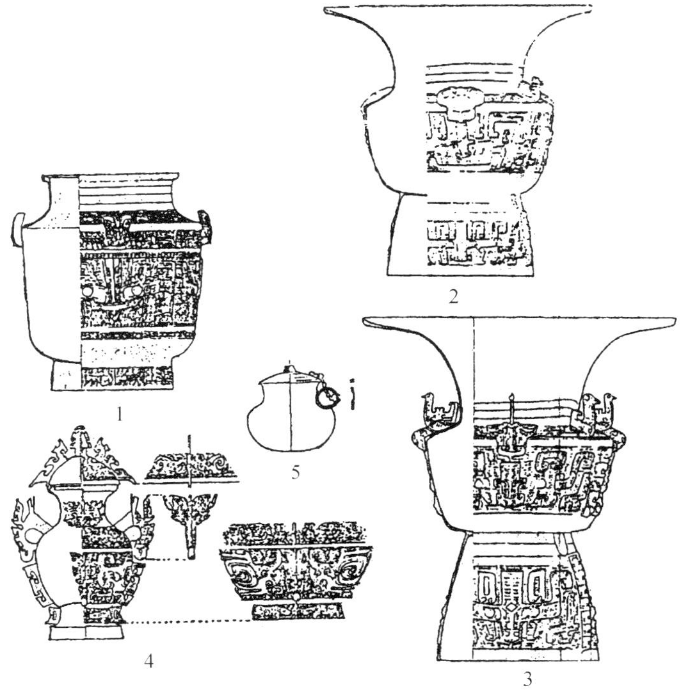

图四 巴蜀铜酒器

1. 罍 2、3. 尊（三星堆祭祀坑出土）

4. 罍（竹瓦街出土） 5. 鍪（百花潭出土）

鍪 指的是一种小口的釜形器。典型器形：小口、短颈、圆腹、圜底，肩部有一至两个辫索耳，单耳鍪可早至战国早中期，双耳鍪稍晚。这是巴蜀文化中富有特征性的器物之一。李学勤认为它与鍪甑一样，"它们的发祥地可能是巴、蜀，秦灭巴、蜀后传到秦，再流布到其他地区"，"应当认为是古代巴、蜀人民在文化史上的一次贡献"①。但是，鍪之为器，过去不见著录，建国后考古文物界把这种"小口的釜"称为鍪②，其实不当。《说文解字》释鍪是"鍑也"，释鍑"似釜而大口者"。颜师古注《急就篇》："鍪，似釜而反唇。一曰鍪者小釜类，即今所谓锅。"可见鍪不是小口釜，而恰恰相反是大口釜。据《正字通》释："兜鍪形似釜而反唇，非炊具。"可以戴在头上的胄顶似鍪，所以鍪绝不能是小口有颈的器物。若按当前约定俗成所称的这种小口釜——"鍪"，则与釜的用法不同，不是一般炊具，而是煮酒器：①小口只占腹径的三分之一强，炊煮饭、肉是不便取食的；②器形比釜小，百花潭 M10 出土的一件口径不到 8 厘米、高 10 厘米，做煮水器也嫌小了；③凡墓中出鍪的必有釜、甑同出，可见用途不同，前者煮酒，后者炊饭；④醪糟酒需煮食，小口的鍪倾汁留滓比较合适。可见，鍪是战国

① 李学勤：《东周与秦代文明》，文物出版社，1984 年。

② 陈平：《说釜——兼论釜、鬴、鍑、鍪诸器之关系》，《考古与文物》1982 年第 5 期。

后新出的巴蜀铜酒器。

由此可见：

（1）殷末周初巴蜀铜酒器以罍、尊为主，仿自中原而有强烈的地方色彩。到战国以及以后基本上采用秦、楚的酒器，而还有自己的特色煮酒器——鍪，且外传秦楚；反映巴蜀文化到东周已逐渐与华夏文化互相融成一体了。巴蜀酒文化同样是中国酒文化的有机构成之一。

（2）彭县竹瓦街窖藏是罍、尊、觯等酒器与戈、戟、钺、矛等兵器同置陶缸内。简阳糖厂的窖藏把戈、矛、剑、斤、钺等兵器放在铜罍里、上扣一铜盘而窖起来。在这些窖藏者看来兵器与酒器同样至关重要，早期的蜀地也同样有“国之大事，在祀与戎”的观点。

（原载《南方民族考古》第一辑，四川大学出版社，1987 年）

羊子山建筑遗址新考

——古蜀文明的祭坛

羊子山原本是成都驷马桥北外的一座大土丘，早已不复存在了。据1953年西南博物院勘查测绘，当时此地为一片高地（相对高度约6米），其上分布着一批毗邻的土丘，中间最高的是羊子山，高约10多米；直径在160米左右；在它的北面约数十米的是小羊子山；在东、南、西北面都有一些大小不等的山丘。可惜的是自1953年在该处设立砖瓦厂取土以来，不到三年功夫就被陆续夷为平地了。因为种种主客观原因，当意识到羊子山原来是一座由土坯和夯土构筑而成的土台基址时已经晚了，"仅存中心部分，约有面积40米左右见方，7.5米高的土堆了"。应该感谢王家祐和已故的杨有润两先生，是他们的辛勤劳动，给我们留下了这份宝贵的《成都羊子山土台遗址清理报告》①，现象虽已破坏，报告则尽可能做出推断，给我们以提示，可供进一步的考证。

一、建筑年代的上限

羊子山建筑年代的上限曾有过不同的判断，最早见报时称为"西周土台"②，清理报告改称"春秋前期到西周晚期"，最近又倾向于"西周时期"了。笔者则认为，始建年代可能比西周时期更早。先从已刊布的资料做层位学与类型学的分析。

羊子山的地层堆积至少可分为6个层位，从下面往上数：

第一层，成都黏土：含较多的结核，无文化遗物的生土。

第二层，次生黄土：厚约2米，为黄色含沙冲积土，间或含有黑灰色的腐殖土层，一般比较洁净，但在1~1.2米深度曾出土砾石器5件，为细粒石英砾石打制，握手处保留光滑的砾石皮，其中2件有两次加工的痕迹，另3件有使用过的崩口。

第三、四层，灰土及下压的H4、H5：灰土厚约3~4.5厘米，为人工平整的基址。基址下南部压着灰坑H4，直径7~9米，深仅50厘米，上部已在筑台平址时挖去，坑内的陶片、石璧、兽骨、兽牙、磨制石器等有的已被挖出散入灰土层中。基址的西部深1.2米处，有一木板坑H5，面积为1.9米×1.8米，近乎方形，底部腐朽，盖板坚固，墙板下沉。此坑开口不详。填土内仅有两小块陶片，与灰土层及H4出土的相同。另外在基址表面还散落着一些陶片与石器，有三处还与小树枝燃后的灰烬堆积在一起。这两

① 《成都羊子山土台遗址清理报告》，《考古学报》1975年第4期。

② 《成都近郊发现西周土台建筑遗址》，《人民日报》1956年7月21日。

个层位的陶片、磨制石器、石璧等都无明显的差别。

第五层，土坯与夯土构筑的土台，残高 10 余米，土坯中掺和均匀的茅草，夯土内含礓石，为就地取成都黏土夯筑。

第六层，墓葬群直接打破叠压在土台上，共清理 211 座，已发表的最早时代为战国晚期墓 M172（另详）。

按考古地层学分析，第三、四层位应早于土台。不过，这个早晚的时间距还要看其他条件，既可以是紧接着的先后，也可以相隔很久。据原报告认为灰土层、H4、H5 中的遗物都是同时代的。而且又与灰土层中的小树枝灰烬共存，"因此可以推知台的建筑时间，就紧接着平过台址以后焚烧树枝等活动时间，而台址表面的遗物与现象，也即筑台当时的遗迹"。我们检查了出在这些层位中的 37 件遗物①（只发表了 37 件，其他打制的砾石器 5 件除外），其时代风格基本一致，所以上述判断似可成立。我们用这 37 件遗物与广汉三星堆遗址②及成都十二桥遗址③的出土物相对比，其年代可到商代，距今 3700～3500 年间。那么紧接着的土台始建年代是不会太晚的。

石璧用硬度较低的青黑色页岩或板岩制成，有的好孔尚未钻透。这在三星堆遗址从第二期开始均有出土。

长条形的磨制石斧与石凿，与三星堆遗址及十二桥遗址早期出土同。

陶片以灰黑色夹砂陶为主，灰陶上有黑陶衣；陶器纹饰有交错绳纹和划出的鸟纹、平行双线弦纹夹圆圈纹、镂孔等，都与三星堆遗址的二三期及十二桥遗址早期同。

陶器形有圈足豆、高把豆（或称"灯柱"）、小平底罐、盅状盖纽等，都与三星堆、十二桥出土相同。从上面两处遗址来看，那种肩部明显腹部较深的小平底罐（原报告称"小底大口的炊罐"），折唇斜腹的尖底盏（原称"折唇而浅的陶盘"），花边绳纹罐等都属三星堆文化第二三期遗物④。三星堆及十二桥遗址中较晚的那种大口浅腹的小平底罐、直口折腹的尖底盏⑤等物均未见到；更没有成都指挥街遗址下文化早期（西周后期）出土的那种尖底杯、尖底罐、圜底釜等⑥，证明羊子山建筑年代的上限不会晚到"春秋前期到西周晚期"，而有可能是商代始建，至少要在殷末周初。

---

① 《成都羊子山土台遗址清理报告》、《考古学报》1975 年第 4 期。图六～图九共 37 件器物线图。

② 《广汉三星堆遗址》，《考古学报》1987 年第 2 期。

③ 《成都十二桥商代建筑遗址第一期发掘简报》，《文物》1987 年第 12 期。

④ 见前引《成都十二桥商代建筑遗址第一期发掘简报》，图一二，21 Ⅰ式尖底盏（ⅠT2⑫:4），同图，3Ⅰ式小平底缸（ⅠT18⑬:1），均为早期形式。

⑤ 见前引《广汉三星堆遗址》，图一三，5Ⅲ式小平底罐（CaT①:87）；见前引《成都羊子山土台遗址清理报告》图一二 206 式尖底盏（ⅡT43⑩:8），均为晚期形式。

⑥ 《成都指挥街周代遗址发掘报告》附表五，《南方民族考古》第一辑，四川大学出版社，1987 年。

二、建筑年代的下限

羊子山建筑的废弃年代至少是战国时期，不能再晚。关键是叠压在土台遗址上的M172号墓究竟是战国墓还是秦汉墓。

羊子山M172号墓①位于土丘西北部，是一中等规模的长方形竖穴土坑墓，有棺椁痕迹、人骨已朽，随葬品很丰富。其中可供排队比较的器物可分三组：

（1）流行于战国或更早的：有铜器玉具剑、宽叶圆脊矛、饕餮纹戈、蟠螭纹大鼎、上下分铸的甗、无郭低望的弩机、错银镶嵌带钩、错银车饰、鱼形玉觿等等。

（2）流行于战国与秦汉间的：有铜器釜甑、平底盘、窄叶矛、三棱镞；谷纹玉璧；圜底陶罐等。

（3）疑是晚于战国出现的器物不多，只有四种：圈足茧形陶壶、铺首衔环铜钫、盖有三纽的扁球形铜鼎、双耳铜鍪②，其实这些器形都已在战国出现。或认为无圈足茧形壶比有圈足的早，后者出在秦至西汉早期，其实有圈足茧形壶与无圈足的并无严格的早晚可分，陕西凤翔高庄战国中期墓出土的圈足茧形壶M24:2与羊子山出土的M172:49完全一样③；相反拿来与汉统一后的有圈足茧形壶（如咸阳杨家湾汉墓出土④）相比，则差别极其显著。铺首衔环的铜钫也不是只到秦汉才有，上述凤翔高庄秦汉间的M47:2是铜钫，而属于战国晚期的M39:13则是陶钫，都有相同的铺首衔环⑤。至于说双耳铜鍪晚于单耳铜鍪，只能在秦汉至西汉早期出现，也同样缺乏根据。1980年清理的新都马家九联墩甲字形土坑木椁大墓出土铜鍪5件，其中2件双耳铜鍪较大，单耳铜鍪3件较小，该墓的断代比较一致，认为是战国早中期之间⑥。那种附耳蹄足盖有三纽，通体呈扁球体的铜鼎更是战国时期的流行式，如在洛阳中州路战国早期M2717、大荔朝邑战国中期的M203均有出土⑦，不能只说出于秦汉墓中。

由此可见，羊子山M172出土物大部分是战国或以前时期常见的，少量的器物在战国已出现、延续到秦汉间，并无只能在秦汉以后才出现的器物，因此不能把它改订为秦代墓，更不能认为其下限可能到西汉初年了。笔者以为羊子山M172很可能是战国晚期之初的墓葬。

---

① 《成都羊子山172号墓发掘报告》，《考古学报》1956年第4期。

② 圈足茧形壶（1972:49）见《成都羊子山172号墓发掘报告》，图四；铺首衔环铜钫（172:3），图版贰，1；扁球形铜鼎（172:36），图版贰，3；双耳铜鍪（172:37），见该报告第10页。

③ 《陕西凤翔高庄秦墓地发掘简报》，《考古与文物》1981年第1期，图十六，5。该M24属于第三期战国中期。

④ 《咸阳杨家湾汉墓发掘简报》，《文物》1977年10期，图六称“鸭蛋壶”。

⑤ 见《陕西凤翔高庄秦墓地发掘简报》图十七，7铜钫（M47:2）及图十六，7陶钫（M39:13）。按M47为第5期秦汉间，M39则为第4期战国晚期。

⑥ 《四川新都战国木椁墓》，《文物》1981年第6期，图一五。

⑦ 参见陈平：《试论秦墓青铜容器的分期问题》（上），《考古与文物》1984年第3期，图三。

羊子山M172属于巴蜀文化系统是无异议的，它与新都大墓一样同时受着秦、楚两方面的文化影响也是无疑的。同样它的楚文化的色彩要更浓厚一点，特别是表现在漆器、鼎、甗、错金银器的图案上，以金块随葬也都与楚文化有关。它不是秦墓而是蜀墓，是蜀国上层人物的墓是可以肯定的。那么，试问蜀国的官民或其遗族，能忍心在自己祖宗建造的、神圣不可侵犯的、礼仪性的祭祀土坛上开墓埋葬吗？这一点下文《羊子山一七二号墓新考》将再讨论。可惜的是其上的211座墓葬的资料尚未完全发表，有没有比M172更早的墓还不可知。所以，羊子山建筑物的废弃年代，尚不能定论，至少早于战国晚期之初，我们期待着继续发表羊子山的考古资料。

三、建筑技术的发展水平

羊子山建筑物的全貌已永不再现了，我们只能根据当时现场清理推断的复原意见，是一座方形三级土台。在平整过的基址上，用土坯垒砌宽6米，高度三级不等的三道边墙，墙间填土夯平。底边103.7米见方，一二级各宽18米，第三级31. 6米见方，高出地面约10米以上（图一、图二）。

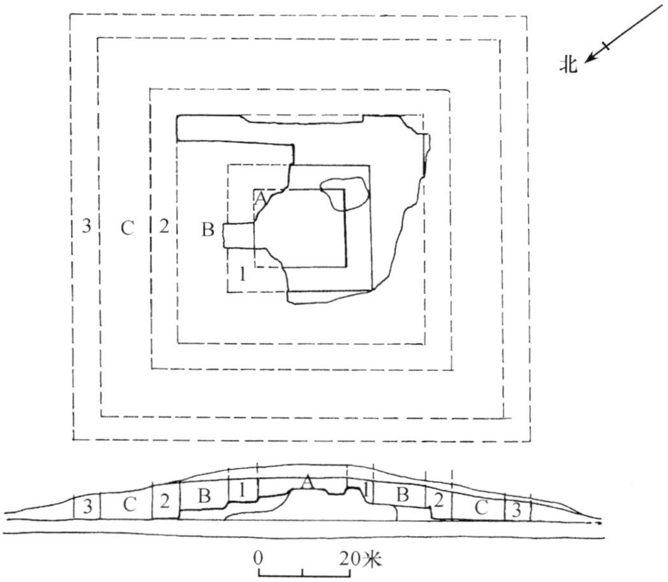

图一　土台遗址平面实测及推测复原（上）、土台遗址剖面图（下）

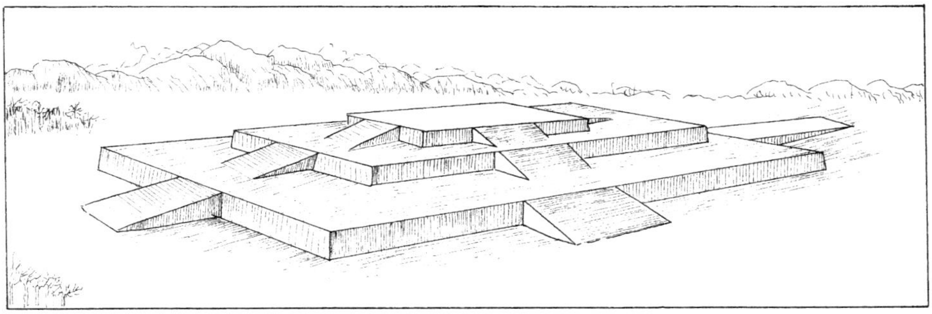

图二　羊子山土台复原示意图（据《考古学报》1957 年第 4 期）

我国古代建筑独具风格，夯土的高台建筑更是先秦时期的建筑特色之一。据文献记载：“夏启有钧台之享”（左昭四年）；夏桀做“琼宫瑶台”（竹书纪年）；殷纣筑鹿台（《史记·殷本纪》）；周文王“经始灵台”（《诗·大雅》）。到了东周高台建筑更多，如晋灵公的“九层之台”、楚灵王的“章华之台”、赵武灵王的“野台”与“蘗台”、燕昭王的“黄金之台”、吴王夫差的“姑苏台”等等不可胜记。古代蜀国的记载缺佚，存世的不多。《华阳国志·蜀志》载：周显王三十二年（公元前 337 年），秦惠王嫁五女，蜀遣五丁迎之，山崩压杀，“蜀王痛伤，乃登之，因命名五妇冢山，于平石上作望妇堠，作思妇台”。《汉书·地理志》说在梓潼县的五妇山，在今剑阁境内。《蜀中名胜记·川西道·成都府》引《耆旧传》说：成都有“鱼凫仙坛”，据说是石笋之别名。《华阳国志·蜀志》所记的开明帝时“每王薨，辄立大石，长三丈，重千钧，为墓表”。以及蜀王“遣五丁之武都担土为妃作冢，盖地数亩，高七丈，上有石镜，今成都北角武担是也”。似乎都是大石文化，是否为土台建筑不能肯定。文献阙如，而羊子山的考古提供了商代蜀国的土台建筑实例，确为难能可贵。从羊子山土台建筑来看，在商周时期蜀国的土工建筑技术确有明显的优势，某些方面还处于领先地位，大可增补中国古代建筑技术史①。笔者认为羊子山土台建筑技术至少反映下列三方面的优势：

1. 商周建筑上的巨擘

羊子山土台无论从建筑物的体量与高度看都是冠军。近来商周考古资料表明，当时中原的夯土台还仅作为宫殿群落的基址，矮而阔。偃师二里头遗址的夯土台基，面积约 10800 平方米，高 0.8 米②。郑州二里岗商代前期夯土台基，残存 348.8 平方米，高 2.5 米③。小屯殷墟应是纣王筑鹿台的地方，夯土台基很多，最大的为 400 余平方米，但高不过 1～2 米④。看来《史记》集解引《新序》说商纣“鹿台其大三里，高千尺”乃文

① 《中国古代建筑技术史》，科学出版社，1985 年。按：在这部 191 万字的巨著中竟未载羊子山土台事，令人遗憾。

② 《河南偃师二里头早商宫殿遗址发掘简报》，《考古》1974 年第 4 期。

③ 《郑州商代城址发掘简报》，《文物》1977 年第 1 期。

④ 胡厚宣：《殷墟发掘》，学习生活出版社，1955 年，第 106 页。

学语言不足为据。岐山凤雏西周前期的夯土台基为1469平方米，高1.3米①。扶风召陈西周中晚期夯土台基很多，F8为234平方米，残高0.76米②。长安沣西应是文王筑灵台的地方，工作多年仅发现三处夯土台基，最好的一处，面积约160.6平方米，东部高4米、西部高1.8米，是依地形填平夯筑的结果③。羊子山土台高过10米，面积约10732.96平方米，用土总量在7万立方米以上，比上述商周夯土台要高大得多。中原地区只有到了春秋战国才有高近10米的高台建筑，如侯马晋城夯土台高7.3米；新郑郑韩故城夯土台高7～8米；秦咸阳宫夯土台高10米④，比蜀国土台当时达到的高度要晚许多。

2. 土坯工程技术的新阶段

我国古代建筑土工发达，墙体用土坯的历史较长，目前所知最早在龙山文化晚期即已出现，如河南的永城王油坊遗址的F1⑤；安阳后岗遗址的地面圆房子⑥；淮阳平粮台城址的门房等都用土坯筑墙⑦，这些土坯大小不一，一般长20～45厘米、宽15～20厘米、厚4～10厘米，错缝叠砌，用黄泥黏合，这种无统一规格的土坯一直沿用到商周，如藁城台西村商代遗址、殷墟小屯北地、凤雏及召陈西周宫殿都是如此，⑧ 例如小屯北地的商代房屋土坯有方形、长方形、三角形、不规则形等等⑨。并且规模很小，都是单体砌筑，高在1～3米间。而羊子山的土坯制作精细，净土加拌经过选择的茅草作筋，估计共用土坯1376496块以上，规格统一，侧缘端齐，长65厘米、宽36厘米、厚10厘米，可见是用木匣夯制的，上下面有木杵舂打的印迹，质地坚固。我国土坯按制法分为四种：手模坯、杵打坯、水制坯、垡子坯。羊子山土坯显然属于“杵打坯”，其性能最好，抗压力最大。成都地区制土坯有悠久的传统，至今成都地区民间建筑的土坯墙仍然很多，不过因水田发展，改用水制坯。羊子山土坯边墙的砌筑规模宏大，中心一台，边墙厚6米，高10余米，用平铺齐缝叠砌，每隔10层从内壁收分12厘米，这实际是达到了大体量的错缝砌筑的目的。黏合剂用灰白色细泥浆，粘接紧密，填土夯筑后浑然一体，数千年后清理时边墙依然整齐，说明它是经得起时间考验的。这样的土坯工程技术无疑在当时是属于领先地位的。

---

① 《陕西岐山凤雏村西周建筑基址发掘简报》，《文物》1979年第10期。
② 《扶风召陈西周建筑群基址发掘简报》，《文物》1981年第3期。
③ 《1976～1978年长安沣西发掘简报》，《考古》1981年第1期。
④ 见《中国古代建筑技术史》，第50页表。
⑤ 《1977年河南永城王油坊遗址发掘简报》，《考古》1978年第1期。
⑥ 《新中国的考古发现和研究》，文物出版社，1984年，第83页。
⑦ 《河南淮阴平粮台龙山文化城址试掘简报》，《文物》1983年第3期。
⑧ 见《中国古代建筑技术史》，第34页。
⑨ 《1975年安阳殷墟的新发现》，《考古》1976年第4期。

3. 夯土技术的发展

我国早在仰韶文化时期，部分房屋地基与柱坑的回填土已见分层压实的做法①。河南汤阴白营遗址（龙山文化晚期）F16 地面有明显的夯窝，夯具是木棒，这是已知最早的夯土实例②。到了商代虽然墙体夯筑已有了版筑法，而大面积的台形基址还是采用做边坡就地夯筑的办法。羊子山土台体量太大，难以采用版筑法，而要求做到边沿整齐，就采用以土坯筑边墙，以墙代版，墙间填土分层夯筑的办法，这在当时应该是一项发明。与它差不多时代的凤雏西周早期宫殿只在其后面东、西两院的一边用这种方法，但规模就小得多③。用这种建筑方法可以省工省料便于施工。土坯可以事先制备，择地制作，施工的时间与场地都可有安排地错开。土坯边墙不拆，变成夯土的一部分，省去装拆版筑的工序，是一项成功的技术措施。至于夯土工具，土坯用木杵舂打。夯土也用圆形的木杵或石锤夯打，夯端直径可观察到的为 9 厘米，这与北方黄土地带商周遗址中用成捆的细木棍作夯具，单个夯窝的直径较小（2 ~6 厘米）不同。这大概与此地的夯土取自成都黏土层，土质黏而发硬有关，它不比马兰黄土粉细可塑，需用较粗大的单根夯杵才利于碎垡夯紧。

四、羊子山建筑的社会功能

清理报告认为羊子山建筑是一座三级四方无屋榭的土台，“它的用途亦当是观望、或者为集会、祀典之所”。当然也可能有另一种推测，从报告所附“羊子山地形图”看，羊子山的东面，及左右（南、北）两侧都有残存高度不等的土丘，北面的即小羊子山，会不会是一组品字形布局的高台建筑的群落呢？因为没有清理出台上的建筑物痕迹，此说无法证实，只好存疑了。根据目前的考古资料看，原报告的推论还是能够成立的。因为这种坛形宗教建筑在我国文明初期并非仅只有羊子山一例。在羊子山土台清理的三十年之后，我国东北、东南地区均陆续有发现。

1983 年，辽宁西部凌源、建平间牛河梁红山文化遗址曾发掘出坛、庙、冢配套的遗迹。1987 年笔者曾观察到牛河梁山坡出土泥塑神像的“女神像”后面，丘陵顶部有 175 米 ×159 米的方坛，尚未清理，但可见边墙用石块叠垒，东部一段近 80 余米，十分整齐。这大约是祭祀天地神祇的祭坛。在“女神庙”山下发掘出三座“积石冢”，第三号（Z3）“积石冢”实际是一座三级圆坛，边墙用长条形淡红色花岗石竖插。外圈直径约 22 米，中圈直径约 15. 6 米，内圈直径 11 米，由外向内逐级以 0. 3 ~0. 4 米的高差迭起。这可能是墓祭的祭坛了。1986 ~1988 年在牛河梁发掘转山“金字塔”式大型红山文化土台，为夯筑石砌的圆台，基部直径 100 余米，残高 20 余米，顶部堆积大量坩埚

---

① 见《中国古代建筑技术史》，第 25 页。

② 《河南汤阴白营龙山文化遗址》，《考古》1980 年第 3 期。

③ 见前引《陕西岐山凤雏村西周建筑群基址发掘简报》。

片，在夯土内埋存人骨，距“女神庙”4公里，遥相对应，远望“猪头”神山。显系一座与早期冶金有关的祭祀土坛。①

1987年，在浙江余杭瑶山的山顶发掘出一处良渚文化的祭坛，为一边长20米见方的三重方形土台②，最里面是红土台，不规则方形（7×6米左右），未见夯筑痕迹，也无边墙。第二重为灰色斑土充填的围沟，沟边整齐深约65～85厘米，宽约1.7～2.1米，灰土未经夯筑，色泽与红土台鲜明对比，十分醒目。第三重东面依山，另三面用黄褐色斑土筑成土台，台面铺砾石，堆土较紧，而无夯筑痕迹。西北角边有砾石叠砌的石坎，转角处高约0.9米。发掘者认为：坛建山顶有通天之意，坛作方形与传统的“地方”说有关，可能是祭天礼地的祭坛，上无屋榭，有祭坛主事人（巫觋）们的墓葬11座。

这两处祭坛都比羊子山的年代要早，约距今5000年左右，所以表现出来的原始性就不足为奇了。这三处土台形祭坛有方有圆，三级三重，上无屋榭，与居住或燕享等生人活动无关是一致的，都应该是宗教性祭祀建筑形式，叫它们为“台”，“土台”是指其建筑形式；叫它们为“坛”、“祭坛”是指其社会功能。《说文解字》曰：“坛，祭坛场也”，“场，祭神场也”，即此意。

我们曾在《蜀酒探原》中对广汉三星堆遗址的城邑、建筑群、祭祀坑做过分析，指出夏商时期的蜀国已经是文明灿烂的国家，出土的金杖、金面罩、大型铜人、铜面具、铜神树等等都与中原文化相异而又有联系，古代蜀国也有以巫觋通天地的萨满式文化。羊子山的祭坛，是又一处古代蜀国用于宗教祀典的神圣场所。

值得注意的是，牛河梁和瑶山的祭坛都在山上无人处，保存了较完整的庙、冢、坛等遗址，羊子山地处人烟稠密的成都平原，后世破坏严重，有无配套遗存不得而知。羊子山已不复存在了，我们寄希望于以成都至广汉为轴心的蜀国腹地的未来发现。笔者相信，在不久的将来，这里将爆发更惊人的考古新闻！让我们认真努力地去工作吧！

（原载《四川文物》1988年第5期）

---

① 《辽宁牛河梁红山文化“女神庙”与积石冢群发掘简报》，《文物》1986年第8期；《辽宁近十年来文物考古新发现》，《文物考古工作十年1979～1984》，文物出版社，1990年。

② 《余杭瑶山良渚文化祭坛遗址发掘简报》，《文物》1988年第1期。

殷墟卜辞中的“蜀”

——三星堆遗址与殷商的西土

殷墟卜辞中的，自孙诒让于1904年《契文举例》（下）释为“蜀”字以来八十年，诸家大都从而无疑。陈梦家：《殷墟卜辞综述》（1956年）另释为“旬”，台湾李孝定1965年《甲骨文字集释》按语道：“陈氏释旬非是，字不从勹，且此从目乃象头形，非眼目，字与旬义无涉，旬又作眴乃形声字，与此象形者有别也。”蜀字可定，此乃商代方国地名，但相当于现在的什么地方，则各说不一。主要意见有：第一，在鲁：“自今之（山东）泰安南至汶上皆蜀疆土”①；第二，晋西南“故城在今（山西）新绛西”②；第三，“在河曲西南”③；第四，“当在今陕南或四川境”④；第五，“初居川西高原后入成都平原”⑤；第六，“在汉水上游，只是到西周时期，才转移到成都平原”⑥；第七，蜀非自称，也非一族，只是商周王室及其卜人集团对这一大片“华阳之地”的称呼⑦。近年来，成都平原发现的一系列商代遗存，其中以广汉三星堆遗址最重要，为我们进一步标定蜀的地理位置，提供了新的证据。现在可以这样说：殷墟卜辞中的“蜀”的中心地区在成都平原，蜀文化圈的范围大体上和后来《汉书·地理志》所载与“巴蜀同俗”的地域相当，它在江汉地区与南传的二里头文化（夏文化）相遇，在陕南与商文化相遇，在渭滨与周文化相遇，蜀应该是殷商的西土外服方国。

一、三星堆考古的历史信息

广汉三星堆遗址群包括已发掘的真武宫（1934年）⑧、月亮湾（1963年）⑨、三星堆（1980～1986年）⑩、西泉坎（1983～1985年），以及经过勘察的东岳庙、青龙包、

---

① 胡厚宣：《卜辞中所见之殷代农业》，《甲骨学商史论丛》第2集，1944年。
② 陈梦家：《殷墟卜辞综述》，科学出版社，1956年，第294～296页。
③ 岛邦男：《殷墟卜辞研究》，台北鼎文书局，1975年译本，第374～375页。
④ 董作宾：《殷代的羌与蜀》，《说文月刊》1942年第3卷第7期。
⑤ 蒙文通：《巴蜀古史论述》，四川人民出版社，1981年，第1～113页。
⑥ 李伯谦：《城固铜器群与早期蜀文化》《考古与文物》1983年第2期。
⑦ 见本书《周原卜辞中的蜀》。
⑧ 葛维汉：《汉州发掘的最初报告》（英文），《华西边疆研究学会会志》第6期，1936年。
⑨ 1963年四川大学历史系与四川省博物馆合作发掘。
⑩ 《广汉三星堆遗址》，《考古学报》1987年第2期。

横梁子、马屁股、狮子闹、洪水碾等地点①，范围在 12 平方公里以上。近半个多世纪以来，经过多少中外学者、考古工作者前赴后继的辛勤耕耘②，一座宏伟的夏商周时期的古文明城邑从成都平原肥沃的土地下涌现出来，摆在 20 世纪 80 年代的世人眼前，引起海内外学术界和各阶层群众的注视。三星堆考古所提供的信息量是庞大的、多方位的，还在逐步开发。迄今为止，笔者所能接受到的历史信息可简述如下：

三星堆遗址的地层堆积最厚的可达 2. 50 米。上面叠压着很薄的、零星的晚期地层：从现代、明清、唐宋、汉代到东周；底部有的部位有厚 20 ~ 50 厘米纯净淤泥，底部出过一柄长 24 厘米的柳叶形铜剑；下面是早期的文化层。早期文化根据层位关系与遗迹遗物的类型学分析，可分为四期，以其独特的文化面貌被称为“三星堆文化”（图一）③。

第一期：陶器种类单调，以泥质灰陶平底器为主，有罐、盆、缸等，也有镂空圈足豆，没有小平底与三足器，纹饰有细绳纹、平行划纹与锥刺纹。遗迹不多，有小型的圆形与长方形房址。属于龙山时代的文化面貌。经碳十四测定年代约在距今 4700 ~ 4500 年间。

第二期：文化面貌突变，陶器种类增多，变为以夹砂褐陶为主，典型器物群开始出现，如小平底罐、高把豆、空足盉、高领罐、瓶形杯、鸟头把勺等；绳纹变粗，出现戳印的圆圈纹、菱形纹、人字纹等。重要遗迹有木骨泥墙长方形地面房址（如 F2、F15 等）；儿童屈肢的长方形竖穴土坑墓（M4）；有迹象表明“城墙”基址可能属于此层。虽然与第一期之间似有缺环，但沿袭的器物不少（如镂孔圈足豆，平底罐等），有明显的过渡期特征，含有二里头文化的因素。年代的测定距今约 4000 年。

第三期：陶器种类繁多，夹砂褐陶占有 85%，典型器物组合与第二期同，新出现圈足簋、三足形炊器、高领小平底大罐（即“三星堆式发酵大罐”）④、长颈壶、平底觚、尖底盏等，豆把多样，有麻花形、竹节形、纺锭形等，纹饰以绳纹为主，出现云雷纹、米粒纹、网格纹等，还有刻画的文字符号。有镂孔的漆木器，发达的陶塑造型制品，尊形或盂形的坩埚，玉礼器等。重要遗迹有榫卯屋架带隔墙（即套间）的大房址，单边墙长残 30 米⑤。出土精美的金、铜、玉、象牙等稀世珍宝的一号祭祀坑也属于本期。目前尚未公布测定年代，据一号祭祀坑出土的商式罍、尊等铜器分析，年代不会早于殷墟文化的第一期，可能与商王武丁在位年代相当或稍后。

第四期：继续发展，夹砂褐陶上升到占 90%，出现黑皮陶，器物组合基本不变，而尖底器（杯、盏、罐、钵等）与竹节把豆增多，小平底罐与盉体形变矮。二号祭祀坑大概属于本期的前段，出土的金、铜、玉、象牙珍品，为世界文化宝库增添了异彩，该坑的测定年代未公布，而从出土与殷墟妇好墓相同铜圆尊；铜面像与沣西出土及国外

① 见四川省文管会资料。

② 林向：《巴蜀文化的发现与研究——半个世纪来的回顾与展望》，《巴蜀历史 · 民族 · 考古 · 文化》，巴蜀书社，1991 年。

③ 见 1986 年四川大学与四川省考古所、广汉市文管所的联合发掘资料。

④ 见本书《蜀酒探原》。

⑤ 从航空摄影片中识别，参见《广汉三星堆遗址》图六。按：该图比例误。

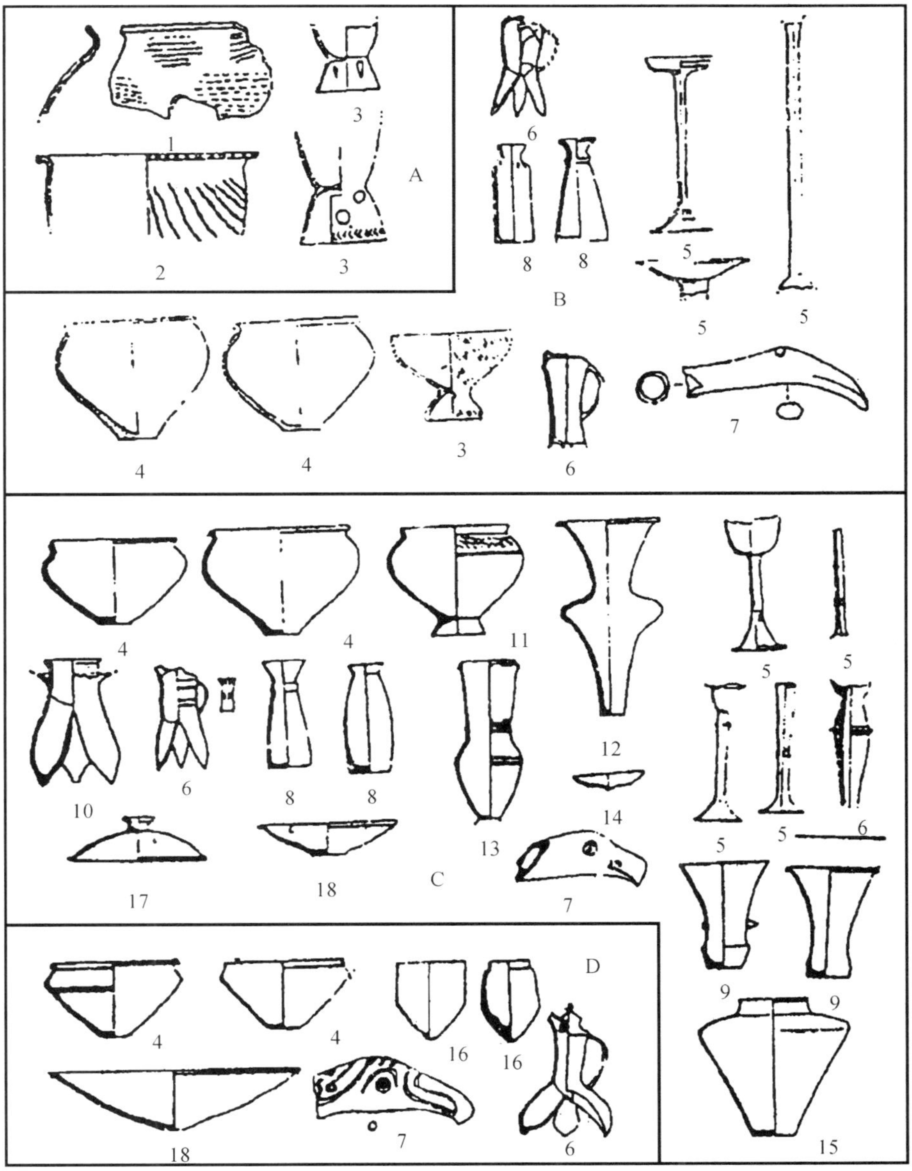

图一 三星堆文化陶器分期示意图

A. 第一期：（新石器时代晚期） B. 第二期（夏商间） C. 第三期（商代） D. 第四期（商周间）
1. 罐 2. 盆 3. 圈足豆 4. 小平底罐 5. 高把豆 6. 盉 7. 鸟头把勺 8. 瓶形杯 9. 觚 10. 三足炊器 11. 圈足簋 12. 三星堆式大罐 13. 壶 14. 尖底盏 15. 瓮 16. 尖底罐 17. 器盖 18. 钵

收藏的西周玉饰面像相近似来看，本期年代的上限不会超过殷墟文化第三期，其下限推定距今 3000 年，约当西周灭殷前后①。

总之，三星堆文化源远流长，溯源可至距今 5000 年左右，历夏、商、周而不衰，最繁盛的时代约相当于商王武丁至周武王灭纣前后。而成都指挥街遗址则把三星堆文化与学术界已经公认的战国秦汉间的“巴蜀文化”相衔接起来了②。该遗址下文化层分早、晚两期：早期有与三星堆第四期相同的小平底罐、高把豆、盉等，以尖底器、黑皮陶为主，开始出现与巴蜀文化相同的圜底器，年代相当于西周后期。晚期出现与战国早期墓葬相似的大口浅腹釜、器盖形豆、釜形鼎等，年代相当于春秋③。所以，可以把三星堆文化第二、三、四期与指挥街早、晚两期串联起来，加上成都平原其他商周遗址，共分五期，合称为“早期蜀文化”，即：Ⅰ期：夏商间；Ⅱ期：殷商；Ⅲ期：殷末周初；Ⅳ期：西周；Ⅴ期：春秋。

三星堆遗址还告诉我们：成都平原在商代已经形成巨大的城邑，三星堆有 2200 × 1600 米见方的，墙体厚逾 10 ~ 40 米的堆土城墙围护的城邑。城内住着上层人物，基址叠压，建筑栉比，有面积约 10 余平方米的木骨泥屋，也有面积超过 60 平方米的梁架厅堂，这些建筑物间出土大量的饮食器、漆器、玉器、礼器与乐器，陶塑制品有猪、绵羊、水牛、虎、鸮、杜鹃、象、蟾蜍等等高级消费品，还有双手反绑，双腿跪坐，头颅被砍的人牲石像。在南城墙间，则是神巫们举行“燔”、“燎”、“沉”、“埋”，郊祀的宗教活动圣地。祭祀埋藏坑中出土成吨的青铜器，包括巨大神像，人像，神树和多种礼仪器，罕见的黄金权杖、金面罩、金箔，展示出三星堆遗址高度发展的工艺技巧和完善的原始宗教仪式。加上陶器上发现的刻画文字符号：等等，雄辩地证明早期蜀文化在四千年前已具备文明社会的主要标志：城市、冶金、宗教礼仪建筑和文字符号④。

三星堆遗址所代表的早蜀文化并不是孤立在黑暗野蛮中一朵文明火花，而有着较广阔的地域分布。首先在成都平原上有许多密集的商周遗址，如有名的新都（原新繁）水观音、彭县竹瓦街等等。在成都西南郊以十二桥为中心，包括抚琴小区、方池街、青羊宫、岷山饭店、指挥街等等又是一处商周时期的聚邑中心。十二桥遗址揭露出密集的建筑群，有建在水滨的干栏茅茨长屋，也有地梁栽柱榫卯抬梁的大型宫殿，文化面貌属于三星堆文化三期左右⑤。成都北郊羊子山三级土台建筑，边长 103 米见方，高 10 米以上，用土量约 7 万立方米，是国内所见先秦时期最大的祭坛，始建于三星堆文化第四

① 见本书《巴蜀文化区导论》

② 见本书《巴蜀文化区导论》。

③ 《成都指挥街周代遗址发掘报告》，《南方民族考古》第一辑，四川大学出版社，1987 年，第 171 ~ 210 页。

④ 夏鼐：《中国文明的起源》，文物出版社，1985 年，第 79 ~ 106 页。

⑤ 《成都十二桥商代建筑遗址第一期发掘简报》，《文物》1987 年第 12 期。

期①。所以，我们认为早期蜀文化分布地域是以广汉—成都为轴心的。其次在成都平原的四周，如雅安沙溪、阆中城郊、汉源背后山等等发现大范围的遗址。再者，在湖北宜昌地区如中堡岛、白庙、红花套，向家沱、路家河等地也发现三星堆文化的鸟头把勺、高把豆等②。在陕西宝鸡的弜国墓③、陕南城固④等地铜器窖藏中都曾出土与三星堆文化的铜器和陶器等相同的文化因素。

综上所述，早蜀文化是这样一支与殷商文化并存、高度发展、源远流长、分布广阔的古文明。它是不可能不与殷商文化发生关系，更不可能不载入我国古老的典籍——甲骨刻辞之中的。1934 年 7 月，郭沫若在日本看到葛维汉、林名均等在广汉三星堆附近真武宫的发掘资料后，写信道：“汉州（广汉）发现的器物，如玉璧、玉璋、玉圭等均与华北、华中发现者相似。这就是古代西蜀国与华中、华北有过文化接触之证明。‘蜀’这一名称曾先发现于商代的甲骨文，当周人克商时，蜀人曾经前往相助。”⑤ 这确为真知灼见。可惜当时限于资料，许多学者对殷墟卜辞中的“蜀”是否在四川持否定态度。郭沫若本人原来也曾一度把“蜀”说成是“乃殷西北之敌”⑥。但半个多世纪来已为愈来愈多的地下证据所证实：殷墟卜辞中的“蜀”确与三星堆文化有关。

二、殷墟卜辞中的蜀

我们先来考察一下殷墟卜辞记载的蜀的有关情况。殷墟甲骨文字中的“蜀”，原据董作宾统计有 11 字条⑦，近来日本岛邦男统计了两个数字，31 与 42 字条⑧，除去重复与不能属读者外，共有 10 种不同的记载：

1. 蜀受年

贞，蜀不其受年

王占曰蜀其受年（乙 6422）（一期）

2. 𢦏蜀

…𢦏蜀…（乙 7194）（一期）（按：𢦏上的“止”不清楚）

---

① 见本书《羊子山建筑遗址新考》。

② 《宜昌中堡岛新石器时代遗址》，《考古学报》1987 年第 1 期。

③ 《宝鸡弜国墓地》（上、下），文物出版社，1988 年。

④ 唐金裕等：《陕西省城固县出土殷商铜器整理简报》，《考古》1980 年第 3 期。

⑤ 郭沫若 1934 年 7 月 9 日致林名均信，见《华西边疆研究学会会志》第 6 期，1936 年。

⑥ 郭沫若：《卜辞通纂考释》，〔日〕文求堂，第 119 页。

⑦ 董作宾：《殷代的羌与蜀》，《说文月刊》1942 年第 3 卷第 7 期。

⑧ 岛邦男：《殷墟卜辞研究》收录 31 字条；岛邦男：《殷墟卜辞综类》〔日〕汲古书院 1977 年增订版收录 42 字条。

3. 征蜀

寅卜，㱿贞。王供人正蜀（后下.27.7）（一期）
（按：正上“口”残）

4. 于蜀

丁卯卜，㱿贞、王𦎫缶于蜀，二月（后上、9.7）（一期）

5. 至蜀

癸酉卜，我贞，至蜀亡祸（京3004）（一期）

6. 至蜀有事

丁卯卜，共贞，至蜀我又（有）事（前8.38）（一期）

7. 蜀御

……蜀御……（龟2.30.6）（一期）

8. 蜀射

……蜀射三百……（龟2.3.8）（一期）

9. 在蜀

癸巳卜，贞旬，在蜀（库1110）（四期）

10. 示蜀

庚申卜，母庚示蜀，不用（南明613）（四期）

由这些卜辞记载，我们可以知道：

第一，由卜辞中蜀的出现的频率可知在武丁时期商蜀交道很多，这与三星堆文化第三期最发达有关。武丁时蜀地尚未平服，不仅要派兵征伐，“王供人正蜀”，而且还要在蜀地打击缶的反叛，“𦎫缶于蜀”，𦎫即敦，有挞伐之意，王国维在《不其敦盖铭考释》文中道：“戴戟皆迫也，伐也，𦎫者敦之异文。”① 缶或为人名如“缶不其获犬，十月”（前3.33.4），或是方国名，如“乎多臣伐缶”（乙2000），缶国之君长也称缶，缶被商征服后，时来朝见商王，如“缶其来见王，一月”（缀301）。缶、蜀必相近，陈梦家考释：缶即陶城在今山西永济一带②，当在商与蜀之间。故缶人或缶国之君在蜀地受伐，也许是蜀与缶曾联合抗商，而共同招致被征伐。

---

① 《王国维遗书》第6册《不其敦盖铭考释》。

② 陈梦家：《殷墟卜辞综述》，科学出版社，1956年，第294～296页。

第二，武丁征服蜀之后，有交好的一面，时到蜀地举行祀典"至蜀有事"；还有"蜀御"，可能是在蜀地行攘除灾祸的"御祭"。《说文》："御，祀也"，武丁时有"大御自上甲"（后下6.12）；据杨树达《积微居甲文说》：御是攘除灾祸之祭。到了武乙、文丁时（甲骨第四期）还卜问是否在蜀地设置母庚的神主，"母庚示蜀"，蜀要为商王室的祭祀服役。要提供兵役，如"蜀射三百"。射是军伍名称，陈梦家释"三百射"时说"殷代师旅似以百人为一小队，三百人为一大队"①，管理这些各方国派来服"射"兵役的官员是"多射"或迳称"射"。

第三，蜀是商王朝重要的农业区之一。蜀的年成好坏影响甚大，所以要卜问"受年"，"受"乃收获，"年"乃年成，《穀梁传·桓公三年》："五谷皆熟为有年也"。蜀地农业之盛可见于《山海经·海内经》记载的传说："西南黑水之间，有广都之野，后稷葬焉。爰有膏菽、膏稻、膏黍、膏稷，百谷自生，冬夏播种"②。蜀杜宇氏被尊为农神，《华阳国志·蜀志》："后有王曰杜宇，教民务农，一号杜主"，"巴亦化其教而力务农，迄今巴、蜀民农时先祀杜主君"。三星堆遗址与杜宇氏有密切关系，遗址中红烧土里有许多禾本植物茎叶印痕，一件陶豆圈足上有一圈麦穗花纹，以及大量的酒器，高度发达的酒文化③，无不反映当时当地农业的高度发展，被商王视为重要农业区是有充分条件的。所以，蜀地是否受灾也为商王室所关切，要卜问会不会"壱蜀"，壱即它，《说文》："它、虫也，从虫而长，象冤曲垂尾形。上古草居患它，故相问无它乎，凡它之属皆从它，蛇，它或从虫。"此处借为灾害之义。卜辞常有"不壱"（外302），"有壱"（丙82）、"壱禾"（粹八）等，郭沫若说："此乃禾稼受害，卜问是否神祇为祟也。"④ 杜宇末世蜀地大洪灾，《蜀王本纪》说"若尧之洪水"，杜宇被迫下台，被荆人鳖令接管政权，反映蜀国农业对水利的依赖，三星堆遗址中间的淤泥层宣告当地城邑早蜀文化的衰落⑤，这虽为后事，也似乎是"壱蜀"的注释。

第四，综观殷墟卜辞，蜀始终不曾是商王朝的主要交战国，既不像土方、邛方、鬼方、羌方等那样频繁地遭受商王朝的征伐与掳掠；也不参加商王朝对其他方国的征战，如沚曾参加商对土、邛、羌、龙、印等诸方国的征讨；而如雀参加的征讨活动很多，有亘、羌等十四方国⑥。可见，蜀既不能构成对商王朝的重大威胁，也和商王畿周围的世仇之国没有什么大的利害关系（与缶例外），是蜀的势力过弱吗?！从三星堆遗址看当然不是，早期的蜀有强大的经济、政治和军事实力，那么只有一个答案，蜀的势力中心一定在距离殷王畿比较遥远的地方，而商王室又经常能"至蜀"、"于蜀"、"在蜀"，那么蜀的疆土必定有部分与殷商的疆界接壤。

① 陈梦家：《殷墟卜辞综述》，科学出版社，1956年，第513页。
② "冬夏播种"之"种"原作"琴"，据毕沅校改。
③ 见本书《蜀酒探原》。
④ 郭沫若：《殷契粹编》译本11，〔日〕文求堂，1937年。
⑤ 林向：《三星伴月话蜀都》，《文物天地》1987年第5期。
⑥ 陈梦家《殷墟卜辞综述》，科学出版社，1956年，第八章方国地理。

要之，殷商卜辞中的蜀应该是殷商的强大、遥远而又有接邻的方国，是重要的农业区，在武丁后世关系最为密切，根据这样的条件来分析，这“蜀”正是指的成都平原的三星堆文化——早蜀文化的地域。

三、蜀为商之西土

我们从殷墟辞地名间的关系，可以推知蜀在殷王畿西南。日本岛邦男分析了卜辞中已知行程与方向的105个地名，发现蜀与相近，如同版卜辞“贞，蜀受年贞，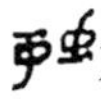不其受年贞，蜀不其受年”（乙4518）而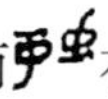在由商去召方的路上，召方乃周公召奭的采邑召城，今陕西雍城东，故知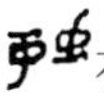在殷之西，河曲附近。库981同版卜辞载癸巳在蜀，癸亥在，两者为三旬路程，第二个癸卯入商，则蜀至商为十旬路程，而另据库993、库1110则从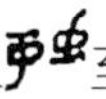至蜀为六旬，即这个蜀在商西约十旬至十三旬路程，若按《诗·六月》毛传：“师日行三十里”计，两地相距约在三千至三千九百里之间，所以岛邦男在其地图上把蜀标在河曲以西，为已知相互关系的105个地名中最为西南的边缘，其外乃一片空白①，是有道理的。再从上文所引殷尝敦缶于蜀来看，陈梦家认为缶即陶，陶城在今山西永济（按：另有一说缶即褒，在陕南），也指明蜀在商西南无疑。据此，这个商王室能经常往来逗留的蜀地，当在今陕南或其附近地方才是。

陕南成固铜器群的出土，为这种推断提供了地下证据。1955～1981年间在汉水支流湑河下游约7公里的范围内共出土商代窖藏铜器达530余件②。其年代自商代早期偏晚（二里岗至殷墟一期）至商周之际。这些铜器要分为两组。属于殷商文化的器物有：分档鼎、瓿、圆尊、方罍、簋、曲内戈、中胡戈、长胡戈、弧刃直内钺等。属于早蜀文化的有青铜面具，铺首形器，三角援直内戈，圆刃空首钺等。出土的少量陶器中：灰陶大口尊属于殷商文化，而尖底罐则属于早蜀文化。由于三星堆文化同类器都早于或等于成固铜器群的年代，证明蜀文化南下之说无据，那么两种文化“泾渭分明”地共存，正说明陕南乃是商与蜀接壤，两种文化交错共存的边缘地区。就蜀而言陕南乃其北境，就商而言陕南则为其西土也。

而且蜀的一部还有可能分布到渭汭一带。商末“十祀征人方”，过去以为是帝辛，人方在淮，淮在殷东，故认为殷纣东征而亡。李学勤作了重新研究，认为征人方乃帝乙而非帝辛，所经地点“均在晋陕交界的黄河西岸”，所以“人方位于地处黄河以西的渭水流域”，并考定“淮水也即褒水”③。邓少琴据此重新考证《华阳国志·蜀志》首句“蜀之为国，肇于人皇”，认为“皇之与方声韵相协，是即《洛书》所称之人皇，应为

① 岛邦男：《殷墟卜辞研究》，台北鼎文书局，1975年译本，第374～375页。
② 李伯谦：《城固铜器群与早期蜀文化》，《考古与文物》1983年第2期。
③ 李学勤：《殷代地理简论》，科学出版社，1959年，第37～60页。

卜辞所载之人方，亦即古代巴人、蜀人之别称”①，可备一说。笔者曾根据古今地形变化论及《禹贡》“华阳黑水唯梁州……西倾因桓是来，浮于潜，逾于沔、人于渭、乱于河”，指出夏商时蜀人可能从嘉陵江水系经广元、宁强间的七盘关入汉水，至汉中后，再由南郑与郿县间的褒斜道与渭、黄相通②。晋人常璩曾说蜀“其地东接于巴、南接于越，北与秦分，西奄峨嶓”，又说杜宇“以褒斜为前门”（《华阳国志·蜀志》)，正是反映了蜀的北境遥至沔渭的事实，所以蜀为商之西土是完全可能的。

不过，明确记载蜀为“西土之人”则首见于《尚书·牧誓》：“逖矣！西土之人……庸、蜀、羌、髳、微、卢、彭、濮人。”蜀曾参加周武王伐纣之役还可得地下证据，彭县竹瓦街窖藏出土殷商二觯分属殷族覃氏癸与殷官牧正巳，可能作为战利品或周王颁赐的掳获物而为蜀带回，“正是蜀人参加伐纣之役最直接有力的物证”③。蜀对周来说也是从边远来的西土友邦冢君之一。值得注意的是，只有殷墟卜辞才把“四土”与商对称，如“己巳，王卜贞：今岁商受年，王占曰，吉。东土受年，南土受年，吉。西土受年，吉。北上受年，吉。”（粹907）而西周金文称“国”不称“土”，如保卣、㝬钟有“南国”，“三国”，禹鼎有“南国”、“车国”、“下国”，毛公鼎有“四国”。而《尚书》、《诗》中有些传为周初作品，则将“国”与“土”并称，如《康诰》既称“西土”、“东土”又称“东国”。《诗·崧高》“南国”、“南土”、“南邦”互称④，所以《牧誓》称“西土之人”乃周初袭用殷商称“土”不称“国”的习惯叫法。可以这样说：“西土之蜀”是商人的看法。

商人的地理概念是：商王为首的中央政权直接治理的地区，称“大邑商”或“王畿”。而被征服的周围方国与部落，较近的被分封给诸妇、诸子或功臣，较远的则由原来的方国或部落首领继续治理，要接受商王的封号，承认其共主地位，并承担为商王朝戍地，征伐、进贡、纳税、服役等五项义务⑤。上述殷墟卜辞载：蜀要为商王朝提供“射三百”、“设神主”、行“御”祀等指定服役，应该属于方邦外服的范畴，属于最外围的“四土”之一。李学勤在研究了湖北盘龙城商代遗址后说：“从现有材料来看，商朝的四土非常广袤辽阔”，北土“在长城以北约三百公里”，东土“到滨海的海阳等地”，南土“已经越（长）江，到了洞庭以南”⑥，那么西土呢?！他没有说。笔者认为至少要包括“华阳之地”，甚至西南直至成都平原。所以早蜀文化遗址中会出土如此众多的殷商文化的遗物。

---

① 邓少琴：《巴蜀史迹探索》，四川人民出版社，1983年，第134页。
② 见本书《大渡河急转弯的历史考察》。
③ 徐中舒：《四川彭县蒙阳镇出土的殷代两觯》，《文物》1962年第6期。
④ 陈梦家：《殷墟卜辞综述》，科学出版社，1956年，第319~320页。
⑤ 胡厚宣：《殷代封建制度考》，《甲骨学商史论丛》初集，一册。
⑥ 江鸿（李学勤)：《盘龙城与商朝的南土》，《文物》1976年第2期。

四、蜀为周初西南强国

蜀作为西土诸侯参加周的灭殷联盟，取得了成功，是周初西南方国中的强者，被周人视为西土方国的表率。1972 年再发现的《班簋》有长铭一百九十余字，内有“作四方望，秉、緐、蜀、巢”句。据郭沫若研究应订为成王时器（一般以为穆王器），释道：“‘作四方望’言为天下之表率。”“秉殆假为彭城的彭，在今江苏北部；澶渊一名渊，因緐水得名，在今河北境内；蜀即西蜀，在今四川；巢即南巢，在今安徽南部。这样的四国就代表东北西南四方。在这个范围内，大抵上就是周初的天下。”①

周初蜀的强大，还表现在势力已及周王畿的渭滨，今陕西宝鸡地区，紧逼着周人发祥之地的周原。1974～1981 年在宝鸡纸坊头、竹园沟、茹家庄发掘的弛国墓透露出这方面的消息②。弛国是西周畿内的重要方国，它与西周畿内的显要方国矢国、丰国、夌国都有密切关系，还与王室重臣井伯或井叔联姻。这批发掘材料包括墓葬 27 座，车马坑 2 座，马坑 4 座，从周武王起到周穆王时代的四世鱼伯之墓。其时代晚于三星堆文化，而与水观音晚期墓葬及指挥街早期文化相当，即与早蜀文化第Ⅳ期相接。弛国墓地的出土物呈现出一种复合的文化面貌，即有三种文化因素并存：以尖底陶罐、尖底铜罐、蜀式铜兵器为代表的早蜀文化因素；以马鞍形双耳罐为代表的寺洼安国类型文化因素和典型的周文化因素。但又不是“三足鼎立”，而是以早蜀文化为主流，接受周文化的熏陶，和沾染了地方性的寺洼安国类型文化。墓葬的青铜礼器已经合乎规范的周文化，如以鼎、簋为主的食器和以尊、卣为主的酒器，或加上以铙、编钟为主的乐器相组合，多寡等级有差，也有仅出少量铜兵器的小墓，反映出按照西周文化严格的宗法等级制进行埋葬的特点。但青铜兵器的情况则不同，共出土铜兵器 198 件，其中凡用于实战的或者礼仪用（如明器）的兵器：戈、剑、斧、矛、钺等都属蜀式兵器，而属于周式兵器的勾兵（有胡长援戈）则居于从属地位。陶器的倾向更明显，其能复原成形陶器约一百余件，可分为三组：甲组是属于周文化的鬲、罐、豆，数量甚微，完全处于从属地位；乙组是寺洼安国类型文化的马鞍形双耳罐、单鋬双联罐为代表；丙组以早蜀文化的尖底罐、尖底钵和一种具有地方个性的圆肩球腹平底罐为代表，是弛国墓地陶器的主流，尤其醒目的是蜀式尖底罐是作为一种珍品与青铜礼器一起放置，或带入棺内和玉器、佩饰一道贴身放置的，有的还有同样式样的尖底铜罐随葬。在遗址里尖底陶罐残片大量存在，是一种当地广泛流行的实用生活器皿，茹家庄遗址的灰坑中还出土尖底钵③。这些尖底罐与尖底钵都明显地晚于三星堆文化的尖底器④。而和水观音晚期墓葬

---

① 郭沫若：《班簋的再发现》，《文物》1972 年第 9 期；唐兰：《西周青铜器铭文分代史征》，中华书局，1986 年，仍照旧说，今依郭说。

② 《宝鸡弛国墓地》上册，文物出版社，1988 年，第五章。

③ 《宝鸡弛国墓地》上册，文物出版社，1988 年，图六。

④ 《宝鸡弛国墓地》上册，图十二。

及指挥街遗址早期出土的同类器物一样①。弜国文化中明显占优势的早蜀文化因素是不能单用外部传播来解释的，必须是与蜀人势力直接抵达渭滨，蜀文化圈在此与周文化圈相重叠有关。我们认为：周原卜辞中的“蜀”乃是周人用象形造字法描述的以蛇、虫、鱼图腾为徽记的部落。《山海经·海内南经》：“氐人国在建木西，其为人面而鱼身，无足。”《魏略》：“西戎传曰氐人有王，所从来久矣。自汉开益州，置武都郡，排其种人，分窜山谷间，或在禄福，或在汧陇左右。其种非一，称槃瓠之后，或号青氐，或号白氐，或号冉氐，此盖虫之类而处中国者也。”弜与蜀同源，当然有相同的民族文化，不过作为氐类一支的弜人深入周王畿之内，其与周文化同化程度当然要深于西蜀。我们认为：蜀非一族一国，而是一个分布在“华阳之地”庞大的部族群落，其各自因时因地与中原夏、商、周王朝有不同程度的关系。弜人建国周畿早早同化，穆王之后即销声匿迹。而相对独立与中原并行发展进入文明门槛的恐怕只有成都平原的诸蜀部落了。

蜀的强大在周人谋灭商时，对周来说是好事，而一旦灭商建周时就会变成周的麻烦。果然在周与蜀等联军攻灭殷商后的第36天。周人就向盟军开火了。《逸周书·世俘解》载：“二月既死魄。越五日甲子朝至，接于商，则咸刘商王纣，执矢恶臣百人。……庚子，陈本命伐宕、百韦，命伐宣方，新荒命伐蜀。乙巳，陈本命新荒（自）蜀、磨至，告禽霍侯、艾侯，俘佚侯，小臣四十有方，禽御八百有三十（百?）两，告馘俘”云云。庚子伐蜀，乙巳自蜀至，前后才6天，这个蜀只能是在牧野附近，绝不可能远征成都平原的。那么，是否殷畿内另有名为“蜀”地呢，已不得而知了，笔者颇疑此“蜀”乃作为伐纣同盟军的蜀人在殷畿内的驻地。值得注意的伐后来告禽、告馘俘时，提到百韦、宣方等，却不说蜀了，这大概是因为此时的周蜀矛盾还属同盟军内部的摩擦，尚未到斩尽杀绝的地步。所以成周之会“蜀人以文翰”来朝见周成王（《逸周书·王会解》）。同时《班簋》还在宣扬蜀为“作四方望之一”，可是几乎同时，在周人的庙堂又已经在策划“伐蜀”了，占卜“伐蜀”的甲骨还藏诸周原宗庙②。从此周、蜀交恶，中原少有“蜀”的记载，西周之世蜀国或因川西洪灾，或因荆人取代，或因其他尚未知的原因，似乎无力问津中原，西周似乎也未曾来与这原先的西土盟国打交道。所以常璩说：“有周之世，限以秦、巴，虽奉王职，不得与春秋盟会，君长莫同书轨。”似乎蜀国在闭关自治，与中原平行发展。这种情况一直到战国之世，秦、楚强大，巴蜀文化再度兴起，蜀与中原关系才又活跃起来。不过，这时的蜀已与过去作为商周西土诸侯的蜀不同，其盛弱不可同日而语了。

（原载《殷墟博物苑苑刊》，中国社会科学出版社，1989年；修订本《三星堆遗址与殷商的西土》，载《四川文物·三星堆遗址研究专辑》，1989年）

① 参见《四川新繁县水观音遗址试掘简报》，《文物》1959年第8期，第409页图七，3，第406页图三，12。

② 陈全方：《周原与周文化》，上海人民出版社，1988年，第34页，图五、上、第一片。

羊子山一七二号墓新考

——古蜀文明的祭司墓

1955年3月，在成都北郊驷马桥附近的羊子山土堆（台）上发掘的第172号墓（M172）①，虽然规模属于中等，而出土器物丰富又精美，对研究晚期巴蜀文化与成都地方史有相当重要的意义，一直为历史、考古界所重视。但对它的断代，一直有分歧。1965年发表的发掘报告指出："它是战国时期的墓葬。"1961年出版的《新中国的考古收获》认为是："战国末年的大型木椁墓"②；1979年有同志进一步认为："墓的年代肯定在入秦以后很久"，"当为秦代墓葬，其下限可能到西汉早期"③；1984年出版的《新中国的考古发现和研究》则认为："该墓年代应在秦统一前后。"④ 笔者对此自有看法，愿共商榷。

这些意见都是根据该墓出土器物与秦、楚墓葬出土的同类器物进行比较来断代的。而有些器物的流行年代幅度较宽，尤其是下限可能拖得很长。那么，为什么论者都不取其合适的时段，而偏只摘取其延续较晚的年代来作为M172的断代标志呢？我想这里有一个认识上的原因，总以为上古的巴蜀这块沃土一定是与外界隔绝，本地莽荒草昧，全靠中原、秦、楚前来开发。虽然汉有扬雄《蜀王本纪》、晋有常璩《华阳国志》，对巴蜀的上古文明言之甚详，而人们用"正朔"的眼光去评价，认为"其言不雅驯"，不可信。所以，一见巴蜀有与外界相同的东西，就以为要比外边晚一至两个时段，或者说巴蜀学先进都是比较迟钝和缓慢的。这实在是一种误解。以考古发现来说，过去四川考古工作做得不够，发现不多，尚能谈得过去。那么，时至今日，广汉三星堆—成都十二桥的重大发现，上述认识确实该改观了。以成都平原为中心的古蜀文化区应该是中国文明起源的中心地之一。巴蜀古代有许多独特的文化因素并不仰仗外区传入，相反还为共同创造中华文明做过巨大贡献⑤。这里，笔者仅就上引研究者的所示论据作一些比较研究，就可以看到M172的年代是绝不会晚到西汉早期的。

---

① 《成都羊子山第172号墓发掘报告》，《考古学报》1956年第4期，第1～20页，图23，图版八。本文所引M172资料悉出于此报告，不另注。

② 《新中国的考古收获》，文物出版社，1961年，第73页。

③ 俞伟超：《周代用鼎制度研究》，原载《北京大学学报（社）》1979年第1期；收入《先秦西汉考古学论集》，文物出版社，1985年，第106页。宋治民：《略论四川战国秦墓葬的分期》，《中国考古学会第一次年会论文集》，文物出版社，1980年，第271～272页。

④ 《新中国的考古发现和研究》，文物出版社，1984年，第358页。

⑤ 见本书《殷墟卜辞中的蜀》、《周原卜辞中的蜀》。

M172 是竖穴土坑木椁墓，墓坑长方形，6 米×2.7 米，墓底及四壁铺 0.5 米厚的白膏泥，木椁已腐朽，仅可测得椁高 1.47 米，不辨椁室形制。若从墓葬平面图上看（见平面图），可以肯定有宽大的头箱，朱漆木棺位于棺箱的北侧，现在看到的情况大概是因墓底塌陷错位的结果。人骨架一具，仰身直肢葬，头东脚西。这种葬制与楚墓形制十分相似，如湖北江陵楚墓。不过，楚墓墓室长 4.5 米以上的，一般都有墓道①，M172 长 6 米，而没有墓道。“按其规模，墓主人身份至少相当于大夫”，战国之世墓制与用鼎制度一样遭到破坏，如楚、秦等地都有用二、四鼎来充少牢五鼎的②。故 M172 没有墓道，用三鼎（一大二小）随葬也不奇怪了。特一鼎或三鼎过去乃士等级的制度，这里当然不适用，因为 M172 还出了许多超规格的器物：铜甗、提梁盉、盘匜、盥缶、炭炉、驷马车器等贵重物件（图一）。这种器物常见于诸侯王级别的墓中，如寿县的蔡侯墓③，随县曾侯乙墓④等。这当然可用“礼崩乐坏”来解释是一种战国之世的时代特征⑤，不过或许应是另有缘故罢。

M172 规模中等而出土器物十分丰富。随葬品大部分出在头箱内，棺内外则是佩饰和兵器。按质料分有陶、铜、金、银、铁、琉璃、漆、玉、石及其他十大类，四百六十余件。不过这只是约数，如漆器已残，数量甚多，只清理了 9 件。M172 以随葬高贵的铜器和精美的漆器而引人注目。而银器数量之多，实属罕见，有尺寸超过 40 厘米的大银盘和银壶饰、银车马器、包银车马器，加上错银的带钩、弩机、车马饰等大小合计 319 件，占全部器物总数的 70% 以上，这大概是一大特色。巴蜀之地自来产银，《禹贡》把银作为“华阳黑水之地”的主要贡品之一，也是九州中唯一标明贡银的地方。《华阳国志》在巴志、蜀志、汉中志、南中志里都列有产银地。直至汉代“益州西部金银宝货之地，居其官者，皆富及十世”；晋代“晋寿县……有金银矿，民今岁岁洗取之”，晋寿县本葭萌城，乃蜀王封其弟苴侯的所在地。蜀墓多银，盖土产也。M172 若按器类来分，车马器占的比例最大，有 339 件，占 75.3%，战国墓葬随葬车马器比较普遍⑥，此墓随葬的车马器并不全，只有象征意义，且缺乏中原秦楚战国墓中常见的车軎，而有四衔、四铃（原报误称銮）表明墓主人生前的社会地位，是拥有乘坐驷马之车的资格。还有一些比较奇特的随葬品，如骨架的头部出土古象臼齿化石、犀牛齿、金块和银盘；

---

① 郭德维：《江陵楚墓论述》，《考古学报》1982 年第 2 期，第 157～160 页，图三，4、5。

② 俞伟超：《汉代诸侯王与列侯墓葬的形制分析——兼论“周制”、“汉制”与“晋制”的三个阶段性》，《先秦西汉考古学论集》文物出版社，1985 年，第 117～119 页。

③ 《寿县蔡侯墓出土遗物》，科学出版社，1956 年。

④ 《湖北随县曾侯乙墓发掘简报》，《文物》1979 年第 7 期。

⑤ 俞伟超：《周代用鼎制度研究》，原载《北京大学学报（社）》1979 年第 1 期；收入《先秦西汉考古学论集》，文物出版社，1985 年，第 106 页。

⑥ 叶小燕：《中原战国墓初探》，《考古》1985 年第 2 期，第 163～164 页。

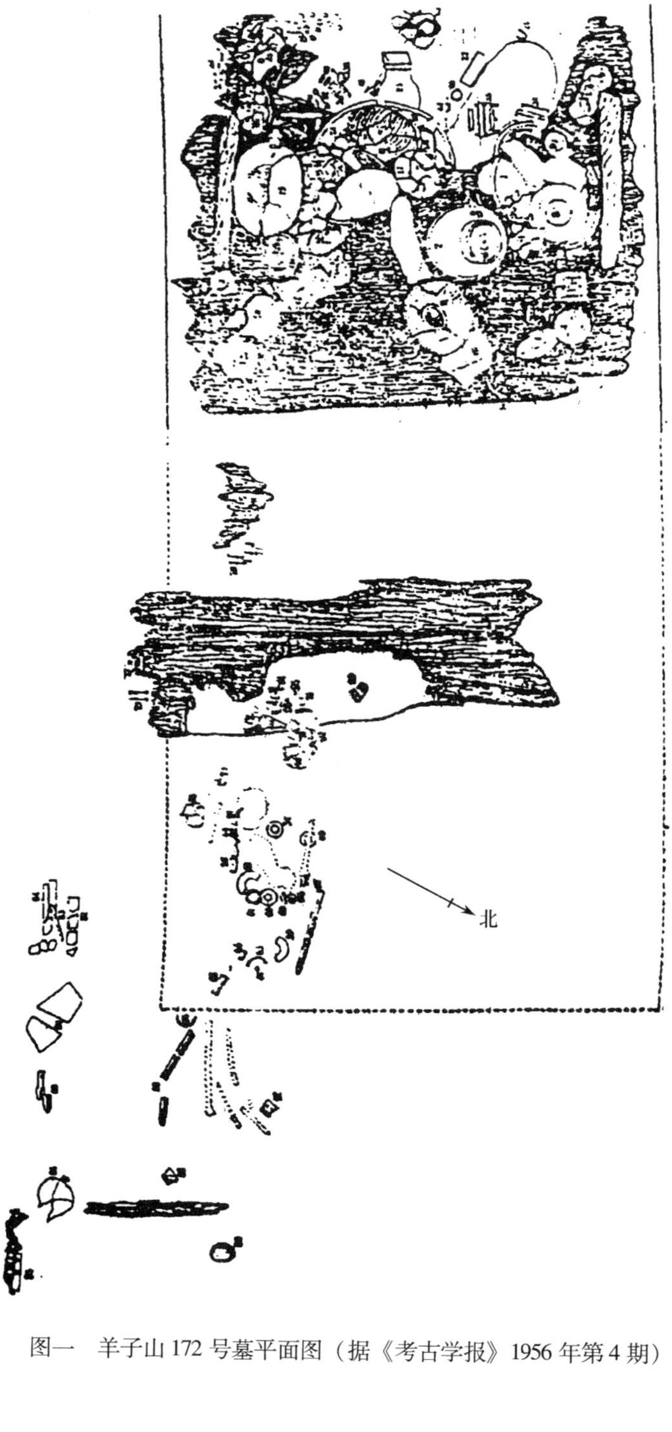

图一　羊子山 172 号墓平面图（据《考古学报》1956 年第 4 期）

有的铜盘里面或两侧各有一块小圆饼形铜块，上刻“巴蜀图语”等，也似乎意味着某种高贵的特殊身份。

M172 的发掘因为是随工清理，只知道它位于“羊子山西北部的中心小方圈的外面”，没有更进一步的地层资料。羊子山是一座商周时代的三级土坛，始建年代不会晚于殷末周初①，而其废弃年代暂无考。因此 M172 的年代问题只能靠随葬器物的类型学排比来解决。我们试把本墓的出土器物按时代特征分成三组：

甲组：流行于战国时期（或更早），没有什么分歧意见的。如宽叶圆脊矛、饕餮纹戈、无盖羽状蟠螭纹大鼎，上下分铸的甗、提梁盉，豆形灯、蟠螭纹炭炉、三弦纽羽纹镜，错银镶嵌带钩，方扣漆器、漆盒、漆奁、谷纹玉璧、谷纹玉瑗、鱼形玉瑗、石琬圭等。

乙组：流行于战国而可能延续到秦汉的器物，则有必要做些分析。

玉饰剑——出土两种：①172∶67，有首、圆茎、有箍，有镡（格）②。玉具剑过去被认为是中原春秋发源，盛行于战国的流行式③。但 1965 年以来安徽屯溪发掘的西周中期的 M3、M7 中出土的两把圆茎有箍的剑来看，这种剑有可能发源于长江流域的西周时期，为后世吴越名剑的先导④。②172∶68，有首、扁茎、有镡。它与邯郸百家村 M57 及江苏六合程桥 M2 出土的基本相同⑤，年代不会晚于春秋。尤其值得注意的是这两柄剑严格地说只是玉饰剑，玉具饰只有首、镡、标而无卫。据夏鼐研究：“玉剑饰也开始于战国时使用。但是具备四种（按：应指首、镡、标、卫）主要玉饰于一剑，而称为玉具剑的，似乎始于汉代。”⑥ 笔者以为，也不尽然，从山西侯马出土东周陶范翻制的人像佩剑来看，四件具备的玉具剑至少在战国之世也已有了⑦。要之，M172 出土的玉饰剑是战国遗物，不会晚到秦汉。

无廓低望的弩机（172∶2，172∶38）在木臂后端套有错银的铜盖，与洛阳出土的战国铜弩机几乎完全一样⑧。那么这种弩机在巴蜀地区出现是较晚的吗？也不！除羊子山外大邑五龙战国土坑墓也出，只是无臂后盖⑨。当然秦代曾继续使用无廓弩机，但可明显看出秦代的无廓弩机的壁增高，牙肥刀宽，与 M172 出土的异趣⑩。汉代弩机有铜廓，相去更远。

---

① 见本书《羊子山建筑遗址新考》。

② 孙机：《玉具剑与卫式佩剑法》，《考古》1985 年第 1 期，第 48～60 页。玉具名称各家均异，此依孙说。

③ 林寿晋：《东周式铜剑初论》，《考古学报》1962 年第 2 期，第 75～84 页。

④ 李伯谦：《中原地区东周铜剑渊源试探》，《文物》1982 年第 2 期，第 44～48 页。

⑤ 《河北邯郸百家村战国墓》，《考古》1962 年第 12 期，第 623 页，图十四；《江苏六合程桥二号东周墓》，《考古》1974 年第 2 期，第 119 页，图十五，5。

⑥ 夏鼐：《汉代的玉器》，《考古学报》1983 年第 2 期，第 140 页。

⑦ 见上引《玉具剑与卫式佩剑法》第 55 页图九、四。

⑧ 杨泓：《中国古兵器论丛》（增订本），文物出版社，1985 年，图版贰拾捌，5。

⑨ 《四川大邑县五龙战国巴蜀墓葬》，《文物》1985 年 5 期，第 37 页。

⑩ 参阅前引《中国古器论丛》，第 137～138 页，图 101 与 102 的比较。

盥缶（原报告称罍），原是春秋战国时期大中型楚墓中较常见的，如寿县蔡侯墓①、随县曾侯乙②、江陵望山一号墓③等，在巴蜀墓葬中出现也不晚，新都晒坝木椁墓腰坑出土的盥缶几乎与172∶15完全一样，这种比较扁矮的盥缶在楚墓中也出于战国早期里，两地年代相当。这种器物过去都称为罍，寿县蔡侯墓出土自铭为“盥缶”，故应正名。秦汉以后未见同样的出土。

釜甑是巴蜀文化的典型器物之一。这种由圆腹的甑和釜上下合成的器物，上下都各有一对辫索纹竖环耳，甑底有长格形或曲尺形的箅孔，釜底有三至四个小支足。在战国早中期的巴蜀墓中已有形制成熟的釜甑，如新都晒坝木椁墓出土的即是④，其实上下是两个鍪形器，鍪的祖型是圜底陶罐，在巴蜀文化出现更早。铜釜甑流行于战国中期，到战国末至秦汉则逐渐趋于消灭，如冬笋坝与宝轮院的船棺葬（大部分是战国至秦的）30座中出土11件，占36.6%，狭长坑墓（秦汉间）20座中出土6件。占30%，长方坑墓（西汉前期）13座中出土1件，占7%。而方坑墓（西汉后期）已不见此物⑤。在关中秦墓中，战国中期还用上甑下鬲的甗，战国晚至秦才开始有上甑下釜的釜甑⑥，显然是秦人袭用巴蜀文化的器物。

圜底陶罐的基本形制是：小口、束颈、球形圆腹、圜底，颈部以下饰绳纹，至少在西周时已在蜀地流行。如成都十二桥遗址曾出土一件，腹部略显圆折，原定是商代晚期（十二层）⑦，相同的陶器在成都指挥街遗址西周后期的地层（第六层）中出土甚多⑧，值得注意的是M172出的圜底罐与上述出土物一样是直唇或卷唇的，这应是早期现象。如大邑五龙战国早期的船棺葬（M4）也出这种卷唇圜底罐，而战国晚期的土坑墓（M3）则出土方折沿扁圆腹的圜底罐⑨，两者有显著差别。M172出土的圜底罐反映出早期的特点，这是很重要的信息。

丙组：M172中被认为只能出于秦代或西汉早期的器物主要有四种：圈足茧形陶壶、兽首衔环铜钫、圆盖球腹弦纹铜鼎和双耳铜鍪。但是，细校起来，这些器形基本上还是战国时期的流行式。

茧形壶是秦地典型器物。或以为圜底茧形壶比圈足茧形壶早，后者要晚至秦灭前后才出现，172∶49是圈足茧形壶，所以M172要晚到西汉初。但我们把它与茧形壶发祥地的关

---

①　见前引《寿县蔡侯墓出土遗物》，图版拾贰，1。铭文见图版叁陆，1。

②　《随县曾侯乙墓》，文物出版社，1980年，图版四七。

③　《湖北江陵三座楚墓出土大批重要文物》，《文物》1966年第5期。

④　《四川新都战国木椁墓》，《文物》1981年第6期，第6页，图十二，1。

⑤　《四川船棺葬发掘报告》，文物出版社，1960年，第138～140页。

⑥　陈平：《试论关中秦墓青铜容器的分期问题（下）》、《考古与文物》1984年第4期，第70页。

⑦　《成都十二桥商代建筑遗址第一期发掘简报》，《文物》1987年第12期，第15页，图三，16。

⑧　《成都指挥街周代遗址发掘报告》，《南方民族考古》第一辑，四川大学出版社，1987年，第191页，图十七，3。

⑨　见《四川大邑县五龙战国巴蜀墓葬》，第33页及图九，1。

中凤翔高庄战国中期墓出土的 M24∶2 相比，两者竟几乎完全一样①，相反的与秦统一后的咸阳杨家湾西汉早期第四号陪葬坑出土的圈足茧形壶相比②，则差别十分明显。茧形壶的口部变化很有意思，战国茧形壶是小口折唇或卷唇，而秦汉茧形壶则是蒜头形壶口，M172 出土的属于前者。而且从现有资料看，圜底茧形壶并不比圈足茧形壶早，如西安半坡③、耀县④、咸阳⑤出土的圜底茧形壶都属于战国末至秦代，比凤翔高庄的圈足茧形壶晚了一两个时段。所以，不能据茧形壶有圈足就把 M172 断至秦或西汉的墓葬。

铜钫是铜方壶的延续，起于西周，盛于东周。中原地区春秋时多方壶，战国后又转以圆壶为多。⑥ 新都晒坝战国中期木椁墓出土圆铜壶两组（各五件），Ⅱ式圆壶盖有兽纽，腹有兽首衔环，与羊子山 172∶2 铜钫相似；只是有方圆差别⑦，可把后者看作前者的转变型。绵竹战国中期的船棺葬出土的铜钫，从错红铜的蟠兽纹看，则可能早到战国早期⑧。关中秦墓中的战国晚期墓出土的陶钫如高庄 M39∶13 与 172∶2 相近似，而同墓地秦代 M47∶2 铜钫则与 172∶2 相似。很明显说明秦墓出土的铜钫序列较巴蜀墓为晚，仍不能据此把 M172 的年代往下拉。

圆盖扁球体弦纹鼎乃战国时期的流行式，如洛阳中州战国早期的 M2717⑨，大荔朝邑战国中期的 M203 出土的鼎与 172∶36 相同。特别是腹部弦纹突起这一点，与西汉墓出土的不同，如宜昌前 M8∶2，前 M25∶2⑩，而近于朝邑 M203 出土的鼎。

铜鍪是巴蜀文化的产物，秦灭巴蜀后始传至关中，转播中原，似无异议⑪。我们指出这种称为鍪的器物名实不符，但目前且暂依约定俗成称之。它不是一般炊具，而是煮酒的器具⑫，其脱胎于早期蜀文化盛行的圜底陶罐。目前古巴蜀墓中见到最早的定型铜鍪是战国中期偏早的新都晒坝木椁墓，共出土鍪五件，都有辫索纹环。两件较大的为双耳，三件较小的为单耳⑬。故而不能说单耳鍪一定比双耳鍪早，更不能说双耳鍪的出现一定要晚到秦灭前后。至于双耳一大一小的铜鍪，在四川以 M172 出土的为早，不能反

---

① 《陕西凤翔高庄秦墓地发掘简报》，《考古与文物》1981 年第 1 期，第 26 页，图十六，5。

② 《咸阳杨家湾汉墓发掘简报》，《文物》1977 年第 10 期，第 14 页，图六。

③ 金学山：《西安半坡的战国墓葬》，《考古学报》1957 年第 3 期，第 79 页，图十，5。其中 M19 属战国晚期。

④ 马建熙：《陕西耀县战国、西汉墓清理简报》，《考古》1956 年第 3 期，属战国末年。

⑤ 《秦都咸阳故城遗址的调查和试掘》，《考古》1962 年第 6 期，第 185 页，图七，1，属于秦代。

⑥ 高明：《中原地区东周时代青铜器研究（中）》，《考古与文物》1981 年第 3 期，第 93 ~ 95 页。

⑦ 见前引《四川新都战国木椁墓》，第 6 页，图一二，2。

⑧ 见前引《陕西凤翔高庄秦墓地发掘简报》，第 26 页，图十六，7 与第 27 页，图十七，7。

⑨ 参见《试论关中秦墓青铜容器的分期问题（上）》，《考古与文物》1984 年第 3 期，第 62 页图一、第 64 页图三。

⑩ 《宜昌前坪战国西汉墓》，《考古学报》1976 年第 2 期，第 125 页，图一三，1、5。

⑪ 李学勤：《东周与秦文明》，文物出版社，1984 年，第 167 页。

⑫ 见本书《蜀酒探原》。

⑬ 见前引《四川新都战国木椁墓》，第 8 页，图十五，2、3。

过来把 M172 的年代往后拉。

我们从上述甲、乙、丙三组出土器物的断代分析中可以得出的印象是：M172 应该是一座战国墓葬，下葬年代不可能晚到秦汉，倒可能是战国晚期之初，即秦灭巴蜀（公元前 316 年）前后，不会是入秦以后很久的事。M172 不出秦半两钱，值得注意。我们知道入秦以后，四川各地发现的巴蜀墓葬往往出土秦半两钱。例如冬笋坝和宝轮院被定为秦举巴蜀以前的船棺葬 8 座，都不出秦半两钱。而定为秦举巴蜀以后的船棺 22 座，出秦半两的有 10 座；狭长坑墓 20 座，出秦半两的 7 座①，两者合计占墓总数的 40% 以上。这是因为秦人治蜀必先推行币制改革，并从法律上加以规定，如以钱币计算收取赋税，“其君长岁出赋二千一十六钱，三岁一出义赋千八百钱”（《后汉书·南蛮西南夷列传》），犯法杀人要出“雇死倓钱”（《华阳国志·巴志》），在成都则“置盐、铁市官并长丞，修理里阓，市张列肆”，发展商品经济，加强市场管理与收取商业税等措施，都与推行其币制改革有关，世风之下，鲜有例外，尤其如 M172 这样大中型墓墓主人贵族上层人物更会爱钱如命，以拥有钱币为荣的。M172 也随葬货币，却独不出秦半两。该墓出土两块成色为 94% 的黄金块，应该是楚地流行的硬通货。战国之世楚地盛行黄金为币，据统计湖南近 2000 座楚墓中出天平砝码的有 101 座，这是因为黄金作货币需要计量精确的缘故。楚地通行饼金与版金（爰金）等。M172 出土的两件金块共重 1.216 两（按：20 世纪 50 年代计量应是十六进位制）合 30 克。用目前楚墓出土最完整的天平砝码（长左 M15）② 测算，每块的重量相当于第五等重量，即一两。它们可能是两块楚爰金。如此看来 M172 不用秦半两而用楚爰金是事实。这有两种可能性：第一，墓葬年代在秦人于蜀推行其币制改革以前；第二，此乃一蜀顽民，不遵秦王化。这里涉及墓主人的身份问题。

这里有一点可以肯定，M172 乃古代蜀国上层贵族人物的墓葬。据《蜀王本纪》、《华阳国志》记载：蜀开明王朝乃荆人鳖灵所建，所以 M172 中有浓厚的楚文化因素，如棺椁墓制；楚式器物（玉饰剑、羽状蟠螭纹鼎、盥缶、羽纹镜等）；楚式装饰艺术（漆器与金银错的图案等）。因为秦蜀毗邻，有些秦式器物或中原文化因素也不奇怪，只是占次要地位（如茧形壶、圆盖弦纹鼎、甗、盉、炉、灯等）。值得注意的是这些外来的秦、楚高级用品，在当时如没有一定的社会地位是不可能得到的。因为 M172 墓主人是古代蜀国的上层人物，所以不仅使用着圜底陶罐、铜鍪、釜甑等巴蜀文化中常见的日用器具；而且还在那些“舶来品”上加刻巴蜀符号以示其身份，如在铜盘（172∶24）口沿及盥缶（172∶15）的肩部都有后刻的巴蜀符号；在另外两件铜盘上则贴上用巴蜀印章钤印后翻铸成的铜饼；出土的铜印（172∶103）模糊不清，但仔细观察，也似巴蜀名章。那么，既是蜀国的上层贵族怎么会葬在羊子山上呢?!

羊子山土堆原本是一座底边 103.7 米见方，高 10 余米，三级四方的大土台，其始

---

① 见前引《四川船棺葬发掘报告》，第 83、138～140 页。

② 高至喜：《湖南楚墓中出土的天平与砝码》，《考古》1972 年第 4 期，第 42～45 页。

建年代不会晚于殷末周初，它的用途当是古蜀国的祭坛①。那么，蜀国贵族怎能在其祖宗建造的、神圣的祭坛上开墓埋葬呢?！的确令人困惑。笔者以为祭坛上埋人必与蜀人的信仰有某种关系，如蜀国的古代文化有极深的萨满文化烙印是事实，故上层的祭司、巫师，他们有高贵的社会地位，是祭坛的主事者，神的代言人，神权的执行者，很可能本人就是王，即政权与神权的合一。所以，因为某种宗教上的原因，而埋葬在祭坛上。我国浙江余杭瑶山良渚文化的祭坛上就埋着12座巫师的墓，这种现象也见于美洲，玛雅文化的祭坛上就埋有祭师②。羊子山土坛上的M172可能与此类似。

有学者曾推测：秦灭蜀后所封的第二个蜀侯恽（《史记》作辉）的迁葬墓即在羊子山上。“羊子山战国墓，虽土砖墓与砌椁，而以高贵之铜器殉葬，非贵族王位不可能有。结合《常志》传说，可能即为恽墓也”。“羊子山正在秦成都城之北门外。本无山，由此墓成坟冢”，“固以为山”③。当然，羊子山自为土坛建筑，由三道土砖砌成三级台阶基墙，填土夯实而成三级四方大土坛，墓葬压在坛上，先有坛后有墓甚明；且这里的战国墓都是土坑木椁墓，并无“土砖墓与砌椁”，大概是搞错了。不过推测有蜀侯恽的墓在羊子山上，令人感兴趣。前不久另有同志认为新都晒坝木椁墓墓主不是开明氏九至十一世的某蜀王，而应该是这个蜀侯恽④。两说相较，笔者则以为M172为蜀侯恽的迁葬墓可能性较大。

据《华阳国志·蜀志》记载：“（周赧王）七年（前308）封公子恽为蜀侯。”“赧王十四年（前301）蜀侯恽祭山川，献馈于秦昭襄王，恽后母害其庞，加毒以进王”，“王大怒，遣司马错赐恽剑，使自裁，恽惧，夫妇自杀。秦诛其臣郎中令婴等二十七人，蜀人葬恽郭外。”“十七年（前298）闻恽无罪冤死，使迎丧入葬郭内。初则炎旱三月，后又霖雨七月，车溺不得行，丧车至城北门，忽陷地中，蜀人因名北门曰咸阳门。为蜀侯恽立祠，其神有灵，能兴云致雨，水旱祷之。”此记载与《史记·秦本纪》、《六国表》、《甘茂传》等记载互相都有许多矛盾令人怀疑。蒙文通师曾指出：秦灭蜀后“三封蜀王，只能是蜀王的子孙，决不是秦王的子孙。”⑤ 可谓卓识确论，可从。常璩蜀人也，所记蜀故事乃前人传说，除恽后母进毒一事有疑外，视作古代蜀国野史则可也。笔者以为羊子山M172为蜀侯恽墓可说者有几点：

（1）从年代上看，蜀侯恽始葬在前301年，迁葬在前298年，正当战国晚期偏早，与M172的断代相合。而新都墓断代各家都同意战国中期偏早，与蜀侯恽墓的年代难合。

（2）从地点上看，蜀侯恽始葬何地不详，迁葬墓本拟入成都郭内，“丧车至城北门，忽陷地中”。所以并未入城，而在北门“咸阳门”附近最为宜。M172所在羊子山正在

---

① 见本书《羊子山建筑遗址新考》。

② 见《浙江瑶山良渚文化祭坛遗址发掘简报》，《文物》1988年第1期，第32~51页引。

③ 见任乃强校注：《华阳国志校补图注》，上海古籍出版社，1987年，第128~132页。

④ 胡昌珏：《四川新都战国木椁墓主人身份的有关问题》，《民族论丛》第2辑，1982年，第133~135页。

⑤ 蒙文通：《巴蜀古史论述》，四川人民出版社，1981年，第56~61页。

秦成都北门外不远①，而新都墓远在马家晒坝，离成都30余公里，失之过远。

（3）从墓葬规格上看，蜀侯恽按秦制地位不高，充其量为“爵二十等御侯”，“功大者食县，小者食乡亭”，“爵一级欲为官者为五十石之官”②，那么，爵二十等的御侯欲为官时不过千石，相当于一个万户以上的县令③，M172葬制按大夫等级，有宽大的头箱，铺0.5米白膏泥。东周之世用鼎制度已乱，但犹有三鼎。M172有一楚式无盖羽纹蟠螭纹大鼎，已使用破旧，补疤数处，还用铁补一足，当为蜀王室家传的旧物。现要加上两个圆盖弦纹小鼎则为中原秦式鼎，凑成三鼎，显出没落贵族的景象。但是，蜀侯恽既是蜀王之后，所以有许多超规格的铜礼器与漆器：鼎、甗、盉、炉、盥缶、奁、盒等等。特别是盥缶与新都几乎相同，就不奇怪了。相反的，新都墓制庞大，为带墓道甲字形大墓，除中间棺箱外有八个边箱，下面还有腰杭，随葬器物有相当于中原“大丧之礼的五兵之制”与“用九器的组合”来表示其君王地位④，这应该是蜀围鼎盛时期的王气景象，决不是亡国之君的后代蜀侯恽的寒酸相所能比拟。

（4）再则，蜀侯恽埋葬时去秦灭蜀才18年（公元前316～前298），蜀地叛服时变，秦的统治未固。蜀遗民还有强大的潜力拥戴亡国之君后。史载：蜀王退走武阳，太子退至逢乡白鹿山，被害。恽既为蜀王子孙，蜀人拥之必然。他们无力为先王之后厚葬了（还要不开罪秦统治者），而乘平反之机，把恽葬在昔日蜀国的社稷祭坛（是时已被秦废弃）上，奉为神明，也是一种敌忾之气，以寄托蜀遗民们的故国之思，这大概就是M172不随葬现政权的秦半两，而犹用楚爰金的缘由吧！而且说明恽本来就是蜀国的一个首领兼祭司，冤死平反才有“炎旱三月，又霖雨七月”的异兆。蜀侯恽的祠庙已不可考，但一度为蜀遗民祈年求雨的地方。这与杜宇被迫升西山而隐后，蜀悲子鹃鸟鸣，农时先祀杜主君一事，何其相似乃尔。至于羊子山还有一些战国墓（如未知其详的M85、M88等）⑤，有的可能是与恽同时受害的“臣郎中令婴等二十一人”中的某些人，一起平反，一起迁葬作为恽的陪葬墓了。时过境迁，秦汉对蜀地管辖日深，社会安定，蜀人思恋逐渐淡薄，昔日的神坛——羊子山就成为丛葬之地，所以才有后来211座各个时代的墓葬于其上。

综上所述，羊子山M172是一座战国晚期偏早的蜀贵族墓葬是可以肯定的。至于为蜀侯恽之墓，则是一种假设与推断，是否合理还有待验证。

（原载《成都文物》1990年第2期）

---

① 见前引《华阳国志校补图注》，第152页后插页《秦汉成都市郊示意图》，定点犹待研究，可供参考。

② 见《秦会要订补》，中华书局，1959年，第232～233页。

③ 同上注第218页。

④ 李复华、匡远莹：《新都战国蜀墓里中原文化和楚文化因素初探》，《西南民族研究》，四川民族出版社，1983年，第400～410页。

⑤ M85、M88资料未发表，可见刘瑛：《巴蜀铜器纹饰图录》，《文物资料丛刊》（7），文物出版社；其中第4页M88铜钫，第9页M85提梁壶均约为战国器物。

蜀盾新考

——古蜀文明的祭仪干舞

广汉三星堆遗址所代表的早蜀文化已具备学术界公认的五大文明要素：青铜业、城市、国家、文字和礼仪中心①，但至今未见有世界古代文明社会中常见的马车，引人注意。古代马车，不仅制造工艺复杂，是金工、木工、漆工、革工等各行手工业发达，紧密协作的产品，是重要的陆上交通工具和武器装备；而它的出现标志着社会财富与权势的集中，战争机器的强化，凌驾于氏族部落之上的奴隶制国家政权的威严。按照广汉三星堆—成都十二桥遗址所代表的早蜀文化发达的水准②，是应该拥有和能够生产出像样的车子来与世界其他文明古国：两河流域的巴比伦、尼罗河的古埃及、印度河的哈拉帕以及黄河流域的殷商等并驾齐驱的③。可是，科学需要的是证据。

广汉三星堆遗址二号祭祀坑出土的青铜器十分丰富，比较完整的即达439件，有立人像、人头像、尊、罍、神树、鸡、蛇、鸟、铃、兽面、瑗、矛、目形饰片等等。其中有“车形器”令人注意，“车形器”可能是“轮形器”之误④，而认为出土的就是“车轮”⑤，则更令人不安。其实，依笔者愚见，此“轮形器”不是“车轮”，而可能是干盾的铜饰。

一、车　轮　辨

这种“轮形器”出土在二号祭祀坑中部的南壁下，呈圆形，中间是一个突起的大圆泡（似轮毂），有五根放射状的横梁（似轮辐）与边圈（似轮牙）相连，铜泡中央与圈弧各部位有穿孔可供钉铆。从照片上可以看到有两件，已破损，叠压在一起（见《文物》1989年第5期，图版一）。其外径尺寸约占坑宽度的三分之一，已知坑底宽2～2.1米，故此器的外径当在80厘米左右。从外形粗看确实很像商周的遗址出土的车轮，但仔细比较，则其实不然。

商周车子发现的不少，过去限于发掘水平，就是剥剔不出车轮和车舆来，现在发掘

---

① 见本书《殷墟卜辞中的蜀》；参见《中国文明起源座谈纪要》，《考古》1989年第12期。

② 《广汉三星堆遗址》，《考古学报》1987年第2期；《成都十二桥商代建筑遗址第一期简报》，《文物》1987年第12期。

③ 参见《中国大百科全书·考古学》，中国大百科全书出版社，1986年。

④ 《广汉三星堆遗址二号祭祀坑发掘简报》，《文物》1989年第5期。图版壹，此照自东向西。

⑤ 陈显丹：《广汉三星堆青铜器研究》，《四川文物》1990年第6期，第26页。

技术提高了，已成功地发掘出一批车子。商代车子重要的发现有：殷墟的大司空村M175①、孝民屯的M1、M2②、西区的M7、与M1613③。西周的车子更多，重要的如浚县辛村M1、M8④、长安张家坡M168与M185⑤、北京琉璃河车马坑⑥、灵台白草坡车马坑⑦、胶县西庵马车坑⑧、宝鸡茹家村庄三号车马坑⑨等等。东周以后马车出土更多，不一一列举。用这些车子的车轮来与三星堆出土的“轮形器”相比较，则大相径庭。

第一，大小悬殊：商周车轮外径一般为140厘米左右，至少在120厘米（如茹家庄H3）以上，大的（如大司空村M175）有146厘米，比三星堆的“轮形器”要大得多。战国时有小径车轮，如辉县琉璃阁5号车，轮径也有95厘米⑩。轮径太小，对道路平坦条件的要求高，这更不符合商代蜀地的情况了。

第二，轮辐不对：商周车轮的辐条数在18～26根之间，商代（如大司空村与西区等）以18根为多，逐渐增加，西周末春秋初的上村岑虢国墓地M1051第7号车辐条为28根⑪。这样在受压时，轮牙承力才均匀，不易损坏。三星堆的轮形器只有5根横梁，作为轮辐太少，轮牙受力不匀，恐难以滚动。

第三，结构不合：商周的车轮其牙、辐、毂各部件都用木制，还未见这样整个轮子用铜制或用铜皮包裹的。商周车轮毂上有铜饰：辖、轫、軧等作为紧固件。车轴穿出轮毂之外，还套有车軎和辖，商代车軎长度在14厘米以上，西周的短型軎也长10厘米左右⑫，这是为了保证轮与轴套合牢固而又能旋转灵活。而三星堆“轮形器”中间的铜泡虽鼓，要装下车轴长长的出头是绝对不够的，因此无法套合不脱。

第四，孤证难立：商周的车轮一般出土在两种情况下：①车马坑内出土带有轮子的车辆，当然除轮子外，还同出舆、辕、衡等许多车子部件；②卸下的车轮，放在椁顶、二层台或墓道填土内，也必有其他车马饰同出，如茹家庄一号強伯墓，在椁室右二屋台上有3具车轮，左二层台上有1具，同时还出土的还有轫、軧等车器12件，在椁内及盖上还有銮铃25件，车軛2件，车辔10件等车器，以及镳、衔、节约、泡、铃等马饰多件⑬。而三星堆“轮形器”却没有其他任何车、马器相伴出，当然更令人怀疑了。

---

① 《一九五三年安阳大司空村发掘报告》，《考古学报》第9册，1955年。

② 《安阳殷墟孝民屯的两座马坑》，《考古》1977年第1期

③ 《安阳新发现的殷代车马坑》，《考古》1972年第4期；《殷墟西区发现一座车马坑》，《考古》1984年第4期。

④ 《浚县辛村》，科学出版社，1964年。

⑤ 《沣西发掘报告》，文物出版社，1962年。

⑥ 《北京附近发现的西周奴隶殉葬墓》，《考古》1974年第2期。

⑦ 《甘肃灵台白草坡西周墓》，《考古学报》1977年第2期。

⑧ 《胶县西庵遗址调查发掘简报》，《文物》1977年第4期。

⑨ 《宝鸡強国墓地》（上、下册），文物出版社，1988年。

⑩ 《辉县发掘报告》，科学出版社，1959年。

⑪ 《上村岭虢国墓地》，科学出版社，1959年。

⑫ 张长寿等：《殷周车制略说》，《中国考古学研究》，文物出版社，1986年。

⑬ 《宝鸡強国墓地》（上、下册），文物出版社，1988年。

进一步说，有无车轮的问题，要与整个古代巴蜀地区的文化面貌的特点联系起来考虑。蜀为四塞之地，与中原黄土平原不一样，高山环列，江川纵横，丘壑阻隔，交通艰险，即使有栈道，也是道路不平，所以要在栈道上用车只有到三国时诸葛亮发明木牛流马了。在商周时期的道路情况更不宜用车，所以巴蜀文化的遗物中一直未见有车或车器出土①。大型的早蜀文化遗址如三星堆遗址历年发掘面积已超过4000平方米，十二桥遗址发掘面积也超过2000平方米，均没有车轮痕迹。彭县竹瓦街两个商周铜器窖藏出土铜器40件，也不见有车马器②。新繁（今新都）水观音的商、周土坑墓不出车器③。分布遍及四川各地（如巴县、昭化、荥经、大邑、绵竹、蒲江、郫县、彭县、什邡、广汉、新都、涪陵等县）数百座春秋战国时期的巴蜀墓葬、船棺葬、土坑墓、土坑木椁墓，或出独木舟，却无一出有车辆的④。著名的战国嵌错铜壶（成都百花潭10号墓出土）精巧绝伦，为蜀国自制，上面有习射、采桑、宴乐、武舞、徒步狩猎、舟船攻战图像，也无车马痕迹⑤，目前资料表明，最早的车马器出在成都羊子山M172，它是战国晚期的土坑木椁墓，虽无车子，却出土了一套车马器：车盖弓帽、衡饰、辔饰、衔、銮、扣等⑥，我们指出此墓很可能是秦举巴蜀后昭襄王九年（公元前298）改葬蜀侯恽的迁葬墓⑦，此墓虽为古蜀国上层贵族的墓葬，已受到秦、楚文化的强烈影响，车马器显然属于由外区传来的文化因素。秦汉以后，巴蜀地区得到大规模的开发，交通日新，巴蜀文化逐渐融合到汉文化之中，出土的车马器与车马图样也日益增多，与中原无异了⑧。要之，先秦巴蜀文化就是缺乏马车这个重要的文明因素，这是地理环境制约下所形成的地域性文化的特征之一。

巴蜀文化缺乏马车，还得到古代文献记载的印证。传为西汉扬雄所撰的《蜀王本纪》记载："秦惠王时蜀王不降秦，秦亦无道出蜀……乃刻五石牛，置金其后，蜀人见之以为牛能大便金，蜀王以为然，即发卒千人，使五丁力士拖牛成道，置三枚于武都，秦道乃得通，石牛之力也。后遣丞相张仪等从石牛道伐蜀。"《水经注·沔水》引来敏《本蜀论》有相似记载。这种描写古代蜀道险阻，人负曳行，方得开道的情况，应该说是比较符合实际的。

---

① 林向：《建国以来四川的考古发现与研究》，《四川社会科学手册·考古学》，四川社科院出版社，1989年。

② 《记四川彭县竹瓦街出土的铜器》，《文物》1961年第11期；《四川彭县西周窖藏器》，《考古》1981年第6期。

③ 《四川新繁县水观音遗址试掘简报》，《考古》1959年第8期。

④ 林向：《建国以来四川的考古发现与研究》，《四川社会科学手册·考古学》，四川社科院出版社，1989年。

⑤ 《成都百花潭中学十号墓发掘记》，《文物》1976年第3期。

⑥ 《成都羊子山第172号墓发掘报告》，《考古学报》1956年第4期。

⑦ 见本书《羊子山一七二号墓新考》。

⑧ 林向：《建国以来四川的考古发现与研究》，《四川社会科学手册·考古学》，四川社科院出版社，1989年。

晋常璩的《华阳国志》乃集大成之作，在巴、汉中、蜀、南中四志均无商周时期蜀地有车辆的记载。而在《序志》曾转述：“《蜀记》言‘三皇祇车出谷口’，秦宓曰：‘今之斜谷也’，及武王伐纣，蜀亦从行。《史记》周贞王三十八年，秦厉公城南郑，此谷通久矣。”

斜谷为汉中盆地越秦岭通关中的褒斜道北口，这条谷道确实是古代蜀地与夏商王朝交通的孔道，我们曾作论证①。但是，上述材料的可信度却甚低。首先，“谷口”为什么一定就是斜谷呢？秦宓语见于《三国志·蜀志·秦宓传》，裴松之即表怀疑，注曰：“《蜀纪》曰三皇乘祇车出谷口，未详宓所由知为斜谷也。”其次，三皇不能确知其人，一说为天皇、地皇、人皇。《路史·前纪》引《洛书》云：人皇氏“架六提羽，乘云祇车……迪出谷口”，罗苹注曰：“谷口，古寨门，或云上赐谷。蜀秦宓传云三皇乘祇车出谷口，指今之斜谷，乐史从之，妄矣！”可见，古代蜀道有车诚属子虚乌有，鲁鱼亥豕之类，不可为据。

那么，三星堆的“轮形器”会不会是神器，例如是某大型神物（如大神像，神树之类）的座下所附的轮子以便于移动呢？这种可能性是存在的，车轮也可以不是马车轮子，例如1957年在江苏武进发现一批战国铜器，其中有一件双兽三轮盘，盘径26，器高15厘米。盘的一边有双兽首柱，其下置轴套一轮，圈足上中有两轮，属于吴文化遗物，轮径约10厘米，六根辐条，轮轴出头有辖②。但正如上文所述，这需要其他证据方能证明三星堆的“轮形器”就是神座下的“车轮”，否则孤证是不能成立的。并且，就照片窥察，这两件“轮形器”并不是独立的器物，而是饰物。其外圈内沿平直宜于钉铆，外沿内扣，其意在包扣在其他物件上，且边沿不平整，不像是落地着力的轮牙面，与双兽三轮盘的轮子不一样。

总之，目前可得出三星堆的“轮形器”非车轮的结论。当然不妨碍待田野资料全面、科学地公布后，再作重新研究。

二、盾 饰 考

三星堆二号祭祀坑出土的“轮形器”基本上由中间的大圆泡与外边的圆环两部分构成，从其形制考察与其他地区商周遗址出的铜盾相通。我们先把它与地域相近，两者关系密切的宝鸡強国墓地出土的盾饰相比较。

1976年以来在秦岭北坡滨临流入渭水的清姜河的竹园沟墓地，发掘了西周前期的土坑木椁墓22座，马坑3座，因其中出土“強季”铜器而与纸坊头、茹家庄等墓地一起定为強国墓地③。竹园沟墓地中属于西周早期（武、成、康、昭四王）的11座墓中出土青铜盾饰23件（原报告误为8墓25件）。分别出在竹M1、M4、M7、M8、M11、

① 见本书《大渡河急转弯的历史考察》。

② 《中国古青铜器选》，文物出版社，1976年，图版75。

③ 《宝鸡強国墓地》（上、下册），文物出版社，1988年。

M13、M14、M18、M20、M21，茹M1，据称："盾牌用木板作成，放置在二层台上的盾牌木痕尤为清晰，部分还保留有黑褐色漆皮。从发掘现场观测，盾牌一般上宽45~50厘米，下宽60~70厘米，高110~140厘米左右，上狭下宽呈梯形。所出23件盾牌上均有铜盾饰，依其铜饰结构的不同，可分为四式。"（见原报告第76页）

由于出土在盾牌遗迹上，这些盾饰的性质可以确定无疑，现依原报告分式叙述：

Ⅰ式　4件，为一宽约5~6厘米的圆环，中间凸起，内外边沿折平，有几组钉孔。圆环由两个半环钉在木盾盾牌上组成。外径在33~34厘米间（图一，2）。

Ⅱ式　1件，与Ⅰ式相同，只是圆环不凸起呈平板形。

Ⅲ式　4件，外为Ⅰ式圆环，内加一个大圆泡（与Ⅳ式同）。圆环外径33~38厘米，内径22~24厘米。圆泡直径在12.6~15.9厘米。其结构与三星堆的"轮形器"相似，只是外环与内泡间无横梁相连，尺寸也要小些（图一，1）。

Ⅳ式　12件，为一大圆泡，泡体圆隆，有的呈双层隆起，中间有一小圆孔，外沿折平有钉孔。直径在10~30厘米间（图一，3）。

据墓葬的断代，Ⅲ与Ⅳ式年代较早，如武、成时代的M18和M20，只出Ⅲ、Ⅳ式，不出Ⅰ、Ⅱ式；而出Ⅱ式的M4可晚至昭王末。因此，可以推断：Ⅲ式为其正型或完全型，Ⅳ、Ⅰ式为其简化型，Ⅱ式为晚出型，而以中央圆泡（Ⅳ式）为盾牌的主要标志。可图解为：

Ⅲ式——Ⅰ式——Ⅱ式
└————Ⅳ式

这些盾饰都钉在长梯形漆盾牌上部的中央（图一，1）。这种长方形木盾的印痕和圆铜饰曾在殷墟小屯和侯家庄发现过①。周原岐山贺家村西周初年墓（M5）也曾发现用黑、紫、红三色新绘花纹的长梯形漆木盾，残长55、宽45厘米②。

我们曾经指出：古代虫、鱼、蛇可互训，蜀与強都属于"虫之类而处中国"的氏族之国③。渭滨的強国应属蜀文化圈的北境。宝鸡地区的強国墓地其年代上限不会早于西周初年。它是受周文化强烈影响的氏族文化遗存，与蜀文化有天然联系。其大量出土的尖底罐及尖底罐加圈足形成的圈足罐（簋）在蜀文化Ⅱ期早已出现，Ⅲ期已大为流行；三角援戈、长骹矛出现在蜀文化Ⅲ期，竹园沟M4出土的柳叶形剑在三星堆第四期（即蜀文化Ⅲ期）上部的淤土中出土。可见強国墓地反映的是蜀文化北传的结果，那里可能是蜀文化圈的北境④。现在看来蜀文化因素北传的器物还应加上盾饰这一种。很明显強国只是把蜀国的"轮形器"变小，简化成圆环加泡饰，再把它钉在从东面传来的商、周文化的长方形木盾上，就变成渔国文化的盾牌了，这是一种复合文化产物，可以图解为：

① 石璋如：《小屯殷代的成套兵器》，《历史语言研究所集刊》第22本，台湾，1950年；梁思永：《侯家庄·1003号大墓》，（台湾）中央研究院历史语言研究所出版，1967年。

② 《陕西岐山贺家村西周墓葬》，《考古》1976年第1期。

③ 见本书《周原卜辞中的蜀》。

④ 见本书《古蜀文化区导论》。

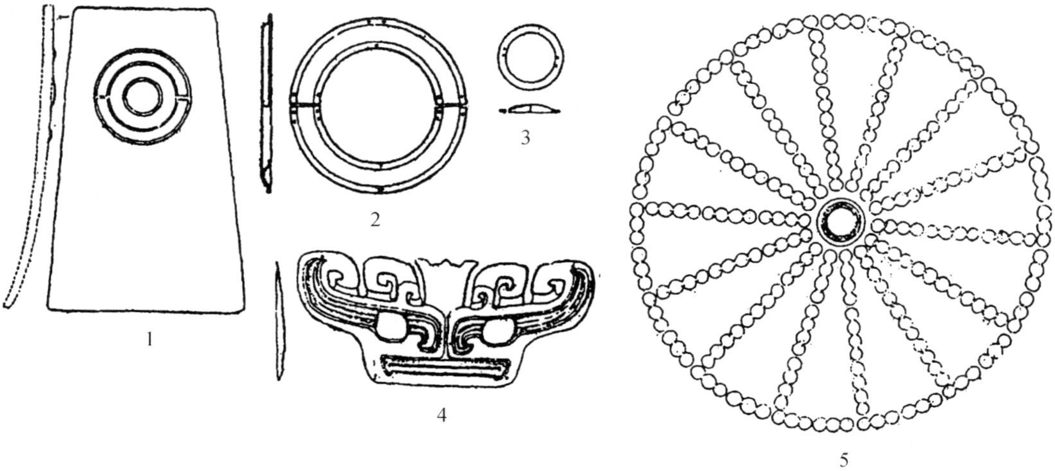

图一　铜盾饰

1. Ⅲ式盾饰及盾牌复原（BZM11：75，ф34.4 厘米）　2. Ⅰ式盾饰（BZM11：75，ф3 厘米）　3. Ⅳ式盾饰（BZM20：69，ф14 厘米）　4. 三星堆兽面盾饰（K2③：229）　5. 石棺葬盾饰及盾复原（SLM1：1）

蜀文化的“轮形器”→Ⅲ式盾饰 + 商周文化的长方盾或长梯形漆木盾 = 強国铜盾饰

这种圆泡盾饰曾多次出现在其他西周遗存中，如浚县辛村①、北京琉璃河②、昌平白浮③、周原贺家村④、灵台白草坡⑤等。其中琉璃河西周墓 M52 出土的盾泡饰如強国Ⅳ式盾饰而“背面有鼎立的三条横鼻”，浚县辛村 M42：97～101 又把三条横鼻移到圆环外，形成⑥。这些做法当非偶然，似乎与三星堆“轮形器”的 5 道横梁有一定承袭关系。

这种长条形平板盾（上面或钉有铜饰），一般比较高大，在东周时期被称为“吴魁”。《释名》曰：“大而平者曰吴魁，本出于吴，为魁师者所持也。”《楚辞·九歌·国殇》唱道：“操吴戈（科）兮披犀甲，车错毂兮短兵接。”这个“吴戈”或“吴科”即“吴魁”，是车兵所用的大盾。巴国所属的賨民，染濮越之俗而持吴魁，居于宕渠水至川东一带，东汉时为什么被称为“板盾蛮”，可能就因其持用平板盾，而与持圆隆盾的蜀人不同，故被作为区别标志而作此称呼的。

三星堆的“轮形器”大概就是这种“圆隆盾”的铜饰。从照片窥察，中央铜泡内

① 《浚县辛村》，科学出版社，1964 年。

② 《北京地区又一重要考古收获》，《考古》1976 年第 4 期

③ 《北京地区又一重要考古收获》，《考古》1976 年第 4 期

④ 《陕西岐山贺家村西周墓葬》，《考古》1976 年第 1 期。

⑤ 《甘肃灵台白草坡西周墓》，《考古学报》1977 年第 2 期。

⑥ 郭宝钧先生以为是“干盾或射侯”，其实还是盾饰。见《浚县辛村》，科学出版社，1964 年，第 45 页。

边平折，外接五根横梁，中间有一小孔，外环边内扣，也有几组钉孔，当然不是平钉在大于它的盾牌上，而是包镶在尺寸与之相同或略小的圆形盾牌上的了。这种“圆隆盾”就是所谓产于蜀地的“滇盾”或“羌盾”。《释名》云：“隆者曰滇盾，本出于蜀，蜀滇所持也，或曰羌盾，言出于羌也。”蜀为氐族国，氐与羌无论源流如何，总常相混，文化相染①，故蜀盾也可以叫羌盾。隆者，在南方方言中有突而圆似车伞盖之意。《方言》云：“车枸篓，南楚之外谓之篷，或谓之隆屈。”这种羌盾在汉代还是誉满海内的。《太平御览》卷357张敞《东宫旧事》：“东宫外崇福门，门各羌盾十幡，鸡鸣戟十张。”《陶公故事》：“臣侃奉献金华大羌盾五十幡。”这里说“金华”即指华丽的铜盾饰了。幡者，幡盖也，即幢幡华盖之类。羌盾以幡计数，也可证其为圆盾。

这种圆隆的羌盾或滇盾——实际即蜀盾，在我国西南地区是源远流长的。1954年开始在巴县冬笋坝和昭化宝轮院发掘了一批战国秦汉之际的巴蜀文化的船棺葬和狭长土坑墓，出土一种“铜盘”，其形平边外折，直壁而浅，底向外圆凸，口径约在30～40厘米，出土时都覆盖在尸体的胸腹部，较为普遍（图二，左）。冬笋坝船棺葬与狭长土坑墓共35座，出“铜盘”的有19墓，到西汉前期的长方形土坑墓还出土一件。宝轮院出土较少，15座墓中有2座出“铜盘”②。其铜质极薄，无法取出，很难说是实用的铜盘，有学者推断它“是巴人木盾上面包装的铜饰”③，是正确的。船棺葬的年代在战国，因此，有人说我国先秦时期只有方盾，没有圆盾，是不符合事实的④。

1938年吾师冯汉骥先生在汶川萝葡寨清理了一座西汉初年的石棺葬（SLMⅠ），发现铜圆泡与连珠纽同出，位置在人骨架左侧。出土时排列是：正中一个大圆泡，外环是用三连珠纽围成圆圈，内泡外环之间有数条四连珠纽摆成的放射性横条（复原图横条数不确），组成一个镶满铜饰的圆盾（图一，5）。据推测是革盾朽坏后留下的⑤。令人吃惊的是它与三星堆圆盾饰是如此的相似，也是内泡外环加横梁，只是做法细节已随时代而演化了。岷江上游的石棺葬应属氐族一支的遗存，它显然属于蜀文化圈内的流裔⑥。

唐时南诏境内还流行“犀革铜盾”。《蛮书·蛮夷条教》记载：“罗苴子皆于乡兵中试入，故称四军苴子。戴光兜鍪，负犀皮铜股排，跣足历险如飞。”《新唐书·南诏传》载：改“戴光兜鍪”为“戴朱鞮鍪”；改“负犀皮铜股排”为“负犀革铜盾”，甚确。“股排”即“彭排之讹”，唐王睿《炙毂子录》云：“旁排，自夷子始也，谓之彭排。步卒用八尺牛肋排，马军用朱藤排，至今然矣。”（载《说郛》卷二三）。郝懿行《晋宋书故》云：“彭排，今之藤排也，干楯之属。”《唐典·武库令》载：“彭排之制有，一曰藤排，二曰团排，三曰漆排，四曰木排，五曰联木排，六曰皮排。”可见，圆革盾亦

① 见本书《“羌戈大战”的历史分析》。
② 《四川船棺墓发掘报告》，文物出版社，1960年。
③ 董其祥：《巴渝舞源流考》，《历史考古文集》，重庆市博物馆，1984年。
④ 成东：《先秦时期的盾》，《考古》1989年第1期。
⑤ 冯汉骥：《冯汉骥考古学论文集》，文物出版社，1985年，第52页。
⑥ 见本书《“羌戈大战”的历史分析》。

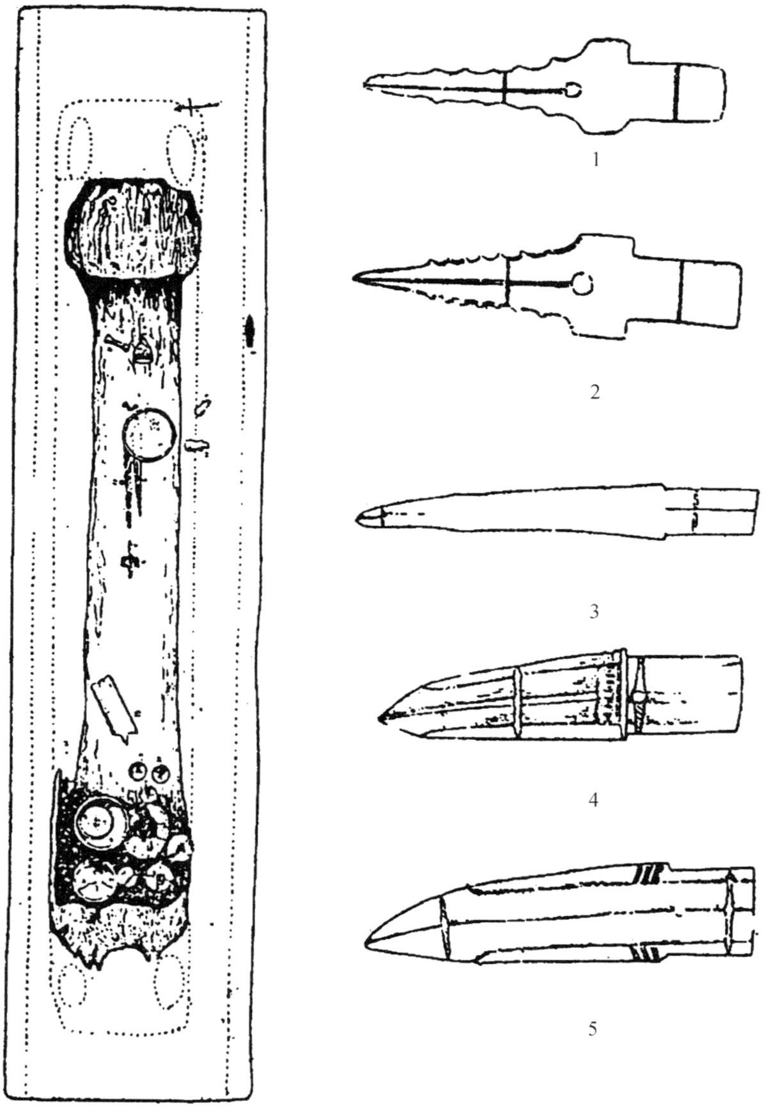

图二　铜盾饰与舞戈

左：冬笋坝 M9 平面图，铜胄在头部；盾饰、剑在胸腹间；钺、矛在身边；陶器在脚后。

1、2 铜舞戈（三星堆出土）　3～5 玉石舞戈（三星堆出土）

是唐代常规武器之一。“罗苴子”即今彝族之先民的勇士。《云南志略》云“罗罗多养义士，名‘苴可’”。“罗苴子”与“苴可”均为汉音译，似为异称。

不久前，凉山彝族的勇士的全副武装：头戴“兜鍪”、身披“犀甲”，手持有漆画的圆革盾，只是没有铜盾饰而已。据调查，彝文称盾牌为“[illegible]”这种圆盾牌多系皮胎漆绘，也有皮木胎的。圆形，皮胎，盾牌中心里凹外凸，里面拴有皮绳一根，系于左手。皮木胎盾中心包一圆木，形成中心厚，边缘薄的铜饼状。有一件标本直径 59 厘米，正面中央漆绘一大圆心似铜泡，外有两道漆绘圆环①，似乎也属蜀文化圆盾的风貌遗存。

这种圆而隆的盾牌的流风所及直至近现代。在 1904 ~ 1906 年藏族人民抗英斗争中藏族勇士还手持圆藤牌，表现出大义凛然的英姿②。

总之，三星堆出土的“轮形器”从形制的横向比较，或源流演化来考察，很可能是青铜盾饰。希望以后的田野发掘中，注意易朽物品漆、木、藤、革之类的盾牌遗迹。目前，不好解释的是，这种三星堆圆盾太重，手执作战有困难。考虑到它是作为宗教仪式舞蹈中的陈设，还是可能的。

三、说 干 舞

这里再说说三星堆二号祭祀坑出土铜饰盾牌的社会功能——古蜀国的祭仪之一：干舞。

盾的起源甚早，古代先民用树杈或加上藤编、皮革作为打斗中抵御对方投掷的石块与弓矢的进攻之用。随着私有制、阶级和国家的产生，战争日繁，作为防御武器的盾日臻完善。殷墟卜辞中有（邺三下 · 三九、一一）；西周金文中有（干氏叔子盘）、（毛公鼎）均释为“干”③。扬雄《方言》卷九说：“盾，自关而东谓之瞂，或谓之干，关西谓之盾”。郭沫若认为金文的“干”字是“作骨架的木杆从附加的编物或制物的上下透出，演为象形文字”④，其说可从。古人有“国之大事，在祀与戎”的观念，武器也就是祭仪中的器械，干盾也具有这两种功能。

当周武王伐商，誓师牧野之郊时，首先下令曰：“逖矣，西土之人！……嗟！我友邦冢君、御事、司徒、司马、司空、亚旅、师氏、千夫长、及庸、蜀、羌、髳、微、卢、彭、濮人。称尔戈，比尔干，立尔矛，予其誓。”

这实际是在誓师大会上举行一场举戈、扬盾、树矛的武舞，是为了鼓舞征伐殷商的部队的高昂士气。同时也可见戈、盾、矛乃西土将士们必定随身携带的武器。宝鸡竹园沟強国武士是否参加牧誓，尚待考证，但他们也是西土八国之一，与西土八国尤其是与蜀有密切关系则可以肯定。从強国墓地 10 座男性武士墓的材料看：每墓必有干盾，也必有戈矛，而且不仅有实战铜戈，同时还有礼仪性的舞戈（原报告称“明戈”），往往舞戈数量大大超过战戈，如 M7 有盾 5 件，战戈 3 件，舞戈 10 件，矛 1 件。战戈较大，通长 18.8 ~24.4 厘米；锋部尖利，上下刃薄利。舞戈较小，通长 9.6 厘米，不锋利，

① 《凉山彝族文物图谱 · 漆器》，四川民族出版社，1982 年，第 47 页。

② 《西藏概况》，西藏人民出版社，第 69 页。

③ 《汉语古文字字形表》，四川人民出版社，1981 年。

④ 郭沫若：《金文丛考》，人民出版社，1954 年。

戈身还有丝织物印痕①。

三星堆二号祭祀坑与强国墓地的不同点在于它是祭祀遗迹，所以不出实战武器，只出祭祀仪式中舞蹈时用的器械。（图二，右）

（1）青铜舞戈，20 件，通长 20 厘米左右，直内，宽阑，阑本交接处有圆穿，狭援呈长锐三角形，有脊无锋尖，无边刃而成钝粗锯齿状，决非实用战戈。

（2）玉石舞戈，18 件，分为两式：

Ⅰ式　11 件，直内无阑，本宽于内似肩，狭长援，末有脊，锋无尖，边刃不利。通长可达 60 厘米。

Ⅱ式　3 件，直内有穿，有阑，本部有阴刻方格圆圈纹，上下刃各有一齿，宽援有脊，锋末呈三角形，通长 26 厘米左右。

Ⅲ式　4 件，方内有穿，无阑，本宽于内似肩，上下各有三组平行斜线，宽援有脊，边刃不利，锋末略向下弯，通长近 30 厘米。

这些玉石戈都极薄，最薄处仅 0. 3 厘米，极易折断，而棱角端正，做工讲究，显系祭仪中使用的舞戈。

（3）干盾铜饰，11 件，可分为两式：

Ⅰ式　4 件，即上文所称“轮形器”。圆形，外径约 80 厘米左右，中间为一大圆泡直径约 20 厘米左右，中央有一小孔。外为一圆环，宽约 5 厘米左右，内沿平直，外沿内扣，有数组钉孔。泡环之间有五道横梁相接，宽约在 5 ~ 8 厘米间，内宽外窄。

Ⅱ式　9 件，细部各有不同，一般作兽面形，宽 27、高 12. 2、厚 0. 2 厘米。头上有两支下卷角。额中似有冠，冠中有泡。双眼细长，外眼眦上挑入耳，双睛圆瞪，悬鼻似针，阔嘴紧闭，两旁卷耳上及嘴下两角各有钉孔一个（图一，4）。按：原报告推测此器为“祭祀时巫师所戴面具”，不确。兽面宽而矮，而有孔钉，不能戴在脸上，而宜于钉在盾牌上。岐山贺家村西周墓曾出土兽面形盾饰与人面形盾饰②。宝鸡茹家一号強伯墓曾出土木盾 2 件，铜盾饰也作大兽面形，边上也有钉孔③，可供比较。

另外，贺家村墓地的兽面与人面盾饰背面都有纽可供穿绳，这与三星堆一号祭祀坑为“青铜人面像”（K1∶20）相似④，故后者当也为铜盾饰。

三星堆祭祀坑中干戈共出，令人想起《周礼》所载的“执戈扬盾”的傩舞。《周礼·夏官·司马下》载：“方相氏，蒙熊皮，黄金四目，玄衣朱裳，执戈扬盾，帅百隶而时傩以索室驱疫。大丧，先导，及墓，入圹，以戈击四隅，驱方良。”“傩”是古时腊月驱除疫鬼的武舞。用这来解释三星堆这么庄严隆重的祭仪遗迹，恐怕不妥。

《山海经·五藏山经》说天下名山有五千三百七十，实际记名者 395 座山，其用“干舞”以祭的却只有两座山，首山和熊山都在《中山经》。

① 《宝鸡強国墓地》（上、下册），文物出版社，1988 年。
② 《陕西岐山贺家村西周墓葬》，《考古》1976 年第 1 期。
③ 《宝鸡強国墓地》（上、下册），文物出版社，1988 年。
④ 《广汉三星堆遗址一号祭祀坑发掘简报》，《文物》1987 年第 10 期。

《中次五经》载十六山六水，“中次五经……首山魋也，其祠用稌，黑牺，太牢之具，蘖酿，干儛，置鼓，婴用一璧”。徐旭生氏以为其地望当“在陕西潼关，河南阌乡、灵宝各县境。”①《中次九经》：载十六山、八水，“……熊山，有穴焉，熊之穴，恒出入神人，夏启而冬闭。是穴地，冬启乃必有兵。……熊山，帝（席）也，其祠，羞酒，太牢具，婴用（毛）一璧，干儛，用兵以禳祈，璆冕舞。”徐氏以为其地望在“岷江西岸”，谭其骧氏以为“中次九经，地处巴蜀”②。蒙文通师则以为：“中山九经的十六山也都在岷江中、上游，成都平原至乐山以北一带。”准此，《中次九经》所载地带即我们常说的：以广汉—成都为轴心的早蜀文化的中心地带，古蜀国的腹心区域。此经的“熊山”，吴承志《山海经地理新释》以为即“今青神（城）西熊耳山”。《元和郡县图志》卷三十一记：“熊耳山在（平羌）县东北三十一里”，即今青神、乐山之间的熊耳峡。《华阳国志·蜀志》载：“杜宇称帝，号曰望帝，更名蒲卑。自以为功德高诸王，乃以褒斜为前门，熊耳灵关为后户，玉垒峨嵋为城郭，江潜绵洛为池泽，以汶山为畜牧，南中为园苑。”大体勾画出古蜀国的疆域以成都平原为中心的四至八到。也可见“熊山”确有蜀人原始宗教崇拜的主要神山——“帝”——的崇高地位。祭祀方式用“干舞”，这与中原礼制中“山川以干”的祭法相似。

《周礼·春官·舞师》载：“舞师掌教兵舞，师而舞山川之祭祀。”贾疏曰：“国有祭山川，则舞师还帅领往舞山川之祀。”《乐师》载：“乐师掌国学之教，以教国小子舞，有帗舞、羽舞、有皇舞、有旄舞，有干舞、有人舞。”郑注曰：“干舞者兵舞”，“山川以干”。郭璞注《山海经·中山经》熊山郭璞注：“干舞，持盾武舞也。”

中原武舞都执干、戚，如《礼记·明堂位》“朱干玉戚，冕而舞大武”。也有执干、戈的，如《礼记·文王世子》：“春夏学干戈”，郑注曰：“干戈万舞，象武也”。蜀地祭山川的干舞，都是执干戈以舞的，三星堆祭祀坑不只出土戈即是证据。1960年湖北荆门漳河车桥—战国竖穴土坑墓中出土柳叶铜剑1把，铜戈1把，都是战国巴蜀文化铜器无疑③。铜戈全长22、内长8.3厘米，宽5～6.8厘米，内端与援中部有铸纹，内容另释，这里只讲它应是巴蜀舞戈，因其无刃无锋，华而无实战价值。有学者原来因于“大武以干、戚”的记载，改定为戚，后已正误④。该戈后刻的铭文有待另考，是舞戈而不是舞戚则可无疑。这也是巴蜀以干戈为舞的另一旁证。

很多学者已证明，周人“大武舞”，汉人的“巴渝舞”都是来源于巴、賨民族的“凌敌舞”⑤。《华阳国志·巴志》载：“周武王伐纣，实得巴蜀之师，著乎《尚书》。巴师勇锐，歌舞以凌，殷人前徒倒戈。故世称之曰：‘武王伐纣，前歌后舞也’。”

“阆中有渝水，賨民多居水左右，天性勇劲，初为汉前锋，陷阵锐气善舞，帝善之，

---

① 徐旭生：《中国古史的传说时代》（增订本），科学出版社，1960年。
② 谭其骧：《“五藏山经”的地域范围提要》，《山海经新探》，四川省社科出版社，1986年。
③ 《荆门出土一件铜戈》，《文物》1963年第1期。
④ 俞伟超等：《论“兵辟太岁”戈》，《出土文献研究》，文物出版社，1985年。
⑤ 祁和晖、谭继和：《蜀乡音乐歌舞史迹掇英》，《成都文物》1986年第3期。

曰：‘此武王伐纣之歌也’，乃令乐人习学之，今所谓巴渝舞也。”

巴賨在东汉时被称为“板楯蛮”，也即因其善用平板盾也。要之，巴蜀干舞历史悠久，为周舞之先。

三星堆二号祭祀坑里除出土“干舞”的干戈外，还有“羞酒”的尊、罍。出土的60余支象牙或烧过的动物骨头大概是“太牢”的牲物了。玉瑗中有些“肉大于好”的恐怕是“婴用一璧”的“璧”了（见简报图三四，2）。《山海经·中次九经》所记的蜀地祭熊山的礼仪用品：酒、太牢、璧、干、戈都齐了；当非偶合罢！

总而言之，三星堆二号祭祀坑出土的“轮形器”是圆盾饰；还有兽面盾饰；还有铜舞戈与玉舞戈，都是古蜀国祭仪之一——干舞的器械。“圆而隆”的蜀盾，是早蜀文化的特征之一。

（原载《四川文物·三星堆古蜀文化研究专辑》，1992年）

古蜀文化区导论

——长江上游的古代文明中心

古蜀文明是20世纪80年代中国考古学的重大发现。过去，关于中国古代文明的起源与形成只讲黄河流域由龙山文化到夏商。70年代扩展到辽河流域由红山文化到夏家店下层；长江中下游由良渚文化、屈家岭文化到吴越、荆楚①。近十年来成都平原三星堆—十二桥遗址的发掘②，近两年来在四川广元、绵阳、汉源、忠县、通江等地的考古发现③，使人们的眼界扩展到了长江上游的巴蜀地区。这里在4000多年以前已经完成了从“野蛮”到“文明”的过渡，为探讨中华远古文明起源问题，提供了新思路。所以，四川广汉三星堆遗址的发掘被评定为中国第七个五年计划期间十大考古发现之一。世界舆论也十分重视，英国《独立报》报道：“从中国西南传出的消息，那里的考古发现可能是世界上最引人注目的。”（图一）

古蜀文明是巴蜀文化区的核心。巴蜀文化区位于东亚大陆的腹地“两河流域”——黄河与长江之间，以四川盆地为中心的“华阳之地”。至少在4000多年以前，在盆西的成都平原已形成具有都邑、冶金业、宗教礼仪中心、艺术创作与文字符号等为标志的古蜀文明中心④。但是，古蜀文明在辉煌了千余年后，突然暗淡。在2500年前虽然引入巴文明，形成巴蜀文化的又一个峰点⑤，但不能与东周列国相提并论，逐渐被秦、楚文化所涵化，最终汇入秦汉文明之中。这短促的强光闪烁是与其所处的人文地理环境有密切的关系。

---

① 夏鼐：《中国文明的起源》，文物出版社，1985年，第3章。

② 《广汉三星堆遗址》，《考古学报》1987年第2期；《广汉三星堆遗址一号祭祀坑发掘简报》，《文物》1987年第10期；《广汉三星堆遗址二号祭祀坑发掘简报》，《文物》1989年第5期；《成都十二桥商代建筑遗址第一期发掘简报》，《文物》1987年第12期。

③ 《四川广元中子铺细石器遗存》，《考古》1991年第4期；《四川广元市张家坡新石器时代遗址的调查与试掘》，《考古》1991年第9期；《四川绵阳市边堆山新石器时代遗址调查简报》，《考古》1990年第4期；《四川汉源县大树乡两处古遗址调查》，《考古》1991年第5期；《四川万县地区考古调查简报》，《考古》1990年第4期。

④ 见本书《殷墟卜辞中的蜀》。

⑤ 我们认为殷周时四川盆地是古蜀文明，江汉西部的巴，在东周时巴受楚逼，向西进入盆地，与蜀地的一些部落结合形成巴文明。参见徐中舒：《巴蜀文化初论》、《论巴蜀文化》，四川人民出版社，1981年。

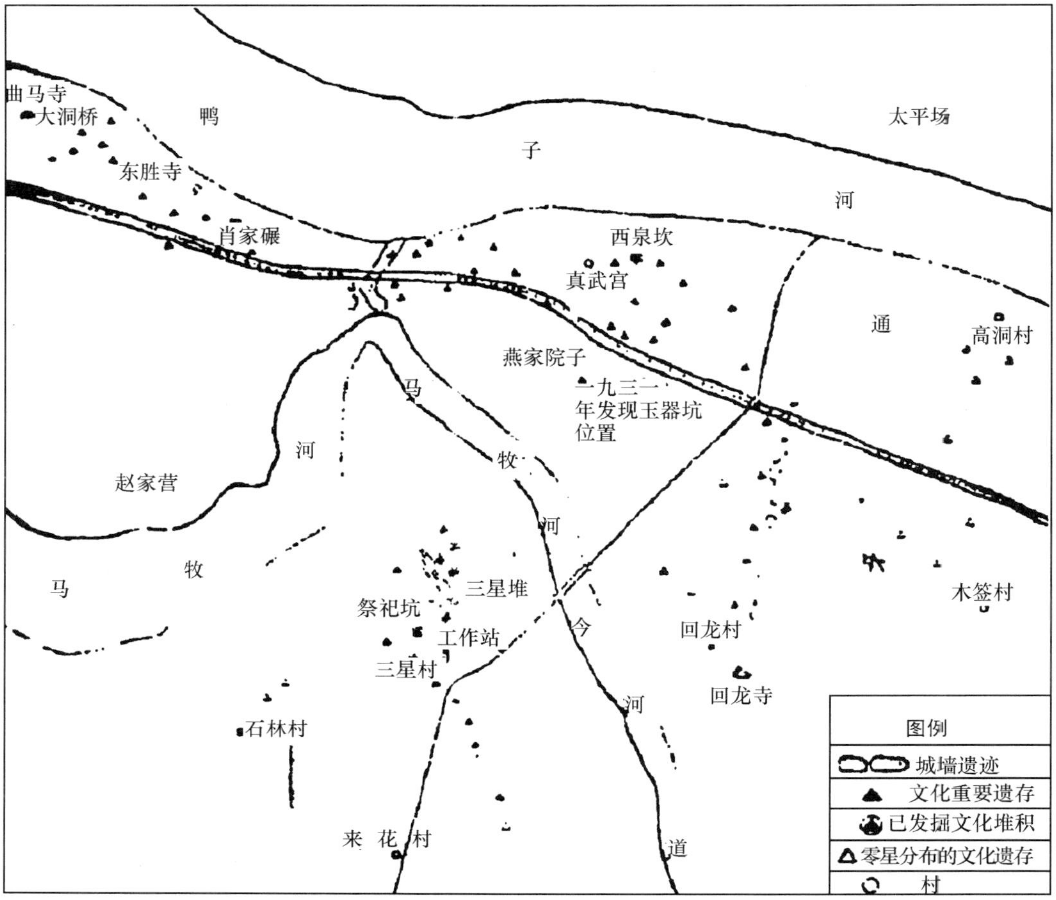

图一　三星堆遗址示意图（据《四川文物》1990 年第 1 期）

一、文化区的地域与年代

巴蜀作为一个地域概念，是战国秦汉时形成的。《史记·李斯列传》载谏逐客书说："惠王用张仪之计，拔三川之地，西并巴蜀，北收上郡，南取汉中。"《苏秦列传》说秦"被山带渭，东有关河、西有汉中，南有巴蜀，北有代马，此天府也。"巴蜀作为一个文化地域概念，在《汉书·地理志》载丞相张禹使属颍川朱赣的各地风俗条陈中说得最清楚："巴蜀广汉本南夷，秦并以为郡，土地肥美，有江水沃野，山林竹木，蔬食果实之饶，南贾滇僰童，西近邛笮马牦牛，民食稻鱼，亡凶年忧，俗不愁苦，而轻易淫泆，柔弱偏阸。""武都地杂氐羌，及犍为、牂柯、越嶲皆西南外夷，武帝初开置，民俗略与巴蜀同。而武都近天水，俗颇似焉"。"汉中淫泆枝柱，与巴蜀同俗"。所以，晋代常璩《华阳国志》说巴"其地东至鱼腹，西至僰道，北接汉中，南极黔涪"。蜀

“其地东接于巴，南接于越，北与秦分，西奄峨嶓”。“汉中郡，本附庸国，属蜀”①。以上是战国秦汉至魏晋时人对巴蜀区域的界定。

殷商之际，这里只称蜀。《后汉书·光武帝纪》载：“公孙述称王巴蜀”注曰“蜀有巴郡，故总而言之”，巴郡在蜀地故连称“巴蜀”，就保留了古老的地域概念。殷墟卜辞与周原卜辞中均有蜀无巴。殷墟卜辞记载商王曾到蜀地祭祀：“至蜀有事”（前8.38），“母庚示蜀”（南明613）；关心蜀地的农业生产：“蜀其受年”（乙6422）；征用蜀地人才：“蜀射三百”（龟2.3.8）；讨伐蜀地，“王供人正蜀”（后下27.7），“王（敦）缶于蜀”（后上9.7）等等。按例此蜀乃地名，又是蜀人所建之国。所以，在商王看来蜀应是殷商的西土外服方国。陕南汉中盆地乃商蜀的接壤之地。1955～1981年在汉水支流湑水下游约七公里的范围内出土商代青铜器530余件，连同出土的陶器一道，可分为三组，分别属于商文化、蜀文化和兼而有之的当地文化，说明此地是商王经常到达的蜀边疆，就蜀而言，此乃蜀之北境；就商而言，此乃商之西土也②。周原卜辞中曾两见蜀字，并有“伐蜀”记载（H11:68），《尚书·牧誓》称蜀为“西土之人”，这是周初袭用商人称方国为“土”的习惯，其实周人是习惯称“国”的，如称“南国”、“下国”、“四国”等。西周成王《班簋》铭有“作四方望，秉緐蜀巢”，郭沫若称它“以四国表四方”，“蜀即西蜀，在今四川”③。1974～1981年在渭水之滨宝鸡发掘的西周前期的強国墓地，其出土物也有三种因素并存，即周文化、蜀文化与寺洼文化安国类型。我们曾予论证強与蜀同源，均出于氐，故其发现证明蜀确为周之西南强国，并于渭滨相接触④。近年来在江汉平原西部发现相当多的含有蜀文化因素的遗存，说详下。因此，我们认为：“蜀的中心地区在成都平原，蜀文化圈的范围大体上和后来《汉书·地理志》所载‘与巴蜀同俗’的地域相当，它在江汉地区与南传的二里头文化（夏文化）相遇，在陕南与商文化相遇，在渭滨与周文化相遇，蜀应该是殷商的西土外服方国。”⑤这种文化接触不会是同一时期发生的，《华阳国志·蜀志》说：“历夏商周，武王伐纣，蜀与焉”，是有根据的。

这个文化圈的文化内涵指的是所谓的“早期蜀文化”，以资与东周的“巴蜀文化”相衔接与区别。同时，我们认为：“所谓‘早期蜀文化’并不是只与某一个族、某一国直接对应的考古学文化，而很可能是一种土生土长而又受中原夏商周文化强烈影响的、扎根地方的、有特征性的、地域性的青铜文化，它的某些文化因素，可以在许多相邻近的族或国的古遗存中表现出来。”⑥ 这个文化圈或文化区的范围已为近年来的考古发现

① 此据刘琳：《华阳国志校注》，巴蜀书社，1984年，第103页。

② 唐金裕等：《陕西省城固县出土殷商铜器整理简报》，《考古》1980年第3期；笔者1990年4月赴汉中、城固、洋县考察时所见。并参见本书《殷墟卜辞中的蜀》。

③ 郭沫若：《班簋的再发现》，《文物》1972年第9期。

④ 《宝鸡強国墓地》，文物出版社，1988年；并参见本书《殷墟卜辞中的蜀》。

⑤ 见本书《殷墟卜辞中的蜀》。

⑥ 见本书《周原卜辞中的蜀》。

所证实。含有三星堆—十二桥相同文化因素的遗存在广汉、新都、成都等地有密集分布。在其他地区也曾发现许多有自身特点又含有蜀文化因素的遗址，如雅安沙溪、汉源麻家山、阆中坪上、忠县中坝等。在江汉平原西部也发现一系列具有蜀文化因素的青铜文化遗址，或称之为“白庙文化”，或称“早期巴文化”①。值得注意的是，含有蜀文化因素的多少，是和该遗存与成都平原的距离成正比，即越近越强烈，越远越薄弱，呈现蜀文化向外传布的波圈现象。可见古蜀文明的中心遗存确是成都平原的三星堆遗址和十二桥遗址（图二）。②

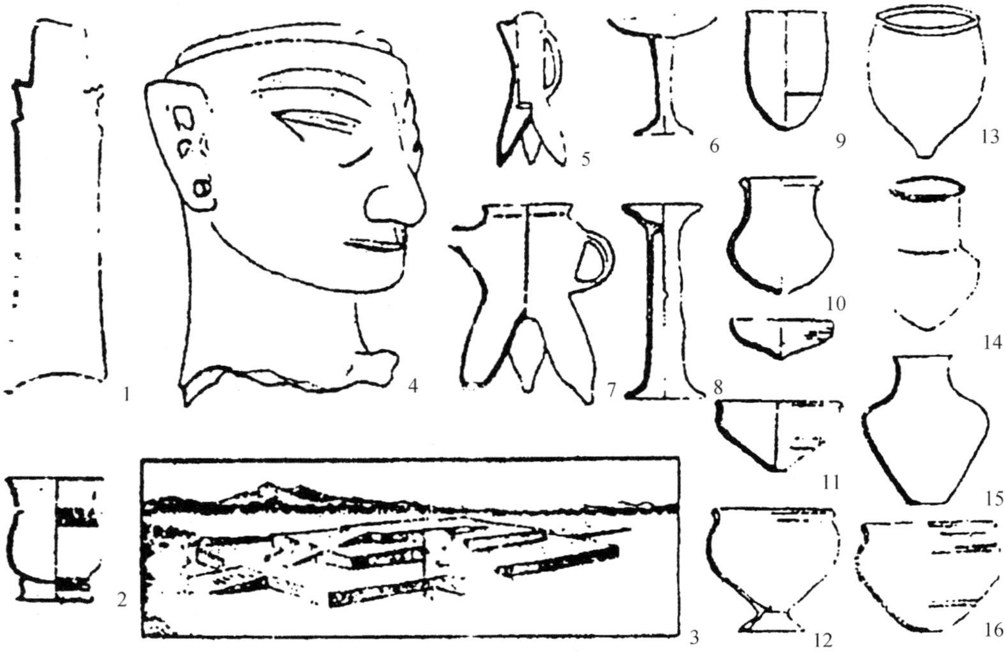

图二　古蜀文明的遗迹及器物图

1. 玉璋（广汉）（竹瓦街）　2. 牧正父已觯（羊子山）　3. 土台建筑遗址复原示意图（三星堆）　4. 青铜人头像　5. 陶盉　6. 陶豆　7. 陶盉　8. 高柄豆　9. 尖底罐　10. 尖底罐　11. 尖底钵　12. 豆形器　13. 尖底罐　14. 尖底罐　15. 小平底陶罐（以上均三星堆）　16. 小平底陶罐（水观音）

关于古蜀文明的年代，我们根据其中心遗址出土物的地层叠压关系，可分期如下（见表一）③：

① 林春：《宜昌地区的一支新型文化》，《江汉考古》1984 年第 2 期。

② 据林向：《成都平原早期蜀文化遗存初析》，《成都文物》1988 年第 3 期增刊。

③ 原报告《广汉三星堆遗址》原分三期，笔者根据 1986 年川大考古实习队参加三星堆发掘资料修订分为四期。

表一　古蜀文明遗址分期

遗址	新石器时代晚期	古蜀文明					著录
		夏商间	殷商	商末周初	西周	春秋	
广汉三星堆	第一期	第二期	第三期	第四期	✓	✓	《考古学报》1987.2.
三星堆祭祀坑			一号	二号			《文物》1987.10；1989.5.
成都十二桥		早期	中期	晚期	✓	✓	《文物》1987.12.
新都水观音			早期墓	遗址	晚期墓		《考古》1959.8.
成都羊子山土台				✓			《考古学报》1957.4.
彭县竹瓦街窖藏				✓	✓		《文物》61，11；《考古》81，6.
成都指挥街					早期	晚期	《南方民族考古》第一辑，1987.

注：此表下接战国时期的“巴蜀文化”。

这个考古排队材料与近年来所做的^{14}C测定的年代相一致。三星堆遗址第一期的年代大致在距今4740±115到4075±100年之间，即新石器时代晚期，第二、三期的年代距今约3935±240到3145±285年之间；第四期的年代距今约2875±70年；十二桥遗址早期年代距今约3680±80年①。总之相当于中原夏商周时期。过去，学者们因囿于识见，往往不相信常璩《华阳国志·蜀志》所说的话：“蜀之为国，肇于人皇，与巴同囿。至黄帝，为其子昌意娶蜀山氏之女，生子高阳，是为帝喾；封其支庶于蜀，世为侯伯。历夏、商、周，武王伐纣，蜀与焉。”现在有了地下证据，以“两重证据法”可以

① 有关^{14}C测定根据见《考古》1983年第7期、1984年第7期以及《四川文物·三星堆古蜀文化研究专辑》（1992年）所刊布。

证明常璩《华阳国志》并非凿空之说，是实实在在的历史投影①。

那么，我们现在可以这样说：相当于中原的夏商之际，在东亚“两河流域”之间的沃野上，以四川盆地为中心的华阳之地的“天府之国”——成都平原，孕育出又一个古代文明中心，那就是三星堆文化（包括十二桥类型），或称为古蜀文明。称它为文明中心，因为它是这一大片广袤的西南土地上，众多具备建立国家条件的青铜文化中的佼佼者，影响着许多发展水平不齐的文化综合体，并以它为核心，形成了一个文化区。我们借用司马迁叙述西南夷的体例可称为：“华阳之地君长以百数，蜀最大，此处有城邑，冶金业、灌溉农业、礼仪中心、艺术和文字。”

二、文化区的生态环境与聚落形态

蜀地的原始文化能够及时地向文明过渡，是与其所处的生态环境条件有密切关系的。

巴蜀地区在秦汉时以资源富庶而闻名。司马迁曾到过巴蜀，《史记·货殖列传》写道：“巴蜀亦沃野，地饶卮姜、丹砂、石、铜、铁，竹木之器。南御滇僰、僰童。西近邛笮、笮马、旄牛。然四塞，栈道千里，无所不通，惟褒斜绾毂其口，以所多易所鲜。”当时的“蜀”成为富裕地区的同义词，班固《西都赋》称长安近郊是“源泉灌注，陂池交属、竹林果园，芳草甘木，郊野之富，号为近蜀”。李善注曰：“言秦境富饶、与蜀相类，故号近蜀焉。”常璩《华阳国志》称巴地物产：“土植五谷，牲具六畜。桑、蚕、麻、纻、鱼、盐、铜、铁、丹、漆、茶、蜜、灵龟、巨犀、山鸡、白雉、黄润、鲜粉，皆纳贡之。其果实之珍者：树有荔枝、蔓有辛蒟、园有芳蒻、香茗、给客橙、蒌。其药物之异者有巴戟天、椒。竹木之贵者有桃支、灵寿。”记蜀地的物产：“其宝则有璧玉、金、银、珠、碧、铜、铁、铅、锡、赭、垩、锦、绣、罽、牦、犀、象、毡、毦、丹黄、空青、桑、漆、麻、纻之饶。”汉中的情况是：“厥壤沃美，赋贡所出，略侔三蜀”。即与汉代蜀、广汉、犍为三郡相似。或以为巴蜀地区之富是因为经过秦汉的开发，例如李冰开发水利之结果，其实不然。

蜀地的美丽富饶古来如此，《山海经》曾记录这方乐土的动人传说。如《海内经》载：“西南黑水、青水（此据《史记集解》引补）之间，有都广之野，后稷葬焉。其城方三百里，盖天地之中，素女所出也（此十二字据王念孙，郝懿行校复）。爰有膏菽、膏稻、膏黍、膏稷，百谷自生，冬夏播种（原作琴，据毕源校改）。鸾鸟自歌，凤鸟自舞，灵寿华实，草木所聚。爰有百兽，相群爰处。此草也，冬夏不死。”这是对成都平原古代生态环境的写照。汉晋人看到的本是“广都之野”，后讹作“都广之野”。如《史记集解》所引、郭璞注《山海经·海内西经》、张衡《思玄赋》及李善注引《淮南

① 有关黄帝子昌意娶蜀山氏女生帝颛顼事。见李学勤：《“帝系”传说与蜀文化》，《四川文物·三星堆古蜀文化研究专辑》1992年；蜀参与伐纣事，见徐中舒：《四川彭县濛阳镇出土的殷代二觯》，《文物》1962年第6期。

子》均作“广都之野”。而今本《山海经·海内经》、《淮南子·地形训》均误作“都广之野”。《蜀王本记》：“蜀王据有巴蜀之地，本治广都樊乡，徙居成都。”汉武帝在此因故名设广都县，大概在今成都市区以南双流县地界。所以明杨升庵《山海经补注》称：“黑水广都，今之成都。”或说在山东中部地区①，那是不对的。

我们认为，《山海经》是汇集了先秦时期中华大地上四方各族的传说与见闻，经战国秦汉间文士们的不断加工发展而成，其中也可能有齐鲁稷下学者们的手笔，文士们囿于识见，改正就错，鲁鱼亥豕，把事实化为神话，加上错简，张冠李戴是很多的。但这里的“广都之野”的记载，却决不能定到华北地区去。因为此地南稻北粟兼而有之，冬夏播种，冬草不死等，均与华北地区的生态环境相异。

我们试“以今律古”来作个比较；①年平均气温：华北地区 8℃ ~ 14℃/四川盆地 16℃ ~ 18℃；②大于 10℃ 的积温：华北地区 3500℃ ~ 4500℃/四川盆地 5000℃ ~ 6000℃；③日平均气温在 0℃以下的天数：华北地区 90 ~ 100 天/四川盆地 5 天以下；④正常年降水量：华北地区 400 ~ 800 毫米/四川盆地 1000 ~ 1600 毫米；⑤华北地区冬季气温太低，植被以夏绿阔叶林为主，冬季不见绿草，露天不能种植，在能种冬小麦的地方，地上的麦苗也得冻枯，来春再萌发返青。而四川盆地全年都是农耕期，冬麦油菜鲜绿常青；⑥日均温持续在大于 10℃为植物活跃生长期，华北地区有 200 ~ 220 天。四川盆地为 250 ~ 280 天②。当然，据研究：华北地区在殷商时期年平均气温要比现在高约 2℃。据此推算一月份的日均温还是在 0℃以下。而且到西周时华北的气候变得寒冷干燥，连江河之间的汉水都两次结冰，接着大旱③。由此可见，先秦时期要做到冬夏播种，冬草不死，只有四川盆地才有可能，广都之野只可能在蜀地——成都平原。而且广都地面的有些物产如“灵寿华实”，据高诱注《吕氏春秋》说：“寿木，昆仑山木也。华，实也。食其实者不死，故曰寿木。”昆仑之丘的确切位置尚存争论，而位于川西北附近则很有可能。所以广都之野是不可以搬到黄河流域去的。

近年来考古标本的测定也证明商周时期的成都平原的环境条件是十分宜人的。1986 年发掘成都市区指挥街遗址，采集的孢粉分析表明，在距今约 3000 年前（殷周之间），当地有茂密的阔叶林，林中有丰富的蕨类植物，附近有湖沼水面，藻类较多。气候温暖湿润。距今 2800 ~ 2500 年间（东周间），针叶树增加，形成针阔混交林，蕨类增多，有禾本科花粉，气温依然温湿，宜于种植④。根据三星堆遗址商代地层出土大量的青铜酒器与陶酒器，证明蜀地“必有发达的酿酒业，就必有发达的农业生产为基础”⑤。成都市区有大批商代聚邑遗址，十二桥遗址的木构建筑中很可能有宫殿，人口繁多，社会复

① 何幼琦：《海经新探》，《山海经新探》，四川省社会科学院出版社，1986 年，第 73 页以下。

② 上海师大等：《中国自然地理》，人民教育出版社，1979 年，第 2 章气候。

③ 竺可桢：《中国近五千年来气候变迁的初步研究》，《考古学报》1972 年第 1 期。

④ 罗二虎：《成都指挥街遗址孢粉分析研究》，《南方民族考古》第二辑，四川科技出版社，1989 年。

⑤ 见本书《蜀酒探原》。

杂，那么也不会没有发达的种植业的。

更值得注意的是成都平原古代良好的生态环境变化幅度不大（与华北地区相比）。根据什邡县上新统湖相地层的孢粉分析，它代表一个温暖潮湿的古气候环境，其植物种属与指挥街遗址孢粉的测定没有什么差别，而且还有禾本科花粉的存在①。成都市区方池街遗址第五层（春秋战国间）出土的兽骨鉴定，基本上属于平原湖泊及浅丘地带的动物种属，其中鹿科占 60% 以上，为主要的捕猎对象，猕猴、水鹿与犀牛的存在表明属于南亚热带气候条件。猪、马、羊属于饲养的畜类。孢粉分析有水龙骨科、蕨属、榛属和禾本科植物②，反映当时的蜀地有种植业、饲养业、采集渔猎业兼营的生产活动，这也与《山海经》所记的广都之野上“冬夏播种，鸾凤歌舞、百兽群居”的富饶环境是一致的。

广都之野——成都平原是四川盆地的明珠，古代的生态环境有利于古代文明的发生与发展。在优良的环境条件下，食品丰富使人口增长和集中，形成聚落，并向城市演化。三星堆遗址群在鸭子河南岸、马牧河两侧的台地上，已经发现 60 多处内涵相同的文化层露头的遗址点，可分为六个区，总面积约 12 平方公里③。成都市区的蜀文化遗址密集地分布在北面、西面、南面；最近在东郊及东南郊也有发现，市中心因动土工程少而发现也少。比较早的（商代）有羊子山④、十二桥、方池街、抚琴小区等；稍晚的（周代）有指挥街、岷山饭店、君平街等⑤。可见三星堆与十二桥是两个大型聚邑的所在地。据英国戈登·柴尔德估计新石器时期村落平均约有 200 ~ 400 人。苏尔美古代城市人口有 7000 ~ 20000 人；印度河谷的哈拉巴和摩亨佐达罗的城市人口也可能接近 20000 人⑥。若比照推算，三星堆遗址群有“村落”60 处，其人口至少也应在 12000 ~ 24000 人之间，可见其已不是一般的原始村落，而是文明城镇的规模了。

三星堆遗址群的中心部位，文化层特别厚，可达 2.5 米。有大型的建筑群，曾发掘出 18 座房屋基址，均为沟槽栽桩，木骨泥墙，榫卯屋架，开间大小均有，最大的面积超过 200 平方米，是数间套房，显然不是一般居室，而具有公共建筑物的特点，加以附近就有祭祀坑，故很可能是政教合一的庙堂。附近出土了大量用金、铜、玉、象、角、骨、漆、陶等制作的高级消费品（如镂孔雕花漆木牌，黄金面罩等），雕塑品（人、兽、鸟、树等），还有金权杖，砍头的人牲石像等，相反很少出土生产工具，意味着这里居住活动的是一群脱离劳动居于统治地位的上层人物。这片中心区约占地 2.6 平方公里，用人工夯筑的土埂——城墙围绕起来的，目前四隅连接尚不清楚，初步发掘清理可

---

① 刘兴诗：《四川盆地的第四系》，四川科技出版社，1983 年，第 119 ~ 123 页。

② 王毅：《成都市区蜀文化遗址的新发现》，《巴蜀历史民族考古文化》，巴蜀书社，1991 年，第 307 ~ 308 页。

③ 陈德安：《广汉三星堆遗址》，《四川文物》1991 年第 1 期。

④ 《成都羊子山土台遗址清理报告》，《考古学报》1957 年第 4 期，原定为“春秋前期到西周后期”，此详本书《羊子山建筑遗址新考》。

⑤ 据成都市文物考古队发掘资料。

⑥ 戈登·柴尔德：《城市革命》（1950），《当代国外考古理论与方法》，三秦出版社，1991 年。

知，东墙残长1100米，基宽40多米，残高4米，顶高约20米，墙上有土坯砌筑的基址；西墙残长600多米，残高6~10米；东西两墙间隔约2200米，其南半部新发现东西向的墙体残迹，北距三星堆约500米左右，似分为内外城区①。北面因濒临鸭子河，河道历年南侵，未发现墙体。值得注意的是城墙用土堆成斜面后，用树棒拍紧，拍夯痕长条形长数米，这种拍夯法与黄河流域的杵夯土墙或西亚阿拉伯人称为“土敷”的胶泥墙都不相同，是一大特色。另外，城墙内外均成斜坡面，与中原商代城墙在迎敌面削平的做法不同。墙外有深2.8米、宽20~30米的壕沟，沟底淤泥甚厚，并与马牧河河道相通，目前尚在发掘中。据初步观察，该城墙是具有多功能的夯筑墙体，即兼有防御、防洪、祭祀神坛、营建宫室等多种功能；墙外壕沟既是夯城取土处，也兼有防御、给排水或水运行舟等功能；城内有政教合一的管理机构和统治阶级，城外则是密集的村镇聚落，形成有鲜明特色的古蜀文明的都邑，城内还有冶铸，制作玉石器等手工业的残迹，说明手工业中的主要部门是掌握在少数上层人物手中的，这是前工业城市的共有特征。

三、文化区形成的地理条件

我们知道，城市化是文明进程的主要内容，城市成为一个经济文化区域的核心，并与邻近的一系列市、镇、村落形成网络。成都平原上古蜀文明的遗址星罗棋布，其中在广汉与成都两地，在商代存在着两个巨大的城邑，（可能后者的兴盛要略晚于前者）形成双子星座式的城市布局，令人注目。这里与西亚肥沃新月地带的美索不达米亚、北非尼罗河谷、南亚印度河谷的古代城市兴起的环境条件十分相似：土地肥沃，水源充足，物产丰富（物产多样化，尤其是食品与特产充足），有利于抵抗风险（包括天灾人祸）、交通便利（交通线上要广有市镇村落）②。

巴蜀文化区以四川盆地为中心。四川盆地四周为中山和高山环绕（海拔1000~5000米），西为青藏高原，南为云贵高原，北为秦岭和大巴山，东为巫山山脉，地势由四周向盆心倾斜（海拔300~600米），主要由侏罗纪和白垩纪紫红色砂页岩组成的水平岩层，在河流切割下形成台状丘陵性红色盆地，盆内多方山地貌。长江横贯盆地南部，盆地内河流均汇入长江，形成不对称向心状水系，主要支流在北岸，有岷江、沱江、嘉陵江等。在长江及其支流两岸分布着无数由一、二级阶地组成的冲积平原——平坝，这些坝子大小不等，平整肥沃，便于灌溉，连同周围的方山丘陵，形成一连串绵延不断，而又互相间隔的农业小区。如嘉陵江上阆中七里坝、彭城坝，高出现水面8~10米，长2~3公里，宽200~400米不等。涪江汇入嘉陵江，在江油至绵阳间约70公里河段两岸，有高出现水面3~5米或8~10米，宽1~3公里，长7~9公里不等的连续坝子。

---

① 三星堆城墙正在发掘中。按：最南面的城墙是1992年1月15日笔者与陈德安、敖天照踏勘时的新发现。对该城布局提出了新问题。

② H. J. 德伯里：《人文地理：文化、社会和空间》，北京师范大学出版社，1988年，第15章。

长江沿岸的平坝稍大一点，如江安平坝长 10 ~ 12 公里，宽 2 ~ 3 公里。最大的冲洪积平原在盆西的岷江与沱江中游，在九顶山邛崃山与龙泉山之间，形成一块面积约 7337 平方公里的成都平原，实际上是四川大盆地中套的成都小盆地。它是以岷江、沱江冲积扇为主体的山前倾斜扇形平原，形如新月，地势西北高，东南低，平均坡度约千分之四，从岷、沱分出的河网交错，水源充足，自流灌溉，土壤属于肥力较高的灰色潮土型水稻土。可见，成都平原的地理条件与美索不达米亚，印度河谷盆地多么相似，只是规模小些。但后两者是被沙漠包围的绿洲，而成都平原则是套在一个亚热带常绿阔叶林景观的红色盆地中的明珠。本来从全球气候来看，此地带正处于北纬 30°线上，应属于亚热带回归高压带，干热少雨，属于荒漠或半荒漠景观，可是四川盆地因处在青藏高原东侧，改变了行星风系，距海洋（太平洋、印度洋）又不太远，使之具有明显的季风气候，属于亚热带常绿阔叶林景观。因为地形复杂，气候复杂多样，从热量带来看，有南亚热带，中亚热带，北亚热带、暖温带、温带、寒温带、甚至亚寒带的区分，除了热带、寒带两头外，各种热量带都齐备。从水分条件看，以湿润地区为主，西部周边有少许半干旱或干旱地区。周边山地因高程差异悬殊，在垂直方向上的变化急骤而复杂，“一山分四季，十里不同天”，气候垂直带谱结构的多样化是很罕见的①，当然会带来生物圈内容的兼容性和多样化。

这样的地理条件对古代文明的发生有利是十分明显的。

（1）本区的资源丰富，食品有余，水源充足，特产更多。其矿产资源因地质构造具有的多期性和复杂性，成矿物质类型多样，基础丰厚，如铜、铁、金、银、铅、锡、汞、盐、碧玉、天然气等都适合古代的开发条件。从动物地理看，化石动物兼跨大熊猫—剑齿象动物区和北方区两大区系；现生种与之衔接，兼东洋界和古北界两大区系②。《华阳国志》记载古代既有犀象，又有牦牛，还有山鸡、白雉，其毛皮羽绒很早已被开发。由于环境的多样化，山林竹木，瓜果药材，北粟南稻，旱菽水芋，蚕桑漆蜡，麻纻毛织更是应有尽有，比东亚大陆哪个区域都要富饶。难怪本世纪初俄国瓦维洛夫就把巴蜀地区——从湖北西部到四川西部的山区及附近低地作为全世界作物栽培八大中心之首，列为世界上最大也是最早的农业起源中心③。这样的资源条件，足够古蜀文明城邦社会的利用和交换贸易的需要了。

（2）本区的地势有利于安定。本区自成一个地理单元，四周有高山屏障，内部是河流丘陵交错，限制了北方车、骑武装的侵入。秦岭东西屏列，隔断了西伯利亚寒流的侵袭。东南两面的山原相对不高，而西有世界屋脊——帕米尔山结，从太平洋、印度洋来的暖湿气流进入盆地，受阻于青藏高原，长期滞留，大大改善了区内的水热条件。加上地形与气候的多样化，不太可能有大面积的水、旱灾害，山上旱可以山下补，山下涝可以山上补，常年做到丰歉互补。环境的多样化与多变性更促进人们养成巧思勤作，幽

---

① 西南师大地理系：《四川地理》，《西南师大学报》编辑部出版，1992 年，第 2、3 章。

② 何信禄：《四川脊椎动物化石》，四川科技出版社，1984 年，第 8 章。

③ 转引自张光直：《考古学专题六讲》，文物出版社，1986 年，第 35 页。

默善解，不畏艰险，善于与自然界作斗争的精神风貌。这是有利于初期文明社会的安定过渡和顺利发展的。

（3）本区的位置利于古代四方交通。本区虽地处东亚腹地两河之间，若东出三峡，即是江汉平原，与南北向的随枣走廊相交，北通河洛，南走五岭，并俯临广大的长江中、下游地区。北面有斜贯西北高原与东南低地的汉水通道，《战国策·燕策》记载战国游说之士描绘的巴蜀交通状况并非全为凿空："蜀地之甲，轻舟浮于汶（岷江），乘夏水而下江，五日而至郢（江陵）。汉中之甲，乘舟出于巴，乘夏水而下江，四日而至五渚（洞庭入江口）。"这与唐代李白名句"千里江陵一日还"有异曲同工之妙，宁有夸张，终事出有因，不可不信。江、汉水通道在中国古代历史上的地位与作用是不可估量的。本区西面紧靠着横断山区古来民族南北迁徙的"藏彝走廊"，向北与甘青高原及中亚、北亚相接；向南可直接南中、与东南亚、南亚以致西亚、欧、非交往。《史记·西南夷列传》记张骞"居大夏时见蜀布邛竹杖，使问所从来，曰从东南身毒国，可数千里，得蜀贾人市"，讲的就是这条通道。近来被誉为"南方丝绸之路"的通道，与之有密切关系。后人囿于李白的"蜀道之难难于上青天"的艺术夸张，以为四周高山挡住去路，其实司马迁早就说过：虽然"四塞，栈道千里，无所不通，以所多易所鲜"，当是他亲见的实情。古代的民族迁徙，商旅往来是不会有大困难的。山区的山麓地带，丘陵的河谷地带都有连续不断的人烟村镇可供商旅行歇，交通实在是方便的。当然，前提必须要政通人和，民族和睦。再不然就要具备人力财力上的压倒优势，能强行通过，否则这些村寨小国就会作梗，会把通途变成堵塞的瓶颈。汉代通身毒道受阻实非蜀道天险之故，而是民族闭隔所致。

所以，本区有了成都平原这个古蜀文明为核心，它的高度发展带动了那些众多小坝子上的分散的文化综合体的氏族部落，形成了一个与中原等地并列的文化区域；即以古蜀文明为中心的巴蜀文化区。

四、古蜀文明的文化特征与源流

古蜀文明的文化特征有强烈的地理环境烙印。首先，因其处在东方沿海及东南半壁的稻作农业为主的东南文化板块（区），与西北高原地带以粟作农业为主的西北文化板块（区）之间的交接线上①，加以区内人文地理环境的多样化，故其文化面貌斑驳不纯。而其文化的组合特征则又独树一帜，蔚为奇观，试归纳表述如下。

本区因地形复杂，在商周时期已形成多种经营的"立体农业"的雏形：农作物是稻、麦、粟、稷、豆、芋、蔬菜，"冬夏播种"；园艺发达，有"四季瓜果"。"牲具六畜"，家养鸡、犬、猪，野牧马、牛、羊。发明的梯田（山原田）与堰渠配套，建设大型的水利工程，长于灌溉，池陂是蓄水与养殖并重。采集蕨、藻、药材，狩猎犀、象、

---

① 石兴邦：《中国新石器时代考古文化体系及其有关问题》，《亚洲文明论丛》，四川人民出版社，1986 年。

熊、鹿。手工业部门齐全，开矿冶铜采丹砂，开发盐泉火井，冶金业属于“二次发明”的范例，创造的金箔面罩，以及人神、鸟兽、花木青铜铸型独步于世。黄润丝绢，罐式发酵酿清醴，价比黄金；竹木陶胎漆器，源远流长。有舟无车，人负畜驮，索桥凌空，栈道千里，是与“四塞”环境斗争的结晶，四方交往无所不通。已建立起商业交换网络，罗致中原铜器，南海宝贝，西山玉石，“以所多易所鲜”。

聚落星罗，遍及平坝丘陵，河谷山麓，两大城邑并峙在平原上，或筑城墙则兼有堤防，卫御、营建宫室与祭祀神坛等多种功能。地面建房有方形、圆形、长条形房屋，既有木骨泥墙的小屋，又有干栏木构，抬梁编墙，茅茨三重的宫室。还有地梁载柱的宫殿，更属举世首见。

信奉以祖灵和神树为中心的“泛萨满教”，盛行巫术，卜甲不钻不凿，有超大型的多级祭坛，祭器以青铜尊罍和玉石璋璧为主，祭仪有燎，有埋，以人俑兽畜为牺牲，有政教合一的祭司与君长。作战以步卒为伍，有战船，执短戈，长矛，斤钺、掷剑，圆盾。丧葬土埋，还有“围罐葬”、“船棺葬”、“石棺葬”等不同葬俗。

古蜀文明的典型陶器群有：小平底罐、高把豆、高领罐、尖底罐、管足盉、鸟头把勺、瓶形杯、尖底盏和三足炊器。其中富有复合文化的特征，如把西北盛行的鬲与东南常见的陶釜腰沿做法相结合，制作特有的三足炊器。陶盉的空足，既有中原的乳状袋盉足，也有西北的爪状扁袋足，还有把三个本地尖底角杯做成的管状袋足。

人体装饰更反映文化复合现象。发式有西南盛行的辫、披发、椎结；又有东南流行的断发；还有中原常见的笄和戴冠。贯耳文身，当然是东南文化区的特征。衣衽有左有右，还有对襟和披巾，有“长裙”、牛鼻裈。赤足系镯，或着靴鞋。身姿以双手捧物两脚分立为恭敬，以危坐为燕居。砍头的人牲则双手反缚，双膝跪地。面部体征：既有长脸高鼻，也有扁脸阔鼻；眼睛有长柱突睛，也有丹凤细眼。方颌大耳，无不阔嘴紧闭，极少张口露齿是一大特色。以“纵目”与鼻梁架云者为神（图三）。

这些文化特征分析表明：本区的民族系属比较复杂，而本底一部是氐，一部是濮。“荆人王蜀”的传说是历史事实的反映，那就是代表东南文化的濮越，曾在此加入代表西北文化的氐羌，再加上华夏文化与东夷文化的融入，在本区形成文化综合体的杂交优势。

本区的文明自有特色，而又是中华远古文明的有机构成的一部分，与商周文明有明显的亲缘关系，反映在器物的种类与形态上：

（1）炊具不用鼎是一大特色，却有异形的三足炊器，三款足分裆高而宽，似三个尖底杯粘在一个颈圈下，而颈圈外又加一圈宽沿外侈如锅，俯视如今四川的泡菜坛沿，实际上是一种经过改造的鬲形器。封口盉与二里头文化出土物极相似，但盉身瘦高，超过足高，三足中空似管细长。商代蜀文化中仅此两种三足器显系传播而来并经过改造的器物。

图三　三星堆出土铜人、头、面像

1、2、4、8. 戴冠头像　3. 戴面具头像　6. 椎髻头像　10. 纵目面像　5. 辫发头像　7. 盘发头像

11. 纵目架云面像　9. 箕踞人像

（2）铜器中没有爵、斝、角、觚、卣等中原所习见的礼器，而以尊和罍为中心。三星堆祭祀坑出土的龙虎尊，（K1∶158）与安徽月牙河及殷墟M331出土的相似①，八鸟四牛尊（K2②∶146）侈口束颈，腹部下收，高圈足有扉棱，与殷墟妇好墓大圆尊（793）酷似②，但圈足不外侈，而成直筒，下沿微内收，与陕南苏村出土的圆尊（64∶1）相同③。罍（K2②∶70）短颈上有四道凸弦纹，肩上饰四羊头，深腹内收，底圆微鼓，与二里岗出土的罍近似，这些尊罍礼器大概是由外地传入或本地制造的。陶酒具则自有

① 王世民等：《殷代乙辛时期青铜器的形制》，《考古与文物》1936年第4期，第60页图十四，8。

② 《殷墟妇好墓》，文物出版社，1980年，第45页图二一。

③ 唐金裕等：《陕西城固县出土殷商铜器整理简报》，《考古》1980年第3期，图版贰，4。

特色，有瓶形杯和尖底杯盏。不过，平底觚则与二里头 M8 出土的相似①。一种酿酒发酵用的“三星堆式高领大罐”②，下腹部成反弧线内收成小平底，细长如柄，与殷墟“将军盔”相似而上部直口高领，领肩折成直角，圆肩下连深腹，又是脱胎于二里岗的大口尊。

（3）礼（兵）器中的戈、矛、钺与中原的形似而异。如铜戈（舞戈）援尖，上下刃成粗锯齿状，形制怪异。“牙璋”则既有与二里头、神木石峁等地出土的相同外③，又有岐峰透雕鸟纹，阑上突棱花牙等自成特色。

（4）铜人像中有与殷墟出土相似的，如跪人像（K1∶293），高髻，宽脸，张口露齿，右衽长袖，腰带，双手扶膝危坐，与本地其他人像显著不同④。而那个群巫之长的大铜立人像（K2②∶149，150）头戴平顶硬冠，鼻梁高直，方脸扁颌，阔嘴紧闭，披右袒龙纹方巾，短袖长衣，下摆似燕尾，长裙过膝，赤足佩镯，具有南方民族的特征⑤。大铜面像（K2②∶198）浓眉大眼，眼珠外突如柱，两耳外侈，阔嘴紧闭与沣西出土及国外收藏的周代玉饰人像异曲同工⑥，则可能属于蜀人所创造，后北传为周人所接受的蜀文化因素。

本区文明的源头是十分悠久的。这里很可能是“人类的摇篮”之一，巫山龙骨坡洞穴曾出土直立人巫山亚种化石两件；一段下颌骨带有 P4—M1（CV939. 1）及上门齿 1 个（CV939. 2），据出土层位的古地磁法测定，应为距今 201 万 ~204 万年间，它显然是我国也是亚洲发现年代最早的人类祖先⑦。这里很可能是“农业起源中心”之一，汉源的富林文化遗址是一处旧石器时代晚期的石器制作场，它属我国小石器技术传统，代表着人类从野蛮走向文明的第一期的山林采集狩猎阶段⑧。广元的中子铺文化则代表着第二期的山前农业阶段，那里出土特征明显的细石器，与粗陶器，磨制石斧，梭形石刀共存，年代当比四川其他新石器时代遗存为早⑨。现在知道在川西北高原与川滇西部山地、横断山区，这种细石器遗存是比较多的，这些都是与在盆周中山、丘陵上进行的生产变革有关。巫山大溪文化遗址有发达的原始农业和氏族墓地⑩，以及三星堆一期文化的陶器则代表第三期的阶地农业阶段，意味着从山前农业向平坝农业的过渡，属于氏族

---

① 邹衡：《夏商周考古论文集》，文物出版社，1980 年，第 148 页图 8。

② 见本书《蜀酒探原》。

③ 《二里头遗址出土的铜器和石器》，《考古》1978 年第 4 期，《陕西神木县石峁龙山文化遗址调查》，《考古》1977 年第 3 期，第 270 页图二，1；第 154 页。

④ 《广汉三星堆遗址一号祭祀坑发掘简报》，《文物》1987 年第 10 期。

⑤ 《广汉三星堆遗址二号祭祀坑发掘简报》，《文物》1989 年第 5 期。

⑥ 张长寿：《记沣西新发现的兽面玉饰》，《考古》1987 年第 5 期，图一、图三，区别在于这些面像都为张口露齿，且有獠牙。

⑦ 黄万波等：《巫山猿人遗址》，海洋出版社，1991 年。

⑧ 张森水：《富林文化》，《古脊椎动物与古人类》第 15 卷第 1 期，1977 年。

⑨ 见《四川广元中子铺细石器遗存》，《考古》1991 年第 4 期。

⑩ 见本书《大溪文化与巫山大溪遗址》

社会的鼎盛期，已到了文明的门槛边。所以，古蜀文明有着悠久的源头，经过长期的孕育，而文化综合体的杂交对文明的诞生起到了催产作用。

古蜀文明有许多独创性的文化发明，例如栈道、索桥、梯田都是古蜀人开发自然，改变环境的文化结晶。这里仅以巴蜀地区梯田开发为例说明之。我国的农业也起源于山地，特别是山前地段（山麓），据台湾日月潭潭底沉泥的孢粉分析，从距今12000年起，当地植被不断发生重大变化，木本减少，禾本科与莎草类急剧增加，且再生树种也大量增加，有学者以为“砍倒一烧光”的原始农业已经萌芽①。高山族原始农作物并不全是谷物而是芋薯（《番社风俗考》）。成都平原古蜀文明遗存的孢粉中的禾本科植物也不多。可能与《史记·货殖列传》所说：“汶山之下沃野，下有蹲鸱，至死不饥”有关，蹲鸱就是大芋，当为当地的重要食品来源，这到了秦汉还是重要的食品补充。汉代画像砖上在芋田收获采芋的画面不少。蜀有“鱼凫田于湔山”，杜宇“教民务农，移治郫邑，或治瞿上”的古史传说，反映鱼凫时代还属于山麓农业阶段，而杜宇时代则是“降丘宅土”的阶地平原农业阶段了，三星堆遗址很可能是杜宇的治地瞿上。

山前的农田坡度太大，水肥容易流失，全靠天上降水，不可能有稳定的较高的农产量，氏族部落的发展必受限制，降至平原上，农田开发就有很大潜力了，文明的大门才可能叩开。但本区的平坝面积不大（今四川省内平原只占总面积的2.54%），且多沿河分散成小坝子，面积过小，必须与周围的丘陵一起才能形成农业小区。这就促使人们对丘陵农田的开发——那就是梯田的发明。

梯田之名最早出于宋范成大《骖鸾录》，记述袁州（江西宜春）：“岭坂之上皆禾田，层层而上至顶，名梯田。”其实巴蜀地区很早就有发达的梯田农业，四川彭水东汉墓出土的陶田模型，丘形狭斜，相接如鱼鳞，略呈阶梯形，农史学者均定为梯田模型②。这种梯田模型在四川地区的东汉墓葬中甚是普遍。如1974年在成都东郊东汉墓出土的梯田模型，田块成裤衩形以象征依山凹开成平田的样子，丘垄之间还有沟渠闸门相接③，梯田已实行灌溉了。这可与《华阳国志》所载相印证：涪县有“山原田”（梯田）与“平稻田”（平原田）的区别；郪县有“山原田”，广汉县有“山原田”；德阳县“山原肥沃，有泽原之利”，即有灌溉的梯田。梯田的开发还可上推，抗战期间吴金鼎等在川滇西部山地的洱海地区发掘的佛顶峰和马龙遗址早期，相当于殷周之际（约距今3000年）的遗存，即有梯田遗迹。在溪流附近的房屋周围，山坡被开成了层层平台，“经发掘后，证明此类平台为古人住处农田”④。最近，四川大学考古实习队在汉源狮子山新石器时代遗址发掘中，同样发现房屋与农田所在山坡被开辟成层层平台，形成梯田

① 李根蟠等：《我国原始农作物起源于山地考》，《农业考古》1981年第1期，第21页起。

② 中国农业遗产研究室：《中国农学史初稿》上册，科学出版社，1984年，第222页图13。

③ 刘文杰等：《四川汉代陂塘水田模型考述》，《农业考古》1983年第1期，第134页图七，原文误作“水塘”。

④ 吴金鼎等：《云南苍洱境考古报告》甲编，李庄，1942年。

锥形，其年代约距今4000年以上①。那么可以说，这种梯田的发明权确实属于古蜀文明。在本区以方山丘陵为主的地貌的影响下，人们很快学会利用这种桌状、台状、阶梯状的水平山地进行种植，进而垒石筑坎有意识地改造坡地为梯田，再进而引溪灌溉，更进而利用河流落差或筑堰提高水位以灌溉梯田，这样就成为蜀中特有梯田“山原田”了。这种因地制宜，辟成水平阶梯状，不成方块，冬夏播种，水利灌溉的“山原田”是与华北地区的“井田”、“爰田”不同的耕作田制。以后逐渐在南方丘陵，北方土原上推广，今已成为山地农业的人文景观而闻名于世了。梯田是古蜀文明的一大贡献，源远流长，不可不加说明。

五、古蜀文明的消融

古蜀文明曾辉煌了千余年，它北与中原进行双向交流，东化荆楚，西涵“藏彝走廊”，南通南中及东南亚等。夏商周王国都曾与蜀有密切的关系并载入史册，被地下发现所证实。川滇西部山地石棺葬与大石墓中有大量的蜀文化因素②。有学者把蜀地商周时水观音遗址与楚腹心地东周季家湖楚城出土物进行比较，认为早期是巴蜀文化影响楚文化，相反到战国时期蜀地新都大墓（可能是开明王陵之一）中却有强烈的楚文化因素③。这个“由蜀化楚”到“由楚化蜀”的变化，是值得玩味的。公元前316年秦并巴蜀，更加强了巴蜀文化体系逐渐被西北来的秦文化与东南来的楚文化所涵化，消融在中华大文化区之内的相互作用过程。秦汉以后的“巴蜀文化”只是一种广义的地方性文化，它有继承巴蜀传统，保持固有独特文化的一面，但总体而言，它与其他地方性文化之间，已由“大异小同”演化为“大同小异”，失去了特质。

古蜀文明到西周突然暗淡失色。春秋时期的蜀文化面貌不清，文献阙如，考古资料也有断线情况。东周时进来了巴文明，形成了巴蜀文化发展的又一个峰点，可以新都蜀王墓、涪陵巴王墓④与各地船棺葬等考古发现为代表。虽然有的学者把巴蜀文化与滇文化合起来作为东周文化七大文化圈之一⑤。实际上在当时巴蜀文化要单独与周文化、秦文化、楚文化等并峙已不可能了。当然巴蜀文化与滇文化的联系比一般了解的要少得多，合在一起划成一个文化圈恐成问题。先秦文献对巴蜀的记载极少，东周时只在《左传》、《国语》、《战国策》、《山海经》、《逸周书》等典籍中有些记载。其中只有《山海经》所记的巴蜀古史传说较多，故而学者们或以为其中的《海内经》部分与《大荒经》

---

① 承川大考古实习队领队马继贤先生见告。

② 见本书《周原卜辞中的蜀》。

③ 郭德维：《蜀楚关系新探——从考古发现看楚文化与巴蜀文化》，《考古与文物》1981年第1期。

④ 《四川新都战国木椁墓》，《文物》1981年第6期；《四川涪陵地区小田溪战国土坑墓清理简报》，《文物》1974年第5期。

⑤ 李学勤：《东周与秦代文明》，文物出版社，1984年，第1章导论。

部分是巴蜀的作品，《五藏山经》、《海外经》部分可能是接受巴、蜀文化以后的楚国作品①，是令人深思的。相反在中原典籍中对巴蜀仅有零星散记而已。如《左传》有巴无蜀。据统计春秋经传一书，巴凡十一见，均与楚史有关。蜀凡九见，但都不是我们所谈的蜀，而是鲁邑同名者②。古蜀文明在著名的春秋史书《左传》中竟销声匿迹，令人感叹。那么，古蜀文明在短促的强光闪烁之后很快消融的原因何在呢？其中的原因之一是巴蜀地区的人文地理条件如同一把双刃利剑，既有利于向文明过渡的条件，又有不利于它发展成长的一面。试举四点：

（1）秦灭巴蜀，接着兼并六国统一中华，从政治上打破了承袭氏族部落社会以来文明初期地域文化隔阂的畛畦，造成文化大一统的总趋势。而且巴蜀文化本来与中原及秦、楚等文化是亲缘文化，在文化发展的全过程，包括文明发生发展的各阶段，他们之间都存在着双向或连锁式的交流与联系。所以巴蜀文化体系很快被涵化而融失，是有其内在原因的，它的融合是顺理成章逻辑发展的结果。

（2）本区地理环境复杂，地形四塞，不如华北、华中那样有广阔的原野可供驰骋，进取心不强，偏安之心甚重，难以问鼎中原，始终是个“西僻之国”。区内平坝星罗棋布，互相隔离，规模又较小，难以单独支持向文明过渡。只有成都平原较大，条件较好，所以在成都与广汉仅相隔40公里的两地形成两个文明城邑，成为双城对峙的局面。我们认为三星堆遗址是杜宇族所建之国；十二桥遗址则可能是开明氏的根据地，后来国力消长，重心转移，替代了杜宇氏的瞿上，成为古蜀文明区中最大的都邑。在那些分散的小坝子上，氏族部落众多，据考证巴蜀境内的“诸侯国”，多达百数十个③。文化综合体的发展水平极不平衡，有的已建国，阶级对立，有的还在原始社会阶段，各自为政，易受四邻影响，区内的文化向心力受损，难以形成一个统一的经济文化实体。

（3）本区的核心古蜀文明的发祥地成都平原规模不大（长200公里，宽40～70公里），虽然物产丰富，若供应一族一国进入文明社会当然是绰绰有余，但两雄并峙，若有天灾（如洪水）人祸，必有一伤。开明氏兴起，成都取瞿上而代之，杜宇国破，三星堆城邑化为废墟，就是这个原因。倘若还要兼并全区形成大国则底气更为不足，此所谓古蜀文明相对柔弱，文化辐射力不强。要与秦据关中八百里秦川，楚处江汉四达之国相较，确属劣势，特别缺乏经济文化的后续实力。故由“蜀强楚弱”化为“楚强蜀弱”；七国称雄，巴蜀已无力问津盟会就不足为怪了。再加上成都平原正当青藏高原东缘，西山坡面迎风，夏雨集中，形成“西蜀天漏”，江沱泄洪不及，便常常酿成水灾，沿河平坝就会一度变成泽国，曾多次造成社会动荡。我们曾指出，三星堆遗址第三区第七层是20～50厘米厚的富水淤泥层，中断了古蜀文化的延续，它就是洪水滞留，造成国破城迁的证据，这个非常事件就是《蜀王本纪》所载，杜宇时国力鼎盛而突遭“若

① 蒙文通：《巴蜀古史论述》，四川人民出版社，1981年，第146～184页；吕子方：《中国科学技术史论文集》下册，四川人民出版社，1984年，第81～102页。

② 杨伯俊等：《春秋左传词典》，中华书局，1985年。

③ 蒙文通：《巴蜀古史论述》，四川人民出版社，1981年，第27～35页。

尧之洪水”，因此被荆人鳖令取代政权，建立起开明王朝的历史见证①。三星堆遗址的城墙埂子也没有能护住杜宇瞿国的社稷长存。

（4）本区内部氏族部落林立，社会发展水平又参差不齐，没有形成强有力的集权政府。军事力量又较差，长期无劲敌，武力萎缩，地形所限，只有步卒、短兵，没有战车、长兵，天险虽然可凭，而与发展交通必相矛盾，秦蜀间金牛道之开通，已预知巴蜀之难保也。加上巴受楚挤，西进与蜀为仇，纷争不休，又都缺乏具有魅力的首领人物为核心，一旦被强秦利用，各个击破，只落得国破民散，文化也被涵化了。当然巴蜀文化的余响甚为久远，这已是后话了。

（原题《论古蜀文化区》，载《三星堆与巴蜀文化》，巴蜀书社，1993 年；收入《川大史学·考古卷》，四川大学出版社，2006 年）

① 林向：《三星伴月话蜀都——三星堆考古发掘琐记》，《文物天地》1987 年第 5 期。

巴蜀酒文化比较研究

——考古、典籍与民族调查的结合

酒起源于人类的史前，用粮食酿酒在“新石器时代革命”以后。我国古代的粮食生产历史甚早，据最近考古学发现研究，至少在八千年前，黄河流域已大量种植粟黍，其碳化物在三十多处遗址中发现，且这一带出土的人骨经碳十三测定食谱表明：粟已成为他们的主食。差不多同时在长江流域的东南沿海一带三四处遗址中发现籼稻的谷、壳、茎、叶的碳化物。河姆渡遗址稻的碳化物厚达40～50厘米，并与木建筑构件相混出土，表明已有相当规模粮仓①，那么，有理由推论中华大地的粮食栽培的起源在距今一万年以前。用粮食酿酒跟用水果酿酒不同，需经糖化与酒化两个阶段。我国是最早利用霉菌使糖化与酒化合二为一的，据方心芳先生研究至少有六七千年的历史，现在看来还可能提前（另行探讨）。这种巧妙利用微生物的高超技术是中华远古文化的一大特色，是对世界科技史的一大贡献。西方自古以来都用麦芽糖化谷物，然后再用酵母使糖发酵变为酒。到了19世纪90年代欧洲科学家才从我国的酒曲中，得出了一种毛霉，在酒精工艺上建立起著名的“淀粉发酵法”（Amylo process）②。我们应该认真研究总结中华酒文化中的这项领先于世界的技术奇葩。

巴蜀文化圈是中华古代文化圈中有机构成部分，其酒文化同样历史悠久，酿酒技术具有同样特点，甚至各有千秋，双向传播，互相提高。在中华古代文化圈中，各地存在次一级的文化圈，如中原的夏商文化圈、渤海湾的东夷文化圈。长江下游的吴越文化圈、江汉洞庭湖地区的楚文化圈、华阳之地的巴蜀文化圈等等。他们呈现出发展不平衡的趋向，在不同的时空条件下闪耀出领先的火花，犹如黄河长江后浪推前浪，此起彼伏，共同向蔚蓝色的大海奔泻。因此对巴蜀酒文化作一点窥测性的研究，对提高我们振兴中华的使命感将会是有利的。

我们在《蜀酒探原》中，提出了“蜀酒醴”、“巴乡清”、“三星堆式发酵大罐”、“酒与巫术”、“巴蜀的萨满式文化”等命题③，终觉语焉未尽。近年来随着海峡两岸的交流的增进，得见李亦园先生等在1962年发表的《马太安阿美族物质文化》的调查报告④，虽然对许多学者来讲已是旧闻，而笔者看来仍有新鲜感，尤其是其中由吴燕和先

① 安志敏：《中国史前农业概说》，《农业考古》1987年第2期。

② 杜石然等：《中国科学技术史稿》（上册），科学出版社，1983年，第65～66页。

③ 见本书《蜀酒探原》。

④ 李亦园等：《马太安阿美族的物质文化》，《中央研究院民族学研究所专刊之二》，台湾南港，1962年。

生撰写的有关原始酿酒术的调查，对我们来理解早期蜀文化考古发现的陶酒具的功能大有裨益。再者，在卅年前当地调查时已觉得许多文化现象正在消失或变质。时至今日，相信台湾马太安阿美族的情况也已经大大变样了。所以更觉这份460页报告的可贵了。为了帮助我们来理解中华酒文化的原始阶段，本文不厌其烦地引证这份资料，若引用理解谬误责在笔者。

台湾东海岸的花莲县马太安社的阿美族属于高山族的一部，还保留有“从母居制”、“长女继承”、一个母系家庭共耕、共炊、共有家庭一切财产等明显的“母系社会”特征。他们保留有古老的酿酒技术与酒具。其酿酒有三法，即“嘴嚼法”、“馊饭法”和“制曲法”。其一为嘴嚼法：取粟（或稻）米半升，浸水半天取出，由妇女嘴嚼极细，放在匾内，置廊下吹风二三小时，盖上香蕉叶置室内三四天即发霉成酒母。再把四升粟（或稻）米煮熟摊凉，与酒母一起拌匀，用香蕉叶包扎后放入筐内，盖上毯子保温，四五天后发出酒味，即成 rau（酒酿），可食用，也可再将它放入木桶或陶瓮内加水，以竹杈子搅匀，然后用火烤软的香蕉叶封器口，盖毯子保温，五六天后成粥状，称 mama，可食用，也可放置月余，使成流液，其味较浓。若常启封取酒只可存两个月，容易酸败。若不启封口，可放置半年以上，酒味更醇。取酒方法，依器口略小，用藤皮编一圆盘状滤子，上有细长的柄，持柄伸入酒瓮内，将糟滓压下，以便舀取酒汁。酒母亦可用“馊饭法”制作，即以剩余的熟饭代替嘴嚼的生粮，放在火塘上的吊架保温，经三四日发霉，取长不到一厘米长的霉丝来酿酒，则色白味甜，霉丝过长下部变黑酿酒色黑而苦，再久霉黄红，就不堪做酒了。

阿美族用嘴嚼或馊饭法所制的酒母，即是先秦时期所说的“糵”。《尚书·说命》载：“若作酒醴，尔惟曲糵”，《礼记·月令》有“曲糵必时”的记载，所谓“必时”即要恰到好处，即谷粒的霉丝还长不到一厘米，色白未变的时期，早了迟了都会影响酒的品质。“曲糵”是什么，学术界历来有分歧，笔者赞成日本山崎百治先生的说法：“将整粒或捣碎后的谷物，直接或经蒸炒后使霉菌在其中繁殖起来的东西就是糵。”①《楚辞·大招》：“吴醴白糵”，注：“糵，米曲也”，即谷粒制成的散曲，其发酵力较弱，所以明宋应星《天工开物》说：“古来曲造酒，糵造醴，后世厌醴味薄，遂至失传，则并糵法亦亡。”“礼失求诸野”，这种造醴的糵不就是阿美族的酒母吗？这种嘴嚼法制“糵”酿“醴”术在环太平洋（包括南美洲，东亚、南亚、太平洋诸岛）有广泛的分布。如元周达观《真腊风土记》载中南半岛有“美人酒，于美人口中含而造之，一宿而成”。明陈继儒《偃曝谈余》载：“琉球造酒，则以水渍米越宿，令妇人口嚼手搓，取汁为之，名曰米奇。”至于“馊饭法”则可以证明西晋江统的一个卓越见解，江统针对古文献传颂的“仪狄始作酒醪”，“少（杜）康作秫酒”（《世本》）的说法，在《酒诰》中写道：“酒之所兴，肇自上皇，或云仪狄，一曰杜康。有饭不尽，委余空桑，郁积成芳，久蓄气味，本出于此，不由奇方。”“馊饭法”酿酒比仪狄、杜康作“旨酒”

---

① 转引自方心芳：《曲糵酿酒的起源与发展》，《酒曲生产实用技术》，中国食品工业信息中心出版社翻印。

要古老得多。

阿美族的mama大概就是《周礼》所载的“醴”，即“一宿即成”的薄酒，因为它是事到临头也来得及做的酒，所以又叫“事酒”。去滓取汁的当然是“清酒”，久置醇化即是“昔酒”。这是古代中国系列酒，古代蜀酒也属于这个系列，而有地方特点。“蜀酒醴”源远流长，秦汉以后还十分流行。北魏贾思勰《齐民要术》记载了酴酒的制法：“蜀人作酴酒法，十二月朝，取流水五斗，渍小麦曲二斤，密泥封。至正月二月冻释，发漉去滓，但取汁三斗，杀米三斗，炊作饭，调强软合和，复密封数十日，便熟。合滓餐之，甘辛滑如甜酒味，不能醉人，多啖，温。温小暖而面热也。”酴酒经过取滓醇化再加粮重酿即为“酴清酒”，也叫“酴醾酒”。《古文苑》载扬雄《蜀都赋》：“蒟酱酴清”，注：“酴清，酴醾酒。”唐《辇下岁时记》称：“酴醾酒，即重酿酒也。”用小麦散曲“糵”酿“蜀酒醴”，又可去滓醇化，加粮重酿，变成高度的“昔酒”和“清酒”，如“巴乡清”之类，在当时是颇有盛名的“川酒系列”。

阿美族酿酒用的桶、瓮的图形没有发表，即使有图形也不会与几千年前、早蜀文化的酒具一模一样。不过，依其功能无非：一要宜于密封；二要利于保温；三要便于留滓取汁。我们曾指出“三星堆式发酵大罐”，其高领直口宜于密封，既免杂菌入侵，又可造成发酵的厌氧条件。下腹部作反弧线内收接小平底（如殷墟出土的“将军盔”）利于插置火塘的热灰保温（注意，蜀酒是在冬月十二月始酿的）；圆腹与直领间有界限，便于留滓取汁，这当然是最典型的发酵罐。三星堆遗址与其他早蜀文化遗址（如著名的成都十二桥、指挥街、抚琴小区等遗址）都出有类似的高领、折肩、圆腹、下接小底的陶罐，其形制略异，而功能是一致的，都应是发酵酒具。

阿美族取酒汁时用竹藤编的滤子。古代的蜀不可能与之完全一样，即使有也已朽坏无痕了。不过，在成都指挥街西周时期的早蜀文化遗址中①，出土一批有孔陶器可能即是这种陶制的酒滤子。其形似盘碟，敞口坦腹，分尖底与平底两种，口径约16.7～20厘米，高约3.3～5.6厘米，底壁布满孔眼，呈三角形，新月形或圆形，孔眼数在12～30个之间，原报告称为“甑”，似不妥，作甑子用，嫌太浅了，作甑箅又无配套的釜甑，看来作为滤滓用的滤子比较合理。同时在指挥街还出土一种盘口陶尊（原作盂形罐），盘口，细颈肩部圆折，下腹部斜直收底，外口径26.4厘米，内口径14厘米，底径9.2厘米，高20.8厘米。盘沿饰六道凸纹，颈部饰暗压印纹，内外黑陶衣打磨光洁，而这盘口正好放置上述陶滤子（图一），蜀人从发酵罐中取酒时是用勺子舀到坐在陶尊口上的陶滤子上，糟滓留下，清酒就下流贮于尊内。这种滤子与盘口尊在三星堆遗址也有发现。而取酒用的有长长鸟头把的陶勺则在各遗址都有大量发现，复原来看勺子直径在8～10厘米，勺把长25～30厘米，一端塑成弯喙的鸟首或兽首，便于钩住酒器口，不致沉落酒汁中。

① 《成都指挥街周代遗址发掘报告》，《南方民族考古》第一辑，四川大学出版社，1987年。

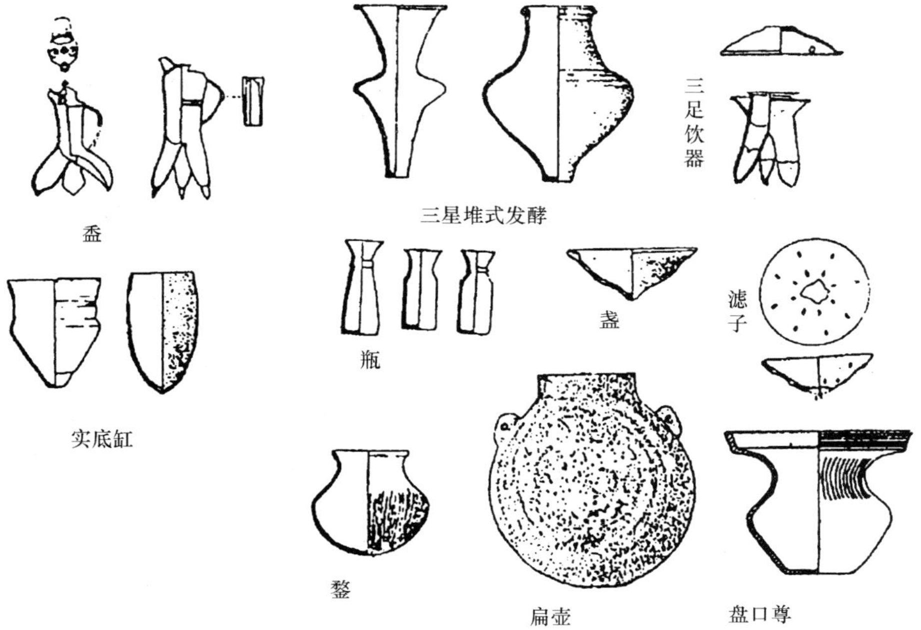

图一　古蜀文化陶酒器

阿美族有古老酒瓶传世，其中有一种侈唇敛口，直腹平底的瓶，与三星遗址等早蜀文化遗址出土的瓶形杯一模一样，只是器形稍大。据调查，阿美族中这种酒瓶已不复实用，只用于宗教祭祀中，阿美族长老用瓶装酒进行祼（灌）祭，似乎保留着对已逝岁月的怀念。

阿美族也能制酒曲。用糯米粉加橘子皮、香蕉皮、荜茇叶、毛柿叶、鸡屎藤叶、一种叫 hailaau 的草叶等六种药草，混合舂成绿色粉团，搓成直径 2 厘米的小球，晒干后用香蕉叶包扎不令漏气，5～10 天即成酒曲。一升米加一个曲球即可酿酒。用酒曲可以制谷物酒也可制甘薯酒，可能发酵力强，做成的 rau 可食用，亦可用于蒸馏制成 pah（一种白酒）。这就是《天工开物》中所说用来制酒的“曲”。这种制曲方法与唐代大陆岭南之制曲方法如出一辙。唐刘恂《岭表录异》载：粤东一带用诸药和粳米捣成绿粉团制曲。唐房千里《投荒杂录》载：故新州酿美酒不用曲蘖，杵米为粉合众草汁，搓成蛋大的酒曲，用以酿酒。我国高山族的族源尚无定论，笔者倾向于由大陆渡海的古越族的一支，三国时《临海水土志》有记载。故制曲法一致，也是一证。

既是低度发酵酒，就需要温饮。阿美族用热水泡饮，古蜀人就用盉、鋬等加温。三星堆遗址出土的封口盉与二里头文化的盉十分相似，而有特点，如三款足为管状或爪状。这种盉的封口上有两圆形泥饼似眼睛，管状流如嘴喙。邹衡先生研究了二里头遗址的盉后，认为是夏人行祼（灌）祭的鸡彝，其说甚确①。但传至蜀中大概起了变化。这种盉在三星堆遗址的建筑群堆积中随处可见，如在 1986 年发掘的第四期文化层中，清

① 邹衡：《夏商周考古学论文集》，文物出版社，1980 年，第 149～157 页。

理的H30灰坑不大，却放满着21件大小不等的瓶形杯，中间一把陶盉，周围还有许多平底盘、豆、小平底罐等食器。是房屋主人日常酒餐具的“贮藏柜”呢？还是某巫师兴行裸祭仪式的遗迹呢？有待于正式报告发表后再作研究。不过，很多盉上都有烟炱痕，作为温酒器是绝无疑问的。

另一种温酒器是鍪，铜鍪是巴蜀酒具中的特产。现在一般指的是一种小口、短颈、圆腹、圆底，肩部有一两个辫索耳的釜形器，在战国时出现。它起源于商周时代早蜀文化中的圆底陶罐，如成都十二桥、指挥街等遗址都有出土①。到战国时有了铜鍪，还盛行这种陶器，圆腹如球，布满绳纹，只在小口短颈处抹光。田野发掘时，被称为“人头罐”，其实按约定俗成规矩还是称为陶鍪才是。笔者已在《蜀酒探源》中指出鍪不是一般的炊具，而是温酒器，因为它口小不宜煮饭、肉；有的体积甚小，不宜煮水；鍪与釜往往同出，说明用途各异，前者温酒，后者炊饭等。最近翻阅资料又有新得。广西罗泊湾一号汉墓出土一件双耳铜鍪，一侧有方柄，底有烟炱，被误称为“鐎壶”。同墓出土的木牍“从器志”，即随葬器物清册，有“温昚一”，温指温酒，昚借为鍪，即此器也②。罗振玉《贞松堂吉金图》卷十著录一件汉代双耳鍪，铭曰：“大中宜酒”。可见鍪确实为起源巴蜀流布各地的温酒器。

阿美族还能把醪糟rau蒸馏，得到高度的似白酒，叫pah。其蒸馏法很简单：在火上置锅，锅中放一无底木筒，直径约80厘米，高约60厘米，外接一竹管，置瓶接酒。筒上坐一锅，使之与筒密合，锅内装冷水，随时换冷水。灶中烧火，rau气上升遇盛着冷水的锅底，凝成酒液，滴入梭形槽，流出筒外，灌入瓶内，一斗米可得酒pah酒约4斤。

关于我国蒸馏酒的起源还在研究中，目前资料似乎不会早过隋唐。宋陶穀《清异录》载：“旧李太白好饮玉浮粱，不知其果何物。余得吴婢，使酿酒。因促其功，答曰尚未熟，但浮粱耳，试取一盏至，则浮蛆酒脂也，乃悟太白所饮盖此耳。”可见唐宋时人大多数饮的还是“醴清昔”系统的醪糟酒。脍炙人口的杜诗《客至》：“盘飧市远无兼味，樽酒家贫只旧醅”，待客的是“醅”，醅就是未经过滤的醪糟酒，老杜颇觉歉意。宋范成大用“醅”来比喻春水，《立春日郊行》诗曰：“曲尘欲暗垂垂柳，醅面初明浅浅波”，说明醅是宋人常饮的酒料。虽然宋金时代已有确凿的蒸馏器发现③，但大多数饮的还是醪糟酒系列。那么，商周时期的早蜀文化是不是根本不可能有如阿美族人这样简单的蒸馏酒呢？笔者目前的回答当然是否定其存在。但科学贵创见，这里笔录一段，以待考，希望引起更多专家注意。

1986年三星堆遗址发掘时，有中国科学院成都生物研究所微生物学室酒组的林山工程师前来参观，看到众多的酒杯容量甚小，多半在100毫升以下，认为有高度酒存在的可能。指出清酒久置，只要不酸败，品位可以升高。还看到一种在三星堆首次发现，后来在成都十二桥也有发现，尚不可正确命名的陶器——“三足炊器”——实际是一

---

① 《成都十二桥商代建筑遗址第一期发掘简报》，《文物》1987年第12期，第15页图三〇。

② 《广西贵县罗泊湾汉墓》，文物出版社，1988年，第35页图三二，23；第84页。

③ 《河北省青龙县出土金代铜烧酒锅》，《文物》1976年第9期，第98~99页。

个加腰沿的陶鬲。还有一种大型平顶陶盖，上留孔并可置冷却水具①。当时推测说，如果在腰沿堆放醪糟，利用水蒸气取得酒蒸气，再顺陶盖凝滴，是可以完成蒸馏任务的。推测不等于结论，留供各位专家研究吧！

巴蜀陶酒具还有许多值得研究发掘的。例如一种扁酒壶，过去认为是在春秋战国后，北方骑马民族常用的器物。1956 年发掘新繁（今四川新都）水观音商周遗址时，曾采集到两件夹砂粗红陶扁壶，肩部有两小耳，耳上有穿，椭圆口，制法是先将两半分开轮制，再将两半粘合起来，然后在一端开口。腹部好似两个圜底②，与今天的行军水壶相似，这种扁壶通高约 16 厘米。如果地层有确证，它就是我国最早的扁壶，而且是后来秦地发展起来的茧形壶的滥觞了。

史称殷人好酒，其实蜀人也不差。水观音遗址的晚期墓葬 M1、M2，均出土狭长援方内戈，空首斧钺，长骹双耳矛等殷末周初的铜器，其墓圹竟是用数十只圜底壶与尖底罐等酒器围筑而成奇特的“围罐葬”，下葬时罐内是否置酒已不可知，但这是两位古蜀国的嗜酒武士是明显的。这种尖底罐是商代晚期早蜀文化中的常见酒具，曾运输到渭水流域与汉水上游。在陕南成固商代铜器群产地及宝鸡強国墓地都曾发现③，值得注意的是強国墓中往往有陶、铜两种尖底罐同时放在棺椁内贴身处，以示此物的贵重。笔者曾论证蜀与強均为氐的分支④，其文化相通是在情理之中。而在江汉地区的宜昌一带也大量发现蜀文化中的尖底杯、尖底罐、鸟头勺等酒具遗物⑤，可见，巴蜀酒器作为巴蜀文化的代表已远播四邻，在此范围内形成了巴蜀文化圈，是和中原不尽相同的区域性文化现象，当然还有许多其他的例证。

古蜀国的铜酒礼器以尊和罍为中心，没有商周文化习见的爵、觚、卣、觥等，乃一大特色。三星堆二号坑出土的四羊饕餮纹罍与郑州二里岗商代中期的出土物相近；三鸟三羊尊与殷墟文化时期的形制和风格相同；八鸟四羊尊与陕南苏村出土物一样，均属于殷墟文化时期的形制和风格⑥。但它们却是在蜀国本地制造的⑦。据对该标本进行电子探针的组分分析：这批尊罍的含锡量较低（4.42% ~ 8.56%），含铅量过高

---

① 参见陈显丹：《广汉三星堆遗址发掘概况、初步分期》，《南方民族考古》第三辑，四川科技出版社，1989 年，第 219 页图六，7、15。

② 《四川新凡县水观音遗址试掘简报》，《文物》1959 年第 8 期，第 407 页图四。

③ 《宝鸡強国墓地》，文物出版社，1988 年；唐金裕等《陕西省城固县出土殷商铜器整理简报》，《考古》1980 年第 3 期。

④ 见本书《殷墟卜辞中的蜀》。

⑤ 《宜昌中堡岛新石器时代遗址》，《考古学报》1987 年第 1 期；《鄂西发现的古文化遗存》，《考古》1986 年第 1 期。

⑥ 《广汉三星堆遗址二号祭祀坑发掘简报》，《文物》1989 年第 5 期，第 10 页图一五；《安阳殷墟第五号墓的发掘》，《考古学报》1977 年第 2 期，图版柒，4；同前引《宜昌中堡岛新石器时代遗址》，图贰，2、4。

⑦ 杨育彬：《郑州二里岗期商代青铜容器的分期和铸造》，《中原文物》1981 年特刊，第 9 页图十五。

(15.07%~29.9%),相比而言殷墟妇好墓铜器的含锡量较高均在11.6%以上,含铅量低均在4.42%以下。而且,蜀国铜器均不含锌,用的是无锌矿;而殷人常用铅锌矿取铅,铜器中常含锌。可见蜀国铜器的产地与商国是不同的①。过去,有学者认为古罗马与殷商贵族均因饮用含铅量过高的铜酒器中盛放的酒而慢性中毒。那么,蜀国贵族大概更是首受其害了。但是考虑到这些铜酒礼器是一种文化标志,主要是用来作祭仪陈设使用的,他们日常饮酒是用陶酒具的,则大可不必为他们的健康担忧了。

古蜀人在夏商时期已建立国家政权,有庞大的宗教祭仪中心(如羊子山土台即为祭坛)②,有祭司巫师等神职人员(三星堆二号坑大立人像即其造型),有神祇体系和偶像崇拜(三星堆一、二号坑的神人、鸟兽造型),而在祭祀坑中以尊、罍铜酒器为中心,充分表明酒与原始宗教的密切关系。台湾省阿美族的宗教生活也不可缺少酒的。

阿美族饮酒有一套仪式,每暮晚饭后,家人围坐火池,开酒坛,由女婿(夫从妻居)以竹勺舀酒分于众人,先老后少,先男后女,食 rau 常先盛容器内,以热水冲饮。pah(似白酒)则以小葫芦瓢舀饮。每次饮酒必须先行祼(灌)祭。左手执酒器,右食指沾酒,向空中洒扬,由最年长的男子致祝词:“今日造酒,先敬于神前,请神佑吾家人平安,畜牲繁盛,青年出猎,必获巨兽。如有传染病流行,请引至他社。社中若有纷乱,则请神评理,使吾子孙满堂,永远有年轻人。勿使吾等受巫术作祟。令吾儿孙皆矫健如鹰如鹫。”酒既自娱,必能赂神,好酒之人的心目中神也好酒。

酒是阿美族许多祭仪中不可缺少的主要祭品,祭祀的酒是盛在瓶子里。如播种祭:播种前以酒祭五谷之神,祈丰收。狩猎祭亦多用酒。丰年祭最为隆重,由部落头目兼祭司行祼(灌)祭,祭后酒由众人分食。建房祭:拆旧建新均以酒祼祭,砍伐建房木料,要以酒祭树神。婚仪:由家长祼祭,祈神佑新人,儿孙满堂。丧礼出殡后家人喝酒,但不祭神,七日后由村中祭司或长者以水与酒祭祀,呼去世列代祖宗名字,令彼此相认,和平相处,保佑生人,勿要作祟。在这里,酒是通鬼神的必需品。因为酒有神奇的麻醉迷幻力量。

阿美族的重要祭祖仪式都在世袭的祭司头目家里举行,所以头目家的酒是不断的。巫师则常由精神不正常的人,包括酒醉能与神交通的精神失常者担任,所以也属于“萨满式文化”行列。而古蜀国则属于它的高级阶段。酒与“萨满”有不解之缘,这在研究酒文化的原始阶段,是应予以注意的。

(原载《辉煌的世界酒文化》,成都出版社,1993年)

① 曾中懋:《广汉三星堆一、二号祭祀坑出土铜器成分的分析》,《四川文物·广汉三星堆遗址研究专辑》,1989年,第76~80页。

② 见本书《羊子山建筑遗址新考》。

古蜀牙璋新论

——古蜀文明与中华牙璋

玉石牙璋是我国先秦时期特有的文物，主要分布在我国大陆及沿海岛屿，对研究中华古代文明的区域划分与流变甚有裨益。牙璋既是吾中华各族先民共同创造的玉石珍宝，故笔者建议统一正式命名为“中华牙璋”；而其发现尤以古蜀文明的三星堆遗址最为丰富、可靠，因此我们从古蜀牙璋的发现着手来讨论中华牙璋的定名、渊源、功能、类型、年代、流布将能更加切实有据，而不致流于空泛。以小见大，小小玉石牙璋也能见吾三代文化异同之一斑。谨申鄙见，以求斧正①。

一、古蜀牙璋的发现

牙璋的最早著录当推清代吴大澂的《古玉图考》（1988 年），但这种古董式的记述，图文均有可议者。最早有明确地点的地下出土的典型标本，属于夏商时期的古蜀文明。1929 年春（一说 1931 年），四川广汉三星堆遗址群中的燕家院子北面，乡民燕道诚在疏浚明代开凿的水沟底部，发现一坑玉石器，其中有牙璋若干。据葛维汉报告：1934 年 3 月华西大学博物馆（今四川大学博物馆）曾在该地沟底、沟岸发掘 10 天，获石、玉、陶标本 600 余件，沟底曾发掘出前次残留的牙璋残片 2 件（C/8450、C/8417），当时或称刀、剑或“琰圭”②。1942 年同为发掘者之一林名均记述了其中的 4 件：燕氏所藏一件最完整，全长 50.5 厘米、口宽 8.5 厘米、厚 0.5 厘米（现未知下落）；华大博物馆藏 2 件，C/4866 的口部微缺，全长 39.4 厘米、口宽 10.5 厘米、厚 0.5 厘米；另一件柄部残去一块，残长 36.5 厘米、口宽 12.4 厘米、厚 0.5 厘米（此两件犹存川大博物馆）；燕氏身佩一件，仅存口部（未知下落）③。1979 年先师冯汉骥教授发表四川省博物馆藏广汉出土的牙璋 3 件：AK4.2:313 全长 56.1 厘米；AK4.2:35 全长 41.4 厘米；AK4.2:110482 残长 39 厘米；以上 3 件厚在 0.4 ~ 0.5 厘米间。并正式提出：“《周礼》所谓的牙璋，很可能就指此而言。”④ 近检阅 1982 年日本林巳奈夫：《中国古代的石庖

---

① 本文曾以《中国牙璋研究》为题在 1994 年香港中文大学举行的“南中国及邻近地区古文化研究国际会议”上报告，并印发原稿。

② 葛维汉《汉州发掘的最初报告》（英文），《华西边疆研究学会会志》第 6 期。

③ 林名均：《广汉古代遗物之发现及其发掘》，《说文月刊》第 3 卷第 7 期，1942 年，第 93 ~ 101 页。

④ 冯汉骥等：《记广汉出土的玉石器》，《文物》1979 年第 2 期，第 32 ~ 33 页图六 ~ 图八。

丁形玉器和骨铲形玉器》① 内有流落海外的广汉牙璋。该文附图 53，全长 39.3 厘米，据称引自美国藏品，从照片观察表面布满浅灰色纹理，为旧玉无疑，器形酷似川大博物馆所藏之 C/4866，而端刃尖无缺；当为广汉出土物的另一件。另外，最近在香港会上承故宫博物院杨伯达先生见告，该院收藏传出于广汉的牙璋有 3 件，惜未能见标本，但其中一件经陈德安辨认，肯定性较大②。1995 年，笔者应史语所邀请访台，在台北故宫博物院见到最近收藏的牙璋一件，目验以为广汉旧出土的可能性极大，那么，1929 年广汉出土牙璋总数还待访正。

不过，自 1929 年后，广汉成都古玩市上，常有伪作玉器出售，学者也或受骗。如龚熙台所收 4 器，内 2 件牙璋，据称 1932 年购自燕氏，1940 年归华大博物馆，1942 年蒋大圻《古玉兵杂考》③ 曾予收录，今仍藏川大博物馆。据笔者目验：质地疏松，染色赭黄不匀，厚 1.2 厘米，扉棱粗俗，钻孔长圆，当为赝品无疑。不过其中一件全长 50.5 厘米，或为前述燕氏所藏第 1 件器物的仿制品。总之，文物研究，终以目验为上，照片次之，摹图又次之，据文字描述甚难确论。

综观以上广汉出土牙璋的形态特征是：整体作扁薄长条形，分为柄、阑、身三段。身段最长，最宽处在顶端，象征性的刃在端部，呈新月弧形，有不等长的双尖。柄段长度次之，长方形，常有一小孔。身段与柄段之间的阑段，两侧有对称的扉棱为复式阑，前后两组，中间两侧有细牙突起，阑段两面有平行交叉的直线刻划纹。笔者以为此乃典型牙璋之器形也。

广汉三星堆遗址群方圆 12 平方公里，有密集遗存 60 余处，可分为 6 个区，中心有 2400 米×1600 米见方的城郭，是夏商时期古蜀文明的都邑④，故牙璋出土甚夥。如 1976 年在附近的高骈出土已断损仅存身段的牙璋 1 件。1984 年在真武仓包包发现牙璋 1 件。1988 年在西城墙外鸭子河边发现牙璋 4 件等等，而以 1986 年的发现最重要。

当年春发掘三星堆遗址第三区的地层中出土牙璋残片甚多，最早出在三星堆文化第二期，距今约 3800～4000 年间，如 T1415⑪:73 是一块牙璋残片，还残存 3 枚阑段的棱牙，面上有平行划线纹 2 组 6 根，它与 1934 年燕家院子沟底发掘的 C/8450，C/8417 相同⑤。因此，可证明 1929 年广汉牙璋较早，属于三星堆第二期即古蜀文明的开端期（第一期为新石器晚期文化），其年代距今约 3800～4000 年。同年夏清理的三星堆一、二号祭祀坑⑥，出土玉器数百件，其中牙璋甚多，一号坑出 30 多件较完整的牙璋，二

---

① 林巳奈夫：《中国古代的石庖丁形玉器与骨铲形玉器》（日文），《东方学报》第 54 册，日本京都，1982 年。

② 陈德安：《试论三星堆玉璋的种类、渊源及其宗教意义》，《南中国及邻近地区古文化研究》，中文大学出版社，1994 年，第 88 页，图版 13，1。

③ 蒋大圻：《古玉兵杂考》，《中国文化研究汇刊》第 2 卷，1942 年。

④ 见本书《古蜀文化区导论》。

⑤ 此由笔者经手，资料存于四川大学历史系及四川省文物考古研究院。

⑥《广汉三星堆遗址一号祭祀坑发掘简报》，《文物》1987 年第 10 期，第 1～15 页；《广汉三星堆二号祭祀坑发掘简报》，《文物》1989 年第 5 期，第 1～20 页。

号坑出 20 多件，残片难以计数。其中有典型牙璋，也有异形牙璋，如一号坑出土 K1:46。另有称为“边璋”者①，按：《周礼》所谓“边璋”是“于小山川用边璋，半文饰也”，即言其小而简陋。二号坑出土 K2③:210 附 4，全长 54.4 厘米，宽 8.8 厘米，两面刻满反映以牙璋祭山的图像（见图一，3），是大而华丽的牙璋，与“边璋”之说不符。全器分身、柄两段，身宽于柄，形成台阶式阑界，而无扉棱，端部斜方，应属阑段被简化了的两段牙璋，三星堆两坑年代其说不一，笔者倾向晚于 1929 年燕家院子的玉石坑，相当于殷墟文化后段，二号坑又略晚至殷末周初，故有此简化牙璋的出现。

三星堆的发掘，还证明牙璋是古蜀文明用以祭山的礼玉。过去学者们囿于成见，未能辨明牙璋的用途，如吴大澂以为“牙璋以起军旅，以治守兵，故与戈钺之制略同”（《古玉图考》）。郭宝钧也认为是军旅兵符，琉璃阁 M76 所出一双牙璋是“剖白”制②。林巳奈夫认为牙璋原型是农具——骨铲，是在农耕仪礼上使用的③。夏鼐在商玉分类中没有礼玉类，把牙璋称为“大型刀形端刃器”，归入武器与工具类，还说：“这种玉器端部有刃，而柄部可安柄，不会是朝会时执在手中的圭”，充其量是“作为仪仗的武器”④。

三星堆两祭祀坑中牙璋与众多祭品一样作祭埋的礼玉，其中二号坑 K2③:210 附 4 图像的解析还有待深入，而显示典型牙璋是“祭祀山川的祭品”则无疑。二号坑出土小铜人跪像，双手捧典型牙璋作奉献状（图一，5），显示它又是巫觋祭祀时用的仪仗用品，但并不安柄。总之，牙璋是当时祭祀的礼玉，乃不争的事实。

二、牙璋的渊源蠡测

前述诸家认为牙璋起源于石戈、砺石、骨铲等，均以形似而推测，大有或然之可能，可以存而待证。这里提出另一种可能性。王永波的《牙璋新解》虽然否认我们所讨论的器形是牙璋⑤。但他提出了一个令人感兴趣的推测，他认为源于大汶口文化獐牙器（图一，1）的三代墓葬中的“柄形器”及作为附件的小玉饰构成的“璋形玉器”才是《周礼》所记“牙璋、中璋”。他根据洛阳中州路出土的六组“玉琴具”复原为三组璋形玉器，并以公制与周尺、秦尺相对勘，因此认为与《周礼》记载的牙璋尺寸很接近。当然这种比附方法难免有夏鼐批评的“吴大澂式经学家”之嫌，但他的复原图（见原文图五，1.3）外形有长方柄、扉棱阑、端刃不清楚，的确与典型牙璋相似。所

① 陈德安：《浅释三星堆二号祭祀坑出土的“边璋”图案》，《南方民族考古》第三辑，四川科技出版社，1990 年。

② 郭宝钧：《山彪镇与琉璃阁》，科学出版社，1959 年，第 68 页。

③ 林巳奈夫：《中国古代的石庖丁形玉器与骨铲形玉器》（日文），《东方学报》第 54 册，日本京都，1982 年。

④ 夏鼐：《商代玉器的分类、定名和用途》，《考古》1983 年第 5 期，第 455～467 页。

⑤ 王永波：《牙璋新解》，《考古与文物》1988 年 1 期，第 36～46、79 页。

异者一个是整体制作，一个由零件装配而已。而在二里头墓葬（VM3）中“柄形器”与牙璋同出。那么，这两者的相似，究竟是平行发展，还是上下发展的谱系关系，目前尚难定论。

其实我以为整体雕作的牙璋（一般所习见者）同样历史悠久，也确实可能出自史前。辽宁阜新福兴地曾收集一件玉饰，长12.1厘米，板状，长方柄上有平行刻线纹（弦纹），柄端有一穿孔；有刻纹的阑外侈；上作短身岐首，刻有双耳兽面纹（图一，2）。孙守道认为它与三星他拉玉龙一样，同“属于红山文化的晚期”，“距今年代不会晚于五千年”①。台湾玉器收藏家称为“兽面纹丫形器”②。其实方柄、牙阑、岐首均与牙璋相符，只是身段过短，表现了原始性，不妨视为原始牙璋。因此，目前至少可这样表述：

史前 { 大汶口文化獐牙器——装配式牙璋（柄形器）
红山文化丫形器——独体式牙璋（习见牙璋） } 三代

当然，从史前到三代这中间的缺环尚多，留待后证吧！值得注意的是远古史前即已出现这种非武器、非工具的象征性器物，才会演变成夏商周时代专供人们精神文化需要的礼玉。这说明一个事实，这种象征性器物可能自有序列，它的造型当然要受到当时人们对外界（包括自然物与武器、工具等人造物）的感受所制约，但并不一定是依照某一具体的武器或工具来塑造的。我们也只把它们当作古代人们精神文化信仰习尚的载体，而找一个持之有据，言之成理的名称，以便于归类研究也就够了。倘若刻意要与习知的工具、武器等器形来比拟确有困难。容庚在论青铜器定名困难时说过：“殷周两代历时一千五百多年，礼器的种类复杂，名目繁多，考证其演变之迹更感困难，因为器物的形制随时代而演变，名称也因用途、时间和地域而不同，古籍所载尊彝的用途也各随所行典礼而异。”（《殷周青铜器通论》）真是经验之谈。牙璋等玉礼器又何尝不如此呢？未知数很多，正等待我们去新的发现研究。

近年来三星堆的新发现，确实给我们带来新的信息，古蜀牙璋的用途确实是祭礼用器。三星堆发掘者之一的陈德安对K2③：210附4的图案做了分析，认为有上界下界两组图案，“上界有仙山、仙人”，“下界有神山和包括祭祀神山的巫祝”，图像显示的典型牙璋“是祭祀山川的祭品，而非仪仗用器”③。这里除定名有误外，是有根据的。

五十多年前，郑德坤《四川古代文化史》中曾引《山海经·五藏山经》，指出：“古代祠山制度，其东西南北中各路所引大同小异，而以陈牲瘗玉糈米为最普遍。”“广汉土坑（按：指1929年沟底遗存）出土古玉圭璧之外，又有斧、琬圭、璋邸射，及大小石珠之属，其与干舞用及璆冕舞有关，极为明显。是广汉蕴藏玉器之土坑，或即祠岷

① 孙守道：《三星他拉红山文化玉龙考》，《文物》1984年第6期，第7~10页，图九。

② 洪德仁：《中国史前文化的玉器》，《中国古玉专辑·浓情玉意》，台湾中国艺术品收藏家协会专刊，1992年，第7~15页。

③ 见前引《浅泽三星堆二号祭祀坑出土的“边璋”图案》

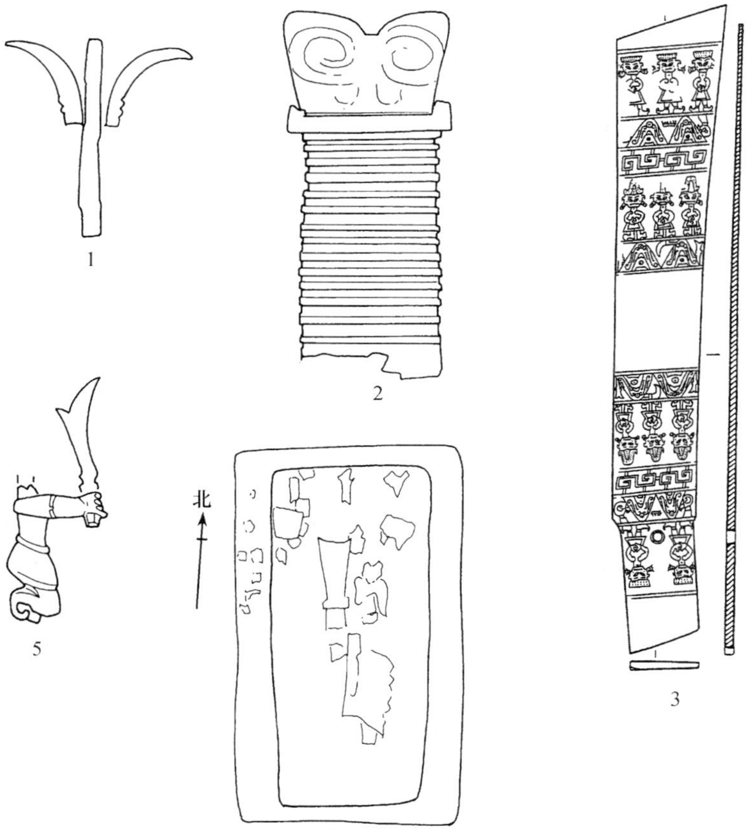

图一　中华牙璋的渊源与用途图

1. 大汶口文化獐牙器　2. 红山文化原始牙璋　3. 三星堆 K2③: 201 附 4　4. 二里头 VM3 平面图　5. 三星堆二号坑出土执璋铜像

山山神圣地之说，似可成立。”① 此论甚确，而有预见性。五十年后发现的三星堆一、二号坑方向一致均为305°，正对着数十公里外的岷山的九峰山主峰，当非偶然。有的研究者曾怀疑三星堆两坑是否与祭祀有关。其实坑埋祭祀乃古蜀文明传统的习尚，并非孤证。1959 年、1980 年两次在距三星堆不远的彭县竹瓦街发现铜器坑②；1975 年简阳发现铜器坑③；1976 年广汉高骈发现含玉器牙璋铜牌等的土坑④；1988 年三星堆遗址群的

① 郑德坤：《四川古代文化史》，华西大学博物馆印行，1946 年，第 39 ~ 42 页。

② 王家祐：《记四川彭县竹瓦街出土的铜器》，《文物》1961 年第 11 期，第 28 ~ 31 页；《四川彭县西周窖藏铜器》，《考古》1981 年第 6 期，第 496 ~ 499、555 页。

③ 《四川简阳出土的战国青铜器》，《文物资料丛刊》三，文物出版社，1980 年，第 207 ~ 209 页。

④ 《四川广汉出土商代玉器》，《文物》1980 年第 9 期，第 76 页。

真武村（与1929年土坑相距不过数十米）又发现一玉石坑，有牙璋铜牌饰等①。笔者也曾论证过三星堆一、二号坑是因灾祸导致政权更替而举行的禳灾祠山“厌胜”性祭祀埋藏，并用过干舞②。要之，牙璋在古蜀文明中是祭埋的礼玉无疑。

牙璋在其他地点，只知道出于墓葬，详情未确。只有二里头遗址VM3在墓葬图中可知其进一步的共存关系③（图一，4）。此墓西南距二里头一号宫殿约350米，并且既打破了宫殿区夯土台基，又为台基夯土所叠压，显示该墓与宫殿是同时为二里头文化三期，约公元前1690～2080年。在一号宫殿台基上曾发现四期的墓葬12座，随葬品只有陶器两三件，有捆绑痕迹。并有人兽同坑的祭埋坑（如H108），故那些墓葬也应是宫殿的祭埋人牲。VM3时代较它们为早，它在台基建筑过程中埋葬，且随葬品较丰富有陶酒器杯、盉及单耳罐、罐、盆，玉钺、绿松石管、玉饰及牙璋两件，其中一件璋身还饰绿松石，十分精美。此墓有红漆木棺与二层台，牙璋与玉钺、绿松石管等出于棺内。故其墓葬主人当非人牲，而既与宫殿奠基有关，可能是地位较高的与建宫室祈禳活动有关的巫祝之类。牙璋与钺乃其祭祀法器，而不是一般的随葬财物。若此论成立，那么，牙璋在二里头夏商文明中同样属于祭仪礼玉。其余各地墓葬出土璋，还可再分析。

总之可以说，牙璋起源于史前象征性器物，发展成为礼玉，用于宗教祭仪。它的流传也当不离此谱的。

三、牙璋的类型与断代

牙璋形制较多，似互不相涉，细校则滋生之迹明显。已有学者做过划分类型的工作，如林巳奈夫曾分七型④，优点是兼顾了地域分布与年代演进，但分型标本采用不少真伪待辨的传世品，影响其可靠程度，最重要的林氏未及得见三星堆的大批新发现。三星堆发掘者之一陈显丹曾合并两坑简报所载的牙璋分为六式，尚难符人意，如将“边璋”单列等⑤。王永波：《试论广汉三星堆发现的玉瑞》将三星堆出土牙璋改称“玉瑞”，分为A～K十一型，除定名不妥外尤可商榷⑥。这里，我们根据已公布图形的出土物为主，酌收可靠的传世品，选择中华牙璋标本34件，以全器形态分为Ⅰ～Ⅴ五型，以阑段差别分为A～E五亚形，以刃部特征分为1～6六式。分述列表如下（参见表一及图二）：

Ⅰ型，典型牙璋：标本15件。全器明显地分为身、阑、柄三段，最宽处在身端。

---

① 资料存四川省文物考古研究所三星堆工作站。

② 见本书《蜀酒探原》及《蜀盾新考》。

③ 《1980年秋河南偃师二里头遗址发掘简报》，《考古》1983年第3期，第202页，图七。

④ 见前引《中国古代的石庖丁形玉器与骨铲形玉器》。

⑤ 陈显丹：《牙璋初论》，《四川文物》1989年第1期。

⑥ 王永波：《试论广汉三星堆发现的玉瑞》，《三星堆与巴蜀文化》，巴蜀书社，1993年，第170页起。

依阑段装饰分为两地域亚型：A 亚型：三星堆、二里头、二里岗等地出土的由两组扉棱构成双阑，两阑之间有牙突若干组（图二，1～3 等）。B 亚型：石峁出土的只有一组扉棱构成的单阑，在阑前靠身段有牙突若干组（图二，6～9）。依端刃分为 5 式：

1 式：端刃内凹成半月弧形，两尖不等长，计 7 件。广汉 C/4866、AK4. 2∶35，二里头 75 采、VM3∶4、5，香港南丫岛 M6 出土的，此上为（Ⅰ B1）；石峁 76 年采为（Ⅰ A1）（表一，1～7；图二，1、6、12 等）。另外，漳浦石路乙址 58MB∶1，端刃已残，疑为 IA，见（表一；24；图二，26）。

表一　中华牙璋标本一览表

序号	地点	遗迹	时 代	器	长度 cm	类型	著　录
1	广汉燕家院子	坑	夏、早商	C/4866	39. 4	Ⅰ A1	中国考古学研究集，图版 14
2	广汉燕家院子	坑	夏、早商	AK4. 2∶35	41. 4	Ⅰ A1	文物 79. 2. P37 图七
3	偃师二里头	墓	夏、早商	1975、采	48	Ⅰ A1	考古 78. 4. P270 图二，1
4	偃师二里头 V 区	墓	夏、早商	VM3∶4	54	Ⅰ A1	考古 83. 3. P203 图十，6
5	偃师二里头 V 区	墓	夏、早商	VM3∶5	48. 1	Ⅰ A1	考古 83. 3. P203 图十，5
6	香港南丫岛	墓	东周	M6	/	Ⅰ A1	文物天地 91. 4. P8，照
7	神木石峁	/	夏商	1976、采	35	Ⅰ B1	考古 77. 3. P155 图二，2
8	广汉三星堆	坑	商	K1∶01	24. 8	Ⅰ A2	文物 87. 10. P6 图十二，3
9	广汉燕家院子	坑	夏、早商	AK4. 2∶313	56. 1	Ⅰ A3	文物 79. 2. P37 图六
10	广汉三星堆	坑	商	K2③∶324	68. 2	Ⅰ A3	文物 89. 5. P14 图三四，9
11	广汉三星堆	坑	商	K2③∶141	27. 3	Ⅰ A3	文物 89. 5. P14 图三四，7
12	广汉三星堆	坑	商	K2③∶322 附 3	50	Ⅰ A3	文物 89. 5. P14 图三四，8
13	郑州二里岗	墓	早商	1958、采	66	Ⅰ A4	文物 66. 1. P58 照
14	/	/	/	日本白鹤馆藏	33. 1	Ⅰ B4	东方学报 54 册图版 10
15	广汉三星堆	坑	商	K1∶78	26. 4	Ⅰ A5	文物 87. 10. P6 图十二，4
16	广汉三星堆	坑	商	K1∶235 附 5	38	Ⅰ A6	文物 87. 10. P6 图十二，2
17	广汉三星堆	坑	商	K1∶146	39	Ⅰ A7	文物 87. 10. P6 图十二，1
18	海阳司马台	/	?	1982、采	27. 2	Ⅲ C1	考 古 85. 12，P1062 图六，3
19	增城红花林	/	/	广东省博藏	/	Ⅲ C3	东方学报 54 册 P60 图 74

续表

序号	地点	遗迹	时 代	器	长度 cm	类型	著 录
20	曲江窑头脚	墓	峡石中层	曲江县博藏	/	ⅢC4	史前考古 86.1～2，P73 图九，17
21	神木石峁	墓	早商	SSY21	32.4	ⅢC5	考古与文物 88.5～6，P240 图一，2
22	黄陂钟分卫弯	墓	商	M1:3	39.2	ⅢD1	考 古 88.4，P303 图三，6
23	/	/	/	美国明尼波里斯藏	30.8	ⅢD1	东方学报 54 册 P55 图 61
24	漳浦石路乙址	墓	昙石山上？	58MB:1	/	IA	考 古 59.6，P274 图 5
25	神木石峁	/	夏商	SSY30	24.5	ⅣE5	考古与文物 88.5～6，P240 图一，6
26	广汉三星堆	坑	商	K2③:210 附 4	54.4	ⅣF4	文物 89.5. P6 图三八
27	陕县上村岭	墓	西周末	M1824:5	26.5	ⅣF4	上村岭虢国墓地图版贰壹，10
28	侯马牛村	坑	东周	坑 269	/	ⅣF1	文物 72.4. P34 图六，19
29	侯马牛村	坑	东周	坑 12	/	ⅣF1	文物 72.4. P34 图六，20
30	辉县琉璃阁	墓	战国	M76 一对	/	ⅣF4	山彪镇与琉璃阁 P68 图版 54
31	神木石峁	/	夏商	SSY29	35	V4	考古与文物 88.5.6. P240 图一，10
32	神木石峁	/	夏商	SSY78	21.5	V4	考古与文物 88.5.6. P240 图一，13
33	扶风上康村	墓	西周	M2	/	V1	考古 60.8. P9 图版 3.9
34	辉县琉璃阁	墓	战国	乙墓出土	/	V4	山彪镇与琉璃阁，图版 118.13

2 式：端刃成弧形，而两尖等长；标本 1 件，三星堆 K1:01（ⅠA2）。高骈 76 年采残件可参考此式（表一，8）。

3 式：端刃分叉成丫形，两尖不等长，标本 4 件，燕家院子 AK4.2:313、三星堆 K2③:324、141、322 附 3（均为ⅠA3）（表一，9～12；图二，2、12 等）。

4 式：端刃斜直，突出一尖，标本 2 件，二里岗 58 年采（ⅠA4）、日本白鹤馆藏（ⅠB4）（表一，13、14；图二，15）。

5 式：端刃平直无尖，标本 1 件，三星堆 K1:78（ⅠA5）（表一，15）。

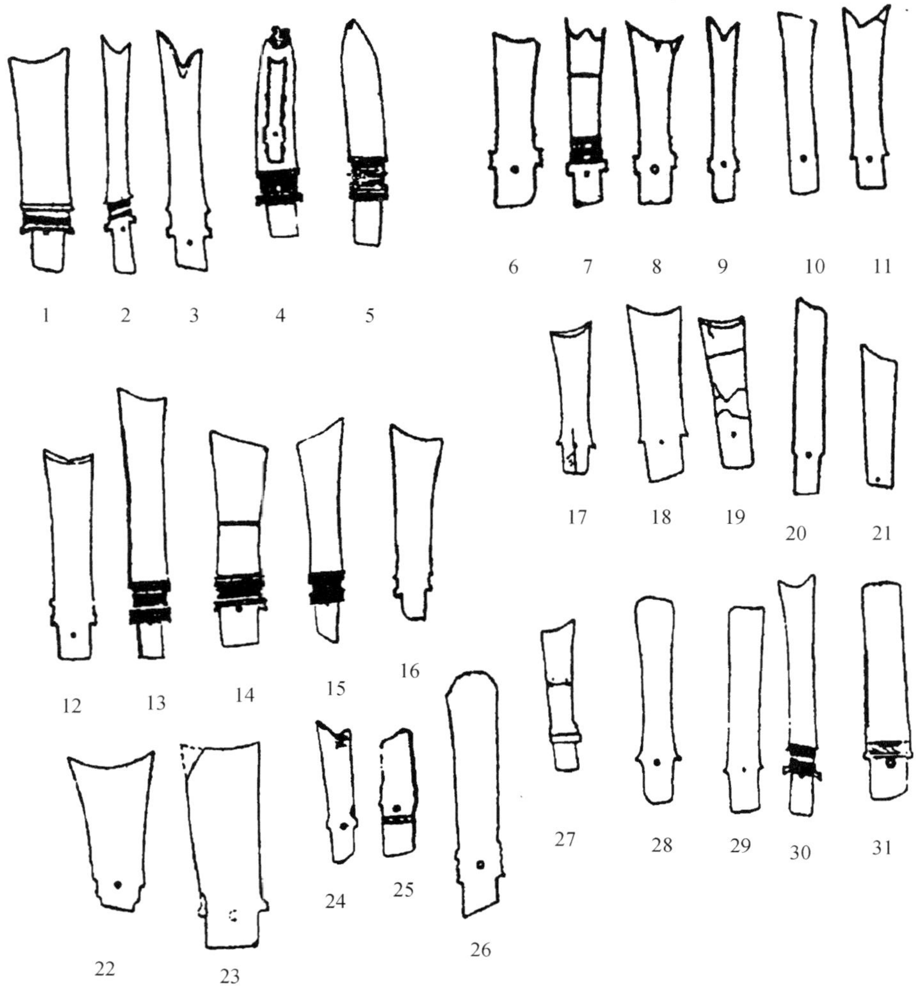

图二　中华牙璋图

1～5. 三星堆出土　6～11. 石峁采集　12～13. 二里头出土　14. 许昌采集　15. 二里冈采集　16. 新郑采集　17. 海阳采集　18、19. 临沂采集　20. 侯马出土　21. 扶风出土　22. 黄陂出土　23. 石门出土　24. 增城采集　25. 东莞出土　26. 漳浦采集　27. 香港南丫出土　28. 香港大屿山采集　29、30 越南 Xom Ren 出土　31. 越南 Phtmg Nguyen 出土

IA 型：1、2、3、12、13、14、15、16、25、26、27、30、31. IB 型：6、7、8、9. Ⅱ型：4、5. Ⅲ型：11、17、18、22、23、24、28、29. Ⅳ型：20. Ⅴ型：10、19、21.

Ⅱ型，异型牙璋，标本 2 件，只见于三星堆。全器分三段，柄阑段同Ⅰ型，而身段如戈援微勾，端刃收窄，最宽处在身段中间。依端刃分两式：

6 式：端刃内凹成弧形，弧刃内连体透雕鸟形，K1∶235 附 5（ⅡA6）（表一，16；图二，4）。

7 式：端刃收窄分叉成双尖，如鱼嘴状，K1∶146（ⅡA7）（表一，17；图二，5）。

Ⅲ型，三段牙璋；标本 6 件，全器保留柄、阑、身三段，而阑段简化为 C、D 两个亚型：C 亚型：阑段简化为牙状突起：如石峁 SSY21（ⅢC5）（表一，21；图二，11）

司马台 82 年采（ⅢC1）（表一，18）；广东省博藏（ⅢC3）（表一，19；图二，24）；曲江窑夹脚采（ⅢC4；表一，20）。D 亚型：身段最宽、阑段次之，柄段更次之，侧线形成台阶，略有齿突。钟分卫湾 M1∶3（ⅢD1）（表一，22；图 22）；美国明尼波里斯学院藏（ⅢD2）、（表一，23）。

Ⅳ型，两段牙璋，标本 6 件，柄身有分界，无阑段简化为 E、F 两个亚型：E 亚型：身、柄以缺口为界。石峁 SSY30（表一，25）。F 亚型：身段宽于柄段，侧线形成台阶，如三星堆 K2③；2D1 附 4（ⅣF4）（表一，26；图二，1）；上村岭 M1824∶5（表一，27）（ⅣF4）；侯马牛村盟誓坑 269 坑 12（ⅣF1）表一，28、29；图二，20）、琉璃阁 M76（ⅣF41）（表一，30）。

Ⅴ型，无段牙璋，标本 4 件，柄身无境界，柄段有孔，如石峁 SSY29、SSY78（Ⅴ4）（表一，31、32；图二，10）；小康村 M2（Ⅴ4）（表一，33；图二，21），琉璃阁乙墓（Ⅴ4）（表一，34）。

由上可见，典型牙璋（Ⅰ）集中分布在中原、陕北和成都平原。中原的牙璋量少而孤立，二里头 VM3 属于二里头文化第三期，二里岗的年代与二里头文化第四期接近。陕北神木石峁的年代，戴应新以为属于龙山文化，但据 1981 年西安半坡博物馆的调查试据，石峁玉器出于石棺葬，夏鼐曾认为它是“商代墓葬”①。据石棺葬 M2 所用瓮棺葬具袋足瓮分析，与光社文化同类物相同。据邹衡研究，光社文化与夏家店下层文化相似，“大约是同商文化平行发展的”②。那么，可以补充夏先生之说：石峁玉器出于“商代早期基葬”当不致大误。成都平原集中在三星堆，如 T1415⑪∶T3 牙璋残片，其遗址Ⅲ区 T1415 第十一层属于三星堆文化第二期，其碳同位素测定为公元前 1900 年以前，即相当于二里头文化第二期。三星堆两个坑的年代因资料未全面公布，难下定论，但笔者倾向相当于殷墟晚商，已如上述，当然其中器物可能有早晚的，如两坑所出牙璋明显晚于 1929 年燕家院子北面坑所出的同类器。但据目验坑内残璋也有与之相同者。学界一般认为二里头是夏或早商都城（名称待考）；二里岗是早商都城；三星堆是古蜀都城，石峁所在榆林地区一带可能是商代鬼方之地。那么南丫岛的一件呢？年代晚至东周，且已属残破旧器，而宝爱有加，当属由上述中心城市传过去的，而且很可能传自古蜀文明，因为它与 C/4688 相似；且广东省博的那一件（ⅢC3），端刃有叉为三星堆所特有，透露出由蜀中南传的消息；越南红河流域也出土精致牙璋，可能与蜀王南迁建国安阳王国有关，当为传播而去（说详下节）。因为这种形象奇特，制作精巧的玉器，必有一个发源中心，不大可能是各地自行发生的。三星堆遗址为代表的古蜀文明即可能是最早的发源中心。因其①年代有最早的；②典型器多，变例也多；③从遗迹看，社会功能最清楚。而其余两地（中原与陕北）都是突兀出现在墓葬中，甚难定其所以然。

---

① 戴说见《陕西神木石峁遗址调查试掘简报》，《史前研究》1982 年第 2 期；夏说见《考古》1983 年第 5 期，第 455～467 页。

② 邹衡：《夏商周考古学论文集》，文物出版社，1980 年，第 272 页。

四、中华牙璋的流布

20 世纪 50 年代以来，牙璋在不少地方均有出土，据最新资料统计，除古蜀文明外约有 23 个地点以上①：①河南偃师二里头出土 4 件；②郑州杨庄村 1 件；③新郑望京楼 1 件；④许昌大路陈村 1 件，上述 7 件器形与广汉典型牙璋（ⅠA）相同，时代也为夏至早商（二里头文化及二里冈文化）；⑤陕北神木石峁地面调查采集到牙璋 35 件以上；主要区别在阑段可分四种：其一，有扉棱齿突与广汉典型牙璋大同小异，时代也相当，其不同点是扉棱只有一组且靠柄部，齿突在扉棱前靠身段，故属于典型牙璋的亚型（ⅠB）。其二，阑段简化为一对突棱，属于三段式牙璋Ⅲ型，或以为是原始形态，定为龙山时期，笔者以为既无可靠地层与伴出物可资比较，应视为简化形态，时代当不早于夏商。其三，阑已趋于消失，身宽于柄，略示分界，可称为两段牙璋，属Ⅳ型牙璋。其四，阑已消失，身柄无界，可称无段牙璋，属Ⅴ型。值得注意的降至周代只有这两种简化牙璋了，如：⑥陕西扶风上康村西周中期墓 M2 出土Ⅴ型牙璋；⑦河南陕县上村岭西周末期墓 M1825∶5 为Ⅴ型牙璋，⑧山西侯马东周盟誓遗址，坑 12，269 均出土Ⅳ型牙璋；⑨河南辉县琉璃阁战国墓 M76 出土一双Ⅳ型牙璋，战国乙墓出土Ⅴ型牙璋，故可确证阑段简化是牙璋演化的晚期阶段；⑩山东临沂大范庄采集 2 件牙璋，一属Ⅲ型，一属Ⅴ型；⑪五莲上万家沟村采集 1 件属Ⅲ型；⑫海阳司马台采集 1 件属Ⅲ型，山东发现的 4 件均与神木石峁相同，年代也应相近，不可能是龙山文化物；⑬湖北黄陂钟分卫湾商代墓 M1 出土 1 件，阑段两个缺口，属于三段牙璋（Ⅲ）；⑭湖南石门桅岗商代残墓出土一件，属Ⅲ型牙璋；⑮福建璋浦石路乙址曾采集到 2 件，疑出自土坑墓，其 58MB∶1 刃部已残，阑段棱齿犹存，应属于典型牙璋的ⅠA 型；⑯广东东莞村头贝丘遗址第三文化层出土残障 2 件，阑段的棱齿明显属Ⅰ型，该文化层年代据估计距今 3500 年左右，相当于商代；⑰饶宗颐曾示揭阳仙桥 1 件，简化为不分段，属Ⅴ型；⑱中山龙穴残璋，阑段形制属Ⅲ型；⑲增城红花林采集 1 件，阑段单突，属Ⅲ型（按：广东出土类似牙璋的残件甚多，如平远寨顶上山，兴宁加他凹山等，因器型过残，暂不列入）；⑳香港南丫岛遗址 M6 出土的牙璋 1 件，阑段棱齿明显示，虽两侧不等，可能是旧玉磨损，或玉料所限，应属ⅠA 型。该墓年代因无陶器可比较，参照遗址第 2 层年代，或说战国至秦汉，或说东周以前。笔者观摩出土物后，估计东周前后为宜，墓葬出土旧玉璋流传要早一点；㉑香港大屿山东湾采集Ⅲ牙璋 1 件；㉒越南 Phung Nguyēn 出土 2 件牙璋，ⅠA 型与Ⅲ型各 1 件；㉓越南 Xom Ren 遗址出土 2 件牙璋，分属ⅠA 与Ⅲ型各一件，此两处均在红河流域，属冯原文化中晚期，冯原文化晚期的碳 14 年代距今 3015 ~ 3300 年间，相当于商末周初。以上情势是牙璋分布的大概。

综上所述，可见典型牙璋（Ⅰ型）应分为南北两支。南支以成都平原的三星堆遗址出

---

① 参阅《南中国及邻近地区古文化研究》，香港中文大学出版社，1994 年。下引不另注。

土为代表，即IA型（图一，1~5），原产地应属夏商方国古蜀文明的都邑所在地。奇怪的是夏或早商都城所在的中原二里头文化与二里岗文化区内，也只出此种牙璋，数量甚少，却很精致，如涂硃，镶绿松石等，应属于传入品的贡礼品或商贸品。《周礼·典瑞》："璋邸射，以祀山川，以造赠宾客"，牙璋作为馈赠礼玉是适宜的。北支以陕北神木石峁为代表，即IB型（图二，6~9）。此种璋流传海外的不少，如1982年林巳奈夫文图10所列日本白鹤美术馆藏品即是。神木石峁遗址出土的三足瓮与陕北清涧李家崖发现的殷墟二期至西周中期的城堡西墙下压的三足瓮相似，后者口沿上有一字，陈全方认"鬼"字①，可见神木一带可能是夏商方国鬼方的一个聚邑。石峁常见的Ⅲ型、Ⅳ型牙璋（图一，10、11）也在夏商方国东夷所在地山东半岛发现较多，并不奇怪。因为牙璋是夏商方国都邑的流行物，是中原王朝的珍稀品。牙璋之所以在周边方国盛行，或许与周边多山原，故特需祭山的祭玉有关。总之，牙璋是吾中华各族先民共同创造的，笔者前曾建议以"中国牙璋"命名，似应正名为"中华牙璋"更为妥帖，质诸方家，其意何如?

其次，牙璋南传闽粤，远布红河流域均不出商周之际，作为祭玉的牙璋ⅠA、ⅠB、Ⅲ、Ⅴ型均在南海滨出现，足证先秦南北交往的弥密，中华远古文化的整合程度比想象为高。红河流域冯原文化中有ⅠA、Ⅲ型牙璋（图二，29~31）其来历途径当是多方，不过其中与古蜀文明的交通更足重视。越南史籍自《安南志略》以下，备载蜀王子泮征"雄王"、"文郎"，称"安阳王"，建"瓯骆国"的史实，实出《交州外域记》（见《水经注·叶榆江》引），先师徐中舒、蒙文通教授均考订，安阳王即蜀开明氏后裔，南迁时间当晚于秦灭蜀之年（公元前316年）②。今可知早在商代古蜀文化已辐射至红河流域，三星堆出土大量南海贝壳；冯原出土牙璋即是一例。《史记·三代世表》正文引《谱记》："蚕丛国破，子孙居姚、嶲等处。"唐代姚州在今云南境，既曰"等处"，则或有蜀王蚕丛子孙更迁居到红河流域的可能，则古蜀文明的南播不仅限于文化交往的层次，而与民族迁徙有关。所以，东山文化中有蜀境僰国之"僰"铭的戈铭、有"邛治"铭的蝶形铜镬，1936年有"晋归义叟王"金印的出土③，更足资证明古蜀文明与中印半岛的密切关系了。

五、三代用璋的异同

值得注意的是：这种作为祭玉的牙璋只在夏商方国流行，却绝不见于晚商殷墟文化，大邑商附近的西北岗王陵大墓不出，小屯稍大的中型墓也不出，夏鼐先生所

① 陈全方等：《陕西商代方国考》，《殷墟博物苑苑刊》（创刊号），中国社会科学出版社，1989年，第93页。

② 徐中舒：《〈交州外域记〉蜀王子安阳王史迹笺证》，《论巴蜀文化》，四川人民出版社，1981年，第150~165页；蒙文通：《越史丛考》，《古族甄微》，巴蜀书社，1993年，第358~368页。

③ 饶宗颐：《由牙璋略论汉土传入越南的遗物》，《古中国及邻近地区古文化研究》，香港中文大学出版社，1994年，第1~4页。

指妇好墓的 2 件（552、553），显然不是璋形器，更非牙璋①。晚商至两周常见的是一种半圭形璋，其形长条形，上首斜尖，下底平直。这种半圭璋，过去的研究者均指出其与牙璋的区别，而不谈其关系。笔者以为它实际上是在牙璋影响下产生，流行持久的简化（或平民化）的石璋。我们至少在神木石峁的Ⅵ、Ⅴ型牙璋中见到半圭璋的端倪。

在殷墟一个磨制玉石器的工场——小屯 10 号房基内有玉料、半成品等，而以半圭形石璋残片为最多（无法计数），其中一件（F10: 10）残长 23. 1 厘米②。其用途似多用于平民随葬，洹北大司空村 M32、M23 均属殷墟已种小墓，即出此物③。另据笔者重新统计：殷墟西区 939 座中小墓葬中出玉石器的有 71 墓，却有 57 墓出半圭璋 184 件，除 M777 为殷墟三期外，52 墓为第四期，另 4 墓无法分期。出土最多的是第四期的 M701，殉人 12，出土半圭璋 22 件④。殷人民间的这种风尚进入西周，只在殷王畿的殷顽民中流行，如洛阳下瑶 M159 为周初殷顽墓，在二层台东阶出土半圭玉璋 100 余片，有射（指半圭首）者 44 枚⑤。

周人故地罕有用半圭璋者，先周墓葬未见。周原罕见，只有扶风黄堆 6 座西周中期墓中的 M3 中出一枚小圭形璋⑥，西周晚期的上康村 M2 出土 4 件⑦。而在殷畿故地，降至东周还有半圭璋流行。豫西陕县上村岭虢国墓地 M1716、M1701、M1824 等均出半圭璋⑧。洛阳中州路 M213 也出⑨。山西侯马牛村与河南温县的东周盟誓坑中所用玉石片甚多，其中不乏半圭璋，仅牛村遗址至少有 25 件以上⑩。进入战国之世，逐渐消失，仅辉县琉璃阁 M76 出土⑪。或说辉县山彪镇 56 号墓也有出土⑫，其实不然，经检查乃 M1 出土的一件石尺断成三截中的一段，器号为 56，山彪镇并无 M56。

由此可见，牙璋作为重要的礼玉，夏商之方国通用，而殷商王室不用；商民习用的是半圭璋，周人罕用，其间可窥见三代文化异同之一斑。同时也可知，半圭璋之平民化的制品，流行殷畿故地，用途也是礼仪性的器物，而又与牙璋祭山不同，

---

① 夏鼐：《商代玉器的分类、定名和用途》，《考古》1983 年第 5 期，第 455 ~ 467 页。

② 《1975 年安阳殷墟的新发现》，《考古》1976 年第 4 期，第 264 ~ 272 页转 263 页。

③ 马得志等：《一九五三年安阳大司空村发掘报告》，《考古学报》第 9 册，科学出版社，1955 年，第 25 ~ 90 页。

④ 《1969 ~ 1977 年殷墟西区墓葬发掘报告》，《考古学报》1979 年第 1 期，第 27 ~ 146 页。

⑤ 《一九五二年秋季洛阳东郊发掘报告》，《考古学报》第 9 册，科学出版社，1955 年，第 91 ~ 116 页。

⑥ 《扶风黄堆西周墓地钻探清理简报》，《文物》1986 年第 8 期。

⑦ 《陕西岐山、扶风西周墓清理记》，《考古》1960 年第 8 期，第 9 页，图版三，9 左下。

⑧ 《上村岭虢国墓地》，科学出版社，1959 年，第 20 页，图版二一，10，图版三十，1、2。

⑨ 《洛阳中州路》，科学出版社，1959 年，图版五三，3。

⑩ 《侯马东周盟誓遗址》，《文物》1972 年第 4 期，第 29 页，图六，19、20，图七，7；《河南温县东周盟誓遗址一号坑发掘简报》，《文物》1983 年第 3 期。

⑪ 郭宝均：《三彪镇与琉璃阁》，科学出版社，1959 年，第 68 页。

⑫ 周南泉：《中国古代玉、石璋研究》，《考古与文物》1993 年第 5 期。

它用于随葬，后来又用于对神盟誓。那么，殷墓随葬半圭璋的主人，其社会职务是否与巫祝有关，也是值得考虑的。再者，就牙璋形制异同而言，夏商时代的古蜀牙璋与二里头夏文化出土者相同，而与殷商文化流行的半圭璋不同，其间似乎又透出三代礼制异同的重要信息，即古蜀文明与夏文明关系亲密，而与商文明不同。这是更加值得进一步研究的课题。

六、小　　结

综上所述，中华牙璋及其流裔半圭璋作为重要的礼玉流行在三代，也就是中华远古文明的童年，历时数千年，地域遍及东亚大陆。东亚两河流域（黄河与长江，中国古代文明的两大摇篮）是其两大中心区域，南支古蜀文明与北支夏商时的西北方国并驾齐驱；东南沿海的百越故地是它的流裔。在如此广袤辽阔的土地上，有如此相同的典型器物和相似功能，延续了如此悠远，以一斑窥全豹，可见其文化载体——中华民族是由稳定结合、连续发展、多元有机构成的结果，还有什么可怀疑的呢?

关于我国三代文化的异同，前贤论述甚丰，或言殷周之际是政治文化的剧变时期，或言夏商周分别为操三种不同语言的古代民族①。先师徐中舒教授也很早倡言夏商周三代不同部族之说②，近来邹衡从考古学研究上认为夏商本“属于不同的文化体系”，而先周与晚商间也“属于完全不同的文化体系”③。笔者也曾多次论及古蜀文明及后来的巴蜀文化与中原夏商周文化的异同，并自成一个文化区域④。这里讨论的牙璋及半圭璋的异同与传播，也从一个角度反映中原王国与周边方国在文化上的区别与联系，如西土古蜀，北土鬼方，东方东夷，南方百越，既有自己的文化特色，又有紧密的互相涵化的文化关系。张光直说：“三代都是有独特性的中国古代文明的组成部分，其间的差异，在文化、民族的区分上的重要性是次要的。”⑤ 这也应适用于三代王国与方国之际的关系。我们这里从中华牙璋的研究中再次论证费孝通先生1988年在香港中文大学泰纳讲座上所讲演的“中华民族的多元一体格局”⑥ 的表述。

（原题《古蜀文明与中华牙璋》，载《中华文化论坛》1994年第1期）

---

① 参见王国维：《殷周制度论》，参见丁山：《由三代都邑论其民族》，《中央研究院历史语言研究所集刊》第2册，1935年。

② 徐中舒：《先秦史论稿》，巴蜀书社，1992年。

③ 邹衡：《夏商周考古学论文集》，文物出版社，1980年，第141、331页。

④ 参见本书《古蜀文化区导论》。

⑤ 张光直：《考古学专题六讲》，文物出版社，1986年，第132页。

⑥ 费孝通：《中华民族多元一体格局形成的特点》，《群言》1989年第3期，第11~14页。

蜀与夏

——从考古新发现看蜀与夏的关系

蜀与夏同源，有文献足征。晋常璩《华阳国志·蜀志》载：“蜀之为国，肇于人皇，与巴同囿。至黄帝，为其子昌意娶蜀山氏之女，生子高阳，是为帝喾（应作颛顼）；封其支庶于蜀，世为侯伯。历夏、商、周，武王伐纣，蜀与焉。”但是，近代史家都有怀疑和否定的。早在20世纪50年代，针对疑古史家的否定，徐师中舒先生指出：“秦灭蜀前，蜀的历史，现在保存于《华阳国志·蜀志》及《蜀王本纪》中……是历代相传的旧说。”① 蒙师文通先生也引西汉褚少孙说来指证常志之说：“蜀王后代既是在元、成间还常朝献于汉，这说明是汉代所谓西南夷中的邑君。黄帝子孙之说，可能是这些邑君朝献时自己称述得来。”② 近来李学勤先生根据《大戴礼记·帝系》所记的先秦传说进一步指出：“传说中的世系显示，蜀和虞、夏、楚有共同的先世。”“蜀、夏同出于颛顼的传说绝不是偶然的。”③ 从古代文献记载来看，蜀与夏的确有同源关系。现在，笔者根据成都平原最新的考古发现与认识，对蜀夏关系的地下证据作一点新的探讨，以求教于诸方家。

一、宝墩古城与“夏鲧作城郭”

考古学上夏商时代的“三星堆文化”或“古蜀文化”、“早期蜀文化”是从20世纪80年代成都平原广汉三星堆遗址的城址与祭祀坑的发掘后，才被学术界广泛接受的。50年代初发掘的以东周船棺葬为代表的青铜文化，沿用了40年代卫聚贤先生根据传世品——所谓成都“白马寺铜器”而命名的“巴蜀文化”④。夏商的“三星堆文化”比东周的“巴蜀文化”早，故称“古蜀文化”。目前，虽然名家对三星堆祭祀坑的年代看法有分歧，但三星堆遗址主要堆积有：龙山—夏商之际—殷商—殷末周初等各时代的文化遗存是没有异议的。90年代后半期，成都平原又发现龙山至夏代的古城群，它们是直接与夏商时代的“三星堆文化”相衔接的“宝墩文化”。

宝墩文化可分四期⑤。第一期以新津宝墩遗址（含城址）为代表，文化内涵与广汉

---

① 徐中舒：《巴蜀文化初论》（1959年），编入《论巴蜀文化》（四川人民出版社，1982年）。

② 蒙文通：《巴蜀史的问题》（1959年），编入《巴蜀古史论述》（四川人民出版社，1981年）。

③ 李学勤：《“帝系”传说与蜀文化》，《四川文物·三星堆古蜀文化研究专辑》，1992年。

④ 卫聚贤：《巴蜀文化》，《说文月刊》1941年第3卷第4期。

⑤ 江章华等：《成都平原的早期古城群——宝墩文化初论》，《中华文化论坛》1997年第4期。

三星堆遗址第一期相同，碳十四测定年代约公元前 2400 年，已超出夏代（一般认为夏代相当于公元前 2100 ~ 1600 年）纪年，与古史传说五帝中的虞舜时代相当。第二期以都江堰芒城遗址为代表。第三期以郫县古城遗址和温江鱼凫城遗址的前段为代表。第四期以温江鱼凫城遗址后段为代表，其文化内涵与三星堆遗址第二期相接近，后者的碳十四测定年代为公元前 1700 年，这大概是宝墩文化年代的下限，已进入夏代纪年的后期了。

宝墩文化已发现的城址有 6 座：新津宝墩（图一）、都江堰芒城、郫县古城、温江鱼凫、崇州双河和紫竹古城，时代跨虞、夏之时。当时正是中国的洪水时代，“当尧之时，天下犹未平，洪水横流，氾滥于天下，草木畅茂，禽兽繁殖，五谷不登，禽兽逼人，兽蹄鸟迹之道，交于中国”（《孟子·滕文公上》）。《诗经·商颂·长发》：“洪水芒芒，禹敷下土方。”《庄子·秋水》：“禹之时，十年九涝。”因此，夏禹自述治水时说：“洪水滔天，浩浩怀山襄陵，下民昏垫。予乘四载，随山刊木……予决九川距四海，浚畎浍距川”（《尚书·益稷》），三过家门而不入。夏禹治理黄河的洪水时，曾由壶口而西到雍、梁二州，《诗经·大雅·韩奕》：“奕奕梁山，维禹甸之”；《尚书·禹贡》：“翼州既载，壶口治梁及岐”，岐山在雍州无疑，梁山一说在雍州（今陕西合阳至韩城一带），或说在梁州（今陕南南郑县东南）。禹治理大江的洪水，是从江源（岷江）和汉水开始的，《尚书·禹贡》又说：“华阳、黑水惟梁州，岷嶓既艺，沱潜既道，蔡蒙

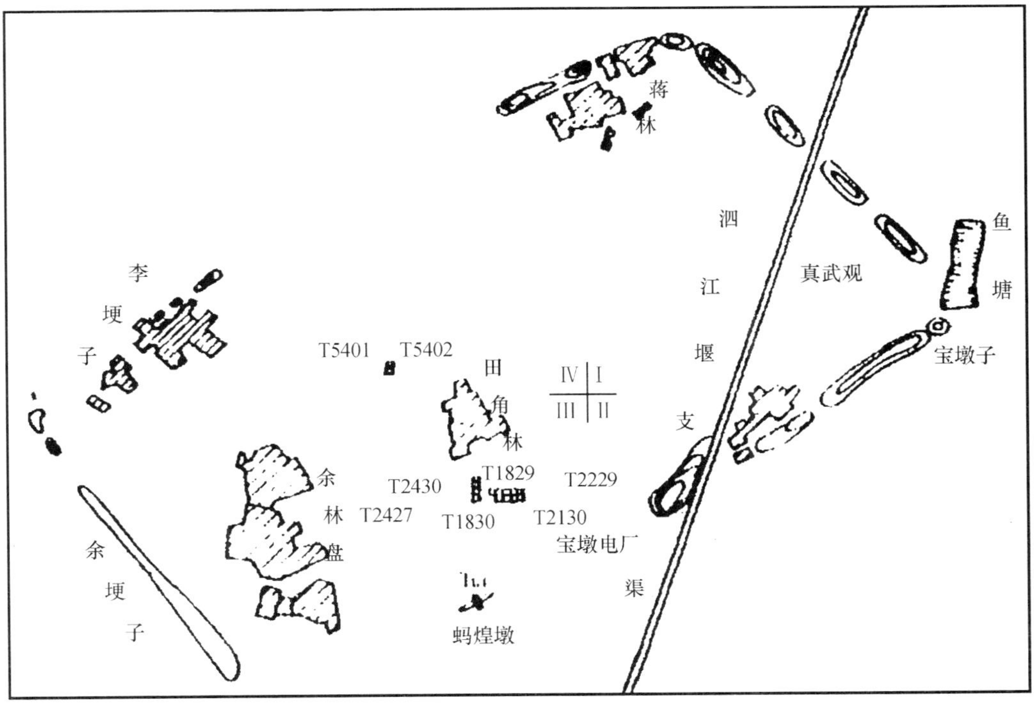

图一　宝墩古城平面图

旅平，和夷底绩。”蒙文通先生引郑玄注说：岷山在岷江上游，嶓冢山在汉水源头，“沱在郫县，潜出嶓冢，蔡、蒙在汉嘉，和读曰桓，桓水出蜀郡蜀山西南。是《禹贡》于梁州所详，偏在西北”。又说：“《山海经》所载至广，而独于此岷江上游蕞尔之地载之至详。《史记·五帝本纪》又载黄帝之子‘青阳降居江水，昌意降居若水’，其后皆有天下。是此岷嶓之间古代本有梁州通中原之一道，故记之乃详也”①，其说精当可从。王象之《舆地广记》卷30说得更具体：“《禹贡》岷山在西北，俗谓之铁豹岭。禹之导江，发迹于此。”那么，作为岷江中游最大的冲积平原——成都平原，夏禹循江治水过此，也不是不可能的，并且成都平原曾累遭洪灾也是肯定的。

根据古气候学研究，从距今8000年开始，长江上游进入暖热阶段，雨量充沛，年温比现在高2℃～3℃，一直延续到距今3000年进入第一冷期为止。冰川考察资料表明，成都平原西面的横断山区当时受高温气候影响，在各较大的河流支谷口都形成巨大的由泥石流与洪积物组成的混合型台地。考古发掘表明，资阳黄鳝溪“资阳人”产地的河流冲积层中有冲倒的形成乌木的古树林，经碳十四年代测定约在距今6500年左右，孢粉组合有亚热带、热带成分，年温比现在高3℃以上②。成都平原地处川西北山地河流支谷口的下游，为河流冲积扇平原，东有龙泉山脉斜亘，平原出水口只有东面的金堂峡和西南面的青神熊耳峡。夏秋雨量集中，据长年统计，盆西在5～10月的降雨量约占全年的85%～90%，故素有“西蜀天漏”之称③。一旦夏雨集中，水流宣泄不畅，必酿洪灾。如《蜀王本纪》载：杜宇（望帝）时曾遭到“若尧之洪水，望帝不能治”。《华阳国志·蜀志》说：“其相开明决玉垒山以除水害，（望）帝遂委以政事……帝升西山隐焉。”特大洪灾还引发了政权更迭，改朝换代。所以，筑城防洪肯定是古蜀政权要首先考虑的。

从地下发现看，成都平原当时至少有2～3个古城是同时并存的，还不计那些已破坏无存的、埋藏地下尚未被发现的，例如最近（1998年初）在三星堆遗址的夏商城址内的月亮湾地点，就新发现了时代更早的城墙基址，犹待进一步发掘。成都平原是套在四川盆地西部的小盆地，面积满打满算不过9500平方公里，其中心地段不过二三千平方公里，在如此狭小的地区内，在相当于虞夏时代有如此密集的城址，其功能的多样性，是值得研究的。

关于古代的城，徐中舒先生曾有精辟的论述，他指出：“崇在古代又为有崇伯鲧之国，鲧是夏禹的父亲，为夏之所自出。西汉人屡称‘大禹出西羌’，而《世本》又言‘夏鲧作城郭’，是城郭之建筑，在居于山岳地带的羌姓或羌族中，也必然有悠久的历史。”他认为“庸之本义为垣庸，为城垣”，“邛笼即庸之合音”，“戎族之‘戎’，也当与崇或庸有关”。先生进一步发挥：“综此诸义言之，庸之与戎，就其所居言则为庸，邛笼就是它的最适当的说明；就其所用的武器言，则为戎，板楯蛮就是它的最适当的说

① 蒙文通：《四川古代交通线路考略》，《古地甄微》，巴蜀书社，1998年，第187～188页。

② 《四川气候》，四川科技出版社，1997年，第116～117页。

③ 《四川水旱灾害》，科学出版社，1996年，第9页。

明。”这里对巴蜀民族与夏族的同源关系作了极为重要的揭示。先生对城垣的功能作了分析：①在平原低地“为防水的必要设施”；②“在山岳地带也为防御猛兽侵袭的屏障”；③“戎族中亦必以具有高大的城墉作为联盟大酋长的标志”；④在阶级社会中，作为保护统治阶级自己，“并为镇压居住在他们四周原野上的被征服部族之用”①。这些真知灼见，是我们在分析成都平原古城的功能时要认真综合考虑的。

值得注意的是，宝墩文化二期的都江堰芒城与崇州双河古城都是“回”字形的双圈城垣；这是十分罕见的建城特征。我们知道二里头遗址很可能是夏代的都城，但没有发现城垣遗迹，只有在二里头夏文化的晋南东下冯遗址发现“回”字形双圈环壕聚落②。目前只有这两者差可相比，不过一个是地面上建筑的城垣，一个是地面下挖掘的壕沟。这种筑城方式的相似，肯定与“夏鲧始筑城郭”的传说有关系。

宝墩文化本身并直接发展为三星堆文化，中间似无间断。广汉三星堆遗址已知为古蜀文明的都城，三星堆文化（三星堆遗址的二、三、四期）是古蜀文化。那么，把宝墩文化（含三星堆遗址的一期）看成是古蜀文化的开端，或是先蜀文化又有什么不可呢？因此，我们可把《蜀王本纪》、《华阳国志》等所记古史传说的蜀国世系，分为三世：①蚕丛、柏濩为开国之世，进入成都平原发展成早期国家（或曰“酋邦”），成都平原的古城群乃其遗迹。相当于中国古史传说时代的五帝后期到夏禹开创的夏代。②鱼凫、杜宇为鼎盛之世，标志是以三星堆都城为中心的古蜀文化圈的形成。相当于中原夏商之际到周初。③开明（鳖令）为扩展之世，巴人受楚迫西进，与蜀文化相冲突、融合，形成传统意义上的“巴蜀文化”，新都马家出土“邵之食鼎”的甲字形土坑木椁墓，被认为是荆人鳖令之后开明世某王的陵墓，是有道理的。相当于中原西周至东周③。

另外值得注意的是，相当于虞夏时代的宝墩文化，在本地已历年久远，它的发展渐变为三星堆文化，我们可因它们在发展的阶段上的不同而分别命名，其实两者之间一脉相承并非出现另一种什么新文化。所以，有学者认为三星堆文化是“在夏末商初，由迁入成都地区的夏遗民，与当地土著居民相结合所创造的一种新型文化遗址”之说④，就不能成立了。夏与蜀本是同源的异地文化，他们之间在各自发展过程中存在着不断联系与交往，肯定比我们想象的要多得多。

二、夏蜀交往的地下物证

蜀与商、周的交往频繁，在殷墟卜辞与周原卜辞中均有记载，殷商时有“蜀受年”、“征蜀”、“至蜀有事”、“蜀御”、“蜀射”、“在蜀”、“示蜀”等；西周有“伐蜀”

① 徐中舒：《巴蜀文化初论》（1959年）。
② 参见《中国考古》，上海古籍出版社，1992年，第223页。
③ 林向：《古蜀文化的发现与研究》，《寻根》1997年第4期。
④ 杜金鹏：《三星堆文化与二里头文化的关系及相关问题》，《四川文物》1995年第1期。

卜辞藏诸宗庙[①]。夏的文字因尚未发现，蜀与夏的交往只得依靠对地下出土物的文化因素分析法，而间接求得。我们认为一般来讲，考古学文化是历史上“人们共同体”（氏族、部族或民族）在物质文化上的反映，文化因素的相通，意味着“人们共同体”在文化层面上的传播与交流；大量的或主导的文化因素相同，则表示“人们共同体”之间可能存在着族属成分上的亲缘关系。

古蜀文化或三星堆文化出土的典型陶器群是：小平底罐或钵、高柄或圈足豆、高领小平底大罐、袋足或管足封顶盉、鸟兽头长器把、高颈壶、瓶形杯、平底盆、三袋足炊器、尖底盏、敛口瓮、大口缸、器盖、纺轮等。它们都自有特色，是一个与众不同的考古学文化的标志。但是，有两种陶器却与二里头夏文化的陶器十分相似，它们是高柄豆与袋足封顶盉。蜀地本流行圈足豆，从宝墩文化开始延续到三星堆文化，由盛而衰却不绝；高柄豆则由少增多，成为三星堆文化的典型陶器。高柄豆并不如有人说的是从二里头夏文化那边传过来的，在宝墩文化一期晚段已出现一种浅盘豆，柄、盘间有明显的界分；到二期柄部变细，作为三星堆文化高柄豆的前身是无疑问的，它们的纪年早于二里头文化也是肯定的。但是，三星堆遗址出土高柄豆的确与二里头遗址有关，三星堆遗址的一件高柄豆（AaT4①：39），大浅盘，柄部有镂孔和突棱，与二里头遗址出土的很相似。另一件高柄豆（BaTl②：36）圈足上有一个“目”字刻符，更为二里头遗址出土物所常见[②]。两地相似的高柄豆上有相同的刻符，反映出两者必有交流，认为它们是来自二里头夏文化的文化因素亦未尝不可。不过，三星堆文化的高柄豆有纺锤形、竹节形、麻花形多种豆柄，自成系列，来自二里头文化的因素并不占主要地位。

能够肯定来自二里头夏文化的是袋足封顶盉。关于封顶盉的问题，杜金鹏先生做过比较研究[③]。他认为：“四川地区的同类器物的年代，不会晚于二里头文化三期”，这大致是不错的。但是，因为他是主张二里头文化三、四期属于商文化的，所以把封顶盉的迁播与商汤伐桀灭夏，夏遗民的大迁徙相联系，那就有待商榷了。二里头文化二、三期正处于发展的鼎盛期，并不见有任何衰败之势，当此时封顶盉等文化因素向周围地区传播，说它是因国破人亡时的四散逃窜的传播；实不如我们说它是因夏国力强盛，文化影响力四射的传播，更有说服力。古蜀文化在接受封顶盉这种外来文化因素时，并不完全照搬而是作了改造，三星堆文化出土的封顶盉一般显得瘦高，身高超过足高，特别是三款足似管状细长，上下一般粗细；与二里头文化传来的封顶盉，矮胖而肥裆尖足，大相径庭，别有情趣，反映文化的交流不可能是一味单向被动的。

三星堆遗址出土的玉石器也有不少与二里头文化玉石器相似的，如玉锛、玉戈、玉圭、玉石牙璋等。关于牙璋的问题，笔者曾做过比较研究，在分析了全国各地出土的

---

① 见本书《周原卜辞中的蜀》、《殷墟卜辞中的蜀》。

② 杜金鹏：《三星堆文化与二里头文化的关系及相关问题》，《四川文物》1995 年第 1 期。

③ 杜金鹏：《封顶盉研究》，《考古学报》1992 年第 1 期。

34件牙璋标本后，论述了牙璋的渊源、类型、年代、流布和三代用璋的不同特点①。现可补充申述如下：三星堆遗址为代表的古蜀文化很可能是牙璋的最早的发源地，因为：①这里年代有最早的，有早到夏代前期，公元前1700年以前的；②典型器物多，变例也多，数量在80件以上，可分为Ⅰ、Ⅱ、Ⅳ三型6式；③其用途与社会功能最清楚，是祭祀山川的专用品（有祭山图牙璋K2③：203附4可证）。中华牙璋有两个渊源系统：其一，大汶口文化的獐牙器发展成“装配式牙璋”，即二里头文化遗存中最常见的“柄形器”及作为附件的小玉饰；其二，红山文化的丫形器发展为“独体式牙璋”，即三星堆文化等遗存中常见的整体分为柄、阑、身三段的“中华牙璋”。

在二里头夏文化中最常有的是“装配式牙璋”，其特征性的遗物即在二里头文化遗存随处可见的“柄形器”。相反，“独体式牙璋”则极少见，在二里头遗址中总共只出土了3件（三期），另有采集的1件（四期），均出自墓葬。在河南其他地方还发现2～3件，我们认为后者都是出于二里岗时期（商代前期）的夏遗民墓葬。其中二里头三期墓葬VM3出土2件Ⅰ型牙璋，它们与玉钺、“柄形器”等同出，我们认为该墓主人很可能是夏王室的巫祝之类，所以用这些法器随葬。这2件“独体式牙璋”的形制几乎与三星堆文化早期的Ⅰ型牙璋完全相同（较祭祀坑出土的为早，如1929年燕家院子出土的几件，及1986年三星堆遗址二期出土的残件）。在二里头夏文化里“独体式牙璋”年代晚、数量少，十分稀罕，应是古蜀文化的交流物（贡礼品或商贸品），《周礼·典瑞》：“璋邸射，以祀山川，以造赠宾客”，以祭祀山川的牙璋作为馈赠的礼玉，是十分相宜的。

目前流行一种说法，认为牙璋起源于陕西北或山东②，其实不然。陕北神木石峁的牙璋约35件，其阑部与三星堆遗址、二里头遗址出土的不一样，我们分它为ⅠB亚型，其余的都属于阑部简化的Ⅲ、Ⅳ、Ⅴ型，时代不可能如后来所说的早到龙山时代，还是以夏鼐先生说的出于“商代墓葬”为是③。山东临沂、五莲、海阳地面采集的4件，属于阑部简化的Ⅲ、Ⅴ型，时代亦不可能早到龙山时代。两湖、闽粤出土的几件，情况亦复如此。香港南丫岛东周墓M6出土的Ⅰ型牙璋；越南Ren和Phung Nguyen冯原文化中晚期遗址出土的2件Ⅰ型、2件Ⅲ型牙璋，其年代相当于我国商末周初，它们都可能是自发源地的蜀中向南传播的。过去讲蜀中与东南亚红河流域的交通，都认为与《交州外域记》所载的蜀开明氏后裔王子泮“安阳王”在秦灭蜀（公元前316年）后南奔，于该地建“瓯雒国”的史实有关（见《水经·叶榆水注》），现可知早在商代古蜀文化已辐射至红河流域，冯原文化出土牙璋即是一例。

根据殷墟西区939座商墓与周原6座周墓的出土物分析，牙璋为夏商之方国通用，而殷商不用；商人习用的半圭璋，而周人不用。更透露出三代礼制异同的信息；古蜀文

① 见本书《古蜀牙璋新论——古蜀文明与中华牙璋》，此文曾在香港中文大学召开的“1994年南中国及邻近地区古文化国际学术讨论会”上宣读。

② 王永波：《耜形端刃期的分类与分期》，《考古学报》1996年第1期。

③ 夏鼐：《商代玉器的分类、定名与用途》，《考古》1983年第5期。

化与夏文化关系似比与商文化更为密切。礼制是深层次的文化传统，表明蜀与夏的确可能是文化同源的南北两大支族①。

1987 年在三星堆遗址群的真武仓包包发掘一个玉石器祭祀坑，出土玉瑗、玉凿、石璧数十件。值得注意的是还出土 2 件长方形镂空铜牌饰，与二里头文化出土的几乎完全相同②。蜀夏间的紧密交往又得一坚实的地下证据。

由上可知，夏与蜀既是文化同源，又各自独立发展，在发展中又不断交往交流，当然，文化交流常是双向的，尤其是在实力相当时，文化传播的辐射力也会旗鼓相当。徐中舒先生说得好："四川是古代中国的一个经济文化区，但是它并不是孤立的；也不是与其他地区，尤其是与中原地区没有联系的。"③ 我们也曾说过："蜀的中心地区在成都平原，蜀文化圈的范围大体上与后来《汉书·地理志》所载'与巴蜀同俗'的地域相当，它在江汉地区与南传的二里头文化（夏文化）相遇；在陕南与商文化相遇；在渭滨与周文化相遇，蜀应该是殷商在西土外服方国。"④ 现在，我们又可补充说蜀是夏的异地同源的亲缘之邦，是周初的西南强国，古蜀文化是我中华远古文明中有机构成的重要部分。

三、"禹龙"与"蜀虫"

"禹"字（图二）《说文》释"虫也"，段玉裁注："夏王以为名，学者昧其本义。"甲骨无此字。金文《叔向簋》、《禹鼎》、《秦公簋》等均从"虫"。顾颉刚、童书业两

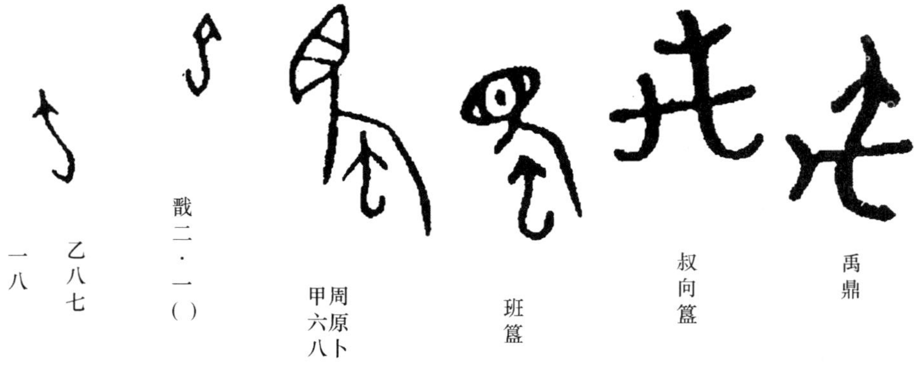

1　2　3　4　5　6

图二　虫、蜀、禹字形图

1、2. 甲骨虫字　3. 甲骨蜀字　4. 金文蜀字　5、6. 金文禹字

① 见本书《古蜀牙璋新论——古蜀文明与中华牙璋》。

② 陈德安：《三星堆遗址的发现与研究》，《中华文化论坛》1998 年第 2 期。

③ 徐中舒：《巴蜀文化初论》（1959 年）。

④ 见本书《古蜀文化区导论》（1992 年）。

先生的《鲧禹的传说》说："'禹'是有足的虫类，据近人考证，确是龙螭之属。"① 闻一多先生《伏羲考》举七事以证"夏为龙族"："传说禹自身是龙"、"传说多言夏后氏有龙瑞"、"传说夏后氏诸王多乘龙"、"夏人的姓和禹的名，其字都与龙有关"、"禹的后裔多属龙"、"禹与伏羲同姓"②。言之确凿，可从。《山海经·海内经》："鲧复（腹）生禹。"郭璞注引《发藏启筮》曰："鲧死三岁不腐，剖之以吴刀，化为黄龙。"《初学记》卷22引作："大副之吴刀，是用出禹"，那么，这条黄龙就是禹是无疑的了。刘师培《姒姓释》说，"姒""巳"同文，夏为姒姓即巳姓，"巳""蛇"古同字，且"巳"古读通"已"，"己""禹"双声。声近则义近，所以夏禹姓名均与"蛇"相联系。蛇与龙相通，因为蛇乃"龙之类也。或曰龙无角者曰蛇"（见《洪范五行传》注）。"蛇"可化为"鱼"，《山海经·大荒西经》："氐人之国……有鱼偏枯，名曰鱼妇颛顼，死即复苏。风道北来，天乃大水泉，蛇乃化为鱼，是为鱼妇颛顼，（此据《吕思勉读史札记·鬼方考》引，断句）死即复苏"，此"鱼妇"与"颛顼"相连称，使人联想"鱼"与"禹"之音转。"有鱼偏枯"者，"鱼"即"禹"也；这害"偏枯"之病的就是"禹"，《尸子·广泽》载："禹于是疏河决江，十年不窥其家，足无爪，胫无毛，偏枯之病，步不能过，名曰禹步。"据《玉篇》载：禹之父的"鲧"本即大鱼。《山海经·海外南经》："南山在其东南，自此山来，虫为蛇，蛇号鱼。"郭注："以虫为蛇，蛇为鱼也。"可见夏禹与龙、虫、蛇、鱼，一也。

我们知道周原卜辞中有个"蜀"字，从"虫"，是个合体字，像个纵目之人，曲体裹虫形徽记③。纵目人是古蜀国蚕丛氏之特征，《华阳国志·蜀志》："有蜀侯蚕丛，其目纵，始称王，死作石棺石椁，国人从之。"岷江上游茂县北有蚕陵山，《成都记》称："蚕陵即古蚕丛氏之国也。"这一带地下有大量古代的石棺葬遗存。当地羌族认为是"戈基人之墓"，与羌人无关。这种人纵目、有尾、居石洞、葬石棺，当为氐类之一种，蜀蚕丛氏本即氐族之一支④。《魏略》："（氐人）其种非一，称槃瓠之后，或号青氐，或号白氐，或号冉氐，此盖虫之类而处中国，人即其服色而名之也。"据闻一多先生研究："'槃瓠'与'包（伏）羲'字异而声义同，在初本系一人为二民族共同之祖先，同祖故同姓。"那么，虫之类的氐族"蜀"与龙族的"夏"正好攀上了同源的亲戚关系。

"蜀"字从虫，过去说者有两种完全相反的意见：一说此字象以蚕为神圣图腾的民族。如朱逖先认为，蜀之得名于最早养蚕蚕丛氏⑤。另一说此字乃象形似蚕的毒虫，"是商代统治者用一种代表毒虫的字来称呼古代的蜀人，可能是一种贱称"⑥。今可知这

① 《古史辨》七（下），上海古籍出版社，1982年，第155页。
② 闻一多：《伏羲考》，《神话与诗》，古籍出版社，1957年。
③ 见本书《周原卜辞中的蜀》（1985年）。
④ 贝本书《"羌戈大战"的历史分析——岷江上游石棺葬的族属》（1984年）。
⑤ 朱逖先：《古蜀国为蚕国说》，《时事新报·学灯》第44期，1939年。
⑥ 童恩正：《古代的巴蜀》，四川人民出版社，1979年，第55页。

带有“虫”形徽记的蜀人乃是出于颛顼的龙子龙孙，是夏禹的龙亲戚。这“虫”形徽记乃是高不可攀的“龙”标志。

由上可知，“禹”和“蜀”均属“虫”，这个“虫”符也就是“龙”符。

四、“禹龙”与“建木”

夏禹的历史伟绩在治水，他就与上古神话传说中会弄水的神龙——“句龙”和“应龙”挂上钩了；或者说大禹在古人的眼里本是一条会治水的龙。《山海经·海内经》：“鲧死，三岁不腐，剖之以吴刀，化为黄龙。”《初学记》卷22：“大副之吴刀，是用出禹”。那么，这条黄龙就是禹了。所以，顾颉刚、童书业先生说：“‘句龙，即是‘禹’字义的引申。”① 杨宽先生说：“禹和句龙既是一神，禹与应龙又是一神……禹和句龙的功绩在治水，而应龙也能蓄水……其实神龙就是禹的本身呀！禹在神话里本是从上天降到下土来的，应龙也一样的从上天降到下土，本来天地有着相通的道路，神人可以来往的，自从重黎‘绝地天通’之后，禹始终在下土做社神，做着‘恤功于民’的事业。”② 神话传说本是古代历史折射的影子，“夏禹是龙”的传说有它的历史合理性，古之后人把祖先异化为神物，并不是抹黑，而是顶礼膜拜，这可从三星堆遗址出土物中得到印证。

三星堆出土珍贵文物甚夥，尤以举世无双的青铜树为最③。二号祭祀坑出土的青铜树残件很多，树根、干、枝、叶、果铺满坑底，与海贝、玉石礼器、鸟蛇饰件相混，据清点约有6株以上，有的树枝上裹有金箔，是货真价实的“金枝”。二号树根的底盘三方有三个神巫跪守，可见这些神树是古代蜀人最神圣的崇拜物。其中修复的一号铜树最大（图三，1），残高384厘米（树巅无法复原）；树根立在三叉支架的圆盘基座上，座上纹饰是云气缭绕；树干粗壮挺拔，分几节有四道圆箍插接；树干上有树枝三层，每层三枝，枝丫上有萼托孵（栾）形果，两垂一昂，在昂果上各站一钩喙大鸟，生动地表现其在展翅前后的一瞬间的动态；在垂果的萼托旁有镂孔如罗网状的宽大叶片，叶片下缘有三个小孔，可悬挂三叉铜丝圆架，架下有各不相同的小悬饰，如天空星辰的圆牌、或如海洋扇贝的直棱牌等。最引人注目的是：树干表面有一巨龙蜿蜒而降，龙头昂起在下，龙尾高翘在上，后半部已残；龙头长方形，似有两根肉须（？），怒目定睛，龇牙咧嘴；龙躯细长，呈绳索状虬曲；龙足更奇特，如人的张肱曲肘，有龙爪如伸手的人掌，粗短的拇指与细长的四指分开；龙身还有些分支断残不清，至少有一支上长的是牙璋。

这株树的性质，笔者研究认为是蜀地神话中的“建木”④。今再申其说：根据袁珂

---

① 《古史辨》七（下），上海古籍出版社，1982年，第155页。

② 《古史辨》七（上），上海古籍出版社，1982年，第8页。

③ 《中国考古文物之美·3·四川广汉三星堆遗迹》，文物出版社，1994年，图37～图39。

④ 见本书《蜀酒探原》。

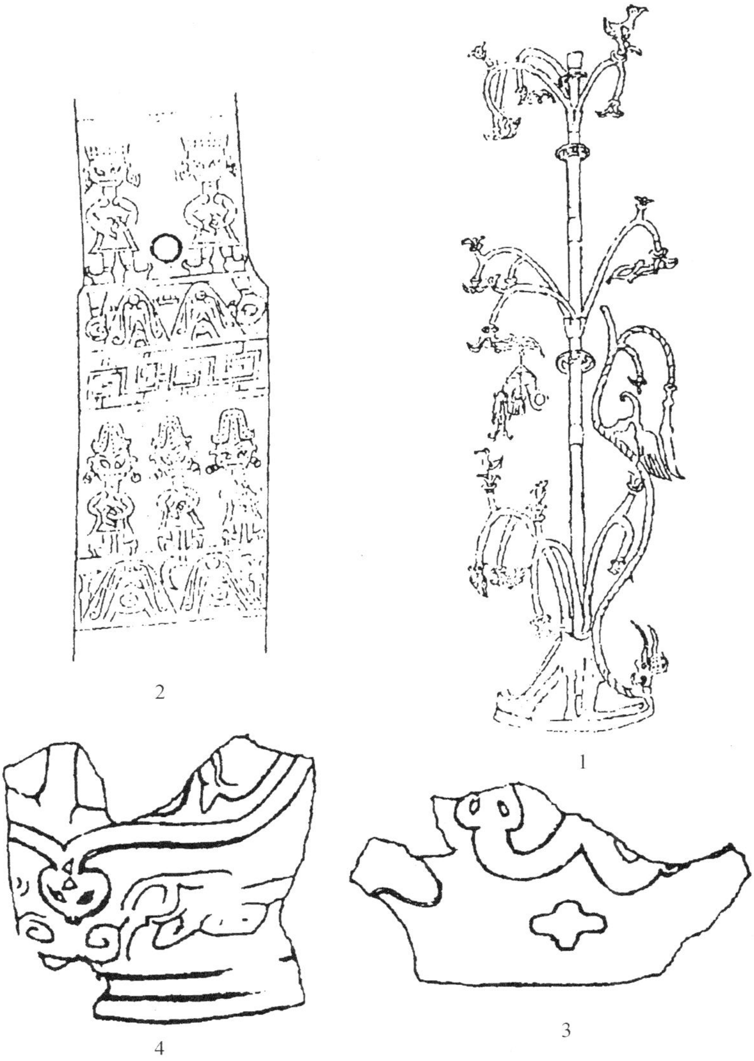

图三　建木与龙图

1. 三星堆建木（复原）　2. 三星堆祭山图璋（局部）　3、4. 二里头龙纹

先生校注的《山海经·海内南经》载①："有木，其状如牛，引之有皮，若缨黄蛇，其叶如罗（网），其实如栾（卵），其木若苉（刺榆树），其名曰建木。"《海内经》载："（九丘）有木，青叶紫茎，玄华黄实，名曰建木，百仞无枝，上有九欘（枝回曲为欘），下有九枸（根盘错为枸），其实如麻，其叶如芒，大皞爰过（上下于天），黄帝所为（造作）。"可见其来头不小，法力很大。又《淮南子·地形》载："建木在都广（应作广都，指成都平原），众帝所自上下，日中无影，呼而无响，盖天地之中也。若

① 袁珂：《山海经校注》，上海古籍出版社，1980 年。

木在建木西，末有十日，其华照地下。”那么，这棵铜树还可能兼容“若木”的传说在内。

据袁珂先生校注的《山海经》，所述建木的特征与三星堆铜树相吻合，笔者关于“建木”的推断至今认定不误。但其中有两点今天可作补正的：其一，今本《海内经》说建木“百仞无枝”，似文句有错乱，因与下文“上有九欘，下有九枸”不符合；或可说成树干中段有百仞是无枝的，树顶上是有九根弯曲的枝丫的，树下有九根盘曲的板根，两说均可通。前有学者以“百仞无枝”来否定它是“建木”，那是出于误解。其二，《海内南经》“引之有皮，若缨、黄蛇”，郭璞云：“言牵之皮剥如冠缨及黄蛇状也”，故袁校本将缨与黄蛇断开。笔者对照三星堆铜树细味此文，以为可作另解。“引”，此处不作“牵引”讲，而作“在前”解，还有“伸长”义（见《经籍纂诂》42）。“有皮”既作“树皮”讲，也作“表面”解，如“皮相”。“缨”，在此可作“绳索”，或“缠绕”讲（见《文选》谢灵运《述祖德》注）。“蛇”与龙相通，因为蛇乃“龙之类也。或曰，龙无角者曰蛇”（见《洪范五行传》注）。依拙见此句可作新解：“伸展在树皮表面上的（引之有皮），是绳索状缠绕的黄龙（若缨黄蛇）。”若拙见不诬，则三星堆一号铜树上的巨龙，也是“建木”上的应有之物，这条龙就是夏禹化身的神龙。因为“建木”既是古蜀人心目中“天下之中”的社树，作为社神的“禹龙”，理所当然地要出现在“建木”之上。

准此，三星堆一号铜树之所以如此崇高，供奉在庙堂受人膜拜，是因为在蜀人心目中，那株供众神上下于天地的“天梯”——建木，乃其远祖黄帝所创建，大有灵验。“西蜀天漏”，成都平原屡遭水患，他们盼望善于治水的祖神夏禹，化作黄龙从天沿树而下，来保佑蜀地子孙后代能永享丰年。这大概是古代蜀人的原始宗教思维所能设想的最佳寄托了。当然，神话归神话，宗教归宗教，当夏禹的远房子孙在杜宇时遭到《蜀王本纪》说的“若尧之洪水”的危难关头，会治水的夏禹的偶像因失去灵验，被埋入地下；而会治水的同样是夏禹远房子孙后代的荆人鳖令，因此取得政权，建立了开明王朝。

龙既是大禹的化身，二里头夏文化有不少龙的形象，如有一头两身、两头一身的都有。值得注意的它们都是无角、细长身，作龙蛇像（见图三，3、4）①。有同志认为夏族的图腾是“交龙”，是有道理的②。所以，在与夏有亲缘关系的古蜀文明里，龙的形象也同样显赫，引人注目。三星堆二号坑里与铜树一起出土的还有龙形铜饰片2件，如标本（K2:203），龙的细长身躯已残，怒目咧嘴，似无角（见图四，3）。另有3件铜蛇，如标本（K2:87），三角形蛇头上昂，也是怒目龇牙，尾残，身上布满菱形纹和云雷纹，华贵神秘（见图四，4）③。我们以为这三件不是一般的蛇，而是“龙无角曰蛇”。

---

① 见《考古》1965年第5期，图版三。

② 邹后曦：《夏族“交龙”图腾说》，《巴渝文化》（1），重庆出版社，1989年。

③ 《广汉三星堆遗址二号祭祀坑发掘简报》，《文物》1989年第5期。

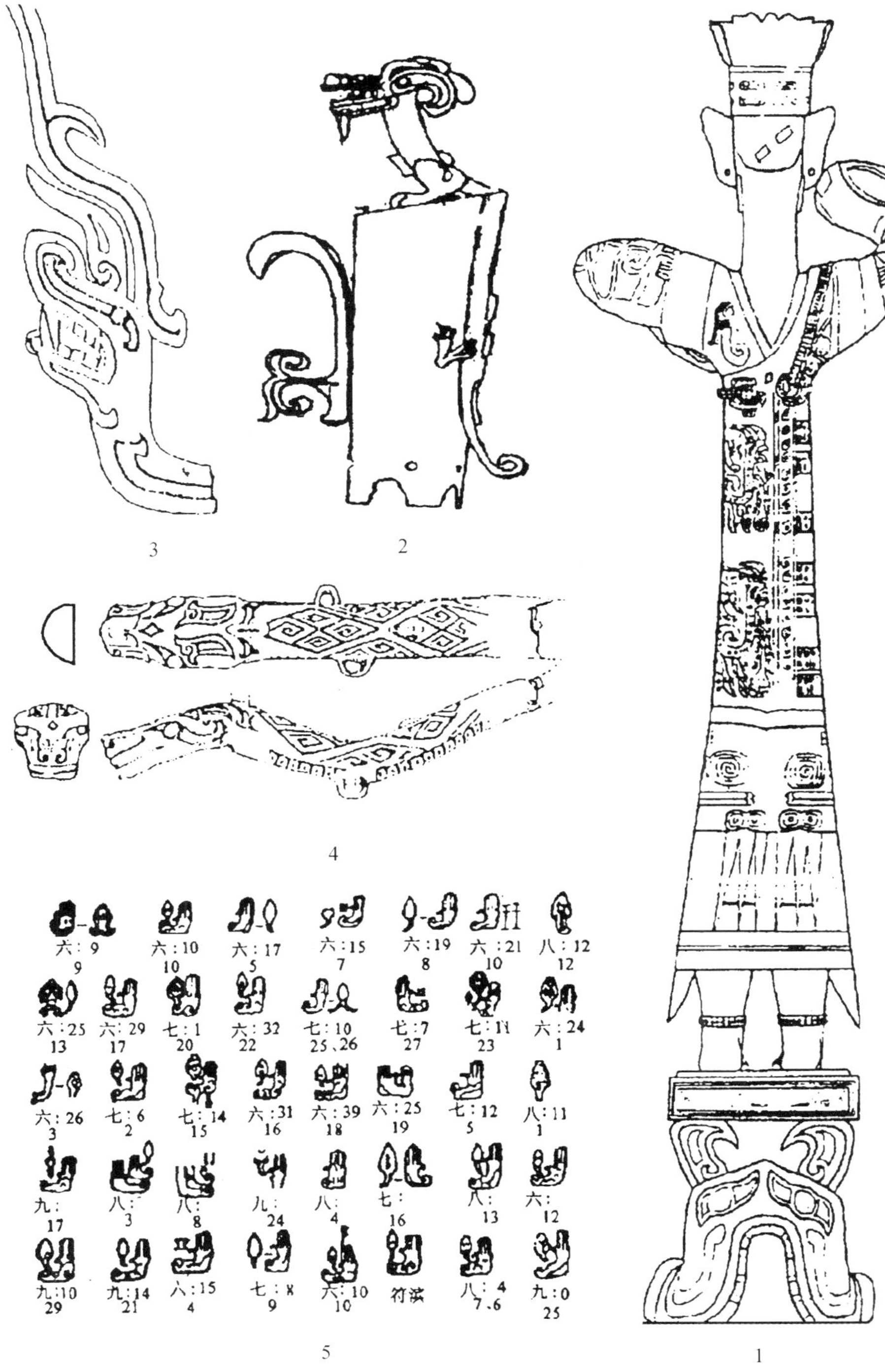

图四 龙与手心纹图

1. 三星堆大立人（背面） 2. 三星堆龙杖头 3. 三星堆龙锦片 4. 三星堆龙蛇 5. 东周巴蜀铜器上的手心纹

同坑出土的举世无双的大型立人铜像（K2∶149.150）①，连座通高 260 厘米，突出巨大的双手，作奉献状（见图四，1）。其身份当为古蜀酋邦的首领、宗教仪式的主祭人、群巫之长。他的衣袍上的主体花纹正是四条飞龙，最明白的是这些龙都有人手形的龙爪，不过它们是握成拳头的。这给我们以启迪，很可能古蜀人是把“手”当作大禹神龙无比法力的符号来运用的，当需要祈求大禹神龙的护佑时，就能看到“手”的符号出现。如在同坑出土的玉石“祭山图牙璋”②（K4∶201 附 4，或称边璋，不妥）的图景表现（见图三，2），在群巫致祭的山头，有 8 只从天而降的巨手握拳，用拇指紧压大山。过去我们不清楚，现在知道它的含义就是：夏禹神龙的神力镇山川。进一步可知，东周巴蜀青铜器的图徽上有许多“手”纹，乃与手的组合图像如“手心”纹（见图四，5），其数量之多不可胜计，过去学者作过种种猜测，终觉不安③。现在恍然大悟，“手”就是夏禹神龙威力的法符。至于“心”，笔者也倾向于是“龙（蛇）头”的意符，你看它与二里头的龙头图像有多相似（见图三，3、4）。“手”与“心”符分开出现，分别表达“龙”的法力；组合起来则是“龙头”加“龙爪”的双重法力，也许还表达颛顼的两地后代对“禹龙”法符的复合崇拜。由此可见，与禹夏文化有着亲缘关系的古蜀文化，对夏禹神龙的崇拜是一脉相承的。

三星堆一号坑出土龙的图像，如爬龙柱形器（K1∶36）④，其实就是一根杖头，它与金杖（K1∶1）同出，很可能是一根权杖的两个部分（见图四，2）。权杖头圆雕一条全龙，顺杖爬上顶，后脚和尾巴拖在杖壁，上身与前脚已撑在杖顶，龙头昂起，怒目张牙，十分威风凛凛，龙有长耳，有小角一对，下颌有山羊胡子一小撮。总观全像，这是一条长着羊头的神龙。龙的形象或说像猪、像鳄等等。⑤ 而此龙则像羊，透露出是与众不同的羊种民族的神龙传说。羌、姜均从“羊”，相传“禹兴于西羌”，如此看来，这正是兴于西羌的夏禹的亲族——蜀王所有的羊头龙金权杖！

总而言之，从考古文物来看夏与蜀的亲密关系，无论是古城，还是字符，或者是对龙的崇拜，都从不同的角度证明夏禹与蜀有文化上的同源关系。由此可见，夏蜀同源问题既于文献有证，又得地下出土物的印证，有了这“两重证据法”的证明，确是有案可查，是无须怀疑的了。这是一个很令人感兴趣的课题，这里只是抛砖引玉，讹漏之处，敬请指教。

（原载《中华文化论坛》1998 年第 4 期）

① 《中国考古文物之美 · 3 · 四川广汉三星堆遗迹》，图 4 ~ 图 7。
② 《中国考古文物之美 · 3 · 四川广汉三星堆遗迹》，第 128 页上图。
③ 王仁湘：《巴蜀徽识研究》，《中国考古学会第七次年会论文集》，文物出版社，1992 年。
④ 《中国考古文物美 · 3 · 四川广汉三星堆遗址》，图 39。
⑤ 参见何新：《龙：神话与真相》，上海人民出版社，1990 年。

三星堆假面考

——三星堆青铜艺术的人物造型研究

人物造型的丰富多彩是三星堆遗址商代青铜艺术最显著的文化特征，它与黄河流域殷商和西周初期的青铜艺术以动物纹样为特征①有着十分明显的区别；在世界青铜艺术宝库中也是独树一帜，极富个性的，引起国内外艺术史论者们的关注。但过去受资料局限，讨论不能深入展开。《三星堆祭祀坑》② 发掘报告出版发行后，公布的发掘资料有利于研究，笔者愿据此做一点抛砖引玉的工作，以供进一步讨论。

《三星堆祭祀坑》发掘报告所列一、二号祭祀坑出土的各种人物造型据笔者统计共133 件③，有全身像、头像、面像、肢体残件等。艺术手法有青铜的圆雕、浮雕，黄金、玉石的镂刻画等。是迄今为止我国乃至世界上首见的三千五百余年前有关人物造型艺术的美术考古大发现，林林总总，叹为观止。但基于各研究者的观察和理解有所不同，故有必要对这批材料进行重新分类，并略加讨论。本文根据《三星堆祭祀坑》发掘报告（下引简称《报告》）将全部有关的人物造型分为全身神人像、神人头像、人面像、神人面像、神物像五大类，列举三十八例，备说如下，有关数据及插图、图版编号一依报告所列，以供讨论查考。

Ⅰ　全身神人像

可举 16 例，其中立人像（Ⅰa）6 例，跪坐人像（Ⅰb）8 例，半身残缺像 2 例。除Ⅰa. 5、Ⅰb. 7 两例为一号坑出土外，其余均为二号坑出土。

Ⅰa. 1　青铜圆雕大立人像（K2②: 149、K2②: 150）：通高 260. 8 厘米，重 180 公斤，中空分段接铸，分人像、坛台、基座三部分（《报告》插图八二，图版五七、五八；彩图四〇；拓片九、一〇、一一）。

人像高 180 厘米，粗刀眉，眼角微上吊的鼓杏眼；直鼻，颧弓线呈 W 形上扬；云雷纹大耳有珥孔；阔嘴紧闭，嘴角下勾；下颌有突缘至耳后，脸庞的这些做法表现的是戴面具的模样（说详后节）。双手握物成圈、右手上左手下举左胸前；两脚分立方形坛台上。穿戴富丽，头上戴回纹筒圈冠、冠上接加兽面状饰片；冠下后脑应戴发结饰（仅留插孔）；耳垂穿孔应戴珥（已佚）；身着窄袖与半臂式三件套装衣；赤脚无履，双踝

---

① 张光直：《美术·神话与祭祀》，辽宁教育出版社，1988 年，第 4 章。

② 四川省文物考古研究所：《三星堆祭祀坑》，文物出版社，1999 年。

③ 笔者统计的人物与神化的人物造型，共有 133 件，其中一号坑出土 20 件；二号坑出土 113 件。被认为是拟人造型的则不在本文讨论之例，如人身形牌饰（K2③: 103-27）等。

戴镯（或以为是袴缘绦带）。此像的神态庄严虔诚、衣着华丽、地位显赫等都集中在一点，即着重表现的是这双握物奉献的大手。

所著外衣为单半臂袖腋领膝上中长衣，袒左肩臂露出内著鸡心领半臂袖中衣与鸡心领长袖内衣。外衣腋领有绦带结于后背，右腋开楔，以回纹、雷纹作为衿裾缘饰，衣面花纹为“己”字形相背对称的盘曲龙纹，上下平移组合，共四组。龙纹昂首吐舌，须角腾举；足如人手握拳①；尾上似有一流线型简洁的凤纹，这应是古蜀文化特色的“黼黻文章”绘绣工艺的艺术再现②。中衣也有绘绣纹样的表现，前裾较长过膝平齐，露出三尖冠巨目兽面纹，后裾长过前裾约10厘米，两摆角下垂成燕尾状。内衣为鸡心领口、窄长袖，袖口压素缘三道，肘间也有绘锈的大花纹。整个装束给人造成既庄严又潇洒，既写实而又神秘莫测的艺术氛围。

坛台四角为四只大象状兽头，卷鼻为坛脚，高约36.5厘米，巨眼咧嘴，立耳共举一平台，平台高8~8.8厘米，边长34厘米；平台四面饰斜角云纹与圆圈纹，平台上直接站立人像。坛台脚下接覆斗状基座，高35厘米，下边长48.5厘米，素面无纹，当为埋入地面下的基座，大立人像高大沉重，独立于庙堂之上，需要有植地较深的根基，才能免于倾倒歪斜。

大立人像整体修长挺拔，衣冠端庄华丽，神态虔诚专注，极尽神秘瑰奇之能事，无疑是举世珍宝，若以过去发现的殷、周遗址出土的青铜、玉石人像与之相比，真可谓“小巫见大巫”了。

Ⅰa.2　青铜圆雕小立人像（K2③∶292-2）：残高8.3厘米。头残，肢躯粗壮敦实，两臂前举，双手对握执物，物已佚留长方形插孔；跣足站方座上。身着无袖铠甲，有皮质感，上绘云雷纹，前裾短有2排甲片，后裾长有3排甲片（《报告》图八三，图版五九，1）。

Ⅰa.3　青铜圆雕神坛立神像：在复原的神坛（K2③∶296）中部方坛上四角面向外站立4人，高约11.2厘米。头戴敞口方斗帽，上绘云雷状卍字纹；刀眉，杏眼吊睛，直鼻，颧骨明显，阔口紧闭，大耳有珥孔；双臂前举，双手握藤状有钩枝条；身着无袖齐膝对襟衫，腰带在腹前打结，背心及下摆饰炯纹；下露腿脚有文身纹样，腿上为目纹，脚背为网状纹。他们挺立方坛上，四肢茁壮，上顶山状物，山上有神殿，显得十分孔武有力（《报告》图一二九；图版八六）。

Ⅰa.4　青铜圆雕神坛立人像：在残神坛（K2③∶296-1）的圆座上，头部已烧残，残高10.8厘米。身着饰云雷纹齐膝中长衣，腰束宽带两周；下露腿脚有文身纹样，腿部为目纹，脚背为网状纹，与上例同；双臂前举，双手左上右下横握空心拳，拳心向下似握有弯曲物（《报告》图一三〇；图版八七，1）。

Ⅰa.5　青铜浮雕立人像：人头在青铜龙虎尊（K1∶258）的双身虎头的颈下，仅露身躯，从拓片看也是刀眉杏眼的面具面相。双手曲肘上举握拳，双腿屈膝似立马桩，全身

① 关于龙足是人手形的解析，可参考本书《蜀与夏》。

② 王亚蓉等：《广汉出土青铜立人像服饰管见》，《文物》1993年第9期。

作蛙形，身上饰云雷蝉纹，似有尾（《报告》图二三；拓片二；图版八，1；彩图9）。

Ⅰa.6　玉石刻画立人像：用阴线刻画在石璋（K2③: 201附4）的两端上层，柄端2人；斜刃端3人。头戴筒圈冠，冠上的回纹以点表示。扬眉杏眼，阔嘴紧闭，双耳戴铃形珥饰，双手半握圈，两拇指相顶，如作法状。身着长衣过膝，下摆衣角外侈。双脚着靴外撇，靴尖上勾。站立山顶坛台上（《报告》一九七，1；图版一八三，3；彩图90）。

Ⅰb.7　青铜圆雕跪坐人像（K1: 293）：高14.6厘米、宽8.2厘米。头发后梳前卷成高髻，宽脸扁鼻，颧弓线呈八字形下垂，耳垂穿孔，细弯眉圆睛正视前方，启唇露齿，神态严肃。身着右衽长袖短衣，腰带两周。下着长袴。双手扶于跪膝上。值得注意的是细察此像的口鼻眼神、发式、服饰与本地两个祭祀坑出土的其他人像大相异趣。而拿它与殷墟妇好墓出土的玉石雕人像相比①，却惊人的神似，似乎表示他可能是属于另一个民族文化——殷商祝卜的造像（《报告》图一八：图版五，1、2；彩图4）。

Ⅰb.8　青铜高浮雕半跪人像（K2②: 04）：高13.3厘米。头戴双角面具（说详后节），粗眉杏眼，曾用黑彩染眉点睛，阔嘴紧闭，面相与上例Ⅰa.1酷似。身着对襟衣，腰带两周。下体微侧，右腿蹲屈，左腿单膝跪地，曲臂分垂体侧，肘向外张，两手按髋上（《报告》图八五；图版五九；彩图42）。

Ⅰb.9　青铜高浮雕跪坐人像（K2②: 05）：双膝正前跪坐，双脚分在左右臀下，双手分按两膝上，粗眉杏眼，用黑彩画眉点睛的痕迹明显，其余与上例Ⅰb.8同。此两例的双脚有穿，可供固定在物件上（《报告》图八五，1；图版五九，3）。

Ⅰb.10　青铜圆雕树下跪坐人像：在复原的Ⅱ号大铜树底座（K2②: 194）三方各有一人像跪坐方坛上，粗眉杏眼，戴双角面具，与上例Ⅰb.8、9同；身着饰勾云纹的对襟半臂袖长衣，腰束带，前裾及膝，后裾压于股下；向外跪坐，两臂前举，肘以下残去（《报告》图版八二；彩图64）。

Ⅰb.11　青铜圆雕顶尊跪坐人像（K2②: 48）：通高15.6厘米，人像跪坐在一镂孔有棱的喇叭形座上，座上镂云水纹，三等距的扉棱似小夔龙。跪人双手高举扶着头顶的有盖圈足铜尊，盖纽已残；面具相貌与上例Ⅰa.1同，刀眉杏眼，阔嘴紧闭；上身袒露双乳，腰束带，下着短裙，似一女性，顶尊作奉献状，神态虔诚（《报告》图八六；图版六〇，1、2；彩图43）。

Ⅰb.12　青铜圆雕持璋跪坐像（K2③: 325）：头残，残高4.7厘米。两臂前举，双手执一岐刃璋；半袖衣，束带，跣足跪坐。似某器（神坛）上的人物（《报告》图一三三；图版八八；彩图67）。

Ⅰb.13　青铜圆雕神坛小跪人像：在复原的神坛（K2③: 296）上部殿堂四面椽檐下各有跪像5个，高约2厘米左右。头戴发箍式绳圈冠，面相与上例Ⅰa.1同，着中长衣束带，双臂前举，双手右上左下齐握圈持物（已佚），作奉献状，表情虔诚（《报告》

---

① 《殷墟妇好墓》，文物出版社，1980年。

图一二九；图版八六）。

Ⅰb.14　玉石刻画跪坐神人像：在石璋（K2③∶201 附 4）两端的下层，各 3 人。头戴山形冠，冠上有纹饰，缩简为 13～16 个圆点。扬眉、杏眼，阔嘴紧闭，两耳挂串联珥环，双手在胸前半握圈，两拇指相顶，双膝并跪，双脚分压在左右臀下，与前例Ⅰb.9 正前跪姿同，并排跪坐在山顶的平坛上（《报告》图一九七，1；图版一三八，3；彩图 90）。

Ⅰ.15　青铜圆雕兽冠人像（K2②∶264）：腰以下已残，残高 40.2 厘米。面相、身姿、手势造型一如具体而微的大立人像Ⅰa.1。而头戴动物高冠，冠顶中间为高举卷的象鼻，而两耳窄长过鼻，似为异兽。兽冠两侧有眼，前伸似嘴，中空可纳物，上下犹存铆钉孔，惜所纳物已缺佚。两臂前举，双手右上左下似握物。身着饰大云雷花纹的对襟衣，腰束带（《报告》图八四；图版五九，2；彩图 41）。

Ⅰ.16　青铜圆雕鸟脚人像（K2③∶327）：人像腰以上已残，脚下各蹬一鸟形云，人残高 30 厘米、鸟形云高 51.4 厘米、通高 81.2 厘米。衣着异常华丽，饰大方格菱形云雷地纹，纹饰原涂朱砂，长齐膝上；小腿上有文身的目形纹图样；下为鸟脚五爪，大爪与四爪对握鸟形云头。图案化鸟形云十分抽象流动，鸟头有鹰眼、勾喙，鸟身有两列云雷纹，鸟尾长曳有小卷，颈腹至尾有羽棱。此像整体给人以神话般飘飘欲仙的感受（《报告》图八七；图版六〇，3、4；拓片一二）。

Ⅱ　神人头像：依其样式分为写真型、双角型、方脸型、长脸型、长方脸型、戴冠型（有的冠已脱落）、圆头型等 10 例，除Ⅱ.26 为黄金刻画外，均为青铜圆雕。Ⅱ.17～Ⅱ.20、Ⅱ.26 为一号坑出土，其余均为二号坑出土。

Ⅱ.17　青铜圆雕写真型人头像（K1∶2）：头纵径 18 厘米、宽 15.4 厘米、残高 29 厘米。头部中空，颈顶相通，内腔残留有烧土，这些头像疑都是插接在土木质偶像身躯上的，躯干已被焚损毁无存，而头像内腔的烧土痕迹即可能是其残留，这种情况在下例累有发现。头顶作子母口形，原应戴冠或头饰。圆脸丰腴，粗眉，杏眼吊睛；蒜头鼻，高鼻梁；颧骨圆润无界线；阔嘴紧闭，下颌宽圆；云雷纹形大耳，耳垂有穿，颈脖粗壮，颈部下残。此像的面庞比较写真风格与上述以大立人像（Ⅰa.1）为代表的面相特征有异，可能代表一种早期风格（《报告》图九；图版二，1、2；彩图 1）。

Ⅱ.18　青铜圆雕双角型人头像（K1∶5）：头纵径 16 厘米、通宽 22 厘米、通高 45.6 厘米。平圆头，面戴鬓入双角的面具，前面看如戴双角头盔，面具只遮及耳后，眉眼及后脑外露，后脑尚留插发结饰的凹槽。弯刀粗眉，杏眼吊睛；高鼻梁，高鼻尖；长方脸，颧骨线明显；阔嘴紧闭，嘴角下勾；云雷纹形长耳，耳垂有孔；颈脖粗壮，前后作成倒三角形，是便于装插在身躯上的“铧头”，这是所有头像共有的做法。此件前颈已损。此像戴的双角面具也为三星堆人物的特征，如Ⅰb.9、Ⅰb.10 等均同此例（《报告》图一七；图版五，1、2；彩图 4）。

Ⅱ.19　青铜圆雕方脸型头像（K1∶11）：头纵径 19.4 厘米、头宽 17 厘米、通高 37.4 厘米。方脸（脸长宽比近 1∶1），平顶头，标出发标和鬓角，后脑有插发结饰的凹痕，后颈头发扎结下垂有粗辫，已残。有戴面具痕迹；弯刀粗眉，杏眼吊睛；尖圆鼻，颧骨线尤其明显；云雷纹形长耳外侈，耳垂有珥孔；颈脖粗壮，前后作成倒三角形，也应是插接身躯用的。此像后颈被烧熔损，出土时头像腔内存有灰烬、烧骨渣及铜戈、铜瑗、虎形金箔饰、玉凿、玉琮各一件，充分说明这些人物像是在另外一处被焚毁后，重新埋入祭祀坑内的（《报告》图一三；图版三，3、4；彩图3）。

Ⅱ.20　青铜圆雕长脸型人头像（K1:72）：头纵径14厘米、头宽11.5厘米、残高30.8厘米。此像与上例Ⅱ.19同，但脸窄长（脸长宽比近2:1），蒜头鼻，面相苦涩（《报告》图一四；图版四，1）。

Ⅱ.21　青铜圆雕长方脸型人头像（K2②:51）：头纵径15.2厘米、头宽13厘米、通高40.4厘米。这是出土最多的头像，计37件，一般都铸造精良，表面光洁，其艺术造型也是最具典型性。平顶头，有戴冠痕迹，标出发际和鬓角，后脑头发扎结有辫发下垂于后颈。脸型略成长方形（脸长宽比约1.5:1），有戴面具的痕迹；弯刀眉，杏眼吊睛；阔嘴紧闭，嘴角下勾；高鼻梁，颧骨线自鼻翼两侧上勾，从正面看把窄长的面庞明显地分成上下两部，从侧面看眉尖、颧骨线、嘴角在一条直线上，没有丰腴的面颊，这是一张刚毅清癯的男子汉面孔，面相与大立人像Ⅰa.1相像；却加上两支长大厚实、云雷纹样的耳朵，耳垂有孔可戴珥（基本均佚，只能从玉石刻画像中得见戴珥情状），具有敦实诚信的大丈夫气概。本标本更显厚重敦实，重量为4615克，明显重于其他头像，且眉、眼涂有黑彩，口缝及发辫涂朱砂，更显得端庄华美（《报告》图九二；图版六二，2；彩图45）。

Ⅱ.22　青铜圆雕圆圈冠人头像（K2②:90）：头纵径14厘米、宽10.8厘米、通高34厘米。头戴回字纹平顶圆圈冠、假面、刀眉、杏眼、吊睛、高鼻、阔嘴、云耳，也属主流型的造像特征，区别只在此像的圆圈冠是铸在头上的，而其他的冠则可能是另加易毁材料制成。后脑标出发际无辫（《报告》图九五；图版六三，1；彩图47）。

Ⅱ.23　青铜圆雕戴绳圈冠人头像（K2②:83）：头纵长7.3厘米、头宽7.4厘米、通高13.6厘米。圆顶头，戴发箍式的绳圈冠，发际线齐额、鬓角、耳根至后颈无辫，刀眉、杏眼吊睛、蒜鼻、阔嘴紧闭、颧骨明显、云状大耳外缘钻有3孔。此像个头较小，安装身躯时无需插接过长，故其颈较短，前颈短呈钝角，后颈平无角（《报告》图八八；图版六一，1、2；彩图44）。

Ⅱ.24　青铜圆雕圆头型人头像（K2②:214）：头纵径17.6厘米、头宽22厘米、通高48.1厘米。圆顶头，无冠。刀眉、杏眼吊睛、阔嘴紧闭、颧骨明显、云状大耳有孔等一如上述，而有一个肥大的蒜头鼻却是特色。所戴的面具笼罩着整个面庞和双耳，所见形似云雷纹的耳廓，实乃带耳面具的外形。整个面具表面都有金箔制的面罩（用漆调石灰黏贴），金箔挖孔让眉、眼出露，以便着色化妆，眉毛、眼眶绘黑彩，耳孔、鼻孔、口缝涂朱砂。可以清楚地看到面具的固定方法是：由双耳上用布挂在头顶，再由双鬓向上后伸展系于头顶后部（《报告》图一〇一；图版六五，1、2；彩图50）。

此标本十分重要，除说明面具与发结饰的佩法外，还说明这些头像所戴面具上的脸庞部分都可能有金面罩，大部已损毁，如残存金面罩的人头像除上述外还有 4 件，如 K2②: 45、K2②: 115、K2②: 137，坑中还有脱落的金面罩及残片，一号坑另出土金面罩 1 件，二号坑有 4 件。

后脑发结饰的固定法可参见（K2②: 58），后脑戴的发结饰为一方胜形花结，中空，两端斜杀，中间有束，长 23.4 厘米、宽 3.2 ~ 8.6 厘米；它由宽绊带挂在双耳上（《报告》图九六；图版六三，2、3、4；彩图 48）。

Ⅱ.25 青铜圆雕发髻人头像（K2②: 63）：头纵径 18 厘米、头宽 13.2 厘米、残高 23.3 厘米。圆头无冠，显露浓密的头发，在前顶中央有一绺发髻向右曲卧。其面相等与前例相同。后颈破损（《报告》图九七；图版六四，1）。

Ⅱ.26 金杖刻画五叉冠神头像：在金杖（K1: 1）下端有一组两个人头双勾刻画像，头戴五叉冠，宽圆脸，弯眉、杏立眼，新月形阔嘴、嘴角上挑，耳垂悬长圆耳坠。面相似笑非笑，显得十分诡秘（《报告》图三四，1；拓片七，图版一五，1；彩图 10）。

Ⅲ 人面像：都是青铜半圆雕，外观雕塑人面，在前 180°内可供观赏；背面凹入无雕塑，保留铸模印痕，横断面略如马蹄形。可举 5 例，Ⅲ.27、Ⅲ.28 为一号坑出土，其余为二号坑出土。

Ⅲ.27 青铜半圆雕圆颐人面像（K1: 4）：高 14.9 厘米。已被焚烧变形，头上似戴冠，刀眉、杏眼、尖鼻、阔嘴紧闭，人面像左右边缘有象征性的两小耳，有凸线的边缘与尖圆下颌相连。后缘上下拐角各有一小孔，似为悬挂式人面像。此人面像属于早期的艺术风格，用尖圆的下颌与平面的小耳相连的凸缘来表现戴面具的做法并不成功，故未为后来定型的人面像所沿用（《报告》图一九，2；图版六，2）。

Ⅲ.28 青铜半圆雕小型人面像（K1: 20）：高 7 厘米、宽 9.2 厘米、厚 0.4 厘米头上似戴冠，宽脸，方颐，刀眉，杏眼，尖鼻，阔嘴紧闭，两云雷纹形小耳有穿。此人面像表现的则是后来定型的人面像的早期艺术风格（《报告》图一九，1；图版六，1；彩图 6）。

Ⅲ.29 青铜半圆雕方脸型人面像（K2②: 153）：高 40.3 厘米、连耳通宽 60.5 厘米、厚 0.6 厘米。除耳脸庞略呈方形（上稍宽于下）。此类人面像只表现面庞，无额只到眉上；有大立耳只到耳根后即止，没有后枕颈，横断面近马蹄形。面相已定型，是戴面具的人面像，刀眉、杏眼，蒜头鼻、颧骨线明显，阔嘴紧闭、嘴角下勾、口缝涂有朱砂，云雷纹状大立耳外侈、耳垂有珥孔。此标本在两侧眉梢及后缘上下各铸有一 1.5 厘米左右见方的孔；在另一些标本（如 K2②: 60 等）则在眉心及两侧眉梢、两侧后颐各凿有一 5 厘米左右见方的孔（有的孔尚未凿穿），除眉心孔有可能装配其他饰件（如下述卷云状夔龙）外，都可能是为了把人面像固定的卯孔（《报告》图一〇三，2；图版六六，2、3；彩图 52）。

Ⅲ.30 青铜半圆雕宽脸型人面像（K2②: 111）：高 25.2 厘米、连耳宽 45.4 厘米、厚 0.6 厘米。此像面相等与上例（29）同，而上额宽 32 厘米大于面高，显得面庞扁宽（《报告》图一〇五，2）。

Ⅲ.31　青铜半圆雕长脸型人面像（K2②:43）：高15.6厘米、连耳宽15.8厘米、厚0.25厘米。除耳外面形瘦长，长宽比近2:1（《报告》图一〇七，2；图版六九，4；彩图56）。

Ⅳ　神人面像：这是一种由人面异化为神怪脸庞的神人面像，可举4例，均为二号坑出土。

Ⅳ.32　青铜半圆雕额龙神人面像（K2②:142）：面高31.5厘米、通高82.5厘米、连耳宽77.4厘米。面像做法与上述半圆雕的人面像相同，而额宽约43厘米，超过面高，属于宽脸型。眉毛与眼眶用黑彩。但有三点不同的夸张表现法：眼珠似螃蟹眼呈圆柱状突出将近10厘米；两耳外张似兽耳各长近17厘米；眉心孔补铸一高68.1厘米的卷云形夔龙额饰，龙头架在鼻梁上，龙身从额部高高翘起，高出面像一倍多。这三点特别夸张的表现法就改变了面像的特点，由人面像而异化为神面像了。整个造型非人所思，造成一种诡秘神圣、至高无上的艺术氛围（《报告》一〇八；图版七〇，1~3；彩图57）。

Ⅳ.33　青铜半圆雕大型神人面像（K2②:148）：面高66厘米、连耳宽138厘米。面像做法与长方脸型人面像相同，而两只似兽耳各长近40厘米，眼珠呈柱状突出近16厘米。眉心孔可能也是插接额饰的，惜已佚失。此标本重约800余公斤，若固定在某种神偶上，那么此偶躯干的高大粗壮将是十分惊人的（图一一〇；图版七一，1；彩图58）。

Ⅳ.34　青铜浮雕露齿型神人面像（K2②:228）：宽39厘米、高21.6厘米、厚0.2厘米。青铜薄片状浮雕，四角有孔可以固定在物件（多半为木质）上。宽脸庞，刀眉，眉梢向上卷扬如角；杏眼圆睁甚大，不见颧弓；蒜头鼻，鼻梁上伸为三叉形额饰（与上述额龙神人像异曲同工）；两只似兽耳向外卷下；阔嘴龇牙，露出两排细齿，嘴角下勾。察其风格俨然是上述半圆雕神人面像的图案化，不过加强了装饰性（《报告》图一一一；图版七一，2；彩图59）。

Ⅳ.35　青铜浮雕颌龙型神人面像（K2③:231）：宽26.4厘米、高20.8厘米、厚0.2厘米。形制与上例同，只是在颌下有一对相向的夔龙承托。此像的眉、眼、鼻、额饰及颌下的夔龙均用黑彩绘饰。值得注意的是，大眼内绘出双圈以表眼珠外突，瞳仁涂黑以示炯炯有神；颌下夔龙也是一对大眼，同样绘双圈以表眼珠外突，只是瞳仁留白，表示与上面的大眼处在不同的状态下（或视或瞑）。此以装饰图案化的神人面像记述了一段神话传说（说详下），真是难能可贵（《报告》图一一二，1；图版七二，2；彩图60）。

Ⅴ　神物像：此类只是具有人头的神怪之物，可举3例，都是二号坑出土。

Ⅴ.36　青铜浮雕帽顶神头像：在神坛（K2③:296）下层4立人的方斗帽顶上各生出1个扁平双面浮雕的长颈人头像，也是刀眉、杏眼、直鼻、阔口紧闭、下颏突出（与前述大型神人面像同），头上戴冠，已损。帽顶生出人头来，这肯定表现一段神话传说，可惜无考（《报告》图一二九；图版八六）。

Ⅴ.37　青铜浮雕戴冠人面鸟身像：在神坛（K2③:296）上层殿堂四面阑额的正中各有1个人头鸟，戴冠的人头已高出殿檐，头生双角各分两杈，一杈向上尖向里，一杈下垂头侧尖向外，角上以点代纹饰。人头面相与前例同，刀眉、杏眼、直鼻、兽耳、阔口紧闭。由其位置看，此像在神话传说中的地位一定很紧要（图与图版同上例）。

Ⅴ.38　青铜圆雕人头鸟身像：在小型神树（K2③:272）的枝端有展翅人头鸟站立在有托的果实上，人头与前述双角型面具的人像Ⅰb.8、Ⅰb.9、Ⅰb.10及人头像（Ⅱ.18）各例相同，为三星堆特征性的人物造型之一。此像是人头鸟正展翅欲升空翱翔之前的瞬间造像，极其潇洒飘逸，为艺术精品之一，复制品在三星堆博物馆序厅展出，为广大观众所赞赏（《报告》图一二五；图版八四，1）。

上面就是我们对三星堆祭祀坑出土的人物造型三十八例代表作品的重新认识，引发出许多新的思考，对其全面的诠释将是今后的事，现在先集中来讨论有关艺术表现手法的特征问题：

三星堆人物造型艺术的特点之一是相当的写真。过去我们只看到它在艺术表现上的“程式化”①、“抽象化”②、“符号化”的一面，因为几乎所有人物面相都大同小异：刀状眉、吊杏眼、直蒜鼻、阔嘴；尤其是脸庞上W形的颧弓线和云雷纹形大立耳几乎是千篇一律；个个都睁着大而无光的眼球，甚至令人怀疑是瞎了——瞽的造型；嘴巴一律太阔，而且紧闭。其实这里所表现的并不是人的真脸，实际生活中千人千面当然不可能千篇一律；而这里表现的则是在宗教仪式上规定的人们所必须套戴的假面具。宗教，就要有相适应的“仪轨”，就要求脸谱的程式化、符号化。也就是说这里是艺术再现当时宗教仪式中已被程式化、符号化、角色化了的“脸谱”——假面具，而不是真人的面孔。从这点上来说：三星堆人物造型是相当写真的。

三星堆人物造型艺术是否有能力做写真雕像呢？回答是肯定的。且看青铜圆雕写真型人头像（Ⅱ.17；见本文图一，以下同见本文图）是那样的写实，虽然云雷状的耳朵表示也是戴假面的，但柔和的颧弓、圆润的下颌，使整个面庞显得和善而有生气。但它是属于早期的、偶然的，是下不为例的。因为在当时古蜀人看来，造像时真实的人必须隐去，否则必有祸害，作为古蜀酋邦的头目——酋长兼祭司（以大立人像为代表，见Ⅰa.1；图二）、众多的联盟部落长（以各种人头像为代表，装配的身躯虽未存，他们绝不会是砍下的人牲头颅③）他们是不会让人给自己造真像的。因为他们“认为美术像，不论是画像、雕像或者塑像，都与被造型的个体一样是实在的”，“他们确信这会使他们付出自己身体的一部分并使自己处于对掌握这些像的人的依赖地位”④。所以，他们宁可躲在假面具之后而不愿留下真面目。而且，他们认为戴上假面具，不但掩盖了外在

① 李松：《广汉青铜人物群雕的美术史价值》，《三星堆与巴蜀文化》，巴蜀书社，1993年。

② 范小平：《三星堆青铜人像群的社会内容和艺术形式初探》，《三星堆与巴蜀文化》，巴蜀书社，1993年。

③ 见上引《三星堆青铜人像群的社会内容和艺术形式初探》。

④ 列维—布留尔：《原始思维》，商务印书馆，1987年，第37～38页。

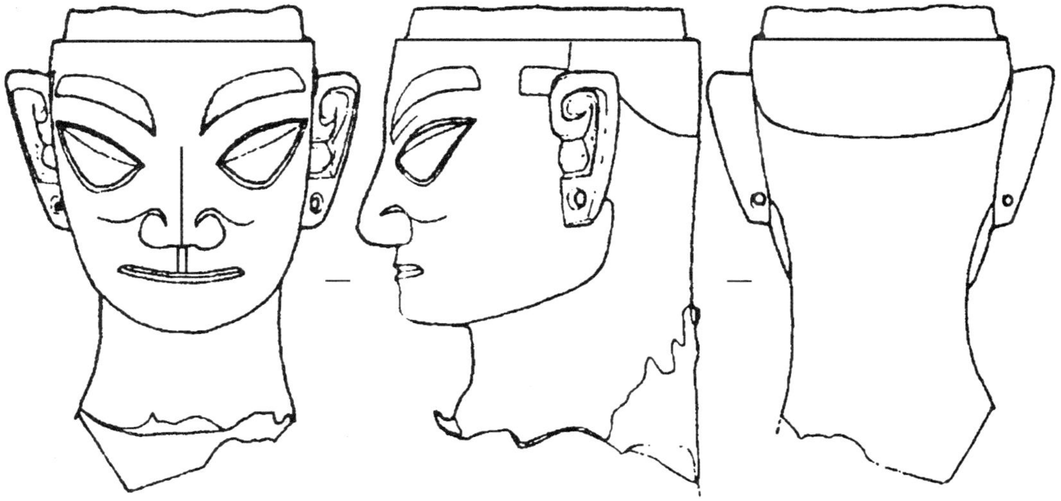

图一　三星堆写真型人头像：青铜圆雕写真型人头像（Ⅱ.17；K1∶2）

的面容，连内在的自我也会被改变，进而通过众人一律戴上的假面具，可以达到一个新的认同——都成为虔诚的崇拜者了。这种“假面文化”的遗风源远流长，直到今天，在我们西藏的跳神和贵州的傩戏中尚可见到。

过去虽有人对三星堆人物的假面具问题有所涉及，例如日本NHK还摄制了《面具王国之谜》①，但对假面具的穿戴情况与艺术表现手法均语焉不详。

现在我们先讨论假面具的戴法。从青铜圆雕圆头型人头像（Ⅱ.24；图三）等人像脸部可清楚看到下颌边缘有曲尺状的硬边条直插耳后；而双鬓如双角由两颞直插头顶，这些都不是人脸的写真，而都表现的是面具的边缘。所见到形似云雷纹的耳廓，实乃连耳面具的外形。假面具的脸庞上贴着金箔，金光闪闪的面具显示其角色的辉煌。金面罩在耳孔、鼻孔、口缝涂朱砂，以显示其位置；而在眉眼处镂空，露出眉眼，再在镂孔处用黑彩画眉点睛，这表现面具并未全部遮盖面庞，会给戴假面具者留下向外窥视的孔穴。因为有的点睛黑彩脱落，只露出大而无瞳的眼珠，所以被误认为是“瞽”了。这样沉重的连耳面具的戴法比较复杂，从这件头像看，假面具的承重是用软布由双耳上方套挂在头顶上来解决的；再用布条由双鬓向上后伸展系于头顶后部，使假面具能紧贴在脸庞上。大多数人像或因戴冠被遮或头顶佚失而未能观察到这样的假面具套戴法，想来应该是一样的。

另一件标本是被人们称为“戴双角头盔”的青铜圆雕双角型人头像（Ⅱ.18；图四），其实并无胄盔而是面戴双角的假面具。它从前面看如戴双角的头盔，但从后面看耳后还是有上下贯通的面具硬边条，后脑外露，显出脑枕部插发髻饰的凹槽，所以并不是“头盔”，而是另一种假面具的套戴法。可以看出面具两耳侧是硬质的边框，向上伸出如耸双角，在

① 《谜の仮面王国》，NHK摄制，1993年；徐朝龙：《谜の古代王国》，NHK出版，1993年。

图二　三星堆酋长兼祭司造像：青铜圆雕大立人像（Ia. 1；K2②: 149、K2②: 150）

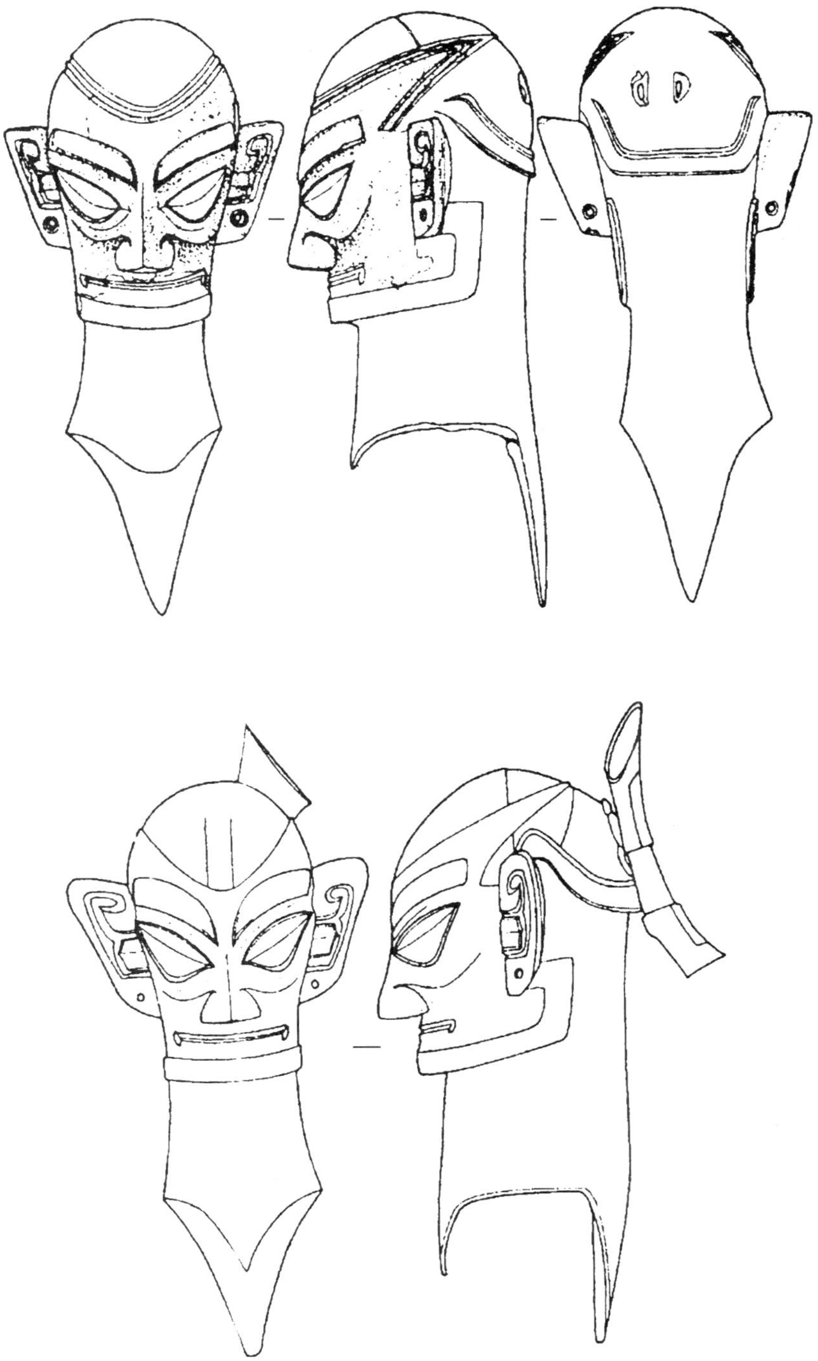

图三　三星堆假面具套戴法之一

（上）青铜圆雕圆头型人头像（Ⅱ.24；K2②:214），脸庞贴金

（下）青铜圆雕圆头型人头像（K2②:58），头戴发饰

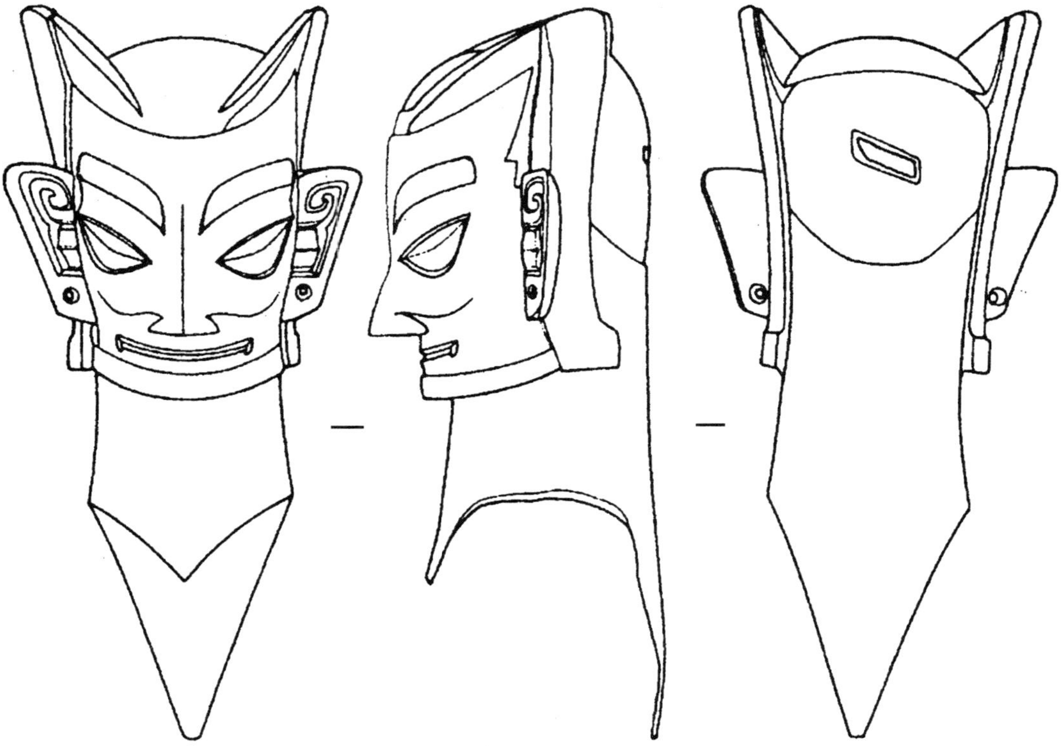

图四　三星堆假面具套戴法之二：青铜圆雕双角型人头像（Ⅱ.18；K1∶5）

耳上双角间再用软布相连，形成半头套来固定假面具。三星堆假面具的戴法基本上都是从头顶套下的，与后世如今的面具系在后颈的戴法不同，所以，我们不妨把这种独特的商代蜀人的假面具套戴法命名为“三星堆假面具套戴法”，以便进一步比较研究。

这批人像的脸部能如此一丝不苟清楚地表现出面具及其戴法，就是其艺术风格是写真的而非程式化、符号化的有力证据。这种细部刻画的写真风格在Ⅰa.1大立人像的衣冠服饰的雕造中，发挥得淋漓尽致。且不说冠上的兽面饰与外衣上“黼黻文章”的雕造精细。就说身着三套装的清楚交代就不简单，外衣袒左肩臂以便让内着鸡心领半臂袖的中衣与鸡心领长袖的内衣显露出来，外衣腋领又用绦带结于后背。外衣齐膝上，中衣长于外衣而前后裾长度不等，单靠前后面正视不清楚，又在外衣右腋开禊，使中衣的长度明确显示。这样清楚的细部刻画才使我们对商代蜀中衣冠制度有了前所未有的感性认识，要知道这在国内还是首次发现如此完备的商代服装雕像。

这种相当写真的艺术风格还表现在具有个性化的倾向。同样是戴面具的头像（包括面像）有的表现刚毅清癯，如长方脸型（Ⅱ.21；图五，1）；有的表情苦涩，如长脸型（Ⅱ.20；图五，2）；有的显得福态，如宽脸型（Ⅲ.30；图五，3）；有的看来饱经世故，如圆头型（Ⅱ.24）；有的给人稳重可靠的感觉，如方脸型（Ⅱ.19；图五，4）。在程式化的面具下，能以长短宽窄来表达性格的细微差异，也属难能可贵。

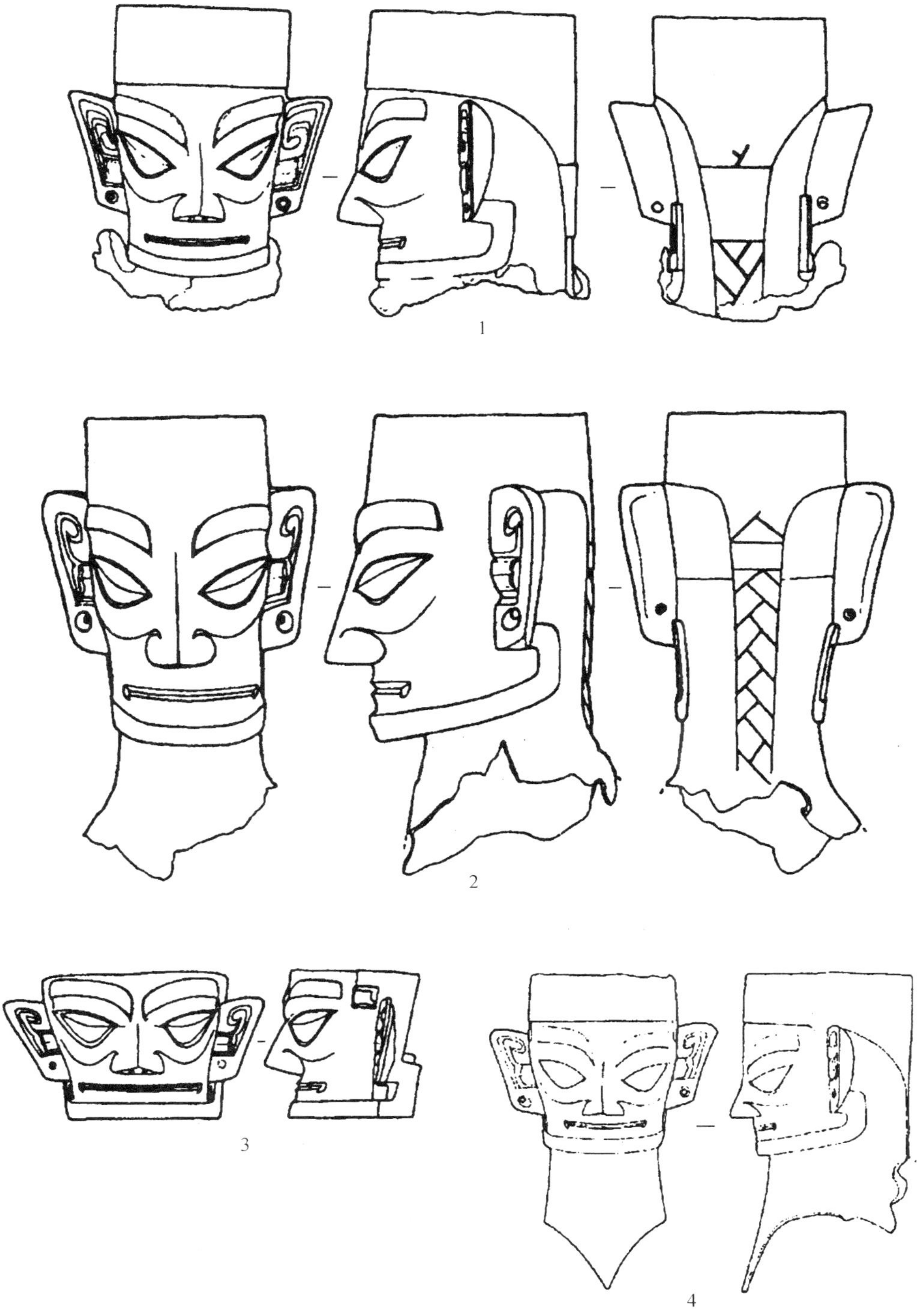

图五　三星堆个性化头像

1. 长方脸型（Ⅱ21；K1∶7）　2. 长脸型（Ⅱ20；K1∶72）

3. 宽脸型（Ⅲ30；K2②∶111）　4. 方脸型（Ⅱ19；K1∶11）

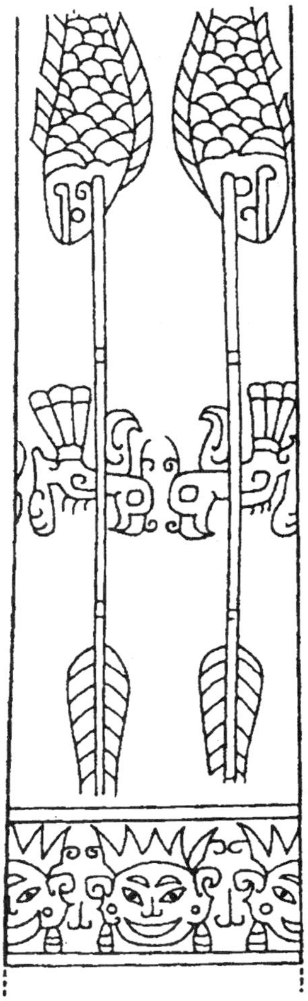

1

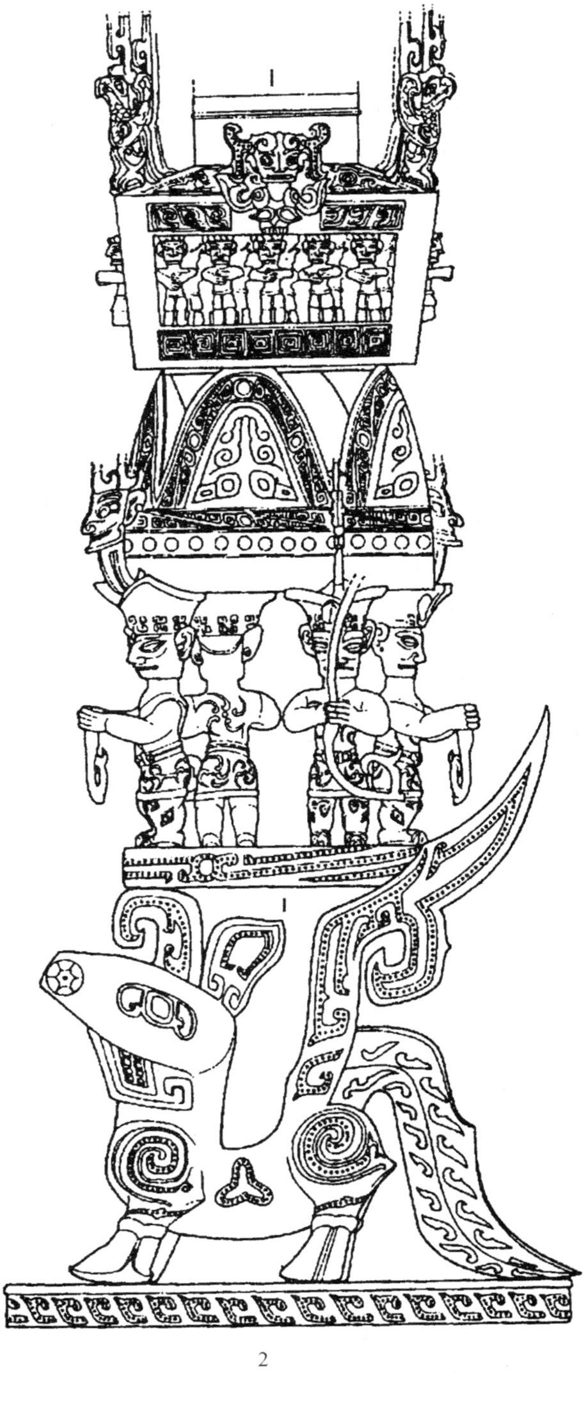

2

图六　三星堆神祇像

1. 权杖下端戴五叉冠神像（K1∶1）　2. 神坛下端四立神及上端戴冠人头鸟像（K2③∶296）

三星堆人物造型的艺术的写真性特点，不仅表现在雕塑的个体或细部，还表现在群体与大场面上，尽管认为艺术起源于巫术与原始宗教仪式的论点值得怀疑，但它们之间的密切关系是客观事实①。虽说整个大型群像组雕在祭埋时已被砸坏弄乱，但还是能让人感受到三千余年前曾举行过的原始仪式的宏大气势。

三星堆祭祀坑出土的人物造型艺术作品全部是对宗教信仰的诠释，应该是不成问题的。这些雕像有的本身就是古蜀人的膜拜对象，其中各种神祇像和各种神话人物像，如黄金权杖上刻画的戴五叉冠的神头像（Ⅱ.26；图六，1 下端）是不套戴假面具的。又如青铜圆雕神坛立神像（Ⅰa.3；图六，2），他们四位是支撑着天上的神殿的“力士”，以及天上神殿檐边站立的青铜溪雕戴冠人头鸟身像（Ⅴ.37；图六，2 上端）和玉石牙璋上刻画跪坐神巫像（Ⅰb.14；图七）等等，它们都一律没有戴假面具的痕迹。看来古蜀人们的心目中，人与神是泾渭分明的，区别就在是否套戴假面具这一点上。

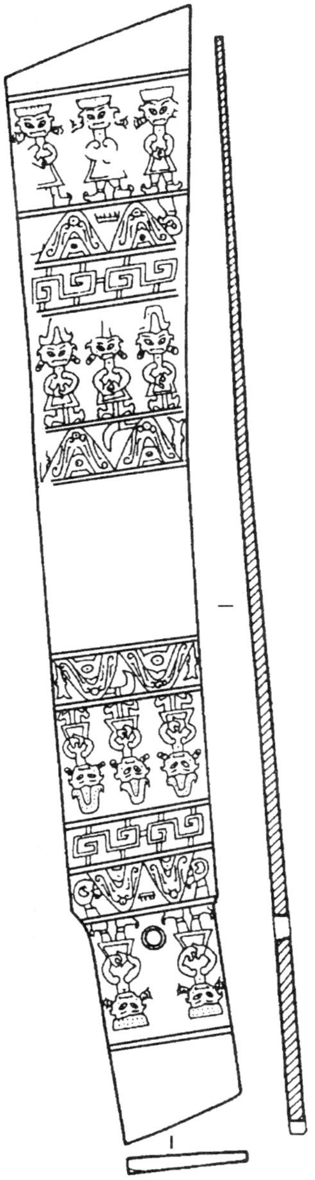
图七　三星堆神巫群像玉石牙璋（K2③：201-4）

古蜀人的膜拜对象还有他们的祖神像，例如最闻名的巨大的青铜半圆雕大型神人面像（Ⅳ.33；图八，2）和神奇诡秘的青铜半圆雕额龙神人面像（Ⅳ.32；图八，1）既是人又有不同凡响的神异之相：有圆柱状伸出如螃蟹状的眼球；曲尺形外伸如兽类的耳朵；还有在鼻额上架起腾空的云雷状飞龙。这些硕大厚重的神人面像本身不会是假面具，而应该是古蜀祖神的偶像（巨大的土木偶像的身段早已毁损）上的面部青铜装配件。不过值得注意的是，它们同样在颌耳际有戴面具留下的曲尺形硬边，表现出其介于神、人之间的微妙身份。古蜀祖神在后人面前是受人膜拜的偶像，而在神祇面前他们仍然需要戴上假面具以祀神。

但是，有一件标本需要讨论，那就是青铜圆雕跪坐人像（Ⅰb.7；图九）它是人的造像，并非是神，却不戴假面具。因为他显示出与众不同的文化面貌，如头发后梳前卷成高髻；宽脸扁鼻，颧弓线呈八字形下垂，耳垂穿孔。细弯眉圆睛正视前方，启唇露齿，神态严肃。身着右衽长袖短衣，腰带两周。下着长袴。双手扶于跪膝上。值得注意的是细察此像的口鼻眼神、发式、服饰与本地两个祭祀坑出土的其他人像大相异趣。而拿它与殷墟妇好墓出土的玉

① 乌格里诺维奇：《艺术与宗教》，三联书店，1987 年，第 1 章。

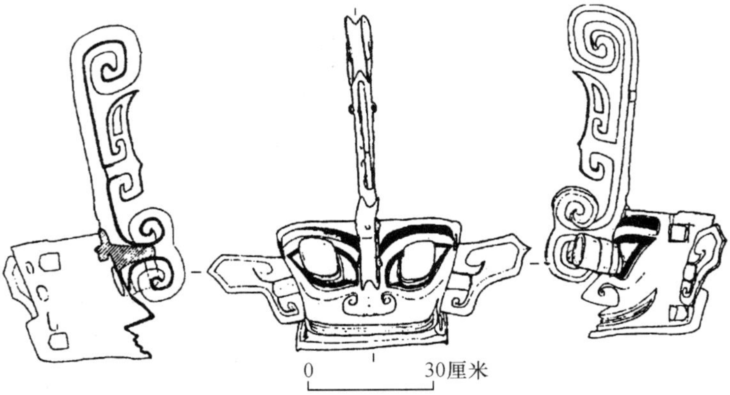

1

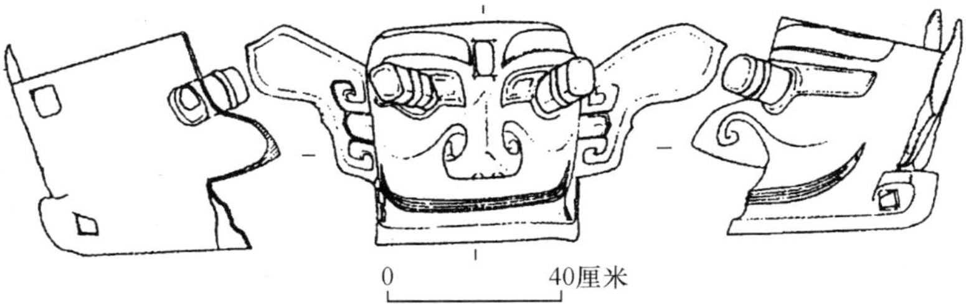

2

图八　三星堆祖神像

1. 青铜半圆雕额龙神人面像（Ⅳ. 32；K2②: 142）　2. 青铜半圆雕大型神人面像（Ⅳ. 33；K2②: 148）

图九　三星堆出土殷商祝卜像：青铜圆雕跪坐人像（Ⅰb. 7；K1: 293）

石雕人像相比，却惊人的神似，似乎表示他可能是属于另一个民族文化——殷商祝卜的造像，所以没有也无需遵循古蜀文化的宗教仪轨套戴假面具。

三星堆人物造型的艺术诠释手法能熟练地运用艺术夸张，让注意力随视线而集中到要点上。如对各种手和手势的夸张表现最为突出。大立人像（Ⅰa.1）的手大过人头；有的手势则有上下分握，也有双手对拱、横拳相执等，无非用手来突出表现对神灵的虔诚奉献。又如对眼睛的夸张表现。且不说二号坑出土多达百多件青铜眼形器和眼泡等饰件，就以额龙神人面像（Ⅳ.32）和大型神人面像（Ⅳ.33）的柱状突出的眼珠而言，论者都释以“蚕丛目纵”，其实不然。纵与横相对而言，“目纵”很难与柱状眼珠相联系。笔者很早就指出：纵目的一种可能是文献记载的“雕题”；另一种可能是纳西族《人类迁徙记》中讲的“直眼仙女美，横眼的仙女好”的“直眼”，纳西文字是象形文字，直眼写成，即眉眼外角上吊的体征；而横眼则写成①。三星堆祭祀坑出土的人像眉眼外角无不上吊，就是蜀祖“蚕丛目纵”的最好艺术再现。至于柱状突出的眼珠与“纵目”无关，而可能是炯炯目光的艺术夸张。日本学者曾指出：太阳晕之一太阳柱可能是神树崇拜的来历②。太阳的炯炯光芒能被画成太阳柱——扶桑、建木、若木等神树图像；同理，神人的炯炯目光也就能艺术夸张雕塑成柱状眼珠，就一点不奇怪了。

至于“方相氏四目”问题，历来难解，《周礼·夏官司马》载：“方相氏，掌蒙熊皮、黄金四目、玄衣朱裳、执戈扬盾，帅百隶而时傩，以索室驱疫”。“黄金四目”甚难索解，或以为在所戴面具上以“黄金为四目”，这当然有可能。但笔者今观上述颌龙型神人面像（Ⅳ.35；图一〇，2），上下四目，或睁或瞑，正是“方相四目”的另一图解，也是一种对眼睛的艺术夸张。可是颌龙型神人面像是平板薄铜片，被方相氏当面具戴实有困难，笔者

图一〇　三星堆干盾神面像

1. 青铜浮雕露齿型神人面像（Ⅳ.34；K2③:228）　2. 青铜浮雕颌龙型神人面像（Ⅳ.35；K2③:231）

① 见本书《周原卜辞中的蜀》。

② 林巳奈夫：《中国古代的日晕与神话图像》，译文刊《三星堆与巴蜀文化》，巴蜀书社，1993年。

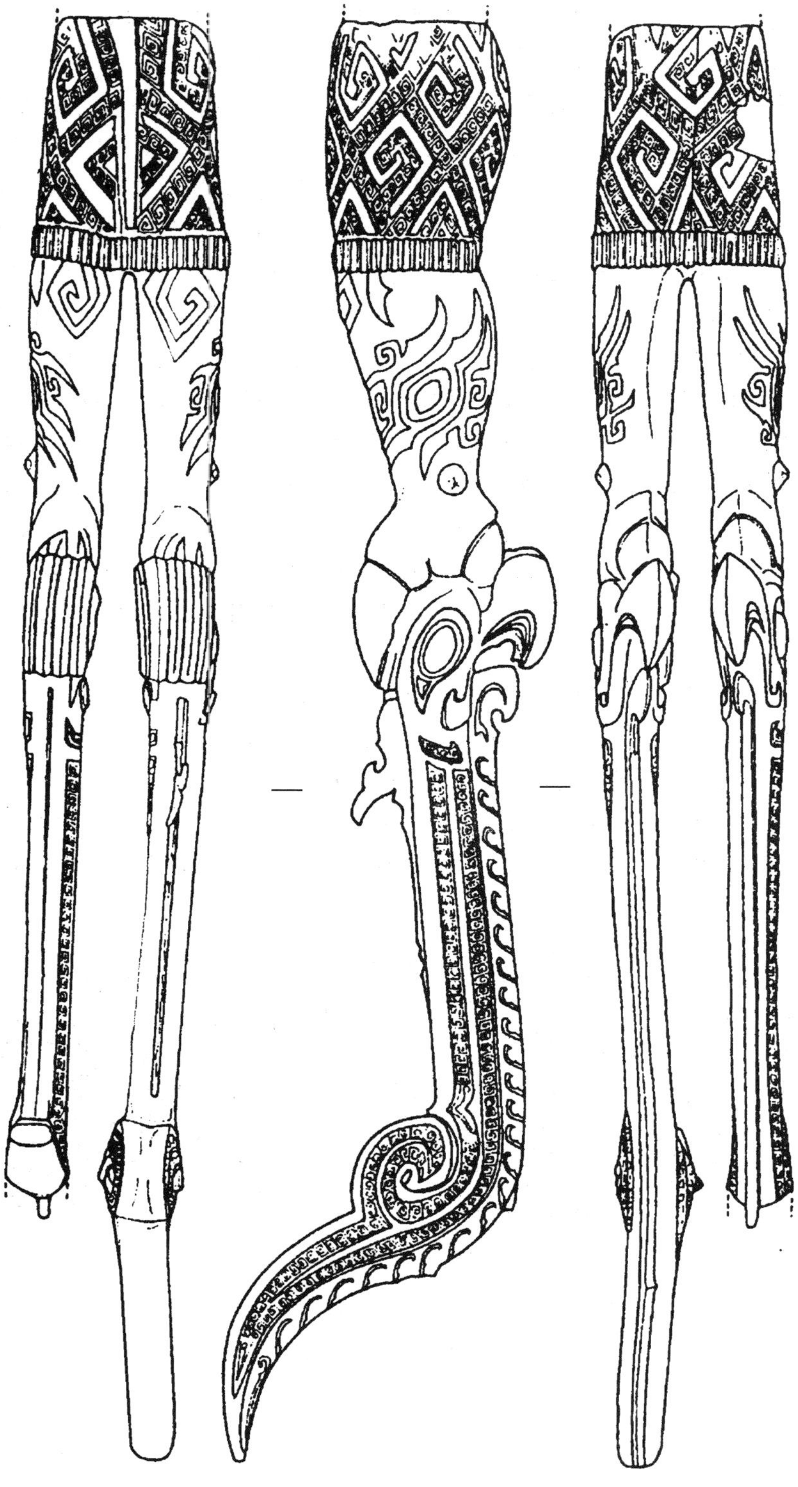

图一一　三星堆出土“蜀中维纳斯”：青铜圆雕鸟脚人像（I. 16；K2③: 327）

曾指出：这种铜片神人面像可能是干盾铜饰，是干舞的法器[①]。上述露齿型神人面像（Ⅳ.34；图一○，1）与颌龙型神人面像（Ⅳ.35）的确可能是干盾铜饰，它们不是都有供固定在盾牌上的钉孔吗？再有一点旁证，这里的人、神像都是阔嘴紧闭，表现的是矜持和肃穆。而这两种神像却龇牙咧嘴，露出两排密密的牙齿，增添几分恐吓威慑力度，这大概与他们的社会功能有关。在“国之大事，在祀与戎”的年代里，在祀、戎重器——干盾上钉上佑我驱魔的神面像，是用艺术诠释“神面崇拜”观念的明证。再者三星堆祭祀坑中人物造型中以林林总总的人面像、神面像为主，证明“人类对于神的偶像崇拜，是从神面开始的”[②] 的确是有道理的。

这种艺术夸张有时以对比的手法而加强其效果，青铜圆雕鸟脚人像（Ⅰ.16；图一一）就是很好的例子。可惜人像腰以上已残，但这下半身着朱红色齐膝紧身衣裙，显露窈窕的腰肢曲线之美；衣下更露出富有曲线美的膝腿，腿上有文身花纹，俨然是风姿绰约的丽人，真不愧被称为“蜀中维纳斯”。往下看却突兀见到有一双非人的鸟脚大爪，抓住鸟形云头，令人惊讶不止。再往下看只见图案化的鸟形云十分抽象流动，鸟头还有鹰眼、勾喙；而鸟身只有两列云雷纹，长曳而成云脚似鸟尾，颈腹至尾有羽棱而已，似云非云，似鸟非鸟，令人想入非非。脚以上写真的人身，脚以下抽象写意放鸟形云，形成强烈的虚实对比。而整体看，又给人以冉冉升腾、飘飘欲仙神话意境般的艺术享受。这样的艺术珍宝，更因其不完整而令人遐想不已。

（原载《中华文化论坛》2000年第3期；结语修订本载《寻根》2000年第6期）

① 见本书《蜀盾新考》。

② 田村：《ʊ字与神面崇拜》，《中国文物报》1999年8月19日。

四川盆地巴文化的探索*

我们曾指出“巴蜀”作为一个涵盖四川盆地及其邻近地区（包括今陕南、陇东南等）的地域概念是战国秦汉时形成的，见于《史记》、《汉书》等典籍。殷墟卜辞和周原卜辞中都有“蜀”是可以肯定的，而殷墟卜辞有无“巴”则颇有争议。“巴蜀文化”是抗战时提出来的，建国后的考古发现（如船棺葬、羊子山土台、水观音遗址、铜器窖藏等）使巴蜀文化成为我国的区域文化中主要的一支。三星堆的考古发现更使四川盆地、尤其是成都平原的“早期蜀文化、古蜀文明、古蜀国”成为学术热点，至今不息。而且大体上有了一个面目①。

那么在四川盆地即巴蜀大地上与“蜀文化”相匹配的“巴文化”怎么样呢？在哪里呢？正是人们急于要探寻求索的，众多的前贤时彦为此付出了宝贵的精力，取得了可喜的进展。遗憾的是“巴文化”至今没有找到如三星堆遗址群（古城）这样高级别的中心遗存，也就是没有找到巨大的文化辐射中心，目前还难以把面上的点滴发现串联起来。

科学的探索总是由已知领域向未知领域推进的。“巴蜀文化”中的“蜀文化”既有了些面目，那么“巴文化”的辨认和论证，无非只是时间的问题和方法的问题。笔者愿先就四川盆地（包括成、渝两地）内的“巴文化”作一些梳理，以就教于诸位方家。

一、四川盆地在夏商周时代有“蜀”无“巴”

考古发现离不开历史文献记载的指引和诠释，历史文献离不开考古发现的论证和充实。古代典籍中有关“巴”的记载很多，如《山海经》、《左传》、《世本》、《华阳国志·巴志》、《水经注》和《后汉书·南蛮西南夷列传》等都有。其中尤以《山海经》中的《海内经》、《大荒北经》、《海内南经》和《华阳国志·巴志》常为学者们所引述讨论。《山海经》中的“巴”的问题，当另文再议，先来看常氏《巴志》的记载。

常璩《华阳国志·巴志》载：“历夏、殷、周，九州牧伯率职。周文为伯，西有九国。”任乃强先生在《华阳国志校补图注》② 卷一注中曰：“此云‘九国’，指《牧誓》庸、蜀、羌、髳、微、卢、彭、濮，合巴国为九也。”“‘巴’是四川盆地内建成国家最早的民族，周初已有封爵，殷末其国邑当尚在鱼复西近之故陵。”接着又说：“‘蜀’即

---

* 本文为国家社会科学基金项目“长江上游古文化与中国文明起源——从宝墩文化、三星堆文化到金沙遗址”（批准号：04XKG002）的阶段性成果。

① 林向：《三星堆与巴蜀文化区》，《中国文物报》2003 年 8 月 27 日。

② 任乃强：《华阳国志校补图注》，上海古籍出版社，1987 年。

蚕丛、蜀山氏之国，殷末尚未进入成都平原，亦未建成国家。”本来“蜀”是四川盆地的古国，常璩也是承认的，《华阳国志·蜀志》载：“历夏商周，武王伐纣，蜀与焉。”我们知道任先生的《华阳国志校补图注》是在1984年整理付印的，所以他只看到当时被认为是“巴文化”的巴县冬笋坝和昭化宝轮院的船棺葬，而不及见到包括“古蜀文明”的重大发现，如夏商周时代广汉三星堆古城、成都十二桥、金沙等诸遗址以及成都平原龙山时代“宝墩文化”（也许同时可称为“先蜀文化”）的古城群。显然是由于资料不足，故任先生关于“蜀尚未建国”确为误判。

关于船棺葬并非“巴文化”所专有，已为20世纪70年代以来的考古发现与研究所论证。笔者曾指出：在成都平原、蜀国腹地大量出现船棺葬，又往往不是独自构成墓地而与其他土坑木椁墓并存，使巴人墓葬说或巴为秦成蜀说遭到怀疑，有的学者倾向是于巴蜀境内某些小民族的葬俗，或某社会阶层如武士的葬俗①。鉴于考古新发现，笔者曾在1989年提出“蜀为商之西土”，“蜀为周初西南强国”，“这‘蜀’正是指的成都平原的‘三星堆文化’和‘十二桥文化’”，因为三星堆遗址证明了“在四千年前已具备文明社会的主要标志：城市、冶金、宗教礼仪建筑和文字符号”等等推论②。可惜任先生就在是年仙逝，未及见到拙文而对我有所教益，甚感遗憾。近年来成都平原又有许多重要的考古新发现，经过很多学者的多角度研究，“早期蜀文化、古蜀文明、古蜀国”已广为海内外学术界所接纳，这更是后话了。

四川盆地在夏商、西周时代只有“蜀”而无“巴”。从文献研究来看无论巴从何处来的，总是在东周时才进入四川盆地的。童书业先生认为：《左传》所记巴欲与邓为好，邓在今河南邓县；又记巴围鄾，鄾在今湖北襄阳北；《战国策》记“汉中之甲，轻舟出于巴”，是巴国应在汉水流域的明证。今陕南有大巴山脉，故川陕间为“巴族之巢穴”，其后为秦楚所迫而南迁③。蒙文通先生说：“常氏《巴志》说：‘其地东至鱼复，西至僰道，北接汉中，南极黔涪。’巴国的疆域，只能说是巴为楚所侵后为秦所灭时的情况。”④ 徐中舒先生说：“巴是春秋、战国时代从江、汉流域逐渐向西发展的部族，比较尚有所凭借。”⑤ 邓少琴先生说：“四川川东地区在巴人未迁入以前，其古老居民当为濮人。”⑥ 对此，诸位前辈先师均有淹博精当的论述，不拟复述。需要指出的是：这里的“巴”指的是《巴志》所载“武王既克殷，以其宗姬封于巴”的“巴”；《左传》所载：为周之“南土”、春秋时已沦为楚之附庸并被逼西进的那个“巴”，而不会是任乃强先生所说的“四川盆地内建成国家最早的民族，周初已有封爵，殷末其国邑当尚在鱼复西近之故陵”的那个“巴”。

---

① 林向：《巴蜀文化的发现与研究》，《巴蜀历史·民族·考古·文化》，巴蜀书社，1991年。
② 见本书《殷墟卜辞中的“蜀”》。
③ 童书业：《古巴国辨》，《文史杂志》1943年第2卷第9、10期。
④ 蒙文通：《巴蜀史的问题》，《蒙文通文集第二卷·古族甄微》，巴蜀书社，1993年。
⑤ 徐中舒：《巴蜀文化续论》，《徐中舒历史论文选辑》（下），中华书局，1998年。
⑥ 邓少琴：《巴史新深》，《邓少琴西南民族史地论集》（上），巴蜀书社，2001年。

任乃强先生所说的“建成国家很早的巴”不在四川盆地内，那么它在哪里呢？其说纷纭。但“巴”是东周后才迁入四川盆地，则是共识。童书业先生认为：巴国在汉水流域。徐中舒先生说“西周时代，巴、濮两族尚居在长江以北的江、汉区域”，“战国时代由于巫、黔中的开发，巴蜀才成为邻敌之国。华阳国志巴志说‘巴、蜀数战争’，也必然在巫、黔中开发之后。战国时代楚地五千里，巴在鄢、郢与夔、巫之间，实无立足之地。因此不得不渡江而南，溯清江而上，在秦汉时代的巴郡建立五都”。蒙文通先生也认为“巴”原在江、汉，如说汉水流域是“巴的国土”，“汉水以西，南至竹山县还是巴境”，“楚的巫郡，原是巴国的土地”，东周时进入四川盆地，“春秋时巴、楚有关事既多在北境”，“可能在灭庸以后，巴才南迁江州（今巴县）”。邓少琴先生则认为：“廪君白虎之巴”“出自夷水武落锺离山”，即今湖北清江流域，“《巴志》也说到巴子‘先王墓在枳’，枳即今之涪陵，地当涪陵水（今称乌江）入长江之口，而恩施都亭山有巴蔓子墓，正可说明巴族自夷水迁入四川”。最近，张正明先生在《什么是巴楚文化》中说：“从语言系属上看，巴人是藏缅语族先民的一支或数支。他们来自汉水上游至黄河上游，辗转流徙，迁至长江上游的东部和长江中游的西部。清江流域只是廪君蛮的发祥地，不是包括廪君蛮在内的巴人的发源地。”由上可见，若想要在四川盆地内寻找夏商周时期的“早期巴文化”，恐于史无征而徒劳。

《华阳国志·巴志》载：“（巴）其属有濮、賨、苴、共、奴、獽、夷、蜒之蛮。”这里应该是指“巴”进入四川盆地后大致以秦汉巴郡为巴国时，境内的民族成分。换言之，“巴”是在这些“蛮”族的地盘上建国的，他们就是在巴进来前四川盆地当地的土著民族，东周以前，都处在蜀国的势力范围之内，当其时他们属于广义的“蜀人”的组成部分。东周以后他们成为巴国的臣民，在这个意义上又变成了广义的“巴人”。四川盆地的土著民族当然不止这 8 个。蒙文通先生曾从文献典籍中剔抉出数十个，如：彭、卢、僰、鱼、资、青衣、丹犁、枳、蔓、鄨、果、杨、羣、巫咸……并指出古代蜀王的蚕丛、柏灌、鱼凫、杜宇、开明也都各为一族，互相有时联盟，有时征战，此兴彼亡有变化。那么，古代巴国内的上层也当如此，文献中不是还记载有许多“巴夷王”、“白虎夷王”、“夷侯”、“邑长”、“邑君”等等名目繁多的族长的名号吗?!

当然这种此消彼长、错综复杂的古代民族关系，反映在考古学文化上则更为复杂。目前我们只能按文献学与考古学的“文化因素分析法”来分析和归纳“巴人”及“巴文化”和“蜀人”及“蜀文化”。但有一点可以肯定，蜀国只有一个，即文献记载的由蚕丛、柏灌、鱼凫、杜宇、开明各部族轮流坐庄的“蜀国”。考古发现证明成都平原中部就是蜀国的中心，其核心区的“三星堆文化”与“十二桥文化”，辐射至四川盆地及邻近地区的蜀国领域内，诸多发展不平衡的民族（统称为“蜀人”）的文化在其涵盖之下，这就是“蜀文化”或“蜀文明”，共同形成了一个“古蜀文化区”①。同理，巴国也只有一个，即“武王既克殷，以其宗姬封于巴”的那个“巴国”，西周时是与濮、

① 见本书《古蜀文化区导论》。

楚、邓等国相邻的“周之南土”，巴国的属下也有许多发展不平衡的民族如常氏《巴志》所载，但因巴国在江汉被楚所逼而西迁四川盆地，致使领域变化较大，“巴人”、“巴文化”、“巴文明”的包涵也就不一样。东周以后巴国建立过五个都城，《华阳国志·巴志》载：“巴子时虽都江州（今重庆），或治垫江（今合川），或治平都（今丰都），后治阆中。其先王陵墓多在枳（今涪陵）”，也就是说此后四川盆地东部是巴的领域（虽有消长），此地区内的诸族可统称为“巴人”，其文化也就是“巴文化”了。现在的关键是要求我们考古发现把“巴国”的中心都城找到，问题就能迎刃而解。

因此我们只能这样说：夏商周时期的四川盆地和邻近地区是以“蜀”为核心的“古蜀文明”的范围；东周时在江汉平原的“巴人”受楚逼迫，向西进入四川盆地东部，与原是蜀地的一些土著民族结合形成“巴文化”，于是与“蜀文化”一起，共同形成长江上游四川盆地的古代文明中心——“巴蜀文化区”。

二、三峡西部考古发现的“巴文化”

四川盆地东部三峡库区的田野考古为我们提供了探索“巴文化”的机会。笔者曾参加过1958年的川东三峡库区的考古调查，几个重要的大遗址如巫山大溪遗址、忠县㽏井沟遗址群、巫溪双堰塘遗址等，为探索“巴文化”提供了重要信息①。1980年笔者曾率学生们作过奉节、巫山、巫溪3县的崖葬专题调查，曾记录了24处崖葬地点，发现尚存的棺木47具，确知被毁的棺木在87具以上，认为它们是巴国境内的土著民族獽、蜒的遗存②。近年来有全国考古单位参加的三峡库区大规模的考古作业，更是探索“巴文化”的大好机会。笔者未能参与此盛举，但十分有幸的是在1997年冬和2002年冬两次应邀到云阳李家坝、东洋子，看我们四川大学考古系的考古工地。还顺道看了巫山跳石、锁龙，奉节鱼复浦考古工地；去忠县㽏井沟，看了中坝、瓦渣地和哨棚嘴考古工地；又看了涪陵市博物馆和小田溪考古工地；来去经过重庆，还看了重庆市考古所、博物馆有关资料，接触到一些三峡西部的“巴文化”资料，但来去匆匆，回顾的性质大于探索，对巴文化还是不甚了了。回来后重读有关报告，觉得这次三峡西部考古发掘的巫山双堰塘遗址、忠县㽏井沟遗址群、云阳李家坝战国墓地、涪陵小田溪战国墓地对“巴文化”的探索关系甚大，愿申浅见。

云阳李家坝战国墓地③，四川大学考古系在1997～1999年两次共掘88座，可分为3期：战国早期、战国中晚期、秦汉间，上限可至春秋战国之交，下限不会晚过西汉武帝。都是竖穴土坑墓，均为中小墓葬，一般长方形竖穴土坑，长2～4.6米、宽0.5～2.9米。最大的如98M23，一棺一椁，墓坑填土内有6层积石，椁内外涂青膏泥。大部

① 见本书《三峡考古琐记》。

② 见本书《川东峡江地区的崖葬》。

③ 《云阳李家坝东周墓地发掘报告》，《重庆库区考古报告集·1997卷》，科学出版社，2001年；《云阳李家坝巴人墓地发掘报告》，《重庆库区考古报告集·1998卷》，科学出版社，2003年。

分则是无葬具的小墓。随葬品的铜器组合兵器为常见的巴蜀式剑、矛、斧、钺、戈、镞。值得注意的是本地斧多戈少，且至秦汉则兵器大减而稀。日用器以铜鍪为主，有盒、匕、勺、斤、削、带钩，个别墓有鼎、敦、壶等礼器。陶器组合为罐、鍪、豆、壶、甗、圜底釜等，秦汉间出现鼎、盒、壶、罐。在同期墓葬中新发现有殉人和人牲遗迹，一般为1人最多有4人。殉人与墓主同椁或另有葬具，人牲被砍成数段、多半以人头入葬。如98M24单椁墓，2殉1牲，椁室中央仰身直肢者为墓主，脚下有一人牲头骨，两侧各有一殉人；98M18一椁两棺墓，1殉3牲，椁室内错置双棺，均为头北足南，墓主在东棺俯身直肢，随葬铜剑、铜勺，脚下棺外有3个人牲头骨；殉人在西棺，靠东棺的下半部，仰身直肢，无随葬品。

从文化因素分析可见：①铜兵器剑、矛、斧、钺、戈、镞和日用器铜鍪、勺、匕、削，以及陶器中的鍪、C型罐等，均与四川盆地战国时期巴蜀文化的遗物相同，在本地的战国早期还占主导地位。②铜礼器鼎、敦、壶、盒、鐏、镦等，陶器中的A型甗、长颈罐、C型豆、鼎、敦、假圈足壶、鐎壶、鬲、盂等，则与江汉平原战国中晚期的楚文化相同。这种楚文化的比重随时间的推移而越来越大。③战国秦汉间殉人与人牲的存在，反映其文化的滞后现象。④李家坝同期遗址没有找到大型聚落的建筑遗存，这与墓地反映的中下层平民特征是吻合的。因此，发掘报告中提出的："李家坝遗址先秦时期是巴人的一处区域性中心聚落，代表了巴文化分布于澎溪河流域的一个地方类型。"这里作为广义的"巴与巴文化"，无疑是正确的。笔者认为确切地讲应该是"巴賨文化"，即巴国境内的"賨人文化"，其说详见下节。

涪陵小田溪战国墓地因"十年动乱"后，1973年作为首批恢复的考古田野工作而著称于世①。当年发掘了3座墓，因M1出土错金编钟、M2出土虎纽錞于和钲等，墓主人被认为是"巴部族的一个酋长"，"一个小部族的王"②。M3因出土"二十六年蜀守武造戈"，被断为秦灭巴、蜀后的遗存。1980～1993年又清理6座，又出土带"王"字徽记铜器③。2002年又清理发掘竖穴土坑墓11座，其中战国早中期墓葬5座，战国晚期至秦代墓葬5座，西汉晚期至东汉早期墓葬1座，战国时期灰坑1座。笔者有幸承重庆市考古所的美意，先睹为快。笔者观察的出土文物极为精美，对其反映的王者之气赞叹不已。其中尤以M12出土的铜器种类多，规格高。壶、车马器等表面都有错银工艺；在錞于、戈、甬钟、巴式剑、矛等上都有椎髻纹、手心纹、云纹、虎纹、船形纹、鱼纹等图语符号发现。另外出土的如镶满绿松石的水禽铜尊、铜胄项、玉具剑及各种玉佩饰等珍稀文物，绝非一般平民墓葬所有。小田溪王侯级墓的年代较晚，多在秦并巴、蜀以后，它们是不是常氏《巴志》所说的"其先王陵墓多在枳"的"巴先王陵墓"还有待

---

① 《四川涪陵地区小田溪战国土坑墓清理简报》，《文物》1974年第5期。

② 徐中舒：《四川涪陵小田溪出土的虎纽錞于》，《文物》1974年第5期；邓少琴：《四川涪陵新出土的错金编钟》，《文物》1974年第12期。

③ 《四川涪陵小田溪四座战国墓》，《考古》1985年第1期；《涪陵市小田溪9号墓发掘简报》，《四川考古报告集》，文物出版社，1998年。

研究。很可能是巴国内某一支民族的王陵，因为“秦灭蜀后，对于巴的统治阶级和部族，都采取了羁縻政策，‘君长世尚秦女，人民爵比不更’。”① 所以这些原属于巴国的小部族的陵墓区才能在秦汉时延续下来。

巫山双堰塘遗址，在1958年“四川省长江三峡水库考古调查”时，笔者曾参加调查，称为“大昌西坝遗址”②。1994～1998年间中国社会科学院考古研究所在此进行大规模的田野考古工作，发掘面积1017．5平方米，钻探面积10.5万平方米。1997～1998年的发现主要是西周时期的遗存，遗迹较少，有未见随葬品的浅穴土坑墓、残窑、零星的柱洞、沟槽、散乱的砾石堆，难以证明曾有大型建筑物。遗物以陶器残片为大宗，夹砂褐色陶居多，约占80%。泥质陶中有精致的黑皮磨光陶，陶纹以绳纹为多，而各种窝形戳印文和刻划纹颇具特色。陶器为日常生活用具，未见高档、礼仪用具，有大量花边口沿器，豆与簋等圈足器不少，而流行尖底器，三足器仅见陶鬲，而柱状实足跟（包足）的高档瘦袋足鬲也是最常见的器形，流行各种小型球腹圜底罐等等。出土少量日用铜器，如镞、刀、锥、鱼钩及小饰件，发现少量铜矿渣。主要生产工具为石、骨器，如斧、锛、刀、镞、弹丸、网坠等。玉器极少，只有残璜饰和圆片饰③。从这些发现很难确凿地说是什么大型中心聚落，离开人们期望的发现“巴墟”甚远。不过，由于大宁河河床的摆动和冲刷，遗存已遭破坏，而仅存残余。因此考虑到“曾发现石磬、石范，附近还出土过商代铜尊、战国铜甬钟等青铜重器”④，该遗址很可能是一处被破坏了的区域性中心聚落。

值得注意的是，郑若葵先生在1997年发掘报告中说：“双堰塘西周遗址的聚落性质很可能与早期巴人活动的中心聚落有关，是否与文献记述的庸国都城或夔子国都城有关，有待进一步的发掘和研究。”郑先生认为双堰塘西周遗址与庸国或夔子国有关确是灼见，可惜现在三峡水库已蓄水，双堰塘遗址也已沉入水底，再要发掘只有等水下考古技术的发展了。郑先生又说：“双堰塘遗址发掘出土并颇为流行的尖底杯、尖底盏和各种花边口器等等器形，均与四川成都盆地和鄂西等地西周时期遗址出土的同类物神似貌合，陶制品中显露出来的带地域或民族色彩的器形特征和风格（如流行花边口沿器、尖底器和柱状包足陶鬲等）亦佐证了双堰塘西周文化遗存的族属与古代巴人的密切关系。”好一个“神似貌合”，若不经亲手摩挲陶片是不可能有如此确切的表述。四川盆地内在东周以前只有“蜀文化”，而无“巴文化”，已如上述。鄂西的商周遗址中也确有与成都平原的“三星堆文化”与“十二桥文化”类型“神似貌合”的器物群，如在宜昌路家河遗址的第二、三期遗存中所见⑤，只能说明鄂西是四川盆地内“蜀文化”传

① 徐中舒：《巴蜀文化初论》，《徐中舒历史论文选辑》（下），中华书局，1998年。

② 四川省博物馆：《四川省长江三峡水库考古调查简报》，《考古》1959年第3期。

③ 《巫山双堰塘遗址发掘报告》，《重庆库区考古报告集·1997卷》，科学出版社，2001年；《巫山双堰塘遗址发掘报告》，《重庆库区考古报告集·1998卷》，科学出版社，2003年。

④ 王川平、刘豫川：《重庆库区考古报告集1997卷·前言》，科学出版社，2001年。

⑤ 《宜昌路家河——长江三峡考古发掘报告》，科学出版社，2002年。

播的东沿，而不可能是西进的“巴文化”的器物群。柱状包足陶鬲为代表的器物不是“蜀文化”的东西，则应是西传的“楚文化”因素，因为三峡西面的炊具是釜、罐传统；三峡东面的炊具则是鼎、鬲传统。但是，我们如果逆向思索一下，三峡地区那些过去被认为是商周时的“巴蜀文化”因素，本来就是“蜀文化”，而真正的“巴文化”可能就隐藏在西来的“楚文化”之中，还需要大家去进一步的分辨和论证。

瓫井沟遗址群包括瓫井沟口的哨棚嘴、瓦渣地、崖脚和沟内的中坝两大部分。瓫井沟遗址群的堆积连贯性很好，从新石器时代晚期、夏商、西周、春秋、战国均有地层叠压、打破证据，可以成为三峡西部地区的考古分期标尺。但其遗存性质的等级不高，都不是中心聚落遗存。据报告哨棚嘴遗址是“居址外围废弃物的堆积”，即村寨的垃圾堆。瓦渣地遗址是“陶窑废品的堆积”，即是窑场的垃圾堆。崖脚则是战国的平民墓地（延至后代）①。中坝遗址是盐业生产的作坊堆积，虽有小型工棚式的房址 38 座，但“与聚落遗址区别明显”②。

瓫井沟遗址群与峡西其他夏商周时期的遗存的文化面貌也很难与“早期巴文化”相联系。江章华认为：“这一区域商周时期的文化特征与成都平原的三星堆文化和十二桥文化十分接近，因此其年代分期可以参照”来划分为两大阶段六组。第一阶段为商代：包括万县中坝子商周地层与哨棚嘴第 2 期加上等遗存，基本的陶器组合是敛口罐、小平底罐、高把豆、鸟头把勺、管锥状足鬶等三星堆文化的典型陶器群，其差异只是少而粗，且有绳纹圆腹罐等峡东鄂西常见器物，因此建议命名为“三星堆文化川东类型”。第二阶段为商末西周至春秋：以哨棚嘴第 3、4 期为代表，基本的陶器组合是尖底杯、尖底盏、尖底罐、喇叭口罐、高领罐、釜等十二桥文化的典型陶器群，差异仍然微小，因此建议命名为“十二桥文化川东类型”。这些意见无疑是正确的，不过笔者建议把“三星堆文化川东类型”改为“三星堆文化峡江类型”，“十二桥文化川东类型”改为“十二桥文化峡江类型”则更为确切，因为这两套东西不仅出在峡西，也出在峡东。孙华也认为：“如果像多数学者推测的那样，盆西平原的这一时期的三星堆文化和十二桥文化是古蜀人的遗存的话（这种推测已经有较多考古和文献材料作证据），那么至少是夏商两代，我们从川西与峡江两地的青铜文化面貌上还很难看出巴与蜀的区别，（峡江地区的）三星堆文化和十二桥文化只能作为蜀人的遗存来看待而不宜作为巴人的遗存来看待。”③

综上所述，笔者认为：①事实胜于雄辩。三峡西部考古至今没有发现大家期望的夏商西周时期的“巴文化”，或者“巴墟”。②按历史文献记载，探索东周以前的“巴文化”、“早期巴文化”的最佳位置不在四川盆地，而在其邻近地区，如汉水流域和江汉

---

① 《忠县中坝遗址发掘报告》，《重庆库区考古报告集·1997 卷》，科学出版社，2001 年。

② 《四川涪陵小田溪国座战国墓》，《考古》1985 年第 1 期；《涪陵市小田溪 9 号墓发掘简报》，《四川考古报告集》，文物出版社，1998 年。

③ 孙华：《峡江地区的先秦文化》，《四川盆地的青铜时代》，科学出版社，2000 年；江章华：《川东长江沿岸先秦考古学文化的初步分析》，《中华文化论坛》2002 年第 2 期。

平原，包括三峡地区在内。③我们把从东周起由楚地西进的“巴文化”与“楚文化”混淆了。或者说我们把西进的“巴文化”与“楚文化”混在一起了。最近湖北的学者提出“巴楚文化”，是值得关注的。总之，寻找“早期巴文化”的探头还应指向四川盆地之外，汉水流域尤其值得关注。

三、川东北考古发现的“巴文化”

四川盆地的北部、大巴山与嘉陵江之间应该是探索巴文化的上选地段，但过去却基本上付诸阙如。1999 年和 2003 年，四川省文物考古研究所两次对川东北的宣汉县罗家坝遗址进行发掘，共清理战国墓葬 39 座，被媒体称为“20 世纪末发现的面积最大的巴文化遗址”①。预示着川北大巴山与嘉陵江之间进行规模性的考古作业，探索“巴文化”有了良好的开端。笔者有幸应四川省考古所之邀，两次赴罗家坝考古工地考察，并参加笔谈讨论。

罗家坝遗址，地下保存着有新石器时代晚期的遗存和东周时期的墓地遗存②。遗址堆积甚厚，约在 2～3 米间，年代跨度较大。遗址早期地层为新石器时代晚期，陶片中有夹砂褐陶的花边口沿、折沿罐口、喇叭口罐沿、尖底器等，是川东北地区同期常见的出土物。发掘者认为其与川北通江擂鼓寨、巴中月亮岩、峡江忠县哨棚嘴一期、奉节老关庙下层、陕南李家村文化等有相当密切的关系，这是可信的。但笔者以为由于未见到遗址出土高规格的器物，发掘所见的只能属于一般性的村落遗存。罗家坝遗址面积约 50 万平方米，这次只发掘了西南部临河的边缘面积 400 平方米，也许聚落遗存还在北面中部，目前难下结论。

罗家坝遗址最重要的发现是晚期地层中清理出的战国时期的墓葬群。但它与早期聚落遗存之间存在时间缺环（缺夏商至两周时期的地层）。故罗家坝遗址是否是数千年连续的“巴文化”遗存，还需要进一步的探索。关键在于要进行有规划的、全面的、科学的田野考古工作，笔者以为从中找出准确的地层埋藏关系和获取大量的复原标本，是关键之中的关键。

原先在罗家坝西南已发掘的 38 座墓葬，说明这里是一处战国时期中下层平民或武士的墓地。盗掘被发现后，又对被盗墓葬（编号为 M33）进行了抢救性的清理工作。由于该墓已被盗掘破坏，只能知道墓圹南北长应在 9 米、东西宽应在 5 米以上，是一座准大型墓葬。葬具和墓主人遗骨尚不清楚。至于在西面发现的 3 具平行放置，却不在一

① 《罗家坝遗址笔谈·编者按》，《四川文物》2003 年第 6 期。

② 《四川宣汉罗家坝遗址 2003 年发掘简报》，《文物》2004 年第 9 期。林向按：该简报的墓葬数与发掘者在工地所述和笔者所见的有变化，墓葬数由 39 座减为 32 座，主要是因为《简报》把有些墓葬合称为 K1 祭祀坑（?），却又未发表 K1 祭祀坑的资料。笔者与其他学者一样，仍保留原来的看法：所谓的 K1 并不是一个考古单位，不是祭祀坑，而是几个年代不同的墓葬遗存。究竟如何，有待发掘资料的完整报告。

个平面上的骨架，是否属于同墓的殉人遗迹，由于地层关系不清楚，有待进一步的研究。

据追赃后复原的墓葬 M33 观察，陶器尚未修复，而青铜器十分丰富，有兵器和礼器。青铜兵器为四川盆地战国巴蜀墓常见的组合：戈、矛、剑、钺、镞，难得的是出土时戈、矛尖与镦之间还有木柲相连，且成捆放置。礼器虽成组合，而文化内涵比较复杂，其中占主导地位的鼎、甗、缶、敦、簠、壶、盥缶、匜等与楚墓出土物相似；镶嵌水陆攻战图案的盖豆是中原风格；鍪、釜、尖底盒则是巴蜀文化之物。

该墓的年代似以定在战国早中期为宜。出土的这些高规格的青铜器在年代相近的涪陵小田溪巴王墓、成都羊子山 172 号蜀侯墓、新都马家蜀墓等侯王贵族墓葬中也曾有发现。因此罗家坝 M33 也应属于侯王级的贵族墓葬。M33 的发现提升了罗家坝战国墓地的规格，这里应是一处有侯王贵族与平民共葬的族墓地。

论者都以为罗家坝遗址发现的是“巴文化”，但笔者认为确切讲应该是属于“巴文化”中的“賨”文化。“賨”原属蜀国，东周后巴人入川建巴国，賨既属巴，扬雄《蜀都赋》：“东有巴賨，绵亘百濮。”《三国志·魏志》称为“巴夷賨民”，故可称“巴賨文化”。

首先从地理环境讲。罗家坝遗址位于渠江的支流后河与中河汇合处的一级台地上，后河与中河汇合后南流，到今宣汉县城附近又与前河汇合后西流，是为渠江的东源——州河，流过今达州。前、中、后河均发源于川东北与陕、鄂交界的大巴山南麓。渠江的西源南江是正源，发源于东接大巴山的米仓山南麓，在巴中县接纳恩阳河后称巴河，南流至渠县三汇镇接纳州河后始称渠江，再沿华莹山西麓流至合川汇入嘉陵江。

渠江是嘉陵江的主要支流，《汉书·地理志》称“潜水”，《水经注·江水》称“宕渠水即潜水、渝水矣”。《水经注·潜水》：“延熙中分巴立宕渠郡，盖古賨国也，今有賨城（林按：在今渠县城厢）。县有渝水，夹水上下，皆賨民所居。汉祖入关，从定三秦，其人勇健好歌舞，高祖爱习之，今‘巴渝舞’是也。县西北有不曹水（林按：即今州河），南迳其县，下注潜水。”渠江的支流众多，盘旋流淌在四川盆地东北部的丘陵方山之间，形成密集的河网，是“山居水处”的原来的賨人、后来的巴人等理想的生息之地，所以这一带的山水地名都与“巴”、“賨”、“渝”有关。

其次从族称讲。“賨”确是古族，扬雄《蜀都赋》：“东有巴賨，绵亘百濮，”《文选·蜀都赋》注引《风俗通》：“巴有賨人，剽勇，高祖为汉王时，阆中人范目说高祖募取賨人定三秦，封目为阆中慈凫乡侯，并复除目所发賨人卢（《巴志》为罗）、朴（濮）、沓（昝）、鄂、度，夕、袭（龚）七姓不供租赋。”而其族名却是因汉代夷赋名目而后起的，据谯周《巴记》载：“夷人岁入賨钱，口四十，谓之賨民，”《晋中兴书》说：“巴人称赋为賨。”

再次，賨的分布自嘉陵江流域的盆中丘陵地东至盆东并行陵谷区的长江干流。重庆市博物馆曾收集到一件羊纽方寸金印，汉篆阴文为“汉归义賨邑侯”邓少琴先生曾查得此印的出处，为清光绪年间在云阳县南双河口夹沟坝出土，农人锄地得大铜洗，内盛五铢钱万余并此金印。云阳李家坝遗址所在的彭溪河，据邓少琴先生考证，“彭”为《牧誓》八国之一，“彭人迁巴郡朐忍县（今云阳境），亦以彭称之”。引《水经注·江水》：“江水又东，彭水注之……彭溪水又南，迳朐忍县西六十里，南流注于江，谓之彭溪口。”那么，李家坝墓群当与彭、賨有关了。这两支人都善战，所持的干盾称“彭旁”或“彭排”（见《释名》）。连宕渠、渠江的“渠”也与干盾有关，《国语·吴语》：“奉文犀之渠”，韦昭注：“渠，楯也。”《释名》：“隆者曰须盾，本出于蜀……以木作之曰木盾。”这就是汉代善用木盾的“板楯蛮”名称的来历也。可是无论李家坝或罗家坝的武士墓中均未见出土盾饰，甚感遗憾。三星堆祭祀坑是出过“蜀盾饰”的①。

最后，我们可以将罗家坝和李家坝的“巴人墓”进一步订正为“巴賨墓”或“賨人墓”。以此可见，四川盆地内的“巴蜀墓葬”是可以再细分为蜀国或巴国之下各个民族的，今后还是有很大的探索空间的。巴蜀文化区内有许多在巴蜀文化笼罩下的不同族属的遗存，例如2005年5月笔者在参观云南水富张滩考古发掘工地时，见到的秦汉土坑墓葬群既是“巴蜀文化”的，又有地方性文化因素（特别是陶器和装饰品），则很可能是巴蜀境内“僰人”的遗存。又如2004年5月“长江上游古文化与中国文明起源”课题组考察了陇南的成县及陇东的秦安、天水等地的博物馆的文物库房和陈列。那里的土坑墓出土的“巴蜀式”青铜容器（如鍪、提梁卣、釜甑等）和兵器（戈、矛、剑、钺）及漆木器等，也同巴蜀同期墓葬出土文物相似，表明东周秦汉间这里也确是“巴文化”的分布区。其中成县博物馆藏的巴蜀式青铜器、陶器、漆木器、鎏金铜器特别精美，其中有氐人墓出土的男女俑（类似三星堆纵目人）；还有的墓出土鎏金铜牌饰（有天门题记、九尾狐、西王母等内容），与巴蜀地区重庆巫山县东汉墓葬出土的十余件鎏金铜牌饰极为相似。故陇南、陇东地区的“巴文化”今后尤其值得关注。

（原载《中华文化论坛·巴蜀文化研究专集》2005年第4期；收入《蒙文通先生诞辰110周年纪念文集》，线装书局，2005年；及《巴蜀文化暨三峡考古学术研讨会文集》，西南师范大学出版社，2006年；及《川大史学·民族史卷》，四川大学出版社，2006年）

① 见本书《蜀盾新考》。

“巴蜀文化”辨证

“巴蜀文化”是目前学术界和社会各界经常使用的专有名词，但各人对它的语境认识却有所不同，交流中往往发生理解的错位，造成误解。作为一个学术术语尤其应该正本清源，才能名正言顺。对此笔者愿抛砖引玉，谨申浅见，提供讨论，本文的辨证只涉及“巴蜀文化”一词的含义。

一、“巴蜀文化”的提出

“巴蜀文化”的最早提出者是卫聚贤。1941年，卫氏在《巴蜀文化》一文中，用41幅图、17帧照片、48张拓片，记述了成都市面上收到的一批青铜器、玉器，有青铜戈、矛、剑、戚、斤、匕首、猎壶和玉刀等。卫氏认为：巴蜀古史，史籍不详且多神话。成都白马寺坛君庙常出铜器，以兵器为多，似为蜀国武器库；又出罍、鐔等祭器，似为蜀国宗庙。卫氏刊出的花纹有手与心、吞口（饕餮）纹、龙、蛙、蛇、龟和狩猎纹等，认为春秋前蜀人有自己的文字，春秋战国时仿中原文字。次年，卫氏又在同名的《巴蜀文化》一文中，又刊出150张图，并作了补充：古代的巴国在今汉中，巴可能因渝水（嘉陵江）而得名。成都白马寺后面的土阜可能是蜀国的社稷坛，蜀国都城就应在成都北门外高阜之地。针对有些学者的质疑，卫氏对这批兵器进行了辨伪，认为它们的时代应从商末至西周春秋战国①。有关古巴蜀的史籍不详且多神话，必须仰仗出土文物以补史阙，卫氏能够独具慧眼，从古董商手中收集巴蜀遗物，提出“巴蜀文化”，也可称独辟蹊径。虽然卫氏之说在当时受到学术界的普遍质疑，只有少数学者如陆侃如等表示支持②。但在当时学者对1933～1934年广汉真武宫的考古发现颇感陌生的情况下，卫氏用身边能见到的古物来求证巴蜀古史，其影响十分深远，作为概括古代巴国与蜀国的历史文化的“巴蜀文化”一词，毕竟被提出来了。值得注意的是，现在看来卫氏的“巴蜀文化”器物指的都是“蜀国”的东西。

20世纪50年代，四川境内的四大考古发现（船棺葬、羊子山土台、水观音遗址与墓葬、竹瓦街铜器窖藏），使“巴蜀文化”得到了考古学上的确证。其中对证实“巴蜀文化”最重要的是船棺葬的发现。1954年巴县冬笋坝和昭化宝轮院发掘的土坑墓，以船棺墓和狭长坑墓为多，还有长方坑墓和方坑墓，特别是前两者墓中出土的青铜器与20世纪40年代所定为“巴蜀文化”的东西，几乎完全相同。它们与流传于社会上的古

---

① 卫聚贤：《巴蜀文化》两文，分别刊在《说文月刊》第3卷第4期（1941）和第3卷第7期（1942）。

② 林向：《巴蜀文化的发现与研究》（1991），《巴蜀考古论集》，四川人民出版社，2004年。

董不同，是用科学方法从地下发掘出来的文物，这就解决了当时许多学者对卫氏“巴蜀文化”器物真伪的质疑。冯汉骥先生作为发现者还指出：船棺墓“与战国时期的巴人应有一定的关系”①，因此，船棺葬确实为“巴蜀文化”提供了可靠的考古学证据，从此再不可能被否定了。在后来发表的正式发掘报告中更进一步提出：巴县冬笋坝的船棺墓或即当时巴人的墓葬。昭化宝轮院的船棺则可能是为秦人戍边的巴人墓葬②。但是后来的研究者对船棺葬的族属的看法有改变，例如笔者就倾向于船棺葬（包括狭长坑墓葬）不全是巴族的墓葬，而是东周以后巴、蜀境内诸族群中某些社会阶层（如祭司、武士等）的墓葬，例如成都商业街的船棺葬很可能是蜀王（室）的墓葬③。看来还是冯先生最早的判断：船棺葬“与战国时期的巴人应有一定的关系”，不一定就是巴人的墓葬，是比较客观而能够成立的。

其次是 1953～1956 年在成都北郊清理的羊子山土台遗址，清理的结果可复原为底边 103.7 米见方、三级四方形的土台，原发掘报告认为是东、西周间的遗迹，与蜀王杜宇建国有关。虽然经研究订正为商代始建、至战国废弃的古蜀国的神坛建筑④，而羊子山土台的发现，连同 60 多年后成都西北部的十二桥—金沙—黄忠遗址群的发现，却为卫氏的“蜀国都城就应在成都北门外高阜之地”的假设，提供了佐证。现在看来当时的中心聚落实际应在今成都市的西北部⑤。

1959 年，徐中舒先生在当时考古新发现的基础上，发表了《巴蜀文化初论》⑥，这是关于“巴蜀文化”的一篇里程碑式的论著，徐先生全面地讨论了巴、蜀的经济、文化、历史、族属，开宗明义指出：“四川是古代中国的一个经济文化区，但是它并不是孤立的。”此后徐中舒先生、蒙文通先生、缪钺先生、邓少琴先生、任乃强先生又都从不同的角度，特别是侧重于对有限的历史文献记载的巴蜀史迹进行考订与论述，为“巴蜀文化”研究开拓了新的领域⑦。

值得强调的是，考古发现离不开历史文献记载的事先指引和事后诠释，历史文献离不开考古发现的论证和充实。尤其是进入历史时期，如果只就考古来讲考古，只讲器物排队，不结合历史记载、民族学等资料进行综合研究，是绝对行不通的。同样，如像巴、蜀这样的缺乏文献记载的古代文化，你能离开考古学吗?！当然，这一些在今天看

---

① 冯汉骥等：《四川古代的船棺葬》，《考古学报》1953 年第 2 期。

② 《四川船棺葬发掘报告》，文物出版社，1960 年。

③ 林向：《寻找三星堆文化的来龙去脉》（2001），《巴蜀考古论集》，四川人民出版社，2004 年。

④ 见本书《羊子山建筑遗址新考》。

⑤ 特别是黄忠遗址和十二桥遗址一样发掘出大规模类似宫殿建筑的基址。参见《成都市黄忠村遗址 1999 年度发掘的主要收获》，《成都考古发现》（1999），科学出版社，2001 年。

⑥ 徐中舒：《巴蜀文化初论》（1959），《历史论文选辑》（下），中华书局，1998 年。

⑦ 蒙文通：《巴蜀史的问题》（1959），《古族甄微》，巴蜀书社，1993 年；缪钺：《巴蜀文化初论商榷》，《四川大学学报》（哲社版）1959 年第 4 期；邓少琴：《巴蜀史迹探索》，四川人民出版社，1983 年；任乃强：《四川上古史新探》，四川人民出版社，1983 年。

来都是老生常谈了，不过，我们不敢忘记先贤师长们筚路蓝缕的探索。

冯汉骥先生对“巴蜀文化”的研究有特别重要的贡献。20 世纪 40 年代，作为西南考古奠基人的冯先生对川西的大石文化进行了考古调查，认为发现的墓石、独石、列石等遗迹都与蜀王的传说相关，是“秦代未入巴蜀以前的遗物”①。建国后，他主持指导了四川这个地区几乎所有的巴蜀考古，造就了“巴蜀文化”的学术研究热点。至今我们还不能忘记的是，在 1960 年的困难时期，是冯先生顶着困难，率领四川大学考古专业的学生与四川省博物馆合作，在广汉真武宫附近的月亮湾进行考古发掘，从地层上证明有商代与西周间的叠压关系，可惜至今未见正式报告②。冯先生在工地指导时曾预言：三星堆月亮湾一带可能是古代蜀国的中心都邑。20 年以后，这个科学假设被三星堆的考古发掘所证实。冯先生还培养了一大批从事巴蜀考古（当然不仅限于巴蜀考古）的人才，童恩正即是其中一员，他的《古代的巴蜀》③ 是一本全面论述巴蜀文化、历史、民族的著作，在学术界有很大的影响。

二、对“巴蜀文化”表述的讨论

《中国大百科全书·考古卷》中的“巴蜀文化”条目是由童恩正撰写的：

“巴蜀文化——中国西南地区古代巴、蜀两族先民留下的物质文化。主要分布在四川省境内。其时代大约从商代后期直至战国晚期，前后延续上千年。从考古学上确认巴蜀族的物质文化，是建国以来商周考古的一大收获。”

这是第一次对“巴蜀文化”的科学界定，大致反映 20 世纪 80 年代以前的学术界对“巴蜀文化”的主流看法。毫无疑问，我们所从事的巴蜀考古的研究对象，当然就是这样的“巴蜀文化”。不过，现在看来，基于 20 世纪 80 年代后期以来一系列的重大考古新发现，特别是成都平原及长江三峡的诸多遗址的发现与研究，对上述“巴蜀文化”的表述，应该有所改变了。笔者认为有以下几点，是可以重新检讨的：

（1）巴蜀文化不仅仅是“巴、蜀两族先民留下的”，应该说是“以巴、蜀为主的族群的先民们留下的”才更恰当。例如“蜀文化”就不完全是“蜀人（族）”留下的，如果说成是“蜀国”境内诸族群留下的地域性文化，则可能更符合事实。我们曾指出：“所谓‘早期蜀文化’并不只与某一个族、某一国直接对应的考古学文化，而很可能是一种土生土长而又受中原夏商周文化强烈影响，扎根‘华阳之地’的有特征性的、地域性的青铜文化，它的文化因素可以在许多邻近的‘族’或‘国’的古遗存中表现出

---

① 1938 年冯汉骥作四川大石遗迹的考古调查，1942 年冬在华西边疆研究学会公平演讲，内容刊于《华西边疆研究学会会志》第 16 期。

② 马继贤：《广汉月亮湾遗址发掘追记》，《南方民族考古》第五辑，四川大学出版社，1992 年。

③ 童恩正：《古代的巴蜀》，四川人民出版社，1979 年。

来。”① 这一点已为大多数学者所接受。

最近，我们更对“巴人”、“巴国”、“巴文化”，“蜀人”、“蜀国”与“蜀文化”的错综复杂的关系，作了进一步的探讨②。我们认为：蜀国只有一个，即文献记载的由蚕丛、柏灌、鱼凫、杜宇、开明各部族轮流坐庄的“蜀国”。考古发现证明成都平原中部就是蜀国的中心，其核心区的文化即考古发现的“三星堆文化”与“十二桥文化”，文化辐射至四川盆地及邻近地区的蜀国境内诸多发展不平衡的民族群中（可统称为“蜀人”），使这些族群的文化面貌在其涵盖之下，构成了“蜀文化”或“蜀文明”，共同形成了一个“古蜀文化区”。

同理，巴国也只有一个，即“武王既克殷，以其宗姬封于巴”的那个“巴国”，西周时是与濮、楚、邓等国相邻的“周之南土”。巴国的领域内也有许多发展不平衡的民族群，如常氏《巴志》所载：“（巴）其属有濮、賨、苴、共、奴、獽、夷、蜒”等。但因巴、楚联合灭庸之后，巴国在江汉被楚国所逼而西迁四川盆地，致使其领域变化较大，“巴人”、“巴文化”、“巴文明”的包涵也就不一样。东周以后巴国建立过五个都城，《华阳国志·巴志》载：“巴子时虽都江州（今重庆），或治垫江（今合川），或治平都（今丰都），后治阆中，其先王陵墓多在枳（今涪陵）。”也就是说，此后四川盆地东部是巴国的境域（虽有消长），在此地区之内的诸族群就可统称为“巴人”，其文化也就是“巴文化”了。现在的关键是要求我们巴蜀考古能找到“巴国”文化的辐射源——中心都邑，犹如“蜀国”之有三星堆遗址群，后有金沙遗址群一样，那么“巴文化”的来龙去脉也就能一目了然了。

因此我们说：夏商周时期的四川盆地和邻近地区是以“蜀”为核心的“古蜀文明”的范围。东周时期在江汉平原的“巴”受楚逼迫，向西进入四川盆地东部，与原是蜀地的一些土著民族结合而形成“巴文化”。于是“巴文化”和“蜀文化”一起，共同构成长江上游四川盆地的古代文明中心——“巴蜀文化区”。到了这个时候才可以称为“巴蜀文化”。

（2）巴蜀文化不能仅局限于“物质文化”。我们认为今天的中国考古学是不能局限于遗物、遗迹等“物质文化”的区、系、类型排队的，要见物又见人，出土物与出土物包含的历史信息，都应是考古学科的研究对象，包括“物质文化”和“精神文化”、“制度文化”等在内，例如“国家形态、政治组织、政权结构、王权与神权的关系、社会分层现象”以及“文明的进化程度、文化进化的动力、社会运作机制”等等。故巴蜀文化应该是“以巴、蜀为主的族群的先民们留下的文化遗产”更为贴切。在这方面段渝的《政治结构与文化模式：巴蜀古代文明研究》③，应该说是当前巴蜀文化研究的前沿之作。

（3）巴蜀文化的分布范围只说“主要分布在四川省境内”是不够的，应说是“主

① 见本书《周原卜辞中的“蜀”》。

② 见本书《四川盆地巴文化的探索》。

③ 段渝：《政治结构与文化模式：巴蜀古代文明研究》，学林出版社，1999 年。

要分布在四川盆地及其邻近地区”。事实上陇南的西汉水流域、陕南的汉水流域汉中盆地、江汉平原西部、湘鄂五溪流域、云贵高原北部等地，都是巴蜀文化的分布范围。笔者曾提出《汉书·地理志》所载“与巴蜀同俗”的区域是“巴蜀文化区”的概念①。但需要辨证的是这里有一个认识过程，当时讨论的主要还是夏商周时期“古蜀（文明的）文化区”，所以1991年原题本来用的《论古蜀文化区》，1995年收入文集时才改为《巴蜀文化区导论》。现在看来，夏商周时的“古蜀文化区”在先，东周的“巴蜀文化区”在后，是先后的两件事，当然两者无疑有叠加和承袭关系。

（4）所以，把巴蜀文化的年代定为“其时代大约从商代后期直至战国晚期”，也不妥当了，应更正为“其时代大约相当于春秋战国秦汉时期”。因为东周以前，蜀自为蜀，巴自为巴，既不在同一地域，就并未构成“巴蜀”，也就谈不上有“巴蜀文化”了。巴蜀文化存在的上下限大概是这样的：上限起于巴楚联合灭庸（公元前611年）之后，楚国强大起来，原为同盟的巴受楚之迫而西进，逐渐占据四川盆地东部与蜀为邻。下限到公元前316年秦灭巴蜀后，开始在被中央王朝治理的层面上加速了“巴蜀文化”被“秦文化”涵化的过程，故此后已不是完整意义上的“巴蜀文化”了②。不过这个涵化过程相当漫长而曲折，如果以“巴蜀符号、文字”作为考察巴蜀文化的标志，那么东汉晚期的崖墓中还可见到类似巴蜀符号的道家符箓。大邑三国砖室墓中还出土古蜀文明标志物的衍生物“建木画像砖”③。到南北朝之后随着历次全国性大规模的移民活动，地域文化差异逐渐趋小，巴蜀文化就很难找到踪迹了。所以，就其大概而言，可以说：以巴、蜀为主的族群的先民们所留下的巴蜀文化的年代，大约经历了春秋、战国、秦汉时期，延续的时间也应在千年左右。

（5）最近收到中国社会科学院考古研究所编著的《中国考古学·夏商卷》④，看到书中第八章“夏商王朝周边地区的考古学文化”中，与我们的观点一样，也没有“巴蜀文化”，而只有“三星堆文化”，并说：“三星堆遗址的一系列重大发现公布之后，学者们多主张商代的蜀国就在川西平原，三星堆文化就是古蜀文明。”这应该是符合目前主流的学术观点的。

同编著的《中国考古学·两周卷》⑤ 第十二章“两周时期周边地区的考古学文化”中各地只有以遗址地命名的“辛店文化”、“寺洼文化”、“桃红巴拉文化”、“杨郎文化”等。而只有第九节标出“巴蜀文化”，是这样写的：“（巴蜀文化）四川地区的考古学文化，西周时期主要是受中原文化影响的蜀文化。东周时期的文化面貌则较为复杂，早期的蜀文化继续发展，同时，巴文化、楚文化、秦文化和中原文化都对这一地区产生

---

① 见本书《古蜀文化区导论——长江上游的古代文明中心》。

② 罗开玉：《四川通史》（第二册），四川大学出版社，1993年，第八章第一节“‘巴蜀文化’的发展与衰亡”。

③ 《大邑县董场乡三国画像砖墓》，《四川考古报告集》，文物出版社，1998年。

④ 《中国考古学·夏商卷》，中国社会科学出版社，2003年。

⑤ 《中国考古学·两周卷》，中国社会科学出版社，2004年。

了明显影响，这一阶段的文化一般被称为巴蜀文化。"这里把"巴蜀文化"作为一定时段的地域文化是很正确的，但如果只是并列了蜀、巴受楚、秦、中原诸文化的影响，似乎把"巴蜀文化"弄成了文化大杂烩，当然不妥当了。不过我们从字里行间能看出作者有强调"巴蜀文化"是以"蜀文化"为主的意思，如果把这个"蜀文化"也看成是较早时期的以"蜀"为中心的地域文化，那就更确切了。

从上面两点看来，多卷本《中国考古学》的学术观点确实是集思广益的，而又是独立研究的结果。我们期待多卷本能早日出齐。

（6）我们认为巴蜀地区的古文化有一个发展由来，可分为三段，只有到了第三段才能称为"巴蜀文化"。第一段以宝墩文化（含三星堆遗址第一期）为代表的是"先蜀文化"，相当于龙山时代。第二段以三星堆文化与十二桥文化为代表的是"古蜀文明"，相当于夏商周时代。第三段以巴蜀墓葬（一般都会出土巴蜀铜器的船棺墓、狭长土坑墓、长方土坑墓、土坑木椁墓、石棺葬、悬棺葬等）为代表的是"古巴国"和"古蜀国"境内的族群文化即"巴蜀文化"，相当于春秋战国时期，下限可延伸至秦汉。

（7）关于中国考古学的分期，过去在教学、科研时的习惯做法是：旧石器时代考古、新石器时代考古、商周考古（含夏与春秋战国）、秦汉考古（含魏晋南北朝）、隋唐考古（含五代）、宋元明考古（含辽金西夏）。现在情况有变，尤其是商周考古内的夏代与春秋战国的内容大增，一般再分为两段，即夏商考古与两周考古，上述多卷本《中国考古学》，即按此分卷的。因此，原来说"（巴蜀文化）是建国以来商周考古的一大收获"就不妥帖了，不如从流改为"是建国以来两周考古的一大收获"为宜。

（8）那么现在，我们可以为"巴蜀文化"重写一个修订稿，以供大家讨论：

"巴蜀文化——中国西南地区以古代巴、蜀为主的族群的先民们留下的文化遗产，主要分布在四川盆地及其邻近地区。其时代大约相当于春秋战国秦汉时期。前后延续上千年。从考古学上确认巴蜀诸族群的文化、并形成巴蜀文化区，是建国以来两周考古的一大收获。"

三、"广义的巴蜀文化"的问题

20世纪90年代以来，很多学者又提出了"广义巴蜀文化"的新概念。

1991年袁庭栋在《巴蜀文化》① 的"前言"中提出："四川古称巴蜀，所以四川文化的研究一般都称为巴蜀文化的研究。巴蜀文化有两种含义，狭义的指的是秦统一巴蜀之前巴蜀地区的文化，广义的是指整个四川古代及近代的文化。"袁氏所提"广义的巴蜀文化"，是指巴蜀地域内自古至今的文化。这样新概念的提出和讨论，是"与时俱进"与"集思广益"的结果。

同年，谭洛非也提出："巴蜀文化，是指四川省地域内，以历史悠久的巴文化和蜀

① 袁庭栋：《巴蜀文化》，辽宁教育出版社，1991年。

文化为主体，包括省内各少数民族文化在内的、由古至今的地区文化的总汇。”[①] 谭氏提的当然也属于“广义的巴蜀文化”。

1996 年，谭继和提出“巴蜀宏观文化学”的研究课题，他说：“有同志提出泛巴蜀文化的命名和课题研究，为巴蜀宏观文化学开辟了新的研究途径。对古典巴蜀文化、近代巴蜀文化和现代巴蜀文化……对考古学文化、民族学文化和历史学文化……都属于宏观文化学的范围。”[②] 看来，谭继和是把“泛巴蜀文化”列为“宏观文化学的范围”。这里的“泛巴蜀文化”也就是“广义的巴蜀文化”。

2000 年，段渝提出了“三概念说”[③]。他说：“巴蜀文化有‘大巴蜀文化’和‘小巴蜀文化’”，这里的“大巴蜀文化”也就是“广义的巴蜀文化”。并认为：“当前关于巴蜀文化的概念主要有三种：一种是先秦巴蜀文化，即原来意义上或狭义的巴蜀文化，这一概念在学术界采用最为普遍；并得到国内外学术界的肯定；一种是考古学上的巴蜀文化，主要通行于考古学界，并得到全国考古学界的肯定；另一种是广义巴蜀文化，这个概念越来越取得学术界和社会各界的共识。”

对于诸氏的高见，笔者认为有几点是可以讨论的：

（1）上面所指“狭义的巴蜀文化”（或称为“小巴蜀文化”），大概就与我们上文讨论的春秋战国至秦汉间的“巴蜀文化”是一致的。我们认为：随着秦灭巴国蜀国，改设郡县，这个“巴蜀文化”的特征就逐渐被涵化掉了。提出“广义的巴蜀文化”（或称为“大巴蜀文化”、“泛巴蜀文化”）作为一种包涵古今的地域文化，是有它的理论根据、事实依据和群众认同基础的。事实上在社会各界的大力支持下，学者们已经在着手研究、撰写多卷本的巨著《巴蜀文化通史》了[④]。

（2）至于界定为“以巴文化和蜀文化为主体”，“地区古今文化总汇”的“广义巴蜀文化”作为新的研究课题是很好的。但是，如何处理好先秦时期的“巴蜀文化”与后来作为“巴蜀地区文化”的衔接，是一个十分棘手的问题。因为先秦时期的“巴蜀文化”，到汉代就逐渐被涵化而消失了，后来继起的是在秦文化、汉文化、唐文化等大一统文化的氛围下的地域文化。它与先秦的巴蜀文化如何衔接？它在大量人口变迁（移民潮）的情况下，其特征是如何变化的？它在大一统的国家中作用如何？都值得探索。笔者曾提出：四川盆地由于特殊的人文地理因素等条件，在源远流长的中华文化的长河中，犹如一座“水库”。对中国历代的政治、经济、文化、人口等方面，都起到了流动、储存、调节、融合、扩散等等的“水库效应”。当然，这个问题涉及面太广，恐不是单一学科、个别人所能胜任的，希望引起注意，另行组织探讨。

（3）至于段氏提出的，指的是现状的习惯叫法。段氏认为“先秦的巴蜀文化”就

---

① 谭洛非：《关于开展巴蜀文化研究的建议》，《社会科学研究》1991 年第 5 期。

② 谭继和：《巴蜀文化研究趋向平议》（1996），《巴蜀文化思辨集》，四川人民出版社，2004 年。

③ 段渝：《三星堆与巴蜀文化研究七十年》，《中华文化论坛》2003 年第 3 期。

④ 承四川社会科学院万本根、谭继和研究员告知。

是“狭义的巴蜀文化”，是正确的，它是与古今贯通的“广义的巴蜀文化”相对而言的同一事物（“巴蜀文化”）的两个时段范畴（“先秦的”与“从古到今的”）。但把“考古学的巴蜀文化”另立一类，而说它与“先秦的巴蜀文化”、“广义的巴蜀文化”不同，则需商榷了。因为考古学上的“巴蜀文化”就是“先秦的巴蜀文化”，一个是研究的手段（考古学），一个是研究的对象（巴蜀文化），我们不能把不同的两者作为一个事物来加以分类。一般认为：研究“先秦的（或狭义的）巴蜀文化”的手段有二，一个侧重文献记载，一个侧重考古学。当然有两者贯通的学者，段氏本人的许多论著就是这样的，用文献记载来考证巴蜀考古新发现，用巴蜀考古新发现来架构巴蜀的古史。因此，笔者认为“巴蜀文化的三概念说”不确切。目前除了上文所论的“狭义的（春秋战国秦汉的）巴蜀文化”外，另开辟一个研究范畴“广义的（从古到今的）巴蜀文化”就可以了。

（4）但是论者都把“巴蜀文化”与“四川省地域内的文化”等同起来，就值得检讨了。因为当时的“四川省”是包含现在的“重庆市”地区在内的，后来两者从行政区划上分开了，所以在现在看来这种提法就不确切了，应该改为：

“广义的‘巴蜀文化’是指包括‘四川省’与‘重庆市’两者及邻近地域在内的、以历史悠久的巴文化和蜀文化为主体的、包括地域内各少数民族文化在内的、由古至今的地区文化的总汇。”这样的表述或许更为切合实际。

（原载《巴蜀文化研究》第二辑，巴蜀书社，2006年）

（四）地震考古探索

邛海地陷辨

西昌东南有邛海，它是金沙江支流安宁河上最大的湖泊，面积约31平方公里，最深处约34米，平均蓄水量在3亿吨以上，是一坐天然的水库。三山环抱，湖水清澈，湖里盛产鱼虾，湖岸广种稻米，是西昌地区的鱼米之乡。自古以来，这里是我国各族人民聚居、劳动、生息的好地方。成昆铁路穿过万水千山通过这里，把西南边疆和祖国的心脏——北京更紧密地联结在一起。

可是，这里又是我国出名的多地震区之一。据可靠的记载，从唐武德七年（624年）以来，曾发生强震8次之多，即平均每168年有一次①。于是，有人把邛海视为地震地陷的产物，千百年来广为流传。其实，认真考察就会发现此说纯属讹传。本文拟对“邛海是地震把一个县城沉陷而成湖”的说法从历史上加以考察，提出一些看法，以期有助于“邛海成因”问题的解决。

一、历史的见证

邛海是地震把一个县城沉陷而成湖的说法（下简称“沉陷说”）很多，主要有如下三说：梓潼县沉陷说；邛都县沉陷说；宁远府沉陷说。我们先从历史文献上加以考察。

（一）梓潼县沉陷说

此说现在当地群众中流传甚广，很多老年人都能绘声绘色地讲述。故事大同小异，大意说：从前有人（或樵夫、母女、“孝子”等）用饭喂蛇，蛇大变龙，龙把老财的稻谷摄来报答，官府（老财）陷害好人，龙怒地震，把一个梓潼县沉陷为邛海。这个故事很明显脱胎于李膺的《益州记》，此事下节再论。但是，西昌从不叫梓潼县，西昌地区范围内也从来没有一个梓潼县。

秦汉以前，这一带居住的叫邛人，古称“邛都夷”。《史记·西南夷列传》说：“自滇以北，君长以什数，邛都最大，此皆魋结、耕田、有邑聚”。《汉书·地理志》说：“民俗略与巴蜀同”，因此，秦统一巴蜀后，一并在此地设立郡县，由秦王朝委官治理。西汉初年，因忙于巩固中央政权，无暇西顾，郡县一度废罢。汉武帝为了统一南方，派司马相如“通灵关道（今芦山西北）、桥孙水（今冕宁南境），以通邛都”，在此设置了一个都尉和

---

① 四川省革委会地震办公室、国家地震局成都地震大队：《四川地震目录》第一部分《强震目录》，1975年。

十多个县，隶属蜀郡，这是元光五年（公元前130年）的事①。不久又因北方有事，为了集中力量抗击北方匈奴奴隶主的骚扰，又一度废罢。到元鼎六年（公元前111年）重新在此设立郡县，郡名越嶲，郡治邛都县（今西昌附近），县因邛都夷得名②。越嶲郡有十五个县，据《汉书·地理志》记载，并没有梓潼县③。王莽时改为集嶲郡。东汉又改回来，越嶲郡邛都县名字照旧。六朝时，西南诸郡县大半“没于獠”，先改为越嶲獠郡，后来干脆废罢了，直到北周时才重置郡县④。从此越嶲郡邛都县名屡有改动。郡名在北周天和五年（570年）改为严州，隋代先叫西宁州，后改嶲州，唐代沿用。郡治自北周后改名越嶲县。到唐懿宗末年（约在869～873年间）大渡河以南地区，被云南的少数民族建立的地方政权——南诏，以及代之而起的大理所割据，改嶲州为建昌府⑤。元代中央政权统一后，在此设罗罗斯宣慰司，建昌是其一个“路”，所以西昌当时叫建昌路。明代改为四川行都司下属的建昌卫。清雍正六年（1728年）置宁远府（辖区略同于今西昌专区），府治叫西昌县⑥，从此西昌之名沿用不改。可见这里从不叫梓潼县。

梓潼本是一个古老的地名，位置却在四川的西北部。西汉曾在那里设梓潼县，隶属广汉郡，就是现在的梓潼县⑦。亦有郡名叫梓潼的，南朝刘宋时设置，即今绵阳⑧。可见梓潼与邛海地各一方，风马牛不相及，怎么会有一个沉入邛海的梓潼县呢?!

（二）邛都县沉陷说

此说最早见于范晔的《后汉书》，一千多年来，一些重要的地理书（如唐代的《元和郡县志》、明末的《天下郡国利病书》等）无不奉为经典，照抄不误。甚至解放后新出版的《辞海》（1963年），“文化大革命”后的《四川地震目录》（1975年）也都未加辨别，可见影响之深，很难纠正。我们先从《后汉书》说起。

《后汉书·西南夷传》说：“邛都夷者，武帝所开以为邛都县，无几而地陷为污泽，因名为邛池，南人以为邛河。”记载很清楚，却并不可靠。《后汉书》的作者范晔（379～445年）是南朝刘宋时人，他在晚年，根据当时的几部东汉史书，写成这部《后汉书》⑨。范晔名蔚宗，顺阳人（今河南淅川），一直在建康（今南京南）、宣城（今安

① 《史记·司马相如列传》。

② 《汉书·西南夷传》。

③ 《汉书·地理志》载：越嶲郡下辖县十五：邛都、遂久、灵关道、台登、笮秦、定笮、会无、大笮、姑复、三绛、苏示、阑、卑水、灊街、青蛉。

④ 梁载言：《十道志·剑南道》，转引自王谟：《汉唐地理书抄》辑本。

⑤ 《西昌县志》（1942年）卷一。

⑥ 嘉庆《大清一统志·宁远府》。

⑦ 《汉书·地理志》广汉郡下。

⑧ 嘉庆《大清一统志·绵州·梓潼县》。

⑨ 据《隋书·经籍志》载：东汉有刘珍等修的《东观汉记》，三国时有谢承的《后汉书》，晋代更多，华峤、谢忱、袁松山等人各有《后汉书》，薛莹、袁宏各有《后汉记》，还有司马彪《续汉书》等。

徽宣城）做官，没有到过四川①。而且上节已述，自东晋末年起，邛都地面被少数民族獠人所占，交通阻隔，消息不通。此时离汉武帝已五百多年，上述记载，显系传闻，可靠性大成问题。我们只要看一看比它早的史书，就可明白。

西汉前期司马迁写的《史记》，其史料价值为历来所推崇，却并无邛都县“沉陷成海”的记载。如果沉陷之事在司马迁之世，他不会不知。因为司马迁写《史记》不光靠“金匮石室之书”，而且注重实地调查。他廿岁时曾“西至空峒，北过涿鹿，东渐于海，南浮江淮”，回到长安后，汉武帝让他“奉使西征巴蜀以南，南略邛、笮、昆明”，回去复命时，正好是元封元年（公元前110年），也就是新设置越嶲郡的第二年。所以，司马迁不仅亲自到过邛海一带，而且很可能亲自参与了越嶲郡邛都县的设置，是相当知情的。六年后（公元前104年），他开始写《史记》，到征和二年（公元前91年）写成。这时离开越嶲郡邛都县的设置已二十多年了，如果范晔记的不错，地陷是发生在设县后“无几”，司马迁当时是中央朝廷的中书令②，不可能不知，也不可能不写入《史记》。答案只有一个，终司马迁写《史记》之时，邛都县并未沉陷。那么，是否发生在司马迁身后呢？可是现在能见到的其他西汉人著作不少，却都无只字片语的记载。可见，西汉时人，并未见邛都县沉陷成海之事。

东汉初年，班固记西汉一代史实的《汉书》也不记此事。《汉书·地理志》说：“邛都，南山出铜，有邛池泽”。明明白白地说“邛池泽”早有了，并不知有地陷之事。班固离汉武帝之世不过百余年，当时西南与中央交通畅通，消息灵便，正如《华阳国志》说的：“自建武至乎中平垂两百载，府盈西南之货，朝多华岷之士”③。若邛都沉陷为海，班固怎能不知。况且班固受世风所袭，十分注意“灾异祥瑞”之事。《汉书·五行志》对各种灾异包括地震山崩等等，一一作了“天人感应”、“天垂象见吉凶”的评述，若邛都县沉陷为海，他决不会不记的。

如果说班固世居北地，没有来过四川，情况隔膜，那么，有两个四川人写的两部重要史书也不记此事，就决非偶然了。西晋陈寿（巴西安汉人，今四川南充）写的《三国志》，成书较早，范晔《后汉书》记东汉末年事多据《三国志》④，况且与范同时，“奉诏”注《三国志》的裴松之，“增广异闻，补证遗佚”，采撷极为丰富，史料价值甚至在正文之上，都不记此事。晋常璩（蜀郡江原人，今四川崇庆境）写的《华阳国志》，是一部专记“华山之阳”史地，是现存最早的方志书，在邛都县条下也并无此事。这里或许有脱文，不过，从后来刘昭《续汉书·郡国志》注及《水经注·若水》篇所引的佚文来看，只说“（邛都）河中有蚌嶲山”，并无沉陷为海之事。可见，魏晋时人也不见邛都县沉陷事。这一点还有一个证据，今本《后汉书》的《郡国志》乃晋司马彪所撰《续汉书》中八志之一，原各为一书，到北宋绍兴九年（1022年）才合订

① 《宋书·范晔传》。

② 以上见《史记·五帝本纪》、《太史公自序》及《汉书·司马迁传》。

③ 《华阳国志》卷五。

④ 参看赵翼：《廿二史札记》卷五《后汉书三国志书法不同处》。

一起①，所以《后汉书》中的《西南夷传》比《郡国志》要晚得多。《郡国志》不记此事，到《西南夷传》却出现了，看来，晋人确实不知有邛都县沉陷之说。可见，邛都县沉陷说是一种晚出的传闻，并无实据。

《后汉书》之后的一些史书开始记载此事，但过细推敲，无非抄袭和附会。首先看影响较大的是北魏郦道元的《水经注》，其《若水》篇邛都县条下说："县陷为池，今因名为邛池，南人谓之邛河，河中有蚌嶲山"。这段文字，明显地是概括《后汉书》和《华阳国志》有关记载的。郦道元（？～527 年）北魏范阳人（今河北涿县）。当时南北割据，郦在北朝做官，对南方的史地旧闻，均从"好学历览奇书"而得，清《四库全书》提要作者曾批评他由于"足迹皆所未经"，"不免附会乖错"②，邛都"县陷为池"正是其"传闻失实"的又一例证。

南朝梁代李膺的《益州记》关于此事有一段生动的叙述："邛都县下有一老姥，家贫孤独，每食，辄有小蛇，头上戴角，在床间，姥怜之，饴之食，后稍长大，遂长丈余。令有骏马，蛇遂吸杀之。令因大愤恨，责姥出蛇。姥云在床下，令即挖地，愈深愈大而无所见，令又迁怒杀姥。蛇乃感人以灵，言瞋令何杀我母，当为母报仇。此后每夜，辄闻若雷若风，四十许日，百姓相见，咸惊语：汝头那忽戴鱼，是夜，方四十里，与城一时俱陷为湖，土人谓之为陷河……风静水清，犹见城郭楼橹叆然，今水浅时，彼土人没水，取得旧木，坚贞光黑如漆，今好事人以为枕相赠。"这段文字就是后来许多神话传说的蓝本。过了百多年，唐代李贤等把这段故事转注在《后汉书·西南夷传》邛都夷条下。于是，文注相得益彰，千余年来，邛都县沉陷说俨然似为"定论"。不过，李膺的原书早已散佚，从后人所辑的佚文来看，都属于四川地方掌故旧闻③，有一定参考价值，却不是严肃的信史。

蛇怒地陷，当然是无稽之谈，在当时却为世风所掩，灵异之事颇为流行。鲁迅先生曾说过："秦汉以来，神仙之说盛行，汉末又大畅巫风，而鬼道愈炽；会小乘佛教亦入中土，渐见流传。凡此，皆张皇鬼神，称道灵异，故自晋讫隋，特多鬼神志怪之书"④。了解了这个历史背景，对李膺等以神话为历史就不觉奇怪了。现在看到的《搜神记》题晋干宝撰，内也有"地陷为湖"事，如卷十三载由拳县陷为湖；卷廿全载邛都地陷故事⑤。干宝因"撰集古今神祇灵异人物变化"，成《搜神记》，被人称为"鬼之董狐"⑥。后人把它列入小说。而且今本《搜神记》多有晋以后事，甚至有唐代州名，可见已经后人纂集，并非原书⑦。所以由拳县地陷事，刘昭注《郡国志》所引《搜神记》

---

① 陈振孙：《直斋书录解题》卷四。

② 《四库全书·史部·水经注提要》。

③ 李膺《益州记》尚无辑本，佚文散见各书所引，条目可参见张国淦：《中国古方志考》，中华书局，1962 年，第 659～660 页；王谟：《汉唐地理书抄》有目无文。

④ 鲁迅：《中国小说史略》第五篇《六朝之鬼神志怪书》（上）。

⑤ 见毛晋：《津逮秘书》本《搜神记》廿卷。

⑥ 《晋书·干宝传》。

⑦ 王谟：《搜神记跋》转引自张心澄《伪书通考》（下册），商务印书馆，第 1047 页。

与今本完全不一样，并非灵异所致，而是由“囚徒十万人掘淤”成湖。至于邛都地陷故事，竟与唐李贤注《后汉书》所引李膺《益州记》全同。这究竟是李膺抄袭干宝呢？还是后人采《益州记》入《搜神记》，暂时不得而知。但不管怎样，这里的“县陷成湖”总属“鬼神志怪”之事，不足凭据。

刘昭注《郡国志》还引了《南中八郡志》：“（邛都）县东南数里有水名邛都河，纵广二十里，深百余丈”①。引人注目的是，只说水在邛都“县东南数里”，而不说“县”沉入“水”中，“县”和“水”明明白白是两存的。说明《南中八郡志》佚名作者也未见邛都沉陷。

百余年后，唐代的《元和郡县志》完全抄袭成说，竟把邛都县的设置，误为西汉成帝时，全是以讹传讹。千余年后，顾炎武在《天下郡国利病·上川南道》中节录了上述《益州记》原文，联系明嘉靖十五年（1536年）建昌、宁番（今冕宁）两卫地震时“水涌地裂，陷下四、五尺，卫城外城内若浮块而已”，于是说：“陷河之说殆是实然。”说明顾氏对此事，也是听到传闻，却并无十分把握②。

所以，邛都县沉陷说同样是靠不住的。

（三）宁远府沉陷说

本世纪三十年代，又出现宁远府沉陷说，可见此种偏见的顽固，有多么惊人。

曾在成都重庆等地经营银行多年的贵州人周珣，在他写的《蜀海丛谈》中，有这样一段话：“宁远……府城于咸丰同治间，地震全部陷入地中，成为巨浸。今之府城则震灾后，另辟地修筑者”③。这还不能仅仅看作成渝街头有闲者在茶余酒后“摆龙门阵”的闲话，因为此说颇有市场。一九三四年修撰的《乐山县志》写得更加有板有眼：“咸丰元年闰八月初七日午饭后地震，有声自西北来，同日宁远府地震而陷。”但是，清代咸丰、同治这廿四年间（1851～1874年），宁远府并没有发生什么大的地震，怎么会把宁远府沉陷为“巨浸”呢？可能他们指的是清道光三十年（1850年）西昌大地震。因为，道光三十年清帝爱新觉罗旻宁死了，爱新觉罗奕宁在正月（阴历）即位，继续沿用道光三十年年号，到了第二年（1851年）才改为咸丰元年。他们耳听为是，张冠李戴，把年号搞错了。其实，也不奇怪。今天从成都去西昌，坐上成昆线火车，一宿即达，过去在军阀混战的年代，绕道雅安，最顺利也得个把月。抗战中由乐山到西昌修了

---

① 注文作《南中志》，即《南中八郡志》与李贤注《后汉书·西南夷传》所引同。

② 1536年地震破坏较严重，烈度相当十度，但“卫城城内若浮块而已”可能夸大。据《四川通志》说：“（嘉靖）十五年二月建昌地震数次，死伤甚多，军民惊惶无措……愚民借为古泸州沉海之言，转相煽惑，几至为变。”（泸州是元代建昌路的下县名，原为邛都县地，隋代建可泉县，唐改西泸县，《元和郡县志》说在嶲州南廿七里。）可见，“地陷成海”说每当地震灾害危急时，就会活跃，这是一个历史教训。顾炎武大概也听信这个流言了。

③ 周珣：《蜀海丛谈》1948年石印本，据序言成书于1934～1936年间。见卷一。

乐西公路，可是中间有匪、兵骚扰，彝族奴隶主的梗塞，咫尺天涯，西昌在成都人看来远在千山之外，所以这种海外奇谈，才能不胫自走，无人驳斥。

道光三十年八月初七夜半的西昌大地震，离开今天不过一百二十多年，遭灾者的子孙尚健在，从没有说到地陷成为“巨浸”之事。现藏在西昌地区博物馆的有关这次地震的碑刻四十几块，无一字谈到地陷为“巨浸”①。当时的宁远府知府牛树梅，地震时被倒房压伤左脚，救出后坐上“滑杆”巡视西昌地区震灾后，写了一首诗：《西昌地震纪变》，诗中写道：“迟明一望满城平，欲辨街衢谁能晓”，“哀我遗黎瓦砾上，枵腹淫雨痴呆看”，“断木架棚仅如窝，上霖下湿杂处多”②，形象地再现了在那半殖民地半封建的旧社会，震灾后的惨状。但是，诗中说得明白，街衢虽已无法辨认，而断垣残壁犹在，并没有陷入水中。

所以，宁远府沉陷说纯属谣言。

二、西昌的古城

西昌既是秦汉以来的古城，那么对古城址的考查，就更说明问题。近年来，考古工作者曾在邛海周围进行了大量的调查工作，已获得可喜的初步收获③。

首先，西昌城区内的砖城，应该是明代四川行都司所在地建昌卫和清代宁远府治西昌县的旧址。据嘉靖《四川总志》载：“四川行都司编户六十七里，石城洪武中建，周围六百四十四丈，高三丈，门四，曰安定、建平、大通、宁远。”现在砖城东门瓮城门洞上还可见“安定门”石额，年月已为灰浆所覆，而“洪武”两字还隐约可见；北门城门洞上原有“建平门”石额三方，“文化大革命”前被拆下，某单位用以铺地，一九七四年为西昌地区博物馆收藏，上有“洪武贰拾年”年号，确是洪武时旧物。不过，城址范围与今砖城不合，据实地步测，现存砖墙东西约九百八十公尺左右，南北稍窄，这与《邛嶲野录》所载大体吻合：“西昌县即建昌卫，明洪武中建土城，宣德二年甃以砖石，高三丈，周围九里三分，计一千六百七十四丈，门四，东安定，南大通，西宁远，北建平”④。这座砖城曾经历了五次大地震：烈度相当于十度的二次（1536、1850年），九度的一次（1732 年），七度的二次（1427、1952 年）⑤；又遭受过多次洪水冲

① 四川西昌地区历史地震考古调查队：《西昌地区两次历史大地震的考古调查简报》（初稿，油印本）。

② 牛树梅：《省斋全集》。

③ 西昌地区在解放前几乎没有人做过什么考古工作，解放后大跃进时成立了西昌地区博物馆，还有各县的文化馆都搞过一些文物考古工作。1975 年省地县文博部门和四川大学考古专业师生曾组织联合考古调查队在安宁河流域进行了考古调查，写有《四川省金沙江渡口段安宁河流域考古调查简报》（油印本），以下所引考古资料均见此简报。

④ 《邛嶲野录》清道光时会理何东铭撰，稿本今藏四川省图书馆。

⑤ 同注①。

击，如一八九一年东河山洪突发，冲毁东城墙，淹入城内，由南街泄入邛海①。所以，城墙累经培修补葺，在城墙内及其周围，可以找到有年号的城砖多种，如“乾隆”、“嘉庆”、“道光”、“咸丰”、“光绪”等。现在除南墙已被拆除外，其余还大体完好，屹立在千家万室的街市之中，以铁的事实雄辩地证明，明代的建昌、清代的西昌，根本没有搬过家，当然更谈不上沉入邛海了。

步出西昌东门，在田野里可以清楚地看到一坐庞大的土城墙基，城墙残高可达6米，最宽处十米左右。据步测：北墙全长约1700米，已穿过东河，被西昌砖城北墙所压；南墙西段已为东河冲毁，从西昌去新村的公路上向东眺望，还能看到南墙的东段；东墙保存较好，方位为北偏东20°，全长约1750米，墙外还保留西城濠的痕迹；西墙北段为西昌砖城西墙所压，南段在市街的某些屋间隙地（如西昌县食品厂院内）还可以看到高及楼房的土墙残段。土城墙是夯筑的，夯层约8~10厘米，黄色墙土内含有大量的汉代陶片、绳纹瓦片。土城内已找不到当年街坊的痕迹了，可是土城东南角还保存有老地名“南坛”的村子。城内还有汉墓的残石阙。这些情况说明土城的建筑年代应晚于汉代，而早于明代。

在土城东墙外不远的高枧公社附近，曾发现了唐代的窑场，所烧制的板瓦、筒瓦及莲花纹瓦当，具有典型的唐代风格。这种大型的瓦只可能用于大型建筑，所以这些窑场应该是为城内的大型建筑如官署、庙宇、府第等所需服务的。因此，土城很可能是唐代的嶲州州治越嶲县的故址。当时唐朝为抵御吐蕃和南诏对西川（成都）的威胁，把嶲州作为西南重镇。唐太宗努力开发西南边疆，给嶲州以纵深配备，其北境跨过大渡河，远至今雅安、汉源一带，比现在的西昌专区大多了，所以才有气魄如此雄伟的州城。在土城东北，另有一小城堡，面积只有320米×250米，夯土筑法与土城一样。而且有一夯土墙把两城联在一起。观其形势是嶲州的子城，驻军防卫的堡垒，这在当时攻战十分剧烈的情况下，是非常必要的。到了公元9世纪后半叶，南诏政权占领此地，在此设建昌府。元代统一后，在建昌设罗罗宣慰司，衙门废址还在土城内的东北角。可见，这座土城乃是从唐到明前将近八百年间这一带的政治经济中心。一座雄伟的城池，残垣犹存，何曾地陷成海呢?!

那么，汉代的邛都县在何处呢？李贤说“在今嶲州越嶲东南”②。今在土城东南约2.5公里处，有地名叫大坟堆的，就在西昭公路北边约200米处，有一个三四十户人家属于张林七队的村子，村子下面就压着一个汉代遗址。在围村水渠深不到一米的沟底，布满绳纹瓦片、泥质灰陶缸、罐、盆等典型的汉代陶片。村北农田里还可以清楚地看到高出地面的台状基址，附近的板瓦、筒瓦更多，从采集到的卷云纹园瓦当看，应是西汉遗物。那么，这就很可能是邛都县的故址了。邛海正在它的东南面不到数里，与其他记载都能相合（见前节所引）。当然，这还需要进一步的发掘研究，但无论如何，证明西汉时的城镇，并没有沉入邛海。

---

① 倪星朗：《建城水难记》，载《西昌县志》（1942年）卷十一。

② 《后汉书·西南夷传》李贤注。

自西汉以来，这一带的城镇中心逐渐往西移，但都在这片背靠北山、面临邛海的洪积扇斜坡上，这里高出邛海现水面20～100米不等，除了北山的山洪外，邛海水是绝对淹不到邛都、建昌、西昌这些城址的。这些城郭旧址和附近良田，虽历经地震、洪水的灾害，千百年来依然屹立在邛海之滨。

三、邛海的变化

我们否认"地陷成海"的旧说，并不否认邛海也有变化，并不否认地壳的垂直运动在邛海形成过程中的作用。按照"一个伟大的基本思想，即认为世界不是一成不变的事物的集合体，而是过程的集合体，其中各个似乎稳定的事物以及它们在我们头脑中的思想映象即概念，都处在生成和灭亡的不断变化中"①，大地山河也不例外，决不是亘古不变的。沧海桑田，陵谷变迁本是客观规律，问题在于用什么尺度来衡量。如果从一个漫长的地质年代来看，"邛海"也只是一个"过程的集合体"，只是一个"似乎稳定的事物"及其"概念"而已。比如，在地质年代第四纪开始的时候，这里不过是一片"冰川"，后来冰川退却，于是在地底留下几百公尺厚的冰湖堆积——昔格达组地层（QⅣ）。现在的邛海辀近地质活动相当剧烈，因为它正处在安宁河断裂和则木河断裂相交会的三角地带②。安宁河断裂的东盘总的来说在缓慢上升，如安宁河主河道逐年向西靠，河谷阶地发育不对称，东岸古遗址比西岸的高出30～50米不等③。而则木河断裂带的端部正好在邛海一带，辀近活动更胜于前者，水平运动与垂直变化都很明显，自1967年以来三角测量资料证明该区应变明显，剪应变所反映出的应力活动方式与古墓（西汉以后的）形变所显示出来的应力活动方式均为北北西向，与则木河断裂带以扭动为主的特征相一致。这种地应力的逐年积累到了一定程度，就会从量变到质变，使岩石破裂，形成地震④。邛海在历史上多次成为震中，就是这个缘故。尽管如此，无论在中外古今的历史上，一次地震从未能使30多平方公里的地面沉陷十公尺以上。在石灰岩地区和黄土地带往往会发生溶洞塌陷，其范围甚小；绝没有这样大面积的沉陷。据地质部门钻孔资料表明：邛海湖底是昔格达冰湖相堆积叠压在第三系西昌砾石层上，下则是侏罗系、白垩系的红色砂岩⑤。这些岩性均没有产生溶洞塌陷的可能。所以，从地质构

① 恩格斯：《路德维希·费尔巴哈和德国古典哲学的终结》，《马克思恩格斯选集》第四卷，人民出版社，1972年，第240页。

② 有关地质构造方面的意见均引自成都地震大队：《四川省地震列度区划图说明书》（1974年，油印本），《四川地区地震活动与构造体系关系的探讨》（1975年，油印本）。

③ 西昌地区在解放前几乎没有人做过什么考古工作，解放后大跃进时成立了西昌地区博物馆，还有各县的文化馆都搞过一些文物考古工作。1975年省地县文博部门和四川大学考古专业师生曾组织联合考古调查队在安宁河流域进行了考古调查，写有《四川省金沙江渡口段安宁河流域考古调查简报》（油印本），以下所引考古资料均见此简报。

④ 承四川省地震局地震地质队见告。

⑤ 四川省水文工程地质大队：《西昌工农业规划区供水水文地质勘察报告》（1969年，油印本）。

造的角度看，邛海不可能是一次或几次地震地陷所能造成的。

在人类历史上也留下邛海演变的痕迹，岁月遥远的已经模糊了，年代不久的变化还是能找到一些，这里可举出三点：

第一，邛海原来可能较浅而狭长。关于邛海最早的记载见于《汉书·地理志》，叫“邛池泽”。《月令》郑玄注说：“蓄水曰陂，穿地通水曰池”，班固《西都赋》：“呀周池而成渊”，李善注说：“城有水曰池”。池可训为堑、河，所以《南中八郡志》等称之为“邛都河”、“邛河”、“陷河”。《风俗通·山泽篇》说：“水草交厝（错）名之为泽”，《后汉书》说是“污泽”，今西南诸湖都有部分是“草海”，即水草交错的沼泽，如泸沽湖有将近一半是浅水草海。《华阳国志》甚至说邛都“河中有蚌嶲山”。今邛海中无山。因乾隆本《水经注》引文讹作“蛙嶲山”①，所以清人以形近指为今西昌泸山，并在泸山设“蛙山书院”那是搞错了的。《水经注疏》以为就是嶲山，所以指在凉山越嶲县西北②，使山离开了“邛都河”，也讲不通。抑或原来湖水浅时露有小阜，今已没入水中，这有待研究。有些地质工作者鉴于从邛海西南的缸窑，经牛郎坝到安宁河边的经久附近，似有一古河道遗迹，并联系到海河流入安宁河处成钝角，于是提出邛海的初始可能是安宁河汉道变的牛轭湖的假设③。如果此说成立，泸山就可能是四周为河水环绕的岛，那么说泸山就是《华阳国志》所说的“河中有蚌嶲山”就有可能。不过，目前牛郎坝附近已高出缸窑约200米，根本无法过水。而《华阳国志》成书年代距今不到1500年，这么短的时间内，地壳升降能如此剧烈，似不可能。所以还有待研究。但不管怎样，汉代水草交错的“邛池泽”与今日烟荷包状碧波荡漾的邛海，是有很大区别的。

第二，邛海湖面曾有扩大的趋势。具体的尺度是无法搞清楚了，人们可以感觉到的突变往往与地震相联系。例如泸山光福寺南明永历七年1653年《泸山碑记》说，“迨至嘉靖年间，地震滩（坍）塌，段氏之田尽化为沧海”说的是1536年地震造成湖岸崩坍，湖面局部扩大。而且，因为邛海湖体如勺状较深，出水口海河如勺把较浅，一旦海河被堵，水泄不畅，湖面就可以更加泛滥。例如1850年地震，北山崩塌的土石和西昌城乡倒房杂物等由东、西河冲入海河，使出水口堵塞，顿时邛海湖水暴涨，冲毁沿岸村庄良田，海河口更是尽成泽国，后来虽历经掏河疏通，似乎并未恢复原来状况，过去的海门桥，今已沉入湖内。海南公社的古城村，有些村舍已浸在湖水中，1975年调查时，在离湖岸数十米的水下，还看到屋基条石。说明伴随着整个断陷盆地的沉降，邛海湖面有扩大的趋势。

第三，近代四周森林破坏，水土流失严重，四周山洪夹带的泥沙使邛海局部淤积，特别在北岸川兴公社一带尤其明显。解放后飞机造林成功，但要根本改变水土流失的情况，还要借以时日。《西昌县志》有一段生动的描述：“凹郎河……在川心堡以上，行

① 见王先谦校《水经注》卷卅六。

② 杨守敬、熊会贞：《水经注疏》卷卅六。

③ 《西昌县志》卷一（1942年版）。

山谷中，激湍悍急，近堡则地渐低平，夏秋水涨，由上游奔腾而下，突入平野，则上流之泥沙也，沉淀堆积……沿河场村庐墓田围，皆被淤泥冲积……滨海田地，昔为海水淹没者多，今大、小渔村一带之海岸，被河泥堆积，壅出耕地数十百亩"，所以"邛池北岸，大水一次，陆涨一次"。这是讲的20世纪30、40年代的情况。这种淤积的速度相当惊人，如王家堡子附近一块乾隆七年（1742年）的墓碑，已被淤泥埋下约1.4米，即平均每年淤积达6毫米。这是值得注意的一个方面。

综上所述，邛海的这些变化是客观存在的，在一定历史条件下，反映在人们的认识上就变成为"地陷成海"的神话。毛主席曾指出："这种神话中所说的矛盾互相变化，乃是无数复杂的现实矛盾的互相变化对于人们所引起的一种幼稚的、想象的、主观幻想的变化，并不是具体的矛盾所表现出来的具体的变化"。"邛海地陷说"就是这样产生的一种神话，我们当然不能用神话来代替现实。因此，以讹传讹，用神话来吓唬人，制造地震恐惧是毫无道理的，必须彻底廓清。

（原载《四川大学学报》（哲学社会科学版）1977年第4期）

1850 年宁南西昌地震考

1850 年 9 月 12 日的西昌地震，是我省记载保存最丰富的一次历史地震，正确认识这次地震，有助于为研究西南地区的地震烈度区划以及预测地震提供更为坚实的科学基础。目前有关这次地震的各种材料，在主要参数和基本认识上都有错误或不当之处（例如发震时间、震中位置、地震序列等），这就必然影响到有关推论的准确性和对该地区地震活动特征、影响场地及烈度衰减规律等问题的研究。

1978 年 8 月，由四川大学历史系、四川省地震局地震地质队、四川省博物馆、凉山州博物馆（原西昌地区博物馆）有关同志组成西昌地震考查小组，对 1850 年的西昌地震进行了复查，获得了许多新的资料。目前，除了历史文献和前人的调查成果外，我们还掌握了碑刻 109 通（包括原碑、拓片、抄件）、族（家）谱 6 本、中梁题记 3 条，和一些调查访问的第一手材料①。

本文即根据上述有关材料，试图对这次地震的地震类型和烈度分布的划定提出看法，供有关部门参考。

一、地震的过程

地震作为一种地壳运动的现象，也和其他一切事物一样，有其孕育、渐变、突变到衰减的过程，所以研究地震就必须研究其全过程。我们认为，这次地震是一次由前兆、前震、主震、余震四阶段组成的前震—主震—余震型的强烈地震。

（一）前　　兆

过去一般认为 1850 年西昌地震没有关于前兆的记载，是“陡遭地震”。其实据调查，在大地震发生前的 50 余天里，是有大量宏观异常现象出现的。了解地震前兆的情况，对今后在该地区捕捉地震，有着重要的意义。

（1）气候异常。1850 年地震前，从阴历六月下半月（7 月下旬）开始，安宁河（主要在西昌以北）和邛海地区天天阴雨淋漓，日夜不止，为历史所罕见。往年这段时间，都是夜雨朝晴，或时晴时雨，宜于庄稼生长。1850 年却是四、五十天不见天日，临震时转为滂沱大雨，震后霖雨持续到阴历八月十四日（9 月 19 日）才放晴。据老人

① 有关的考古资料和访问记录均存凉山州博物馆，碑刻可参见西昌泸山地震碑林。

反映，西昌地区凡霖雨须防地震。查阅历史记载，该地区 1489 年、1752 年 1 月、1952 年 9 月等历次地震，在发震前后也都是大雨淋漓。有的同志曾经指出，我国北方各省地震大致与干旱有关，东南各省则与洪涝有关①。从我省情况来看，西北部（如阿坝、甘孜两州）当属于干旱地震型，而西南部则属于洪涝地震型。安宁河地区的历史地震就证明了这一点。

（2）动物异常。西昌北山的阿支木觉（今属凉山喜德）的彝胞，在地震当天早晨冒雨收荞子时，发现山上野兽（似熊和豺狗）乱跑。当晚天黑大雨，牛马牲口不肯进圈，逃上山坡。又据说当时会理有一文生骑马赴西昌府试，行至中途，骏马惊叫不前，文生即返回会理。后来知道西昌发生大地震，许多赶考的文武童生都被打死。

（3）地声。大震前两天，今凉山喜德西河公社扎都一带地面开裂，冒出烟雾，地下发响声，彝胞因此逃跑。临震前，西昌邛海东南川兴、钟楼坡一带都听到“呼呼”如狂风般的地声，西昌西郊齐家屯听到“咔嚓、咔嚓”的地声。宁南临震时，也有雷鸣似的地声，人们尚未醒悟，已大震突发了。

（二）前　震

这次地震在主震前有频繁的小震活动。据调查，在安宁河北段（西昌以北）和邛海南西侧，从阴历七月初（8 月上旬）开始，小震一天数次不定，多至四、五次。轻者房子作响，尘土下落；重者瓶盆倾倒，如西昌樟木李家的泡菜坛子也被震倒。估计四至五度的小震总数在百次左右。值得注意的是，在西昌大震前（八月初七天黑后不久），邛海南边钟山脚下有两百户人家的核桃村，山颤地动，风雨交加，加之地声，引起居民惊慌，纷纷冒雨逃出户外，因此核桃村又叫“黑逃村”。据老人讲，后来西昌大地震爆发，村庄全部被垮山埋没，而人口伤亡却相对减轻。这可能是一次较大的前震，更有可能是西昌东南宁南前震的影响所及。

（三）主　震

此次地震的发震时间，记载比较分歧，需加考订。

当时四川总督徐泽醇在阴历九月十七日（9 月 21 日）的奏折中转述西昌县知县鸣谦的报告称：“八月初七日夜亥刻，县城内忽然地震”②。九天后的第二次奏折（阴历九月二十六日）中却只说：“本年八月初七夜，西昌城内地震”③，而不提“亥刻”了。当时被地震压成“左腿重伤，百日始愈”的知府牛树梅写的《西昌地震纪变》诗云：

---

① 安徽省地震局：《宏观异常与地震》，地震出版社，1978 年，第 135 ~ 141 页。

② 此奏折由中国地震历史资料编辑室提供，谨此致谢。

③ 此奏折见于国家档案局明清档案馆编的《清代地震档案史料》，中华书局，1958 年。

"坤维夜半走奔雷，山岳震荡海波颓，床榻如舞人如簸，万家栋宇枯叶摧。"① 其弟牛树桃写的《胞兄纪略》中谈到地震时间亦说是"夜三更"②。《西昌县志·政治志》中亦记为"夜方半"。

亥刻是21点到23点，而夜半三更却是子时，即23点到1点，相差近两个小时。由于当时计时不准，似难辨别发震准确时间，但是根据现有材料，仍可加以考证。按清时定制，八月的第一个丁日子时要举行文庙秋祀，道光三十年（1850年）八月初八恰逢丁卯，因子时要举行丁祀，所以宁远府西昌县学官都没有睡，是"肃衣冠，坐堂上"而被压身死的③。因此同治《会理州志》径称地震发生在"子时"。笔者认为西昌地震的发震时间在亥时已过、正交子时之间是比较合理的。这一点从碑刻资料中也可得到证明。目前已掌握的西昌附近记有发震时间的碑刻17通中，记为"八月初七夜"的有13通，记为"八月初七日子时"的2通，"八月初八子时"的1通，"八月初七日亥时"的1通。西昌俞氏家谱载："道光三十年八月初七日夜子时地震将花厅倒塌。"另有西昌北圣官西楹中梁题记："道光三十年八月初八地震。"按民间习惯，一日夜的时间从鸡鸣天亮算起，到次日天明前为止，所以初七夜半实际上是指"初八子时"，而绝不可能是"初七日子时"，"初七日子时"当是"初七夜子时"的误记。至于记为"八月初七日亥时"的那一块川兴墓碑，系地震后三年追立的，若非误记，则可能是受宁南前震影响的缘故。

在反复调查中还发现。西昌东南的普格县城周围地震烈度较低（约相当于七度左右），而再往东南的宁南（清时的会理州披砂汛）周围却又是一个高烈度区（约相当于九度左右）。这是一次地震的烈度异常反映呢？还是另外的一次地震呢？需加考证。

过去的文献记载认为，宁南地震与西昌地震同时发生。会理知州乔用遴报告："该州属披砂汛及附近之大佛场、松林坪、新村等处，亦于八月初七日夜同时地震"。同治《会理州志》也有类似记载。

但是，当时住在披砂（今宁南县城）南约3公里干坝子的万进华在《万氏年庚》卷首的《地动古云》中写道："道光三十年岁在庚戌，秋八月初七日正亥时，人有睡者，亦有未睡者，忽闻有声，自北方而来，吼如雷鸣，霎时乃是地动，山崩地裂，庙宇房屋一概倒塌，披地打死者数千人。"又据附近籽油树何家的《何姓族谱》记道："道光三十年八月初七夜正亥时，地动如雷"，"予兴隆公合家亲眼看见"。披砂西南四公里的码口《邓氏族谱》所记与此相同。在披砂正南四公里横山下邓家的《邓氏家谱》则记道："道光三十年庚戌年八月初七夜正亥子二时，突然地动山崩，房屋倒平，天又下雨，省（损）坏世上人民无数。"值得指出的是，《万氏年庚》的撰写者万进华是个阴阳生，对时辰的概念是明确的，他在十六岁时亲历了宁南"正亥时"地震，却又写道："迄今探问，由建昌宁远府始初动起，至披砂即止。"看来，把宁南和西昌两次地震相

---

① 民国《西昌县志》卷十一。
② 牛树梅《省斋全集》卷首。
③ 民国《西昌县志》卷四。

混是后来“探问”的结果，而《邓氏族谱》记为“正亥子二时”，可能是事后调和矛盾的写法，或是稍后的西昌地震波及所致。

由此可见，宁南发震于“正亥时”，“人有睡者，亦有未睡者”；而西昌发震于“夜半三更”，人在床上颠簸，学官因丁祀被压死。如果两次地震略有先后属实的话，可以认为宁南是一次强烈的前震（九度），而西昌则是随即爆发的十度主震。

（四）余　　震

这次地震的余震活动延续很久。前引徐泽醇九月十七日奏折称：大震后“大雨如注，地下雷鸣，犹时作小震，至初八日酉时不止。”据调查，西昌邛海周围的余震延续了一个月之久，宁南余震延续了20余天。据海南老年人回忆，大的余震有两次。9月13日（初八）中午，强烈余震使地面再度开裂，其时有核桃村杨某去大石板请医生，地裂时掉进去了，爬出来后鞋子尚夹在里面。傍晚时又有一次强余震①。《万氏年庚》记道：“是夜一起约有二十余日之久，昼夜不分，日月不明，烟雾沉沉，云雨纷纷，生存者惊心丧胆，随时震动，俱在露天坝搭厂棚栖身。”

二、地震的烈度分布

根据历史宏观资料并参照《新中国地震烈度表》（1957年谢毓寿编），可将这次地震烈度分布重新划定如下：

（一）西昌地区的烈度分布

1. 十度区

十度区北起西昌东北周家村至西昌北山一带，南至邛海大箐林场，约22公里；西起泸山新村，东至川兴高山堡，约7公里。长轴方向呈北25°西。

（1）地表破坏

地裂缝。本区地表普遍开裂。单条裂缝近东西向，总体自西北向东南呈雁行排列，共分为三组：①从周家村经北山向邛东延伸。周家村至西河一段，断在洪积物或黏土层中，现存宽3～4米、深不可测、长300米与80米的裂缝两段。走向为北70°东。北山一段还断及红色砂岩，沿裂缝两侧附近山崩、滑坡严重，至今保存明显。②西昌县城南门河两岸、广场、西街一带，据老人口碑相传，有地裂缝五六道，宽6～9米，深12～15米，长20～30米，房屋倾陷，人畜夹死。③邛海周围地裂缝密布，一般宽约几十厘

① 此事由杨某的曾孙提供，记录存凉山州博物馆。

米，冒水喷砂，海滨一处裂缝冒水达2～3米。海南在9月13日中午强余震时，地重新开裂，东西向长十几米，人能掉下去，几分钟后合拢。

山崩、滑坡。邛海南钟山崩塌埋掉200余户的核桃村。沿鹅掌河两侧滑坡造成大量新鲜三角面。泸山崩落巨石滚入邛海，激起巨浪，海河因崩塌堵塞，造成邛海水暴涨，淹没村庄良田。

邛海边的大石头被震得反复跳起，夯土成圆坑，最后被埋入坑中。树木偃地复起，山坡森林被毁。

（2）建筑物的破坏

据清四川总督道光三十年九月二十六日（1850年10月30日）奏折称："西昌县城垣倒二百余丈，西、南、北门城楼及文武衙署、仓廒、库局、庙宇、监狱概行倒塌。"上面所述均在极震区范围之内。又说："城内城外各乡场……倒塌居民瓦房草房二万六千一百零六间……官无栖止，民多露处"。所述绝大部分亦应在极震区范围之内。西昌城关的情况，牛树梅《西昌地震纪变》诗曰："迟明一望满城平，欲辨街衢谁能晓。"牛树桃的《胞兄纪略》曰："天明一望满城尽成平地，木石填塞不辨街巷。"经调查，虽有夸大，而基本可信。

城垣破坏。西昌石城筑于明洪武年间，明宣德二年（1427年）重新甃以砖石，可能与地震倾圮有关。入清以来，因雍正十年（1732年）地震损坏，于乾隆五年（1740年）补修，嘉庆十六年（1811年）又修。道光十年（1830年）又经彻底补修，现有"道光庚寅"城砖可证。据记载，城墙"高三丈，周围一千六百七十四丈，门四：安定、建平、大通、宁远"。据调查，墙厚10米，条石基础，对缝砖砌，门洞处厚20米，是比较坚固的。1850年地震把城垣破坏大半，所记"城垣倒二百余丈"，可能是指完全倒塌的地段。地震后，咸丰元年（1851年）进行了大修，有"咸丰元年"城砖可证①。

北门（建平门）："洪武二十二年"款"建平门"石额，解放后从洞上拆下，但在门洞及其两侧内外三十米范围内，自上而下均有重建时砌入墙体的"咸丰元年"城砖，而墙根地上散落着许多"道光庚寅"（1830年）破砖。可见北门是破坏后重建的。

东门（安定门）：门上有道光庚戌年（1850年）修的石额，可能是地震当年培修的结果。这是过去奏折中所未曾谈到的。

南门（大通门）：门上"洪武"年号的石额犹在，因内外已粉饰装修过，未能查明是否重修时安装的。

西门（宁远门）：早已不存，无法考查。

西北城角：上下均混有"咸丰元年"城砖，显系重砌。距墙顶约60厘米处，有一石碑曰："咸丰元年补修"，说明是地震破坏后重修的。

西南城角：从墙基条石上85厘米开始，为"咸丰元年"城砖与"道光庚寅"城砖

① 明洪武间筑石城，见明嘉靖《四川总志》（川大图书馆藏手抄本）及《读史方舆纪要》卷七十四引《城邑考》。清代方志误为"明洪武中建土城"，凉山州博物馆藏有"洪武二十二年建平门"石额可以证明。其余见何东铭《邛嶲野录》卷十六，手稿本存四川省图书馆。

混合砌筑，说明曾被地震严重破坏。

整个城墙虽被后世破坏，但尚可查考。南墙已不存，所以地震破坏的全貌无法考查了。

衙署、监狱。应属Ⅲ类建筑，文献记载说“概行倒榻”似有所据。但可稽考者不多，仅举例如下，以窥一斑。

建昌镇总兵衙门：据《筹款置田收租培修镇署碑记》称：“自道光庚戌地震重修后，经历二十余年……”，可见确曾倒塌。当时总兵福炘之妻女在任所被压身死，其女石桂的墓碑已在北山发现。

西昌县署：光绪《西昌县志·建制志》载：“道光三十年地震圮，咸丰元年知县鸣谦重建”，并录有后任知县胡薇元的《西昌县厅壁题名记》，可见确曾倒塌。今查泸山光福寺和玉皇殿都有《纱帽顶地界断示碑》，内载：地界因“道光三十年地震，署圮案坏几无所稽矣”。说明县衙无疑是“概行倒塌”的。

监狱：应较一般衙署更为坚固，但也在地震中垮塌，压死禁卒、更夫、解役等数十人，囚犯死五人，三十六人在逃（参阅前引奏折）。

庙祠会馆。基本上都属于Ⅲ类建筑，也概行倒塌。如西昌县城内的文庙柱粗合抱，地震中扭断倒塌。本区内记述地震倒塌的庙祠、会馆的碑刻有43通，可考其名称者27座①。如城关白塔寺“扫地无存”，西盛寺“前后概行倒塌”；高枧的静宁寺“庙宇倒塌，佛神像概损”；川兴崔氏宗祠“瓦石无存”；海南灵鹰寺“垣墉尽覆”，“梁栋皆摧”；泸山瑶池宫“将殿阁甲一山者尽皆瓦碎垣颓矣”。此外倒塌重修的如西昌城关的北圣宫，其大殿西楹中梁题记“道光三十年八月初八地震”，新村五显庙之大殿、大佛殿中梁均有“咸丰元年重修”字样。

民房。城关基本上是木结构建筑，多数属Ⅱ类，少数分属Ⅰ、Ⅱ类，倒塌百分之九十五。东南一带乡镇（川兴、高枧）Ⅰ、Ⅱ类房屋几乎全部倒平。海南钟楼坡张家的Ⅲ类木结构楼房也倒平了。

砖石建筑。

白塔：位于西昌城关西北隅，明代曾两次为地震破坏，两次重建。后来又被地震破坏，今北壁有“古白塔永历十年建”石碑。永历为南明年号，永历十年为1656年。1850年地震又塌，现存七级五层六角砖石塔，是地震后重建后，塔身均用“咸丰九年重修白塔”砖对缝砌成，门上存有“咸丰九年二月”石额。

西宁桥：西昌高鲁村有《西宁桥碑记》：“道光三十年又复痞圮”，亦因地震之故。

（3）人口死亡

据上引奏折称：西昌“城内城外及各乡场，除外来客民被压身死者不计外，共计灾

① 名称如下：禹帝宫、白塔寺、许公生祠、龙神祠、西盛寺、三清观、滇南会馆、千佛寺、清真寺、清真西寺、毛正龙庙、关帝庙、何氏宗祠、张氏宗祠（以上西昌城关）；瑶池宫、祖师殿（以上泸山）；清真寺、药师寺、灵鹰寺（以上海南）；文华寺、崔氏宗祠、青龙寺、城隍庙（以上川兴）；白衣庵、静宁寺、文盛寺（以上高规）以及古城的川主庙。

户二万七千八百八十家，灾民十三万五千三百八十二名口……压毙男妇二万零六百五十二名口。”按《邛嶲野录》载，道光七年西昌人口数字为全县共30121户，148163名口。按此推算，地震灾户高达95%，灾民达81%，压毙人口约12%。笔者认为，历史地震的灾情虽可能有所夸大或缩小，但此处所列死亡人数是较为符合实际的。因为第一，极震区正好在人烟稠密的城关及邛海周围；第二，地震时正值科举府试，“文试已毕，武试方半”，又是文庙秋季丁祀之时，所以文武官吏、考生、商贩、行旅正麇集西昌；第三，发震时间正当夜半，加以大雨淋漓，人们全在建筑物内，大大增加了压毙的可能。估计在极震区内人口死亡达50%~60%是完全可能的。因地震死亡的除奏折所载的宁远府教授、西昌县教谕、把总、云骑尉等武官吏、兵丁和官吏家属外，在本区内已找到因地震死亡者的墓碑39通，计66人，有死一人者，有祖孙三代或父子、子女、夫妇、婆媳一起死者，还有“全家压毙”的。仅北山一地即已发现20通墓碑，何况还有那些“合屯压毙人”，或有碑不存，或无碑可查，以及外来的人如光绪《会理州志》载：“道光三十年恩庆（应）府试地震压亡”，“赴郡试地震压亡”等均未计在内。无人收埋的尸骨，有的埋在今北山白骨塔，有的在城外挖“数大坑埋下”。死亡人数还有可能超过前面奏折所报的数字。

2. 九度区

九度区北起喜德县西河，南至西昌拖木沟，约46公里；西起西宁，东至大兴场，约26公里。等震线长轴方向为北20°西。

（1）地表破坏

喜德西河公社西北有一处老地名彝语叫“阿支木觉”，“阿支”是家支名，“木觉”是地裂，意思是阿支家土地裂开了。1850年地震中，该处埋掉一个70余户的山寨。

西宁东山有宽40厘米的裂缝。大兴场地裂缝宽1.5~3米，能见到埋入地下的古树。

拖木沟马厂坪滑坡把干海子填平了。乔地（彝语音译小地名）泉水干涸，海子干了。

（2）建筑物的破坏

本区大部分是山区，建筑物稀少。

西宁西南的四百户（地名）有《重修四百户清真寺序》碑记载，地震把当年5月新建不到3个月的寺宇“全行倒塌”。西宁南的古城有川主庙碑记载：“大庙……地震倒塌”。再往南不过2公里的小庙（地名），该处烈度显著衰减。据该地《关帝庙碑记》：“庙端神如初，惟樑脊山间略有损坏”；石牌坊仅宝顶落下，石柱微倾。这说明八度区和九度区的分界线就在古城（周家村以西）与小庙间。

大兴场Ⅲ类建筑的庙宇五省庙、关帝庙、兴仁寺倒塌，而保泰寺则未倒。民房倒塌者多属Ⅰ、Ⅱ类建筑。

拖木沟附近的双骒马（彝语音译）原有骡马店子，因地震被毁。彝胞的杉板棚子也有被震倒打死人的。

3. 八度区

八度区北起西昌礼州，南至普格耿底，约 68 公里。西起西昌高草、河西一带，东至昭觉解放沟附近，约 42 公里。等震线长轴方向为北 18°西。

礼州的字库“倾圮”，但据老人回忆倒房不多。

高草坝的字库也“倾圮”。川主庙的正殿、乐楼、神像“概行损坏”。山上有裂缝约长 3 米，田坝有下陷的圆坑，直径 5～6 米。

河西当时属盐源县，据光绪《盐源县志》载：“道光三十年八月初七戌刻地震，倒塌民房数十间，压死数十人。”“戌刻”可能是误记，或系另一次前震。

普格的耿底有碑记载地震“将庙宇倒塌倾颓，香烟断绝”。但据普格县城的汉、彝老人（其中有七、八十岁者）座谈反映，县城当地没有大震的传说，他们的曾祖辈都在普格老街赶场，至今老街犹存少量老朽房屋。而且耿底以南 3 公里扯扯街的《川主庙碑》亦不记地震破坏，可见普格县城至耿底之间是七度区和八度区的分界。

4. 七度区

七度区北起冕宁泸沽，南面与宁南地震七度区相重叠；西面到樟木、黄水一线，东面到昭觉附近。

泸沽的三皇庙倒塌，松林冲后山下陷约 1 米深，30 米长。普格的黑水河干田坝山被震裂，数月后垮塌。

樟木附近也有地裂缝，但因 1850 年以前建成的文昌宫、川主庙、禹王宫、南华宫、观音阁、字库等古建筑都基本完好，所以划入七度区。

黄水的古建筑如三和殿，在这次地震中未遭破坏，当地老年人没有关于大地震的记忆。

（二）宁南地区的烈度分布

在西昌地震七度区的南端宁南附近有一个九度高烈度区，其八度区亦不与西昌地震的八度区相连。这可能是宁南前震的影响。

九度区在宁南县城周围，西北至东南约 10 公里，东北至西南约 3 公里。等震线长轴方向呈北 28°西。

宁南的老年人都说，此地道光三十年地震很凶。今城关正街房屋全部倒塌，城北的新村就是因地震破坏后新建而得名。城南 3 公里的干坝子、籽油树到东面的老鸹沟一带倒房很多。隔沟以东明清间为巧家县辖地，那里的史家沟、黑泥沟、石嘴子一带也倒房严重。所以死亡人数不少，收埋在文昌阁附近的“丘家官山”，二三十人一坑，用火砖刻上“众乡亲坟墓”字样，投入坑内，以为标志。

据《万氏年庚》载：地震时“山崩地裂，庙宇房屋一概倒塌，披地打死数千人，有合家数口打毙者，又有打死二三者，亦有一人未打坏者。”又据四川总督当年 11 月

20日派员查勘赈灾后报告："会理州之披砂汛、松林坪、八家村等，四处共震倒民房一千八百三十八户，压毙男妇二千八百七十八名口。"① 这些灾情似应包括九度区、八度区在内，据实地调查，在宁南县城西北20公里的松树坪见到的50余块碑刻，均无地震伤亡记载，但北面有山崩痕迹，年代难以判断。所以松树坪只能划在八度在内。

光绪《云南通志》载："道光三十年秋……巧家地震，巧家倾圮民房数百间，压毙数百人。"这主要指金沙江以西，与宁南毗邻的地区。今查宁南以东12公里白水沟附近，有一处滑坡，长300米，落差20米，从裂缝流出一股清泉流淌至今。据老人回忆，这是1850年地震造成的。这里也应属于八度区。

可以认为，八度区全长约30公里左右，长轴方向为北35°西。1850年地震七度区的东南端应包括巧家县城在内。

三、对几个问题的看法

（一）关于安宁河断裂带与则木河断裂带交汇位置与发震构造问题

对于南北向的安宁河断裂带与北北西向的则木河断裂带是否相交，前人有两种说法。一种认为是相交的，但对相交的地点又各说不一，或说冕宁松林，或说西昌新华，或说礼州，或说西宁。另一种认为是不相交的，即两条断裂带汇而不交。

我们认为两个断裂带是相交的，而要探讨其相交位置，则有必要首先弄清这两条断裂带成生时期的应力作用方式。

早期（古生代及上三迭～下侏罗世）南北向断裂广泛发育时，应力作用主要表现为东西向的侧压作用，北北西向的则木河断裂带此时为一扭面。后期（白垩纪末期）由于康藏歹字型构造成生时，使它具有压扭特征，北东盘相对向南东扭动。北北西和北西向断裂带的北起松林、南至高草坝这一段，在安宁河东侧成右型雁行排列，与南北向的安宁河断裂带相交。因此，前人提出或在松林、或在新华、或在礼州、或在西宁相交，都是有道理而又都不全面的。

在白垩纪末期的最后阶段，东西向侧压（或东西向不均衡侧压）作用重又发生，促使则木河断裂北东盘又相对向北西扭动（详见下文）。我们从卫星照片解析也可以看出，北北西向的则木河断裂，不但以雁行排列与安宁河断裂相交，而且其中有一条主干断裂。这一点可从考古调查分析中得到证明。1850年西昌地震的极震区（十度）或强破坏区（九度）北面到西宁，再往北约10公里的礼州和西宁以西（安宁河断裂的西盘），破坏就显著衰减（八度）。这说明安宁河断裂与则木河断裂之主干断裂，应在西宁附近相交，而并未切过安宁河断裂。

---

① 国家档案局明清档案馆：《清代地震档案史料》，中华书局，1958年，第135～136页。

1850年西昌地震的极震区与强破坏区，长轴均呈北20°～50°西向，与则木河断裂的走向是一致的，而且安宁河断裂带的西面烈度衰减很快，除高草、河西间历史记载有破坏外，西宁对岸的樟木、太和、裕龙受影响都较轻。因此，可以初步认为这次地震的发震构造应是则木河断裂。至于高草、河西的破坏，可能是北西向的牛郎坝断裂延伸的结果。

此外，从等震线分布的不均匀来看，沿短轴方向之北东衰减较慢，而沿南西方向则迅速衰减，这说明倾角较陡的则木河断裂，北段应倾向北东约70°左右。

（二）关于震源错动方式问题

前面说过，1850年西昌地震的发震构造是北北西向的则木河断裂，它在近东西向的侧压作用下，其北东盘相对向北西作反时针扭动。调查结果与此相吻合。

这次西昌地震所产生的地震断层（地裂缝），在极震区的分布情况是：单条近东西向，每条长宽不等；总体自北西向南东呈雁行排列。这种张性断层的排列方式，正反映了北北西向的则木河断裂作反时针扭动，同时说明此次地震是以反时针的水平错动为主。

（三）关于震中位置和震源深度问题

据调查，这次西昌地震中房屋倾斜和倒塌的方向有一定的规律性：城区房屋向南倒，该次地震前的建筑至1965年尚存在的城关仁厚街4号过厅，14号房屋，都向南倾斜。川兴焦家堡子倒房都是南北向。西昌西郊齐家屯房子先向西摇再向东倒。海南大体向东倒。这种情况不仅说明发震时地面作反时针扭动，也说明震源的投影位置、即震中位置大致在邛海东北岸的高枧、川兴间。

根据这个震中位置，结合北北西向则木河断裂的实测倾角计算，可知该次地震的震源深度约为十四公里。

附记：本文写作中得到四川省地震历史资料编辑组、西昌编辑小组的支持、凉山州博物馆的大力协助，云南省地震局资料室提供了许多珍贵资料，谨此一并致谢。

（原载《四川大学学报（社）》1980年第1期，与甘遐荣合署）

大渡河急转弯的历史考察

大渡河是岷江的主要支流，全长约1155公里，发源于青海南境的果洛雪山，东源叫麻尔柯河，西源叫绰斯甲河，合流后称大金川，南流至四川丹巴会合小金川，始称大渡河。它一直南流经泸定至石棉，突然折向东流，成小于90度角的急转弯，经汉源，横穿大、小相岭切出瓦山大峡，出峡后向东北流，经峨边、峨眉，在丘陵地区与青衣江汇合，然后在乐山大佛的下边，汇入岷江。大渡河的这个突兀急转弯一直引人注目。首先提出解释的是地质学家谭锡畴和李春煜，他们在1929～1931年考察后，认为古大渡河并不转弯，而是一直继续南流入安宁河的。大致在富林（今汉源县治）以东瓦山一带的东西两侧各有一顺向河，分别注入岷江和大渡河，其后向东流的河溯源侵蚀迅速，两顺向河联而为一，袭夺了大渡河的河水，改向东注入岷江①，后来不断有人做工作。笔者拟在前人工作的基础上，试用历史自然学的考订方法，加以讨论，并提出巴蜀文化区南北通道上古今演变的一个例证。

一、田野的观察

1959年，邢嘉明到富林、石棉、冕宁一带工作，认为石棉之南，北流注入大渡河的栗子坪河（即南垭河），与南流注入安宁河的拖乌河，大致位于一条断裂带上，分水岭是海拔2700米的菩萨岗，岗上确有一条南北向的宽谷，高出两河河源谷地约300米，均有砾石层分布，砾石一般粒径仅10～15厘米，磨圆度好。推论道：双方如此接近的河源上均出露需要长距离搬运的滚圆砾石层，而且它们的流路又与断裂带相适应，不论菩萨岗宽谷本身的成因如何，其一度为古河道是可能的②。

1960年，罗来兴、杨逸畴等也在此观察到相同的事实。并指出石棉以东的大渡河在高出河面300米左右处，有明显的连续谷肩和阶地，是嵌入曲流的深切河谷，推论道：大渡河原来是两股分流的，菩萨岗上的宽谷是一条被遗弃的南流古河道③。

1979年，笔者和甘遐荣、何国涛等行经该地，也观察到与上述相同的事实。并在菩萨岗北坡的南垭河（即栗子坪河）源栗子坪附近，公路旁的宽谷砾石层顶部，发现磨制石斧一件和夹砂红陶的残片，文化面貌属新石器时代的晚期；在南坡冕宁拖乌附

① 谭锡畴、李春煜：《四川西康地质志》，地质出版社，1959年。

② 转引自罗来兴、杨逸畴：《川西滇北地貌形成的探讨》，《地理集刊》第5号，科学出版社，1963年。

③ 同②。

近，发现有废弃的历史陈迹——夯土城址，断垣残壁耸立在无水干旱的山麓，遗址上大树合抱，当地人称"孟获城"，绝对年代不详，应属历史埋藏无疑；又闻当地人称，菩萨岗附近近4000米以上的高山牦牛牧场上，可见到古代遗留的房基础石，而现今那里只能有夏季牧民的帐篷。

这一带曾先后发现新石器时代晚期的文化遗存多处，石棉县大渡河北岸的宰羊溪有一处史前遗存，高出今大渡河约370米，其年代相当于中原地区的殷商时期，即距今3500米左右①。1975年起，四川大学考古专业等联合考古队曾在安宁河东西两岸阶地上，发现过相似的新石器时代晚期遗址20多处。1979年，笔者等曾对冕宁西昌间安宁河东西两岸的三对遗址；冕宁的三分屯与五秀；西昌的坝河堡子与礼州中学；西昌的钟家山嘴与李金堡，测量比较了它们的高程和距离，证明东岸的遗址分布较高，较西岸的遗址高出6～67米；东岸的遗址距今水流较远约50～5000米，而西岸的遗址则临河被水冲刷②。（表一，图一）史前遗址的这种分布不对称现象，显然不是出于人为，而是自然环境的变迁，如水流的急剧减少，以及断裂带的近期升降活动所致。其中西昌礼州中学遗址，已经科学发掘③，其文化性质与年代与云南龙川江上的元谋大墩子遗址相同，后者经^{14}C测定，树轮校正年代为3420±155年④，也相当于中原地区的殷商时期。栗子坪的零星材料可与之对比，年代大体不会相去太远。

表一　安宁河两岸遗址分布情况表（1979年）

河西					河东				
地点	阶地	距河（m）	高程（m）	遗址情况	地点	阶地	距河（m）	高程（m）	遗址情况
冕宁三分屯	Ⅰ	500	1774	文化层出露约500m^2	冕宁五秀	Ⅱ	50	1780	文化层厚2M，面积2000m^2
西昌坝河堡子	Ⅰ	临河	1535	文化层厚1M，已被河水冲毁一部	西昌礼州中学	Ⅲ	4500	1595	文化层厚1.2M，面积5000m^2
西昌钟家山嘴	Ⅰ	临河	1631	文化层厚2M，已被河水冲毁一部	西昌李金堡	Ⅲ	4500	1608	在小丘顶出露文化层，面积约200m^2

注：高程系用气压计在同一时间内测得。

由上述可见：古大渡河确曾南流，今安宁河的宽谷与细小的水流不相称，或即古大渡河的故道。至迟在距今3500年左右，当地尚处在新石器时代晚期的人们曾在古大渡河上下的两岸劳动生息，因为南北向的安宁河断裂带活跃的现代构造运动，致使两岸遗址所在的位置发生了悬殊的地形变化，菩萨岗因"东西向隆起运动"而抬升，使栗子坪附近原来滨河的古遗存高悬在山麓上面。即使进入了人类文明的历史时期，当地古代的居民点（如孟获城和高山牧场的房基）的垂直分布也因抬升而比现今的居民点为高。

① 《四川石棉县考古调查》，《考古》1982年第2期。

② 林向：《四川凉山地区的地震考古研究》，《四川文物》1986年第1期。

③ 《四川西昌礼州新石器时代遗址》，《考古学报》1980年第4期。

④ 《元谋大墩子新石器时代遗址》，《考古学报》1977年第1期。

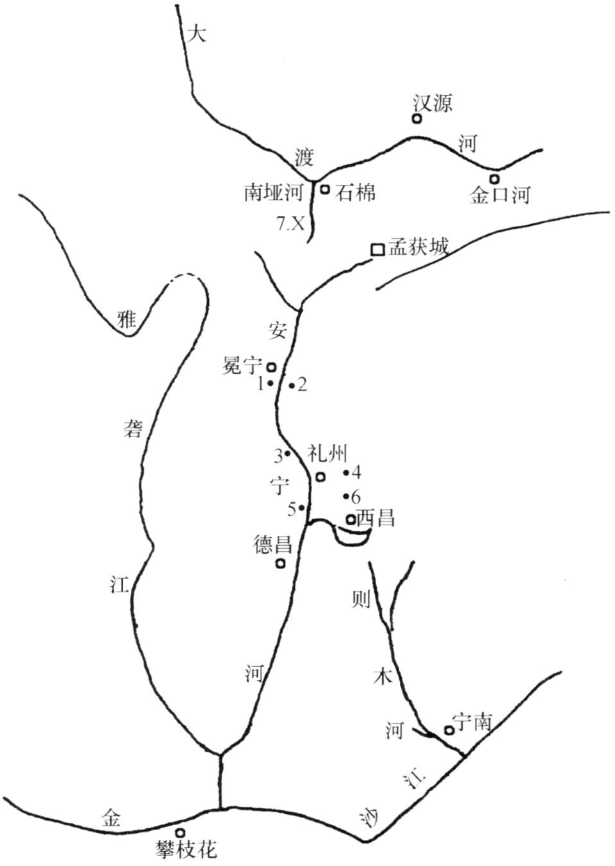

图一 西昌附近示意图

1. 冕宁三分屯遗址 2. 冕宁五秀遗址 3. 西昌坝河堡子遗址
4. 西昌礼州中学遗址 5. 西昌钟字山嘴遗址 6. 西昌李金堡遗址
7. 南垭河源石器、陶片采集点

菩萨岗抬升引起大渡河改道的年代，各家均未明确提出，笔者则倾向于不会全在遥远的地质年代，其下限可能进入有人类活动以后的历史时期。

二、历史的考订

古代大渡河是否南流，在现存的古代文献中并无直接记载。这大概是因为大渡河古今异名，也因为古今水道的变迁。古人受历史的局限，一水多名，一名多水，水与名不符等错乱现象也是难免的，这就需要运用历史自然学的考订方法来加以查证。经过考证，我们的答复则倾向于肯定，至少在公元初年前后的古人是能够知道大渡河曾南流注入金沙江水系的事实。这里，我们削繁就简，介绍基本的史实。

大渡河的古称，通常按《中国古今地名大辞典》的说法有三称：一称大渡水；二称涐水；也叫涨水；三称沫水[①]。现在加以讨论。

第一，沫水在古代只指青衣江上游的一段，十世纪以后才用来称呼大渡河。东汉许慎《说文解字》说："沫水出蜀西南徼外，东南入江。""江"指的岷江，两汉蜀郡治成都，青衣江源出今宝兴、芦山，正在"蜀西南"。大渡河源出青海南境，在"蜀西北"，两者不同，沫水应是前者，北魏郦道元《水经注》说："沫水出岷山西，东流过汉嘉郡，南流冲一高山，山上合下开，水迳其间，山即蒙山也"。汉嘉郡治在今芦山县治芦阳镇；蒙山在今雅安附近，大渡河未曾流经此地，沫水指的还是青衣江。1977 年笔者与林山赴雅安芦山一带调查历史地震，公路穿行在青衣江峡谷中，两岸高山似合，上蔽天日，下涌急流，正如郦道元所描写的一样。所以，《中国水利史稿》也指出：秦汉之沫水就是青衣江[②]。经我们检查，只是到了北宋《太平寰宇记》才开始称沫水为大渡河。后人用相通的河道的名称改作全称，是常有的事，这就是郦道元所说的"随决入而纳通称"的通例。因此，笼统说"大渡河古称沫水"（如《辞海》1979 年版），是不够确切的，容易进一步造成史实的混乱。

第二，大渡河古称涐水，"涨水"是"涐水"之误，涐水也就是桓水，前代学者已有详核的考证[③]，此处不赘述。根据汉代人的记载，古代的桓水，确是迳向南流，并未折向东流的。成书于公元初年的《汉书·地理志》蜀郡下记道："禹贡桓水出蜀山，西南行羌中，入南海。"《水经》去掉"禹贡"两字说："桓水出蜀郡岷山，西南行羌中，入于南海。""蜀山"就是"岷山"，古代广义的指甘南武都至川西灌县的山地，狭义的指四川松潘西北的山地，所谓"江源羊膊岭"即其地也。"羌中"指今川西横断山区。战国秦汉以来，羌族由甘青高原沿横断山脉南下，到两汉间在大渡河及以西山地散布着众多的部落[④]，被中原人士称为"蛮夷之地"。所谓"入于南海"，并不是流注今日之南海，而是指流入横断山区南部川滇间少数民族的聚居区。我国第一部辞典汉代的《尔雅·释地》说："九夷八狄七戎六蛮谓之四海"，韦昭注《国语·楚语》就说："南海，群蛮也。"可是，问题出在班固把这条"行羌中，入南海"的"桓水"，与《禹贡》所载西倾山的"桓水"相混淆了，后者即今汇入嘉陵江的白龙江，它绝没有"西南行羌中，入南海"的道理。但是历来学者众说纷纭，遂把这条汉代保存下来极宝贵的古大渡河（桓水）南流的史料，弄得不可信而险遭湮没了。清初享有盛名的学者胡渭，在其名著《禹贡锥指》中评论道："今按此别是一水，行羌中入南海，不复经中国，班氏指为禹贡之桓水，何其谬也。郦道元云岷山、西倾俱存桓水，此亦为班、孔作调人耳。桓字古有和音，郑康成读和夷之和曰桓，谓水上即和夷所居，晋地道记云梁州之地自桓水以南为夷，所谓'和夷底绩'也。依郑说其所指者当为汉之涐水，唐之大渡河"。桓有和音

---

① 臧励和等：《中国古今地名大辞典》，商务印书馆香港分馆，1931 年。

② 《中国水利史稿》上册，水利出版社，1979 年。

③ 胡谓：《禹贡锥指》卷 36。

④ 见本书《羌戈大战的历史分析》。

与涐相通，桓水就是涐水，也就是流入民族地区而不再流经内地的古代大渡河。笔者认为：这是公元初年汉代人所记录下来的古代史实，肯定与他们当时所见到的涐水的实际走向不一致的。所以，今本《汉书·地理志》又同时记载：“汶江渽水出徼外，南至南安入江”，宋代徐锴《说文系传》引古本《汉书·地理志》“渽水”作“涐水”，证明渽乃涐之误。可见班固所见到的涐水已经是改道后，在乐山（南安）附近汇入岷江与今天相同的大渡河了。所以说，对班固来讲“涐水”是现状，“桓水”则是历史了。

第三，古大渡河又名大度水、州江、鲜水，是南流入若水，今鸦砻江的。这又是另一种保存下来的南流史实。大渡河流经的汉源石棉，现在属岷江流域，古代却属于金沙江流域。汉代因这一带是牦牛羌部落的聚居地，设牦牛都尉以管辖。《汉书·地理志》：“牦牛：鲜水出徼外，南入若水”。《水经注·若水》说：“若水东南流，鲜水注入，一名州江、大度水，出徼外，至牦牛道，南流入若水”。郦道元这段话并非杜撰，引自常璩《华阳国志》的古本佚文，今据《续汉书·郡国志》刘昭注牦牛条下引文说：“（牦牛）牦地也，在邛崃山表”，邛崃山即今汉源、邛崃间的大相岭，晋朝常璩是川西崇庆人士，对当时川西地理是比一般人知识更确实的。可见，这条古代一名州江、大度水的鲜水确在石棉附近南流入鸦砻江（若水）的。班、郦所说的“鲜水”并不是今天的鲜水河，后者远在大渡河之西，藏语叫它 She Chu，原无汉名，清代《一统舆图》记音写作“谢楚”，谭锡畴绘《西康地质图》记音写成“鲜曲”，《川边新图》依音与古书对勘，才定名为“鲜水河”，沿用至今，它发源于巴颜喀喇山脉，流经炉霍、道孚、在雅江注入雅砻江，离汉源石棉的牦牛地甚远，显然不是同一条河。清代学者王先谦也持此说，但把“鲜水”定为今西康西南入鸦砻江的小河坝拉河（今图标作力丘河）（见《汉书·地理志》补注）也显然不妥。传统说法，大渡河之名起于唐宋以后，现由《华阳国志》《水经注》可见此名很早就有了。又据清代吴卓信《汉书·地理志补注》引李膺《益州记》：“羊膊岭水分二派，一东南流为大江，一西南流为大渡河”，李膺是西晋人，可见“大渡河”之名当时就有了。所以，说古代“鲜水，一名州江、大度水”，是有根据的。

综上所述，古代曾有一条在今石棉附近南流入金沙江水系——雅砻江的河道，或叫桓水，或叫鲜水等等，一水岐名，只有改道前的古大渡河才能与之相当，改道后这条水道也不存在了，可贵的是班固、常璩、李膺、郦道元等能不自觉的抄录保存了这些古老的信息。正因为他们自己也未弄清楚“名实”关系，所以混乱讹误在所难免。

那么，班固与郦道元是否有可能知道这些古老的信息呢？回答也是肯定的。他们确实能看到我们后世所见不到的古代资料。班固有深厚的家学渊源，班氏是汉朝有名的“家有赐书”、“好古之士自远方来”的书香门第。本人又很聪明好学，“博贯载籍，九流百家之言，无不穷究”。他著《汉书》既有其父班彪的底稿，本人又任东汉国家图书档案馆长（兰台令），能充分利用其丰富的珍藏秘本。所以，他创例撰写的《地理志》被后世奉为我国历史地理学的臬圭，绝非偶然。郦道元也是“好学，历览奇书”，他注

《水经》究竟引用过多少古文献。尚无精确统计，郑德坤统计有437种[①]，曹尔琴统计有375种[②]，曹还指出郦注所引地理专著96种，不到100年后已散失66种，占68.7%，更不要说1500年后的今天了。清初刘献廷评价道："郦道元博极群书，识周天壤。其注水经也，于四渎四川之源委，出入分合，莫不定其方向，记其道时，数千年之往迹故渎，如观掌纹而数家珍……（余）遇古今之沿革，迁徙盘错处，每得善长一语，涣然冰释。"（《广阳杂记》卷4）这决非溢美之词。笔者在讨论邛海成因时，曾得郦注转引《华阳国志》古本佚文："（邛）河中有蚌嶲山"的启示，而有"邛海的初始，可能是安宁河汉道演变的牛轭湖"的假说[③]。这不是古人的妙语机锋，而是他们汇集了许多后世所未见的资料。这些古资料偶有一鳞半爪传下来，又为后世所不理解，或加驳斥，或加遗弃，殊为可惜，如能悉心体会加以考订，就能掌握这些来自远古的信息。

三、横向的联系

大渡河的急转弯并非孤证，请看由南而北：

（1）金沙江南南东流，至云南石鼓，突然急转弯，折向北北东流，形成奇特的弯曲，号称"长江第一弯"，江水切出了世所罕见的虎跳峡。

（2）鸦砻江南南东流，至四川白碉，突然急转弯，折向北北东流，江水切出了深邃的锦屏山峡谷。

（3）大渡河南流，于四川石棉，突然急转弯，折向北东流，河水切出可观的瓦山峡谷。

（4）黄河河套南流，于晋陕豫交界的华阴潼关间，突然急转弯，折向东东北流，河水切出著名的三门峡。

这四条大河的同步急转弯，恰巧近似地落在一条直线上，（3）与（4）之间正好穿过川西北龙门山断裂带，在斜穿秦岭时，也同样留下因山脉抬升而阻断的故河道。例如：

（5）四川广元陕西宁强间的七盘关，为秦岭支脉米仓山西端，是汉水上游支流沔水与嘉陵江上游支流西汉水的分水岭，有北东向故道，汉水泛涨时，可由沔水经此道溢入嘉陵江，清末曾因此酿成嘉陵江沿岸广元一带洪灾，原广元千佛崖有碑记记其事，笔者1964年调查时亲见，惜原石已毁。

（6）陕西汉中郿县间有褒斜道，亦为北东向谷道[④]，褒水南流入汉水，斜水北流入渭河，今中间为秦岭太白五里岭分水，古代也当为一相通水道。

---

① 郑德坤：《水经注引得》序，哈佛燕京学社会引得第17号，1934年。

② 曹尔琴：《郦道元和水经注》，《西北大学学报》1978年第3期。

③ 见本书《邛海地陷辨》。

④ 秦中行等：《褒斜栈道调查记》，《考古与文物》1980年第4期。

据文献记载：古时秦岭以南的嘉陵江水系，可经上述两地与渭河、黄河相通。公元前六七世纪成书的《尚书·禹贡》曾记载：从西倾山的桓水（今白龙江）出发，可以“浮于潜，逾于沔，入于渭，乱于河”。后人因见需“几度翻山越岭”而表怀疑，郦道元在《水经注·桓水》中解释道：“余考校诸书，以具闻见……粗陈所由。自西倾至葭萌（今昭化）入于西汉（西汉水），即郑玄之所谓潜水也。自西汉溯流，而届晋秦界（今广元），沮漾枝津，南历岗穴，迤逦而接汉，沿此入漾（应为汉水上游），所谓浮潜而逾沔矣。历汉川至南郑县，属于褒水，溯褒暨于衙岭之南溪水，支灌于斜川，届于武功，而北达于渭水，此乃水陆之相关，川流之所经。”郦道元所说的正是这条南水可北通的故道。不过，因他见汉武帝时曾采纳建议：“南阳之粟”，“上沔入褒，绝水至斜间百余里，是以车转，从斜下渭”，后因“水多湍石，不可漕”而废（《史记·河渠书》），因而也只说：“水陆相关，川流所经”，对古水道的存在持含糊的态度。清胡渭《禹贡锥指》答辩道：“窃谓褒斜二水，禹时必有相通之道，如水经注所云，衙岭之南溪水支灌于斜川者。及夏殷之际，梁（梁州，今西南地区）俗变为蛮夷，贡职不修，贡道遂废。周武王牧野之师，八国虽尝来会，其后巴蜀持险，复不与中国通，逾沔入渭之道，其谁知之。尝观江河之支流，日久亦多堙塞，而况深山穷谷之中，溪流一线，才得通舟，自禹至汉多历年所，岂能长存而不变。褒斜二水相通之道，禹时自有，汉时自无。”他从古今政治经济、沿革地理的角度来论证古今水道的变迁，可谓淋漓尽致。但笔者认为，若无地壳的新构造运动，引起水陆山川的巨变，恐怕也是难以想象的。

现在，我们把上述六个点，石鼓—白碉—石棉—七盘关—五里坡—潼关连接起来，成为一条北东向直线，它斜跨中国大陆东经100°～113°，北纬26°～36°，并与经线成近似45°的夹角。在这条北东向斜线及其延长线附近，都是历史上的“地震窝子”，涉及我国的滇西地震带、安宁河地震带、武都—马边地震带、渭河平原地震带、山西地震带。史前的古地震已失传了，而能知道的历史地震频度极高。据不精确的材料统计：在这一线上自公元前1177年（?）至1900年的3000年间，共发生烈度大于六度的强震78次以上①，即平均40年左右就有一次破坏性地震。根据晚近丰富的地方志材料，其震中烈度估计大于十度的特大地震有：1303年山西赵城、1536年四川西昌、1556年陕华县、1786年四川康定南、1850年四川宁南西昌、1879年甘肃武都南等六次，即每100年有一次特大地震，这正反映了上述那些古今水道的变迁，确定有其构造上的深刻原因。当然，还要指出的是：这些古水道因地壳新构造运动而变化，也不会是同时同步，而是参差不均衡的。

（原载《历史自然学进展》，海洋出版社，1988年）

① 国家地震局：《中国地震简目》，地震出版社，1977年。

四川凉山地区的地震考古研究

四川西部的凉山彝族自治州，是我国亟待开发的西南地区之一，但又是我国地震多发地区之一，而且地震的危险性将依然存在。已故著名地质学家李四光教授曾多次指出："四川西部是个（地震）危险区"，其中包括凉山州地区在内，他说，"社会主义建设牵涉到地震工作，我们远远落后于需要，如成昆铁路打了那么多洞子，下面就埋藏着敌人——地震，随时可能袭击我们"①。因此，当我们在探索本地区加速四化建设的过程中，就不能不重视本地区的地震活动，高度重视地震灾害预测预防的研究工作，其中重要的一项是划出地震危险区，以便有重点的设防，以供制定大规模经济建设规划时作为依据之一。50年代以来，有许多单位的专家学者，来本地区进行地震研究工作，其中也包括考古文物工作者。他们从事的地震考古工作为地震研究作出贡献，例如凉山州博物馆在西昌泸山建立的"地震碑林"就是国内外唯一保存记载地震碑刻的专业性收藏，斐誉中外。本文旨在论证地震考古，或称考古地震学在本地区运用中的一些收获与问题，以求正于诸位学者及热心于本地区开发工作的同志们。

一、地震与考古

我们根据可靠的历史资料分析：凉山彝族自治州全区最早的一次地震记载是："唐武德七年七月甲午（624年8月15日）："嶲州地震山崩，江水噎流"（《旧唐书·高祖纪》）。从那一年（624年）开始到1900年止，这1277年中间，共留下18次强烈地震（$I \geqslant \text{Ⅶ}$或$M \geqslant 4\frac{3}{4}$）记录②，即平均每70年左右有一次，频度甚高。其实由于历史记载的漏误，统计受到极大的局限，事实上地震还可能频繁得多。如根据近期的观察与仪测资料，本州全区自1901年到1981年这81年中间，共发生强烈地震84次③，也就是说平均每年都可能发生一次地震。因此，应该引起我们的严重关注，万万不可掉以轻心，这是历史给我们敲响的警钟。

李四光教授一再指出："过去是发生地震后一拥而上，但不能解决根本问题，我们要以预防为主，要事先确定危险区。四川西部是危险区，现在我提心吊胆的工作，要赶快上

---

① 李四光：《论地震》，地质出版社，1977年。下引不另注。

② 根据《四川地震资料汇编》第一卷，四川人民出版社，1980年。有关资料整理，并参考《中国地震简目》，地震出版社，1977年。

③ 根据四川省地震局情报资料室提供的《四川及其邻近地区强震简目》统计。

去。”那么地震危险区怎么来肯定呢?“历史地震的研究分析很有必要，在指导工作的方向上很有意义。危险区的确定：一是历史地震资料；二是（地质）构造活动情况。”但是，历史文献毕竟有限，尤其是兄弟民族聚居的边远地区更是如此。再者，文字记载往往出于第二、三手，由于人为的原因，其讹误势所难免。而考古学由于其研究对象主要是保存下来的古代实物，如在地震文物方面有：古建及题记、城垣、古遗址、古墓、碑刻及拓片、古族谱、古手稿等等，它们不仅能订正补充文献记载的讹漏，更重要的还可以提供最具体的当时当事人的亲历、亲见、亲闻的第一手资料，具有最高的科学价值。进而言之，由于考古学研究对象与方法上的优点，不仅在地震历史资料的考订与判读上有价值，而且在关于现代地质构造活动的研究中，也能起积极作用。所以，我国的地震考古（这是指考古学科中研究地震学的一个分支）或考古地震学（指宏观地震学中运用考古手段的一个分支）作为社会科学与自然科学中的一门“交叉科学”，便应运而生了。

地震考古（或考古地震学）的研究对象是历史自然现象——地震活动，通过收集与地震有关的考古文物资料，运用历史考订的方法，作出地震学的分析研究，为预测预防地震灾害，直接为四化建设服务①。所以，从考古学来讲，地震考古是考古学应用研究的一部分。

过去，传统地按研究对象的不同来划学科，未免分割太死，束缚了科学的发展，著名科学家钱学森、钱三强、钱伟长等曾发表一系列文章进行讨论②。考古学按传统的定义是：“根据实物史料研究人类社会历史的科学”（《辞海》1979 年版），甚至认为考古学是历史学中的史料学之一，任务只是“为探索人类社会历史的发展规律”而提供实物史料。它也和历史学一样，有“强烈的阶级性——党性”，为无产阶级政治服务，也就是“间接地为社会主义建设服务”了。如果像地震考古那样把自然现象——并无社会阶级性的自然现象作为自己的研究对象，岂不走上歪门斜道上去了吗？当然，这种观点是片面的，尤其在全国奔四化，开创社会主义建设新局面的今天，更是极不合乎要求的了。

1982 年 10 月，胡乔木同志在全国哲学社会科学规划问题座谈会上指出：社会科学的每一门学科几乎都有它可以直接应用在社会主义建设的实际工作的方面。当然包括考古学。当时中国社会科学院院长马洪针对某些顾虑提出：“社会科学中有些学科的阶级性就不那么强，如语言学、考古学。”③ 已故著名考古学家夏鼐在总结《卅年来的中国考古学》时，也写道，“最近几年，考古工作者还应有关部门的要求，开展了一些直接为当前生产建设服务的研究项目，例如古代的地震、上海和天津的海岸变迁、长江中下游在历史时期的枯水和洪水等等，都取得了一定的成果”④。总之，把这些与人类社会的生态环境有关的自然现象，而不是人类社会历史本身作为考古学的研究对象，形成的考古学科中的分支——地震考古是一门方兴未艾的“直接应用学科”，它应该也可能为保卫社会主义建设，预测预防地震灾害而作出努力的。

---

① 参考宋正海：《历史自然学》，《大自然探索》1984 年第 4 期。

② 见《光明日报》1985 年 5 月 17 日；钱学森：《现代科学的结构》，《哲学研究》1982 年第 3 期。

③ 见新华社北京 1982 年 10 月 14 日讯，各大报均载。

④ 夏鼐：《三十年来的中国考古学》，《考古》1979 年第 5 期。

二、现代构造运动的考古学研究

我们知道：现代构造运动剧烈的地区，也就是地震活动频繁的地区，它是确定地震危险区的标志之一。研究现代构造运动的方法很多，例如苏联地质学家 H. N. 尼古拉耶夫曾归纳出十大项四十种方法①。常用的有：地质法、地貌法、天文法、测量法、地球物理法、水文法、历史考古法等等。这些方法各有优劣，对捕捉地震而言，考古法有它独到之处。如地质法研究几十万年乃至更长远的地壳运动过程，而一次地震的酝酿少则几年，多则百十年，用地质法捕捉地震，犹如大炮打麻雀。测量法倒是精密，但在数十数百平方公里的范围内，要测出以微米计的运动差异，需要长时期的积累资料并加验证，一时很难派上用场，直是远水不救近火。而考古法呢？运用人类活动遗留的遗迹遗物分布的差异，就可能测出百十年间的地壳变化量，对预报地震实用得多。例如山西临汾盆地也是一个有名的“地震窝子”，运用考古法从调查古墓、古城、古碑等得到了该盆地的地面沉降速度和幅度，并得出：“与一次 8 级地震相应的平时积累升降弧度。约为 3.5～5 米”的推论②。我们在凉山州安宁河流域所作的考古调查，同样也得到相似的结果。

从 1974 年开始，我们在安宁河谷考古发现古遗址近 20 处③，而其夹岸分布的位置极不对称：东岸的遗址位置距河又远又高，与古人取水近水的原则相悖；而西岸的遗址位置却又近又低，正被河水冲刷，不合古人居住的要求，这显然是遗址废弃后变化的结果。当然可以用“贝尔定律”来解释：南北向河流受地球自转影响，不断向西移动。但根据我们在 1978 年对其中冕宁—西昌段夹岸六个年代相同的遗址的高程与距河距离的测量，可以看出确实另有原因，那就是安宁河断裂在人类历史时期内的活动所致（表一，图一）。

表一

河西					河东				
地点	阶地	距河（米）	高程（米）	保存情况	地点	阶地	距河（米）	高程（米）	保存情况
冕宁三分屯	Ⅰ	500	1774	文化层出露面积约 5000 平方米	冕宁五秀	Ⅱ	50	1780	文化层厚约 2 米，面积约 2000 平方米
西昌坝河堡子	Ⅰ	临河被冲毁一部分	1535	文化层厚约 1 米，面积约 5000 平方米	西昌礼州中学	Ⅲ	4500	1595	文化层厚约 1.2 米，面积约 5000 平方米
西昌钟家山嘴	Ⅰ	临河被冲毁	1531	文化层厚约 2 米，面积残存约 800 平方米	西昌李金堡	Ⅲ	5000	1608	耕地表面出露文化层，面积可见约 200 平方米

注：高程用气压计在同一时间内测得。

① 北京地质学院：《地貌学及第四纪地质学》，中国工业出版社，1961 年，第 53 页。

② 刘正荣、孟繁兴等：《以临汾盆地为例论用考古学方法研究现代构造运动与地震的关系》，《地球物理学报》1975 年第 18 卷第 2 期。并参考《地震学基础》，科学出版社，1976 年，第一、七章及《中国地震地质概论》，科学出版社，1977 年，第三章。

③ 《四川金沙江渡口段安宁河流域考古调查简报》（林向执笔，1974 年油印稿）。

这些遗址的文化面貌基本相同：磨制石器是当时的主要生产工具，器形以半月形石刀和梯形石斧为主，还有石磷、石凿、刮削器和盘状砍砸器等。陶器均为夹砂红陶和灰陶，器形以平底器为主，有少量的圈足器，而没有三足器和圜底器，多处发现有带角状把手的器物，以素面为主，纹饰有锥刺纹和划纹、绳纹等，器形有小口壶、带流壶、桶形器、带把罐、双联罐等。这种类型的文化遗存北起四川石棉、越过菩萨岗，沿安宁河往南，至云南龙川江流域都有发现，约有数十处。1972 年云南发掘元谋大墩子①，1974 年四川发掘了西昌礼州②。两地的文化面貌基本一致，被称为“大墩子—礼州文化类型”。其年代的上限可按大墩子的^{14}C测定：距今 3420 ± 155 年（经树轮校正后，即相当于中原殷代晚期）。其下限可据礼州陈远九队该文化层被大石墓与土坑墓打破来确定，大石墓的年代不能早于战国，土坑墓则为西汉③，即相当于战国以前。这些遗址的年代即约在距今 3400 ~ 2400 年之间，若以距今 3000 年计算，则说明安宁河断裂带东西两盘在最近 3000 年的时间内相对垂直位移量：在冕宁附近每年平均为 2 毫米；到西昌礼州以北，距离不过 50 公里，则加大近 10 倍；到西昌附近加大近 13 倍。这与地质地貌法由安宁河东岸的阶地位划图所示：松林（冕宁到礼州间）在全新世时期新构造活动剧烈的结论是一致的④。这就是本地区地震多发的地质构造背景。

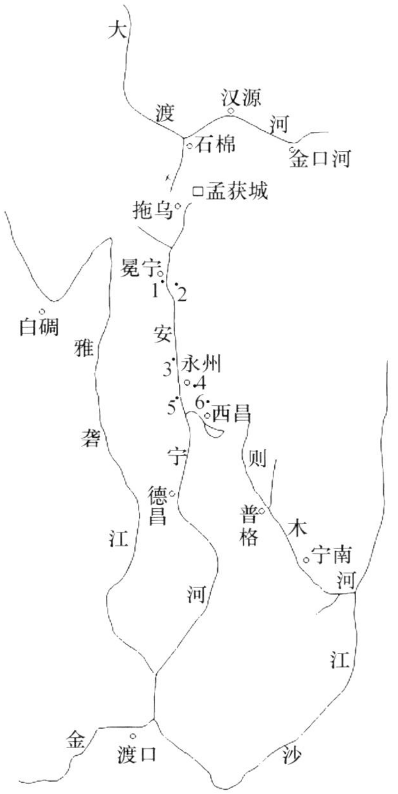

图一　西昌附近略图

X 为石器、陶片采集点

1. 冕宁三分屯遗址　2. 冕宁五秀遗址　3. 西昌坝河堡子遗址　4. 西昌礼州遗址　5. 西昌钟山嘴　6. 西昌李金堡

1976 年我们在研究西昌邛海地陷问题时⑤，曾指出邛海在人类历史时期的变化情况：①邛海在近 2000 年来形态有很大变化。东汉班固《汉书 · 地理志》、晋魏完《南中八郡志》、晋常璩《华阳国志》等书所载的邛海是浅而狭长的“河”，称“邛都河”、“邛河”、“陷河”；是“水草交错”的“淤泽”，即今之所谓“草海”也。河中还有突

① 《元谋大墩子新石器时代遗址》，《考古学报》1977 年第 1 期。

② 《四川西昌礼州新石器时代遗址》，《考古学报》1980 年第 4 期。

③ 林向：《大石墓族属的再论》，《凉山彝族奴隶制研究》1980 年第 1 期。

④ 《中国地震地质概论》，第 203 ~ 204 页。

⑤ 见本书《邛海地陷辨》。

出水面的"小阜"叫"蚌嶲山"而现代的邛海则是一个烟荷包似的湖泊，湖中无岛。面积31平方公里，最深处达34米，常年蓄水量在3亿吨以上。这是两千年来湖盆沉陷的结果。②邛海西岸在400年内不断下沉侵蚀。泸山光福寺南明永历七年（1653年）《泸山碑记》："迨至嘉靖年间，地震滩塌，段氏（所施）之田尽化为沧海"。这是1536年西昌地震引起的地形变。在南端的海南古城村，有明清时期的夯土堡子墙已侵入湖水中，北端在清光绪《西昌县志》所记的海门桥，也已侵入湖中。③邛海东岸在200年内不断淤积。《西昌县志》记载："邛池北岸大水一次，陆涨一次"，川兴的大、小渔村一带的海滨"壅出耕地数十百亩"，这扇面形堆积物至少可分三级。淤积的速度相当惊人，在王家堡子附近有一块乾隆七年（1742年）的墓碑，已陷入泥中1.4米，即平均每年6毫米。这些剧烈的升降差异活动，正是历次大地震都集中发生在西昌附近邛海湖盆的地质构造背景。

1979年我们又考察了北边大渡河在石棉附近的急转弯①。大渡河过去曾南流入金沙江水系，后因新构造运动使菩萨岗隆起，致使大渡河急转弯而东流入岷江水系。这个问题，过去地质学家谭锡畴、李春煜、邢嘉明、罗来兴、杨逸畴等曾提到，认为是在遥远的地质年代②。我们在大渡河与安宁河分水岭的菩萨岗上，也观察到几点：①在分水岭垭口（海拔2700米），有南北向宽谷，有很厚的冲积砾石层，砾石磨圆度很高。②在北坡南垭河源栗子坪附近砾石层顶部发现磨制石斧和夹砂红陶片，属于"大墩子—礼州文化类型"，即距今3000年左右。③南坡拖乌彝寨附近，存夯土城址，城垣上已巨树成林，当地人称"孟获城"，但应属汉以后历史时期的建筑无疑。④当地人称：附近高山（如尼哦戛山，海拔3689米）的高山牦牛牧场上，有古代房基的础石遗迹，而今山高地寒，不能久居，只有夏季牧民的帐篷。说明菩萨岗因"东西向隆起运动"而抬升，使栗子坪附近原来滨河的新石器时代古人遗存高悬在山麓间。即使进入文明时期，当地居民点的分布也因隆起够动而被抬升。可见这次构造运动的下限已进入有人类活动以后的历史时期。同时，笔者又据《汉书·地理志》、《说文解字》、《华阳国志》、《续汉书·郡国志》等文献考证大渡河的古今异名与古今水道的变迁，指出至少在1500年前的古人是知道大渡河南流入安宁的信息的。北魏郦道元《水经注·若水》曾记载这一古老信息："若水东南流，鲜水注之，一名州江，大度水出徼外，至牦牛道，南流入若水"。说明古代曾有一条名叫"州江"或"大度水"的"鲜水"（与今鲜水河不同，今名近世才出），确在今石棉（牦牛道）附近，通过菩萨岗南流入鸦砻江（若水）支流安宁河（亦可名若水）的。

同时，我们又进一步论证，大渡河因现代构造运动而急转弯并非孤证，如①金沙江在石鼓急转；②鸦砻江在石硐急转；③黄河在潼关急转；④再加上大渡河在石棉急转，这四点联成一直线，正好穿过川西北龙门山断裂带，通向山西临汾盆地，成45度上径

① 见本书《大渡河急转弯的历史考察》。

② 谭锡畴、李春煜：《四川西康地质志》，地质出版社，1959年；罗来兴，杨逸畴：《川西滇北地貌形成的探讨》，《地理集刊》第五号，科学出版社，1962年。

线相交，在这条斜线经过的地方及其延长线，竟不约而同的都是“地震窝子”，如滇西地震带、安宁河地震带、武都马边地震带、渭河平原地震带、山西地震带。据不精确统计，自公元前1177年（?）到公元1900年这3000年间，这一线共发生强烈地震78次，即平均40年左右有一次。而且根据晚近丰富的地方志材料，其震中烈都大于十度的特大地震有：1303年山西赵城、1536年四川西昌、1556年陕西华县、1786年四川泸定、1850年四川西昌、1879年甘肃武都等六次，即每100年有一次，而其中凉山彝族自治州首府——西昌占了两次，不能不引起我们对本区地震危险性的高度重视。

地壳的现代构造运动不仅表现为垂直升降，也表现为水平的扭动。我们还利用地下古墓墓室的形变资料，分析当地地应力的挤撞扭动方向①。凉山州博物馆曾在西昌东南约一公里处，发掘的西昌西郊一号大石墓，时代相当于秦汉间。墓室用大石垒筑，长11.1米、宽1.5米、高1.9米，墓向220°，用巨石骑搁墓壁上为顶盖，墓底用6根条石横卧墓底顶住两壁，使墓底分成7个正方形。可是，由于2200年来在近东西向的地应力场压力作用下，墓室作水平的顺扭形变（即顺时针方向扭动）墓壁受挤内倾，横剖面成上窄下宽的梯形，墓底条石断成曲拱形，墓底的正方形也受挤成北东对角线长于北西对角线的准菱形。在西宁六和、小庙天王山发掘的东汉砖窑也都有这种顺时针方向扭动的形变，亦反映了近2000多年来，西昌附近地区现代构造运动的水平动向是由北西向南东方向顺扭的。这就用考古资料证实：当地主要的发展构造并不是南北向的安宁河断裂（过去地震学界曾这样认为），而是北西向的则木河断裂。并且，这两条断裂带在西昌以北的西宁附近相交，这种部位是地震多发部位，所以邛海湖盆成了“地震窝子”，西昌也就几度经受特大地震的考验而几度劫后重生了。同时也指明本地区的地震灾害都集中在冕宁—西昌—宁南一线，安宁河下游则相对灾轻。因此，作为我国西南钢铁基地的渡口市则一定会比西昌更安全，也就在合理的推论之中。

三、用考古方法研究历史地震

地震碑石是地震考古的重要研究资料，作为世界上首创的西昌地震碑林，现已入藏地震碑石一百余通，记载有关西昌、冕宁、甘洛、宁南等地的历史地震，都是极有科学价值的第一手资料，尤其是关于明嘉靖十五年（1536年）、清雍正十年（1732年）、道光三十年（1850年）发生在西昌的三次大地震，记载尤其确实，用以结合文献记载，参照访问老人的记录，可以对地震发生时间、序列、震害、范围等基本情况作系统而有益的研究②。

---

① 甘遐荣、林向、何国涛：《四川西昌附近地震危险性初探》，《地震研究》1982年第5卷第2期。

② 1978年参加西昌历史地震考查小组的有：四川大学历史系林向；四川地震地质队甘遐荣、邹定元；四川省文管会何国涛；凉山州博物馆（原西昌地区博物馆）霍登成、黄承宗等同志。这里所述乃我们合作的结果。

首先是考订1536年地震的震中位置①：明嘉靖十五年二月廿八日（1536年3月19日）在凉山州地区内发生了一次特大地震，建昌（西昌）、宁番（冕宁）、越嶲（越西）、镇西（甘洛）都发生倒房死人情况，甚至全川震动，影响很大。过去都把震中位置定在冕宁、西昌之间。但我们收集到的三块记载本次地震的碑石却全出在西昌及其近郊，如①西昌城内原地发现的《重修东狱神祠记》："地震将城垣寺观倒塌。"②西昌城南泸山光福寺《泸山碑记》："地震滩塌，段氏所施之田，尽皆化为沧海。"（图二）③西昌东南川兴高山堡《重修庙记》："斯庙倾颓"。可见与文献所载："建昌尤甚"之说相符合。当时巡抚都御史潘鉴在灾后半月上疏报告称：建昌地震，城内的四川行都司、建、前二卫的大小衙门、官厅、宅舍、监房、仓库、内外军房舍、城垣垛口、城门都倒塌填塞，死伤不计其数，"间有地震涌水，陷下三、四、五尺者，卫城内外，似若浮块，山崩石裂，军民惊惶""又据宁番卫申报：同日地震，房屋墙垣倒塌无存"。又"续据越嶲卫、镇西、邛、雅、崇庆、嘉、眉、资阳、大邑、峨眉等卫所州县各申：地震倒塌城垣不等数目"（嘉靖《四川总志》卷16）。说明当时查勘申报，重灾区在西昌，冕宁其次，其他各地附带申报而已。问题出在曹学佺的《蜀中广记》，他把它简

图二　南明永历七年（1653）《泸山光福寺碑》
记载1536年西昌地震引起田地淹没

① 何国涛、甘遐荣：《1536年西昌地震考》，《史学论文集》，四川人民出版社，1982年。

括为“建昌、宁番两卫地震”，并把西昌的严重灾情笼统记下，造成两地灾情等同，忽视了西昌是震中的事实。今因地震碑石证明，得以澄清。同时，我们又从冕宁附近的考古调查中得到冕宁不是震中的反证：①西昌以北到冕宁一带多次调查，从未找到有关1536 年地震的碑石。②凉山州博物馆（原西昌地区博物馆）发掘了冕宁城郊 3 座明代砖室墓（分别为成化三年、正统二年、正统七年）都经受了1536 年地震而无任何损坏，且正统七年（1442 年）墓室的壁龛上原置一小平底宽肩罐（底径 9.6 厘米、高 31.6 厘米、肩径28 厘米），满装液体，却完整地并无倾仄现象。③冕宁松林（有人以为是震中所在地）街上还有明洪武年间的老房子（幸世伦民居）完好无损。由上可见，冕宁一带不大可能是 1536 年大震的震中位置。

其次是对 1850 年西昌地震作全面的地震学分析：清道光三十年八月初七、八日（1850 年 9 月 12 ~ 13 日）宁南、西昌发生了特大地震①，据四川总督徐泽醇的查灾奏折中报告，西昌“城内城外及各乡场、除外来客户被压身死者不计外，共计灾户二万七千八百八十家，灾民十三万五千三百八十二名口，倒塌居民瓦房草房二万六千一百六十间，压死男妇二万另六百五十二名口”。值得注意的是地震时正值科举乡试，“外来客户”甚多，西昌压死者肯定不止此数。即使按当时西昌人口推算，灾亡比率十分惊人。按《邛嶲野录》所载西昌在道光七年的人口计算，灾户占 95%，灾民占 81%，压死人口占 12%。对这样一次罕见的特大灾害，我们除了有文献记载与访问记录外，还收集到地震碑刻 109 通（包括原石、拓本、抄件）、族（家）谱 6 本，古建题记 3 条。把这三方面的材料合起来，我们就可以作全面的地震学分析的尝试了。

前兆——过去文献记载是没有前兆的“陡遭地震”。其实在主震前有大量前兆，如震前五十余天阴雨淋漓，震时大雨滂沱，震后霁雨七天。发震当天山上野兽乱窜，牛马晚不进圈，骏马嘶叫不前，地下发响，小震不断。这对今后在本区捕捉大震有重要参考价值。

序列——过去只知道是一次孤震的“主震型”。但我们发现大量的碑刻，族谱与文献记载的发震时刻有矛盾，经过反复考核，发现原来八月初七夜亥刻（9 月 12 日晚 22 点左右）在宁南（披砂汎）有一次九度前震，八月初八子时（9 月 13 日零点左右）在西昌爆发了十度主震，事后余震延续 20 余天。所以，是一次前震—主震—余震型的大地震。

等震线图——最有探索意义的是，我们根据地震碑划分布及各地古建破坏状况、族谱手稿等的记载重新划分了十度、九度、八度、七度区的范围，在地图上标出了等震线。例如十度区，以邛海为中心，北起西昌周家村至北山、南至大菁竹场，长 22 公里；西起泸山脚下的新村，东至川兴高山堡，宽 7 公里，长轴方向为 335°。根据是在此范围内地表破坏严重，有地裂缝、山崩，滑坡还埋掉了一个 200 户人家的核桃村。建筑物破坏也较集中，西昌城垣内有“咸丰元年”（1851 年）补修倒墙的新砖，按其所在位置，

① 见本书《1850 年宁南西昌地震考》。

可确定墙体各段倒塌破坏的严重程度。根据33通碑刻所载Ⅱ类建筑物（指衙署、庙宇、宫观等大型建筑）分布在城内各地和邛海沿岸一带，证明奏折所言，“城垣、衙置概行倒塌”是可信的。人口死亡也有明证，城关附近墓地中已发现记载“全家压毙”，夫妇、父子、婆孙三代，“合屯人丁”，“被压身死”的碑刻共59通。又例如八、七度区之界线如何划分？在普格县城以北的耿底有“庙宇倒塌”的碑石，而普格县城至宁南松林埒，我们查阅了五六十块碑刻，竟无一地震伤亡的记载，于是在耿底与普格之间成为八度区与七度区的分界线……于是，这样划出的等震线图与过去的图完全不同，这也是地震考古的一种尝试吧！

震源深度——根据地震考古文物资料圈定的极震区位置及其长轴方向加以判定，投影震中应在邛海东北岸西昌高枧、川兴间，震源深度约14公里。

第三，我们根据地震考古的研究又把十度大地震可能在一地重复发生的问题提出来了。过去有一种意见认为：中强震有重复的可能，大震是不可能的。我们追查了1427年记载建昌“石城地震摇圮”的碑刻①；调查收集1536年西昌地震（十度）的碑刻3通；1732年西昌地震（九度）碑刻4通；1850年西昌地震（十度）的碑刻109通，通过分析指出：西昌相隔109～118年就可能发生破坏性大地震（九～十度），因此，1536～1732年近200年间也应该有一次大地震，是否有漏记的可能呢？回答是肯定的。这是因为其间正当明末农民大起义、明清改朝换代之际，凉山州及云南一带正是抗清的南明永历王朝的统治区，戎马纷沓，战祸连绵，消息与外界不通，文献漏记是完全可能的。有幸的是我们在西昌城内西北角白塔寺内发现建昌白塔的古碑上刻“古塔”两字，落款是南明“永历十年岁次丙申”并有南明守土官员常荣等数十人“捐资鼎建”的题名。清顺治十三年（1656年）南明政权正岌岌可危，兵荒马乱之际，他们为什么要大张旗鼓地重建倒塌的“古塔”呢？原来此塔来历不凡，相传是南诏景庄王创建的景净寺塔，一贯深受当地彝、汉族人民的崇敬②。结合《西昌县志》记载，此塔在明代因大地震两次重建那么很可能透露出在1536～1732年间曾有一次大地震破坏的信息。综上所述，我们认为西昌地区每隔100～120年间可能发生破坏性大地震历史的经验值得警惕，宁可防患于未然，而切莫追悔于震后呵！

四、展　　望

四川的地震考古研究以凉山彝族自治州地区为丰富，这项研究与国计民生关系密切，已引起各界人士的注目，值得庆幸，我们更希望看到：

（1）西昌地震碑林为中外科技界瞩目，已列为四川省级重点文物保护单位，仍然希望能得到不断的保护和珍措，入藏品能不断充实，在此基础上增藏有关地震的文物史稿，包括汉、彝、纳西等民族的手稿、题刻、经书、图片等，使成为研究川滇间历史地

① 《四川地震资料汇编》，四川人民出版社，1980年，第一卷附录第413页。

② 林向：《建昌白塔纪事》，《历史知识》1981年第6期。

震的一个学术中心。

（2）继续追查已得的线索：如1427年地震的原刻碑石或拓片、1536～1732年间的地震文物、1952年石龙地震的有关实物资料等。

（3）整理、拓印、出版有关地震碑林的资料，以供各方面的研究。

（4）最后，也是最重要的，希望能组织人力在彝族聚居区开展地震考古工作，进行调查发掘。过去我们曾访问过上百位彝族老人，他们曾提供了许多口碑材料，有些是属于战胜地震灾害的经验性谚语，如彝汉词典编辑组美姑县的彝族同志告诉我们：

下雨前先起风，地震前牲畜惊，涨水前先起泡。

地震庄稼好。

凉山州政协委员吉底各各说：一百多年前（1850年）昭觉解放沟窝塘一带房子都震垮了，从此父子相传，不准修土墙房子。这些生动的记述很有价值。据了解彝族毕摩掌握的老彝文经典中还保存着许多可贵的地震资料，我们应积极收集，必定可以透过神奇的折光，发现许多可贵的历史真相与真知灼见来的。

（原载《四川文物》1986年第1期）

地震考古的硕果

《西昌地震碑林》终于出版了，我和刘弘先生等一道都同样感到欣慰，但也还有另一份心结。西昌地震碑林能够建立起来并完整地保存至今，是凉山彝族自治州博物馆与四川省、凉山州各级领导和学术界的有志者们不懈努力的结果，来之不易。我还清楚地记得30年前四川大学历史系和四川省地震局地震地质队、四川省博物馆、凉山州博物馆（原西昌地区博物馆）的同事们一道联合在该地区进行地震考古调查，收集地震文物（包括古建及题记、古城、古遗址、古墓葬、族谱、手稿、碑刻及拓片）的时候，所遇到的各种人和事；还清楚地记得后来又和西昌地区博物馆的领导们一起，为保存收集起来的记载地震活动的碑刻实物，筹建“西昌地震碑林”而奔走呼吁的情景；也知道西昌泸山在开发过程中地震碑林处境遇到的形形色色的问题。好在如今这一举世“唯一性”的地震碑林还保存在西昌泸山上，更能把这批珍稀的历史资料编纂成书刊行于世，实在是展现我国考古文物工作者在“地震考古”或者叫“考古地震”中所获成果的一件大好事。地震考古是学术研究，是允许讨论的，今承凉山州博物馆馆长刘弘先生之请，趁《西昌地震碑林》出版之际，写下几句话，以表自己的心意。

早在1978年，当时的国家文物事业管理局、国家地震局曾在《关于进一步开展地震考古工作的意见》（78文物213号、78震发科279号文件）中提出：“我国地震多，历史悠久，记载地震的历史文物甚为丰富。地震历史资料是研究地震活动规律、分析各种地震危险性和确定建设地区地震烈度的重要依据”，希望各地文物管理部门“在整理古籍等资料时”、“在古建筑的复查、维修保护工作中”、“在古遗址、古墓葬的发掘中”，要“做好地震历史文物的保护和利用工作”。并且提出：“鉴于运用考古方法研究历史地震是一项探索性工作，现将近年来各地开展此项工作的部分有关资料目录介绍给你们，供查阅参考。”在文件所列9项“参考资料”中就列出笔者撰写的关于西昌地震的两篇文章：《昔日的地震，人民的灾难——记1850年西昌大地震》和《邛海地陷辨》。由此可见国家对西昌这个地震灾害高发区的地震考古文物工作的关怀和重视程度，这也就是能够建立全国乃至举世唯一的“西昌地震碑林”的由来。

西昌地震碑刻具有重要的科学价值和现实意义，但它的价值与意义不是孤立的，这里可以我们在西昌地区进行地震考古工作中的两点体会作为补充。

（1）地震考古工作需要考古文物工作者与地震地质工作者通力合作才能有成。如考古学研究现代地壳构造运动，山西临汾盆地与西昌地区一样是“地震窝子”，那里从调查古墓、古城、古碑着手得出“该地与一次8级地震相应的地面升降幅度为3.5～5米”的推论。我们则在调查安宁河冕宁西昌段两岸的三组6个古遗址与河流相对位置的变迁过程中，得出“近3000年来地面升降的年平均率在0.017～0.02之间”的推论。这种升降速率不可能是均衡的，升降加速度就是地震。泸山光福寺《泸山碑记》记载了明嘉靖十一年（1532年）西昌大地震引起邛海西岸的沉陷：“地震滩（坍）塌，段氏所施之田，尽皆化为沧海”；海南古城村明清古城堡也已浸入湖中。我们还从古墓（如西昌西郊一号大石墓、天王山一号东汉砖室墓、西宁一号东汉砖室墓）的反时针方向的形变，得出西昌地区的地壳在近2000年时间内不仅有持续的升降活动，而且还持续受到北西—北西西的水平挤压。这就是西昌成为古今“地震窝子”的地质依据条件。值得注意的是这些推论为地震地质部门的仪器长水准测量所证实。

（2）运用考古方法可以更仔细地研究历史地震：首先是确定震中位置，这是地震活动的主要指标。如明嘉靖十五年（1536年）大地震，过去一般泛指“西昌、冕宁”为震中。而根据上述邛海边的《泸山碑记》和西昌城内的《重修东岳神祠记》两碑记载：“地震将城垣、寺观倒塌”、西昌东南高山堡村的《重修庙记》碑：“斯庙倾颓”，结合文献记载证明震中应在西昌。而冕宁城郊发掘的3座明墓（均经历过1536年地震），却无任何损坏，且一座正统七年（1442年）的墓葬墓室的壁龛上原置小平底宽肩罐，装满液体而无任何倾侧，证明冕宁的震灾远轻于西昌。其次是为研究地震活动的全过程提供实物依据。关于清代道光三十年（1850年）大地震，我们除了有文献记载和访问记录外，还收集到地震碑刻109通（包括原碑或拓片、抄本）、族谱6本、古建题记3条。有了这样丰富的文物史料，才能作全面的地震学分析，如过去认为是“陡遭地震”，其实是有许多前兆的；或认为是孤震“主震型”，其实是“前震—主震—余震型”。最有探索意义的是在地图上用地震文物的分布点来圈出地震灾害的烈度区：十度、九度、八度、七度区的范围，其长轴方向为335度，并据此判定震源深度约14公里。这当然是一种地震考古的尝试，大体为地震学术界所接受。

由此可见，地震考古不仅是能见证历史地震灾害的社会效应的社会科学，同时又是能直接研究历史自然现象—地震的社会科学与自然科学中的一门“交叉学科”，属于“历史自然学”的一支，它可以直接为社会主义建设服务。西昌地震碑林就承载着这样的学术使命，愿西昌地震碑林永远保存完好。

参考文献

[1] 林向：《四川凉山地区的地震考古研究》，《四川文物》1985年第1期。
[2] 甘遐荣、林向、何国涛：《四川西昌附近地震危险性初探》，《地震研究》第5卷第2期。

（原载《西昌地震碑林》，文物出版社，2006年）

（五）师友人物随笔

徐中舒教授的考古学与巴蜀文化研究

"十年树木，百年树人"。徐中舒先生百年诞辰之际，缅怀先师的道德文章，春风化雨教书育人的辉煌业绩，备受教益。小子不才，学习考古学，涉猎巴蜀文化，难窥其一斑，但作为纪念先师的心香，表达真诚的情意，不揣浅陋，谨述所闻，愿与诸师友共切磋。

1979年4月，中国考古学会成立，徐中舒先生没有与会，但他还是与于省吾、容庚、商承祚等六先生一起被选为名誉理事。徐先生的当选不仅因他在古文字方面的卓著造诣，更在于他在考古学上的突出贡献。在中国考古学的诞生年代里，1921年发现仰韶文化，由彩陶的出现，引发中华远古文化源头的讨论；1928年发掘安阳小屯，找到殷墟；1929年从小屯地层的大堆带字甲骨中，出土彩陶片，李济先生撰文《小屯与仰韶》认定仰韶文化比殷商早："这块陶器是殷商时代一件古董"，"仰韶与它（小屯）的关系最多不过像那远房的叔侄，辈分确差，年龄却甚难确定"。徐先生在1930年发表《再论小屯与仰韶》，把它们的关系进一步明确了，他提出仰韶文化是夏文化的创见。此说虽为后来的发现所修正，但在当时却是对考古新发现的最新、较贴近我国三代历史的学术创见，成为三四十年代史学界的主导学说。徐先生对夏文化探索的开创之功，至今还为国内学术界所推崇。徐先生对小屯殷墟的田野发掘十分关注，1935年3、4月，徐先生曾亲赴安阳工地，参与史语所在殷墟的最大的一次发掘——第十一次西北冈王陵区的发掘。但因当年上半年先生要在北京大学历史系开课教学，而未参加5月后的田野作业。

徐中舒先生对商周青铜器的研究同样有里程碑式的贡献。如1932年发表的《古代狩猎图像考》即是他的代表作，他不仅研究狩猎纹图像，而且在文中比较研究了国内外收藏的东周时代的狩猎纹铜壶，与文献记载相结合，综合研究其名称、形制、纹饰、铭文、制作工艺、器物组合、用途用法、年代、国别和所包含的历史信息，并提出了相关铜器断代的八条标准。他在文中体现出来的由小见大、由表及里、刚健中正、精密绝伦的学术风格，深为学术界所倾倒。同年12月傅斯年在致蔡元培的信中写道："徐中舒先生之著作近有极重之大发见，其所撰狩猎图考一文，论及古代文化之迁流，多人所未道。"（《傅斯年选辑》）

同年暑期，徐中舒先生回安庆省亲，在安徽省图书馆参观当涂出土的文物，归去即撰《当涂出土晋代遗物考》（1932年），对出土在一残砖室墓中的器物，一一考定名称。特别是通过研究汉晋墓砖铭文的变化序列，龙形图像的时代特征，"以为严密断代之标准"，从而将该残墓断代为西晋墓葬，实是高明。此说为近年来考古发掘的大量资料所证明。徐先生在这里从实际出发，运用了考古器物类型学，解答了田野作业中的难题，这在中国考古学的开创年代，尤其难得。

徐中舒先生自是一代史学大师，他发展了王国维先生的“古史新证二重证据法”，提倡“围绕主题，多学科配合的综合研究法”，他认为研究工作不仅要“考察其相互关系，同时要深入了解古人的生产、生活情况，根据考古资料、民俗学、社会学及历史记载的原始民族的情况，和现在一些文化落后的民族的生活情况，来探索古代文字发生时期的社会生产力和生产关系”（《怎样考释古文字》）。徐先生是讷言敏行，身体力行的大学问家，这是他数十年治学的心得，何止局限于古文字的考释呢?！不仅他自己的文章篇篇如此，也培养了后来学者，开一代之风气。

徐中舒先生入蜀执教四川大学四十余载，对四川地方史和巴蜀文化的研究，尤为关注。曾发表《古代四川之文化》（1940 年)、《蜀锦》（1942 年）等。“巴蜀文化”原是卫聚贤于 1940 ~ 1942 年根据传为成都白马寺出土的青铜器提出来的，由于它们与中原商周铜器不尽相同，出土地点不明，又有赝品混入，引起学术界的争议。巴蜀历史因文献记载阙如，只有依靠地下出土文物资料。但当初四川的锄头考古学还很稀罕，市上流传的大都是古董、赝品，据以作研究是困难的。徐先生本着他一贯严谨求是的学风，并不急于参加讨论，而在等待确凿证据的出现。

1949 年中华人民共和国建国以来，大规模经济建设的开展，有大量的巴蜀文物出土，当时的巴蜀考古就在徐先生和他的好友们的领导下开展起来。1952 年，由郑振铎先生提名，中央人民政府任命徐中舒先生为西南博物院院长，先师冯汉骥先生为副院长，邓少琴先生为秘书。在他们的部署影响下，50 年代巴蜀考古有四大发现：①昭化宝轮院、巴县冬笋坝战国秦汉间船棺葬的发现。②成都羊子山商周土台的清理。③新繁水观音商周遗址的发掘。④彭县竹瓦街商周铜器窑藏的发现。地层里出土有大量巴蜀青铜器：兵器有柳叶形剑、空首钺、三角援戈、本上有翼遮阑的有胡戈、长骹双耳矛等；容器有鍪、甑、釜、壶、盘等。这些确凿可靠的地下证据终于出现了，可用它们来鉴别 40 年代“巴蜀文化”的铜器，从而加以证明其可靠性。更令人鼓舞的是同出的还有商周至秦汉时期的遗址、墓葬、土台、窖藏等考古遗迹，大量同时代的石器和陶器等考古遗物，这些是更加有用的研究巴蜀文化的地下证据。巴蜀考古的新发现已经能够比过去更切实地来讨论巴蜀文化了。

徐中舒先生经过多年的亲临田野考察和潜心研究，在 1959 年发表《巴蜀文化初论》，这是一篇新的里程碑式的论著。他把有限的文献记载与新出土的考古资料、民族调查材料结合起来。全面讨论了巴蜀的经济、文化、历史、民族和文字。他开宗明义地指出：“四川是古代中国的一个经济文化区，但是它并不是孤立的”，“古代的巴蜀……同属一个经济文化区”，水观音出土的铜兵器证明了《华阳国志》“周武王伐纣，实得巴蜀之师”。船棺葬是“秦灭蜀后，巴族或留成故地，或为秦镇压苴人”。巴文（“巴蜀图语”）与么些文（东巴文）有一定的亲属关系，而分支较早，晋代南中“夷经”即其一脉相承的文字等。各种资料到徐先生手中即成论据，多大的疑难在先生面前亦豁然开朗。徐先生在学术上的炉火纯青，恰似庖丁解牛，游刃有余。

徐中舒先生余意未尽，又在1960年发表《巴蜀文化续论》。从全国特别是华南的大范围内来考察巴蜀文化，其意义当然是具有全局性的。文中对中国古代的宗、里、邑、都、黔、越、溪、洞、阴、阳、林、箐，以及氐、羌、巴、賨、蛮、僚、狄等等作了独辟蹊径的论述。广征博引地阐述这样的论点："巴蜀虽然仅限于祖国一隅，但它与祖国其他部分仍然息息相关，就在远古时代亦不例外"。其中许多真知灼见，由于理论与事实兼备，说服力强，为学界所推崇。如："里、邑和丘，原为农村公社中不同时期、不同地区的聚落"，进入阶级社会成为大小聚落的单位名称。又如说："庸、邛的本义为城"，"城垣的修建，在低地穴居则为防水的必要设施，在山岳地带也为防御猛兽侵袭的屏障"。古代"中国基本的广大的人民群众，原来就只有蛮、僚两族，甚至于僚还是蛮的一支。从远道来的，也只有使用细石器的狄族。他们在长期杂居之后，也成为蛮僚姻族。中国广大的人民群众，原来就是一家。自从阶级社会出现以后，他们为统治部族所把持、所分割，形成为无数的部族。自从这些逃亡的部族进入江南以后，在长期闭塞的农业公社之间，就起了一个根本的变化，而他们的族类，也就从此日趋复杂了"等等。

徐中舒先生在研究《四川彭县濛阳镇出土的殷代二觯》（1962年）中，运用自如地考证了铜器铭文"覃父癸"为殷代覃氏，春秋谭国或其后也；"牧正父已"乃殷代以官为氏者。此铜器群年代在西周早期，其中有殷商不同氏族的遗物，当是蜀人参加武王伐纣的有力物证，更证明了《尚书·牧誓》的信史价值。

徐中舒先生在巴蜀文化方面创获甚夥，如《四川涪陵小田溪出土的虎纽錞于》（1974年），指出錞于本是中原乐器，传入巴族，为其文化特点之一。錞于与钲是军中号令之器，故小田溪M2墓主人应是巴族酋长，一个小部落的王。《论〈蜀王本纪〉成书年代及其作者》（1979年），认为并不是西汉扬雄的作品，而是蜀汉谯周阐述秦宓旧说和先蜀掌故，写成的《蜀本纪》，唐人误增"王"字不当。"朱利原为藏语牧场之意……而《蜀本纪》的作者就错误地以利为女子名而释朱为朱提"。《〈交州外域记〉蜀王子安阳王史迹笺证》（1980年）指出："蜀亡以后，蜀王子孙率其部族流散于川西各地，自青衣水、若水（今为雅砻江）沿横断山脉南下，其人则随所在之地而异名。其在青衣江者，则为青衣羌或嘉良夷；其在越嶲或南中者，则为越嶲、为嶲唐、为苏祁、为叟、为青羌，而叟则其通名"等。不一一列举了。

徐中舒先生一生勤奋治学，老而弥笃。在动乱十年，备受冲击，身心受到损害。1971年他以74岁高龄，病愈出院，即提出一个包括四个方面11项的研究工作计划，涉及古文字学、古文献、古代史与民族等领域，计划之繁重，即便是年轻力壮者也难承担。徐先生未能忘却巴蜀文化。计划的第十项是写作"巴蜀文化三论。论汉武帝伐西南夷对古代西南民族迁徙的关系。如叔向之后迁于巴蜀，有汉书扬雄传与樊敏碑为证"。人们多么希望见到这篇雄文。可惜的是徐先生在此后的十余年中，又发表了许多大文章，而这篇文章却一直未见发表。

综观徐中舒先生治巴蜀文化，给我印象最深的是：①徐先生以他史学大师治史的办法来研究巴蜀文化。他从大处着眼，小处着手，统观全局，严密考证，令人信服地、义无反顾地带领我们走出了巴蜀文化的“疑古时代”。今天，我们确已走出“疑古的迷茫”，迎来了巴蜀考古的黄金时代，川西平原的“三星堆文化”、“宝墩文化”；四川盆地龙山时代遗址群陆续发现，巴蜀文明的曙光已经在长江上游的四川盆地照耀。②徐先生倡导的“围绕主题，多学科配合的综合研究法”是一项治学的利器，要求我们涉猎面要尽可能的宽，又要能由博返约，集中到主题上，这样才能好钢用在刀口上，解决问题。③徐先生提出的“四川是古代中国的一个经济文化区，但是它并不是孤立的；也不是与其他地区，尤其是与中原地区没有联系的”，确为真知灼见。今天人们都在谈论“古蜀文化区”或“巴蜀文化区”，人们可以再增加许多新材料和新观点，但饮水思源，都会缅怀敬爱的徐中舒先生！

附记：本文能参考徐中舒先生的令孙徐亮工同志撰写的《徐中舒先生生平编年表》（未定稿），谨表谢忱。

（原载《中华文化论坛》1998 年第 3 期）

西南考古学的奠基人

——冯汉骥教授

今年11月是我国现代著名的考古学家冯汉骥教授（1899～1977年）诞辰100周年，我们怀着崇敬的心情纪念这位运用现代人类学知识来研究中国古代社会和兄弟民族的先驱者，西南地区考古学和博物馆事业的奠基人。笔者自1955年入四川大学即受业于先生，后从先生研究中国西南考古学，数十载深沐春风化雨之惠，愿述所闻，与诸师友共斟酌，幸匡不逮。

考古学作为现代科学的一门，是以田野考古调查和发掘为标志的，所以也可以叫做“锄头考古学”。我国西南地区的田野考古学也和我国其他地区一道从本世纪同步发展起来的。过去如宋代起兴盛的金石学只是考古学的前身，因为只有对古器物（如铜器、石刻等）或古迹的记述和考订，例如宋代吕大临《考古图》卷末载有邛州（今四川邛崃）天宁寺僧捧敕佩图；王黼《宣和博古图录》著录“阳嘉四年朔令（青蛉）”铜洗，汉代“青蛉”今云南大姚一带，被误作“朔令”；清代陈经《求古精舍金石图》所录“钩带文夏匕首”，实乃有巴蜀图语的巴蜀式柳叶形铜剑等等。近代外籍学者的考察与征集标本也只能算是田野调查的肇始，如法国色伽兰（V. Segalen）《中国西部考古记》简略地记述了1914年他们对四川汉阙、石窟、崖墓的考察印象。西南最早的考古发掘要算1934年华西大学博物馆（今四川大学博物馆）美籍学者葛维汉（D. C. Graham）和中国学者林名钧等，对四川广汉燕家院子1929年偶然发现的玉石坑做的探坑法发掘，获得陶、石、玉标本若干，虽然失之粗糙，在中国考古学史上也是一件大事。西南地区的田野考古学和博物馆事业的正规发展则是在抗日战争时期，以著名考古学家李济先生等为首的前中央研究院历史语言研究所考古组和前中央博物院等的专家们迁川所促成的事。这中间冯汉骥先生是当地最重要的奠基人。

冯汉骥先生是应李济先生的邀请来到西南——四川的。他们俩曾先后同在美国哈佛大学攻读人类学、考古学，都是我国第一批受过正规科学考古训练的学者。当冯先生1936年在美国费城宾夕法尼亚大学获得人类学哲学博士学位（即所谓双学位）后，携家在欧洲考察。是时李济先生正在国内为史语所筹建中央博物院，先生成为其田野考古与博物馆方面的合适人选，受到李先生的热情邀请，先生欣然应允。1937年抗日战争爆发，冯先生报国心切毅然踏上归国征途，当时上海战火正炽，被迫中途在香港上岸，取道广州、武汉到达重庆。但因李济先生刚从瑞典讲学归来，而中央研究院正忙于内迁四川南溪李庄，无法安排先生工作，先生遂于同年11月到成都接受四川大学的聘请，任史学系教授。从此历四十春秋冯先生为四川乃至西南地区的考古学教学与博物馆事业，筚路蓝缕，锲而不舍，辛勤耕耘，培育人才，成为桃李满芳华的一代宗师。

归国伊始，先生就为四川地区的考古学和博物馆事业打好基础。1938 年，先生不顾抗日后方条件恶劣，在归国次年就全力以赴地在三个重要方面作了三件大事：①开展民族考古研究：他只身赴岷江上游羌区调查，历时 3 月，披荆斩棘，备受艰辛，获取大量民族调查资料，并在汶川萝卜寨亲自发掘了一座石棺葬（SLM1），这是首次在川西北山地获得的第一手田野考古资料，其后发表的《岷江上游的石棺葬文化》是西南民族考古研究的里程碑式成果。②开展专题考古研究：首次对西南常见的大石遗迹作了专题考古调查，发表的《成都平原之大石文化遗迹》一文，对这些被传说覆盖的名胜古迹作了科学解释："武丁担墩为人造之墩，极可能乃古坟，是以石笋可能为坟之墓石"；另些"独石"则是"竖立大石以志重要事件"的标志物；至于成都弥牟、双流棋盘市、奉节鱼复浦等地的"八阵图"实与诸葛亮无关，"而可能具有宗教意义"的"列石遗迹"，其年代"约在新石器时代至东周时期"。③开展全省文物普查工作：在先生的策划与主持下，四川大学师生受中央古物保管委员会的委托，对四川省境内的石器时代遗址、汉晋墓葬、壁画、石刻、造像等文物作了调查研究与收藏保护工作，收集的数千件标本资料后来全部移交给四川省博物馆筹备处。为了全面掌握文物情况以便开展考古、博物馆事业，在一省境内进行文物普查工作，当时在国内尚属首创。先生不时告诫我等后学："不要做沙发椅上的考古学家"，他自己身体力行，为我们树立了榜样。

先生为四川博物馆开了个好头。1940 年四川省筹备建立四川博物馆，先生为众望所归，被推为筹备主任。次年正式成立，先生出任馆长。由于有了普查工作等良好的基础，四川博物馆一开始，就以其出色的收藏与陈列获得好评。1942 年在中央博物院筹备处工作的著名考古学家吴金鼎先生在参观后深受启发，在他致李济先生的信中感触地写道：

> 鼎在蓉参观华大及四川博物馆时，私立小小志愿，希于三年期内愿见中央博物院所有藏品在全国居首位，并使自己在汉代考古学上得有一知半解。（见《李济与友人通信选辑》，《中国文化》第 15、16 期）

可惜的是我们现在无法知道四川博物馆开始时的盛况，但可以想到当年四川博物馆的出色工作给同行学者以多大的冲击。

抓住重要课题，20 年锲而不舍的探索。1942 ~ 1943 年，先生与吴金鼎、王振铎等先生发掘成都西郊号称"抚琴台"的五代前蜀王建墓（永陵），这是国内首次发掘的帝王陵寝。它的发掘成功显示了先生卓越的组织才能和高超的考古发掘技术。期间还顶住了社会恶势力的干扰，发掘人等曾被匪徒捆绑拷索（讹传墓中出金银），先生仍处之泰然，坚持科学发掘，一丝不苟，获得最后成功，先生也赢得了很高的学术声誉。1943 年 9 月李济先生为田野收尾工作致函吴金鼎先生（代表史语所的工地负责人）说：

> （发掘报告）编辑事，请函催孟真先生（按：傅斯年先生为史语所所长）办理，弟意此事应请汉骥兄负责筹划，孟真先生同此意，吾等只能赞助而已。望持此意与汉骥兄切实说明。（同上引文）

先生果不负众望，此后20年中，不论世道变换，潜心科学研究，陆续发表《王建陵墓的发现与发掘》、《相如琴台与王建永陵》、《驾头考》、《前蜀王建墓内石刻伎乐考》、《王建墓内“大带”考》、《前蜀王建墓出土的平脱漆器及银铅胎漆器》等一系列论著，为最后完成《前蜀王建墓发掘报告》（1964年文物出版社出版）打下了坚实的基础。先生在学术上“持之以恒，锲而不舍”的探索精神，更给后学者树立起宝贵的典范。先生有关王建墓的论著与报告至今仍为海内外学术界研究中国帝王陵寝制度的必读文献。作为全国第一批重点文物保护单位的王建墓已改成“成都永陵博物馆”，在国内享有很高的声誉，饮水不忘掘井人，先生之功莫大焉。

先生对考古学术的执著敬业精神一以贯之，难以尽述。例如，1944年在四川大学校园内发现一座已残破的小型唐墓，先生仍一丝不苟，细致清理，保证了发掘资料的尽可能完整，并从朽坏的很细的银镯腔里取出一件唐代纸本雕版印刷品，上有佛像、经咒、“成都县”、“龙池坊”、“印买咒本”等字样，为我国印刷术的发明与唐代成都的历史文化地位找到了极珍贵的地下证据。过去敦煌发现的中国（也是世界）最早的印刷品均被劫流落国外，此乃国内仅存一件时代最早的四川雕版印刷标本，尤为难能可贵。

建国以来，先生除了致力于西南田野考古学的研究外，花了大力气从事建设考古文物机构与专业队伍的培养。1951年在重庆成立西南博物院，先生出任副院长兼自然博物馆馆长，院长由先生的莫逆之交著名学者徐中舒先生兼任，另一位好友著名学者邓少琴先生任业务秘书兼保管部主任，三位学者兼好友周密擘划，网罗人才，组建业务班子，先生亲自坐镇，配合大规模经济建设开展田野考古工作。重要的发现有1954年配合成渝、宝成铁路建设在巴县冬笋坝、昭化宝轮院发掘一批战国秦汉间的土坑墓，其中有30座“船棺葬”，从地下出土物证明发生在三四十年代争论的“巴蜀文化”青铜器的真实性。1960年先生主持编撰的《四川船棺葬发掘报告》出版，从此在中国考古学文化上的“巴蜀文化”、“船棺葬”成为海内外学术界所广泛采纳的考古术语。又如1953~1956年配合砖瓦厂生产在成都北郊羊子山清理出殷周时代的古蜀国三级夯土祭坛，底边长103米，是迄今国内发现的先秦最大的单体礼仪建筑，为探索古蜀文明打开了新思路，等等。

1955年西南博物院撤销，先生回四川大学任教，并任四川省博物馆馆长。原西南博物院的业务人员，分别进入中国社科院考古研究所、中国历史博物馆、故宫博物院、四川省博物馆和重庆市博物馆。先生一直在四川大学教授考古学课程，1958年起任四川大学历史系考古教研室主任，1959年起培养考古学副博士研究生，1960年起开办考古专业，毕业学生三届38人，除留校外分派到北京、辽宁、河北、河南、新疆、甘肃、湖南和广西、云南、贵州、四川等地，尤以西南地区为多。凡经先生教育培养的学生和干部都陆续成为全国东西南北各处的学术骨干。冯汉骥教授不愧为考古学界的一代宗师。

先生的学术成就博大精深，且不论建国头30年来四川乃至西南地区的一些载入中国考古学史册的重要发现与研究，无不倾注了先生的心血与汗水。笔者仅述从师学习西南考古学研究中的一些亲知亲闻，便可窥其一斑。

（1）“资阳人”的年代问题：1951 年资阳黄鳝溪出土更新世晚期（相当于旧石器晚期）的智人头骨化石。当 1972 年有人根据事后采集的据称与头骨同层的乌木的碳十四测定年代为距今 7500 ± 130 年，因此认为“资阳人”头骨应属于全新世（相当于新石器时代），于是疑云纷起。公布了先生在 1954 年的手稿《关于“资阳人”头骨化石出土的地层问题》，结论就豁然开朗了。当年，先生曾对资阳人出土地点与头骨化石作了详细的观察与研究，早已从埋藏学的角度指出：头骨“已成化石，而分量亦相当重，所以其年代还是相当久远的”，但它是“从上游漂流至此”，“离开了它的原始地层，断代时只能考虑它本身的特质而不能再联系其共存物”。现在大多数学者也同此观点，认为“资阳人”头骨的年代应属旧石器晚期。

（2）“大溪文化”的命名问题：1958 年先生率领四川大学师生与四川省博物馆、重庆市博物馆联合组成长江三峡库区四川考古队，笔者曾参加调查发现巫山大溪遗址等。1960 年我做研究生时受导师冯先生之命参加对 1959 年大溪遗址的两次发掘资料的整理工作，并负责撰写发掘报告。记得那年冬天，在人民公园里为先生鉴定大溪墓地出土人骨时作下手，真是开了眼界，深深钦佩先生精湛的体质人类学测量技术。1962 年我在先生的悉心指导下完成毕业论文《巫山大溪新石器时代遗址发掘报告》，并请著名考古学家石兴邦先生等审阅、通过。报告中根据大溪遗址出土一套特征性的文化遗物与葬俗；相同文化面貌的遗址在川东鄂西等地有区域性的分布；并经过仔细研究命名为一种与仰韶文化、龙山文化有联系而又独立的考古学文化——“大溪文化”，其年代约距今 6000 年前。1963 年这本报告稿曾送给中国社科院考古所出版审查，著名考古学家夏鼐先生曾约我面谈，并细询冯师对我的指导与最新研究状况。可惜的是后来经我修改后的定稿本和全部图、照在“十年动乱”中被人弄得不知去向，成了一大疑案。但是，“大溪文化”作为中国长江流域的一支代表性的新石器时代考古学文化的命名，已为海内外学术界所采纳（参见拙作：《大溪文化与巫山大溪遗址》，《中国考古学会第二次年会论文集》，文物出版社，1982）。

（3）细心的观察研究，卓灼的科学预见：1963 年先生率领四川大学师生与四川省博物馆组成联合考古队，选择对广汉月亮湾遗址（今三星堆遗址群的核心地段）进行考古发掘。先生亲自指导从地层叠压关系上划分出早晚两期；在考察了周围地形后，站在高地上对大家说：“很可能此处原是古代蜀国一个重要的政治经济中心。”20 世纪 80 年代开始我们进行的大规模考古发掘，证明三星堆遗址群确是夏商时期古蜀国的都城。1998 ~ 1999 年初在月亮湾发掘出时代更早的城中之城，有巨大的房基（宫殿?）柱础，更进一步证明先生科学预见的卓识，若先生在天之灵有知，当感欣慰焉。又如，先生很早就注意到长江流域史前文化的高度发展，中原商代的白陶和原始瓷器来源于长江及以南的印纹硬陶等事实，在 50 年代就指出中国古代文明的摇篮决不能局限于黄河流域。当 1976 年先生在病中看到公布浙江河姆渡遗址发掘出 7000 年前高度发达的稻作文化时，先生兴奋之状溢于言表，充分表达了一位老科学家的喜悦心情。

（4）鞠躬尽瘁，先生心血洒西南：1958～1959年先生两次应邀赴云南参加晋宁石寨山滇王族墓葬的发掘与研究。撰写了大量的笔记、手稿，陆续发表的《云南晋宁石寨山出土文物的族属试探》、《云南晋宁石寨山出土铜器研究》、《云南晋宁石寨山出土铜鼓研究》等文，是对考古新发现进行综合研究的范例。先生综合运用古典文献记载和民族学材料相结合分析考古资料，从而对“滇文化”、古滇人的历史、族属、礼制、俗尚等进行了全面分析，成为“滇文化”研究中的里程碑式著作，在国内外学术界有广泛的影响。1976年我在昆明曾拜谒著名学者方国瑜、马曜等先生，当时方先生正在病榻上，他们都向我倾诉对冯先生研究“滇文化”成就的仰慕之情。1975年冬，先生因“十年动乱”的摧残，身体已十分衰弱，但仍坚持抱病为从湖南、贵州前来求教的考古工作者作了有关夜郎问题的学术报告，从他自己对西南古代奴隶王国巴、蜀、滇的研究，谈到对夜郎探索的思路和方法，谈者神采奕奕，听众心领神会，但会后先生即感不支，进入医院一病不起，不意该学术报告竟成为先生的“最后一课”。其中部分内容由学生据笔记整理发表，题为《西南古奴隶王国》（《历史知识》1980年第4期）。目前，贵州的同志正致力于夜郎文化的探索，愿冯汉骥先生的最终期望能早日实现。壮志未酬，有待后生。

（原载《中华文化论坛》1999年第3期）

邓少琴教授巴蜀古史研究的硕果永存

著名的历史学、博物馆学家邓少琴教授对于长江航运史、地方史志、川康金石、川康史地都有很深的造诣，关于巴蜀古史研究尤为学术界称道。他的巨著《巴史新探》、《巴史再探》、《巴史三探》、《蜀故新诠》等，是我们治巴蜀史与巴蜀考古者案头必备的重要文献之一，曾结集为《巴蜀古迹探索》，由四川人民出版社在1983年出版。从1954年印刊《巴史新探》稿起，到结集出版，前后达30年之久。又过了20年，乃有2001年巴蜀书社这上下两巨册《邓少琴西南民族史地论集》的出版，这是值得学术界庆贺的大事。

这部《论集》虽然实际上只是一部《选集》（由于诸多缘故有些已经提到的篇章也未能尽收，如《河出昆仑考》等），但已经比较全面地编选了邓老一生所撰关于巴蜀史与文物、巴蜀民族史志以及巴蜀近现代史的代表性论著，其中尤以巴蜀古史的研究硕果最引人注目。《论集》在巴蜀古史论著方面，除全文收录《巴蜀史迹探索》外，还从遗稿中选收了《古代巴蜀与中原黄河流域彩陶南流有关的问题》、《巴与濮、蜀》、《巴蜀之先旧称人皇为氏族部落之君》、《涪陵新出土的巴蜀铜器和错金编钟》，《灵山与楚音》、《伏羲与女娲》、《山海经昆仑之丘应即青藏高原巴颜喀拉山》、《梁李膺益州记辑存》等篇章，使我们可从中窥见邓老治巴蜀古史的严谨专致、锲而不舍步步探索的脚印。让吾等后学者认识到治学必须先做大量的资讯收集考订的基础性研究工作，然后才能有成，绝无捷径可通，更不要妄图一蹴而就了。这些文字都是邓老一贯运用“集、纳、衡、证”之科学方法治史，诚朴忠实、一丝不苟的学风的具体体现。先生的这种“厚积薄发”、“大器晚成”的严肃认真的科学态度，确为吾等后学树立了榜样，窃以为这种精神实乃匡救世弊（急功好利浮夸风）的一副良药。

邓老对后学谆谆善诱，从学者甚夥。杰出的历史、考古、博物馆专家董其祥先生曾说：邓老“是我学习地方史的业师。我的每篇不成熟的稿子，他老人家都耐心审查，并指出谬误多处，提出了修改意见。这种鼓励后进，诲人不倦的精神，是永远值得感佩的”①。读来真令人钦佩和羡慕。巴史三探、蜀故新诠等巴蜀古史研究都是邓老的力作，今就我的肤浅理解加以勾勒，以就教于诸方家。

《巴史新探》是以当时考古的最新发现——巴县冬笋坝和昭化宝轮院出土的船棺葬作为研究的切入点的，指出巴人以船为棺可在《后汉书》所本之《世本》中有关“廪君船浮”的记载中找到历史根源。认为巴人在殷代，世居汉水流域。周代称彭人，春秋

---

① 董其详：《巴史新考》前记，重庆出版社，1983年。

时受楚控制。巴人自夷水西进，初在今涪陵境，顺长江发展，后为楚所逼退据垫江、阆中。秦灭巴后称“夷”、“蛮”，僚迁入后，以夷僚并称，汉代称板楯蛮、賨民。其中谈到巴的社会经济与特产，如“阳朴姜”、“堕林粉”、“巴乡清酒”、“伞子盐”等；以及古籍中保存的巴语，如自称为“阿扬”、蚯蚓为“朐忍”、山鸡为“蟵姨”、头巾为“冒絮”、呼毛为“不律”等，都十分精辟。

《巴史再探》也是从当时考古的最新发现——涪陵小田溪梓里坝的木椁土坑墓作为研究的切入点的，指出“梓里坝”的“梓”之得名，即《华阳国志·巴志》所说“（巴）其先王墓多在‘枳’”。邓老侧重于历史民族分析，指出“先王陵墓多在枳”是指清江廪君白虎之巴。巴子五姓中的“瞫”即巫蜒、但，与瀼同化而兼称，长江三峡地区都有以“瀼”称的地名，即瀼蜑故地其历史的遗迹。“賨”出于龙之族系而为巴族，如宗人七姓中有“龚”……令人耳目一新。

《巴史三探》进一步讨论巴的民族问题。据《诗经》和《左传》江汉有濮，西周时已广布巴境。旧以为牧誓八国有蜀无巴，曾侯乙墓出土漆箱盖题28宿之西方白虎七宿的昴宿为“矛”，矛为“髳”的简写，故牧誓八国中的“髳”很可能是廪君白虎之巴，进而提出“甲骨文中也少巴名，有之则为‘虎方’之称”。认为甲骨文的“龙”为巴岭巴蛇之“巴”，在西汉水之源，出于氐羌等。

由巴史三探可见，先生对最新的考古材料十分敏感，广征博引地进行史学考订，得出“持之有故，言之成理”的结论，令人信服。当然也有可以进一步讨论的问题，如《巴史新探》说殷墟甲骨中有“巴”，此字学术界本有争议，徐中舒先生主编的《甲骨文字典》与《汉语古文字字形表》均不收甲骨文中所谓的“巴”字。这一点先生也有察觉，故在《巴史三探》中改为“甲骨文中也少巴名”。有的问题则显然是受考古发现的局限，如邓先生因当时在四川境内仅见巴县冬笋坝、昭化宝轮院两处船棺，而尚无船棺的另一些发现，从而推断船棺为巴族葬制，当时不错。近年来在成都平原、芦山、荥经、峨眉、犍为等蜀国腹地大量发现船棺葬，时代有早于战国的，且各个墓地并不为船棺单一墓葬，而是与土坑墓等葬俗共存，故现在的论者包括笔者在内，都倾向于是当时社会某阶层（如武士）的葬俗。总而言之，邓老的巴史研究代表着一个里程碑，在当时代表学术研究的前沿，时到如今其中的真知灼见与严肃的科学论证依然启迪着我们这些后学者少走弯路，邓老有关巴蜀古史研究的硕果，将永存于世。

邓老对考古新发现热情关切的重视与严谨认真的研究相结合的求实学风，为后学者所称道。1972年涪陵乌江右岸小田溪发掘了3座木椁土坑墓，出土大量青铜器，尤以一号墓出土的整套错金青铜编钟为珍异。当时尚在十年动乱中，先生在自费进行民族考古调查（对川、浙、闽等地的崖葬制调查）的同时，仍不忘对巴渝地区考古新发现进行潜心研究，撰写出万言长篇《涪陵新出土的巴族铜器和错金编钟》。对出土文物如铜兵器、铜钲、虎纽錞于、铜登、错金铜壶、错铅铜罍、错金编钟等一一进行考订研究，从而论证墓葬乃《华阳国志·巴志》所载的巴的“先王陵墓”；出土的“铜盘”可能是巴人“园隆”之盾；考订铜钲“或源于巴人，而流布于江淮”；錞于最初为巴人军乐，而流布中原；由出土的14件错金编钟考知旧以为编钟之制“十六枚为一肆”则未必然也，小田溪出土的14件错金编钟，很可能是由两组高中部“七音”音阶组成等等精辟的推论。这对动乱后晚到的“科学的春天”来说，也算是一枝寒风中的报春之花，可惜当时《文物》杂志1974年12期只采用该文中“错金编钟”一段，这次《论集》能依原稿全文刊出，才使读者得窥全豹。这是应该感谢《论集》的编者的。

先生的《蜀故新诠》写得早了，不及见到广汉三星堆、成都十二桥等重要遗址的发掘成果，所以受资料的局限更大。但他还是尽可能对各种典籍作了仔细的梳扒。更难能可贵的是，先生高龄犹能征引自然科学的成果来研究巴蜀史。如先生为论证“夏禹出自西羌”，引用了《青海湖综合考察报告》，说明青海全境一万年来的气候是逐渐干燥的，五六千年前湟水中游一带有新石器时代的农耕遗址；贵德地区近世尚有“塞外江南”之称；从古今气候变迁言之，古代气候温和，宜人活动，河湟流域即古代氐羌生息繁荣之所。又如先生为论证“蚕丛氏之蜀”，引用了印度学者霍顿在喜马拉雅山西北发现二化性野蚕；日本学者中丹羽毛在宁波发现桑树白眼虫，也是一年二化，它们都是家蚕祖先等。我印象最深的是：过去认为殷墟卜辞“十祀征人方”指帝辛东征江淮。李学勤先生考证人方应在黄河以西的渭水流域，淮水即陕南褒水。邓先生据以重新考订《华阳国志·蜀志》首句：“蜀之为国，肇于人皇”，皇、方声韵相协，卜辞人方即巴人、蜀人的别称，确为卓识。笔者曾据之论证“蜀为商之西土”，古蜀国的中心在以广汉三星堆—成都十二桥遗址为轴心的成都平原，北疆到达陕南，曾与殷商相遇，时有战和①。

邓老的《巴蜀史稿》分为：历史传述、巴史之部、蜀史之部、社会概况、科技开发、文化造诣、巴蜀史大事年表七部分，共十余万字。以先生自己的研究成果为主，吸取了诸家之说，是一部集大成的地方史稿本。其中关于“伏羲女娲”、“禹娶涂山考”等章节确可成一家之言。邓先生对古代巴蜀的技术开发的论述，尤令人注目。如农业栽培加工方面的“僰道荔枝”、“蒲蒻蔺席”、“桃笙竹簟”、“开明甘醇”、“邛竹作杖”、“构叶为酱”、“木器髹漆”、“茶制为饼”等；水陆交通建置方面的“索桥”、“杩叉”、“竹笼”、“石人水表”、“兵栏”、“栈道”等，都有精辟之阐述。

《梁·李膺（益州记）辑存》为邓老之未定稿，先生仙逝后由孙琪华、黄晓东等同志整理，犹可见先生一贯运用“集、纳、衡、证”法治学之精妙。有李膺小传、辑存凡例、目录、佚文和注解，还附录了刘宋任豫《益州记》的辑存和注解、引书目录、读梁李膺《益州记》小识等，体例完备。特别是先生以现行地图地区水道所经为纲，附注今地名，更便于检索。小识中对“广汉郡五城县之铜官山，应为巴人铜矿之所在”的考订，以及彭山江口出土铭为“西顺郡秦符节东山官”铜锭的揭示，为研究三星堆古蜀文化大量青铜器的铜料来源提供了线索。

邓少琴先生曾是四川大学历史系教授，又是吾师冯汉骥先生和徐中舒先生、蒙文通

① 林向：《巴蜀文化新论》，成都出版社，1995年，第67～68页。

先生的故知，我对这位老前辈，心仪甚久。我于 1958 年参加长江三峡水库考古调查时，曾见过邓老。第一次面谒则是在 1959 年冬，受四川大学历史系主任徐中舒教授的派遣，为邓少琴教授的大著《益部汉隶集录》出版稿件事，到重庆枇杷山先生寓所造访。邓老在他斗室翻满书本的书桌旁，为我讲述了他对巴史研究中的考古新发现的看法，并赠予一本印行的《巴史新探》。当时我还是一名考古学研究生，对巴蜀史不甚了了，但深为先生对后学的博学善诱与对学术观点的矜持所打动，启迪了我以后对巴蜀考古的探索。

我最后一次见邓老，记得是在 1989 年出差重庆，与董其祥先生一道拜访邓老寓所。时先生已年老多病，身体极其衰弱，坐立均有困难。他请家人用软绳套在藤椅上，以免摔倒，可让他老人家顽强地坐在书桌旁继续工作。我忍着热泪向这位令人尊敬的长辈讲述 1986 年以来三星堆、十二桥等古蜀文化的考古发现与研究。他表现出与他身体状况不相称的欣愉之情，目光中闪烁着光辉，用微弱的声音鼓励我们好好把巴蜀考古弄好！不久，董先生也随先生去也。哲人仙逝，留给我们的则是鞭策和榜样。

（原载《中华文化论坛》2002 年第 3 期）

刻苦勤奋　勇于探索

——记童恩正教授治学道路上的几个特点

从大洋彼岸传来童恩正教授不幸于4月20日在美国因病逝世、魂归道山的噩耗，闻者无不黯然，对我来讲犹如晴天霹雳，一时间竟无法相信。我从美国归来前，曾于4月1日从克里夫兰与他通话告别，并在电话中双方叮叮然相约后会有期，虽然话筒中传来他不适的语音，但还是很有把握地说，“以后一定有机会的”，定当把盏共话在巴山蜀水间的同窗情谊。殊不知从此良晤不再，竟成永诀，我也成为他的熟人中最后一名话别者，思之不禁扼腕泫然。

回顾恩正多年来在治学道路上的艰辛跋涉和曲折历程，终于能在专业上学贯中西，文史双修，著作等身，享誉海内外；他能继承发扬四川大学老一辈师长们的学术传统，推陈出新，自成一说；又遍栽桃李于中美各地，也都花果成荫；尤其是他的天资聪颖过人而又能刻苦奋进，孜孜不倦的对追求真知的探索精神，更常为吾侪同道们所赞赏，应该说恩正在他的奋斗中实现了自己的人生辉煌，也给我们活着的同道留下有益的启迪。将来如要编辑《童恩正文集》时，定会发现在他所遗巨著中，除了耀眼的文学创作（有小说、散文、科幻文艺、电影脚本等）外，最为人称道的就是他在西南民族考古方面的学术论著了。我与恩正同出先师冯汉骥教授门下，四十余年来曾一起从事过许多田野考古调查与发掘，对他的有些文章在成稿前后也曾有所知闻，故愿借此机会略述童恩正教授在治学道路上的某些特点，以飨读者，并寄托我深深的悼念之情。

童恩正教授作为一位民族考古学家，在描绘自己的治学生涯时有点睛之说：“寒窗灯影，野岭霜晨”（见所著《中国西南民族考古论文集》后记，1985年）。所谓“寒窗灯影”指的是挑灯夜读，读“中外古今，稗官野史，神话传说，乃至轶闻杂记，还有天文、地理、科技文献……”也是指漏尽更深笔耕不已，撰写了数百万字的文、史巨著。所谓“野岭霜晨”指的是在野外破晓摸黑的艰苦工作，他常以“不要做沙发椅上的考古学家”（冯师语）自勉，1959年以来勤于田野，常乐此忘返。举其要者如长江三峡的瞿井沟遗址与大溪遗址的发掘、广汉三星堆遗址群中月亮湾遗址的发掘、岷江上游的新石器遗址与石棺葬、金沙江安宁河流域的古遗址与大石墓的调查与发掘、云南滇文化墓葬的发掘与整理、西藏卡若遗址的发掘、横断山区六江流域民族综合考察等。还不包括他在境外的田野工作。“野岭霜晨”的条件是艰苦的，我还清楚地记得1964年一起在茂汶萝卜寨（羌寨）发掘石棺葬时，一日两餐以玉米酸菜汤充饥，冒着野岭风沙，晨着棉袄午披单衫，整天喝不上水，山上山下奔波指挥民工，口干唇裂，山风吹干湿透的汗衫的情景。再如1975年秋在西昌坝河堡子带学生挖大石墓时，半个多月吃住在农民的堆草破屋里，他被虫子叮咬一身红肿，奇痒难忍的狼狈相，似乎还历历在目。但正因为有这次发掘才使人们第一次得到这种神奇的大石墓葬俗的可靠科学资料。又如由他主持的《昌都卡若》发掘报告的出版，更是我国在西藏地区的第一部正式考古报告。正是这些艰辛而丰富的田野工作为他的民族考古研究打下了坚实的实践基础。田野工作是研究工作的源头。一个考古学家既要具有在田野滚爬摸打、处理冗务的机敏；又要有寒窗苦读、笔耕不已、忍耐寂寞的恒心。没有田野就没有考古；没有苦读又怎能在对考古资料进行分析研究时可以广泛地“采用历史学、民族学、语言学、民俗学、地理学、生态学以及其他有关的科学知识”，做到“信手拈来，皆成佳证”的潇洒飘逸而严肃认真、持之有据、言之成理的学术风格呢？

这种“着重宏观研究，加强横的联系，注意相邻学科的交叉研究”（见上引《论文集》张光直序）正是童恩正治学的显著特点。相信大家读过他的文章都会有同感的。如1984年发表在《农业考古》上的那篇引起广泛注意与讨论的《略论东南亚及中国南部农业起源的若干问题——兼谈农业考古的研究方法》即是一例。他认为对农业起源的研究，需要自然科学和社会科学多种学科的配合，乃至“水文学、土壤侵蚀与沉积的模式、土壤分析、湖沼学、古动物学、气候和动植物的变迁史等”。但又不是各科并行，而是交叉渗透，有主有从，“在以上各项研究中，考古学的资料可以提供最直接的证据，也是最基本的资料。今后要解决东南亚及中国南部农业起源的问题，不论是一般的栽培作物或稻米的起源，最终自然离不开考古学的新发现”。这一点恐怕也正是中外农业考古学者们的共同心声吧！

童恩正致力于田野考古与田野考古资料的考订与论述，如他发表在《考古学报》上那组讨论西南青铜戈、剑、南方铜鼓的著名文章，都是严格按照器物的发展序列，分别区系类型，然后分析它们的社会功能、族属历史、与生态环境的关系等。他是竭力反对充当“考古匠”的，决不停留在单纯的地层器物的排队。他说，“器物既是人与社会关系的产物，又是人与自然发生关系的产物”，所以要“将器物放在一定的社会背景和生态环境中去考察，放在与世界其他类似的文化的比较中去考察”。因为“考古学的最终目的，是在于通过对出土文物的研究探讨古代社会各方面的情况，总结出对当代社会改革有借鉴作用的规律”。所以正当我国改革开放中，西南内地急于寻找开放的通道时，在制定全国“七五”社科规划时，他大胆地提出“南方丝绸之路”的综合研究课题，这个课题设想大大地激活了一大批中外学者的研究热情，包括人文科学与自然科技各界，乃至文学艺术家们的积极性都被调动起来，成为一时的学术热点，调查考察成风，学术论著如山积，如国内外放映的电视专题系列片《南方丝绸之路》就是在他的创意影响下摄制播出的（据我们所知民族学家李绍民教授在其中出力甚多）。直到恩正逝世前夕，他还念念不忘国际合作研究古代中印交通的课题。真是锲而不舍，至死不渝，其志可嘉。

童恩正教授确实聪颖机敏过人，在与朋友们的交往中，他往往是话题创意者，谈论的中心人物；在学术探索上更是善于捕捉题材，立意新颖而又能说出所以然的研究者。记得我们在安宁河畔调查发掘之余，三五师生常纵情聚谈，其中一个话题就是我国西南与东北山地虽地隔数千里而某些考古遗存有惊人相似之谜，如举出用石头建筑墓葬、半月形弧刃石刀、青铜短剑，尤其是蟠龙铜罍等。说者无心而恩正有意。他在后来所撰《试论我国从东北至西南的边地半月形文化传播带》一文中对此作了全面充分的论证，他从细石器、石棺葬、大石墓—石棚、石头建筑、其他文化遗物等相同的文化因素分析着手，提出："东起大兴安岭南段、北以长城为界、西抵河湟地区，再折向南方，沿青藏高原东部直达云南北部"，这一半月形边地文化传播带的存在，又从生态环境的相似及不同经济类型的部族集团间的交往与迁徙来论证文化传播的原因与情景，确实令人耳目一新，击节称是。

童恩正教授的学术成就决不是单靠天资聪颖所能获得的，而是靠刻苦与勤奋。张光直教授对恩正旅美期间曾有一个冷静的观察，他说，"童恩正先生是近年来第一个派遣到国外的中国考古学者"，"他在哈佛大学半年间，将哈佛大学人类学系图书馆所藏极为丰富的有关东南亚的民族考古学的文献资料搜罗殆尽，又在哈佛大学考古实验室埋头工作，所以我对童先生努力之勤，学识之广，是早有认识的"（《论文集》张序）。治学者定会有聪颖与鲁钝之差别，只要能刻苦勤奋，就能够扬其所长，补其所短，定能有所成就，苹果是不会从天上掉下来的。记得先师徐中舒教授常对我们讲，"读书是要抹汗珠的"。言简意赅，点出了治学之道的三昧所在。

童恩正教授作为旅美的中国民族考古学者，做了许多有益中西学术交流的工作，如他在国外筹资，国内外组稿，国内所创办的《南方民族考古》就是一本民族考古学方面出色的纯学术刊物。特别是进入 90 年代，在他的论著中大量地介绍国外的最新学术观点与方法，同样也把中国考古学成就向国外介绍，起到了开放门户和架设桥梁的作用。如他在《中国北方与南方古代文明发展轨迹之异同》、《中国西南地区古代的酋邦制度——云南滇文化中所见的实例》等论著中，不厌其烦地评述了近三四十年来国外对文明起源、国家产生等重大理论问题的研究动态，又结合中国实际提出了自己的见解，读后令人如沐春风，深受启迪。当然无可讳言，在这样一些重大的理论问题上，各家自有不同的见解，也必会引起某些学者的批驳与讨论，这应是学术争鸣的正常可喜的现象。而恩正在其中的孜孜不倦的探索真知的不懈努力，甚至为了追求真知而不怕引起物议的大无畏精神，则是令人肃然起敬的。事实上他也在不断地修正自己的见解，如他在 1985 年的《中国西南地区的奴隶社会》中把滇的社会直接定为奴隶社会，而 1991 年则把滇的社会性质改订为过渡性社会的"酋邦制"。

童恩正教授又"尽量扩大研究手段的范围，并特别注意自然科学的新发展在考古学上的应用"。例如1977年与科技人员合作的《关于使用电子计算机缀合商代卜甲碎片的初步报告》、1987年指导研究生所做的石器微痕研究，都是可喜的尝试，在这里要紧的不在结果，而在于这种对新鲜事物的不懈探索，筚路蓝缕岂可过分挑剔呢！人生太短暂了，而在短暂的人生中能做到辉煌长留人间，就靠这样的刻苦勤奋、勇于探索的精神。这是恩正治学道路的启迪，愿与同道者共勉之。

1997年6月20日

（原载《农业考古》1997年第3期）

附录　林向田野考古三十年

当中华人民共和国建国六十周年，在举国欢腾的日子里，回顾我们大家共同走过的各式各样的道路，心中都会对祖国充满感念和激情，我作为一名基层考古教育工作者也有这份回顾历史的心意，愿写下来提供一个考察的个案。如果我们这些老年考古工作者的治学经历，可供年轻同行们借鉴的话，则不胜荣幸之至。

我的老师冯汉骥教授十分重视田野考古工作，当年不止一次对我们这些学生说："不要做沙发椅上的考古学家。"我一生常以此为座右铭，也以此来要求我的学生们："没有田野就没有考古，这是基础；舍此一切免谈。"当然亦不尽于此。

我曾在悼念同门师弟童恩正教授时这样说过："一个考古学家既要具有在田野摸爬滚打、处理冗务的机敏；又要有寒窗苦读、笔耕不已、忍耐寂寞的恒心。没有田野就没有考古；没有苦读又怎能在对考古资料进行分析研究时可以广泛地'采用历史学、民族学、语言学、民俗学、地理学、生态学以及其他有关的科学知识'，做到'信手拈来、皆成佳证'的潇洒飘逸而严肃认真、持之有据、言之成理的学术风格呢？"（见《农业考古》1997年第3期，第288页）用这来检查自己，是做得很差的。

但引以自慰的是，自认为在田野工作上还是尽了力的。在我的青壮年的27～57岁这三十年间（1959～1988年），除了那动乱的"文化大革命"无法下田野外，"文革"以后几乎每年都有数次田野考古工作。我主要是进行考古学的教学与研究，在学校缺乏田野教学基地的情况下，努力寻找一切考古田野调查与发掘的机会，把田野考古与教学、科研紧密地结合起来，直到1990年调离川大历史系考古教研室主任，另任为川大历史系巴蜀文化研究中心主任为止。

我在1996年离休后，基本上转入室内研究，还曾为研究课题率队进行过多学科合作的综合调查。如2002年6～7月"金沙江文化研究与开发"课题组组织历史、民族、考古、文化界学者多人对云南大理、楚雄、昆明、昭通和四川宜宾进行综合考察和学术交流。2004年5月"长江上游古代文明中心"课题组组织有关学科学者多人对甘肃的陇南、天水、兰州和青海的东部和西宁进行综合考察和学术交流。2003年3～4月，还应美国《Hanging Coffins》制片组邀请赴云南拍片，相机考察了盐津豆沙关、威信龙马和瓦石的崖葬地点，都属于崖洞式的崖葬，除豆沙关外均保存不好。所撰《云南盐津"僰人悬棺"考察记——兼辨川滇间"僰人悬棺"的族属》在2005年"豆沙关五尺道文化研讨会"上作主题发言。这些都已是后话了。

在此，谨记录我前三十年的主要田野考古工作，作为一个考古教学工作者的经历的个案，也许对读者会有参考价值的。

1958 年 9～12 月

我作为川大历史系学生参加由四川省博物馆、重庆市博物馆、川大历史系等组成的长江三峡水库文物调查队。在省博考古老队员陆德良的指导下，对奉节、巫山地区进行考古调查，发现了巫山大溪遗址和大昌西坝遗址（即双堰塘遗址）等，并在省博考古老专家杨有润指导下参与资料整理，撰写《四川省长江三峡水库考古调查简报》部分的初稿，后刊于《考古》1959 年第 8 期。后来我为记述其事所撰的《三峡考古琐记》，刊《四川文物》2003 年第 3 期，并收入中国人民大学书报资料中心《历史学》2003 年第 9 期。

1961 年 9～11 月

我作为川大考古学研究生实习，参加陕西省考古所陕西邠县下孟村仰韶文化遗址的发掘，陕西所指派业务秘书唐金裕任指导，一起发掘的有陕西所的李诗桂、魏京武、禚振西、杜葆仁等。

1962 年 5 月

我作为川大考古学研究生实习，在冯汉骥教授的指导下参加四川省博物馆整理大溪遗址田野发掘资料，在此基础上完成研究生毕业论文《巫山大溪发掘报告》，并获通过，油印本存川大历史系。该报告第一次提出“大溪文化”的命名，已为国内外学界所采纳，惜该报告的出版稿件在“文革”中遗失。我据此撰写的《大溪文化与巫山大溪遗址》，刊《中国考古学会第二次年会论文集》（文物出版社，1982 年）。

1964 年 3～5 月

我受川大考古教研组主任冯汉骥教授的指派与童恩正合作，赴川西北理县、汶川进行考古调查，试掘了理县建山寨、汶川姜维城等新石器时代遗址，并调查发掘了理县子达寨、龙袍寨、汶川萝卜寨的石棺葬。所撰《四川理县汶川县考古调查简报》（与童恩正合署执笔），刊《考古》1965 年第 12 期。后于 1985 年 12 月与省史学会合作在攀枝花市召开“中国石棺葬学术讨论会”，有 17 个省市的百余名学者参会，会前指导学生弋良胜编辑印发《中国西南石棺葬、大石墓论著目录索引》，会后我所撰的《中国石棺葬的讨论与研究》，刊《民族研究动态》1987 年第 1 期。

1964 年 4 月

我作为川大考古专门化 60 级实习队指导教师，参加成都附近四县的考古调查。指导教师杨建芳负责双流的调查，宋治民负责温江，马继贤负责彭县，我负责郫县的调查。这次调查共发现了双流牧马山窑址及郫县横山子窑群、郫县古城及温江鱼凫城 6 处古城址、古墓群 19 处等。由我所撰的《成都附近古窑址调查纪略》，刊《文物》1966

年第2期；《1964年成都附近四县考古调查追记》，刊《四川大学考古专业创建三十五周年纪念文集》（四川大学出版社，1998年）。

1975年3～5月

我作为川大考古专业73级实习队的领队，和指导教师童恩正、宋治民一起参加四川省博物馆、川大历史系、西昌地区博物馆、渡口市文管会及各县文保所等单位组成的“四川省金沙江渡口西昌段、安宁河流域联合考古调查队”，并负责西昌组的调查。此次调查为当地首次大规模的文物普查，共发现新石器时代遗址14处、标本采集点18处、汉代遗址2处、古城址5处、古墓葬19处、汉阙1处、窑址2处、碑碣8通。并对所发现的大石构筑的墓葬，第一次命名为“大石墓”，为学界采纳。我所撰的《四川省金沙江安宁河流域考古调查简报》油印本存凉山州博物馆，其记略将收入本文集《童心求真集》。

1976年上半年

我作为川大考古专业74级实习队领队和指导教师童恩正一起，与云南省博物馆合作，指导学生整理云南楚雄万家坝古墓群发掘资料，由单位联名的《云南省楚雄万家坝古墓群发掘简报》发表在《文物》1978年第10期。同时由我主持实习队发掘了昆明近郊呈贡县的古墓群。

1977年6～10月

我受川大历史系指派，主持川大地震考古小组，进行成都地区的地震考古调查，所撰《成都地区历史地震的考古调查报告》作为1977年四川省地震局《关于成都地区地震基本烈度鉴定工作的报告》的附件刊印，获1978年四川省重大科技成果奖，并获1983年四川省重大科技成果三等奖，后刊于《成都文物》2008年第3期。我扩展利用了地震考古调查资料撰写的《四川唐宋塔初探》，刊《四川大学学报丛刊第五辑·地方史专刊》（1980年）；《四川名塔》，由四川人民出版社1986年出版。

1977～1983年

我应邀参加中国地震历史资料汇编工作，承担成都、西昌、甘孜地区地震考古调查，获中国地震历史资料编辑委员会荣誉证书。同时参加四川省历史地震资料汇编工作，获1984年四川省社科二等奖。

运用调查资料所撰的：①《昔日的地震，人民的灾难——记1850年西昌大地震》刊《四川地震战线》1977年第4期（按：此文与前撰的《邛海地陷辨》（刊《四川大学学报》1977年第4期）两文被国家文物局与国家地震局《关于进一步开展地震考古工作的意见》列为参考资料目录）；②《一次被遗漏的大地震——炉霍1816年地震调查记》，刊《四川地震战线》1979年第2期；③《1850年宁南西昌地震考》（与甘遐荣合署)，刊《四川大学学报（社)》1980 年第 1 期；④《四川西昌附近地震危险性初探》(与甘遐荣、何国涛合署)，刊《地震研究》1982 年第 5 卷第 2 期；⑤《四川凉山地区的地震考古研究》，刊《四川文物》1986 年第 1 期；⑥《地震考古的硕果》，刊《西昌地震碑林》(文物出版社，2006 年)。

1980 年 5 月

我只身再次赴汶川进行民族考古调查，采集到姜维城出土的彩陶片、布瓦寨出土的石器、陶片等标本，记录了羌族的口头传说《羌戈大战》与《木姐珠与冉必娃》。分别写出《〈羌戈大战〉的历史分析——兼论岷江上游石棺葬的族属》，刊《四川大学学报丛刊》第 20 辑（1984 年)；《羌族的“创世纪”神话——木姐珠与冉必娃》，刊《人类学研究》(中国社会科学出版社，1984 年)。

1980 年 7 ~ 8 月

我代表川大历史系为与四川省历史学会、四川省民族研究会、四川省博物馆等合作筹办 1981 年召开的“中国悬棺葬学术讨论会”作会前准备。率领川大考古专业 78 级学生梁太鹤、张建世、王和平 3 人编辑印发了《我国悬棺葬（崖葬）历史资料辑要》与《悬棺葬（崖葬）论文目录索引》，并赴三峡地区（奉节、巫山、巫溪）进行崖葬调查，共发现崖葬地点 24 个，尚存 48 棺，已知被损的在 87 棺以上，并在巫溪荆竹坝清理 1 个崖棺。所撰《川东峡江地区的崖葬》，刊《民族学研究》第 4 辑（民族出版社，1982 年)。指导学生撰写的《四川巫溪荆竹坝崖葬调查清理简报》，刊《考古与文物》1984 年第 6 期。会后所撰的《中国悬棺葬学术讨论会纪要》，刊《文物》1981 年第 8 期，并收入《新华文摘》1981 年第 8 期及《历史学年鉴·1982 年》、《百科年鉴·1982 年》；另撰《崖葬的发现与研究》，刊《淮阴师专学报活页文史丛刊》1985 年第 213 期。

1981 年 9 ~ 11 月

我作为川大考古专业 78 级实习队领队和指导教师王子岗、冉光瑜一起，与宜宾地区及各县文物部门合作，赴川南宜宾、高县、珙县、长宁、筠连等地考古调查，发现新的崖葬点 120 处、崖棺 27 具、岩画 7 处，如长宁七个洞和宜宾黄伞崖墓群、宜宾横江宋代崖墓、宜宾岷江流域的新石器时代遗存，并在筠连清理悬棺 1 个。指导学生所撰的：①《四川筠连县僰人湾一号悬棺清理简报》，刊《考古与文物》1983 年第 6 期；②《宜宾双龙、横江两区岩穴墓调查记》，刊《考古与文物》1984 年第 2 期；③《四川宜宾黄伞崖墓群调查及清理简报》，刊《考古与文物》1984 年第 6 期；④《四川叙南崖葬调查纪略》，刊《考古与文物》1985 年第 1 期；⑤《四川长宁“七个洞”东汉画像崖墓》，刊《考古与文物》1985 年第 5 期。

1982 年 10 月

我为川大考古专业 82 级讲授《考古学概论》，作为课程实习率队赴彭山江口考察汉代崖墓群。《考古学概论》是我设计新开的为考古专业讲授考古学科本身的通论性的课程，得到同行们的肯定，如北京大学考古教研室主任严文明和吉林大学考古教研室主任张忠培等都曾来信表示赞许肯定和相互学习。

1984 年 11 月

我为川大考古专业 84 级讲授《考古学概论》课程，作为课程实习率队考察邛崃什方堂邛窑窑址群。

1986 年 3 ~ 6 月

我作为川大考古专业 84 级实习队领队和指导教师霍巍、李永宪，与四川省考古所、广汉文保所合作，在广汉三星堆遗址进行田野发掘，共发掘 1325 平方米，获取从新石器时代、夏商周至汉唐宋明间的地层标尺，以及 20 余处房址、104 个灰坑，及大量三星堆文化的典型标本，并为两个祭祀坑的发现做好准备，被评为“四川大学优秀教学成果奖”。所撰《三星伴月话蜀都——三星堆考古发掘琐记》，刊《文物天地》1987 年第 5 期。为此，同年 10 月由川大历史系与四川省历史学会、四川省民族研究学会、四川省社科院、四川省文管会、西南师大、重庆市博物馆等 11 个单位合作，在广汉召开了“巴蜀历史及文化学术讨论会”，会前指导学生杨德谦、蒋成、弋良胜编辑印发了《巴蜀的历史与文化论著目录提要索引》，我在会上作了《近五十年来巴蜀文化与历史的发现与研究》的主题发言，会后编辑出版论文集《巴蜀·历史·民族·考古·文化》（巴蜀书社，1991 年）。

1988 年 9 ~ 12 月

作为川大考古专业 86 级实习队领队和指导教师高大伦、李映福，与西昌市文管所合作，发掘西东坪汉代冶铸遗址，发掘面积 778 平方米，发掘汉代冶铸用土石炉 11 座、作坊基址 3 处、汉代砖室墓 2 座，并调查了附近的白云岩古铜矿矿洞。所撰《四川西昌东坪汉代冶铸遗址的发掘》（与张正宁合署执笔），刊（文物）1994 年第 9 期。

后　　记

《童心求真集》原名只是《林向考古文物选集》，选录我从事考古文物工作50年（1958～2009年）以来分散刊布的拙文，以备查检，后来加上“童心求真”时也没有考虑更多，只想表达一种自己的价值追求。世界是多元的，人各有志，价值取向也各不相同，我快80岁了，平生自诩以“童心不泯”当做行事、治学的座右铭，起点不高，追求更不高。史书上对“童心”贬褒不一，如《左传》里说童心之人不可为政；李卓吾《童心说》则以为“童心者，真心也”，用以批判假道学。而我的“童心”庶几与宋代陆游诗说的“老翁七十犹童心”、“虽惭童心在，终胜尘事缚”的语境相类似。不过，我心仪的伟大诗人陆放翁晚年病隐山阴，颇为落寞，以“童心在”自嘲；而我有所不同，65岁离休以后虽然条件变化了，还缠着尘事到处调研笔耕不断，文集所收的大部分拙文出于离休后所作。所以“童心”于我并非全是自嘲，而是一种追求，追求在滚滚尘事中永葆一片“纯真无邪”的“赤子之心”，留住一片“心灵的绿洲”；直白地讲是追求一种不背包袱的、不加掩饰的对是非曲直的一种自然表达方式。这当然不一定全能行，而心向往之，故常有元代黄溍的诗意“翩然一叶舞中流，嗟汝童心得无惧”的感觉，这是否和“无知者无畏”有关呢？我总认为治学与人生一样，少加点框框、少背点包袱，才能少点畏惧，一切从零开始，才敢去闯空缺说真话，这终究是一种自由探索的精神。自由探索的目的在于“承前启后”、“广求其真”。元代耶律楚材的诗句“综名必核实，求儒务求真”，相传是晋代的紫微夫人有诗云“求真得良友，不去复何求”，正合吾意。梁启超先生有言“学术乃社会之公器”，岂敢隐埋，所以我才敢于把文集取名《童心求真集》，才敢于把这些不成熟的青涩果子，不加掩饰地奉献给读者，以博取前贤后彦良友们的切磋和教正。《战国策》说：“归真返璞，则终生不辱”，求真而示人以璞，但为求得良友们的磋琢，何惧之有。

1959年我在四川大学历史系毕业后，即师从冯汉骥教授治考古学，从本科到研究生七年求学时光，1962年毕业后留校执教直至1996年离休，50年一直受着“川大史学”传统的熏陶。四川大学历史文化学院在编辑出版的《川大史学》的“序”中总结“川大史学”传统有四个特色：第一，“注重新材料的发掘和利用是这一学派的突出特点之一”；第二，“在此前蜀地学者乡邦文献研究的基础上，巴蜀史研究迅速完成了向现代史学的转化，明确的区域研究意识成为川大史学的一大特点”；第三，“与中国古代史相关的人类学、考古学和地方史，都共同指向对地理的关注并形成川大史学研究的一个传统”；第四，作为川大史学的另一源头“华（西协合）大（学）史学的突出特点之一是注重机构建设和‘集众研究’”。用这四点特色来检查，自己这些年来就是这样在努力走过来的，但做得很差很差。但是我从“川大史学”大师们那里耳闻目睹学到的为人治学之道，却够我一辈子消化的。至今记忆犹新的是徐师中舒先生的名言“治学要寝馈其间”、“读书是要抹汗珠的”；冯师汉骥先生的名言“不要做沙发椅上的考古学家”、“不要做见物不见人的考古匠”；蒙师文通先生的博学强记、大家风范；缪师彦威先生的捷思文采、循循善诱，听他们的课真如“醍醐灌顶”，令人陶醉；任师乃强先生的“学以致用”、注重实地调查等，都是我终生受用、学习效仿的楷模。这里所举的虽近皮毛，已足够吾等体验力行的了。

《童心求真集》之所以能够出版，靠的是诸位友人之力，这是要诚挚致谢的。中国社会科学院考古研究所的王仁湘先生曾最早提议，在我即将迎来 80 岁之际，出版一部我的学术文集。2008 年 10 月，成都文物考古研究所、四川省文物考古研究院、四川大学历史文化学院三家表示了出资资助出版文集的意愿。在文集的出版事宜启动后，得到成都文物考古研究所王毅先生、四川大学历史文化学院霍巍先生、四川省文物考古研究院高大伦先生和中国社会科学院考古研究所朱乃诚先生、叶茂林先生、施劲松先生等的大力支持和帮助。

从 2008 年 11 月起，王毅先生就请成都文物考古研究所的副所长李明斌先生总成其事。李明斌先生不负众望，利索地与科学出版社订立了出版计划，并调动他的工作团队：成都文物考古研究所的苏奎先生，成都博物院的龚小雪女士、吴萌女士等志愿者，先后花了前后长达一年的业余时间，来为文集收集复印论文、调整图照（最费事）、校对文稿、上下联系……各种冗务竟不需要我这个作者插手分劳，真是过意不去。卢引科先生、曹桂梅女士重新绘制配图，刘蕾女士加工照片。我选的照片是为了表现学术交流活动的，有不当之处，请合影的学者们谅解。还要感谢黄晓枫女士的英译，中国社会科学院哲学研究所王齐女士的校订，美国北卡州立大学的林洋先生也参与校订。

在此，我要特别感谢海内外著名的历史学家清华大学李学勤先生拨冗写来高瞻远瞩的评点序文；中国社会科学院考古研究所的施劲松先生为文集梳理学术脉络，挥洒自如地发人之未发；著名书法家、四川省诗书画院的何应辉先生的《自题书名述怀》法书和四川大学历史文化学院的何崝先生为文集书写题签，四川博物院的魏学峰先生为文集治印，他们都为文集增辉，令我十分感动。科学出版社能及时安排出版，责任编辑王光明先生为此付出宝贵的精力。以上一切人和事都是作者要深深叩谢的。

最后说明一点，我生于 1932 年 9 月，到 2012 年才满 80 岁。但是我在经历了“5 · 12”汶川大地震以后，出于安全考虑，加快了文集的出版进程，违心地拖累了一班热心的志愿者，才使《童心求真集》得以提前到 2010 年出版。这中间还多亏了相濡以沫的夫人汤载振女士、儿女林山和林江，是他们给予了我无微不至的关怀和鼓励。我深知如果没有家人一辈子的呵护支持，就不会有这一切的，谨深深铭记在心间。

行文至此该搁笔了。但见窗外春光明媚，园中的紫玉兰、贴梗海棠在阳光下静静绽放，园旁摸底河上无声地掠过几只白鹭，园外清江东路上来往疾驰的汽车声在提醒我，还有些事等着我去做。

林　向

2010 年 3 月于成都清江花园寓所